纪检监察与反腐廉政法律法规制度全书

（2010年最新案例版）

翟继光　主编

（第二卷）

中国言实出版社

总　目　录

第一编　纪检监察与反腐倡廉基本法律法规

第二编　预防和治理腐败法律法规

第三编　领导干部廉洁从政法律法规

第四编　查办违法违纪案件程序法律法规

第五编　纠正损害群众利益与执法监察法律法规

第六编　党纪政纪处分与处罚法律法规

第七编　纪检监察机构与工作制度法律法规

第八编　最新纪检监察与反腐廉政法律法规制度

目　　录

第三编　领导干部廉洁从政法律法规

第三编

领导干部廉洁从政法律法规

第9章　廉洁从政基本法规

中共中央纪委关于严格禁止利用职务上的便利谋取不正当利益的若干规定

（中纪发［2007］7号　2007年5月29日）

根据中央纪委第七次全会精神，为贯彻落实标本兼治、综合治理、惩防并举，注重预防的反腐倡廉方针，针对当前查办违纪案件工作中发现的新情况、新问题，特对国家工作人员中的共产党员提出并重申以下纪律要求：

一、严格禁止利用职务上的便利为请托人谋取利益，以下列交易形式收受请托人财物：

（1）以明显低于市场的价格向请托人购买房屋、汽车等物品；

（2）以明显高于市场的价格向请托人出售房屋、汽车等物品；

（3）以其他交易形式非法收受请托人财物。

前款所列市场价格包括商品经营者事先设定的不针对特定人的最低优惠价格。根据商品经营者事先设定的各种优惠交易条件，以优惠价格购买商品的，不属于违纪。

二、严格禁止利用职务上的便利为请托人谋取利益，收受请托人提供的干股。

干股是指未出资而获得的股份。进行了股权转让登记，或者相关证据证明股份发生了实际转让的，违纪数额按转让行为时股份价值计算，所分红利按违纪孳息处理。股份未实际转让，以股份分红名义获取利益的，实际获利数额应当认定为违纪数额。

三、严格禁止利用职务上的便利为请托人谋取利益，由请托人出资，“合作”开办公司或者进行其他“合作”投资。

利用职务上的便利为请托人谋取利益，以合作开办公司或者其他合作投资的名义，没有实际出资和参与管理、经营而获取“利润”的，以违纪论处。

四、严格禁止利用职务上的便利为请托人谋取利益，以委托请托人投资证券、期货或者其他委托理财的名义，未实际出资而获取“收益”，或者虽然实际出资，但获取“收益”明显高于出资应得收益。

五、严格禁止利用职务上的便利为请托人谋取利益，通过赌博方式收受请托人财物。

执行中应注意区分前款所列行为与赌博活动、娱乐活动的界限。具体认定时，主要应当结合以下因素进行判断：（1）赌博的背景、场合、时间、次数；（2）赌资来源；（3）其他赌博参与者有无事先通谋；（4）输赢钱物的具体情况和金额大小。

六、严格禁止利用职务上的便利为请托人谋取利益，要求或者接受请托人以给特定关系人安排工作为名，使特定关系人不实际工作却获取所谓薪酬。

特定关系人，是指与国家工作人员有近亲属、情妇（夫）以及其他共同利益关系的人。

七、严格禁止利用职务上的便利为请托人谋取利益，授意请托人以本规定所列形式，将有关财物给予特定关系人。

特定关系人中的共产党员与国家工作人员通谋，共同实施前款所列行为的，对特定关系人以共同违纪论处。特定关系人以外的其他人与国家工作人员通谋，由国家工作人员利用职务上的便利为请托人谋取利益，收受请托人财物后双方共同占有的，以共同违纪论处。

八、严格禁止利用职务上的便利为请托人谋取利益之前或者之后，约定在其离职后收受请托人财物，并在离职后收受。

离职前后连续收受请托人财物的，离职前后收受部分均应计入违纪数额。

九、利用职务上的便利为请托人谋取利益，收受请托人房屋、汽车等物品，未变更权属登记或者借用他人名义办理权属变更登记的，不影响违纪的认定。

认定以房屋、汽车等物品为对象的违纪，应注意与借用的区分。具体认定时，除双方交待或者书面协议之外，主要应当结合以下因素进行判断：（1）有无借用的合理事由；（2）是否实际使用；（3）借用时间的长短；（4）有无归还的条件；（5）有无归还的意思表示及行为。

十、收受请托人财物后及时退还或者上交的，不是违纪。

违纪后，因自身或者与违纪有关联的人、事被查处，为掩饰违纪而退还或者上交的，不影响认定违纪。

各级纪律检查机关在办案中发现有本规定所列禁止行为的，依照《中国共产党纪律处分条例》第八十五条等有关规定处理。

关于实行党风廉政建设责任制的规定

（中发［1998］16号 1998年11月21日）

第一章 总 则

第一条 为了加强党风廉政建设，明确党政领导班子和领导干部对党风廉政建设应负的责任，保证中共中央、国务院关于党风廉政建设的决策和部署的贯彻落实，维护改革、发展、稳定的大局，根据《中华人民共和国宪法》和《中国共产党章程》，制定本规定。

第二条 实行党风廉政建设责任制，要以邓小平理论为指导，坚持“两手抓，两手都要硬”的方针，贯彻执行党中央、国务院关于党风廉政建设和反腐败斗争的一系列指示。

第三条 实行党风廉政建设责任制，要坚持党委统一领导，党政齐抓共管，纪委组织协调，部门各负其责，依靠群众的支持和参与。要把党风廉政建设作为党的建设和政权建设的重要内容，纳入党政领导班子、领导干部目标管理，与经济建设、精神文明建设和其他业务工作紧密结合，一起部署，一起落实，一起检查，一起考核。

第四条 实行党风廉政建设责任制，要坚持从严治党、从严治政；立足教育，着眼防范；集体领导与个人分工负责相结合；谁主管，谁负责；一级抓一级，层层抓落实。

第二章 责任内容

第五条 党委（党组）、政府以及党委和政府的职能部门的领导班子对职责范围内的党风廉政建设负全面领导责任。党委（党组）、政府以及党委和政府的职能部门领导班子的正职对职责范围内的党风廉政建设负总责；领导班子其他成员根据工作分工，对职责范围内的党风廉政建设负直接领导责任。

第六条 党委（党组）、政府以及党委和政府的职能部门的领导班子、领导干部在党风廉政建设中承担以下领导责任：

（一）贯彻落实中共中央、国务院关于党风廉政建设的部署和要求，分析研究职责范围内的党风廉政状况，研究制定党风廉政建设工作计划，并组织实施；

（二）标本兼治，综合治理，完善管理机制、监督机制，从源头上预防和治理腐败；

（三）组织党员、干部学习邓小平关于党风廉政建设的理论，学习党风廉政法规，进行党性党风党纪和廉政教育；

（四）贯彻落实党和国家党风廉政法规制度，结合实际情况，制定本地区、本部门、本系统、本行业的党风廉政法规制度，并组织实施；

（五）履行监督职责，对所辖地区、部门、系统、行业的党风廉政建设情况，领导班子和领导干部廉洁从政情况进行监督、检查和考核；

（六）严格按照规定选拔任用干部，防止和纠正用人上的不正之风；

（七）依法领导、组织并支持执纪执法机关履行职责。

第三章　责任考核

第七条　党委（党组）负责领导、组织对下一级党政领导班子和领导干部党风廉政建设责任制执行情况的考核工作。考核工作要与领导班子和干部考核、工作目标考核、年度考核等结合进行，必要时也可以组织专门考核。对考核中发现的问题，要及时研究解决。

各级党委（党组）应将贯彻落实党风廉政建设责任制的情况，列入年度总结或工作报告，报上级党委、纪委。

第八条　党风廉政建设责任制的执行和考核，应与民主评议、民主测评领导干部相结合，广泛听取党内外群众的意见。第九条党风廉政建设责任制执行情况的考核结果，作为对领导干部的业绩评定、奖励惩处、选拔任用的重要依据。

第十条　领导干部执行党风廉政建设责任制的情况，列为民主生活会和述职报告的一项重要内容。

第十一条　纪检监察机关负责对党风廉政建设责任制执行情况的监督检查。

第四章　责任追究

第十二条　领导干部违反本规定第六条，有下列情形之一的，给予组织处理或者党纪处分：

（一）对直接管辖范围内发生的明令禁止的不正之风不制止、不查处，或者对上级领导机关交办的党风廉政责任范围内的事项拒不办理，或者对严重违法违纪问题隐瞒不报、压制不查的，给予负直接领导责任的主管人员警告、严重警告处分，情节严重的，给予撤销党内职务处分。

（二）直接管辖范围内发生重大案件，致使国家、集体资财和人民群众生命财产遭受重大损失或者造成恶劣影响的，责令负直接领导责任的主管人员辞职或者对其免职。

（三）违反《党政领导干部选拔任用工作暂行条例》的规定选拔任用干部，造成恶劣影响的，给予负直接领导责任的主管人员警告、严重警告处分，情节严重的，给予撤销党内职务处分；提拔任用明显有违法违纪行为的人的，给予严重警告、撤销党内职务或者留党察看处分，情节严重的，给予开除党籍处分。

（四）授意、指使、强令下属人员违反财政、金融、税务、审计、统计法规，弄虚作假的，给予负直接领导责任的主管人员警告、严重警告处分，情节较重的，给予撤销党内职务处分，情节严重的，给予留党察看或者开除党籍处分。

（五）授意、指使、纵容下属人员阻挠、干扰、对抗监督检查或者案件查处，或者对办案人、检举控告人、证明人打击报复的，给予负直接领导责任的主管人员严重警告或者撤销党内职务处分，情节严重的，给予留党察看或者开除党籍处分。

（六）对配偶、子女、身边工作人员严重违法违纪知情不管的，责令其辞职或者对其免职；包庇、纵容的，给予撤销党内职务处分，情节严重的，给予留党察看或者开除党籍处分。

其他违反本规定第六条的行为，情节较轻的，给予批评教育或者责令作出检查，情节较重的，给予相应的组织处理或者党纪处分。

具有上述情形之一，需要追究政纪责任的，比照所给予的党纪处分给予相应的行政处分；涉嫌犯罪的，移交司法机关追究刑事责任。

第十三条　实施责任追究，要实事求是，分清集体责任与个人责任，主要领导责任和重要领导责任。

第五章　附　则

第十四条　本规定适用于各级党的机关、人大机关、行政机关、政协机关、审判机关、检察机关。人民团体、国有企业、事业单位参照执行本规定。

第十五条　各地区、各部门可根据本规定制定实施办法。

第十六条　本规定由中央纪律检查委员会、监察部负责解释。

第十七条　本规定自发布之日起施行。

中共中央纪委、监察部关于印发《关于深入学习贯彻党的十七届三中全会精神进一步加强农村党风廉政建设若干问题的意见》的通知

（中纪发［2008］34号　2008年11月3日）

为深入学习贯彻党的十七届三中全会精神，进一步加强农村党风廉政建设，保障农村改革发展顺利进行，现就有关问题提出如下意见。

一、深刻领会党的十七届三中全会精神，更加自觉地为推进农村改革发展服务

党的十七届三中全会是在国际形势继续发生深刻变化，我国改革发展进入关键阶段召开的一次重要会议。全会审议通过的《中共中央关于推进农村改革发展若干重大问题的决定》（以下简称《决定》），对推进农村改革发展作出了全面部署，对加强农村党风廉政建设提出了新的更高的要求。各级纪检监察机关和广大纪检监察干部要认真学习、深刻领会全会精神，更加自觉地把思想和行动统一到全会精神上来，围绕中心、服务大局，以高度的政治责任感和历史使命感，认真履行职责，确保全会提出的各项任务和要求落到实处。

加强农村党风廉政建设，是《决定》提出的一项重要任务，是推进农村改革发展的重要保证。当前和今后一个时期进一步加强农村党风廉政建设，必须全面贯彻党的十七大和十七届三中全会精神，高举中国特色社会主义伟大旗帜，以邓小平理论和“三个代表”重要思想为指导，深入贯彻落实科学发展观，认真贯彻《建立健全惩治和预防腐败体系2008—2012年工作规划》，继续落实《中共中央办公厅国务院办公厅关于加强农村基层党风廉政建设的意见》，以树立理想信念和加强思想道德建设为基础，以规范和制约权力运行为核心，以维护农民权益为重点，坚持教育、制度、监督、改革、纠风、惩治相结合，推进农村惩治和预防腐败体系建设，为推进农村改革发展提供有力保障。

二、加强监督检查，保证中央农村改革发展方针政策的贯彻落实

党的农村各项方针政策体现全党意志、反映广大农民意愿。各级纪检监察机关要认真开展监督检查、推动各地区各部门贯彻落实。

（一）围绕中央关于推进农村改革发展重大原则贯彻情况开展监督检查。严肃党的政治纪律，督促各级领导机关和党员干部认真贯彻落实党的十七届三中全会精神，坚决纠正有令不行、有禁不止的行为，维护中央权威，确保政令畅通。围绕《决定》提出的推进农村改革发展的重大原则，重点检查和纠正重视不够、落实不力的问题，违背农民意愿、损害农民利益的问题，思想保守、因循守旧的问题，形式主义、违背科学发展的问题，组织软弱涣散、领导能力不强的问题等。把贯彻重大原则情况列入领导班子民主生活会、巡视、干部考核、述职述廉的重要内容，及时发现和解决存在的问题。

（二）围绕中央关于农村改革发展各项制度落实情况开展监督检查。加强对《决定》

提出的稳定和完善农村基本经营制度、健全严格规范的农村土地管理制度、完善农业支持保护制度、建立现代农村金融制度、建立促进城乡经济社会发展一体化制度、健全农村民主管理制度落实情况的监督检查，维护制度的严肃性，推动制度的有效实施。把预防腐败寓于农村改革和制度创新之中，及时解决在农村土地管理制度改革、集体林权制度改革、农村综合改革、省直接管理县（市）财政体制改革等方面可能发生的违纪违法问题，保证农村各项改革顺利推进。

（三）围绕中央各项强农惠农政策落实情况开展监督检查。会同有关部门检查对农民直接补贴政策落实情况，规范对补贴对象的评议、审核等程序，完善“一卡通”等发放形式，加强对补贴发放的跟踪监督，确保粮食直补、良种补贴、农机具购置补贴和农资综合直补等资金足额、及时发放到农民手中；检查发展现代农业和农村公共事业投入政策落实情况，对资金投入多的项目、容易发生问题的环节进行重点监督，防止和纠正虚报冒领、挤占挪用、贪污私分、低效浪费等问题，发挥强农惠农投入的最大效益；检查抗灾救灾、救济等资金物资管理使用情况，建立监督检查长效机制，及时发现问题、堵塞漏洞，促进款物规范管理和合理使用。

三、切实保障农民权益，维护广大农民根本利益

实现好、维护好、发展好广大农民的根本利益，是农村党风廉政建设的出发点和落脚点。各级纪检监察机关要从农民最关心、最直接、最现实的利益问题入手，会同有关部门认真解决损害农民利益的突出问题，切实保障农民权益。

（一）保障农民物质利益。督促落实现有土地承包关系保持稳定并长久不变的政策，严格执行土地承包经营权流转不得改变土地集体所有性质、不得改变土地用途、不得损害农民土地承包权益的规定，依法保障农民对承包土地的占有、使用、收益等权利。配合有关部门，完善征地补偿机制，强化对征地补偿费分配和使用的监管，纠正征地补偿标准不合理、补偿不及时足额到位、社会保障不落实等问题，维护被征地农民特别是失地农民的利益。健全农村集体资金、资产、资源管理制度，进一步规范村级会计委托代理服务，完善村民民主理财制度，推行村级财务预决算管理；完善集体资产监管办法，稳步推进农村集体经济组织产权制度改革，健全农村集体经济组织的管理决策和收益分配机制；农村集体资产出让、租赁、承包和资源开发利用要引入市场机制，实行公开竞价和招标投标，防止和纠正擅自处置集体资产资源、侵占集体收益、私设“小金库”等问题。

（二）维护农民民主权利。结合民主选举实践，进一步完善村党组织领导班子成员“两推一选”和村民委员会直接选举制度，加强对村级组织选举工作的监督，反对和制止宗教、宗族势力干预和操纵选举，依纪依法严肃查处贿选、黑恶势力干扰破坏选举等行为。结合民主决策实践，进一步健全村民会议、村民代表会议和村民议事等制度，逐步推行村民代表会议常设制，完善民主决策程序，防止和纠正个人或少数人擅自决定集体重大事项、随意更改村民会议和村民代表会议决议等问题。结合民主管理实践，进一步完善村民自治章程和村规民约等规章制度，推进村级事务民主管理。结合民主监督实践，深入推进村务公开，丰富公开内容，创新公开形式，积极推行村民点题公开、建立信息公开平台等做法，实行村务公开答疑纠错的监督制度，保证村务公开及时便捷、全面真实。深化乡镇政务公开，健全公开工作机制，提高政府工作透明度。推进农村基层党务公开，规范公开内容和程序，重点公开党组织重要决策决议、党的组织建设、领导班子建设、干部选拔任用、党员领导干部廉洁自律等情况。

（三）纠正损害农民利益的其他突出问题。继续做好农民负担监督工作，清理规范涉及农民负担的行政事业性收费。切实解决向农民专业合作经济组织，以及在报刊征订、用水用电、计划生育、建房、殡葬中向农民乱收费、乱罚款等问题。加强对村民一事一议筹资筹劳监管，坚决制止违背农民意愿、超范围超标准向农民筹资筹劳和强行以资代劳等行为。严格执行化解乡村债务有关规定，坚决防止新农村建设中盲目举债搞建设。加大对农村安全生产、食品安全和环境污染问题的执法监察力度。严肃查处制售假冒伪劣农资和哄抬农资价格等坑农害农行为。认真落实农村义务教育、基本医疗卫生和社会保障各项政策，坚决查处贪污、挪用、截留、骗取教育经费、农村合作医疗基金、低保资金、社保基金等行为。认真解决农村信访问题，拓宽农村社情民意表达渠道，建立健全涉农信访问题排查化解机制，确保农民合理诉求得到及时有效解决。

四、加强作风建设，促进农村基层党员、干部廉政勤政

良好的作风，是密切党群干群关系、做好农村改革发展工作的重要保证。各级纪检监察机关要按照为民、务实、清廉的要求，进一步加强农村基层党员、干部作风建设。

（一）加强教育。深入开展反腐倡廉教育，筑牢农村基层党员、干部服务群众、廉洁自律的思想基础。把反腐倡廉教育融入深入学习实践科学发展观活动，注重教育的针对性和有效性，引导农村基层党员、干部增强科学发展意识，解决不适应不符合的问题。加强政策法规教育，强化学习培训，引导农村基层党员、干部学法、知法、守法，严格执行政策、依法办事。加强正面典型教育，大力宣传廉洁奉公、勤政为民的先进典型，引导农村基层党员、干部争先创优，激发自我改进、自我提高的内在动力。加强警示教育，以案明纪，引导农村基层党员、干部自觉遵守纪律，抵制歪风邪气。加强农村廉政文化建设，创新内容和形式，营造以廉为荣、以贪为耻的良好社会风尚。

（二）规范行为。以规范和制约权力运行为核心，按照中央对农村基层党员、干部的要求，分层次、有重点地制定有关规定，进一步健全配套办法和措施。对乡镇干部，重点围绕落实科学发展观、树立宗旨意识、廉政勤政等制定完善具体行为规范。进一步健全乡镇领导班子议事规则，实行重大事项集体决策，推行社会公示与听证、决策反馈纠偏等制度。对基层站所工作人员，重点围绕依法办事、优化服务、提高效率等制定完善具体行为规范。推行首问负责制、一次性告知制、限时办结制等，深化办事公开工作。对村干部，重点围绕执行政策、遵纪守法、秉公办事等制定完善具体行为规范。逐步推行村级事务流程化管理，提高村级事务管理规范化水平。

（三）强化监督。认真落实农村基层干部任前廉政谈话、诫勉谈话和函询等制度。积极推行乡（镇）、村主要领导廉政承诺制度、个人有关事项报告制度。全面推行村干部勤廉双述、村民询问质询和定期评议制度。深入开展基层站所民主评议活动。加强村干部任期和离任经济责任专项审计工作。探索聘请农村廉政监督员、建立村级监督组织等监督形式。整合基层办案力量，严肃查处违纪违法案件。配合有关部门研究制定非党员村干部违纪违法行为处理办法。

（四）改进作风。认真解决少数农村基层党员、干部作风不实、铺张浪费、简单粗暴、办事不公、以权谋私等突出问题，大力弘扬新风正气。大兴勤政为民之风，坚持心系群众，带着责任和感情与群众打交道，千方百计为群众排忧解难；大兴求真务实之风，坚持一切从实际出发，讲实话、办实事、求实效，努力创造实实在在的业绩；大兴艰苦奋斗之风，坚持勤俭节约、艰苦创业，把有限的财力物力用到促进发展和改善民生上；大兴清正廉洁之风，坚持公道正派、清廉自守，反对大吃大喝、大操大办和搞封建迷信活动。通过加强乡镇机关效能建设、创建便民服务载体、健全联系群众制度、建立农村干部激励保障机制等，促进农村基层党员、干部转变作风，提高为农民服务的能力和水平。

五、健全工作机制，加强对农村党风廉政建设的组织领导

农村党风廉政建设任务繁重，责任重大，必须加强组织领导，健全工作机制，推动工作深入开展。

（一）强化领导责任。进一步健全和落实党委统一领导、党政齐抓共管、纪委组织协调、部门各负其责、依靠群众支持和参与的领导体制和工作机制。各级党委和政府要把农村党风廉政建设摆上重要议事日程，纳入农村改革发展的总体规划，切实担负起全面领导责任。各级纪检监察机关要把农村党风廉政建设放在更加突出的位置，明确分管领导和工作机构，加强工作力量，搞好组织协调，积极协助党委和政府抓好农村党风廉政建设。有条件的地方，可设立农村党风廉政建设专门工作机构。各职能部门要坚持谁主管、谁负责，按照任务分工，发挥职能作用，抓好工作落实。

加强农村党风廉政建设，县委是关键，乡镇是基础。县（市）党委和政府要高度重视农村党风廉政建设，抓好工作部署，实施有效领导，在领导精力、财力投放、干部配备上给予保障。县级纪检监察机关要把农村党风廉政建设作为主要任务，搞好工作规划，加强督促指导。乡（镇）党委和政府要担负起抓落实的责任，明确具体要求，及时掌握情况，解决突出问题，切实抓好农村党风廉政建设。乡（镇）纪委要认真履行职责，协助党委、政府抓好农村党风廉政建设各项工作。

进一步加强县（市）、乡（镇）纪检监察队伍建设。探索建立适应农村党风廉政建设要求的纪检监察体制和工作机制，积极推进县级纪检监察机关派驻机构统一管理，充实乡（镇）纪委力量。认真解决在领导班子建设、干部队伍建设、工作条件、工作保障等方面存在的困难和问题。加强教育培训，提高纪检监察干部队伍的政治素质、业务本领和执纪水平。

（二）坚持改革创新。立足农村实际，以改革创新精神推进农村党风廉政建设，逐步建立健全与农村改革发展相适应的拒腐防变教育长效机制、反腐倡廉制度体系、权力运行监控机制。加强对全局性、前瞻性问题研究，准确把握新形势下农村党风廉政建设的特点和规律，抓住工作重点，加强薄弱环节，创新工作思路，提高工作水平。坚持因地制宜、分类指导，根据不同类型农村的特点，制定相应的目标任务和推进措施，增强农村党风廉政建设的整体性、协调性、系统性、实效性。

（三）健全落实机制。建立工作协调机制，健全工作制度，加强情况交流，协调解决问题，增强工作合力，充分发挥农村党风廉政建设协调机构的作用。建立工作督查机制，制定督查办法，细化督查内容，严格督查标准，规范督查程序，确保督查效果。建立考核评价机制，把农村党风廉政建设纳入党风廉政建设责任制考核的重要内容，建立健全农村党风廉政建设工作考核评价制度，将考评结果作为领导干部业绩评定、奖励惩处、选拔任用的重要依据。建立责任追究机制，制定农村党风廉政建设责任追究办法，加大责任追究力度。对工作不落实、措施不得力，职责范围内存在问题不解决、不纠正，造成严重后果的，要严肃追究有关领导和责任人的责任。

中共中央纪委、监察部关于认真学习贯彻党的十七大精神的通知

（中纪发［2007］18号 2007年10月25日）

各省、自治区、直辖市纪委、监察厅（局），中央和国家机关各部委纪检组（纪委）、监察局，中央纪委各派驻纪检组，监察部各派驻监察局、监察专员办公室，中央直属机关纪工委，中央国家机关纪工委，军委纪委：

为深入学习贯彻党的十七大精神，把广大纪检监察党员干部的思想和行动统一到十七大精神上来，切实完成十七大部署的关于党风廉政建设和反腐败斗争的各项任务，确保夺取全面建设小康社会新胜利，按照中央通知的要求，现就有关问题通知如下。

一、充分认识学习贯彻十七大精神的重大意义

十七大是在我国改革发展关键阶段召开的一次十分重要的大会。胡锦涛同志代表十六届中央委员会所作的《高举中国特色社会主义伟大旗帜 为夺取全面建设小康社会新胜利而奋斗》的报告，认真总结了党的十六大以来五年的工作，回顾总结了改革开放的伟大历史进程和宝贵经验，对继续推进改革开放和社会主义现代化建设、实现全面建设小康社会的宏伟目标作出了全面部署，对以改革创新精神全面推进党的建设新的伟大工程提出了明确要求。报告集中全党智慧、凝聚各方共识、反映人民心声，鲜明地向党内外、国内外宣示了在改革发展关键阶段我们党举什么旗、走什么路、以什么样的精神状态、朝着什么样的发展目标继续前进，以战略性思维和前瞻性眼光描绘了我国改革发展的宏伟蓝图。这是中国共产党人面向现代化、面向世界、面向未来的政治宣言，是马克思主义的纲领性文献，是指引全国各族人民夺取全面建设小康社会新胜利、开创中国特色社会主义新局面的行动纲领。大会充分肯定了中央纪委的工作，审查、批准的中央纪委工作报告总结了过去五年的反腐倡廉工作，对今后五年的工作提出了意见和建议。大会通过的《中国共产党章程（修正案）》，体现了党的理论创新和实践发展的成果，体现了十七大报告确立的重大理论观点、重大战略思想、重大工作部署，对坚持和完善党的领导、加强和改进党的建设提出了明确要求。大会选举产生的新一届中央领导集体是坚强的领导集体，一定能够团结带领全党全国各族人民，不断夺取全面建设小康社会新胜利，开创中国特色社会主义新局面。这是一次团结的大会、胜利的大会、奋进的大会，对我们党带领人民继往开来、开拓奋进具有十分重大的意义。各级纪检监察机关和广大纪检监察干部要以高度的政治责任感和历史使命感，认真学习贯彻十七大精神，为切实加强党风廉政建设和反腐败斗争，为以改革创新精神全面推进党的建设新的伟大工程，为确保夺取全面建设小康社会新胜利，作出新的贡献。

二、认真抓好十七大精神的学习贯彻，把广大党员干部的思想和行动统一到十七大精神上来

各级纪检监察机关要把学习贯彻十七大精神作为当前和今后一个时期首要政治任务摆上重要议程，对学习作出专门部署。组织广大纪检监察干部集中时间和精力认真研读十七大文件，原原本本学习十七大报告和党章，学习十七大批准的中央纪委工作报告，全面准确领会十七大精神。

学习十七大精神，要紧紧围绕主题，准确把握大会精神。要深刻领会高举中国特色社会主义伟大旗帜的重大意义，既要坚定不移地以中国特色社会主义理论体系为指导沿着中国特色社会主义道路奋勇前进，又要与时俱进地在中国特色社会主义道路的实践中不断丰富和发展中国特色社会主义理论体系。要深刻领会新时期近三十年来改革开放宝贵经验的精神实质，充分认识改革开放在新时期实践中的重大作用，进一步增强责任感和使命感，坚定不移地把改革开放推向前进。要深刻领会科学发展观的科学内涵和精神实质，充分认识科学发展观是对党的三代中央领导集体关于发展的重要思想的继承和发展，是马克思主义关于发展的世界观和方法论的集中体现，是同马克思列宁主义、毛泽东思想、邓小平理论和“三个代表”重要思想既一脉相承又与时俱进的科学理论，是我国经济社会发展的重要指导方针，是发展中国特色社会主义必须坚持和贯彻的重大战略思想，准确把握我国发展面临的新课题新矛盾，进一步提高对科学发展观的历史地位和重大意义的认识，更加自觉地走科学发展道路。要深刻领会十七大报告关于社会主义经济建设、政治建设、文化建设、社会建设的部署为发展中国特色社会主义指明了方向，进一步增强为实现全面建设小康社会奋斗目标服务的自觉性和坚定性。要深刻领会以改革创新精神全面推进党的建设新的伟大工程的根本要求，坚持党要管党、从严治党，贯彻为民、务实、清廉的要求，切实加强作风建设，深入推进党风廉政建设和反腐败斗争。

学习贯彻十七大精神，要大力弘扬理论联系实际的学风，紧密联系本地区、本部门纪检监察工作的实际，深刻领会和准确把握对党风廉政建设和反腐败斗争提出的新要求，进一步明确当前和今后一个时期工作的总体思路和主要任务。要坚持反腐倡廉的指导思想、基本原则、工作方针和成功经验，深入研究本地区、本部门反腐倡廉的特点、规律和发展趋势，用发展的思路和改革的办法，认真解决当前党风政风方面存在的突出问题，以优良的党风促政风带民风。要紧密联系纪检监察机关党组织和党员干部的实际，认真研究和提出进一步加强和改进纪检监察机关思想建设、组织建设、作风建设、制度建设和反腐倡廉建设的思路和措施。要加强党风党纪教育，引导广大纪检监察党员干部特别是领导干部讲党性、重品行、作表率，切实打牢廉洁从政的思想道德基础、筑牢拒腐防变的思想道德防线；严格遵守党章和国家法律法规，自觉接受党组织和人民群众的监督，努力成为加强学习的模范、真抓实干的模范、严格自律的模范。

各级纪检监察机关要用十七大精神统一思想、指导工作。要通过举办讨论会、报告会等形式组织好党员干部的学习，力求取得实效。党员干部特别是领导干部要带头学习十七大精神，理论学习中心组要把十七大报告作为中心内容。要通过扎实有效的学习活动，努力使纪检监察党员干部做到认识上有新提高、运用上有新收获，切实把学习的成果转化为推动党风廉政建设和反腐败斗争的强大精神力量。

三、切实加强党风廉政建设和反腐败斗争，确保十七大精神的贯彻落实

十七大对加强党的作风建设和反腐倡廉建设提出了一系列新要求、新思路、新举措。十七大报告指出，要把党的执政能力建设和先进性建设作为主线，坚持党要管党、从严治党，贯彻为民、务实、清廉的要求，以坚定理想信念为重点加强思想建设，以造就高素质党员干部队伍为重点加强组织建设，以保持党同人民群众的血肉联系为重点加强作风建设，以健全民主集中制为重点加强制度建设，以完善惩治和预防腐败体系为重点加强反腐倡廉建设，使党始终成为中国特色社会主义事业的坚强领导核心。要求全党同志充分认识反腐败斗争的长期性、复杂性、艰巨性，把反腐倡廉建设放在更加突出的位置，旗帜鲜明地反对腐败。坚持标本兼治、综合治理、惩防并举、注重预防的方针，扎实推进惩治和预防腐败体系建设，在坚决惩治腐败的同时，更加注重治本，更加注重预防，更加注重制度建设，拓展从源头上防治腐败工作领域。这些重要论断进一步明确了当前和今后一个时期党风廉政建设和反腐败斗争的思路和重点，充分表明了我们党对腐败问题的清醒认识和反对腐败的坚强决心。各级纪检监察机关一定要充分认识反腐败斗争的重要性和紧迫性，全面履行党章赋予的职责，为实现十七大作出的各项重大决策和战略部署提供有力保证。

一是要切实加强对十七大提出的重大战略部署和各项重大任务贯彻落实情况的监督检查，促进经济又好又快发展。要围绕加强和改善宏观调控、增强自主创新能力、提高质量和效益、健全就业和社会保障制度、建设社会主义新农村等重大政策和改革措施开展监督检查，切实保证中央方针政策的贯彻落实。要认真维护和执行党的纪律尤其是政治纪律，维护中央权威。对有令不行、有禁不止的，要严肃追究；对造成严重后果的，要依纪依法严肃处理。

二是要坚持从严治党，坚决查处违纪违法案件。要继续重点查办发生在领导机关和领导干部中滥用职权、贪污贿赂、腐化堕落、失职渎职等案件，查办官商勾结、权钱交易、权色交易和严重侵害群众利益的案件。严肃查办工程建设、土地管理、矿产资源开发等方面的严重违纪违法案件，严重违反组织人事纪律的案件，以及利用司法权索贿受贿、徇私舞弊、充当黑恶势力“保护伞”等案件。深入推进治理商业贿赂工作，积极推进市场诚信体系建设，促进经济社会健康发展。

三是要坚决纠正损害群众利益的不正之风，切实解决群众反映的突出问题。要坚决反对和纠正形式主义、官僚主义、享乐主义、弄虚作假等行为，坚决制止奢侈浪费。要把解决人民最关心、最直接、最现实的利益问题作为促进社会和谐的重要任务，积极支持协助党委、政府有关部门认真解决劳动就业、社会保障、收入分配、教育卫生、居民住房、安全生产、司法和社会治安等方面关系群众切身利益的问题。要完善信访制度，更加主动地正视和化解矛盾，更加积极地预防和妥善处理群体性事件，最大限度增加和谐因素，最大限度减少不和谐因素。

四是要着力推进改革和制度建设，从源头上预防和治理腐败。要坚持用制度管权、管事、管人，积极推进制度建设和创新，抓紧建立健全惩治和预防腐败体系，形成拒腐防变教育长效机制、反腐倡廉制度体系、权力运行监督机制。要深入推进行政管理体制、干部人事制度、司法体制和工作机制、行政审批制度、财政税收制度、投资体制、金融体制等方面的改革，完善公开办事制度，健全决策权、执行权、监督权既相互制约又相互协调的权力结构和运行机制。要认真解决影响发展的体制机制障碍，解决影响改革的深层次矛盾和问题，确保各项改革顺利进行。

各级纪检监察机关要在认真学习十七大文件、深刻领会精神实质的基础上，制定得力措施，把十七大精神落到实处。当前，要切实加强领导，继续狠抓中央纪委第七次全会和国务院第五次廉政工作会议部署的各项任务的落实，确保今年反腐倡廉各项任务的圆满完成。要紧紧围绕十七大作出的决策和部署，结合实际，有计划、有重点地开展调查研究，摸清情况，理清思路，为明年有效开展党风廉政建设和反腐败斗争作好准备。

国家公务员行为规范

（人发［2002］19号　2002年2月27日）

一、政治坚定。努力学习马克思列宁主义、毛泽东思想、邓小平理论和江泽民同志“三个代表”重要思想，树立共产主义理想信念，坚持党的基本理论、基本路线和基本纲领，坚定地走建设有中国特色的社会主义道路，坚定不移地贯彻执行党和国家的路线、方针、政策，在思想上、政治上和行动上与党中央保持高度一致。

二、忠于国家。热爱祖国，忠于宪法，维护国家安全、荣誉和利益，维护国家统一和民族的团结，维护政府形象和权威，保证政令畅通。遵守外事纪律，维护国格、人格尊严，严守国家秘密，同一切危害国家利益的言行作斗争。

三、勤政为民。忠于职守，爱岗敬业，勤奋工作，钻研业务，甘于奉献。一切从人民利益出发，热爱人民，忠于人民，全心全意为人民服务，密切联系群众，关心群众疾苦，维护群众合法权益，体察民情，了解民意，集中民智，珍惜民力，力戒形式主义、官僚主义，改进工作作风，讲求工作方法，注重工作效率，提高工作质量。自觉做人民公仆，让人民满意。

四、依法行政。遵守国家法律、法规和规章，按照规定的职责权限和工作程序履行职责、执行公务，依法办事，严格执法，公正执法，文明执法，不滥用权力，不以权代法，做学法、守法、用法和维护法律、法规尊严的模范。

五、务实创新。解放思想，实事求是，理论联系实际，说实话，报实情，办实事，求实效，踏实肯干。勤于思考，勇于创新，与时俱进，锐意进取，大胆开拓，创造性地开展工作。

六、清正廉洁。克己奉公，秉公办事，遵守纪律，不徇私情，不以权谋私，不贪赃枉法。淡泊名利，艰苦奋斗，勤俭节约，爱惜国家资财，反对拜金主义、享乐主义。

七、团结协作。坚持民主集中制，不独断专行，不搞自由主义。认真执行上级的决定和命令，服从大局，相互配合，相互支持，团结一致，勇于批评与自我批评，齐心协力做好工作。

八、品行端正。坚持真理，修正错误，崇尚科学，破除迷信。学习先进，助人为乐，谦虚谨慎，言行一致，忠诚守信，健康向上。模范遵守社会公德，举止端庄，仪表整洁，语言文明，讲普通话。

中共中央纪律检查委员会办公厅、监察部办公厅关于党政干部因引进资金、项目按当地政府政策获取资金等物质性奖励问题如何处理的答复

（中纪办［2001］220号　2001年12月29日）

地方政府为发展经济制定相应的奖励政策，应当充分考虑党和国家对党政干部廉洁从政的要求，并根据这些要求界定知用奖励政策的范围。为发展地方经济积极作出贡献，是党政干部尤其是领导干部的职责和义务，不应获取额外报酬。党政干部在引进资金、项目按一定比例或一定标准获取奖金或者其他物质性奖励，实质上是从事经济生活中的有偿中介活动。而且这种活动容易诱发行贿受贿、贪污私分国有资产，以及其他以权谋私行为。《中国共产党党员领导干部廉洁从政若干准则（试行）》第二条第（二）项明确规定，党员领导干部不准从事有偿中介活动；《中国共产党纪律处分条例（试行）》第八十八条也明确规定，党和国家机关、人民团体中的党员干部，从事有偿中介活动的，依照经商办企业的党员干部，从事有偿中介活动的，依照经商办企业错误处理。这一廉政要求应当同样适用于非党员干部。因此，以下人员不应适用地方政府对引进资金、项目的物质奖励政策。

1. 党和国家机关、人民团体中的党政干部；

2. 具有行政管理职能的事业单位中的党政干部，其他事业单位中相当于县（市）级以上党政领导干部；

3. 领导班子由省部级以上党委管理的企业的中层以上领导干部，领导班子由地厅级党委管理的企业的领导班子中的领导干部。

上列人员为当地引进资金、项目做出重要贡献的，可作为年终评优和评选各种先进的参考条件予以鼓励。

上列人员因引进资金、项目获取的资金或其他物质性奖励，可由各级党委政府区别不同情况妥善处理，其中，以引进资金、项目获取奖励为名行贿受贿、贪污私分国有资产，以及有其他违纪违法行为的，应当严肃查处。

一些地方已经发布并适用于党政干部的奖励政策中，与党中央、国务院以及中央纪委、监察部发布的有关党风廉政法规制度相抵触的内容，与本答复所提要求不符的内容，应当修改或者废止。

今后，地方不得制定对党政干部因引进资金、项目予以奖金等物质性奖励的规定。

第10章　政治、组织、外事纪律

中华人民共和国护照法

（2006年4月29日第十届全国人民代表大会常务委员会第二十一次会议通过）

第一条　为了规范中华人民共和国护照的申请、签发和管理，保障中华人民共和国公民出入中华人民共和国国境的权益，促进对外交往，制定本法。

第二条　中华人民共和国护照是中华人民共和国公民出入国境和在国外证明国籍和身份的证件。

任何组织或者个人不得伪造、变造、转让、故意损毁或者非法扣押护照。

第三条　护照分为普通护照、外交护照和公务护照。

护照由外交部通过外交途径向外国政府推介。

第四条　普通护照由公安部出入境管理机构或者公安部委托的县级以上地方人民政府公安机关出入境管理机构以及中华人民共和国驻外使馆、领馆和外交部委托的其他驻外机构签发。

外交护照由外交部签发。

公务护照由外交部、中华人民共和国驻外使馆、领馆或者外交部委托的其他驻外机构以及外交部委托的省、自治区、直辖市和设区的市人民政府外事部门签发。

第五条　公民因前往外国定居、探亲、学习、就业、旅行、从事商务活动等非公务原因出国的，由本人向户籍所在地的县级以上地方人民政府公安机关出入境管理机构申请普通护照。

第六条　公民申请普通护照，应当提交本人的居民身份证、户口簿、近期免冠照片以及申请事由的相关材料。国家工作人员因本法第五条规定的原因出境申请普通护照的，还应当按照国家有关规定提交相关证明文件。

公安机关出入境管理机构应当自收到申请材料之日起十五日内签发普通护照；对不符合规定不予签发的，应当书面说明理由，并告知申请人享有依法申请行政复议或者提起行政诉讼的权利。

在偏远地区或者交通不便的地区或者因特殊情况，不能按期签发护照的，经护照签发机关负责人批准，签发时间可以延长至三十日。

公民因合理紧急事由请求加急办理的，公安机关出入境管理机构应当及时办理。

第七条　普通护照的登记项目包括：护照持有人的姓名、性别、出生日期、出生地，护照的签发日期、有效期、签发地点和签发机关。

普通护照的有效期为：护照持有人未满十六周岁的五年，十六周岁以上的十年。

普通护照的具体签发办法，由公安部规定。

第八条 外交官员、领事官员及其随行配偶、未成年子女和外交信使持用外交护照。

在中华人民共和国驻外使馆、领馆或者联合国、联合国专门机构以及其他政府间国际组织中工作的中国政府派出的职员及其随行配偶、未成年子女持用公务护照。

前两款规定之外的公民出国执行公务的，由其工作单位依照本法第四条第二款、第三款的规定向外交部门提出申请，由外交部门根据需要签发外交护照或者公务护照。

第九条 外交护照、公务护照的登记项目包括：护照持有人的姓名、性别、出生日期、出生地，护照的签发日期、有效期和签发机关。

外交护照、公务护照的签发范围、签发办法、有效期以及公务护照的具体类别，由外交部规定。

第十条 护照持有人所持护照的登记事项发生变更时，应当持相关证明材料，向护照签发机关申请护照变更加注。

第十一条 有下列情形之一的，护照持有人可以按照规定申请换发或者补发护照：

（一）护照有效期即将届满的；

（二）护照签证页即将使用完毕的；

（三）护照损毁不能使用的；

（四）护照遗失或者被盗的；

（五）有正当理由需要换发或者补发护照的其他情形。

护照持有人申请换发或者补发普通护照，在国内，由本人向户籍所在地的县级以上地方人民政府公安机关出入境管理机构提出；在国外，由本人向中华人民共和国驻外使馆、领馆或者外交部委托的其他驻外机构提出。定居国外的中国公民回国后申请换发或者补发普通护照的，由本人向暂住地的县级以上地方人民政府公安机关出入境管理机构提出。

外交护照、公务护照的换发或者补发，按照外交部的有关规定办理。

第十二条 护照具备视读与机读两种功能。

护照的防伪性能参照国际技术标准制定。

护照签发机关及其工作人员对因制作、签发护照而知悉的公民个人信息，应当予以保密。

第十三条 申请人有下列情形之一的，护照签发机关不予签发护照：

（一）不具有中华人民共和国国籍的；

（二）无法证明身份的；

（三）在申请过程中弄虚作假的；

（四）被判处刑罚正在服刑的；

（五）人民法院通知有未了结的民事案件不能出境的；

（六）属于刑事案件被告人或者犯罪嫌疑人的；

（七）国务院有关主管部门认为出境后将对国家安全造成危害或者对国家利益造成重大损失的。

第十四条 申请人有下列情形之一的，护照签发机关自其刑罚执行完毕或者被遣返回国之日起六个月至三年以内不予签发护照：

（一）因妨害国（边）境管理受到刑事处罚的；

（二）因非法出境、非法居留、非法就业被遣返回国的。

第十五条 人民法院、人民检察院、公安机关、国家安全机关、行政监察机关因办理案件需要，可以依法扣押案件当事人的护照。

案件当事人拒不交出护照的，前款规定的国家机关可以提请护照签发机关宣布案件当事人的护照作废。

第十六条 护照持有人丧失中华人民共和国国籍，或者护照遗失、被盗等情形，由护照签发机关宣布该护照作废。

伪造、变造、骗取或者被签发机关宣布作废的护照无效。

第十七条 弄虚作假骗取护照的，由护照签发机关收缴护照或者宣布护照作废；由公安机关处二千元以上五千元以下罚款；构成犯罪的，依法追究刑事责任。

第十八条 为他人提供伪造、变造的护照，或者出售护照的，依法追究刑事责任；尚不够刑事处罚的，由公安机关没收违法所得，处十日以上十五日以下拘留，并处二千元以上五千元以下罚款；非法护照及其印制设备由公安机关收缴。

第十九条 持用伪造或者变造的护照或者冒用他人护照出入国（边）境的，由公安机关依照出境入境管理的法律规定予以处罚；非法护照由公安机关收缴。

第二十条 护照签发机关工作人员在办理护照过程中有下列行为之一的，依法给予行政处分；构成犯罪的，依法追究刑事责任：

（一）应当受理而不予受理的；

（二）无正当理由不在法定期限内签发的；

（三）超出国家规定标准收取费用的；

（四）向申请人索取或者收受贿赂的；

（五）泄露因制作、签发护照而知悉的公民个人信息，侵害公民合法权益的；

（六）滥用职权、玩忽职守、徇私舞弊的其他行为。

第二十一条 普通护照由公安部规定式样并监制；外交护照、公务护照由外交部规定式样并监制。

第二十二条 护照签发机关可以收取护照的工本费、加注费。收取的工本费和加注费上缴国库。

护照工本费和加注费的标准由国务院价格行政部门会同国务院财政部门规定、公布。

第二十三条 短期出国的公民在国外发生护照遗失、被盗或者损毁不能使用等情形，应当向中华人民共和国驻外使馆、领馆或者外交部委托的其他驻外机构申请中华人民共和国旅行证。

第二十四条 公民从事边境贸易、边境旅游服务或者参加边境旅游等情形，可以向公安部委托的县级以上地方人民政府公安机关出入境管理机构申请中华人民共和国出入境通行证。

第二十五条 公民以海员身份出入国境和在国外船舶上从事工作的，应当向交通部委托的海事管理机构申请中华人民共和国海员证。

第二十六条 本法自 2007 年 1 月 1 日起施行。本法施行前签发的护照在有效期内继续有效。

中共中央保密委员会关于高级干部保守党和国家秘密的规定

（中委〔1990〕247号　1990年12月13日）

第一条　为使高级干部严格保守党和国家秘密，根据《中华人民共和国保守国家秘密法》和有关规定，制定本规定。

第二条　本规定所称高级干部，是指党和国家机关及人民团体中副省、部级以上干部，包括离退休后享受副省、部级以上待遇的干部。

第三条　高级干部必须模范地遵守保密法律、法规和下列保密守则：

（一）不泄露自己知悉的党和国家秘密。

（二）不在无保密保障的场所阅办秘密文件、资料。

（三）不使用无保密保障的电信通信传输党和国家秘密。

（四）不在家属、亲友、熟人和其他无关人员面前谈论党和国家秘密。

（五）不在私人通信及公开发表的文章、著述中涉及党和国家秘密。

（六）不在社交活动中携带秘密文件、资料；特殊情况确需携带的，应由本人或指定专人严格保管。

（七）不在出国访问、考察等外事活动中携带秘密文件、资料；因工作确需携带的，应采取严密的防范措施。

（八）不在接受记者采访中涉及党和国家秘密，经批准的除外。

（九）不将阅办完毕的秘密文件、资料私自留存而不及时按规定清退、归档。

（十）不擅自复制或销毁秘密文件、资料。

第四条　现职高级干部阅办秘密文件、资料和办理其他属于党和国家秘密的事务，应在办公室内进行。

党和国家领导人及现已退居二线或者离休的原党和国家领导人，确需在家中阅办秘密文件、资料的，必须具备下列条件：

（一）有单独的具有保密保障的办公室；

（二）有存放秘密文件、资料的保密箱、柜；

（三）有专门负责管理秘密文件、资料的人员；

（四）有防止无关人员接触秘密的措施；

（五）经所在直属管理部门检查同意。

其他现职高级干部，如因特殊情况确需在家阅办秘密文件、资料的，必须具备一定的保密条件，但不得将绝密文件带回家中。

其他离退休高级干部阅读秘密文件、资料，到所在机关指定的办公室进行；行动不便的，由机关派人送阅，阅毕即由来人送还机关。

第五条　高级干部住院治疗或疗养期间，确需阅办的秘密文件、资料，由秘书或秘书部门派人送达，阅办完毕即由秘书人员送还机关。

第六条　高级干部的秘书人员的任用，应严格按照规定，经组织部门和秘书主管部门审查批准；未经审查批准，高级干部个人不得自行决定。

第七条　高级干部必须接受所在机关和保密部门对其保守党和国家秘密情况的监督检查。

第八条　高级干部及其身边工作人员发生泄密问题，应主动、及时地向所在机关和保密部门如实报告，并积极配合有关部门进行调查处理。

第九条　军队高级干部保守党和国家秘密的规定，由解放军保密委员会参照本规定制定。

第十条　本规定由国家保密局负责解释。

第十一条　本规定自发布之日起施行。过去印发的规定与本规定不一致的，以本规定为准。

中共中央纪律检查委员会办公厅、监察部办公厅关于纪检监察机关与外国纪检监察机关交往实行事先报告制度的通知

（中纪办［1996］69号　1996年4月18日）

根据中央纪委第135次常委会议决定，各级纪检、监察机关与外国纪检、监察机关进行各种形式的交往，实行事先报告制度，在征得中央纪委、监察部外事局的同意后，方可办理有关手续。

特此通知。

关于提高县以上党和国家机关党员领导干部民主生活会质量的意见

（中共中央纪律检查委员会、中共中央组织部1997年1月14日）

1990年中央下发《关于县以上党和国家机关党员领导干部民主生活会的若干规定》以来，各地普遍建立了民主生活会制度，多数单位能按期召开，对于活跃党内民主生活，加强领导班子的思想政治建设，发挥了积极作用。特别是在那些领导重视、准备充分、批评和自我批评开展好的单位，效果更为明显。但总的看，民主生活会的质量有待进一步提高。存在的突出问题是，会议的政治性、思想性、原则性不够强，汇报工作多，思想交锋少，批评和自我批评开展得不认真甚至根本没有开展起来。为了深入贯彻党的十四届四中、五中、六中全会精神，进一步加强领导班子思想政治建设，提高民主生活会的质量，现提出如下意见：

一、进一步提高对开好领导干部民主生活会重要性的认识

党员领导干部民主生活会制度，是党内政治生活中的一项重要制度，是解决领导班子自身矛盾、加强党内监督、提高领导干部思想水平和党性修养的有效途径，是建设高素质干部队伍的一项重要措施。实践证明，坚持民主生活会制度，有利于党组织对干部的严格要求、严格管理、严格监督，有利于领导干部自重、自省、自警、自励，廉洁自律，有利于统一思想、改进作风、增强团结、提高领导班子的战斗力。县以上党和国家机关的党员领导干部在积极参加所在党支部、党小组的组织生活会的同时，要认真参加领导班子民主生活会，自觉接受党组织和群众的监督，经受党内生活的锻炼，努力使自己成为新时期合格的领导干部。

二、明确民主生活会的目的要求，充分做好会前的准备工作

民主生活会不同于一般的工作会、总结会，应以讲学习、讲政治、讲正气，增强党性锻炼为重点，按照“三严”“四自”的要求，围绕学习、思想、作风、廉洁自律、遵纪守

法等方面的问题汇报思想状况，进行对照检查，开展批评和自我批评。不能把民主生活会开成研究工作的会议，不能回避矛盾，脱离实际空泛议论。根据实际需要每次会议应重点解决一两个突出问题或召开专题民主生活会。民主生活会召开的时间、议题，会前应报告上级党组织。

民主生活会前，应委托纪委（纪检组）、组织部或机关党组织广泛征求党内外群众对领导班子及其成员的意见和建议。要采取多种形式把群众的意见收集起来，并如实向主要负责同志及每个成员反馈，以便有针对性地开展批评和自我批评。

上级党委、纪委、组织部门要事先有组织地收集和掌握群众和干部反映，及有关情况。对有关领导成员需要在民主生活会上说明或检查的问题，可在会前同主要领导干部或领导成员本人沟通。参加指导下级党委（党组）民主生活会的人员，根据需要可提前到会，同主要领导干部一起研究开好民主生活会的有关事项。

民主生活会后，应将会议的基本情况、解决的问题、整改措施，及时报告上级党组织，必要时要向下级党组织和党员通报。

三、严肃认真地开展批评和自我批评

开好民主生活会，必须运用批评和自我批评的武器，开展积极的思想斗争。这是提高民主生活会质量，搞好党内监督的关键。每个领导成员都要以对党的事业、对同志高度负责的态度，严肃认真地开展批评和自我批评，分清是非，团结同志，坚持真理，修正错误。

首先要进行自我批评。每个同志都要严以律己，襟怀坦白，联系自己的思想、工作实际和廉洁自律情况，认真对照检查，防止只谈工作不谈思想、只讲成绩不讲问题、只讲集体不讲个人的现象。要正视自己的缺点、不足或错误，说老实话，反映真实情况，暴露真实思想。对群众意见较多的问题，特别是廉洁自律方面的问题，更不能回避，必须如实说明，自查自纠。针对存在的问题，分析原因，吸取教训，提出改进措施。不能就事论事，不能避重就轻，不能文过饰非。

相互批评要打破情面，讲党性、讲原则，不能迁就照顾。要克服好人主义和“事不关己，高高挂起；明知不对，少说为佳”的自由主义态度。做到坦诚相见，“知无不言，言无不尽”。被批评的同志要欢迎别人批评，虚心听取各种意见，“有则改之、无则加勉”。不能压制批评，不能打击报复批评者。相互批评要紧紧抓住贯彻执行党的基本路线和事关全局的重大问题，从团结的愿望出发，坚持实事求是，以理服人，不闹无原则纠纷。

领导班子成员之间要交心谈心，经常交换意见，沟通思想，消除隔阂和误会。通过批评和自我批评，化解矛盾，增进团结。

对有违纪问题又不在民主生活会上自查自纠的班子成员，必须严肃纪律，从重处分；对虽有违纪问题但能自觉检查，主动纠正错误的，可以不予处分或从轻处分。

四、党委（党组）主要负责同志要切实负起开好民主生活会的责任

民主生活会开得好不好，党委（党组）主要负责同志负有主要责任。党委（党组）主要负责同志的责任是：

（一）会前根据上级党组织和群众反映的意见，同其他领导成员交心通气，了解他们的思想、工作和廉洁自律情况，听取他们的意见。对领导班子基本状况及存在的主要问题要做到心中有数。

（二）会上带头开展批评和自我批评，勇于承担工作中发生失误的领导责任，诚心鼓励大家对自己提批评意见。正确引导其他成员的发言，正确引导成员之间开展相互批评。

（三）会议结束时，对民主生活会情况作出评价和总结，指出不足，提出要求。在民主生活会上，如果有的班子成员存在违纪问题，本人不自查，主要负责同志了解情况又不提出、不批评的，一经发现要追究主要负责同志的责任。

五、抓好整改措施的制定和落实

制定切实可行的整改措施是提高民主生活会质量的重要环节。对群众反映的突出问题和会上检查出来的主要问题，要一个一个研究，制定相应的整改措施。整改措施要明确具体，责任到人，狠抓落实。

每次民主生活会都要检查上次民主生活会后整改措施的落实情况，问题解决得不好或没有解决的，要分清责任，提出批评，限期改正。

六、加大对民主生活会指导和监督的力度

加强对下级党组织民主生活会的指导和监督是各级党委的重要职责，是促进下级党组织提高民主生活会质量的有效措施。要坚持一级抓一级的原则，切实加强指导，对矛盾较多的要具体帮助。

党委（党组）领导班子成员每年应有计划地参加下级党组织的领导干部民主生活会。中央纪委、中央组织部、中央直属机关工委、中央国家机关工委的负责同志，每年都要参加一些省区市党委和中央、国家机关部委党委（党组）的民主生活会。省（自治区、直辖市）、地（市）、县级党委常委和政府党员领导干部，每年参加下级党组织领导干部民主生活会不得少于二次。

各级纪律检查机关、组织部门和机关党组织要认真履行职责，加强对党员领导干部民主生活会的督促检查。要把坚持民主生活会制度和民主生活会质量的情况，作为考核领导班子和主要领导干部的一项重要内容。

要坚持民主生活会情况通报制度。对开得好的单位，要进行表扬和总结；对走过场的，经有关领导批准，可责令其重新召开；对无故不召开或未经同意不按期召开或开得不好的单位和主要负责人要提出批评，促其改进。

第11章　财税、金融、市场监管

中华人民共和国反垄断法

（2007年8月30日第十届全国人民代表大会常务委员会第二十九次会议通过）

第一章　总　则

第一条　为了预防和制止垄断行为，保护市场公平竞争，提高经济运行效率，维护消费者利益和社会公共利益，促进社会主义市场经济健康发展，制定本法。

第二条　中华人民共和国境内经济活动中的垄断行为，适用本法；中华人民共和国境外的垄断行为，对境内市场竞争产生排除、限制影响的，适用本法。

第三条　本法规定的垄断行为包括：

（一）经营者达成垄断协议；

（二）经营者滥用市场支配地位；

（三）具有或者可能具有排除、限制竞争效果的经营者集中。

第四条　国家制定和实施与社会主义市场经济相适应的竞争规则，完善宏观调控，健全统一、开放、竞争、有序的市场体系。

第五条　经营者可以通过公平竞争、自愿联合，依法实施集中，扩大经营规模，提高市场竞争能力。

第六条　具有市场支配地位的经营者，不得滥用市场支配地位，排除、限制竞争。

第七条　国有经济占控制地位的关系国民经济命脉和国家安全的行业以及依法实行专营专卖的行业，国家对其经营者的合法经营活动予以保护，并对经营者的经营行为及其商品和服务的价格依法实施监管和调控，维护消费者利益，促进技术进步。

前款规定行业的经营者应当依法经营，诚实守信，严格自律，接受社会公众的监督，不得利用其控制地位或者专营专卖地位损害消费者利益。

第八条　行政机关和法律、法规授权的具有管理公共事务职能的组织不得滥用行政权力，排除、限制竞争。

第九条　国务院设立反垄断委员会，负责组织、协调、指导反垄断工作，履行下列职责：

（一）研究拟订有关竞争政策；

（二）组织调查、评估市场总体竞争状况，发布评估报告；

（三）制定、发布反垄断指南；

（四）协调反垄断行政执法工作；

（五）国务院规定的其他职责。

国务院反垄断委员会的组成和工作规则由国务院规定。

第十条 国务院规定的承担反垄断执法职责的机构（以下统称国务院反垄断执法机构）依照本法规定，负责反垄断执法工作。

国务院反垄断执法机构根据工作需要，可以授权省、自治区、直辖市人民政府相应的机构，依照本法规定负责有关反垄断执法工作。

第十一条 行业协会应当加强行业自律，引导本行业的经营者依法竞争，维护市场竞争秩序。

第十二条 本法所称经营者，是指从事商品生产、经营或者提供服务的自然人、法人和其他组织。

本法所称相关市场，是指经营者在一定时期内就特定商品或者服务（以下统称商品）进行竞争的商品范围和地域范围。

第二章 垄断协议

第十三条 禁止具有竞争关系的经营者达成下列垄断协议：

（一）固定或者变更商品价格；

（二）限制商品的生产数量或者销售数量；

（三）分割销售市场或者原材料采购市场；

（四）限制购买新技术、新设备或者限制开发新技术、新产品；

（五）联合抵制交易；

（六）国务院反垄断执法机构认定的其他垄断协议。

本法所称垄断协议，是指排除、限制竞争的协议、决定或者其他协同行为。

第十四条 禁止经营者与交易相对人达成下列垄断协议：

（一）固定向第三人转售商品的价格；

（二）限定向第三人转售商品的最低价格；

（三）国务院反垄断执法机构认定的其他垄断协议。

第十五条 经营者能够证明所达成的协议属于下列情形之一的，不适用本法第十三条、第十四条的规定：

（一）为改进技术、研究开发新产品的；

（二）为提高产品质量、降低成本、增进效率，统一产品规格、标准或者实行专业化分工的；

（三）为提高中小经营者经营效率，增强中小经营者竞争力的；

（四）为实现节约能源、保护环境、救灾救助等社会公共利益的；

（五）因经济不景气，为缓解销售量严重下降或者生产明显过剩的；

（六）为保障对外贸易和对外经济合作中的正当利益的；

（七）法律和国务院规定的其他情形。

属于前款第一项至第五项情形，不适用本法第十三条、第十四条规定的，经营者还应当证明所达成的协议不会严重限制相关市场的竞争，并且能够使消费者分享由此产生的利益。

第十六条 行业协会不得组织本行业的经营者从事本章禁止的垄断行为。

第三章　滥用市场支配地位

第十七条　禁止具有市场支配地位的经营者从事下列滥用市场支配地位的行为：

（一）以不公平的高价销售商品或者以不公平的低价购买商品；

（二）没有正当理由，以低于成本的价格销售商品；

（三）没有正当理由，拒绝与交易相对人进行交易；

（四）没有正当理由，限定交易相对人只能与其进行交易或者只能与其指定的经营者进行交易；

（五）没有正当理由搭售商品，或者在交易时附加其他不合理的交易条件；

（六）没有正当理由，对条件相同的交易相对人在交易价格等交易条件上实行差别待遇；

（七）国务院反垄断执法机构认定的其他滥用市场支配地位的行为。

本法所称市场支配地位，是指经营者在相关市场内具有能够控制商品价格、数量或者其他交易条件，或者能够阻碍、影响其他经营者进入相关市场能力的市场地位。

第十八条　认定经营者具有市场支配地位，应当依据下列因素：

（一）该经营者在相关市场的市场份额，以及相关市场的竞争状况；

（二）该经营者控制销售市场或者原材料采购市场的能力；

（三）该经营者的财力和技术条件；

（四）其他经营者对该经营者在交易上的依赖程度；

（五）其他经营者进入相关市场的难易程度；

（六）与认定该经营者市场支配地位有关的其他因素。

第十九条　有下列情形之一的，可以推定经营者具有市场支配地位：

（一）一个经营者在相关市场的市场份额达到二分之一的；

（二）两个经营者在相关市场的市场份额合计达到三分之二的；

（三）三个经营者在相关市场的市场份额合计达到四分之三的。

有前款第二项、第三项规定的情形，其中有的经营者市场份额不足十分之一的，不应当推定该经营者具有市场支配地位。

被推定具有市场支配地位的经营者，有证据证明不具有市场支配地位的，不应当认定其具有市场支配地位。

第四章　经营者集中

第二十条　经营者集中是指下列情形：

（一）经营者合并；

（二）经营者通过取得股权或者资产的方式取得对其他经营者的控制权；

（三）经营者通过合同等方式取得对其他经营者的控制权或者能够对其他经营者施加决定性影响。

第二十一条　经营者集中达到国务院规定的申报标准的，经营者应当事先向国务院反垄断执法机构申报，未申报的不得实施集中。

第二十二条　经营者集中有下列情形之一的，可以不向国务院反垄断执法机构申报：

（一）参与集中的一个经营者拥有其他每个经营者百分之五十以上有表决权的股份或者资产的；

（二）参与集中的每个经营者百分之五十以上有表决权的股份或者资产被同一个未参与集中的经营者拥有的。

第二十三条 经营者向国务院反垄断执法机构申报集中，应当提交下列文件、资料：

（一）申报书；

（二）集中对相关市场竞争状况影响的说明；

（三）集中协议；

（四）参与集中的经营者经会计师事务所审计的上一会计年度财务会计报告；

（五）国务院反垄断执法机构规定的其他文件、资料。

申报书应当载明参与集中的经营者的名称、住所、经营范围、预定实施集中的日期和国务院反垄断执法机构规定的其他事项。

第二十四条 经营者提交的文件、资料不完备的，应当在国务院反垄断执法机构规定的期限内补交文件、资料。经营者逾期未补交文件、资料的，视为未申报。

第二十五条 国务院反垄断执法机构应当自收到经营者提交的符合本法第二十三条规定的文件、资料之日起三十日内，对申报的经营者集中进行初步审查，作出是否实施进一步审查的决定，并书面通知经营者。国务院反垄断执法机构作出决定前，经营者不得实施集中。

国务院反垄断执法机构作出不实施进一步审查的决定或者逾期未作出决定的，经营者可以实施集中。

第二十六条 国务院反垄断执法机构决定实施进一步审查的，应当自决定之日起九十日内审查完毕，作出是否禁止经营者集中的决定，并书面通知经营者。作出禁止经营者集中的决定，应当说明理由。审查期间，经营者不得实施集中。

有下列情形之一的，国务院反垄断执法机构经书面通知经营者，可以延长前款规定的审查期限，但最长不得超过六十日：

（一）经营者同意延长审查期限的；

（二）经营者提交的文件、资料不准确，需要进一步核实的；

（三）经营者申报后有关情况发生重大变化的。

国务院反垄断执法机构逾期未作出决定的，经营者可以实施集中。

第二十七条 审查经营者集中，应当考虑下列因素：

（一）参与集中的经营者在相关市场的市场份额及其对市场的控制力；

（二）相关市场的市场集中度；

（三）经营者集中对市场进入、技术进步的影响；

（四）经营者集中对消费者和其他有关经营者的影响；

（五）经营者集中对国民经济发展的影响；

（六）国务院反垄断执法机构认为应当考虑的影响市场竞争的其他因素。

第二十八条 经营者集中具有或者可能具有排除、限制竞争效果的，国务院反垄断执法机构应当作出禁止经营者集中的决定。但是，经营者能够证明该集中对竞争产生的有利影响明显大于不利影响，或者符合社会公共利益的，国务院反垄断执法机构可以作出对经营者集中不予禁止的决定。

第二十九条　对不予禁止的经营者集中，国务院反垄断执法机构可以决定附加减少集中对竞争产生不利影响的限制性条件。

第三十条　国务院反垄断执法机构应当将禁止经营者集中的决定或者对经营者集中附加限制性条件的决定，及时向社会公布。

第三十一条　对外资并购境内企业或者以其他方式参与经营者集中，涉及国家安全的，除依照本法规定进行经营者集中审查外，还应当按照国家有关规定进行国家安全审查。

第五章　滥用行政权力排除、限制竞争

第三十二条　行政机关和法律、法规授权的具有管理公共事务职能的组织不得滥用行政权力，限定或者变相限定单位或者个人经营、购买、使用其指定的经营者提供的商品。

第三十三条　行政机关和法律、法规授权的具有管理公共事务职能的组织不得滥用行政权力，实施下列行为，妨碍商品在地区之间的自由流通：

（一）对外地商品设定歧视性收费项目、实行歧视性收费标准，或者规定歧视性价格；

（二）对外地商品规定与本地同类商品不同的技术要求、检验标准，或者对外地商品采取重复检验、重复认证等歧视性技术措施，限制外地商品进入本地市场；

（三）采取专门针对外地商品的行政许可，限制外地商品进入本地市场；

（四）设置关卡或者采取其他手段，阻碍外地商品进入或者本地商品运出；

（五）妨碍商品在地区之间自由流通的其他行为。

第三十四条　行政机关和法律、法规授权的具有管理公共事务职能的组织不得滥用行政权力，以设定歧视性资质要求、评审标准或者不依法发布信息等方式，排斥或者限制外地经营者参加本地的招标投标活动。

第三十五条　行政机关和法律、法规授权的具有管理公共事务职能的组织不得滥用行政权力，采取与本地经营者不平等待遇等方式，排斥或者限制外地经营者在本地投资或者设立分支机构。

第三十六条　行政机关和法律、法规授权的具有管理公共事务职能的组织不得滥用行政权力，强制经营者从事本法规定的垄断行为。

第三十七条　行政机关不得滥用行政权力，制定含有排除、限制竞争内容的规定。

第六章　对涉嫌垄断行为的调查

第三十八条　反垄断执法机构依法对涉嫌垄断行为进行调查。

对涉嫌垄断行为，任何单位和个人有权向反垄断执法机构举报。反垄断执法机构应当为举报人保密。

举报采用书面形式并提供相关事实和证据的，反垄断执法机构应当进行必要的调查。

第三十九条　反垄断执法机构调查涉嫌垄断行为，可以采取下列措施：

（一）进入被调查的经营者的营业场所或者其他有关场所进行检查；

（二）询问被调查的经营者、利害关系人或者其他有关单位或者个人，要求其说明有关情况；

（三）查阅、复制被调查的经营者、利害关系人或者其他有关单位或者个人的有关单证、协议、会计账簿、业务函电、电子数据等文件、资料；

（四）查封、扣押相关证据；

（五）查询经营者的银行账户。

采取前款规定的措施，应当向反垄断执法机构主要负责人书面报告，并经批准。

第四十条 反垄断执法机构调查涉嫌垄断行为，执法人员不得少于二人，并应当出示执法证件。

执法人员进行询问和调查，应当制作笔录，并由被询问人或者被调查人签字。

第四十一条 反垄断执法机构及其工作人员对执法过程中知悉的商业秘密负有保密义务。

第四十二条 被调查的经营者、利害关系人或者其他有关单位或者个人应当配合反垄断执法机构依法履行职责，不得拒绝、阻碍反垄断执法机构的调查。

第四十三条 被调查的经营者、利害关系人有权陈述意见。反垄断执法机构应当对被调查的经营者、利害关系人提出的事实、理由和证据进行核实。

第四十四条 反垄断执法机构对涉嫌垄断行为调查核实后，认为构成垄断行为的，应当依法作出处理决定，并可以向社会公布。

第四十五条 对反垄断执法机构调查的涉嫌垄断行为，被调查的经营者承诺在反垄断执法机构认可的期限内采取具体措施消除该行为后果的，反垄断执法机构可以决定中止调查。中止调查的决定应当载明被调查的经营者承诺的具体内容。

反垄断执法机构决定中止调查的，应当对经营者履行承诺的情况进行监督。经营者履行承诺的，反垄断执法机构可以决定终止调查。

有下列情形之一的，反垄断执法机构应当恢复调查：

（一）经营者未履行承诺的；

（二）作出中止调查决定所依据的事实发生重大变化的；

（三）中止调查的决定是基于经营者提供的不完整或者不真实的信息作出的。

第七章　法律责任

第四十六条 经营者违反本法规定，达成并实施垄断协议的，由反垄断执法机构责令停止违法行为，没收违法所得，并处上一年度销售额百分之一以上百分之十以下的罚款；尚未实施所达成的垄断协议的，可以处五十万元以下的罚款。

经营者主动向反垄断执法机构报告达成垄断协议的有关情况并提供重要证据的，反垄断执法机构可以酌情减轻或者免除对该经营者的处罚。

行业协会违反本法规定，组织本行业的经营者达成垄断协议的，反垄断执法机构可以处五十万元以下的罚款；情节严重的，社会团体登记管理机关可以依法撤销登记。

第四十七条 经营者违反本法规定，滥用市场支配地位的，由反垄断执法机构责令停止违法行为，没收违法所得，并处上一年度销售额百分之一以上百分之十以下的罚款。

第四十八条 经营者违反本法规定实施集中的，由国务院反垄断执法机构责令停止实施集中、限期处分股份或者资产、限期转让营业以及采取其他必要措施恢复到集中前的状态，可以处五十万元以下的罚款。

第四十九条 对本法第四十六条、第四十七条、第四十八条规定的罚款，反垄断执法机构确定具体罚款数额时，应当考虑违法行为的性质、程度和持续的时间等因素。

第五十条 经营者实施垄断行为，给他人造成损失的，依法承担民事责任。

第五十一条 行政机关和法律、法规授权的具有管理公共事务职能的组织滥用行政权力，实施排除、限制竞争行为的，由上级机关责令改正；对直接负责的主管人员和其他直接责任人员依法给予处分。反垄断执法机构可以向有关上级机关提出依法处理的建议。

法律、行政法规对行政机关和法律、法规授权的具有管理公共事务职能的组织滥用行政权力实施排除、限制竞争行为的处理另有规定的，依照其规定。

第五十二条 对反垄断执法机构依法实施的审查和调查，拒绝提供有关材料、信息，或者提供虚假材料、信息，或者隐匿、销毁、转移证据，或者有其他拒绝、阻碍调查行为的，由反垄断执法机构责令改正，对个人可以处二万元以下的罚款，对单位可以处二十万元以下的罚款；情节严重的，对个人处二万元以上十万元以下的罚款，对单位处二十万元以上一百万元以下的罚款；构成犯罪的，依法追究刑事责任。

第五十三条 对反垄断执法机构依据本法第二十八条、第二十九条作出的决定不服的，可以先依法申请行政复议；对行政复议决定不服的，可以依法提起行政诉讼。

对反垄断执法机构作出的前款规定以外的决定不服的，可以依法申请行政复议或者提起行政诉讼。

第五十四条 反垄断执法机构工作人员滥用职权、玩忽职守、徇私舞弊或者泄露执法过程中知悉的商业秘密，构成犯罪的，依法追究刑事责任；尚不构成犯罪的，依法给予处分。

第八章 附 则

第五十五条 经营者依照有关知识产权的法律、行政法规规定行使知识产权的行为，不适用本法；但是，经营者滥用知识产权，排除、限制竞争的行为，适用本法。

第五十六条 农业生产者及农村经济组织在农产品生产、加工、销售、运输、储存等经营活动中实施的联合或者协同行为，不适用本法。

第五十七条 本法自 2008 年 8 月 1 日起施行。

国务院关于经营者集中申报标准的规定

（国务院令第529号　2008年8月3日）

第一条　为了明确经营者集中的申报标准，根据《中华人民共和国反垄断法》，制定本规定。

第二条　经营者集中是指下列情形：

（一）经营者合并；

（二）经营者通过取得股权或者资产的方式取得对其他经营者的控制权；

（三）经营者通过合同等方式取得对其他经营者的控制权或者能够对其他经营者施加决定性影响。

第三条　经营者集中达到下列标准之一的，经营者应当事先向国务院商务主管部门申报，未申报的不得实施集中：

（一）参与集中的所有经营者上一会计年度在全球范围内的营业额合计超过100亿元人民币，并且其中至少两个经营者上一会计年度在中国境内的营业额均超过4亿元人民币；

（二）参与集中的所有经营者上一会计年度在中国境内的营业额合计超过20亿元人民币，并且其中至少两个经营者上一会计年度在中国境内的营业额均超过4亿元人民币。

营业额的计算，应当考虑银行、保险、证券、期货等特殊行业、领域的实际情况，具体办法由国务院商务主管部门会同国务院有关部门制定。

第四条　经营者集中未达到本规定第三条规定的申报标准，但按照规定程序收集的事实和证据表明该经营者集中具有或者可能具有排除、限制竞争效果的，国务院商务主管部门应当依法进行调查。

第五条　本规定自公布之日起施行。

中华人民共和国公司法

（1993 年 12 月 29 日第八届全国人民代表大会常务委员会第五次会议通过
2005 年 10 月 27 日第十届全国人民代表大会常务委员会第十八次会议修订）

第一章　总　则

第一条　为了规范公司的组织和行为，保护公司、股东和债权人的合法权益，维护社会经济秩序，促进社会主义市场经济的发展，制定本法。

第二条　本法所称公司是指依照本法在中国境内设立的有限责任公司和股份有限公司。

第三条　公司是企业法人，有独立的法人财产，享有法人财产权。公司以其全部财产对公司的债务承担责任。

有限责任公司的股东以其认缴的出资额为限对公司承担责任；股份有限公司的股东以其认购的股份为限对公司承担责任。

第四条　公司股东依法享有资产收益、参与重大决策和选择管理者等权利。

第五条　公司从事经营活动，必须遵守法律、行政法规，遵守社会公德、商业道德，诚实守信，接受政府和社会公众的监督，承担社会责任。

公司的合法权益受法律保护，不受侵犯。

第六条　设立公司，应当依法向公司登记机关申请设立登记。符合本法规定的设立条件的，由公司登记机关分别登记为有限责任公司或者股份有限公司；不符合本法规定的设立条件的，不得登记为有限责任公司或者股份有限公司。

法律、行政法规规定设立公司必须报经批准的，应当在公司登记前依法办理批准手续。

公众可以向公司登记机关申请查询公司登记事项，公司登记机关应当提供查询服务。

第七条　依法设立的公司，由公司登记机关发给公司营业执照。公司营业执照签发日期为公司成立日期。

公司营业执照应当载明公司的名称、住所、注册资本、实收资本、经营范围、法定代表人姓名等事项。

公司营业执照记载的事项发生变更的，公司应当依法办理变更登记，由公司登记机关换发营业执照。

第八条　依照本法设立的有限责任公司，必须在公司名称中标明有限责任公司或者有限公司字样。

依照本法设立的股份有限公司，必须在公司名称中标明股份有限公司或者股份公司字样。

第九条　有限责任公司变更为股份有限公司，应当符合本法规定的股份有限公司的条件。股份有限公司变更为有限责任公司，应当符合本法规定的有限责任公司的条件。

有限责任公司变更为股份有限公司的，或者股份有限公司变更为有限责任公司的，公司变更前的债权、债务由变更后的公司承继。

第十条　公司以其主要办事机构所在地为住所。

第十一条　设立公司必须依法制定公司章程。公司章程对公司、股东、董事、监事、高级管理人员具有约束力。

第十二条　公司的经营范围由公司章程规定，并依法登记。公司可以修改公司章程，改变经营范围，但是应当办理变更登记。

公司的经营范围中属于法律、行政法规规定须经批准的项目，应当依法经过批准。

第十三条　公司法定代表人依照公司章程的规定，由董事长、执行董事或者经理担任，并依法登记。公司法定代表人变更，应当办理变更登记。

第十四条　公司可以设立分公司。设立分公司，应当向公司登记机关申请登记，领取营业执照。分公司不具有法人资格，其民事责任由公司承担。

公司可以设立子公司，子公司具有法人资格，依法独立承担民事责任。

第十五条　公司可以向其他企业投资；但是，除法律另有规定外，不得成为对所投资企业的债务承担连带责任的出资人。

第十六条　公司向其他企业投资或者为他人提供担保，依照公司章程的规定，由董事会或者股东会、股东大会决议；公司章程对投资或者担保的总额及单项投资或者担保的数额有限额规定的，不得超过规定的限额。

公司为公司股东或者实际控制人提供担保的，必须经股东会或者股东大会决议。

前款规定的股东或者受前款规定的实际控制人支配的股东，不得参加前款规定事项的表决。该项表决由出席会议的其他股东所持表决权的过半数通过。

第十七条　公司必须保护职工的合法权益，依法与职工签订劳动合同，参加社会保险，加强劳动保护，实现安全生产。

公司应当采用多种形式，加强公司职工的职业教育和岗位培训，提高职工素质。

第十八条　公司职工依照《中华人民共和国工会法》组织工会，开展工会活动，维护职工合法权益。公司应当为本公司工会提供必要的活动条件。公司工会代表职工就职工的劳动报酬、工作时间、福利、保险和劳动安全卫生等事项依法与公司签订集体合同。

公司依照宪法和有关法律的规定，通过职工代表大会或者其他形式，实行民主管理。

公司研究决定改制以及经营方面的重大问题、制定重要的规章制度时，应当听取公司工会的意见，并通过职工代表大会或者其他形式听取职工的意见和建议。

第十九条　在公司中，根据中国共产党章程的规定，设立中国共产党的组织，开展党的活动。公司应当为党组织的活动提供必要条件。

第二十条　公司股东应当遵守法律、行政法规和公司章程，依法行使股东权利，不得滥用股东权利损害公司或者其他股东的利益；不得滥用公司法人独立地位和股东有限责任损害公司债权人的利益。

公司股东滥用股东权利给公司或者其他股东造成损失的，应当依法承担赔偿责任。

公司股东滥用公司法人独立地位和股东有限责任，逃避债务，严重损害公司债权人利益的，应当对公司债务承担连带责任。

第二十一条　公司的控股股东、实际控制人、董事、监事、高级管理人员不得利用其关联关系损害公司利益。

违反前款规定，给公司造成损失的，应当承担赔偿责任。

第二十二条　公司股东会或者股东大会、董事会的决议内容违反法律、行政法规的无效。

股东会或者股东大会、董事会的会议召集程序、表决方式违反法律、行政法规或者公司章程，或者决议内容违反公司章程的，股东可以自决议作出之日起六十日内，请求人民法院撤销。

股东依照前款规定提起诉讼的，人民法院可以应公司的请求，要求股东提供相应担保。

公司根据股东会或者股东大会、董事会决议已办理变更登记的，人民法院宣告该决议无效或者撤销该决议后，公司应当向公司登记机关申请撤销变更登记。

第二章　有限责任公司的设立和组织机构

第一节　设　立

第二十三条　设立有限责任公司，应当具备下列条件：

（一）股东符合法定人数；

（二）股东出资达到法定资本最低限额；

（三）股东共同制定公司章程；

（四）有公司名称，建立符合有限责任公司要求的组织机构；

（五）有公司住所。

第二十四条　有限责任公司由五十个以下股东出资设立。

第二十五条　有限责任公司章程应当载明下列事项：

（一）公司名称和住所；

（二）公司经营范围；

（三）公司注册资本；

（四）股东的姓名或者名称；

（五）股东的出资方式、出资额和出资时间；

（六）公司的机构及其产生办法、职权、议事规则；

（七）公司法定代表人；

（八）股东会会议认为需要规定的其他事项。

股东应当在公司章程上签名、盖章。

第二十六条　有限责任公司的注册资本为在公司登记机关登记的全体股东认缴的出资额。公司全体股东的首次出资额不得低于注册资本的百分之二十，也不得低于法定的注册资本最低限额，其余部分由股东自公司成立之日起两年内缴足；其中，投资公司可以在五年内缴足。

有限责任公司注册资本的最低限额为人民币三万元。法律、行政法规对有限责任公司注册资本的最低限额有较高规定的，从其规定。

第二十七条 股东可以用货币出资，也可以用实物、知识产权、土地使用权等可以用货币估价并可以依法转让的非货币财产作价出资；但是，法律、行政法规规定不得作为出资的财产除外。

对作为出资的非货币财产应当评估作价，核实财产，不得高估或者低估作价。法律、行政法规对评估作价有规定的，从其规定。

全体股东的货币出资金额不得低于有限责任公司注册资本的百分之三十。

第二十八条 股东应当按期足额缴纳公司章程中规定的各自所认缴的出资额。股东以货币出资的，应当将货币出资足额存入有限责任公司在银行开设的账户；以非货币财产出资的，应当依法办理其财产权的转移手续。

股东不按照前款规定缴纳出资的，除应当向公司足额缴纳外，还应当向已按期足额缴纳出资的股东承担违约责任。

第二十九条 股东缴纳出资后，必须经依法设立的验资机构验资并出具证明。

第三十条 股东的首次出资经依法设立的验资机构验资后，由全体股东指定的代表或者共同委托的代理人向公司登记机关报送公司登记申请书、公司章程、验资证明等文件，申请设立登记。

第三十一条 有限责任公司成立后，发现作为设立公司出资的非货币财产的实际价额显著低于公司章程所定价额的，应当由交付该出资的股东补足其差额；公司设立时的其他股东承担连带责任。

第三十二条 有限责任公司成立后，应当向股东签发出资证明书。

出资证明书应当载明下列事项：

（一）公司名称；

（二）公司成立日期；

（三）公司注册资本；

（四）股东的姓名或者名称、缴纳的出资额和出资日期；

（五）出资证明书的编号和核发日期。

出资证明书由公司盖章。

第三十三条 有限责任公司应当置备股东名册，记载下列事项：

（一）股东的姓名或者名称及住所；

（二）股东的出资额；

（三）出资证明书编号。

记载于股东名册的股东，可以依股东名册主张行使股东权利。

公司应当将股东的姓名或者名称及其出资额向公司登记机关登记；登记事项发生变更的，应当办理变更登记。未经登记或者变更登记的，不得对抗第三人。

第三十四条 股东有权查阅、复制公司章程、股东会会议记录、董事会会议决议、监事会会议决议和财务会计报告。

股东可以要求查阅公司会计账簿。股东要求查阅公司会计账簿的，应当向公司提出书面请求，说明目的。公司有合理根据认为股东查阅会计账簿有不正当目的，可能损害公司合法利益的，可以拒绝提供查阅，并应当自股东提出书面请求之日起十五日内书面答复股东并说明理由。公司拒绝提供查阅的，股东可以请求人民法院要求公司提供查阅。

第三十五条 股东按照实缴的出资比例分取红利；公司新增资本时，股东有权优先按照实缴的出资比例认缴出资。但是，全体股东约定不按照出资比例分取红利或者不按照出资比例优先认缴出资的除外。

第三十六条 公司成立后，股东不得抽逃出资。

第二节 组织机构

第三十七条 有限责任公司股东会由全体股东组成。股东会是公司的权力机构，依照本法行使职权。

第三十八条 股东会行使下列职权：

（一）决定公司的经营方针和投资计划；

（二）选举和更换非由职工代表担任的董事、监事，决定有关董事、监事的报酬事项；

（三）审议批准董事会的报告；

（四）审议批准监事会或者监事的报告；

（五）审议批准公司的年度财务预算方案、决算方案；

（六）审议批准公司的利润分配方案和弥补亏损方案；

（七）对公司增加或者减少注册资本作出决议；

（八）对发行公司债券作出决议；

（九）对公司合并、分立、解散、清算或者变更公司形式作出决议；

（十）修改公司章程；

（十一）公司章程规定的其他职权。

对前款所列事项股东以书面形式一致表示同意的，可以不召开股东会会议，直接作出决定，并由全体股东在决定文件上签名、盖章。

第三十九条 首次股东会会议由出资最多的股东召集和主持，依照本法规定行使职权。

第四十条 股东会会议分为定期会议和临时会议。

定期会议应当依照公司章程的规定按时召开。代表十分之一以上表决权的股东，三分之一以上的董事，监事会或者不设监事会的公司的监事提议召开临时会议的，应当召开临时会议。

第四十一条 有限责任公司设立董事会的，股东会会议由董事会召集，董事长主持；董事长不能履行职务或者不履行职务的，由副董事长主持；副董事长不能履行职务或者不履行职务的，由半数以上董事共同推举一名董事主持。

有限责任公司不设董事会的，股东会会议由执行董事召集和主持。

董事会或者执行董事不能履行或者不履行召集股东会会议职责的，由监事会或者不设监事会的公司的监事召集和主持；监事会或者监事不召集和主持的，代表十分之一以上表决权的股东可以自行召集和主持。

第四十二条 召开股东会会议，应当于会议召开十五日前通知全体股东；但是，公司章程另有规定或者全体股东另有约定的除外。

股东会应当对所议事项的决定作成会议记录，出席会议的股东应当在会议记录上签名。

第四十三条 股东会会议由股东按照出资比例行使表决权；但是，公司章程另有规定的除外。

第四十四条 股东会的议事方式和表决程序，除本法有规定的外，由公司章程规定。

股东会会议作出修改公司章程、增加或者减少注册资本的决议，以及公司合并、分立、解散或者变更公司形式的决议，必须经代表三分之二以上表决权的股东通过。

第四十五条 有限责任公司设董事会，其成员为三人至十三人；但是，本法第五十一条另有规定的除外。

两个以上的国有企业或者两个以上的其他国有投资主体投资设立的有限责任公司，其董事会成员中应当有公司职工代表；其他有限责任公司董事会成员中可以有公司职工代表。董事会中的职工代表由公司职工通过职工代表大会、职工大会或者其他形式民主选举产生。

董事会设董事长一人，可以设副董事长。董事长、副董事长的产生办法由公司章程规定。

第四十六条 董事任期由公司章程规定，但每届任期不得超过三年。董事任期届满，连选可以连任。

董事任期届满未及时改选，或者董事在任期内辞职导致董事会成员低于法定人数的，在改选出的董事就任前，原董事仍应当依照法律、行政法规和公司章程的规定，履行董事职务。

第四十七条 董事会对股东会负责，行使下列职权：

（一）召集股东会会议，并向股东会报告工作；

（二）执行股东会的决议；

（三）决定公司的经营计划和投资方案；

（四）制订公司的年度财务预算方案、决算方案；

（五）制订公司的利润分配方案和弥补亏损方案；

（六）制订公司增加或者减少注册资本以及发行公司债券的方案；

（七）制订公司合并、分立、解散或者变更公司形式的方案；

（八）决定公司内部管理机构的设置；

（九）决定聘任或者解聘公司经理及其报酬事项，并根据经理的提名决定聘任或者解聘公司副经理、财务负责人及其报酬事项；

（十）制定公司的基本管理制度；

（十一）公司章程规定的其他职权。

第四十八条 董事会会议由董事长召集和主持；董事长不能履行职务或者不履行职务的，由副董事长召集和主持；副董事长不能履行职务或者不履行职务的，由半数以上董事共同推举一名董事召集和主持。

第四十九条 董事会的议事方式和表决程序，除本法有规定的外，由公司章程规定。

董事会应当对所议事项的决定作成会议记录，出席会议的董事应当在会议记录上签名。

董事会决议的表决，实行一人一票。

第五十条　有限责任公司可以设经理，由董事会决定聘任或者解聘。经理对董事会负责，行使下列职权：

（一）主持公司的生产经营管理工作，组织实施董事会决议；

（二）组织实施公司年度经营计划和投资方案；

（三）拟订公司内部管理机构设置方案；

（四）拟订公司的基本管理制度；

（五）制定公司的具体规章；

（六）提请聘任或者解聘公司副经理、财务负责人；

（七）决定聘任或者解聘除应由董事会决定聘任或者解聘以外的负责管理人员；

（八）董事会授予的其他职权。

公司章程对经理职权另有规定的，从其规定。

经理列席董事会会议。

第五十一条　股东人数较少或者规模较小的有限责任公司，可以设一名执行董事，不设董事会。执行董事可以兼任公司经理。

执行董事的职权由公司章程规定。

第五十二条　有限责任公司设监事会，其成员不得少于三人。股东人数较少或者规模较小的有限责任公司，可以设一至二名监事，不设监事会。

监事会应当包括股东代表和适当比例的公司职工代表，其中职工代表的比例不得低于三分之一，具体比例由公司章程规定。监事会中的职工代表由公司职工通过职工代表大会、职工大会或者其他形式民主选举产生。

监事会设主席一人，由全体监事过半数选举产生。监事会主席召集和主持监事会会议；监事会主席不能履行职务或者不履行职务的，由半数以上监事共同推举一名监事召集和主持监事会会议。

董事、高级管理人员不得兼任监事。

第五十三条　监事的任期每届为三年。监事任期届满，连选可以连任。

监事任期届满未及时改选，或者监事在任期内辞职导致监事会成员低于法定人数的，在改选出的监事就任前，原监事仍应当依照法律、行政法规和公司章程的规定，履行监事职务。

第五十四条　监事会、不设监事会的公司的监事行使下列职权：

（一）检查公司财务；

（二）对董事、高级管理人员执行公司职务的行为进行监督，对违反法律、行政法规、公司章程或者股东会决议的董事、高级管理人员提出罢免的建议；

（三）当董事、高级管理人员的行为损害公司的利益时，要求董事、高级管理人员予以纠正；

（四）提议召开临时股东会会议，在董事会不履行本法规定的召集和主持股东会会议职责时召集和主持股东会会议；

（五）向股东会会议提出提案；

（六）依照本法第一百五十二条的规定，对董事、高级管理人员提起诉讼；

（七）公司章程规定的其他职权。

第五十五条 监事可以列席董事会会议，并对董事会决议事项提出质询或者建议。

监事会、不设监事会的公司的监事发现公司经营情况异常，可以进行调查；必要时，可以聘请会计师事务所等协助其工作，费用由公司承担。

第五十六条 监事会每年度至少召开一次会议，监事可以提议召开临时监事会会议。

监事会的议事方式和表决程序，除本法有规定的外，由公司章程规定。

监事会决议应当经半数以上监事通过。

监事会应当对所议事项的决定作成会议记录，出席会议的监事应当在会议记录上签名。

第五十七条 监事会、不设监事会的公司的监事行使职权所必需的费用，由公司承担。

第三节 一人有限责任公司的特别规定

第五十八条 一人有限责任公司的设立和组织机构，适用本节规定；本节没有规定的，适用本章第一节、第二节的规定。

本法所称一人有限责任公司，是指只有一个自然人股东或者一个法人股东的有限责任公司。

第五十九条 一人有限责任公司的注册资本最低限额为人民币十万元。股东应当一次足额缴纳公司章程规定的出资额。

一个自然人只能投资设立一个一人有限责任公司。该一人有限责任公司不能投资设立新的一人有限责任公司。

第六十条 一人有限责任公司应当在公司登记中注明自然人独资或者法人独资，并在公司营业执照中载明。

第六十一条 一人有限责任公司章程由股东制定。

第六十二条 一人有限责任公司不设股东会。股东作出本法第三十八条第一款所列决定时，应当采用书面形式，并由股东签名后置备于公司。

第六十三条 一人有限责任公司应当在每一会计年度终了时编制财务会计报告，并经会计师事务所审计。

第六十四条 一人有限责任公司的股东不能证明公司财产独立于股东自己的财产的，应当对公司债务承担连带责任。

第四节 国有独资公司的特别规定

第六十五条 国有独资公司的设立和组织机构，适用本节规定；本节没有规定的，适用本章第一节、第二节的规定。

本法所称国有独资公司，是指国家单独出资、由国务院或者地方人民政府授权本级人民政府国有资产监督管理机构履行出资人职责的有限责任公司。

第六十六条 国有独资公司章程由国有资产监督管理机构制定，或者由董事会制订报国有资产监督管理机构批准。

第六十七条　国有独资公司不设股东会，由国有资产监督管理机构行使股东会职权。国有资产监督管理机构可以授权公司董事会行使股东会的部分职权，决定公司的重大事项，但公司的合并、分立、解散、增加或者减少注册资本和发行公司债券，必须由国有资产监督管理机构决定；其中，重要的国有独资公司合并、分立、解散、申请破产的，应当由国有资产监督管理机构审核后，报本级人民政府批准。

前款所称重要的国有独资公司，按照国务院的规定确定。

第六十八条　国有独资公司设董事会，依照本法第四十七条、第六十七条的规定行使职权。董事每届任期不得超过三年。董事会成员中应当有公司职工代表。

董事会成员由国有资产监督管理机构委派；但是，董事会成员中的职工代表由公司职工代表大会选举产生。

董事会设董事长一人，可以设副董事长。董事长、副董事长由国有资产监督管理机构从董事会成员中指定。

第六十九条　国有独资公司设经理，由董事会聘任或者解聘。经理依照本法第五十条规定行使职权。

经国有资产监督管理机构同意，董事会成员可以兼任经理。

第七十条　国有独资公司的董事长、副董事长、董事、高级管理人员，未经国有资产监督管理机构同意，不得在其他有限责任公司、股份有限公司或者其他经济组织兼职。

第七十一条　国有独资公司监事会成员不得少于五人，其中职工代表的比例不得低于三分之一，具体比例由公司章程规定。

监事会成员由国有资产监督管理机构委派；但是，监事会成员中的职工代表由公司职工代表大会选举产生。监事会主席由国有资产监督管理机构从监事会成员中指定。

监事会行使本法第五十四条第（一）项至第（三）项规定的职权和国务院规定的其他职权。

第三章　有限责任公司的股权转让

第七十二条　有限责任公司的股东之间可以相互转让其全部或者部分股权。

股东向股东以外的人转让股权，应当经其他股东过半数同意。股东应就其股权转让事项书面通知其他股东征求同意，其他股东自接到书面通知之日起满三十日未答复的，视为同意转让。其他股东半数以上不同意转让的，不同意的股东应当购买该转让的股权；不购买的，视为同意转让。

经股东同意转让的股权，在同等条件下，其他股东有优先购买权。两个以上股东主张行使优先购买权的，协商确定各自的购买比例；协商不成的，按照转让时各自的出资比例行使优先购买权。

公司章程对股权转让另有规定的，从其规定。

第七十三条　人民法院依照法律规定的强制执行程序转让股东的股权时，应当通知公司及全体股东，其他股东在同等条件下有优先购买权。其他股东自人民法院通知之日起满二十日不行使优先购买权的，视为放弃优先购买权。

第七十四条 依照本法第七十二条、第七十三条转让股权后，公司应当注销原股东的出资证明书，向新股东签发出资证明书，并相应修改公司章程和股东名册中有关股东及其出资额的记载。对公司章程的该项修改不需再由股东会表决。

第七十五条 有下列情形之一的，对股东会该项决议投反对票的股东可以请求公司按照合理的价格收购其股权：

（一）公司连续五年不向股东分配利润，而公司该五年连续盈利，并且符合本法规定的分配利润条件的；

（二）公司合并、分立、转让主要财产的；

（三）公司章程规定的营业期限届满或者章程规定的其他解散事由出现，股东会会议通过决议修改章程使公司存续的。

自股东会会议决议通过之日起六十日内，股东与公司不能达成股权收购协议的，股东可以自股东会会议决议通过之日起九十日内向人民法院提起诉讼。

第七十六条 自然人股东死亡后，其合法继承人可以继承股东资格；但是，公司章程另有规定的除外。

第四章 股份有限公司的设立和组织机构

第一节 设 立

第七十七条 设立股份有限公司，应当具备下列条件：

（一）发起人符合法定人数；

（二）发起人认购和募集的股本达到法定资本最低限额；

（三）股份发行、筹办事项符合法律规定；

（四）发起人制订公司章程，采用募集方式设立的经创立大会通过；

（五）有公司名称，建立符合股份有限公司要求的组织机构；

（六）有公司住所。

第七十八条 股份有限公司的设立，可以采取发起设立或者募集设立的方式。

发起设立，是指由发起人认购公司应发行的全部股份而设立公司。

募集设立，是指由发起人认购公司应发行股份的一部分，其余股份向社会公开募集或者向特定对象募集而设立公司。

第七十九条 设立股份有限公司，应当有二人以上二百人以下为发起人，其中须有半数以上的发起人在中国境内有住所。

第八十条 股份有限公司发起人承担公司筹办事务。

发起人应当签订发起人协议，明确各自在公司设立过程中的权利和义务。

第八十一条 股份有限公司采取发起设立方式设立的，注册资本为在公司登记机关登记的全体发起人认购的股本总额。公司全体发起人的首次出资额不得低于注册资本的百分之二十，其余部分由发起人自公司成立之日起两年内缴足；其中，投资公司可以在五年内缴足。在缴足前，不得向他人募集股份。

股份有限公司采取募集方式设立的，注册资本为在公司登记机关登记的实收股本总额。

股份有限公司注册资本的最低限额为人民币五百万元。法律、行政法规对股份有限公司注册资本的最低限额有较高规定的，从其规定。

第八十二条 股份有限公司章程应当载明下列事项：

（一）公司名称和住所；

（二）公司经营范围；

（三）公司设立方式；

（四）公司股份总数、每股金额和注册资本；

（五）发起人的姓名或者名称、认购的股份数、出资方式和出资时间；

（六）董事会的组成、职权和议事规则；

（七）公司法定代表人；

（八）监事会的组成、职权和议事规则；

（九）公司利润分配办法；

（十）公司的解散事由与清算办法；

（十一）公司的通知和公告办法；

（十二）股东大会会议认为需要规定的其他事项。

第八十三条 发起人的出资方式，适用本法第二十七条的规定。

第八十四条 以发起设立方式设立股份有限公司的，发起人应当书面认足公司章程规定其认购的股份；一次缴纳的，应即缴纳全部出资；分期缴纳的，应即缴纳首期出资。以非货币财产出资的，应当依法办理其财产权的转移手续。

发起人不依照前款规定缴纳出资的，应当按照发起人协议承担违约责任。

发起人首次缴纳出资后，应当选举董事会和监事会，由董事会向公司登记机关报送公司章程、由依法设定的验资机构出具的验资证明以及法律、行政法规规定的其他文件，申请设立登记。

第八十五条 以募集设立方式设立股份有限公司的，发起人认购的股份不得少于公司股份总数的百分之三十五；但是，法律、行政法规另有规定的，从其规定。

第八十六条 发起人向社会公开募集股份，必须公告招股说明书，并制作认股书。认股书应当载明本法第八十七条所列事项，由认股人填写认购股数、金额、住所，并签名、盖章。认股人按照所认购股数缴纳股款。

第八十七条 招股说明书应当附有发起人制订的公司章程，并载明下列事项：

（一）发起人认购的股份数；

（二）每股的票面金额和发行价格；

（三）无记名股票的发行总数；

（四）募集资金的用途；

（五）认股人的权利、义务；

（六）本次募股的起止期限及逾期未募足时认股人可以撤回所认股份的说明。

第八十八条 发起人向社会公开募集股份，应当由依法设立的证券公司承销，签订承销协议。

第八十九条 发起人向社会公开募集股份，应当同银行签订代收股款协议。

代收股款的银行应当按照协议代收和保存股款，向缴纳股款的认股人出具收款单据，并负有向有关部门出具收款证明的义务。

第九十条 发行股份的股款缴足后，必须经依法设立的验资机构验资并出具证明。发起人应当自股款缴足之日起三十日内主持召开公司创立大会。创立大会由发起人、认股人组成。

发行的股份超过招股说明书规定的截止期限尚未募足的，或者发行股份的股款缴足后，发起人在三十日内未召开创立大会的，认股人可以按照所缴股款并加算银行同期存款利息，要求发起人返还。

第九十一条 发起人应当在创立大会召开十五日前将会议日期通知各认股人或者予以公告。创立大会应有代表股份总数过半数的发起人、认股人出席，方可举行。

创立大会行使下列职权：

（一）审议发起人关于公司筹办情况的报告；

（二）通过公司章程；

（三）选举董事会成员；

（四）选举监事会成员；

（五）对公司的设立费用进行审核；

（六）对发起人用于抵作股款的财产的作价进行审核；

（七）发生不可抗力或者经营条件发生重大变化直接影响公司设立的，可以作出不设立公司的决议。

创立大会对前款所列事项作出决议，必须经出席会议的认股人所持表决权过半数通过。

第九十二条 发起人、认股人缴纳股款或者交付抵作股款的出资后，除未按期募足股份、发起人未按期召开创立大会或者创立大会决议不设立公司的情形外，不得抽回其股本。

第九十三条 董事会应于创立大会结束后三十日内，向公司登记机关报送下列文件，申请设立登记：

（一）公司登记申请书；

（二）创立大会的会议记录；

（三）公司章程；

（四）验资证明；

（五）法定代表人、董事、监事的任职文件及其身份证明；

（六）发起人的法人资格证明或者自然人身份证明；

（七）公司住所证明。

以募集方式设立股份有限公司公开发行股票的，还应当向公司登记机关报送国务院证券监督管理机构的核准文件。

第九十四条 股份有限公司成立后，发起人未按照公司章程的规定缴足出资的，应当补缴；其他发起人承担连带责任。

股份有限公司成立后，发现作为设立公司出资的非货币财产的实际价额显著低于公司章程所定价额的，应当由交付该出资的发起人补足其差额；其他发起人承担连带责任。

第九十五条　股份有限公司的发起人应当承担下列责任：

（一）公司不能成立时，对设立行为所产生的债务和费用负连带责任；

（二）公司不能成立时，对认股人已缴纳的股款，负返还股款并加算银行同期存款利息的连带责任；

（三）在公司设立过程中，由于发起人的过失致使公司利益受到损害的，应当对公司承担赔偿责任。

第九十六条　有限责任公司变更为股份有限公司时，折合的实收股本总额不得高于公司净资产额。有限责任公司变更为股份有限公司，为增加资本公开发行股份时，应当依法办理。

第九十七条　股份有限公司应当将公司章程、股东名册、公司债券存根、股东大会会议记录、董事会会议记录、监事会会议记录、财务会计报告置备于本公司。

第九十八条　股东有权查阅公司章程、股东名册、公司债券存根、股东大会会议记录、董事会会议决议、监事会会议决议、财务会计报告，对公司的经营提出建议或者质询。

第二节　股东大会

第九十九条　股份有限公司股东大会由全体股东组成。股东大会是公司的权力机构，依照本法行使职权。

第一百条　本法第三十八条第一款关于有限责任公司股东会职权的规定，适用于股份有限公司股东大会。

第一百零一条　股东大会应当每年召开一次年会。有下列情形之一的，应当在两个月内召开临时股东大会：

（一）董事人数不足本法规定人数或者公司章程所定人数的三分之二时；

（二）公司未弥补的亏损达实收股本总额三分之一时；

（三）单独或者合计持有公司百分之十以上股份的股东请求时；

（四）董事会认为必要时；

（五）监事会提议召开时；

（六）公司章程规定的其他情形。

第一百零二条　股东大会会议由董事会召集，董事长主持；董事长不能履行职务或者不履行职务的，由副董事长主持；副董事长不能履行职务或者不履行职务的，由半数以上董事共同推举一名董事主持。

董事会不能履行或者不履行召集股东大会会议职责的，监事会应当及时召集和主持；监事会不召集和主持的，连续九十日以上单独或者合计持有公司百分之十以上股份的股东可以自行召集和主持。

第一百零三条　召开股东大会会议，应当将会议召开的时间、地点和审议的事项于会议召开二十日前通知各股东；临时股东大会应当于会议召开十五日前通知各股东；发行无记名股票的，应当于会议召开三十日前公告会议召开的时间、地点和审议事项。

单独或者合计持有公司百分之三以上股份的股东，可以在股东大会召开十日前提出临时提案并书面提交董事会；董事会应当在收到提案后二日内通知其他股东，并将该临时提案提交股东大会审议。临时提案的内容应当属于股东大会职权范围，并有明确议题和具体决议事项。

股东大会不得对前两款通知中未列明的事项作出决议。

无记名股票持有人出席股东大会会议的，应当于会议召开五日前至股东大会闭会时将股票交存于公司。

第一百零四条 股东出席股东大会会议，所持每一股份有一表决权。但是，公司持有的本公司股份没有表决权。

股东大会作出决议，必须经出席会议的股东所持表决权过半数通过。但是，股东大会作出修改公司章程、增加或者减少注册资本的决议，以及公司合并、分立、解散或者变更公司形式的决议，必须经出席会议的股东所持表决权的三分之二以上通过。

第一百零五条 本法和公司章程规定公司转让、受让重大资产或者对外提供担保等事项必须经股东大会作出决议的，董事会应当及时召集股东大会会议，由股东大会就上述事项进行表决。

第一百零六条 股东大会选举董事、监事，可以依照公司章程的规定或者股东大会的决议，实行累积投票制。

本法所称累积投票制，是指股东大会选举董事或者监事时，每一股份拥有与应选董事或者监事人数相同的表决权，股东拥有的表决权可以集中使用。

第一百零七条 股东可以委托代理人出席股东大会会议，代理人应当向公司提交股东授权委托书，并在授权范围内行使表决权。

第一百零八条 股东大会应当对所议事项的决定作成会议记录，主持人、出席会议的董事应当在会议记录上签名。会议记录应当与出席股东的签名册及代理出席的委托书一并保存。

第三节 董事会、经理

第一百零九条 股份有限公司设董事会，其成员为五人至十九人。

董事会成员中可以有公司职工代表。董事会中的职工代表由公司职工通过职工代表大会、职工大会或者其他形式民主选举产生。

本法第四十六条关于有限责任公司董事任期的规定，适用于股份有限公司董事。

本法第四十七条关于有限责任公司董事会职权的规定，适用于股份有限公司董事会。

第一百一十条 董事会设董事长一人，可以设副董事长。董事长和副董事长由董事会以全体董事的过半数选举产生。

董事长召集和主持董事会会议，检查董事会决议的实施情况。副董事长协助董事长工作，董事长不能履行职务或者不履行职务的，由副董事长履行职务；副董事长不能履行职务或者不履行职务的，由半数以上董事共同推举一名董事履行职务。

第一百一十一条 董事会每年度至少召开两次会议，每次会议应当于会议召开十日前通知全体董事和监事。

代表十分之一以上表决权的股东、三分之一以上董事或者监事会，可以提议召开董事会临时会议。董事长应当自接到提议后十日内，召集和主持董事会会议。

董事会召开临时会议，可以另定召集董事会的通知方式和通知时限。

第一百一十二条　董事会会议应有过半数的董事出席方可举行。董事会作出决议，必须经全体董事的过半数通过。

董事会决议的表决，实行一人一票。

第一百一十三条　董事会会议，应由董事本人出席；董事因故不能出席，可以书面委托其他董事代为出席，委托书中应载明授权范围。

董事会应当对会议所议事项的决定作成会议记录，出席会议的董事应当在会议记录上签名。

董事应当对董事会的决议承担责任。董事会的决议违反法律、行政法规或者公司章程、股东大会决议，致使公司遭受严重损失的，参与决议的董事对公司负赔偿责任。但经证明在表决时曾表明异议并记载于会议记录的，该董事可以免除责任。

第一百一十四条　股份有限公司设经理，由董事会决定聘任或者解聘。

本法第五十条关于有限责任公司经理职权的规定，适用于股份有限公司经理。

第一百一十五条　公司董事会可以决定由董事会成员兼任经理。

第一百一十六条　公司不得直接或者通过子公司向董事、监事、高级管理人员提供借款。

第一百一十七条　公司应当定期向股东披露董事、监事、高级管理人员从公司获得报酬的情况。

第四节　监事会

第一百一十八条　股份有限公司设监事会，其成员不得少于三人。

监事会应当包括股东代表和适当比例的公司职工代表，其中职工代表的比例不得低于三分之一，具体比例由公司章程规定。监事会中的职工代表由公司职工通过职工代表大会、职工大会或者其他形式民主选举产生。

监事会设主席一人，可以设副主席。监事会主席和副主席由全体监事过半数选举产生。监事会主席召集和主持监事会会议；监事会主席不能履行职务或者不履行职务的，由监事会副主席召集和主持监事会会议；监事会副主席不能履行职务或者不履行职务的，由半数以上监事共同推举一名监事召集和主持监事会会议。

董事、高级管理人员不得兼任监事。

本法第五十三条关于有限责任公司监事任期的规定，适用于股份有限公司监事。

第一百一十九条　本法第五十四条、第五十五条关于有限责任公司监事会职权的规定，适用于股份有限公司监事会。

监事会行使职权所必需的费用，由公司承担。

第一百二十条　监事会每六个月至少召开一次会议。监事可以提议召开临时监事会会议。

监事会的议事方式和表决程序，除本法有规定的外，由公司章程规定。

监事会决议应当经半数以上监事通过。

监事会应当对所议事项的决定作成会议记录，出席会议的监事应当在会议记录上签名。

第五节　上市公司组织机构的特别规定

第一百二十一条　本法所称上市公司，是指其股票在证券交易所上市交易的股份有限公司。

第一百二十二条　上市公司在一年内购买、出售重大资产或者担保金额超过公司资产总额百分之三十的，应当由股东大会作出决议，并经出席会议的股东所持表决权的三分之二以上通过。

第一百二十三条　上市公司设立独立董事，具体办法由国务院规定。

第一百二十四条　上市公司设董事会秘书，负责公司股东大会和董事会会议的筹备、文件保管以及公司股东资料的管理，办理信息披露事务等事宜。

第一百二十五条　上市公司董事与董事会会议决议事项所涉及的企业有关联关系的，不得对该项决议行使表决权，也不得代理其他董事行使表决权。该董事会会议由过半数的无关联关系董事出席即可举行，董事会会议所作决议须经无关联关系董事过半数通过。出席董事会的无关联关系董事人数不足三人的，应将该事项提交上市公司股东大会审议。

第五章　股份有限公司的股份发行和转让

第一节　股份发行

第一百二十六条　股份有限公司的资本划分为股份，每一股的金额相等。

公司的股份采取股票的形式。股票是公司签发的证明股东所持股份的凭证。

第一百二十七条　股份的发行，实行公平、公正的原则，同种类的每一股份应当具有同等权利。

同次发行的同种类股票，每股的发行条件和价格应当相同；任何单位或者个人所认购的股份，每股应当支付相同价额。

第一百二十八条　股票发行价格可以按票面金额，也可以超过票面金额，但不得低于票面金额。

第一百二十九条　股票采用纸面形式或者国务院证券监督管理机构规定的其他形式。

股票应当载明下列主要事项：

（一）公司名称；

（二）公司成立日期；

（三）股票种类、票面金额及代表的股份数；

（四）股票的编号。

股票由法定代表人签名，公司盖章。

发起人的股票，应当标明发起人股票字样。

第一百三十条　公司发行的股票，可以为记名股票，也可以为无记名股票。

公司向发起人、法人发行的股票，应当为记名股票，并应当记载该发起人、法人的名称或者姓名，不得另立户名或者以代表人姓名记名。

第一百三十一条　公司发行记名股票的，应当置备股东名册，记载下列事项：

（一）股东的姓名或者名称及住所；

（二）各股东所持股份数；

（三）各股东所持股票的编号；

（四）各股东取得股份的日期。

发行无记名股票的，公司应当记载其股票数量、编号及发行日期。

第一百三十二条　国务院可以对公司发行本法规定以外的其他种类的股份，另行作出规定。

第一百三十三条　股份有限公司成立后，即向股东正式交付股票。公司成立前不得向股东交付股票。

第一百三十四条　公司发行新股，股东大会应当对下列事项作出决议：

（一）新股种类及数额；

（二）新股发行价格；

（三）新股发行的起止日期；

（四）向原有股东发行新股的种类及数额。

第一百三十五条　公司经国务院证券监督管理机构核准公开发行新股时，必须公告新股招股说明书和财务会计报告，并制作认股书。

本法第八十八条、第八十九条的规定适用于公司公开发行新股。

第一百三十六条　公司发行新股，可以根据公司经营情况和财务状况，确定其作价方案。

第一百三十七条　公司发行新股募足股款后，必须向公司登记机关办理变更登记，并公告。

第二节　股份转让

第一百三十八条　股东持有的股份可以依法转让。

第一百三十九条　股东转让其股份，应当在依法设立的证券交易场所进行或者按照国务院规定的其他方式进行。

第一百四十条　记名股票，由股东以背书方式或者法律、行政法规规定的其他方式转让；转让后由公司将受让人的姓名或者名称及住所记载于股东名册。

股东大会召开前二十日内或者公司决定分配股利的基准日前五日内，不得进行前款规定的股东名册的变更登记。但是，法律对上市公司股东名册变更登记另有规定的，从其规定。

第一百四十一条　无记名股票的转让，由股东将该股票交付给受让人后即发生转让的效力。

第一百四十二条　发起人持有的本公司股份，自公司成立之日起一年内不得转让。公司公开发行股份前已发行的股份，自公司股票在证券交易所上市交易之日起一年内不得转让。

公司董事、监事、高级管理人员应当向公司申报所持有的本公司的股份及其变动情况，在任职期间每年转让的股份不得超过其所持有本公司股份总数的百分之二十五；所持本公司股份自公司股票上市交易之日起一年内不得转让。上述人员离职后半年内，不得转让其所持有的本公司股份。公司章程可以对公司董事、监事、高级管理人员转让其所持有的本公司股份作出其他限制性规定。

第一百四十三条 公司不得收购本公司股份。但是，有下列情形之一的除外：

（一）减少公司注册资本；

（二）与持有本公司股份的其他公司合并；

（三）将股份奖励给本公司职工；

（四）股东因对股东大会作出的公司合并、分立决议持异议，要求公司收购其股份的。

公司因前款第（一）项至第（三）项的原因收购本公司股份的，应当经股东大会决议。公司依照前款规定收购本公司股份后，属于第（一）项情形的，应当自收购之日起十日内注销；属于第（二）项、第（四）项情形的，应当在六个月内转让或者注销。

公司依照第一款第（三）项规定收购的本公司股份，不得超过本公司已发行股份总额的百分之五；用于收购的资金应当从公司的税后利润中支出；所收购的股份应当在一年内转让给职工。

公司不得接受本公司的股票作为质押权的标的。

第一百四十四条 记名股票被盗、遗失或者灭失，股东可以依照《中华人民共和国民事诉讼法》规定的公示催告程序，请求人民法院宣告该股票失效。人民法院宣告该股票失效后，股东可以向公司申请补发股票。

第一百四十五条 上市公司的股票，依照有关法律、行政法规及证券交易所交易规则上市交易。

第一百四十六条 上市公司必须依照法律、行政法规的规定，公开其财务状况、经营情况及重大诉讼，在每会计年度内半年公布一次财务会计报告。

第六章 公司董事、监事、高级管理人员的资格和义务

第一百四十七条 有下列情形之一的，不得担任公司的董事、监事、高级管理人员：

（一）无民事行为能力或者限制民事行为能力；

（二）因贪污、贿赂、侵占财产、挪用财产或者破坏社会主义市场经济秩序，被判处刑罚，执行期满未逾五年，或者因犯罪被剥夺政治权利，执行期满未逾五年；

（三）担任破产清算的公司、企业的董事或者厂长、经理，对该公司、企业的破产负有个人责任的，自该公司、企业破产清算完结之日起未逾三年；

（四）担任因违法被吊销营业执照、责令关闭的公司、企业的法定代表人，并负有个人责任的，自该公司、企业被吊销营业执照之日起未逾三年；

（五）个人所负数额较大的债务到期未清偿。

公司违反前款规定选举、委派董事、监事或者聘任高级管理人员的，该选举、委派或者聘任无效。

董事、监事、高级管理人员在任职期间出现本条第一款所列情形的，公司应当解除其职务。

第一百四十八条 董事、监事、高级管理人员应当遵守法律、行政法规和公司章程，对公司负有忠实义务和勤勉义务。

董事、监事、高级管理人员不得利用职权收受贿赂或者其他非法收入，不得侵占公司的财产。

第一百四十九条　董事、高级管理人员不得有下列行为：

（一）挪用公司资金；

（二）将公司资金以其个人名义或者以其他个人名义开立账户存储；

（三）违反公司章程的规定，未经股东会、股东大会或者董事会同意，将公司资金借贷给他人或者以公司财产为他人提供担保；

（四）违反公司章程的规定或者未经股东会、股东大会同意，与本公司订立合同或者进行交易；

（五）未经股东会或者股东大会同意，利用职务便利为自己或者他人谋取属于公司的商业机会，自营或者为他人经营与所任职公司同类的业务；

（六）接受他人与公司交易的佣金归为己有；

（七）擅自披露公司秘密；

（八）违反对公司忠实义务的其他行为。

董事、高级管理人员违反前款规定所得的收入应当归公司所有。

第一百五十条　董事、监事、高级管理人员执行公司职务时违反法律、行政法规或者公司章程的规定，给公司造成损失的，应当承担赔偿责任。

第一百五十一条　股东会或者股东大会要求董事、监事、高级管理人员列席会议的，董事、监事、高级管理人员应当列席并接受股东的质询。

董事、高级管理人员应当如实向监事会或者不设监事会的有限责任公司的监事提供有关情况和资料，不得妨碍监事会或者监事行使职权。

第一百五十二条　董事、高级管理人员有本法第一百五十条规定的情形的，有限责任公司的股东、股份有限公司连续一百八十日以上单独或者合计持有公司百分之一以上股份的股东，可以书面请求监事会或者不设监事会的有限责任公司的监事向人民法院提起诉讼；监事有本法第一百五十条规定的情形的，前述股东可以书面请求董事会或者不设董事会的有限责任公司的执行董事向人民法院提起诉讼。

监事会、不设监事会的有限责任公司的监事，或者董事会、执行董事收到前款规定的股东书面请求后拒绝提起诉讼，或者自收到请求之日起三十日内未提起诉讼，或者情况紧急、不立即提起诉讼将会使公司利益受到难以弥补的损害的，前款规定的股东有权为了公司的利益以自己的名义直接向人民法院提起诉讼。

他人侵犯公司合法权益，给公司造成损失的，本条第一款规定的股东可以依照前两款的规定向人民法院提起诉讼。

第一百五十三条　董事、高级管理人员违反法律、行政法规或者公司章程的规定，损害股东利益的，股东可以向人民法院提起诉讼。

第七章　公司债券

第一百五十四条　本法所称公司债券，是指公司依照法定程序发行、约定在一定期限还本付息的有价证券。

公司发行公司债券应当符合《中华人民共和国证券法》规定的发行条件。

第一百五十五条　发行公司债券的申请经国务院授权的部门核准后，应当公告公司债券募集办法。

公司债券募集办法中应当载明下列主要事项：

（一）公司名称；

（二）债券募集资金的用途；

（三）债券总额和债券的票面金额；

（四）债券利率的确定方式；

（五）还本付息的期限和方式；

（六）债券担保情况；

（七）债券的发行价格、发行的起止日期；

（八）公司净资产额；

（九）已发行的尚未到期的公司债券总额；

（十）公司债券的承销机构。

第一百五十六条 公司以实物券方式发行公司债券的，必须在债券上载明公司名称、债券票面金额、利率、偿还期限等事项，并由法定代表人签名，公司盖章。

第一百五十七条 公司债券，可以为记名债券，也可以为无记名债券。

第一百五十八条 公司发行公司债券应当置备公司债券存根簿。

发行记名公司债券的，应当在公司债券存根簿上载明下列事项：

（一）债券持有人的姓名或者名称及住所；

（二）债券持有人取得债券的日期及债券的编号；

（三）债券总额，债券的票面金额、利率、还本付息的期限和方式；

（四）债券的发行日期。

发行无记名公司债券的，应当在公司债券存根簿上载明债券总额、利率、偿还期限和方式、发行日期及债券的编号。

第一百五十九条 记名公司债券的登记结算机构应当建立债券登记、存管、付息、兑付等相关制度。

第一百六十条 公司债券可以转让，转让价格由转让人与受让人约定。

公司债券在证券交易所上市交易的，按照证券交易所的交易规则转让。

第一百六十一条 记名公司债券，由债券持有人以背书方式或者法律、行政法规规定的其他方式转让；转让后由公司将受让人的姓名或者名称及住所记载于公司债券存根簿。

无记名公司债券的转让，由债券持有人将该债券交付给受让人后即发生转让的效力。

第一百六十二条 上市公司经股东大会决议可以发行可转换为股票的公司债券，并在公司债券募集办法中规定具体的转换办法。上市公司发行可转换为股票的公司债券，应当报国务院证券监督管理机构核准。

发行可转换为股票的公司债券，应当在债券上标明可转换公司债券字样，并在公司债券存根簿上载明可转换公司债券的数额。

第一百六十三条 发行可转换为股票的公司债券的，公司应当按照其转换办法向债券持有人换发股票，但债券持有人对转换股票或者不转换股票有选择权。

第八章　公司财务、会计

第一百六十四条　公司应当依照法律、行政法规和国务院财政部门的规定建立本公司的财务、会计制度。

第一百六十五条　公司应当在每一会计年度终了时编制财务会计报告，并依法经会计师事务所审计。

财务会计报告应当依照法律、行政法规和国务院财政部门的规定制作。

第一百六十六条　有限责任公司应当依照公司章程规定的期限将财务会计报告送交各股东。

股份有限公司的财务会计报告应当在召开股东大会年会的二十日前置备于本公司，供股东查阅；公开发行股票的股份有限公司必须公告其财务会计报告。

第一百六十七条　公司分配当年税后利润时，应当提取利润的百分之十列入公司法定公积金。公司法定公积金累计额为公司注册资本的百分之五十以上的，可以不再提取。

公司的法定公积金不足以弥补以前年度亏损的，在依照前款规定提取法定公积金之前，应当先用当年利润弥补亏损。

公司从税后利润中提取法定公积金后，经股东会或者股东大会决议，还可以从税后利润中提取任意公积金。

公司弥补亏损和提取公积金后所余税后利润，有限责任公司依照本法第三十五条的规定分配；股份有限公司按照股东持有的股份比例分配，但股份有限公司章程规定不按持股比例分配的除外。

股东会、股东大会或者董事会违反前款规定，在公司弥补亏损和提取法定公积金之前向股东分配利润的，股东必须将违反规定分配的利润退还公司。

公司持有的本公司股份不得分配利润。

第一百六十八条　股份有限公司以超过股票票面金额的发行价格发行股份所得的溢价款以及国务院财政部门规定列入资本公积金的其他收入，应当列为公司资本公积金。

第一百六十九条　公司的公积金用于弥补公司的亏损、扩大公司生产经营或者转为增加公司资本。但是，资本公积金不得用于弥补公司的亏损。

法定公积金转为资本时，所留存的该项公积金不得少于转增前公司注册资本的百分之二十五。

第一百七十条　公司聘用、解聘承办公司审计业务的会计师事务所，依照公司章程的规定，由股东会、股东大会或者董事会决定。

公司股东会、股东大会或者董事会就解聘会计师事务所进行表决时，应当允许会计师事务所陈述意见。

第一百七十一条　公司应当向聘用的会计师事务所提供真实、完整的会计凭证、会计账簿、财务会计报告及其他会计资料，不得拒绝、隐匿、谎报。

第一百七十二条　公司除法定的会计账簿外，不得另立会计账簿。

对公司资产，不得以任何个人名义开立账户存储。

第九章　公司合并、分立、增资、减资

第一百七十三条　公司合并可以采取吸收合并或者新设合并。

一个公司吸收其他公司为吸收合并，被吸收的公司解散。两个以上公司合并设立一个新的公司为新设合并，合并各方解散。

第一百七十四条　公司合并，应当由合并各方签订合并协议，并编制资产负债表及财产清单。公司应当自作出合并决议之日起十日内通知债权人，并于三十日内在报纸上公告。债权人自接到通知书之日起三十日内，未接到通知书的自公告之日起四十五日内，可以要求公司清偿债务或者提供相应的担保。

第一百七十五条　公司合并时，合并各方的债权、债务，应当由合并后存续的公司或者新设的公司承继。

第一百七十六条　公司分立，其财产作相应的分割。

公司分立，应当编制资产负债表及财产清单。公司应当自作出分立决议之日起十日内通知债权人，并于三十日内在报纸上公告。

第一百七十七条　公司分立前的债务由分立后的公司承担连带责任。但是，公司在分立前与债权人就债务清偿达成的书面协议另有约定的除外。

第一百七十八条　公司需要减少注册资本时，必须编制资产负债表及财产清单。

公司应当自作出减少注册资本决议之日起十日内通知债权人，并于三十日内在报纸上公告。债权人自接到通知书之日起三十日内，未接到通知书的自公告之日起四十五日内，有权要求公司清偿债务或者提供相应的担保。

公司减资后的注册资本不得低于法定的最低限额。

第一百七十九条　有限责任公司增加注册资本时，股东认缴新增资本的出资，依照本法设立有限责任公司缴纳出资的有关规定执行。

股份有限公司为增加注册资本发行新股时，股东认购新股，依照本法设立股份有限公司缴纳股款的有关规定执行。

第一百八十条　公司合并或者分立，登记事项发生变更的，应当依法向公司登记机关办理变更登记；公司解散的，应当依法办理公司注销登记；设立新公司的，应当依法办理公司设立登记。

公司增加或者减少注册资本，应当依法向公司登记机关办理变更登记。

第十章　公司解散和清算

第一百八十一条　公司因下列原因解散：

（一）公司章程规定的营业期限届满或者公司章程规定的其他解散事由出现；

（二）股东会或者股东大会决议解散；

（三）因公司合并或者分立需要解散；

（四）依法被吊销营业执照、责令关闭或者被撤销；

（五）人民法院依照本法第一百八十三条的规定予以解散。

第一百八十二条　公司有本法第一百八十一条第（一）项情形的，可以通过修改公司

章程而存续。

依照前款规定修改公司章程，有限责任公司须经持有三分之二以上表决权的股东通过，股份有限公司须经出席股东大会会议的股东所持表决权的三分之二以上通过。

第一百八十三条　公司经营管理发生严重困难，继续存续会使股东利益受到重大损失，通过其他途径不能解决的，持有公司全部股东表决权百分之十以上的股东，可以请求人民法院解散公司。

第一百八十四条　公司因本法第一百八十一条第（一）项、第（二）项、第（四）项、第（五）项规定而解散的，应当在解散事由出现之日起十五日内成立清算组，开始清算。有限责任公司的清算组由股东组成，股份有限公司的清算组由董事或者股东大会确定的人员组成。逾期不成立清算组进行清算的，债权人可以申请人民法院指定有关人员组成清算组进行清算。人民法院应当受理该申请，并及时组织清算组进行清算。

第一百八十五条　清算组在清算期间行使下列职权：

（一）清理公司财产，分别编制资产负债表和财产清单；

（二）通知、公告债权人；

（三）处理与清算有关的公司未了结的业务；

（四）清缴所欠税款以及清算过程中产生的税款；

（五）清理债权、债务；

（六）处理公司清偿债务后的剩余财产；

（七）代表公司参与民事诉讼活动。

第一百八十六条　清算组应当自成立之日起十日内通知债权人，并于六十日内在报纸上公告。债权人应当自接到通知书之日起三十日内，未接到通知书的自公告之日起四十五日内，向清算组申报其债权。

债权人申报债权，应当说明债权的有关事项，并提供证明材料。清算组应当对债权进行登记。

在申报债权期间，清算组不得对债权人进行清偿。

第一百八十七条　清算组在清理公司财产、编制资产负债表和财产清单后，应当制定清算方案，并报股东会、股东大会或者人民法院确认。

公司财产在分别支付清算费用、职工的工资、社会保险费用和法定补偿金，缴纳所欠税款，清偿公司债务后的剩余财产，有限责任公司按照股东的出资比例分配，股份有限公司按照股东持有的股份比例分配。

清算期间，公司存续，但不得开展与清算无关的经营活动。公司财产在未依照前款规定清偿前，不得分配给股东。

第一百八十八条　清算组在清理公司财产、编制资产负债表和财产清单后，发现公司财产不足清偿债务的，应当依法向人民法院申请宣告破产。

公司经人民法院裁定宣告破产后，清算组应当将清算事务移交给人民法院。

第一百八十九条　公司清算结束后，清算组应当制作清算报告，报股东会、股东大会或者人民法院确认，并报送公司登记机关，申请注销公司登记，公告公司终止。

第一百九十条　清算组成员应当忠于职守，依法履行清算义务。

清算组成员不得利用职权收受贿赂或者其他非法收入，不得侵占公司财产。

清算组成员因故意或者重大过失给公司或者债权人造成损失的，应当承担赔偿责任。

第一百九十一条 公司被依法宣告破产的，依照有关企业破产的法律实施破产清算。

第十一章 外国公司的分支机构

第一百九十二条 本法所称外国公司是指依照外国法律在中国境外设立的公司。

第一百九十三条 外国公司在中国境内设立分支机构，必须向中国主管机关提出申请，并提交其公司章程、所属国的公司登记证书等有关文件，经批准后，向公司登记机关依法办理登记，领取营业执照。

外国公司分支机构的审批办法由国务院另行规定。

第一百九十四条 外国公司在中国境内设立分支机构，必须在中国境内指定负责该分支机构的代表人或者代理人，并向该分支机构拨付与其所从事的经营活动相适应的资金。

对外国公司分支机构的经营资金需要规定最低限额的，由国务院另行规定。

第一百九十五条 外国公司的分支机构应当在其名称中标明该外国公司的国籍及责任形式。

外国公司的分支机构应当在本机构中置备该外国公司章程。

第一百九十六条 外国公司在中国境内设立的分支机构不具有中国法人资格。

外国公司对其分支机构在中国境内进行经营活动承担民事责任。

第一百九十七条 经批准设立的外国公司分支机构，在中国境内从事业务活动，必须遵守中国的法律，不得损害中国的社会公共利益，其合法权益受中国法律保护。

第一百九十八条 外国公司撤销其在中国境内的分支机构时，必须依法清偿债务，依照本法有关公司清算程序的规定进行清算。未清偿债务之前，不得将其分支机构的财产移至中国境外。

第十二章 法律责任

第一百九十九条 违反本法规定，虚报注册资本、提交虚假材料或者采取其他欺诈手段隐瞒重要事实取得公司登记的，由公司登记机关责令改正，对虚报注册资本的公司，处以虚报注册资本金额百分之五以上百分之十五以下的罚款；对提交虚假材料或者采取其他欺诈手段隐瞒重要事实的公司，处以五万元以上五十万元以下的罚款；情节严重的，撤销公司登记或者吊销营业执照。

第二百条 公司的发起人、股东虚假出资，未交付或者未按期交付作为出资的货币或者非货币财产的，由公司登记机关责令改正，处以虚假出资金额百分之五以上百分之十五以下的罚款。

第二百零一条 公司的发起人、股东在公司成立后，抽逃其出资的，由公司登记机关责令改正，处以所抽逃出资金额百分之五以上百分之十五以下的罚款。

第二百零二条 公司违反本法规定，在法定的会计账簿以外另立会计账簿的，由县级以上人民政府财政部门责令改正，处以五万元以上五十万元以下的罚款。

第二百零三条 公司在依法向有关主管部门提供的财务会计报告等材料上作虚假记载

或者隐瞒重要事实的，由有关主管部门对直接负责的主管人员和其他直接责任人员处以三万元以上三十万元以下的罚款。

第二百零四条　公司不依照本法规定提取法定公积金的，由县级以上人民政府财政部门责令如数补足应当提取的金额，可以对公司处以二十万元以下的罚款。

第二百零五条　公司在合并、分立、减少注册资本或者进行清算时，不依照本法规定通知或者公告债权人的，由公司登记机关责令改正，对公司处以一万元以上十万元以下的罚款。

公司在进行清算时，隐匿财产，对资产负债表或者财产清单作虚假记载或者在未清偿债务前分配公司财产的，由公司登记机关责令改正，对公司处以隐匿财产或者未清偿债务前分配公司财产金额百分之五以上百分之十以下的罚款；对直接负责的主管人员和其他直接责任人员处以一万元以上十万元以下的罚款。

第二百零六条　公司在清算期间开展与清算无关的经营活动的，由公司登记机关予以警告，没收违法所得。

第二百零七条　清算组不依照本法规定向公司登记机关报送清算报告，或者报送清算报告隐瞒重要事实或者有重大遗漏的，由公司登记机关责令改正。

清算组成员利用职权徇私舞弊、谋取非法收入或者侵占公司财产的，由公司登记机关责令退还公司财产，没收违法所得，并可以处以违法所得一倍以上五倍以下的罚款。

第二百零八条　承担资产评估、验资或者验证的机构提供虚假材料的，由公司登记机关没收违法所得，处以违法所得一倍以上五倍以下的罚款，并可以由有关主管部门依法责令该机构停业、吊销直接责任人员的资格证书，吊销营业执照。

承担资产评估、验资或者验证的机构因过失提供有重大遗漏的报告的，由公司登记机关责令改正，情节较重的，处以所得收入一倍以上五倍以下的罚款，并可以由有关主管部门依法责令该机构停业、吊销直接责任人员的资格证书，吊销营业执照。

承担资产评估、验资或者验证的机构因其出具的评估结果、验资或者验证证明不实，给公司债权人造成损失的，除能够证明自己没有过错的外，在其评估或者证明不实的金额范围内承担赔偿责任。

第二百零九条　公司登记机关对不符合本法规定条件的登记申请予以登记，或者对符合本法规定条件的登记申请不予登记的，对直接负责的主管人员和其他直接责任人员，依法给予行政处分。

第二百一十条　公司登记机关的上级部门强令公司登记机关对不符合本法规定条件的登记申请予以登记，或者对符合本法规定条件的登记申请不予登记的，或者对违法登记进行包庇的，对直接负责的主管人员和其他直接责任人员依法给予行政处分。

第二百一十一条　未依法登记为有限责任公司或者股份有限公司，而冒用有限责任公司或者股份有限公司名义的，或者未依法登记为有限责任公司或者股份有限公司的分公司，而冒用有限责任公司或者股份有限公司的分公司名义的，由公司登记机关责令改正或者予以取缔，可以并处十万元以下的罚款。

第二百一十二条　公司成立后无正当理由超过六个月未开业的，或者开业后自行停业连续六个月以上的，可以由公司登记机关吊销营业执照。

公司登记事项发生变更时，未依照本法规定办理有关变更登记的，由公司登记机关责令限期登记；逾期不登记的，处以一万元以上十万元以下的罚款。

第二百一十三条 外国公司违反本法规定，擅自在中国境内设立分支机构的，由公司登记机关责令改正或者关闭，可以并处五万元以上二十万元以下的罚款。

第二百一十四条 利用公司名义从事危害国家安全、社会公共利益的严重违法行为的，吊销营业执照。

第二百一十五条 公司违反本法规定，应当承担民事赔偿责任和缴纳罚款、罚金的，其财产不足以支付时，先承担民事赔偿责任。

第二百一十六条 违反本法规定，构成犯罪的，依法追究刑事责任。

第十三章 附 则

第二百一十七条 本法下列用语的含义：

（一）高级管理人员，是指公司的经理、副经理、财务负责人，上市公司董事会秘书和公司章程规定的其他人员。

（二）控股股东，是指其出资额占有限责任公司资本总额百分之五十以上或者其持有的股份占股份有限公司股本总额百分之五十以上的股东；出资额或者持有股份的比例虽然不足百分之五十，但依其出资额或者持有的股份所享有的表决权已足以对股东会、股东大会的决议产生重大影响的股东。

（三）实际控制人，是指虽不是公司的股东，但通过投资关系、协议或者其他安排，能够实际支配公司行为的人。

（四）关联关系，是指公司控股股东、实际控制人、董事、监事、高级管理人员与其直接或者间接控制的企业之间的关系，以及可能导致公司利益转移的其他关系。但是，国家控股的企业之间不仅因为同受国家控股而具有关联关系。

第二百一十八条 外商投资的有限责任公司和股份有限公司适用本法；有关外商投资的法律另有规定的，适用其规定。

第二百一十九条 本法自 2006 年 1 月 1 日起施行。

中华人民共和国证券法

（1998年12月29日第九届全国人民代表大会常务委员会第六次会议通过
2005年10月27日第十届全国人民代表大会常务委员会第十八次会议修订）

第一章　总　则

第一条　为了规范证券发行和交易行为，保护投资者的合法权益，维护社会经济秩序和社会公共利益，促进社会主义市场经济的发展，制定本法。

第二条　在中华人民共和国境内，股票、公司债券和国务院依法认定的其他证券的发行和交易，适用本法；本法未规定的，适用《中华人民共和国公司法》和其他法律、行政法规的规定。

政府债券、证券投资基金份额的上市交易，适用本法；其他法律、行政法规另有规定的，适用其规定。

证券衍生品种发行、交易的管理办法，由国务院依照本法的原则规定。

第三条　证券的发行、交易活动，必须实行公开、公平、公正的原则。

第四条　证券发行、交易活动的当事人具有平等的法律地位，应当遵守自愿、有偿、诚实信用的原则。

第五条　证券的发行、交易活动，必须遵守法律、行政法规；禁止欺诈、内幕交易和操纵证券市场的行为。

第六条　证券业和银行业、信托业、保险业实行分业经营、分业管理，证券公司与银行、信托、保险业务机构分别设立。国家另有规定的除外。

第七条　国务院证券监督管理机构依法对全国证券市场实行集中统一监督管理。

国务院证券监督管理机构根据需要可以设立派出机构，按照授权履行监督管理职责。

第八条　在国家对证券发行、交易活动实行集中统一监督管理的前提下，依法设立证券业协会，实行自律性管理。

第九条　国家审计机关依法对证券交易所、证券公司、证券登记结算机构、证券监督管理机构进行审计监督。

第二章　证券发行

第十条　公开发行证券，必须符合法律、行政法规规定的条件，并依法报经国务院证券监督管理机构或者国务院授权的部门核准；未经依法核准，任何单位和个人不得公开发行证券。

有下列情形之一的，为公开发行：

（一）向不特定对象发行证券的；

（二）向特定对象发行证券累计超过二百人的；

（三）法律、行政法规规定的其他发行行为。

非公开发行证券，不得采用广告、公开劝诱和变相公开方式。

第十一条 发行人申请公开发行股票、可转换为股票的公司债券，依法采取承销方式的，或者公开发行法律、行政法规规定实行保荐制度的其他证券的，应当聘请具有保荐资格的机构担任保荐人。

保荐人应当遵守业务规则和行业规范，诚实守信，勤勉尽责，对发行人的申请文件和信息披露资料进行审慎核查，督导发行人规范运作。

保荐人的资格及其管理办法由国务院证券监督管理机构规定。

第十二条 设立股份有限公司公开发行股票，应当符合《中华人民共和国公司法》规定的条件和经国务院批准的国务院证券监督管理机构规定的其他条件，向国务院证券监督管理机构报送募股申请和下列文件：

（一）公司章程；

（二）发起人协议；

（三）发起人姓名或者名称，发起人认购的股份数、出资种类及验资证明；

（四）招股说明书；

（五）代收股款银行的名称及地址；

（六）承销机构名称及有关的协议。

依照本法规定聘请保荐人的，还应当报送保荐人出具的发行保荐书。

法律、行政法规规定设立公司必须报经批准的，还应当提交相应的批准文件。

第十三条 公司公开发行新股，应当符合下列条件：

（一）具备健全且运行良好的组织机构；

（二）具有持续盈利能力，财务状况良好；

（三）最近三年财务会计文件无虚假记载，无其他重大违法行为；

（四）经国务院批准的国务院证券监督管理机构规定的其他条件。

上市公司非公开发行新股，应当符合经国务院批准的国务院证券监督管理机构规定的条件，并报国务院证券监督管理机构核准。

第十四条 公司公开发行新股，应当向国务院证券监督管理机构报送募股申请和下列文件：

（一）公司营业执照；

（二）公司章程；

（三）股东大会决议；

（四）招股说明书；

（五）财务会计报告；

（六）代收股款银行的名称及地址；

（七）承销机构名称及有关的协议。

依照本法规定聘请保荐人的，还应当报送保荐人出具的发行保荐书。

第十五条 公司对公开发行股票所募集资金，必须按照招股说明书所列资金用途使用。改变招股说明书所列资金用途，必须经股东大会作出决议。擅自改变用途而未作纠正的，或者未经股东大会认可的，不得公开发行新股。

第十六条　公开发行公司债券，应当符合下列条件：

（一）股份有限公司的净资产不低于人民币三千万元，有限责任公司的净资产不低于人民币六千万元；

（二）累计债券余额不超过公司净资产的百分之四十；

（三）最近三年平均可分配利润足以支付公司债券一年的利息；

（四）筹集的资金投向符合国家产业政策；

（五）债券的利率不超过国务院限定的利率水平；

（六）国务院规定的其他条件。

公开发行公司债券筹集的资金，必须用于核准的用途，不得用于弥补亏损和非生产性支出。

上市公司发行可转换为股票的公司债券，除应当符合第一款规定的条件外，还应当符合本法关于公开发行股票的条件，并报国务院证券监督管理机构核准。

第十七条　申请公开发行公司债券，应当向国务院授权的部门或者国务院证券监督管理机构报送下列文件：

（一）公司营业执照；

（二）公司章程；

（三）公司债券募集办法；

（四）资产评估报告和验资报告；

（五）国务院授权的部门或者国务院证券监督管理机构规定的其他文件。

依照本法规定聘请保荐人的，还应当报送保荐人出具的发行保荐书。

第十八条　有下列情形之一的，不得再次公开发行公司债券：

（一）前一次公开发行的公司债券尚未募足；

（二）对已公开发行的公司债券或者其他债务有违约或者延迟支付本息的事实，仍处于继续状态；

（三）违反本法规定，改变公开发行公司债券所募资金的用途。

第十九条　发行人依法申请核准发行证券所报送的申请文件的格式、报送方式，由依法负责核准的机构或者部门规定。

第二十条　发行人向国务院证券监督管理机构或者国务院授权的部门报送的证券发行申请文件，必须真实、准确、完整。

为证券发行出具有关文件的证券服务机构和人员，必须严格履行法定职责，保证其所出具文件的真实性、准确性和完整性。

第二十一条　发行人申请首次公开发行股票的，在提交申请文件后，应当按照国务院证券监督管理机构的规定预先披露有关申请文件。

第二十二条　国务院证券监督管理机构设发行审核委员会，依法审核股票发行申请。

发行审核委员会由国务院证券监督管理机构的专业人员和所聘请的该机构外的有关专家组成，以投票方式对股票发行申请进行表决，提出审核意见。

发行审核委员会的具体组成办法、组成人员任期、工作程序，由国务院证券监督管理机构规定。

第二十三条 国务院证券监督管理机构依照法定条件负责核准股票发行申请。核准程序应当公开，依法接受监督。

参与审核和核准股票发行申请的人员，不得与发行申请人有利害关系，不得直接或者间接接受发行申请人的馈赠，不得持有所核准的发行申请的股票，不得私下与发行申请人进行接触。

国务院授权的部门对公司债券发行申请的核准，参照前两款的规定执行。

第二十四条 国务院证券监督管理机构或者国务院授权的部门应当自受理证券发行申请文件之日起三个月内，依照法定条件和法定程序作出予以核准或者不予核准的决定，发行人根据要求补充、修改发行申请文件的时间不计算在内；不予核准的，应当说明理由。

第二十五条 证券发行申请经核准，发行人应当依照法律、行政法规的规定，在证券公开发行前，公告公开发行募集文件，并将该文件置备于指定场所供公众查阅。

发行证券的信息依法公开前，任何知情人不得公开或者泄露该信息。

发行人不得在公告公开发行募集文件前发行证券。

第二十六条 国务院证券监督管理机构或者国务院授权的部门对已作出的核准证券发行的决定，发现不符合法定条件或者法定程序，尚未发行证券的，应当予以撤销，停止发行。已经发行尚未上市的，撤销发行核准决定，发行人应当按照发行价并加算银行同期存款利息返还证券持有人；保荐人应当与发行人承担连带责任，但是能够证明自己没有过错的除外；发行人的控股股东、实际控制人有过错的，应当与发行人承担连带责任。

第二十七条 股票依法发行后，发行人经营与收益的变化，由发行人自行负责；由此变化引致的投资风险，由投资者自行负责。

第二十八条 发行人向不特定对象发行的证券，法律、行政法规规定应当由证券公司承销的，发行人应当同证券公司签订承销协议。证券承销业务采取代销或者包销方式。

证券代销是指证券公司代发行人发售证券，在承销期结束时，将未售出的证券全部退还给发行人的承销方式。

证券包销是指证券公司将发行人的证券按照协议全部购入或者在承销期结束时将售后剩余证券全部自行购入的承销方式。

第二十九条 公开发行证券的发行人有权依法自主选择承销的证券公司。证券公司不得以不正当竞争手段招揽证券承销业务。

第三十条 证券公司承销证券，应当同发行人签订代销或者包销协议，载明下列事项：

（一）当事人的名称、住所及法定代表人姓名；

（二）代销、包销证券的种类、数量、金额及发行价格；

（三）代销、包销的期限及起止日期；

（四）代销、包销的付款方式及日期；

（五）代销、包销的费用和结算办法；

（六）违约责任；

（七）国务院证券监督管理机构规定的其他事项。

第三十一条　证券公司承销证券，应当对公开发行募集文件的真实性、准确性、完整性进行核查；发现有虚假记载、误导性陈述或者重大遗漏的，不得进行销售活动；已经销售的，必须立即停止销售活动，并采取纠正措施。

第三十二条　向不特定对象发行的证券票面总值超过人民币五千万元的，应当由承销团承销。承销团应当由主承销和参与承销的证券公司组成。

第三十三条　证券的代销、包销期限最长不得超过九十日。

证券公司在代销、包销期内，对所代销、包销的证券应当保证先行出售给认购人，证券公司不得为本公司预留所代销的证券和预先购入并留存所包销的证券。

第三十四条　股票发行采取溢价发行的，其发行价格由发行人与承销的证券公司协商确定。

第三十五条　股票发行采用代销方式，代销期限届满，向投资者出售的股票数量未达到拟公开发行股票数量百分之七十的，为发行失败。发行人应当按照发行价并加算银行同期存款利息返还股票认购人。

第三十六条　公开发行股票，代销、包销期限届满，发行人应当在规定的期限内将股票发行情况报国务院证券监督管理机构备案。

第三章　证券交易

第一节　一般规定

第三十七条　证券交易当事人依法买卖的证券，必须是依法发行并交付的证券。

非依法发行的证券，不得买卖。

第三十八条　依法发行的股票、公司债券及其他证券，法律对其转让期限有限制性规定的，在限定的期限内不得买卖。

第三十九条　依法公开发行的股票、公司债券及其他证券，应当在依法设立的证券交易所上市交易或者在国务院批准的其他证券交易场所转让。

第四十条　证券在证券交易所上市交易，应当采用公开的集中交易方式或者国务院证券监督管理机构批准的其他方式。

第四十一条　证券交易当事人买卖的证券可以采用纸面形式或者国务院证券监督管理机构规定的其他形式。

第四十二条　证券交易以现货和国务院规定的其他方式进行交易。

第四十三条　证券交易所、证券公司和证券登记结算机构的从业人员、证券监督管理机构的工作人员以及法律、行政法规禁止参与股票交易的其他人员，在任期或者法定限期内，不得直接或者以化名、借他人名义持有、买卖股票，也不得收受他人赠送的股票。

任何人在成为前款所列人员时，其原已持有的股票，必须依法转让。

第四十四条　证券交易所、证券公司、证券登记结算机构必须依法为客户开立的账户保密。

第四十五条　为股票发行出具审计报告、资产评估报告或者法律意见书等文件的证券服务机构和人员，在该股票承销期内和期满后六个月内，不得买卖该种股票。

除前款规定外，为上市公司出具审计报告、资产评估报告或者法律意见书等文件的证券服务机构和人员，自接受上市公司委托之日起至上述文件公开后五日内，不得买卖该种股票。

第四十六条 证券交易的收费必须合理，并公开收费项目、收费标准和收费办法。

证券交易的收费项目、收费标准和管理办法由国务院有关主管部门统一规定。

第四十七条 上市公司董事、监事、高级管理人员、持有上市公司股份百分之五以上的股东，将其持有的该公司的股票在买入后六个月内卖出，或者在卖出后六个月内又买入，由此所得收益归该公司所有，公司董事会应当收回其所得收益。但是，证券公司因包销购入售后剩余股票而持有百分之五以上股份的，卖出该股票不受六个月时间限制。

公司董事会不按照前款规定执行的，股东有权要求董事会在三十日内执行。公司董事会未在上述期限内执行的，股东有权为了公司的利益以自己的名义直接向人民法院提起诉讼。

公司董事会不按照第一款的规定执行的，负有责任的董事依法承担连带责任。

第二节　证券上市

第四十八条 申请证券上市交易，应当向证券交易所提出申请，由证券交易所依法审核同意，并由双方签订上市协议。

证券交易所根据国务院授权的部门的决定安排政府债券上市交易。

第四十九条 申请股票、可转换为股票的公司债券或者法律、行政法规规定实行保荐制度的其他证券上市交易，应当聘请具有保荐资格的机构担任保荐人。

本法第十一条第二款、第三款的规定适用于上市保荐人。

第五十条 股份有限公司申请股票上市，应当符合下列条件：

（一）股票经国务院证券监督管理机构核准已公开发行；

（二）公司股本总额不少于人民币三千万元；

（三）公开发行的股份达到公司股份总数的百分之二十五以上；公司股本总额超过人民币四亿元的，公开发行股份的比例为百分之十以上；

（四）公司最近三年无重大违法行为，财务会计报告无虚假记载。

证券交易所可以规定高于前款规定的上市条件，并报国务院证券监督管理机构批准。

第五十一条 国家鼓励符合产业政策并符合上市条件的公司股票上市交易。

第五十二条 申请股票上市交易，应当向证券交易所报送下列文件：

（一）上市报告书；

（二）申请股票上市的股东大会决议；

（三）公司章程；

（四）公司营业执照；

（五）依法经会计师事务所审计的公司最近三年的财务会计报告；

（六）法律意见书和上市保荐书；

（七）最近一次的招股说明书；

（八）证券交易所上市规则规定的其他文件。

第五十三条 股票上市交易申请经证券交易所审核同意后，签订上市协议的公司应当在规定的期限内公告股票上市的有关文件，并将该文件置备于指定场所供公众查阅。

第五十四条　签订上市协议的公司除公告前条规定的文件外，还应当公告下列事项：

（一）股票获准在证券交易所交易的日期；

（二）持有公司股份最多的前十名股东的名单和持股数额；

（三）公司的实际控制人；

（四）董事、监事、高级管理人员的姓名及其持有本公司股票和债券的情况。

第五十五条　上市公司有下列情形之一的，由证券交易所决定暂停其股票上市交易：

（一）公司股本总额、股权分布等发生变化不再具备上市条件；

（二）公司不按照规定公开其财务状况，或者对财务会计报告作虚假记载，可能误导投资者；

（三）公司有重大违法行为；

（四）公司最近三年连续亏损；

（五）证券交易所上市规则规定的其他情形。

第五十六条　上市公司有下列情形之一的，由证券交易所决定终止其股票上市交易：

（一）公司股本总额、股权分布等发生变化不再具备上市条件，在证券交易所规定的期限内仍不能达到上市条件；

（二）公司不按照规定公开其财务状况，或者对财务会计报告作虚假记载，且拒绝纠正；

（三）公司最近三年连续亏损，在其后一个年度内未能恢复盈利；

（四）公司解散或者被宣告破产；

（五）证券交易所上市规则规定的其他情形。

第五十七条　公司申请公司债券上市交易，应当符合下列条件：

（一）公司债券的期限为一年以上；

（二）公司债券实际发行额不少于人民币五千万元；

（三）公司申请债券上市时仍符合法定的公司债券发行条件。

第五十八条　申请公司债券上市交易，应当向证券交易所报送下列文件：

（一）上市报告书；

（二）申请公司债券上市的董事会决议；

（三）公司章程；

（四）公司营业执照；

（五）公司债券募集办法；

（六）公司债券的实际发行数额；

（七）证券交易所上市规则规定的其他文件。

申请可转换为股票的公司债券上市交易，还应当报送保荐人出具的上市保荐书。

第五十九条　公司债券上市交易申请经证券交易所审核同意后，签订上市协议的公司应当在规定的期限内公告公司债券上市文件及有关文件，并将其申请文件置备于指定场所供公众查阅。

第六十条　公司债券上市交易后，公司有下列情形之一的，由证券交易所决定暂停其公司债券上市交易：

（一）公司有重大违法行为；

（二）公司情况发生重大变化不符合公司债券上市条件；

（三）发行公司债券所募集的资金不按照核准的用途使用；

（四）未按照公司债券募集办法履行义务；

（五）公司最近二年连续亏损。

第六十一条 公司有前条第（一）项、第（四）项所列情形之一经查实后果严重的，或者有前条第（二）项、第（三）项、第（五）项所列情形之一，在限期内未能消除的，由证券交易所决定终止其公司债券上市交易。

公司解散或者被宣告破产的，由证券交易所终止其公司债券上市交易。

第六十二条 对证券交易所作出的不予上市、暂停上市、终止上市决定不服的，可以向证券交易所设立的复核机构申请复核。

第三节 持续信息公开

第六十三条 发行人、上市公司依法披露的信息，必须真实、准确、完整，不得有虚假记载、误导性陈述或者重大遗漏。

第六十四条 经国务院证券监督管理机构核准依法公开发行股票，或者经国务院授权的部门核准依法公开发行公司债券，应当公告招股说明书、公司债券募集办法。依法公开发行新股或者公司债券的，还应当公告财务会计报告。

第六十五条 上市公司和公司债券上市交易的公司，应当在每一会计年度的上半年结束之日起二个月内，向国务院证券监督管理机构和证券交易所报送记载以下内容的中期报告，并予公告：

（一）公司财务会计报告和经营情况；

（二）涉及公司的重大诉讼事项；

（三）已发行的股票、公司债券变动情况；

（四）提交股东大会审议的重要事项；

（五）国务院证券监督管理机构规定的其他事项。

第六十六条 上市公司和公司债券上市交易的公司，应当在每一会计年度结束之日起四个月内，向国务院证券监督管理机构和证券交易所报送记载以下内容的年度报告，并予公告：

（一）公司概况；

（二）公司财务会计报告和经营情况；

（三）董事、监事、高级管理人员简介及其持股情况；

（四）已发行的股票、公司债券情况，包括持有公司股份最多的前十名股东的名单和持股数额；

（五）公司的实际控制人；

（六）国务院证券监督管理机构规定的其他事项。

第六十七条 发生可能对上市公司股票交易价格产生较大影响的重大事件，投资者尚未得知时，上市公司应当立即将有关该重大事件的情况向国务院证券监督管理机构和证券交易所报送临时报告，并予公告，说明事件的起因、目前的状态和可能产生的法律后果。

下列情况为前款所称重大事件：

（一）公司的经营方针和经营范围的重大变化；

（二）公司的重大投资行为和重大的购置财产的决定；

（三）公司订立重要合同，可能对公司的资产、负债、权益和经营成果产生重要影响；

（四）公司发生重大债务和未能清偿到期重大债务的违约情况；

（五）公司发生重大亏损或者重大损失；

（六）公司生产经营的外部条件发生的重大变化；

（七）公司的董事、三分之一以上监事或者经理发生变动；

（八）持有公司百分之五以上股份的股东或者实际控制人，其持有股份或者控制公司的情况发生较大变化；

（九）公司减资、合并、分立、解散及申请破产的决定；

（十）涉及公司的重大诉讼，股东大会、董事会决议被依法撤销或者宣告无效；

（十一）公司涉嫌犯罪被司法机关立案调查，公司董事、监事、高级管理人员涉嫌犯罪被司法机关采取强制措施；

（十二）国务院证券监督管理机构规定的其他事项。

第六十八条　上市公司董事、高级管理人员应当对公司定期报告签署书面确认意见。

上市公司监事会应当对董事会编制的公司定期报告进行审核并提出书面审核意见。

上市公司董事、监事、高级管理人员应当保证上市公司所披露的信息真实、准确、完整。

第六十九条　发行人、上市公司公告的招股说明书、公司债券募集办法、财务会计报告、上市报告文件、年度报告、中期报告、临时报告以及其他信息披露资料，有虚假记载、误导性陈述或者重大遗漏，致使投资者在证券交易中遭受损失的，发行人、上市公司应当承担赔偿责任；发行人、上市公司的董事、监事、高级管理人员和其他直接责任人员以及保荐人、承销的证券公司，应当与发行人、上市公司承担连带赔偿责任，但是能够证明自己没有过错的除外；发行人、上市公司的控股股东、实际控制人有过错的，应当与发行人、上市公司承担连带赔偿责任。

第七十条　依法必须披露的信息，应当在国务院证券监督管理机构指定的媒体发布，同时将其置备于公司住所、证券交易所，供社会公众查阅。

第七十一条　国务院证券监督管理机构对上市公司年度报告、中期报告、临时报告以及公告的情况进行监督，对上市公司分派或者配售新股的情况进行监督，对上市公司控股股东和信息披露义务人的行为进行监督。

证券监督管理机构、证券交易所、保荐人、承销的证券公司及有关人员，对公司依照法律、行政法规规定必须作出的公告，在公告前不得泄露其内容。

第七十二条　证券交易所决定暂停或者终止证券上市交易的，应当及时公告，并报国务院证券监督管理机构备案。

第四节　禁止的交易行为

第七十三条　禁止证券交易内幕信息的知情人和非法获取内幕信息的人利用内幕信息

从事证券交易活动。

第七十四条 证券交易内幕信息的知情人包括：

（一）发行人的董事、监事、高级管理人员；

（二）持有公司百分之五以上股份的股东及其董事、监事、高级管理人员，公司的实际控制人及其董事、监事、高级管理人员；

（三）发行人控股的公司及其董事、监事、高级管理人员；

（四）由于所任公司职务可以获取公司有关内幕信息的人员；

（五）证券监督管理机构工作人员以及由于法定职责对证券的发行、交易进行管理的其他人员；

（六）保荐人、承销的证券公司、证券交易所、证券登记结算机构、证券服务机构的有关人员；

（七）国务院证券监督管理机构规定的其他人。

第七十五条 证券交易活动中，涉及公司的经营、财务或者对该公司证券的市场价格有重大影响的尚未公开的信息，为内幕信息。

下列信息皆属内幕信息：

（一）本法第六十七条第二款所列重大事件；

（二）公司分配股利或者增资的计划；

（三）公司股权结构的重大变化；

（四）公司债务担保的重大变更；

（五）公司营业用主要资产的抵押、出售或者报废一次超过该资产的百分之三十；

（六）公司的董事、监事、高级管理人员的行为可能依法承担重大损害赔偿责任；

（七）上市公司收购的有关方案；

（八）国务院证券监督管理机构认定的对证券交易价格有显著影响的其他重要信息。

第七十六条 证券交易内幕信息的知情人和非法获取内幕信息的人，在内幕信息公开前，不得买卖该公司的证券，或者泄露该信息，或者建议他人买卖该证券。

持有或者通过协议、其他安排与他人共同持有公司百分之五以上股份的自然人、法人、其他组织收购上市公司的股份，本法另有规定的，适用其规定。

内幕交易行为给投资者造成损失的，行为人应当依法承担赔偿责任。

第七十七条 禁止任何人以下列手段操纵证券市场：

（一）单独或者通过合谋，集中资金优势、持股优势或者利用信息优势联合或者连续买卖，操纵证券交易价格或者证券交易量；

（二）与他人串通，以事先约定的时间、价格和方式相互进行证券交易，影响证券交易价格或者证券交易量；

（三）在自己实际控制的账户之间进行证券交易，影响证券交易价格或者证券交易量；

（四）以其他手段操纵证券市场。

操纵证券市场行为给投资者造成损失的，行为人应当依法承担赔偿责任。

第七十八条 禁止国家工作人员、传播媒介从业人员和有关人员编造、传播虚假信息，扰乱证券市场。

禁止证券交易所、证券公司、证券登记结算机构、证券服务机构及其从业人员，证券业协会、证券监督管理机构及其工作人员，在证券交易活动中作出虚假陈述或者信息误导。

各种传播媒介传播证券市场信息必须真实、客观，禁止误导。

第七十九条　禁止证券公司及其从业人员从事下列损害客户利益的欺诈行为：

（一）违背客户的委托为其买卖证券；

（二）不在规定时间内向客户提供交易的书面确认文件；

（三）挪用客户所委托买卖的证券或者客户账户上的资金；

（四）未经客户的委托，擅自为客户买卖证券，或者假借客户的名义买卖证券；

（五）为牟取佣金收入，诱使客户进行不必要的证券买卖；

（六）利用传播媒介或者通过其他方式提供、传播虚假或者误导投资者的信息；

（七）其他违背客户真实意思表示，损害客户利益的行为。

欺诈客户行为给客户造成损失的，行为人应当依法承担赔偿责任。

第八十条　禁止法人非法利用他人账户从事证券交易；禁止法人出借自己或者他人的证券账户。

第八十一条　依法拓宽资金入市渠道，禁止资金违规流入股市。

第八十二条　禁止任何人挪用公款买卖证券。

第八十三条　国有企业和国有资产控股的企业买卖上市交易的股票，必须遵守国家有关规定。

第八十四条　证券交易所、证券公司、证券登记结算机构、证券服务机构及其从业人员对证券交易中发现的禁止的交易行为，应当及时向证券监督管理机构报告。

第四章　上市公司的收购

第八十五条　投资者可以采取要约收购、协议收购及其他合法方式收购上市公司。

第八十六条　通过证券交易所的证券交易，投资者持有或者通过协议、其他安排与他人共同持有一个上市公司已发行的股份达到百分之五时，应当在该事实发生之日起三日内，向国务院证券监督管理机构、证券交易所作出书面报告，通知该上市公司，并予公告；在上述期限内，不得再行买卖该上市公司的股票。

投资者持有或者通过协议、其他安排与他人共同持有一个上市公司已发行的股份达到百分之五后，其所持该上市公司已发行的股份比例每增加或者减少百分之五，应当依照前款规定进行报告和公告。在报告期限内和作出报告、公告后二日内，不得再行买卖该上市公司的股票。

第八十七条　依照前条规定所作的书面报告和公告，应当包括下列内容：

（一）持股人的名称、住所；

（二）持有的股票的名称、数额；

（三）持股达到法定比例或者持股增减变化达到法定比例的日期。

第八十八条　通过证券交易所的证券交易，投资者持有或者通过协议、其他安排与他人共同持有一个上市公司已发行的股份达到百分之三十时，继续进行收购的，应当依法向该上市公司所有股东发出收购上市公司全部或者部分股份的要约。

收购上市公司部分股份的收购要约应当约定，被收购公司股东承诺出售的股份数额超过预定收购的股份数额的，收购人按比例进行收购。

第八十九条 依照前条规定发出收购要约，收购人必须事先向国务院证券监督管理机构报送上市公司收购报告书，并载明下列事项：

（一）收购人的名称、住所；

（二）收购人关于收购的决定；

（三）被收购的上市公司名称；

（四）收购目的；

（五）收购股份的详细名称和预定收购的股份数额；

（六）收购期限、收购价格；

（七）收购所需资金额及资金保证；

（八）报送上市公司收购报告书时持有被收购公司股份数占该公司已发行的股份总数的比例。

收购人还应当将上市公司收购报告书同时提交证券交易所。

第九十条 收购人在依照前条规定报送上市公司收购报告书之日起十五日后，公告其收购要约。在上述期限内，国务院证券监督管理机构发现上市公司收购报告书不符合法律、行政法规规定的，应当及时告知收购人，收购人不得公告其收购要约。

收购要约约定的收购期限不得少于三十日，并不得超过六十日。

第九十一条 在收购要约确定的承诺期限内，收购人不得撤销其收购要约。收购人需要变更收购要约的，必须事先向国务院证券监督管理机构及证券交易所提出报告，经批准后，予以公告。

第九十二条 收购要约提出的各项收购条件，适用于被收购公司的所有股东。

第九十三条 采取要约收购方式的，收购人在收购期限内，不得卖出被收购公司的股票，也不得采取要约规定以外的形式和超出要约的条件买入被收购公司的股票。

第九十四条 采取协议收购方式的，收购人可以依照法律、行政法规的规定同被收购公司的股东以协议方式进行股份转让。

以协议方式收购上市公司时，达成协议后，收购人必须在三日内将该收购协议向国务院证券监督管理机构及证券交易所作出书面报告，并予公告。

在公告前不得履行收购协议。

第九十五条 采取协议收购方式的，协议双方可以临时委托证券登记结算机构保管协议转让的股票，并将资金存放于指定的银行。

第九十六条 采取协议收购方式的，收购人收购或者通过协议、其他安排与他人共同收购一个上市公司已发行的股份达到百分之三十时，继续进行收购的，应当向该上市公司所有股东发出收购上市公司全部或者部分股份的要约。但是，经国务院证券监督管理机构免除发出要约的除外。

收购人依照前款规定以要约方式收购上市公司股份，应当遵守本法第八十九条至第九十三条的规定。

第九十七条　收购期限届满，被收购公司股权分布不符合上市条件的，该上市公司的股票应当由证券交易所依法终止上市交易；其余仍持有被收购公司股票的股东，有权向收购人以收购要约的同等条件出售其股票，收购人应当收购。

收购行为完成后，被收购公司不再具备股份有限公司条件的，应当依法变更企业形式。

第九十八条　在上市公司收购中，收购人持有的被收购的上市公司的股票，在收购行为完成后的十二个月内不得转让。

第九十九条　收购行为完成后，收购人与被收购公司合并，并将该公司解散的，被解散公司的原有股票由收购人依法更换。

第一百条　收购行为完成后，收购人应当在十五日内将收购情况报告国务院证券监督管理机构和证券交易所，并予公告。

第一百零一条　收购上市公司中由国家授权投资的机构持有的股份，应当按照国务院的规定，经有关主管部门批准。

国务院证券监督管理机构应当依照本法的原则制定上市公司收购的具体办法。

第五章　证券交易所

第一百零二条　证券交易所是为证券集中交易提供场所和设施，组织和监督证券交易，实行自律管理的法人。

证券交易所的设立和解散，由国务院决定。

第一百零三条　设立证券交易所必须制定章程。

证券交易所章程的制定和修改，必须经国务院证券监督管理机构批准。

第一百零四条　证券交易所必须在其名称中标明证券交易所字样。其他任何单位或者个人不得使用证券交易所或者近似的名称。

第一百零五条　证券交易所可以自行支配的各项费用收入，应当首先用于保证其证券交易场所和设施的正常运行并逐步改善。

实行会员制的证券交易所的财产积累归会员所有，其权益由会员共同享有，在其存续期间，不得将其财产积累分配给会员。

第一百零六条　证券交易所设理事会。

第一百零七条　证券交易所设总经理一人，由国务院证券监督管理机构任免。

第一百零八条　有《中华人民共和国公司法》第一百四十七条规定的情形或者下列情形之一的，不得担任证券交易所的负责人：

（一）因违法行为或者违纪行为被解除职务的证券交易所、证券登记结算机构的负责人或者证券公司的董事、监事、高级管理人员，自被解除职务之日起未逾五年；

（二）因违法行为或者违纪行为被撤销资格的律师、注册会计师或者投资咨询机构、财务顾问机构、资信评级机构、资产评估机构、验证机构的专业人员，自被撤销资格之日起未逾五年。

第一百零九条　因违法行为或者违纪行为被开除的证券交易所、证券登记结算机构、证券服务机构、证券公司的从业人员和被开除的国家机关工作人员，不得招聘为证券交易所的从业人员。

第一百一十条 进入证券交易所参与集中交易的，必须是证券交易所的会员。

第一百一十一条 投资者应当与证券公司签订证券交易委托协议，并在证券公司开立证券交易账户，以书面、电话以及其他方式，委托该证券公司代其买卖证券。

第一百一十二条 证券公司根据投资者的委托，按照证券交易规则提出交易申报，参与证券交易所场内的集中交易，并根据成交结果承担相应的清算交收责任；证券登记结算机构根据成交结果，按照清算交收规则，与证券公司进行证券和资金的清算交收，并为证券公司客户办理证券的登记过户手续。

第一百一十三条 证券交易所应当为组织公平的集中交易提供保障，公布证券交易即时行情，并按交易日制作证券市场行情表，予以公布。

未经证券交易所许可，任何单位和个人不得发布证券交易即时行情。

第一百一十四条 因突发性事件而影响证券交易的正常进行时，证券交易所可以采取技术性停牌的措施；因不可抗力的突发性事件或者为维护证券交易的正常秩序，证券交易所可以决定临时停市。

证券交易所采取技术性停牌或者决定临时停市，必须及时报告国务院证券监督管理机构。

第一百一十五条 证券交易所对证券交易实行实时监控，并按照国务院证券监督管理机构的要求，对异常的交易情况提出报告。

证券交易所应当对上市公司及相关信息披露义务人披露信息进行监督，督促其依法及时、准确地披露信息。

证券交易所根据需要，可以对出现重大异常交易情况的证券账户限制交易，并报国务院证券监督管理机构备案。

第一百一十六条 证券交易所应当从其收取的交易费用和会员费、席位费中提取一定比例的金额设立风险基金。风险基金由证券交易所理事会管理。

风险基金提取的具体比例和使用办法，由国务院证券监督管理机构会同国务院财政部门规定。

第一百一十七条 证券交易所应当将收存的风险基金存入开户银行专门账户，不得擅自使用。

第一百一十八条 证券交易所依照证券法律、行政法规制定上市规则、交易规则、会员管理规则和其他有关规则，并报国务院证券监督管理机构批准。

第一百一十九条 证券交易所的负责人和其他从业人员在执行与证券交易有关的职务时，与其本人或者其亲属有利害关系的，应当回避。

第一百二十条 按照依法制定的交易规则进行的交易，不得改变其交易结果。对交易中违规交易者应负的民事责任不得免除；在违规交易中所获利益，依照有关规定处理。

第一百二十一条 在证券交易所内从事证券交易的人员，违反证券交易所有关交易规则的，由证券交易所给予纪律处分；对情节严重的，撤销其资格，禁止其入场进行证券交易。

第六章　证券公司

第一百二十二条　设立证券公司，必须经国务院证券监督管理机构审查批准。未经国务院证券监督管理机构批准，任何单位和个人不得经营证券业务。

第一百二十三条　本法所称证券公司是指依照《中华人民共和国公司法》和本法规定设立的经营证券业务的有限责任公司或者股份有限公司。

第一百二十四条　设立证券公司，应当具备下列条件：

（一）有符合法律、行政法规规定的公司章程；

（二）主要股东具有持续盈利能力，信誉良好，最近三年无重大违法违规记录，净资产不低于人民币二亿元；

（三）有符合本法规定的注册资本；

（四）董事、监事、高级管理人员具备任职资格，从业人员具有证券从业资格；

（五）有完善的风险管理与内部控制制度；

（六）有合格的经营场所和业务设施；

（七）法律、行政法规规定的和经国务院批准的国务院证券监督管理机构规定的其他条件。

第一百二十五条　经国务院证券监督管理机构批准，证券公司可以经营下列部分或者全部业务：

（一）证券经纪；

（二）证券投资咨询；

（三）与证券交易、证券投资活动有关的财务顾问；

（四）证券承销与保荐；

（五）证券自营；

（六）证券资产管理；

（七）其他证券业务。

第一百二十六条　证券公司必须在其名称中标明证券有限责任公司或者证券股份有限公司字样。

第一百二十七条　证券公司经营本法第一百二十五条第（一）项至第（三）项业务的，注册资本最低限额为人民币五千万元；经营第（四）项至第（七）项业务之一的，注册资本最低限额为人民币一亿元；经营第（四）项至第（七）项业务中两项以上的，注册资本最低限额为人民币五亿元。证券公司的注册资本应当是实缴资本。

国务院证券监督管理机构根据审慎监管原则和各项业务的风险程度，可以调整注册资本最低限额，但不得少于前款规定的限额。

第一百二十八条　国务院证券监督管理机构应当自受理证券公司设立申请之日起六个月内，依照法定条件和法定程序并根据审慎监管原则进行审查，作出批准或者不予批准的决定，并通知申请人；不予批准的，应当说明理由。

证券公司设立申请获得批准的，申请人应当在规定的期限内向公司登记机关申请设立登记，领取营业执照。

证券公司应当自领取营业执照之日起十五日内，向国务院证券监督管理机构申请经营证券业务许可证。未取得经营证券业务许可证，证券公司不得经营证券业务。

第一百二十九条 证券公司设立、收购或者撤销分支机构，变更业务范围或者注册资本，变更持有百分之五以上股权的股东、实际控制人，变更公司章程中的重要条款，合并、分立、变更公司形式、停业、解散、破产，必须经国务院证券监督管理机构批准。

证券公司在境外设立、收购或者参股证券经营机构，必须经国务院证券监督管理机构批准。

第一百三十条 国务院证券监督管理机构应当对证券公司的净资本，净资本与负债的比例，净资本与净资产的比例，净资本与自营、承销、资产管理等业务规模的比例，负债与净资产的比例，以及流动资产与流动负债的比例等风险控制指标作出规定。

证券公司不得为其股东或者股东的关联人提供融资或者担保。

第一百三十一条 证券公司的董事、监事、高级管理人员，应当正直诚实，品行良好，熟悉证券法律、行政法规，具有履行职责所需的经营管理能力，并在任职前取得国务院证券监督管理机构核准的任职资格。

有《中华人民共和国公司法》第一百四十七条规定的情形或者下列情形之一的，不得担任证券公司的董事、监事、高级管理人员：

（一）因违法行为或者违纪行为被解除职务的证券交易所、证券登记结算机构的负责人或者证券公司的董事、监事、高级管理人员，自被解除职务之日起未逾五年；

（二）因违法行为或者违纪行为被撤销资格的律师、注册会计师或者投资咨询机构、财务顾问机构、资信评级机构、资产评估机构、验证机构的专业人员，自被撤销资格之日起未逾五年。

第一百三十二条 因违法行为或者违纪行为被开除的证券交易所、证券登记结算机构、证券服务机构、证券公司的从业人员和被开除的国家机关工作人员，不得招聘为证券公司的从业人员。

第一百三十三条 国家机关工作人员和法律、行政法规规定的禁止在公司中兼职的其他人员，不得在证券公司中兼任职务。

第一百三十四条 国家设立证券投资者保护基金。证券投资者保护基金由证券公司缴纳的资金及其他依法筹集的资金组成，其筹集、管理和使用的具体办法由国务院规定。

第一百三十五条 证券公司从每年的税后利润中提取交易风险准备金，用于弥补证券交易的损失，其提取的具体比例由国务院证券监督管理机构规定。

第一百三十六条 证券公司应当建立健全内部控制制度，采取有效隔离措施，防范公司与客户之间、不同客户之间的利益冲突。

证券公司必须将其证券经纪业务、证券承销业务、证券自营业务和证券资产管理业务分开办理，不得混合操作。

第一百三十七条 证券公司的自营业务必须以自己的名义进行，不得假借他人名义或者以个人名义进行。

证券公司的自营业务必须使用自有资金和依法筹集的资金。

证券公司不得将其自营账户借给他人使用。

第一百三十八条　证券公司依法享有自主经营的权利，其合法经营不受干涉。

第一百三十九条　证券公司客户的交易结算资金应当存放在商业银行，以每个客户的名义单独立户管理。具体办法和实施步骤由国务院规定。

证券公司不得将客户的交易结算资金和证券归入其自有财产。禁止任何单位或者个人以任何形式挪用客户的交易结算资金和证券。证券公司破产或者清算时，客户的交易结算资金和证券不属于其破产财产或者清算财产。非因客户本身的债务或者法律规定的其他情形，不得查封、冻结、扣划或者强制执行客户的交易结算资金和证券。

第一百四十条　证券公司办理经纪业务，应当置备统一制定的证券买卖委托书，供委托人使用。采取其他委托方式的，必须作出委托记录。

客户的证券买卖委托，不论是否成交，其委托记录应当按照规定的期限，保存于证券公司。

第一百四十一条　证券公司接受证券买卖的委托，应当根据委托书载明的证券名称、买卖数量、出价方式、价格幅度等，按照交易规则代理买卖证券，如实进行交易记录；买卖成交后，应当按照规定制作买卖成交报告单交付客户。

证券交易中确认交易行为及其交易结果的对账单必须真实，并由交易经办人员以外的审核人员逐笔审核，保证账面证券余额与实际持有的证券相一致。

第一百四十二条　证券公司为客户买卖证券提供融资融券服务，应当按照国务院的规定并经国务院证券监督管理机构批准。

第一百四十三条　证券公司办理经纪业务，不得接受客户的全权委托而决定证券买卖、选择证券种类、决定买卖数量或者买卖价格。

第一百四十四条　证券公司不得以任何方式对客户证券买卖的收益或者赔偿证券买卖的损失作出承诺。

第一百四十五条　证券公司及其从业人员不得未经过其依法设立的营业场所私下接受客户委托买卖证券。

第一百四十六条　证券公司的从业人员在证券交易活动中，执行所属的证券公司的指令或者利用职务违反交易规则的，由所属的证券公司承担全部责任。

第一百四十七条　证券公司应当妥善保存客户开户资料、委托记录、交易记录和与内部管理、业务经营有关的各项资料，任何人不得隐匿、伪造、篡改或者毁损。上述资料的保存期限不得少于二十年。

第一百四十八条　证券公司应当按照规定向国务院证券监督管理机构报送业务、财务等经营管理信息和资料。国务院证券监督管理机构有权要求证券公司及其股东、实际控制人在指定的期限内提供有关信息、资料。

证券公司及其股东、实际控制人向国务院证券监督管理机构报送或者提供的信息、资料，必须真实、准确、完整。

第一百四十九条　国务院证券监督管理机构认为有必要时，可以委托会计师事务所、资产评估机构对证券公司的财务状况、内部控制状况、资产价值进行审计或者评估。具体办法由国务院证券监督管理机构会同有关主管部门制定。

第一百五十条　证券公司的净资本或者其他风险控制指标不符合规定的，国务院证券监督管理机构应当责令其限期改正；逾期未改正，或者其行为严重危及该证券公司的稳健运行、损害客户合法权益的，国务院证券监督管理机构可以区别情形，对其采取下列措施：

（一）限制业务活动，责令暂停部分业务，停止批准新业务；

（二）停止批准增设、收购营业性分支机构；

（三）限制分配红利，限制向董事、监事、高级管理人员支付报酬、提供福利；

（四）限制转让财产或者在财产上设定其他权利；

（五）责令更换董事、监事、高级管理人员或者限制其权利；

（六）责令控股股东转让股权或者限制有关股东行使股东权利；

（七）撤销有关业务许可。

证券公司整改后，应当向国务院证券监督管理机构提交报告。国务院证券监督管理机构经验收，符合有关风险控制指标的，应当自验收完毕之日起三日内解除对其采取的前款规定的有关措施。

第一百五十一条 证券公司的股东有虚假出资、抽逃出资行为的，国务院证券监督管理机构应当责令其限期改正，并可责令其转让所持证券公司的股权。

在前款规定的股东按照要求改正违法行为、转让所持证券公司的股权前，国务院证券监督管理机构可以限制其股东权利。

第一百五十二条 证券公司的董事、监事、高级管理人员未能勤勉尽责，致使证券公司存在重大违法违规行为或者重大风险的，国务院证券监督管理机构可以撤销其任职资格，并责令公司予以更换。

第一百五十三条 证券公司违法经营或者出现重大风险，严重危害证券市场秩序、损害投资者利益的，国务院证券监督管理机构可以对该证券公司采取责令停业整顿、指定其他机构托管、接管或者撤销等监管措施。

第一百五十四条 在证券公司被责令停业整顿、被依法指定托管、接管或者清算期间，或者出现重大风险时，经国务院证券监督管理机构批准，可以对该证券公司直接负责的董事、监事、高级管理人员和其他直接责任人员采取以下措施：

（一）通知出境管理机关依法阻止其出境；

（二）申请司法机关禁止其转移、转让或者以其他方式处分财产，或者在财产上设定其他权利。

第七章　证券登记结算机构

第一百五十五条 证券登记结算机构是为证券交易提供集中登记、存管与结算服务，不以营利为目的的法人。

设立证券登记结算机构必须经国务院证券监督管理机构批准。

第一百五十六条 设立证券登记结算机构，应当具备下列条件：

（一）自有资金不少于人民币二亿元；

（二）具有证券登记、存管和结算服务所必须的场所和设施；

（三）主要管理人员和从业人员必须具有证券从业资格；

（四）国务院证券监督管理机构规定的其他条件。

证券登记结算机构的名称中应当标明证券登记结算字样。

第一百五十七条　证券登记结算机构履行下列职能：

（一）证券账户、结算账户的设立；

（二）证券的存管和过户；

（三）证券持有人名册登记；

（四）证券交易所上市证券交易的清算和交收；

（五）受发行人的委托派发证券权益；

（六）办理与上述业务有关的查询；

（七）国务院证券监督管理机构批准的其他业务。

第一百五十八条　证券登记结算采取全国集中统一的运营方式。

证券登记结算机构章程、业务规则应当依法制定，并经国务院证券监督管理机构批准。

第一百五十九条　证券持有人持有的证券，在上市交易时，应当全部存管在证券登记结算机构。

证券登记结算机构不得挪用客户的证券。

第一百六十条　证券登记结算机构应当向证券发行人提供证券持有人名册及其有关资料。

证券登记结算机构应当根据证券登记结算的结果，确认证券持有人持有证券的事实，提供证券持有人登记资料。

证券登记结算机构应当保证证券持有人名册和登记过户记录真实、准确、完整，不得隐匿、伪造、篡改或者毁损。

第一百六十一条　证券登记结算机构应当采取下列措施保证业务的正常进行：

（一）具有必备的服务设备和完善的数据安全保护措施；

（二）建立完善的业务、财务和安全防范等管理制度；

（三）建立完善的风险管理系统。

第一百六十二条　证券登记结算机构应当妥善保存登记、存管和结算的原始凭证及有关文件和资料。其保存期限不得少于二十年。

第一百六十三条　证券登记结算机构应当设立证券结算风险基金，用于垫付或者弥补因违约交收、技术故障、操作失误、不可抗力造成的证券登记结算机构的损失。

证券结算风险基金从证券登记结算机构的业务收入和收益中提取，并可以由结算参与人按照证券交易业务量的一定比例缴纳。

证券结算风险基金的筹集、管理办法，由国务院证券监督管理机构会同国务院财政部门规定。

第一百六十四条　证券结算风险基金应当存入指定银行的专门账户，实行专项管理。

证券登记结算机构以证券结算风险基金赔偿后，应当向有关责任人追偿。

第一百六十五条　证券登记结算机构申请解散，应当经国务院证券监督管理机构批准。

第一百六十六条 投资者委托证券公司进行证券交易，应当申请开立证券账户。证券登记结算机构应当按照规定以投资者本人的名义为投资者开立证券账户。

投资者申请开立账户，必须持有证明中国公民身份或者中国法人资格的合法证件。国家另有规定的除外。

第一百六十七条 证券登记结算机构为证券交易提供净额结算服务时，应当要求结算参与人按照货银对付的原则，足额交付证券和资金，并提供交收担保。

在交收完成之前，任何人不得动用用于交收的证券、资金和担保物。

结算参与人未按时履行交收义务的，证券登记结算机构有权按照业务规则处理前款所述财产。

第一百六十八条 证券登记结算机构按照业务规则收取的各类结算资金和证券，必须存放于专门的清算交收账户，只能按业务规则用于已成交的证券交易的清算交收，不得被强制执行。

第八章 证券服务机构

第一百六十九条 投资咨询机构、财务顾问机构、资信评级机构、资产评估机构、会计师事务所从事证券服务业务，必须经国务院证券监督管理机构和有关主管部门批准。

投资咨询机构、财务顾问机构、资信评级机构、资产评估机构、会计师事务所从事证券服务业务的审批管理办法，由国务院证券监督管理机构和有关主管部门制定。

第一百七十条 投资咨询机构、财务顾问机构、资信评级机构从事证券服务业务的人员，必须具备证券专业知识和从事证券业务或者证券服务业务二年以上经验。认定其证券从业资格的标准和管理办法，由国务院证券监督管理机构制定。

第一百七十一条 投资咨询机构及其从业人员从事证券服务业务不得有下列行为：

（一）代理委托人从事证券投资；

（二）与委托人约定分享证券投资收益或者分担证券投资损失；

（三）买卖本咨询机构提供服务的上市公司股票；

（四）利用传播媒介或者通过其他方式提供、传播虚假或者误导投资者的信息；

（五）法律、行政法规禁止的其他行为。

有前款所列行为之一，给投资者造成损失的，依法承担赔偿责任。

第一百七十二条 从事证券服务业务的投资咨询机构和资信评级机构，应当按照国务院有关主管部门规定的标准或者收费办法收取服务费用。

第一百七十三条 证券服务机构为证券的发行、上市、交易等证券业务活动制作、出具审计报告、资产评估报告、财务顾问报告、资信评级报告或者法律意见书等文件，应当勤勉尽责，对所依据的文件资料内容的真实性、准确性、完整性进行核查和验证。其制作、出具的文件有虚假记载、误导性陈述或者重大遗漏，给他人造成损失的，应当与发行人、上市公司承担连带赔偿责任，但是能够证明自己没有过错的除外。

第九章 证券业协会

第一百七十四条 证券业协会是证券业的自律性组织，是社会团体法人。

证券公司应当加入证券业协会。

证券业协会的权力机构为全体会员组成的会员大会。

第一百七十五条　证券业协会章程由会员大会制定，并报国务院证券监督管理机构备案。

第一百七十六条　证券业协会履行下列职责：

（一）教育和组织会员遵守证券法律、行政法规；

（二）依法维护会员的合法权益，向证券监督管理机构反映会员的建议和要求；

（三）收集整理证券信息，为会员提供服务；

（四）制定会员应遵守的规则，组织会员单位的从业人员的业务培训，开展会员间的业务交流；

（五）对会员之间、会员与客户之间发生的证券业务纠纷进行调解；

（六）组织会员就证券业的发展、运作及有关内容进行研究；

（七）监督、检查会员行为，对违反法律、行政法规或者协会章程的，按照规定给予纪律处分；

（八）证券业协会章程规定的其他职责。

第一百七十七条　证券业协会设理事会。理事会成员依章程的规定由选举产生。

第十章　证券监督管理机构

第一百七十八条　国务院证券监督管理机构依法对证券市场实行监督管理，维护证券市场秩序，保障其合法运行。

第一百七十九条　国务院证券监督管理机构在对证券市场实施监督管理中履行下列职责：

（一）依法制定有关证券市场监督管理的规章、规则，并依法行使审批或者核准权；

（二）依法对证券的发行、上市、交易、登记、存管、结算，进行监督管理；

（三）依法对证券发行人、上市公司、证券公司、证券投资基金管理公司、证券服务机构、证券交易所、证券登记结算机构的证券业务活动，进行监督管理；

（四）依法制定从事证券业务人员的资格标准和行为准则，并监督实施；

（五）依法监督检查证券发行、上市和交易的信息公开情况；

（六）依法对证券业协会的活动进行指导和监督；

（七）依法对违反证券市场监督管理法律、行政法规的行为进行查处；

（八）法律、行政法规规定的其他职责。

国务院证券监督管理机构可以和其他国家或者地区的证券监督管理机构建立监督管理合作机制，实施跨境监督管理。

第一百八十条　国务院证券监督管理机构依法履行职责，有权采取下列措施：

（一）对证券发行人、上市公司、证券公司、证券投资基金管理公司、证券服务机构、证券交易所、证券登记结算机构进行现场检查；

（二）进入涉嫌违法行为发生场所调查取证；

（三）询问当事人和与被调查事件有关的单位和个人，要求其对与被调查事件有关的事项作出说明；

（四）查阅、复制与被调查事件有关的财产权登记、通讯记录等资料；

（五）查阅、复制当事人和与被调查事件有关的单位和个人的证券交易记录、登记过户记录、财务会计资料及其他相关文件和资料；对可能被转移、隐匿或者毁损的文件和资料，可以予以封存；

（六）查询当事人和与被调查事件有关的单位和个人的资金账户、证券账户和银行账户；对有证据证明已经或者可能转移或者隐匿违法资金、证券等涉案财产或者隐匿、伪造、毁损重要证据的，经国务院证券监督管理机构主要负责人批准，可以冻结或者查封；

（七）在调查操纵证券市场、内幕交易等重大证券违法行为时，经国务院证券监督管理机构主要负责人批准，可以限制被调查事件当事人的证券买卖，但限制的期限不得超过十五个交易日；案情复杂的，可以延长十五个交易日。

第一百八十一条 国务院证券监督管理机构依法履行职责，进行监督检查或者调查，其监督检查、调查的人员不得少于二人，并应当出示合法证件和监督检查、调查通知书。监督检查、调查的人员少于二人或者未出示合法证件和监督检查、调查通知书的，被检查、调查的单位有权拒绝。

第一百八十二条 国务院证券监督管理机构工作人员必须忠于职守，依法办事，公正廉洁，不得利用职务便利牟取不正当利益，不得泄露所知悉的有关单位和个人的商业秘密。

第一百八十三条 国务院证券监督管理机构依法履行职责，被检查、调查的单位和个人应当配合，如实提供有关文件和资料，不得拒绝、阻碍和隐瞒。

第一百八十四条 国务院证券监督管理机构依法制定的规章、规则和监督管理工作制度应当公开。

国务院证券监督管理机构依据调查结果，对证券违法行为作出的处罚决定，应当公开。

第一百八十五条 国务院证券监督管理机构应当与国务院其他金融监督管理机构建立监督管理信息共享机制。

国务院证券监督管理机构依法履行职责，进行监督检查或者调查时，有关部门应当予以配合。

第一百八十六条 国务院证券监督管理机构依法履行职责，发现证券违法行为涉嫌犯罪的，应当将案件移送司法机关处理。

第一百八十七条 国务院证券监督管理机构的人员不得在被监管的机构中任职。

第十一章　法律责任

第一百八十八条 未经法定机关核准，擅自公开或者变相公开发行证券的，责令停止发行，退还所募资金并加算银行同期存款利息，处以非法所募资金金额百分之一以上百分之五以下的罚款；对擅自公开或者变相公开发行证券设立的公司，由依法履行监督管理职责的机构或者部门会同县级以上地方人民政府予以取缔。对直接负责的主管人员和其他直接责任人员给予警告，并处以三万元以上三十万元以下的罚款。

第一百八十九条　发行人不符合发行条件，以欺骗手段骗取发行核准，尚未发行证券的，处以三十万元以上六十万元以下的罚款；已经发行证券的，处以非法所募资金金额百分之一以上百分之五以下的罚款。对直接负责的主管人员和其他直接责任人员处以三万元以上三十万元以下的罚款。

发行人的控股股东、实际控制人指使从事前款违法行为的，依照前款的规定处罚。

第一百九十条　证券公司承销或者代理买卖未经核准擅自公开发行的证券的，责令停止承销或者代理买卖，没收违法所得，并处以违法所得一倍以上五倍以下的罚款；没有违法所得或者违法所得不足三十万元的，处以三十万元以上六十万元以下的罚款。给投资者造成损失的，应当与发行人承担连带赔偿责任。对直接负责的主管人员和其他直接责任人员给予警告，撤销任职资格或者证券从业资格，并处以三万元以上三十万元以下的罚款。

第一百九十一条　证券公司承销证券，有下列行为之一的，责令改正，给予警告，没收违法所得，可以并处三十万元以上六十万元以下的罚款；情节严重的，暂停或者撤销相关业务许可。给其他证券承销机构或者投资者造成损失的，依法承担赔偿责任。对直接负责的主管人员和其他直接责任人员给予警告，可以并处三万元以上三十万元以下的罚款；情节严重的，撤销任职资格或者证券从业资格：

（一）进行虚假的或者误导投资者的广告或者其他宣传推介活动；

（二）以不正当竞争手段招揽承销业务；

（三）其他违反证券承销业务规定的行为。

第一百九十二条　保荐人出具有虚假记载、误导性陈述或者重大遗漏的保荐书，或者不履行其他法定职责的，责令改正，给予警告，没收业务收入，并处以业务收入一倍以上五倍以下的罚款；情节严重的，暂停或者撤销相关业务许可。对直接负责的主管人员和其他直接责任人员给予警告，并处以三万元以上三十万元以下的罚款；情节严重的，撤销任职资格或者证券从业资格。

第一百九十三条　发行人、上市公司或者其他信息披露义务人未按照规定披露信息，或者所披露的信息有虚假记载、误导性陈述或者重大遗漏的，责令改正，给予警告，并处以三十万元以上六十万元以下的罚款。对直接负责的主管人员和其他直接责任人员给予警告，并处以三万元以上三十万元以下的罚款。

发行人、上市公司或者其他信息披露义务人未按照规定报送有关报告，或者报送的报告有虚假记载、误导性陈述或者重大遗漏的，责令改正，给予警告，并处以三十万元以上六十万元以下的罚款。对直接负责的主管人员和其他直接责任人员给予警告，并处以三万元以上三十万元以下的罚款。

发行人、上市公司或者其他信息披露义务人的控股股东、实际控制人指使从事前两款违法行为的，依照前两款的规定处罚。

第一百九十四条　发行人、上市公司擅自改变公开发行证券所募集资金的用途的，责令改正，对直接负责的主管人员和其他直接责任人员给予警告，并处以三万元以上三十万元以下的罚款。

发行人、上市公司的控股股东、实际控制人指使从事前款违法行为的，给予警告，并处以三十万元以上六十万元以下的罚款。对直接负责的主管人员和其他直接责任人员依照前款的规定处罚。

第一百九十五条 上市公司的董事、监事、高级管理人员、持有上市公司股份百分之五以上的股东，违反本法第四十七条的规定买卖本公司股票的，给予警告，可以并处三万元以上十万元以下的罚款。

第一百九十六条 非法开设证券交易场所的，由县级以上人民政府予以取缔，没收违法所得，并处以违法所得一倍以上五倍以下的罚款；没有违法所得或者违法所得不足十万元的，处以十万元以上五十万元以下的罚款。对直接负责的主管人员和其他直接责任人员给予警告，并处以三万元以上三十万元以下的罚款。

第一百九十七条 未经批准，擅自设立证券公司或者非法经营证券业务的，由证券监督管理机构予以取缔，没收违法所得，并处以违法所得一倍以上五倍以下的罚款；没有违法所得或者违法所得不足三十万元的，处以三十万元以上六十万元以下的罚款。对直接负责的主管人员和其他直接责任人员给予警告，并处以三万元以上三十万元以下的罚款。

第一百九十八条 违反本法规定，聘任不具有任职资格、证券从业资格的人员的，由证券监督管理机构责令改正，给予警告，可以并处十万元以上三十万元以下的罚款；对直接负责的主管人员给予警告，可以并处三万元以上十万元以下的罚款。

第一百九十九条 法律、行政法规规定禁止参与股票交易的人员，直接或者以化名、借他人名义持有、买卖股票的，责令依法处理非法持有的股票，没收违法所得，并处以买卖股票等值以下的罚款；属于国家工作人员的，还应当依法给予行政处分。

第二百条 证券交易所、证券公司、证券登记结算机构、证券服务机构的从业人员或者证券业协会的工作人员，故意提供虚假资料，隐匿、伪造、篡改或者毁损交易记录，诱骗投资者买卖证券的，撤销证券从业资格，并处以三万元以上十万元以下的罚款；属于国家工作人员的，还应当依法给予行政处分。

第二百零一条 为股票的发行、上市、交易出具审计报告、资产评估报告或者法律意见书等文件的证券服务机构和人员，违反本法第四十五条的规定买卖股票的，责令依法处理非法持有的股票，没收违法所得，并处以买卖股票等值以下的罚款。

第二百零二条 证券交易内幕信息的知情人或者非法获取内幕信息的人，在涉及证券的发行、交易或者其他对证券的价格有重大影响的信息公开前，买卖该证券，或者泄露该信息，或者建议他人买卖该证券的，责令依法处理非法持有的证券，没收违法所得，并处以违法所得一倍以上五倍以下的罚款；没有违法所得或者违法所得不足三万元的，处以三万元以上六十万元以下的罚款。单位从事内幕交易的，还应当对直接负责的主管人员和其他直接责任人员给予警告，并处以三万元以上三十万元以下的罚款。证券监督管理机构工作人员进行内幕交易的，从重处罚。

第二百零三条 违反本法规定，操纵证券市场的，责令依法处理非法持有的证券，没收违法所得，并处以违法所得一倍以上五倍以下的罚款；没有违法所得或者违法所得不足三十万元的，处以三十万元以上三百万元以下的罚款。单位操纵证券市场的，还应当对直接负责的主管人员和其他直接责任人员给予警告，并处以十万元以上六十万元以下的罚款。

第二百零四条 违反法律规定，在限制转让期限内买卖证券的，责令改正，给予警告，并处以买卖证券等值以下的罚款。对直接负责的主管人员和其他直接责任人员给予警告，并处以三万元以上三十万元以下的罚款。

第二百零五条　证券公司违反本法规定，为客户买卖证券提供融资融券的，没收违法所得，暂停或者撤销相关业务许可，并处以非法融资融券等值以下的罚款。对直接负责的主管人员和其他直接责任人员给予警告，撤销任职资格或者证券从业资格，并处以三万元以上三十万元以下的罚款。

第二百零六条　违反本法第七十八条第一款、第三款的规定，扰乱证券市场的，由证券监督管理机构责令改正，没收违法所得，并处以违法所得一倍以上五倍以下的罚款；没有违法所得或者违法所得不足三万元的，处以三万元以上二十万元以下的罚款。

第二百零七条　违反本法第七十八条第二款的规定，在证券交易活动中作出虚假陈述或者信息误导的，责令改正，处以三万元以上二十万元以下的罚款；属于国家工作人员的，还应当依法给予行政处分。

第二百零八条　违反本法规定，法人以他人名义设立账户或者利用他人账户买卖证券的，责令改正，没收违法所得，并处以违法所得一倍以上五倍以下的罚款；没有违法所得或者违法所得不足三万元的，处以三万元以上三十万元以下的罚款。对直接负责的主管人员和其他直接责任人员给予警告，并处以三万元以上十万元以下的罚款。

证券公司为前款规定的违法行为提供自己或者他人的证券交易账户的，除依照前款的规定处罚外，还应当撤销直接负责的主管人员和其他直接责任人员的任职资格或者证券从业资格。

第二百零九条　证券公司违反本法规定，假借他人名义或者以个人名义从事证券自营业务的，责令改正，没收违法所得，并处以违法所得一倍以上五倍以下的罚款；没有违法所得或者违法所得不足三十万元的，处以三十万元以上六十万元以下的罚款；情节严重的，暂停或者撤销证券自营业务许可。对直接负责的主管人员和其他直接责任人员给予警告，撤销任职资格或者证券从业资格，并处以三万元以上十万元以下的罚款。

第二百一十条　证券公司违背客户的委托买卖证券、办理交易事项，或者违背客户真实意思表示，办理交易以外的其他事项的，责令改正，处以一万元以上十万元以下的罚款。给客户造成损失的，依法承担赔偿责任。

第二百一十一条　证券公司、证券登记结算机构挪用客户的资金或者证券，或者未经客户的委托，擅自为客户买卖证券的，责令改正，没收违法所得，并处以违法所得一倍以上五倍以下的罚款；没有违法所得或者违法所得不足十万元的，处以十万元以上六十万元以下的罚款；情节严重的，责令关闭或者撤销相关业务许可。对直接负责的主管人员和其他直接责任人员给予警告，撤销任职资格或者证券从业资格，并处以三万元以上三十万元以下的罚款。

第二百一十二条　证券公司办理经纪业务，接受客户的全权委托买卖证券的，或者证券公司对客户买卖证券的收益或者赔偿证券买卖的损失作出承诺的，责令改正，没收违法所得，并处以五万元以上二十万元以下的罚款，可以暂停或者撤销相关业务许可。对直接负责的主管人员和其他直接责任人员给予警告，并处以三万元以上十万元以下的罚款，可以撤销任职资格或者证券从业资格。

第二百一十三条 收购人未按照本法规定履行上市公司收购的公告、发出收购要约、报送上市公司收购报告书等义务或者擅自变更收购要约的，责令改正，给予警告，并处以十万元以上三十万元以下的罚款；在改正前，收购人对其收购或者通过协议、其他安排与他人共同收购的股份不得行使表决权。对直接负责的主管人员和其他直接责任人员给予警告，并处以三万元以上三十万元以下的罚款。

第二百一十四条 收购人或者收购人的控股股东，利用上市公司收购，损害被收购公司及其股东的合法权益的，责令改正，给予警告；情节严重的，并处以十万元以上六十万元以下的罚款。给被收购公司及其股东造成损失的，依法承担赔偿责任。对直接负责的主管人员和其他直接责任人员给予警告，并处以三万元以上三十万元以下的罚款。

第二百一十五条 证券公司及其从业人员违反本法规定，私下接受客户委托买卖证券的，责令改正，给予警告，没收违法所得，并处以违法所得一倍以上五倍以下的罚款；没有违法所得或者违法所得不足十万元的，处以十万元以上三十万元以下的罚款。

第二百一十六条 证券公司违反规定，未经批准经营非上市证券的交易的，责令改正，没收违法所得，并处以违法所得一倍以上五倍以下的罚款。

第二百一十七条 证券公司成立后，无正当理由超过三个月未开始营业的，或者开业后自行停业连续三个月以上的，由公司登记机关吊销其公司营业执照。

第二百一十八条 证券公司违反本法第一百二十九条的规定，擅自设立、收购、撤销分支机构，或者合并、分立、停业、解散、破产，或者在境外设立、收购、参股证券经营机构的，责令改正，没收违法所得，并处以违法所得一倍以上五倍以下的罚款；没有违法所得或者违法所得不足十万元的，处以十万元以上六十万元以下的罚款。对直接负责的主管人员给予警告，并处以三万元以上十万元以下的罚款。

证券公司违反本法第一百二十九条的规定，擅自变更有关事项的，责令改正，并处以十万元以上三十万元以下的罚款。对直接负责的主管人员给予警告，并处以五万元以下的罚款。

第二百一十九条 证券公司违反本法规定，超出业务许可范围经营证券业务的，责令改正，没收违法所得，并处以违法所得一倍以上五倍以下的罚款；没有违法所得或者违法所得不足三十万元的，处以三十万元以上六十万元以下罚款；情节严重的，责令关闭。对直接负责的主管人员和其他直接责任人员给予警告，撤销任职资格或者证券从业资格，并处以三万元以上十万元以下的罚款。

第二百二十条 证券公司对其证券经纪业务、证券承销业务、证券自营业务、证券资产管理业务，不依法分开办理，混合操作的，责令改正，没收违法所得，并处以三十万元以上六十万元以下的罚款；情节严重的，撤销相关业务许可。对直接负责的主管人员和其他直接责任人员给予警告，并处以三万元以上十万元以下的罚款；情节严重的，撤销任职资格或者证券从业资格。

第二百二十一条 提交虚假证明文件或者采取其他欺诈手段隐瞒重要事实骗取证券业务许可的，或者证券公司在证券交易中有严重违法行为，不再具备经营资格的，由证券监督管理机构撤销证券业务许可。

第二百二十二条 证券公司或者其股东、实际控制人违反规定，拒不向证券监督管理机构报送或者提供经营管理信息和资料，或者报送、提供的经营管理信息和资料有虚假记载、误导性陈述或者重大遗漏的，责令改正，给予警告，并处以三万元以上三十万元以下的罚款，可以暂停或者撤销证券公司相关业务许可。对直接负责的主管人员和其他直接责任人员，给予警告，并处以三万元以下的罚款，可以撤销任职资格或者证券从业资格。

证券公司为其股东或者股东的关联人提供融资或者担保的，责令改正，给予警告，并处以十万元以上三十万元以下的罚款。对直接负责的主管人员和其他直接责任人员，处以三万元以上十万元以下的罚款。股东有过错的，在按照要求改正前，国务院证券监督管理机构可以限制其股东权利；拒不改正的，可以责令其转让所持证券公司股权。

第二百二十三条　证券服务机构未勤勉尽责，所制作、出具的文件有虚假记载、误导性陈述或者重大遗漏的，责令改正，没收业务收入，暂停或者撤销证券服务业务许可，并处以业务收入一倍以上五倍以下的罚款。对直接负责的主管人员和其他直接责任人员给予警告，撤销证券从业资格，并处以三万元以上十万元以下的罚款。

第二百二十四条　违反本法规定，发行、承销公司债券的，由国务院授权的部门依照本法有关规定予以处罚。

第二百二十五条　上市公司、证券公司、证券交易所、证券登记结算机构、证券服务机构，未按照有关规定保存有关文件和资料的，责令改正，给予警告，并处以三万元以上三十万元以下的罚款；隐匿、伪造、篡改或者毁损有关文件和资料的，给予警告，并处以三十万元以上六十万元以下的罚款。

第二百二十六条　未经国务院证券监督管理机构批准，擅自设立证券登记结算机构的，由证券监督管理机构予以取缔，没收违法所得，并处以违法所得一倍以上五倍以下的罚款。

投资咨询机构、财务顾问机构、资信评级机构、资产评估机构、会计师事务所未经批准，擅自从事证券服务业务的，责令改正，没收违法所得，并处以违法所得一倍以上五倍以下的罚款。

证券登记结算机构、证券服务机构违反本法规定或者依法制定的业务规则的，由证券监督管理机构责令改正，没收违法所得，并处以违法所得一倍以上五倍以下的罚款；没有违法所得或者违法所得不足十万元的，处以十万元以上三十万元以下的罚款；情节严重的，责令关闭或者撤销证券服务业务许可。

第二百二十七条　国务院证券监督管理机构或者国务院授权的部门有下列情形之一的，对直接负责的主管人员和其他直接责任人员，依法给予行政处分：

（一）对不符合本法规定的发行证券、设立证券公司等申请予以核准、批准的；

（二）违反规定采取本法第一百八十条规定的现场检查、调查取证、查询、冻结或者查封等措施的；

（三）违反规定对有关机构和人员实施行政处罚的；

（四）其他不依法履行职责的行为。

第二百二十八条　证券监督管理机构的工作人员和发行审核委员会的组成人员，不履行本法规定的职责，滥用职权、玩忽职守，利用职务便利牟取不正当利益，或者泄露所知悉的有关单位和个人的商业秘密的，依法追究法律责任。

第二百二十九条 证券交易所对不符合本法规定条件的证券上市申请予以审核同意的，给予警告，没收业务收入，并处以业务收入一倍以上五倍以下的罚款。对直接负责的主管人员和其他直接责任人员给予警告，并处以三万元以上三十万元以下的罚款。

第二百三十条 拒绝、阻碍证券监督管理机构及其工作人员依法行使监督检查、调查职权未使用暴力、威胁方法的，依法给予治安管理处罚。

第二百三十一条 违反本法规定，构成犯罪的，依法追究刑事责任。

第二百三十二条 违反本法规定，应当承担民事赔偿责任和缴纳罚款、罚金，其财产不足以同时支付时，先承担民事赔偿责任。

第二百三十三条 违反法律、行政法规或者国务院证券监督管理机构的有关规定，情节严重的，国务院证券监督管理机构可以对有关责任人员采取证券市场禁入的措施。

前款所称证券市场禁入，是指在一定期限内直至终身不得从事证券业务或者不得担任上市公司董事、监事、高级管理人员的制度。

第二百三十四条 依照本法收缴的罚款和没收的违法所得，全部上缴国库。

第二百三十五条 当事人对证券监督管理机构或者国务院授权的部门的处罚决定不服的，可以依法申请行政复议，或者依法直接向人民法院提起诉讼。

第十二章　附　则

第二百三十六条 本法施行前依照行政法规已批准在证券交易所上市交易的证券继续依法进行交易。

本法施行前依照行政法规和国务院金融行政管理部门的规定经批准设立的证券经营机构，不完全符合本法规定的，应当在规定的限期内达到本法规定的要求。具体实施办法，由国务院另行规定。

第二百三十七条 发行人申请核准公开发行股票、公司债券，应当按照规定缴纳审核费用。

第二百三十八条 境内企业直接或者间接到境外发行证券或者将其证券在境外上市交易，必须经国务院证券监督管理机构依照国务院的规定批准。

第二百三十九条 境内公司股票以外币认购和交易的，具体办法由国务院另行规定。

第二百四十条 本法自 2006 年 1 月 1 日起施行。

中华人民共和国企业破产法

（2006 年 8 月 27 日第十届全国人民代表大会常务委员会第二十三次会议通过）

第一章　总　则

第一条　为规范企业破产程序，公平清理债权债务，保护债权人和债务人的合法权益，维护社会主义市场经济秩序，制定本法。

第二条　企业法人不能清偿到期债务，并且资产不足以清偿全部债务或者明显缺乏清偿能力的，依照本法规定清理债务。

企业法人有前款规定情形，或者有明显丧失清偿能力可能的，可以依照本法规定进行重整。

第三条　破产案件由债务人住所地人民法院管辖。

第四条　破产案件审理程序，本法没有规定的，适用民事诉讼法的有关规定。

第五条　依照本法开始的破产程序，对债务人在中华人民共和国领域外的财产发生效力。

对外国法院作出的发生法律效力的破产案件的判决、裁定，涉及债务人在中华人民共和国领域内的财产，申请或者请求人民法院承认和执行的，人民法院依照中华人民共和国缔结或者参加的国际条约，或者按照互惠原则进行审查，认为不违反中华人民共和国法律的基本原则，不损害国家主权、安全和社会公共利益，不损害中华人民共和国领域内债权人的合法权益的，裁定承认和执行。

第六条　人民法院审理破产案件，应当依法保障企业职工的合法权益，依法追究破产企业经营管理人员的法律责任。

第二章　申请和受理

第一节　申　请

第七条　债务人有本法第二条规定的情形，可以向人民法院提出重整、和解或者破产清算申请。

债务人不能清偿到期债务，债权人可以向人民法院提出对债务人进行重整或者破产清算的申请。

企业法人已解散但未清算或者未清算完毕，资产不足以清偿债务的，依法负有清算责任的人应当向人民法院申请破产清算。

第八条　向人民法院提出破产申请，应当提交破产申请书和有关证据。

破产申请书应当载明下列事项：

（一）申请人、被申请人的基本情况；

（二）申请目的；

（三）申请的事实和理由；

（四）人民法院认为应当载明的其他事项。

债务人提出申请的，还应当向人民法院提交财产状况说明、债务清册、债权清册、有关财务会计报告、职工安置预案以及职工工资的支付和社会保险费用的缴纳情况。

第九条 人民法院受理破产申请前，申请人可以请求撤回申请。

第二节 受 理

第十条 债权人提出破产申请的，人民法院应当自收到申请之日起五日内通知债务人。债务人对申请有异议的，应当自收到人民法院的通知之日起七日内向人民法院提出。人民法院应当自异议期满之日起十日内裁定是否受理。

除前款规定的情形外，人民法院应当自收到破产申请之日起十五日内裁定是否受理。

有特殊情况需要延长前两款规定的裁定受理期限的，经上一级人民法院批准，可以延长十五日。

第十一条 人民法院受理破产申请的，应当自裁定作出之日起五日内送达申请人。

债权人提出申请的，人民法院应当自裁定作出之日起五日内送达债务人。债务人应当自裁定送达之日起十五日内，向人民法院提交财产状况说明、债务清册、债权清册、有关财务会计报告以及职工工资的支付和社会保险费用的缴纳情况。

第十二条 人民法院裁定不受理破产申请的，应当自裁定作出之日起五日内送达申请人并说明理由。申请人对裁定不服的，可以自裁定送达之日起十日内向上一级人民法院提起上诉。

人民法院受理破产申请后至破产宣告前，经审查发现债务人不符合本法第二条规定情形的，可以裁定驳回申请。申请人对裁定不服的，可以自裁定送达之日起十日内向上一级人民法院提起上诉。

第十三条 人民法院裁定受理破产申请的，应当同时指定管理人。

第十四条 人民法院应当自裁定受理破产申请之日起二十五日内通知已知债权人，并予以公告。

通知和公告应当载明下列事项：

（一）申请人、被申请人的名称或者姓名；

（二）人民法院受理破产申请的时间；

（三）申报债权的期限、地点和注意事项；

（四）管理人的名称或者姓名及其处理事务的地址；

（五）债务人的债务人或者财产持有人应当向管理人清偿债务或者交付财产的要求；

（六）第一次债权人会议召开的时间和地点；

（七）人民法院认为应当通知和公告的其他事项。

第十五条 自人民法院受理破产申请的裁定送达债务人之日起至破产程序终结之日，债务人的有关人员承担下列义务：

（一）妥善保管其占有和管理的财产、印章和账簿、文书等资料；

（二）根据人民法院、管理人的要求进行工作，并如实回答询问；

（三）列席债权人会议并如实回答债权人的询问；

（四）未经人民法院许可，不得离开住所地；

（五）不得新任其他企业的董事、监事、高级管理人员。

前款所称有关人员，是指企业的法定代表人；经人民法院决定，可以包括企业的财务管理人员和其他经营管理人员。

第十六条　人民法院受理破产申请后，债务人对个别债权人的债务清偿无效。

第十七条　人民法院受理破产申请后，债务人的债务人或者财产持有人应当向管理人清偿债务或者交付财产。

债务人的债务人或者财产持有人故意违反前款规定向债务人清偿债务或者交付财产，使债权人受到损失的，不免除其清偿债务或者交付财产的义务。

第十八条　人民法院受理破产申请后，管理人对破产申请受理前成立而债务人和对方当事人均未履行完毕的合同有权决定解除或者继续履行，并通知对方当事人。管理人自破产申请受理之日起二个月内未通知对方当事人，或者自收到对方当事人催告之日起三十日内未答复的，视为解除合同。

管理人决定继续履行合同的，对方当事人应当履行；但是，对方当事人有权要求管理人提供担保。管理人不提供担保的，视为解除合同。

第十九条　人民法院受理破产申请后，有关债务人财产的保全措施应当解除，执行程序应当中止。

第二十条　人民法院受理破产申请后，已经开始而尚未终结的有关债务人的民事诉讼或者仲裁应当中止；在管理人接管债务人的财产后，该诉讼或者仲裁继续进行。

第二十一条　人民法院受理破产申请后，有关债务人的民事诉讼，只能向受理破产申请的人民法院提起。

第三章　管理人

第二十二条　管理人由人民法院指定。

债权人会议认为管理人不能依法、公正执行职务或者有其他不能胜任职务情形的，可以申请人民法院予以更换。

指定管理人和确定管理人报酬的办法，由最高人民法院规定。

第二十三条　管理人依照本法规定执行职务，向人民法院报告工作，并接受债权人会议和债权人委员会的监督。

管理人应当列席债权人会议，向债权人会议报告职务执行情况，并回答询问。

第二十四条　管理人可以由有关部门、机构的人员组成的清算组或者依法设立的律师事务所、会计师事务所、破产清算事务所等社会中介机构担任。

人民法院根据债务人的实际情况，可以在征询有关社会中介机构的意见后，指定该机构具备相关专业知识并取得执业资格的人员担任管理人。

有下列情形之一的，不得担任管理人：

（一）因故意犯罪受过刑事处罚；

（二）曾被吊销相关专业执业证书；

（三）与本案有利害关系；

（四）人民法院认为不宜担任管理人的其他情形。

个人担任管理人的，应当参加执业责任保险。

第二十五条 管理人履行下列职责：

（一）接管债务人的财产、印章和账簿、文书等资料；

（二）调查债务人财产状况，制作财产状况报告；

（三）决定债务人的内部管理事务；

（四）决定债务人的日常开支和其他必要开支；

（五）在第一次债权人会议召开之前，决定继续或者停止债务人的营业；

（六）管理和处分债务人的财产；

（七）代表债务人参加诉讼、仲裁或者其他法律程序；

（八）提议召开债权人会议；

（九）人民法院认为管理人应当履行的其他职责。

本法对管理人的职责另有规定的，适用其规定。

第二十六条 在第一次债权人会议召开之前，管理人决定继续或者停止债务人的营业或者有本法第六十九条规定行为之一的，应当经人民法院许可。

第二十七条 管理人应当勤勉尽责，忠实执行职务。

第二十八条 管理人经人民法院许可，可以聘用必要的工作人员。

管理人的报酬由人民法院确定。债权人会议对管理人的报酬有异议的，有权向人民法院提出。

第二十九条 管理人没有正当理由不得辞去职务。管理人辞去职务应当经人民法院许可。

第四章 债务人财产

第三十条 破产申请受理时属于债务人的全部财产，以及破产申请受理后至破产程序终结前债务人取得的财产，为债务人财产。

第三十一条 人民法院受理破产申请前一年内，涉及债务人财产的下列行为，管理人有权请求人民法院予以撤销：

（一）无偿转让财产的；

（二）以明显不合理的价格进行交易的；

（三）对没有财产担保的债务提供财产担保的；

（四）对未到期的债务提前清偿的；

（五）放弃债权的。

第三十二条 人民法院受理破产申请前六个月内，债务人有本法第二条第一款规定的情形，仍对个别债权人进行清偿的，管理人有权请求人民法院予以撤销。但是，个别清偿使债务人财产受益的除外。

第三十三条 涉及债务人财产的下列行为无效：

（一）为逃避债务而隐匿、转移财产的；

（二）虚构债务或者承认不真实的债务的。

第三十四条 因本法第三十一条、第三十二条或者第三十三条规定的行为而取得的债务人的财产，管理人有权追回。

第三十五条 人民法院受理破产申请后，债务人的出资人尚未完全履行出资义务的，管理人应当要求该出资人缴纳所认缴的出资，而不受出资期限的限制。

第三十六条　债务人的董事、监事和高级管理人员利用职权从企业获取的非正常收入和侵占的企业财产，管理人应当追回。

第三十七条　人民法院受理破产申请后，管理人可以通过清偿债务或者提供为债权人接受的担保，取回质物、留置物。

前款规定的债务清偿或者替代担保，在质物或者留置物的价值低于被担保的债权额时，以该质物或者留置物当时的市场价值为限。

第三十八条　人民法院受理破产申请后，债务人占有的不属于债务人的财产，该财产的权利人可以通过管理人取回。但是，本法另有规定的除外。

第三十九条　人民法院受理破产申请时，出卖人已将买卖标的物向作为买受人的债务人发运，债务人尚未收到且未付清全部价款的，出卖人可以取回在运途中的标的物。但是，管理人可以支付全部价款，请求出卖人交付标的物。

第四十条　债权人在破产申请受理前对债务人负有债务的，可以向管理人主张抵销。但是，有下列情形之一的，不得抵销：

（一）债务人的债务人在破产申请受理后取得他人对债务人的债权的；

（二）债权人已知债务人有不能清偿到期债务或者破产申请的事实，对债务人负担债务的；但是，债权人因为法律规定或者有破产申请一年前所发生的原因而负担债务的除外；

（三）债务人的债务人已知债务人有不能清偿到期债务或者破产申请的事实，对债务人取得债权的；但是，债务人的债务人因为法律规定或者有破产申请一年前所发生的原因而取得债权的除外。

第五章　破产费用和共益债务

第四十一条　人民法院受理破产申请后发生的下列费用，为破产费用：

（一）破产案件的诉讼费用；

（二）管理、变价和分配债务人财产的费用；

（三）管理人执行职务的费用、报酬和聘用工作人员的费用。

第四十二条　人民法院受理破产申请后发生的下列债务，为共益债务：

（一）因管理人或者债务人请求对方当事人履行双方均未履行完毕的合同所产生的债务；

（二）债务人财产受无因管理所产生的债务；

（三）因债务人不当得利所产生的债务；

（四）为债务人继续营业而应支付的劳动报酬和社会保险费用以及由此产生的其他债务；

（五）管理人或者相关人员执行职务致人损害所产生的债务；

（六）债务人财产致人损害所产生的债务。

第四十三条　破产费用和共益债务由债务人财产随时清偿。

债务人财产不足以清偿所有破产费用和共益债务的，先行清偿破产费用。

债务人财产不足以清偿所有破产费用或者共益债务的，按照比例清偿。

债务人财产不足以清偿破产费用的，管理人应当提请人民法院终结破产程序。人民法院应当自收到请求之日起十五日内裁定终结破产程序，并予以公告。

第六章　债权申报

第四十四条　人民法院受理破产申请时对债务人享有债权的债权人，依照本法规定的程序行使权利。

第四十五条　人民法院受理破产申请后，应当确定债权人申报债权的期限。债权申报期限自人民法院发布受理破产申请公告之日起计算，最短不得少于三十日，最长不得超过三个月。

第四十六条　未到期的债权，在破产申请受理时视为到期。

附利息的债权自破产申请受理时起停止计息。

第四十七条　附条件、附期限的债权和诉讼、仲裁未决的债权，债权人可以申报。

第四十八条　债权人应当在人民法院确定的债权申报期限内向管理人申报债权。

债务人所欠职工的工资和医疗、伤残补助、抚恤费用，所欠的应当划入职工个人账户的基本养老保险、基本医疗保险费用，以及法律、行政法规规定应当支付给职工的补偿金，不必申报，由管理人调查后列出清单并予以公示。职工对清单记载有异议的，可以要求管理人更正；管理人不予更正的，职工可以向人民法院提起诉讼。

第四十九条　债权人申报债权时，应当书面说明债权的数额和有无财产担保，并提交有关证据。申报的债权是连带债权的，应当说明。

第五十条　连带债权人可以由其中一人代表全体连带债权人申报债权，也可以共同申报债权。

第五十一条　债务人的保证人或者其他连带债务人已经代替债务人清偿债务的，以其对债务人的求偿权申报债权。

债务人的保证人或者其他连带债务人尚未代替债务人清偿债务的，以其对债务人的将来求偿权申报债权。但是，债权人已经向管理人申报全部债权的除外。

第五十二条　连带债务人数人被裁定适用本法规定的程序的，其债权人有权就全部债权分别在各破产案件中申报债权。

第五十三条　管理人或者债务人依照本法规定解除合同的，对方当事人以因合同解除所产生的损害赔偿请求权申报债权。

第五十四条　债务人是委托合同的委托人，被裁定适用本法规定的程序，受托人不知该事实，继续处理委托事务的，受托人以由此产生的请求权申报债权。

第五十五条　债务人是票据的出票人，被裁定适用本法规定的程序，该票据的付款人继续付款或者承兑的，付款人以由此产生的请求权申报债权。

第五十六条　在人民法院确定的债权申报期限内，债权人未申报债权的，可以在破产财产最后分配前补充申报；但是，此前已进行的分配，不再对其补充分配。为审查和确认补充申报债权的费用，由补充申报人承担。

债权人未依照本法规定申报债权的，不得依照本法规定的程序行使权利。

第五十七条　管理人收到债权申报材料后，应当登记造册，对申报的债权进行审查，并编制债权表。

债权表和债权申报材料由管理人保存，供利害关系人查阅。

第五十八条　依照本法第五十七条规定编制的债权表，应当提交第一次债权人会议核查。

债务人、债权人对债权表记载的债权无异议的，由人民法院裁定确认。

债务人、债权人对债权表记载的债权有异议的，可以向受理破产申请的人民法院提起诉讼。

第七章　债权人会议

第一节　一般规定

第五十九条　依法申报债权的债权人为债权人会议的成员，有权参加债权人会议，享有表决权。

债权尚未确定的债权人，除人民法院能够为其行使表决权而临时确定债权额的外，不得行使表决权。

对债务人的特定财产享有担保权的债权人，未放弃优先受偿权利的，对于本法第六十一条第一款第七项、第十项规定的事项不享有表决权。

债权人可以委托代理人出席债权人会议，行使表决权。代理人出席债权人会议，应当向人民法院或者债权人会议主席提交债权人的授权委托书。

债权人会议应当有债务人的职工和工会的代表参加，对有关事项发表意见。

第六十条　债权人会议设主席一人，由人民法院从有表决权的债权人中指定。

债权人会议主席主持债权人会议。

第六十一条　债权人会议行使下列职权：

（一）核查债权；

（二）申请人民法院更换管理人，审查管理人的费用和报酬；

（三）监督管理人；

（四）选任和更换债权人委员会成员；

（五）决定继续或者停止债务人的营业；

（六）通过重整计划；

（七）通过和解协议；

（八）通过债务人财产的管理方案；

（九）通过破产财产的变价方案；

（十）通过破产财产的分配方案；

（十一）人民法院认为应当由债权人会议行使的其他职权。

债权人会议应当对所议事项的决议作成会议记录。

第六十二条　第一次债权人会议由人民法院召集，自债权申报期限届满之日起十五日内召开。

以后的债权人会议，在人民法院认为必要时，或者管理人、债权人委员会、占债权总额四分之一以上的债权人向债权人会议主席提议时召开。

第六十三条　召开债权人会议，管理人应当提前十五日通知已知的债权人。

第六十四条　债权人会议的决议，由出席会议的有表决权的债权人过半数通过，并且其所代表的债权额占无财产担保债权总额的二分之一以上。但是，本法另有规定的除外。

债权人认为债权人会议的决议违反法律规定，损害其利益的，可以自债权人会议作出决议之日起十五日内，请求人民法院裁定撤销该决议，责令债权人会议依法重新作出决议。

债权人会议的决议，对于全体债权人均有约束力。

第六十五条 本法第六十一条第一款第八项、第九项所列事项，经债权人会议表决未通过的，由人民法院裁定。

本法第六十一条第一款第十项所列事项，经债权人会议二次表决仍未通过的，由人民法院裁定。

对前两款规定的裁定，人民法院可以在债权人会议上宣布或者另行通知债权人。

第六十六条 债权人对人民法院依照本法第六十五条第一款作出的裁定不服的，债权额占无财产担保债权总额二分之一以上的债权人对人民法院依照本法第六十五条第二款作出的裁定不服的，可以自裁定宣布之日或者收到通知之日起十五日内向该人民法院申请复议。复议期间不停止裁定的执行。

第二节 债权人委员会

第六十七条 债权人会议可以决定设立债权人委员会。债权人委员会由债权人会议选任的债权人代表和一名债务人的职工代表或者工会代表组成。债权人委员会成员不得超过九人。

债权人委员会成员应当经人民法院书面决定认可。

第六十八条 债权人委员会行使下列职权：

（一）监督债务人财产的管理和处分；

（二）监督破产财产分配；

（三）提议召开债权人会议；

（四）债权人会议委托的其他职权。

债权人委员会执行职务时，有权要求管理人、债务人的有关人员对其职权范围内的事务作出说明或者提供有关文件。

管理人、债务人的有关人员违反本法规定拒绝接受监督的，债权人委员会有权就监督事项请求人民法院作出决定；人民法院应当在五日内作出决定。

第六十九条 管理人实施下列行为，应当及时报告债权人委员会：

（一）涉及土地、房屋等不动产权益的转让；

（二）探矿权、采矿权、知识产权等财产权的转让；

（三）全部库存或者营业的转让；

（四）借款；

（五）设定财产担保；

（六）债权和有价证券的转让；

（七）履行债务人和对方当事人均未履行完毕的合同；

（八）放弃权利；

（九）担保物的取回；

（十）对债权人利益有重大影响的其他财产处分行为。

未设立债权人委员会的，管理人实施前款规定的行为应当及时报告人民法院。

第八章　重　整

第一节　重整申请和重整期间

第七十条　债务人或者债权人可以依照本法规定，直接向人民法院申请对债务人进行重整。

债权人申请对债务人进行破产清算的，在人民法院受理破产申请后、宣告债务人破产前，债务人或者出资额占债务人注册资本十分之一以上的出资人，可以向人民法院申请重整。

第七十一条　人民法院经审查认为重整申请符合本法规定的，应当裁定债务人重整，并予以公告。

第七十二条　自人民法院裁定债务人重整之日起至重整程序终止，为重整期间。

第七十三条　在重整期间，经债务人申请，人民法院批准，债务人可以在管理人的监督下自行管理财产和营业事务。

有前款规定情形的，依照本法规定已接管债务人财产和营业事务的管理人应当向债务人移交财产和营业事务，本法规定的管理人的职权由债务人行使。

第七十四条　管理人负责管理财产和营业事务的，可以聘任债务人的经营管理人员负责营业事务。

第七十五条　在重整期间，对债务人的特定财产享有的担保权暂停行使。但是，担保物有损坏或者价值明显减少的可能，足以危害担保权人权利的，担保权人可以向人民法院请求恢复行使担保权。

在重整期间，债务人或者管理人为继续营业而借款的，可以为该借款设定担保。

第七十六条　债务人合法占有的他人财产，该财产的权利人在重整期间要求取回的，应当符合事先约定的条件。

第七十七条　在重整期间，债务人的出资人不得请求投资收益分配。

在重整期间，债务人的董事、监事、高级管理人员不得向第三人转让其持有的债务人的股权。但是，经人民法院同意的除外。

第七十八条　在重整期间，有下列情形之一的，经管理人或者利害关系人请求，人民法院应当裁定终止重整程序，并宣告债务人破产：

（一）债务人的经营状况和财产状况继续恶化，缺乏挽救的可能性；

（二）债务人有欺诈、恶意减少债务人财产或者其他显著不利于债权人的行为；

（三）由于债务人的行为致使管理人无法执行职务。

第二节　重整计划的制定和批准

第七十九条　债务人或者管理人应当自人民法院裁定债务人重整之日起六个月内，同时向人民法院和债权人会议提交重整计划草案。

前款规定的期限届满，经债务人或者管理人请求，有正当理由的，人民法院可以裁定延期三个月。

债务人或者管理人未按期提出重整计划草案的，人民法院应当裁定终止重整程序，并宣告债务人破产。

第八十条 债务人自行管理财产和营业事务的，由债务人制作重整计划草案。

管理人负责管理财产和营业事务的，由管理人制作重整计划草案。

第八十一条 重整计划草案应当包括下列内容：

（一）债务人的经营方案；

（二）债权分类；

（三）债权调整方案；

（四）债权受偿方案；

（五）重整计划的执行期限；

（六）重整计划执行的监督期限；

（七）有利于债务人重整的其他方案。

第八十二条 下列各类债权的债权人参加讨论重整计划草案的债权人会议，依照下列债权分类，分组对重整计划草案进行表决：

（一）对债务人的特定财产享有担保权的债权；

（二）债务人所欠职工的工资和医疗、伤残补助、抚恤费用，所欠的应当划入职工个人账户的基本养老保险、基本医疗保险费用，以及法律、行政法规规定应当支付给职工的补偿金；

（三）债务人所欠税款；

（四）普通债权。

人民法院在必要时可以决定在普通债权组中设小额债权组对重整计划草案进行表决。

第八十三条 重整计划不得规定减免债务人欠缴的本法第八十二条第一款第二项规定以外的社会保险费用；该项费用的债权人不参加重整计划草案的表决。

第八十四条 人民法院应当自收到重整计划草案之日起三十日内召开债权人会议，对重整计划草案进行表决。

出席会议的同一表决组的债权人过半数同意重整计划草案，并且其所代表的债权额占该组债权总额的三分之二以上的，即为该组通过重整计划草案。

债务人或者管理人应当向债权人会议就重整计划草案作出说明，并回答询问。

第八十五条 债务人的出资人代表可以列席讨论重整计划草案的债权人会议。

重整计划草案涉及出资人权益调整事项的，应当设出资人组，对该事项进行表决。

第八十六条 各表决组均通过重整计划草案时，重整计划即为通过。

自重整计划通过之日起十日内，债务人或者管理人应当向人民法院提出批准重整计划的申请。人民法院经审查认为符合本法规定的，应当自收到申请之日起三十日内裁定批准，终止重整程序，并予以公告。

第八十七条 部分表决组未通过重整计划草案的，债务人或者管理人可以同未通过重整计划草案的表决组协商。该表决组可以在协商后再表决一次。双方协商的结果不得损害其他表决组的利益。

未通过重整计划草案的表决组拒绝再次表决或者再次表决仍未通过重整计划草案，但重整计划草案符合下列条件的，债务人或者管理人可以申请人民法院批准重整计划草案：

（一）按照重整计划草案，本法第八十二条第一款第一项所列债权就该特定财产将获得全额清偿，其因延期清偿所受的损失将得到公平补偿，并且其担保权未受到实质性损害，或者该表决组已经通过重整计划草案；

（二）按照重整计划草案，本法第八十二条第一款第二项、第三项所列债权将获得全额清偿，或者相应表决组已经通过重整计划草案；

（三）按照重整计划草案，普通债权所获得的清偿比例，不低于其在重整计划草案被提请批准时依照破产清算程序所能获得的清偿比例，或者该表决组已经通过重整计划草案；

（四）重整计划草案对出资人权益的调整公平、公正，或者出资人组已经通过重整计划草案；

（五）重整计划草案公平对待同一表决组的成员，并且所规定的债权清偿顺序不违反本法第一百一十三条的规定；

（六）债务人的经营方案具有可行性。

人民法院经审查认为重整计划草案符合前款规定的，应当自收到申请之日起三十日内裁定批准，终止重整程序，并予以公告。

第八十八条 重整计划草案未获得通过且未依照本法第八十七条的规定获得批准，或者已通过的重整计划未获得批准的，人民法院应当裁定终止重整程序，并宣告债务人破产。

第三节 重整计划的执行

第八十九条 重整计划由债务人负责执行。

人民法院裁定批准重整计划后，已接管财产和营业事务的管理人应当向债务人移交财产和营业事务。

第九十条 自人民法院裁定批准重整计划之日起，在重整计划规定的监督期内，由管理人监督重整计划的执行。

在监督期内，债务人应当向管理人报告重整计划执行情况和债务人财务状况。

第九十一条 监督期届满时，管理人应当向人民法院提交监督报告。自监督报告提交之日起，管理人的监督职责终止。

管理人向人民法院提交的监督报告，重整计划的利害关系人有权查阅。

经管理人申请，人民法院可以裁定延长重整计划执行的监督期限。

第九十二条 经人民法院裁定批准的重整计划，对债务人和全体债权人均有约束力。

债权人未依照本法规定申报债权的，在重整计划执行期间不得行使权利；在重整计划执行完毕后，可以按照重整计划规定的同类债权的清偿条件行使权利。

债权人对债务人的保证人和其他连带债务人所享有的权利，不受重整计划的影响。

第九十三条 债务人不能执行或者不执行重整计划的，人民法院经管理人或者利害关系人请求，应当裁定终止重整计划的执行，并宣告债务人破产。

人民法院裁定终止重整计划执行的，债权人在重整计划中作出的债权调整的承诺失去效力。债权人因执行重整计划所受的清偿仍然有效，债权未受清偿的部分作为破产债权。

前款规定的债权人，只有在其他同顺位债权人同自己所受的清偿达到同一比例时，才能继续接受分配。

有本条第一款规定情形的，为重整计划的执行提供的担保继续有效。

第九十四条 按照重整计划减免的债务，自重整计划执行完毕时起，债务人不再承担清偿责任。

第九章 和 解

第九十五条 债务人可以依照本法规定，直接向人民法院申请和解；也可以在人民法院受理破产申请后、宣告债务人破产前，向人民法院申请和解。

债务人申请和解，应当提出和解协议草案。

第九十六条 人民法院经审查认为和解申请符合本法规定的，应当裁定和解，予以公告，并召集债权人会议讨论和解协议草案。

对债务人的特定财产享有担保权的权利人，自人民法院裁定和解之日起可以行使权利。

第九十七条 债权人会议通过和解协议的决议，由出席会议的有表决权的债权人过半数同意，并且其所代表的债权额占无财产担保债权总额的三分之二以上。

第九十八条 债权人会议通过和解协议的，由人民法院裁定认可，终止和解程序，并予以公告。管理人应当向债务人移交财产和营业事务，并向人民法院提交执行职务的报告。

第九十九条 和解协议草案经债权人会议表决未获得通过，或者已经债权人会议通过的和解协议未获得人民法院认可的，人民法院应当裁定终止和解程序，并宣告债务人破产。

第一百条 经人民法院裁定认可的和解协议，对债务人和全体和解债权人均有约束力。

和解债权人是指人民法院受理破产申请时对债务人享有无财产担保债权的人。

和解债权人未依照本法规定申报债权的，在和解协议执行期间不得行使权利；在和解协议执行完毕后，可以按照和解协议规定的清偿条件行使权利。

第一百零一条 和解债权人对债务人的保证人和其他连带债务人所享有的权利，不受和解协议的影响。

第一百零二条 债务人应当按照和解协议规定的条件清偿债务。

第一百零三条 因债务人的欺诈或者其他违法行为而成立的和解协议，人民法院应当裁定无效，并宣告债务人破产。

有前款规定情形的，和解债权人因执行和解协议所受的清偿，在其他债权人所受清偿同等比例的范围内，不予返还。

第一百零四条 债务人不能执行或者不执行和解协议的，人民法院经和解债权人请求，应当裁定终止和解协议的执行，并宣告债务人破产。

人民法院裁定终止和解协议执行的，和解债权人在和解协议中作出的债权调整的承诺失去效力。和解债权人因执行和解协议所受的清偿仍然有效，和解债权未受清偿的部分作为破产债权。

前款规定的债权人，只有在其他债权人同自己所受的清偿达到同一比例时，才能继续接受分配。

有本条第一款规定情形的，为和解协议的执行提供的担保继续有效。

第一百零五条 人民法院受理破产申请后，债务人与全体债权人就债权债务的处理自行达成协议的，可以请求人民法院裁定认可，并终结破产程序。

第一百零六条 按照和解协议减免的债务，自和解协议执行完毕时起，债务人不再承担清偿责任。

第十章 破产清算

第一节 破产宣告

第一百零七条 人民法院依照本法规定宣告债务人破产的，应当自裁定作出之日起五日内送达债务人和管理人，自裁定作出之日起十日内通知已知债权人，并予以公告。

债务人被宣告破产后，债务人称为破产人，债务人财产称为破产财产，人民法院受理破产申请时对债务人享有的债权称为破产债权。

第一百零八条 破产宣告前，有下列情形之一的，人民法院应当裁定终结破产程序，并予以公告：

（一）第三人为债务人提供足额担保或者为债务人清偿全部到期债务的；

（二）债务人已清偿全部到期债务的。

第一百零九条 对破产人的特定财产享有担保权的权利人，对该特定财产享有优先受偿的权利。

第一百一十条 享有本法第一百零九条规定权利的债权人行使优先受偿权利未能完全受偿的，其未受偿的债权作为普通债权；放弃优先受偿权利的，其债权作为普通债权。

第二节 变价和分配

第一百一十一条 管理人应当及时拟订破产财产变价方案，提交债权人会议讨论。

管理人应当按照债权人会议通过的或者人民法院依照本法第六十五条第一款规定裁定的破产财产变价方案，适时变价出售破产财产。

第一百一十二条 变价出售破产财产应当通过拍卖进行。但是，债权人会议另有决议的除外。

破产企业可以全部或者部分变价出售。企业变价出售时，可以将其中的无形资产和其他财产单独变价出售。

按照国家规定不能拍卖或者限制转让的财产，应当按照国家规定的方式处理。

第一百一十三条 破产财产在优先清偿破产费用和共益债务后，依照下列顺序清偿：

（一）破产人所欠职工的工资和医疗、伤残补助、抚恤费用，所欠的应当划入职工个人账户的基本养老保险、基本医疗保险费用，以及法律、行政法规规定应当支付给职工的补偿金；

（二）破产人欠缴的除前项规定以外的社会保险费用和破产人所欠税款；

（三）普通破产债权。

破产财产不足以清偿同一顺序的清偿要求的，按照比例分配。

破产企业的董事、监事和高级管理人员的工资按照该企业职工的平均工资计算。

第一百一十四条 破产财产的分配应当以货币分配方式进行。但是，债权人会议另有决议的除外。

第一百一十五条 管理人应当及时拟订破产财产分配方案，提交债权人会议讨论。

破产财产分配方案应当载明下列事项：

（一）参加破产财产分配的债权人名称或者姓名、住所；

（二）参加破产财产分配的债权额；

（三）可供分配的破产财产数额；

（四）破产财产分配的顺序、比例及数额；

（五）实施破产财产分配的方法。

债权人会议通过破产财产分配方案后，由管理人将该方案提请人民法院裁定认可。

第一百一十六条 破产财产分配方案经人民法院裁定认可后，由管理人执行。

管理人按照破产财产分配方案实施多次分配的，应当公告本次分配的财产额和债权额。管理人实施最后分配的，应当在公告中指明，并载明本法第一百一十七条第二款规定的事项。

第一百一十七条 对于附生效条件或者解除条件的债权，管理人应当将其分配额提存。

管理人依照前款规定提存的分配额，在最后分配公告日，生效条件未成就或者解除条件成就的，应当分配给其他债权人；在最后分配公告日，生效条件成就或者解除条件未成就的，应当交付给债权人。

第一百一十八条 债权人未受领的破产财产分配额，管理人应当提存。债权人自最后分配公告之日起满二个月仍不领取的，视为放弃受领分配的权利，管理人或者人民法院应当将提存的分配额分配给其他债权人。

第一百一十九条 破产财产分配时，对于诉讼或者仲裁未决的债权，管理人应当将其分配额提存。自破产程序终结之日起满二年仍不能受领分配的，人民法院应当将提存的分配额分配给其他债权人。

第三节 破产程序的终结

第一百二十条 破产人无财产可供分配的，管理人应当请求人民法院裁定终结破产程序。

管理人在最后分配完结后，应当及时向人民法院提交破产财产分配报告，并提请人民法院裁定终结破产程序。

人民法院应当自收到管理人终结破产程序的请求之日起十五日内作出是否终结破产程序的裁定。裁定终结的，应当予以公告。

第一百二十一条 管理人应当自破产程序终结之日起十日内，持人民法院终结破产程序的裁定，向破产人的原登记机关办理注销登记。

第一百二十二条 管理人于办理注销登记完毕的次日终止执行职务。但是，存在诉讼或者仲裁未决情况的除外。

第一百二十三条 自破产程序依照本法第四十三条第四款或者第一百二十条的规定终结之日起二年内，有下列情形之一的，债权人可以请求人民法院按照破产财产分配方案进行追加分配：

（一）发现有依照本法第三十一条、第三十二条、第三十三条、第三十六条规定应当追回的财产的；

（二）发现破产人有应当供分配的其他财产的。

有前款规定情形，但财产数量不足以支付分配费用的，不再进行追加分配，由人民法院将其上交国库。

第一百二十四条　破产人的保证人和其他连带债务人，在破产程序终结后，对债权人依照破产清算程序未受清偿的债权，依法继续承担清偿责任。

第十一章　法律责任

第一百二十五条　企业董事、监事或者高级管理人员违反忠实义务、勤勉义务，致使所在企业破产的，依法承担民事责任。

有前款规定情形的人员，自破产程序终结之日起三年内不得担任任何企业的董事、监事、高级管理人员。

第一百二十六条　有义务列席债权人会议的债务人的有关人员，经人民法院传唤，无正当理由拒不列席债权人会议的，人民法院可以拘传，并依法处以罚款。债务人的有关人员违反本法规定，拒不陈述、回答，或者作虚假陈述、回答的，人民法院可以依法处以罚款。

第一百二十七条　债务人违反本法规定，拒不向人民法院提交或者提交不真实的财产状况说明、债务清册、债权清册、有关财务会计报告以及职工工资的支付情况和社会保险费用的缴纳情况的，人民法院可以对直接责任人员依法处以罚款。

债务人违反本法规定，拒不向管理人移交财产、印章和账簿、文书等资料的，或者伪造、销毁有关财产证据材料而使财产状况不明的，人民法院可以对直接责任人员依法处以罚款。

第一百二十八条　债务人有本法第三十一条、第三十二条、第三十三条规定的行为，损害债权人利益的，债务人的法定代表人和其他直接责任人员依法承担赔偿责任。

第一百二十九条　债务人的有关人员违反本法规定，擅自离开住所地的，人民法院可以予以训诫、拘留，可以依法并处罚款。

第一百三十条　管理人未依照本法规定勤勉尽责，忠实执行职务的，人民法院可以依法处以罚款；给债权人、债务人或者第三人造成损失的，依法承担赔偿责任。

第一百三十一条　违反本法规定，构成犯罪的，依法追究刑事责任。

第十二章　附　则

第一百三十二条　本法施行后，破产人在本法公布之日前所欠职工的工资和医疗、伤残补助、抚恤费用，所欠的应当划入职工个人账户的基本养老保险、基本医疗保险费用，以及法律、行政法规规定应当支付给职工的补偿金，依照本法第一百一十三条的规定清偿后不足以清偿的部分，以本法第一百零九条规定的特定财产优先于对该特定财产享有担保权的权利人受偿。

第一百三十三条　在本法施行前国务院规定的期限和范围内的国有企业实施破产的特殊事宜，按照国务院有关规定办理。

第一百三十四条　商业银行、证券公司、保险公司等金融机构有本法第二条规定情形的，国务院金融监督管理机构可以向人民法院提出对该金融机构进行重整或者破产清算的申请。国务院金融监督管理机构依法对出现重大经营风险的金融机构采取接管、托管等措施的，可以向人民法院申请中止以该金融机构为被告或者被执行人的民事诉讼程序或者执行程序。

金融机构实施破产的，国务院可以依据本法和其他有关法律的规定制定实施办法。

第一百三十五条 其他法律规定企业法人以外的组织的清算，属于破产清算的，参照适用本法规定的程序。

第一百三十六条 本法自2007年6月1日起施行，《中华人民共和国企业破产法（试行）》同时废止。

中华人民共和国反不正当竞争法

（1993 年 9 月 2 日第八届全国人民代表大会常务委员会第三次会议通过）

第一章　总　则

第一条　为保障社会主义市场经济健康发展，鼓励和保护公平竞争，制止不正当竞争行为，保护经营者和消费者的合法权益，制定本法。

第二条　经营者在市场交易中，应当遵循自愿、平等、公平、诚实信用的原则，遵守公认的商业道德。本法所称的不正当竞争，是指经营者违反本法规定，损害其他经营者的合法权益，扰乱社会经济秩序的行为。本法所称的经营者，是指从事商品经营或者营利性服务（以下所称商品包括服务）的法人、其他经济组织和个人。

第三条　各级人民政府应当采取措施，制止不正当竞争行为，为公平竞争创造良好的环境和条件。县级以上人民政府工商行政管理部门对不正当竞争行为进行监督检查；法律、行政法规规定由其他部门监督检查的，依照其规定。

第四条　国家鼓励、支持和保护一切组织和个人对不正当竞争行为进行社会监督。国家机关工作人员不得支持，包庇不正当竞争行为。

第二章　不正当竞争行为

第五条　经营者不得采用下列不正当手段从事市场交易，损害竞争对手：（一）假冒他人的注册商标；（二）擅自使用知名商品特有的名称、包装、装潢，或者使用与知名商品近似的名称、包装、装潢，造成和他人的知名商品相混淆，使购买者误认为是该知名商品；（三）擅自使用他人的企业名称或者姓名，引人误认为是他人的商品；（四）在商品上伪造或者冒用认证标志、名优标志等质量标志，伪造产地，对商品质量作引人误解的虚假表示。

第六条　公用企业或者其他依法具有独占地位的经营者，不得限定他人购买其指定的经营者的商品，以排挤其他经营者的公平竞争。

第七条　政府及其所属部门不得滥用行政权力，限定他人购买其指定的经营者的商品，限制其他经营者正当的经营活动。政府及其所属部门不得滥用行政权力，限制外地商品进入本地市场，或者本地商品流向外地市场。

第八条　经营者不得采用财物或者其他手段进行贿赂以销售或者购买商品。在帐外暗中给予对方单位或者个人回扣的，以行贿论处；对方单位或者个人在帐外暗中收受回扣的，以受贿论处。经营者销售或者购买商品，可以以明示方式给对方折扣，可以给中间人佣金。经营者给对方折扣、给中间人佣金的，必须如实入帐。接受折扣、佣金的经营者必须如实入帐。

第九条　经营者不得利用广告或者其他方法，对商品的质量、制作成份、性能、用途、生产者、有效期限、产地等作引人误解的虚假宣传。广告的经营者不得在明知或者应知的情况下，代理、设计、制作、发布虚假广告。

第十条 经营者不得采用下列手段侵犯商业秘密：（一）以盗窃、利诱、胁迫或者其他不正当手段获取权利人的商业秘密；（二）披露、使用或者允许他人使用以前项手段获取的权利人的商业秘密；（三）违反约定或者违反权利人有关保守商业秘密的要求，披露、使用或者允许他人使用其所掌握的商业秘密。第三人明知或者应知前款所列违法行为，获取、使用或者披露他人的商业秘密，视为侵犯商业秘密。本条所称的商业秘密，是指不为公众所知悉、能为权利人带来经济利益、具有实用性并经权利人采取保密措施的技术信息和经营信息。

第十一条 经营者不得以排挤竞争对手为目的，以低于成本的价格销售商品。有下列情形之一的，不属于不正当竞争行为：（一）销售鲜活商品；（二）处理有效期限即将到期的商品或者其他积压的商品；（三）季节性降价；（四）因清偿债务、转产、歇业降价销售商品。

第十二条 经营者销售商品，不得违背购买者的意愿搭售商品或者附加其他不合理的条件。

第十三条 经营者不得从事下列有奖销售：（一）采用谎称有奖或者故意让内定人员中奖的欺骗方式进行有奖销售；（二）利用有奖销售的手段推销质次价高的商品；（三）抽奖式的有奖销售，最高奖的金额超过 5000 元。

第十四条 经营者不得捏造、散布虚伪事实，损害竞争对手的商业信誉、商品声誉。

第十五条 投标者不得串通投标，抬高标价或者压低标价。投标者和招标者不得相互勾结，以排挤竞争对手的公平竞争。

第三章 监督检查

第十六条 县级以上监督检查部门对不正当竞争行为，可以进行监督检查。

第十七条 监督检查部门在监督检查不正当竞争行为时，有权行使下列职权：（一）按照规定程序询问被检查的经营者、利害关系人、证明人，并要求提供证明材料或者与不正当竞争行为有关的其他资料；（二）查询、复制与不正当竞争行为有关的协议、帐册、单据、文件、记录、业务函电和其他资料；（三）检查与本法第五条规定的不正当竞争行为有关的财物，必要时可以责令被检查的经营者说明该商品的来源和数量，暂停销售，听候检查，不得转移、隐匿、销毁该财物。

第十八条 监督检查部门工作人员监督检查不正当竞争行为时，应当出示检查证件。

第十九条 监督检查部门在监督检查不正当竞争行为时，被检查的经营者、利害关系人和证明人应当如实提供有关资料或者情况。

第四章 法律责任

第二十条 经营者违反本法规定，给被侵害的经营者造成损害的，应当承担损害赔偿责任，被侵害的经营者的损失难以计算的，赔偿额为侵权人在侵权期间因侵权所获得的利润；并应当承担被侵害的经营者因调查该经营者侵害其合法权益的不正当竞争行为所支付的合理费用。被侵害的经营者的合法权益受到不正当竞争行为损害的，可以向人民法院提起诉讼。

第二十一条　经营者假冒他人的注册商标，擅自使用他人的企业名称或者姓名，伪造或者冒用认证标志、名优标志等质量标志，伪造产地，对商品质量作引人误解的虚假表示的，依照《中华人民共和国商标法》、《中华人民共和国产品质量法》的规定处罚。经营者擅自使用知名商品特有的名称、包装、装潢，或者使用与知名商品近似的名称、包装、装潢，造成和他人的知名商品相混淆，使购买者误认为是该知名商品的，监督检查部门应当责令停止违法行为，没收违法所得，可以根据情节处以违法所得一倍以上三倍以下的罚款；情节严重的，可以吊销营业执照；销售伪劣商品，构成犯罪的，依法追究刑事责任。

第二十二条　经营者采用财物或者其他手段进行贿赂以销售或者购买商品，构成犯罪的，依法追究刑事责任；不构成犯罪的，监督检查部门可以根据情节处以 1 万元以上 20 万元以下的罚款，有违法所得的，予以没收。

第二十三条　公用企业或者其他依法具有独占地位的经营者，限定他人购买其指定的经营者的商品，以排挤其他经营者的公平竞争的，省级或者设区的市的监督检查部门应当瓘停止违法行为，可以根据情节处以 5 万元以上 20 万元以下的罚款。被指定的经营者借此销售质次价高商品或者滥收费用的，监督检查部门应当没收违法所得，可以根据情节处以违法所得一倍以上三倍以下的罚款。

第二十四条　经营者利用广告或者其他方法，对商品作引人误解的虚假宣传的，监督检查部门应当责令停止违法行为，消除影响，可以根据情节处以 1 万元以上 20 万元以下的罚款。广告的经营者，在明知或者应知的情况下，代理、设计、制作、发布虚假广告的，监督检查部门应当责令停止违法行为，没收违法所得，并依法处以罚款。

第二十五条　违反本法第十条规定侵犯商业秘密的，监督检查部门应当责令停止违法行为，可以根据情节处以 1 万元以上 20 万元以下的罚款。

第二十六条　经营者违反本法第十三条规定进行有奖销售的，监督检查部门应当责令停止违法行为，可以根据情节处以 1 万元以上 10 万元以下的罚款。

第二十七条　投标者串通投标，抬高标价或者压低标价；投标者和招标者相互勾结，以排挤竞争对手的公平竞争的，其中标无效。监督检查部门可以根据情节处以 1 万元以上 20 万元以下的罚款。

第二十八条　经营者有违反被责令暂停销售，不得转移、隐匿、销毁与不正当竞争行为有关的财物的行为的，监督检查部门可以根据情节处以被销售、转移、隐匿、销毁财物的价款的一倍以上三倍以下的罚款。

第二十九条　当事人对监督检查部门作出的处罚决定不服的，可以自收到处罚决定之日起 15 日内向上一级主管机关申请复议；对复议决定不服的，可以自收到复议决定书之日起 15 日内向人民法院提起诉讼；也可以直接向人民法院提起诉讼。

第三十条　政府及其所属部门违反本法第七条规定，限定他人购买其指定的经营者的商品、限制其他经营者正当的经营活动，或者限制商品在地区之间正常流通的，由上级机关责令其改正；情节严重的，由同级或者上级机关对直接责任人员给予行政处分。被指定的经营者借此销售质次价高商品或者滥收费用的，监督检查部门应当没收违法所得，可以根据情节处以违法所得一倍以上三倍以下的罚款。

第三十一条　监督检查不正当竞争行为的国家机关工作人员滥用职权、玩忽职守，构成犯罪的，依法追究刑事责任；不构成犯罪的，给予行政处分。

第三十二条 监督检查不正当竞争行为的国家机关工作人员徇私舞弊，对明知有违反本法规定构成犯罪的经营者故意包庇不使他受追诉的，依法追究刑事责任。

第六章 附 则

第三十三条 本法自 1993 年 12 月 1 日起施行。

中华人民共和国价格法

（1997年12月29日第八届全国人民代表大会常务委员会第二十九次会议通过）

第一章 总 则

第一条 为了规范价格行为，发挥价格合理配置资源的作用，稳定市场价格总水平，保护消费者和经营者的合法权益，促进社会主义市场经济健康发展，制定本法。

第二条 在中华人民共和国境内发生的价格行为，适用本法。

本法所称价格包括商品价格和服务价格。

商品价格是指各类有形产品和无形资产的价格。

服务价格是指各类有偿服务的收费。

第三条 国家实行并逐步完善宏观经济调控下主要由市场形成价格的机制。价格的制定应当符合价值规律，大多数商品和服务价格实行市场调节价，极少数商品和服务价格实行政府指导价或者政府定价。

市场调节价，是指由经营者自主制定，通过市场竞争形成的价格。

本法所称经营者是指从事生产、经营商品或者提供有偿服务的法人、其他组织和个人。

政府指导价，是指依照本法规定，由政府价格主管部门或者其他有关部门，按照定价权限和范围规定基准价及其浮动幅度，指导经营者制定的价格。

政府定价，是指依照本法规定，由政府价格主管部门或者其他有关部门，按照定价权限和范围制定的价格。

第四条 国家支持和促进公平、公开、合法的市场竞争，维护正常的价格秩序，对价格活动实行管理、监督和必要的调控。

第五条 国务院价格主管部门统一负责全国的价格工作。国务院其他有关部门在各自的职责范围内，负责有关的价格工作。

县级以上地方各级人民政府价格主管部门负责本行政区域内的价格工作。县级以上地方各级人民政府其他有关部门在各自的职责范围内，负责有关的价格工作。

第二章 经营者的价格行为

第六条 商品价格和服务价格，除依照本法第十八条规定适用政府指导价或者政府定价外，实行市场调节价，由经营者依照本法自主制定。

第七条 经营者定价，应当遵循公平、合法和诚实信用的原则。

第八条 经营者定价的基本依据是生产经营成本和市场供求状况。

第九条 经营者应当努力改进生产经营管理，降低生产经营成本，为消费者提供价格合理的商品和服务，并在市场竞争中获取合法利润。

第十条 经营者应当根据其经营条件建立、健全内部价格管理制度，准确记录与核定商品和服务的生产经营成本，不得弄虚作假。

第十一条 经营者进行价格活动，享有下列权利：

（一）自主制定属于市场调节的价格；

（二）在政府指导价规定的幅度内制定价格；

（三）制定属于政府指导价、政府定价产品范围内的新产品的试销价格，特定产品除外；

（四）检举、控告侵犯其依法自主定价权利的行为。

第十二条 经营者进行价格活动，应当遵守法律、法规，执行依法制定的政府指导价、政府定价和法定的价格干预措施、紧急措施。

第十三条 经营者销售、收购商品和提供服务，应当按照政府价格主管部门的规定明码标价，注明商品的品名、产地、规格、等级、计价单位、价格或者服务的项目、收费标准等有关情况。

经营者不得在标价之外加价出售商品，不得收取任何未予标明的费用。

第十四条 经营者不得有下列不正当价格行为：

（一）相互串通，操纵市场价格，损害其他经营者或者消费者的合法权益；

（二）在依法降价处理鲜活商品、季节性商品、积压商品等商品外，为了排挤竞争对手或者独占市场，以低于成本的价格倾销，扰乱正常的生产经营秩序，损害国家利益或者其他经营者的合法权益；

（三）捏造、散布涨价信息，哄抬价格，推动商品价格过高上涨的；

（四）利用虚假的或者使人误解的价格手段，诱骗消费者或者其他经营者与其进行交易；

（五）提供相同商品或者服务，对具有同等交易条件的其他经营者实行价格歧视；

（六）采取抬高等级或者压低等级等手段收购、销售商品或者提供服务，变相提高或者压低价格；

（七）违反法律、法规的规定牟取暴利；

（八）法律、行政法规禁止的其他不正当价格行为。

第十五条 各类中介机构提供有偿服务收取费用，应当遵守本法的规定。法律另有规定的，按照有关规定执行。

第十六条 经营者销售进口商品、收购出口商品，应当遵守本章的有关规定，维护国内市场秩序。

第十七条 行业组织应当遵守价格法律、法规，加强价格自律，接受政府价格主管部门的工作指导。

第三章 政府的定价行为

第十八条 下列商品和服务价格，政府在必要时可以实行政府指导价或者政府定价：

（一）与国民经济发展和人民生活关系重大的极少数商品价格；

（二）资源稀缺的少数商品价格；

（三）自然垄断经营的商品价格；

（四）重要的公用事业价格；

（五）重要的公益性服务价格。

第十九条　政府指导价、政府定价的定价权限和具体适用范围，以中央的和地方的定价目录为依据。

中央定价目录由国务院价格主管部门制定、修订，报国务院批准后公布。

地方定价目录由省、自治区、直辖市人民政府价格主管部门按照中央定价目录规定的定价权限和具体适用范围制定，经本级人民政府审核同意，报国务院价格主管部门审定后公布。

省、自治区、直辖市人民政府以下各级地方人民政府不得制定定价目录。

第二十条　国务院价格主管部门和其他有关部门，按照中央定价目录规定的定价权限和具体适用范围制定政府指导价、政府定价；其中重要的商品和服务价格的政府指导价、政府定价，应当按照规定经国务院批准。

省、自治区、直辖市人民政府价格主管部门和其他有关部门，应当按照地方定价目录规定的定价权限和具体适用范围制定在本地区执行的政府指导价、政府定价。

市、县人民政府可以根据省、自治区、直辖市人民政府的授权，按照地方定价目录规定的定价权限和具体适用范围制定在本地区执行的政府指导价、政府定价。

第二十一条　制定政府指导价、政府定价，应当依据有关商品或者服务的社会平均成本和市场供求状况、国民经济与社会发展要求以及社会承受能力，实行合理的购销差价、批零差价、地区差价和季节差价。

第二十二条　政府价格主管部门和其他有关部门制定政府指导价、政府定价，应当开展价格、成本调查，听取消费者、经营者和有关方面的意见。

政府价格主管部门开展对政府指导价、政府定价的价格、成本调查时，有关单位应当如实反映情况，提供必需的帐簿、文件以及其他资料。

第二十三条　制定关系群众切身利益的公用事业价格、公益性服务价格、自然垄断经营的商品价格等政府指导价、政府定价，应当建立听证会制度，由政府价格主管部门主持，征求消费者、经营者和有关方面的意见，论证其必要性、可行性。

第二十四条　政府指导价、政府定价制定后，由制定价格的部门向消费者、经营者公布。

第二十五条　政府指导价、政府定价的具体适用范围、价格水平，应当根据经济运行情况，按照规定的定价权限和程序适时调整。

消费者、经营者可以对政府指导价、政府定价提出调整建议。

第四章　价格总水平调控

第二十六条　稳定市场价格总水平是国家重要的宏观经济政策目标。国家根据国民经济发展的需要和社会承受能力，确定市场价格总水平调控目标，列入国民经济和社会发展计划，并综合运用货币、财政、投资、进出口等方面的政策和措施，予以实现。

第二十七条　政府可以建立重要商品储备制度，设立价格调节基金，调控价格，稳定市场。

第二十八条　为适应价格调控和管理的需要，政府价格主管部门应当建立价格监测制度，对重要商品、服务价格的变动进行监测。

第二十九条 政府在粮食等重要农产品的市场购买价格过低时，可以在收购中实行保护价格，并采取相应的经济措施保证其实现。

第三十条 当重要商品和服务价格显著上涨或者有可能显著上涨，国务院和省、自治区、直辖市人民政府可以对部分价格采取限定差价率或者利润率、规定限价、实行提价申报制度和调价备案制度等干预措施。

省、自治区、直辖市人民政府采取前款规定的干预措施，应当报国务院备案。

第三十一条 当市场价格总水平出现剧烈波动等异常状态时，国务院可以在全国范围内或者部分区域内采取临时集中定价权限、部分或者全面冻结价格的紧急措施。

第三十二条 依照本法第三十条、第三十一条的规定实行干预措施、紧急措施的情形消除后，应当及时解除干预措施、紧急措施。

第五章 价格监督检查

第三十三条 县级以上各级人民政府价格主管部门，依法对价格活动进行监督检查，并依照本法的规定对价格违法行为实施行政处罚。

第三十四条 政府价格主管部门进行价格监督检查时，可以行使下列职权：

（一）询问当事人或者有关人员，并要求其提供证明材料和与价格违法行为有关的其他资料；

（二）查询、复制与价格违法行为有关的帐簿、单据、凭证、文件及其他资料，核对与价格违法行为有关的银行资料；

（三）检查与价格违法行为有关的财物，必要时可以责令当事人暂停相关营业；

（四）在证据可能灭失或者以后难以取得的情况下，可以依法先行登记保存，当事人或者有关人员不得转移、隐匿或者销毁。

第三十五条 经营者接受政府价格主管部门的监督检查时，应当如实提供价格监督检查所必需的帐簿、单据、凭证、文件以及其他资料。

第三十六条 政府部门价格工作人员不得将依法取得的资料或者了解的情况用于依法进行价格管理以外的任何其他目的，不得泄露当事人的商业秘密。

第三十七条 消费者组织、职工价格监督组织、居民委员会、村民委员会等组织以及消费者，有权对价格行为进行社会监督。政府价格主管部门应当充分发挥群众的价格监督作用。

新闻单位有权进行价格舆论监督。

第三十八条 政府价格主管部门应当建立对价格违法行为的举报制度。

任何单位和个人均有权对价格违法行为进行举报。政府价格主管部门应当对举报者给予鼓励，并负责为举报者保密。

第六章 法律责任

第三十九条 经营者不执行政府指导价、政府定价以及法定的价格干预措施、紧急措施的，责令改正，没收违法所得，可以并处违法所得五倍以下的罚款；没有违法所得的，可以处以罚款；情节严重的，责令停业整顿。

第四十条　经营者有本法第十四条所列行为之一的，责令改正，没收违法所得，可以并处违法所得五倍以下的罚款；没有违法所得的，予以警告，可以并处罚款；情节严重的，责令停业整顿，或者由工商行政管理机关吊销营业执照。有关法律对本法第十四条所列行为的处罚及处罚机关另有规定的，可以依照有关法律的规定执行。

有本法第十四条第（一）项、第（二）项所列行为，属于是全国性的，由国务院价格主管部门认定；属于是省及省以下区域性的，由省、自治区、直辖市人民政府价格主管部门认定。

第四十一条　经营者因价格违法行为致使消费者或者其他经营者多付价款的，应当退还多付部分；造成损害的，应当依法承担赔偿责任。

第四十二条　经营者违反明码标价规定的，责令改正，没收违法所得，可以并处五千元以下的罚款。

第四十三条　经营者被责令暂停相关营业而不停止的，或者转移、隐匿、销毁依法登记保存的财物的，处相关营业所得或者转移、隐匿、销毁的财物价值一倍以上三倍以下的罚款。

第四十四条　拒绝按照规定提供监督检查所需资料或者提供虚假资料的，责令改正，予以警告；逾期不改正的，可以处以罚款。

第四十五条　地方各级人民政府或者各级人民政府有关部门违反本法规定，超越定价权限和范围擅自制定、调整价格或者不执行法定的价格干预措施、紧急措施的，责令改正，并可以通报批评；对直接负责的主管人员和其他直接责任人员，依法给予行政处分。

第四十六条　价格工作人员泄露国家秘密、商业秘密以及滥用职权、徇私舞弊、玩忽职守、索贿受贿，构成犯罪的，依法追究刑事责任；尚不构成犯罪的，依法给予处分。

第七章　附　则

第四十七条　国家行政机关的收费，应当依法进行，严格控制收费项目，限定收费范围、标准。收费的具体管理办法由国务院另行制定。

利率、汇率、保险费率、证券及期货价格，适用有关法律、行政法规的规定，不适用本法。

第四十八条　本法自 1998 年 5 月 1 日起施行。

政府制定价格听证办法

（国家发展和改革委员会令第 2 号　2008 年 10 月 15 日）

第一章　总　则

第一条　为规范政府制定价格听证行为，提高政府价格决策的民主性、科学性和透明度，根据《中华人民共和国价格法》，制定本办法。

第二条　本办法所称政府制定价格听证（以下简称定价听证），是指定价机关依法制定（含调整，下同）政府指导价、政府定价过程中，由政府价格主管部门采取听证会形式，征求经营者、消费者和有关方面的意见，对制定价格的必要性、可行性进行论证的活动。

前款所称定价机关，包括有定价权的省、自治区、直辖市（以下统称省级）以上人民政府价格主管部门、有关部门和经省级人民政府授权的市、县人民政府。

第三条　制定关系群众切身利益的公用事业价格、公益性服务价格和自然垄断经营的商品价格等政府指导价、政府定价，应当实行定价听证。听证的具体项目通过定价听证目录确定，但容易引发抢购、囤积，造成市场异常波动的商品价格，通过其他方式征求意见，不纳入定价听证目录。

中央定价听证目录由国务院价格主管部门依据中央定价目录制定并公布；地方定价听证目录由省级人民政府价格主管部门依据地方定价目录制定并公布。

法律、法规、规章规定实行定价听证的项目自动进入定价听证目录。

制定定价听证目录以外的政府指导价、政府定价，定价机关认为有必要的，也可以实行定价听证。

第四条　定价听证应当遵循公开、公平、公正、效率的原则。

第五条　听证会应当公开举行，允许旁听和新闻报道，但涉及国家秘密或者商业秘密的除外。

第二章　听证的组织

第六条　定价听证由政府价格主管部门组织。

省级以上定价机关制定价格需要听证的，由同级政府价格主管部门组织听证。省级人民政府授权市、县人民政府制定价格的，由市、县人民政府价格主管部门组织听证。

制定在局部地区执行的价格需要听证的，政府价格主管部门可以委托下级政府价格主管部门组织听证。委托听证的，应当出具书面委托书。

第七条　听证会设三至五名听证人。听证人由政府价格主管部门指定的工作人员担任，部分听证人也可以由政府价格主管部门聘请社会知名人士担任。听证会主持人由听证人中的政府价格主管部门的工作人员兼任。

前款所称听证人是指代表政府价格主管部门专门听取听证会意见的人员。

第八条　听证人履行下列职责：

（一）听取听证会参加人的意见陈述，并可以询问；

（二）提出听证报告。

第九条　听证会参加人由下列人员构成：

（一）消费者；

（二）经营者；

（三）与定价听证项目有关的其他利益相关方；

（四）相关领域的专家、学者；

（五）政府价格主管部门认为有必要参加听证会的政府部门、社会组织和其他人员。

听证会参加人的人数和人员的构成比例由政府价格主管部门根据听证项目的实际情况确定，其中消费者人数不得少于听证会参加人总数的五分之二。

第十条　听证会参加人由下列方式产生：

（一）消费者采取自愿报名、随机选取方式，也可以由政府价格主管部门委托消费者组织或者其他群众组织推荐；

（二）经营者、与定价听证项目有关的其他利益相关方采取自愿报名、随机选取方式，也可以由政府价格主管部门委托行业组织、政府主管部门推荐；

（三）专家、学者、政府部门、社会组织和其他人员由政府价格主管部门聘请。政府价格主管部门可以根据听证项目的实际情况规定听证会参加人条件。

第十一条　听证会参加人的权利和义务：

（一）可以向有关经营者、行业组织、政府主管部门了解与听证事项相关的情况；

（二）出席听证会，就听证事项发表意见、阐明理由；

（三）保守国家秘密和商业秘密，遵守听证会纪律。

第十二条　听证会设记录员。记录员由政府价格主管部门指定的人员担任，如实记录听证会参加人的意见。

第十三条　公开举行的听证会设旁听席。旁听人员由政府价格主管部门根据公民、法人或者其他组织报名情况，按照报名顺序选取或者随机抽取。

旁听人员不得进行发言、提问，不得有妨碍听证秩序的行为。

第十四条　公开举行的听证会设记者席。与会采访的新闻媒体由政府价格主管部门根据新闻媒体报名情况，按照报名顺序选取或者随机抽取。政府价格主管部门可以邀请新闻媒体采访听证会。

第三章　听证程序

第十五条　定价听证依据下列情况提起：

（一）定价机关是政府价格主管部门（含与其他部门联合定价）和市、县人民政府的，由政府价格主管部门提起；

（二）定价机关是其他部门的，由该部门向政府价格主管部门提起。

第十六条　定价机关提起定价听证时，属于第十五条（二）项规定情形的，应当向政府价格主管部门提交定价听证方案和定价成本监审报告。

第十七条　定价听证方案应当包括下列内容：

（一）拟制定价格的具体项目；

（二）现行价格和拟制定的价格，单位调价额和调价幅度；

（三）拟制定价格的依据和理由；

（四）拟制定价格对经济、社会影响的分析；

（五）其他与制定价格有关的资料。

第十八条 听证会举行30日前，政府价格主管部门应当通过政府网站、新闻媒体向社会公告听证会参加人、旁听人员、新闻媒体的名额、产生方式及具体报名办法。

第十九条 听证会举行15日前，政府价格主管部门应当通过政府网站、新闻媒体向社会公告听证会举行的时间、地点，定价听证方案要点，听证会参加人和听证人名单。

第二十条 听证会举行15日前，政府价格主管部门应当向听证会参加人送达下列材料：

（一）听证会通知；

（二）定价听证方案；

（三）定价成本监审结论；

（四）听证会议程；

（五）听证会纪律。

第二十一条 听证会应当在有三分之二以上听证会参加人出席时举行。出席人数不足应当出席人总数三分之二的，听证会应当延期举行。

第二十二条 听证会可以一次举行，也可以分次举行。听证会按照下列议程进行：

（一）主持人宣布听证事项和听证会纪律，介绍听证会参加人、听证人；

（二）定价听证方案提出人陈述定价听证方案；

（三）定价成本监审人介绍定价成本监审结论及相关情况；

（四）听证会参加人对定价听证方案发表意见，进行询问；

（五）主持人总结发言。

第二十三条 听证会参加人应当审阅涉及本人的听证笔录并签字。

第二十四条 听证会举行后，听证人应当根据听证笔录制作听证报告。听证报告包括下列内容：

（一）听证会的基本情况；

（二）听证会参加人对定价听证方案的意见；

（三）听证人对听证会参加人意见的处理建议。处理建议应当包括对听证会参加人主要意见采纳与不采纳的建议和理由说明。

第二十五条 政府价格主管部门应当在听证会举行后15日内将听证笔录、听证报告一并提交定价机关。

第二十六条 定价机关作出定价决定时应当充分考虑听证会的意见。

定价机关根据听证会的意见，对定价听证方案作出修改后，政府价格主管部门认为有必要的，可以再次举行听证会，或者采取其他方式征求社会意见。

第二十七条 定价机关作出定价决定后，应当通过政府网站、新闻媒体向社会公布定价决定和对听证会参加人主要意见采纳情况及理由。

第二十八条 定价机关需要报请本级人民政府或者上级定价机关批准后才能作出定价

决定的，上报定价方案时应当同时提交听证报告。

第二十九条　定价机关可以通过政府网站、新闻媒体就听证事项听取社会各方面的意见。

第三十条　制定在局部地区执行的价格或者降低价格的，听证会可以采取下列简易程序：

（一）只设主持人；

（二）听证会参加人由消费者、经营者构成；

（三）听证会按照本办法第二十二条第（一）、（四）、（五）项规定的议程进行。

第四章　法律责任

第三十一条　定价机关制定定价听证目录内商品和服务价格，未举行听证会的，由本级人民政府或者上级政府价格主管部门宣布定价无效，责令改正；对直接负责的主管人员和其他直接责任人员，依法给予行政处分。

第三十二条　政府价格主管部门违反本办法规定程序组织或者举行听证会，情节严重的，由本级人民政府或者上级政府价格主管部门责令改正，给予通报批评；对直接负责的主管人员和其他直接责任人员，依法给予行政处分。

第三十三条　政府价格主管部门的工作人员在听证会的组织或者举行过程中，玩忽职守、滥用职权、徇私舞弊的，依法给予行政处分；构成犯罪的，依法追究刑事责任。

第五章　附　则

第三十四条　听证经费应当申请纳入同级财政预算。

第三十五条　省级人民政府价格主管部门可以依据本办法制定实施细则。

第三十六条　本办法由国家发展和改革委员会负责解释。

第三十七条　本办法自2008年12月1日起施行。原国家发展计划委员会2002年11月22日发布的《政府价格决策听证办法》（国家发展计划委员会令第26号）同时废止。

中华人民共和国动物防疫法

（1997 年 7 月 3 日第八届全国人民代表大会常务委员会第二十六次会议通过
2007 年 8 月 30 日第十届全国人民代表大会常务委员会第二十九次会议修订）

第一章 总 则

第一条 为了加强对动物防疫活动的管理，预防、控制和扑灭动物疫病，促进养殖业发展，保护人体健康，维护公共卫生安全，制定本法。

第二条 本法适用于在中华人民共和国领域内的动物防疫及其监督管理活动。

进出境动物、动物产品的检疫，适用《中华人民共和国进出境动植物检疫法》。

第三条 本法所称动物，是指家畜家禽和人工饲养、合法捕获的其他动物。

本法所称动物产品，是指动物的肉、生皮、原毛、绒、脏器、脂、血液、精液、卵、胚胎、骨、蹄、头、角、筋以及可能传播动物疫病的奶、蛋等。

本法所称动物疫病，是指动物传染病、寄生虫病。

本法所称动物防疫，是指动物疫病的预防、控制、扑灭和动物、动物产品的检疫。

第四条 根据动物疫病对养殖业生产和人体健康的危害程度，本法规定管理的动物疫病分为下列三类：

（一）一类疫病，是指对人与动物危害严重，需要采取紧急、严厉的强制预防、控制、扑灭等措施的；

（二）二类疫病，是指可能造成重大经济损失，需要采取严格控制、扑灭等措施，防止扩散的；

（三）三类疫病，是指常见多发、可能造成重大经济损失，需要控制和净化的。

前款一、二、三类动物疫病具体病种名录由国务院兽医主管部门制定并公布。

第五条 国家对动物疫病实行预防为主的方针。

第六条 县级以上人民政府应当加强对动物防疫工作的统一领导，加强基层动物防疫队伍建设，建立健全动物防疫体系，制定并组织实施动物疫病防治规划。

乡级人民政府、城市街道办事处应当组织群众协助做好本管辖区域内的动物疫病预防与控制工作。

第七条 国务院兽医主管部门主管全国的动物防疫工作。

县级以上地方人民政府兽医主管部门主管本行政区域内的动物防疫工作。

县级以上人民政府其他部门在各自的职责范围内做好动物防疫工作。

军队和武装警察部队动物卫生监督职能部门分别负责军队和武装警察部队现役动物及饲养自用动物的防疫工作。

第八条 县级以上地方人民政府设立的动物卫生监督机构依照本法规定，负责动物、动物产品的检疫工作和其他有关动物防疫的监督管理执法工作。

第九条　县级以上人民政府按照国务院的规定，根据统筹规划、合理布局、综合设置的原则建立动物疫病预防控制机构，承担动物疫病的监测、检测、诊断、流行病学调查、疫情报告以及其他预防、控制等技术工作。

第十条　国家支持和鼓励开展动物疫病的科学研究以及国际合作与交流，推广先进适用的科学研究成果，普及动物防疫科学知识，提高动物疫病防治的科学技术水平。

第十一条　对在动物防疫工作、动物防疫科学研究中做出成绩和贡献的单位和个人，各级人民政府及有关部门给予奖励。

第二章　动物疫病的预防

第十二条　国务院兽医主管部门对动物疫病状况进行风险评估，根据评估结果制定相应的动物疫病预防、控制措施。

国务院兽医主管部门根据国内外动物疫情和保护养殖业生产及人体健康的需要，及时制定并公布动物疫病预防、控制技术规范。

第十三条　国家对严重危害养殖业生产和人体健康的动物疫病实施强制免疫。国务院兽医主管部门确定强制免疫的动物疫病病种和区域，并会同国务院有关部门制定国家动物疫病强制免疫计划。

省、自治区、直辖市人民政府兽医主管部门根据国家动物疫病强制免疫计划，制订本行政区域的强制免疫计划；并可以根据本行政区域内动物疫病流行情况增加实施强制免疫的动物疫病病种和区域，报本级人民政府批准后执行，并报国务院兽医主管部门备案。

第十四条　县级以上地方人民政府兽医主管部门组织实施动物疫病强制免疫计划。乡级人民政府、城市街道办事处应当组织本管辖区域内饲养动物的单位和个人做好强制免疫工作。

饲养动物的单位和个人应当依法履行动物疫病强制免疫义务，按照兽医主管部门的要求做好强制免疫工作。

经强制免疫的动物，应当按照国务院兽医主管部门的规定建立免疫档案，加施畜禽标识，实施可追溯管理。

第十五条　县级以上人民政府应当建立健全动物疫情监测网络，加强动物疫情监测。

国务院兽医主管部门应当制定国家动物疫病监测计划。省、自治区、直辖市人民政府兽医主管部门应当根据国家动物疫病监测计划，制定本行政区域的动物疫病监测计划。

动物疫病预防控制机构应当按照国务院兽医主管部门的规定，对动物疫病的发生、流行等情况进行监测；从事动物饲养、屠宰、经营、隔离、运输以及动物产品生产、经营、加工、贮藏等活动的单位和个人不得拒绝或者阻碍。

第十六条　国务院兽医主管部门和省、自治区、直辖市人民政府兽医主管部门应当根据对动物疫病发生、流行趋势的预测，及时发出动物疫情预警。地方各级人民政府接到动物疫情预警后，应当采取相应的预防、控制措施。

第十七条　从事动物饲养、屠宰、经营、隔离、运输以及动物产品生产、经营、加工、贮藏等活动的单位和个人，应当依照本法和国务院兽医主管部门的规定，做好免疫、消毒等动物疫病预防工作。

第十八条　种用、乳用动物和宠物应当符合国务院兽医主管部门规定的健康标准。

种用、乳用动物应当接受动物疫病预防控制机构的定期检测；检测不合格的，应当按照国务院兽医主管部门的规定予以处理。

第十九条 动物饲养场（养殖小区）和隔离场所，动物屠宰加工场所，以及动物和动物产品无害化处理场所，应当符合下列动物防疫条件：

（一）场所的位置与居民生活区、生活饮用水源地、学校、医院等公共场所的距离符合国务院兽医主管部门规定的标准；

（二）生产区封闭隔离，工程设计和工艺流程符合动物防疫要求；

（三）有相应的污水、污物、病死动物、染疫动物产品的无害化处理设施设备和清洗消毒设施设备；

（四）有为其服务的动物防疫技术人员；

（五）有完善的动物防疫制度；

（六）具备国务院兽医主管部门规定的其他动物防疫条件。

第二十条 兴办动物饲养场（养殖小区）和隔离场所，动物屠宰加工场所，以及动物和动物产品无害化处理场所，应当向县级以上地方人民政府兽医主管部门提出申请，并附具相关材料。受理申请的兽医主管部门应当依照本法和《中华人民共和国行政许可法》的规定进行审查。经审查合格的，发给动物防疫条件合格证；不合格的，应当通知申请人并说明理由。需要办理工商登记的，申请人凭动物防疫条件合格证向工商行政管理部门申请办理登记注册手续。

动物防疫条件合格证应当载明申请人的名称、场（厂）址等事项。

经营动物、动物产品的集贸市场应当具备国务院兽医主管部门规定的动物防疫条件，并接受动物卫生监督机构的监督检查。

第二十一条 动物、动物产品的运载工具、垫料、包装物、容器等应当符合国务院兽医主管部门规定的动物防疫要求。

染疫动物及其排泄物、染疫动物产品，病死或者死因不明的动物尸体，运载工具中的动物排泄物以及垫料、包装物、容器等污染物，应当按照国务院兽医主管部门的规定处理，不得随意处置。

第二十二条 采集、保存、运输动物病料或者病原微生物以及从事病原微生物研究、教学、检测、诊断等活动，应当遵守国家有关病原微生物实验室管理的规定。

第二十三条 患有人畜共患传染病的人员不得直接从事动物诊疗以及易感染动物的饲养、屠宰、经营、隔离、运输等活动。

人畜共患传染病名录由国务院兽医主管部门会同国务院卫生主管部门制定并公布。

第二十四条 国家对动物疫病实行区域化管理，逐步建立无规定动物疫病区。无规定动物疫病区应当符合国务院兽医主管部门规定的标准，经国务院兽医主管部门验收合格予以公布。

本法所称无规定动物疫病区，是指具有天然屏障或者采取人工措施，在一定期限内没有发生规定的一种或者几种动物疫病，并经验收合格的区域。

第二十五条 禁止屠宰、经营、运输下列动物和生产、经营、加工、贮藏、运输下列动物产品：

（一）封锁疫区内与所发生动物疫病有关的；

（二）疫区内易感染的；

（三）依法应当检疫而未经检疫或者检疫不合格的；

（四）染疫或者疑似染疫的；

（五）病死或者死因不明的；

（六）其他不符合国务院兽医主管部门有关动物防疫规定的。

第三章　动物疫情的报告、通报和公布

第二十六条　从事动物疫情监测、检验检疫、疫病研究与诊疗以及动物饲养、屠宰、经营、隔离、运输等活动的单位和个人，发现动物染疫或者疑似染疫的，应当立即向当地兽医主管部门、动物卫生监督机构或者动物疫病预防控制机构报告，并采取隔离等控制措施，防止动物疫情扩散。其他单位和个人发现动物染疫或者疑似染疫的，应当及时报告。

接到动物疫情报告的单位，应当及时采取必要的控制处理措施，并按照国家规定的程序上报。

第二十七条　动物疫情由县级以上人民政府兽医主管部门认定；其中重大动物疫情由省、自治区、直辖市人民政府兽医主管部门认定，必要时报国务院兽医主管部门认定。

第二十八条　国务院兽医主管部门应当及时向国务院有关部门和军队有关部门以及省、自治区、直辖市人民政府兽医主管部门通报重大动物疫情的发生和处理情况；发生人畜共患传染病的，县级以上人民政府兽医主管部门与同级卫生主管部门应当及时相互通报。

国务院兽医主管部门应当依照我国缔结或者参加的条约、协定，及时向有关国际组织或者贸易方通报重大动物疫情的发生和处理情况。

第二十九条　国务院兽医主管部门负责向社会及时公布全国动物疫情，也可以根据需要授权省、自治区、直辖市人民政府兽医主管部门公布本行政区域内的动物疫情。其他单位和个人不得发布动物疫情。

第三十条　任何单位和个人不得瞒报、谎报、迟报、漏报动物疫情，不得授意他人瞒报、谎报、迟报动物疫情，不得阻碍他人报告动物疫情。

第四章　动物疫病的控制和扑灭

第三十一条　发生一类动物疫病时，应当采取下列控制和扑灭措施：

（一）当地县级以上地方人民政府兽医主管部门应当立即派人到现场，划定疫点、疫区、受威胁区，调查疫源，及时报请本级人民政府对疫区实行封锁。疫区范围涉及两个以上行政区域的，由有关行政区域共同的上一级人民政府对疫区实行封锁，或者由各有关行政区域的上一级人民政府共同对疫区实行封锁。必要时，上级人民政府可以责成下级人民政府对疫区实行封锁。

（二）县级以上地方人民政府应当立即组织有关部门和单位采取封锁、隔离、扑杀、销毁、消毒、无害化处理、紧急免疫接种等强制性措施，迅速扑灭疫病。

（三）在封锁期间，禁止染疫、疑似染疫和易感染的动物、动物产品流出疫区，禁止非疫区的易感染动物进入疫区，并根据扑灭动物疫病的需要对出入疫区的人员、运输工具及有关物品采取消毒和其他限制性措施。

第三十二条 发生二类动物疫病时，应当采取下列控制和扑灭措施：

（一）当地县级以上地方人民政府兽医主管部门应当划定疫点、疫区、受威胁区。

（二）县级以上地方人民政府根据需要组织有关部门和单位采取隔离、扑杀、销毁、消毒、无害化处理、紧急免疫接种、限制易感染的动物和动物产品及有关物品出入等控制、扑灭措施。

第三十三条 疫点、疫区、受威胁区的撤销和疫区封锁的解除，按照国务院兽医主管部门规定的标准和程序评估后，由原决定机关决定并宣布。

第三十四条 发生三类动物疫病时，当地县级、乡级人民政府应当按照国务院兽医主管部门的规定组织防治和净化。

第三十五条 二、三类动物疫病呈暴发性流行时，按照一类动物疫病处理。

第三十六条 为控制、扑灭动物疫病，动物卫生监督机构应当派人在当地依法设立的现有检查站执行监督检查任务；必要时，经省、自治区、直辖市人民政府批准，可以设立临时性的动物卫生监督检查站，执行监督检查任务。

第三十七条 发生人畜共患传染病时，卫生主管部门应当组织对疫区易感染的人群进行监测，并采取相应的预防、控制措施。

第三十八条 疫区内有关单位和个人，应当遵守县级以上人民政府及其兽医主管部门依法作出的有关控制、扑灭动物疫病的规定。

任何单位和个人不得藏匿、转移、盗掘已被依法隔离、封存、处理的动物和动物产品。

第三十九条 发生动物疫情时，航空、铁路、公路、水路等运输部门应当优先组织运送控制、扑灭疫病的人员和有关物资。

第四十条 一、二、三类动物疫病突然发生，迅速传播，给养殖业生产安全造成严重威胁、危害，以及可能对公众身体健康与生命安全造成危害，构成重大动物疫情的，依照法律和国务院的规定采取应急处理措施。

第五章 动物和动物产品的检疫

第四十一条 动物卫生监督机构依照本法和国务院兽医主管部门的规定对动物、动物产品实施检疫。

动物卫生监督机构的官方兽医具体实施动物、动物产品检疫。官方兽医应当具备规定的资格条件，取得国务院兽医主管部门颁发的资格证书，具体办法由国务院兽医主管部门会同国务院人事行政部门制定。

本法所称官方兽医，是指具备规定的资格条件并经兽医主管部门任命的，负责出具检疫等证明的国家兽医工作人员。

第四十二条 屠宰、出售或者运输动物以及出售或者运输动物产品前，货主应当按照国务院兽医主管部门的规定向当地动物卫生监督机构申报检疫。

动物卫生监督机构接到检疫申报后，应当及时指派官方兽医对动物、动物产品实施现场检疫；检疫合格的，出具检疫证明、加施检疫标志。实施现场检疫的官方兽医应当在检疫证明、检疫标志上签字或者盖章，并对检疫结论负责。

第四十三条 屠宰、经营、运输以及参加展览、演出和比赛的动物，应当附有检疫证明；经营和运输的动物产品，应当附有检疫证明、检疫标志。

对前款规定的动物、动物产品，动物卫生监督机构可以查验检疫证明、检疫标志，进行监督抽查，但不得重复检疫收费。

第四十四条 经铁路、公路、水路、航空运输动物和动物产品的，托运人托运时应当提供检疫证明；没有检疫证明的，承运人不得承运。

运载工具在装载前和卸载后应当及时清洗、消毒。

第四十五条 输入到无规定动物疫病区的动物、动物产品，货主应当按照国务院兽医主管部门的规定向无规定动物疫病区所在地动物卫生监督机构申报检疫，经检疫合格的，方可进入；检疫所需费用纳入无规定动物疫病区所在地地方人民政府财政预算。

第四十六条 跨省、自治区、直辖市引进乳用动物、种用动物及其精液、胚胎、种蛋的，应当向输入地省、自治区、直辖市动物卫生监督机构申请办理审批手续，并依照本法第四十二条的规定取得检疫证明。

跨省、自治区、直辖市引进的乳用动物、种用动物到达输入地后，货主应当按照国务院兽医主管部门的规定对引进的乳用动物、种用动物进行隔离观察。

第四十七条 人工捕获的可能传播动物疫病的野生动物，应当报经捕获地动物卫生监督机构检疫，经检疫合格的，方可饲养、经营和运输。

第四十八条 经检疫不合格的动物、动物产品，货主应当在动物卫生监督机构监督下按照国务院兽医主管部门的规定处理，处理费用由货主承担。

第四十九条 依法进行检疫需要收取费用的，其项目和标准由国务院财政部门、物价主管部门规定。

第六章 动物诊疗

第五十条 从事动物诊疗活动的机构，应当具备下列条件：

（一）有与动物诊疗活动相适应并符合动物防疫条件的场所；

（二）有与动物诊疗活动相适应的执业兽医；

（三）有与动物诊疗活动相适应的兽医器械和设备；

（四）有完善的管理制度。

第五十一条 设立从事动物诊疗活动的机构，应当向县级以上地方人民政府兽医主管部门申请动物诊疗许可证。受理申请的兽医主管部门应当依照本法和《中华人民共和国行政许可法》的规定进行审查。经审查合格的，发给动物诊疗许可证；不合格的，应当通知申请人并说明理由。申请人凭动物诊疗许可证向工商行政管理部门申请办理登记注册手续，取得营业执照后，方可从事动物诊疗活动。

第五十二条 动物诊疗许可证应当载明诊疗机构名称、诊疗活动范围、从业地点和法定代表人（负责人）等事项。

动物诊疗许可证载明事项变更的，应当申请变更或者换发动物诊疗许可证，并依法办理工商变更登记手续。

第五十三条 动物诊疗机构应当按照国务院兽医主管部门的规定，做好诊疗活动中的卫生安全防护、消毒、隔离和诊疗废弃物处置等工作。

第五十四条 国家实行执业兽医资格考试制度。具有兽医相关专业大学专科以上学历的，可以申请参加执业兽医资格考试；考试合格的，由国务院兽医主管部门颁发执业兽医资格证书；从事动物诊疗的，还应当向当地县级人民政府兽医主管部门申请注册。执业兽医资格考试和注册办法由国务院兽医主管部门商国务院人事行政部门制定。

本法所称执业兽医，是指从事动物诊疗和动物保健等经营活动的兽医。

第五十五条 经注册的执业兽医，方可从事动物诊疗、开具兽药处方等活动。但是，本法第五十七条对乡村兽医服务人员另有规定的，从其规定。

执业兽医、乡村兽医服务人员应当按照当地人民政府或者兽医主管部门的要求，参加预防、控制和扑灭动物疫病的活动。

第五十六条 从事动物诊疗活动，应当遵守有关动物诊疗的操作技术规范，使用符合国家规定的兽药和兽医器械。

第五十七条 乡村兽医服务人员可以在乡村从事动物诊疗服务活动，具体管理办法由国务院兽医主管部门制定。

第七章　监督管理

第五十八条 动物卫生监督机构依照本法规定，对动物饲养、屠宰、经营、隔离、运输以及动物产品生产、经营、加工、贮藏、运输等活动中的动物防疫实施监督管理。

第五十九条 动物卫生监督机构执行监督检查任务，可以采取下列措施，有关单位和个人不得拒绝或者阻碍：

（一）对动物、动物产品按照规定采样、留验、抽检；

（二）对染疫或者疑似染疫的动物、动物产品及相关物品进行隔离、查封、扣押和处理；

（三）对依法应当检疫而未经检疫的动物实施补检；

（四）对依法应当检疫而未经检疫的动物产品，具备补检条件的实施补检，不具备补检条件的予以没收销毁；

（五）查验检疫证明、检疫标志和畜禽标识；

（六）进入有关场所调查取证，查阅、复制与动物防疫有关的资料。

动物卫生监督机构根据动物疫病预防、控制需要，经当地县级以上地方人民政府批准，可以在车站、港口、机场等相关场所派驻官方兽医。

第六十条 官方兽医执行动物防疫监督检查任务，应当出示行政执法证件，佩带统一标志。

动物卫生监督机构及其工作人员不得从事与动物防疫有关的经营性活动，进行监督检查不得收取任何费用。

第六十一条 禁止转让、伪造或者变造检疫证明、检疫标志或者畜禽标识。

检疫证明、检疫标志的管理办法，由国务院兽医主管部门制定。

第八章　保障措施

第六十二条 县级以上人民政府应当将动物防疫纳入本级国民经济和社会发展规划及年度计划。

第六十三条 县级人民政府和乡级人民政府应当采取有效措施，加强村级防疫员队伍建设。

县级人民政府兽医主管部门可以根据动物防疫工作需要，向乡、镇或者特定区域派驻兽医机构。

第六十四条 县级以上人民政府按照本级政府职责，将动物疫病预防、控制、扑灭、检疫和监督管理所需经费纳入本级财政预算。

第六十五条 县级以上人民政府应当储备动物疫情应急处理工作所需的防疫物资。

第六十六条 对在动物疫病预防和控制、扑灭过程中强制扑杀的动物、销毁的动物产品和相关物品，县级以上人民政府应当给予补偿。具体补偿标准和办法由国务院财政部门会同有关部门制定。

因依法实施强制免疫造成动物应激死亡的，给予补偿。具体补偿标准和办法由国务院财政部门会同有关部门制定。

第六十七条 对从事动物疫病预防、检疫、监督检查、现场处理疫情以及在工作中接触动物疫病病原体的人员，有关单位应当按照国家规定采取有效的卫生防护措施和医疗保健措施。

第九章 法律责任

第六十八条 地方各级人民政府及其工作人员未依照本法规定履行职责的，对直接负责的主管人员和其他直接责任人员依法给予处分。

第六十九条 县级以上人民政府兽医主管部门及其工作人员违反本法规定，有下列行为之一的，由本级人民政府责令改正，通报批评；对直接负责的主管人员和其他直接责任人员依法给予处分：

（一）未及时采取预防、控制、扑灭等措施的；

（二）对不符合条件的颁发动物防疫条件合格证、动物诊疗许可证，或者对符合条件的拒不颁发动物防疫条件合格证、动物诊疗许可证的；

（三）其他未依照本法规定履行职责的行为。

第七十条 动物卫生监督机构及其工作人员违反本法规定，有下列行为之一的，由本级人民政府或者兽医主管部门责令改正，通报批评；对直接负责的主管人员和其他直接责任人员依法给予处分：

（一）对未经现场检疫或者检疫不合格的动物、动物产品出具检疫证明、加施检疫标志，或者对检疫合格的动物、动物产品拒不出具检疫证明、加施检疫标志的；

（二）对附有检疫证明、检疫标志的动物、动物产品重复检疫的；

（三）从事与动物防疫有关的经营性活动，或者在国务院财政部门、物价主管部门规定外加收费用、重复收费的；

（四）其他未依照本法规定履行职责的行为。

第七十一条 动物疫病预防控制机构及其工作人员违反本法规定，有下列行为之一的，由本级人民政府或者兽医主管部门责令改正，通报批评；对直接负责的主管人员和其他直接责任人员依法给予处分：

（一）未履行动物疫病监测、检测职责或者伪造监测、检测结果的；

（二）发生动物疫情时未及时进行诊断、调查的；

（三）其他未依照本法规定履行职责的行为。

第七十二条 地方各级人民政府、有关部门及其工作人员瞒报、谎报、迟报、漏报或者授意他人瞒报、谎报、迟报动物疫情，或者阻碍他人报告动物疫情的，由上级人民政府或者有关部门责令改正，通报批评；对直接负责的主管人员和其他直接责任人员依法给予处分。

第七十三条 违反本法规定，有下列行为之一的，由动物卫生监督机构责令改正，给予警告；拒不改正的，由动物卫生监督机构代作处理，所需处理费用由违法行为人承担，可以处一千元以下罚款：

（一）对饲养的动物不按照动物疫病强制免疫计划进行免疫接种的；

（二）种用、乳用动物未经检测或者经检测不合格而不按照规定处理的；

（三）动物、动物产品的运载工具在装载前和卸载后没有及时清洗、消毒的。

第七十四条 违反本法规定，对经强制免疫的动物未按照国务院兽医主管部门规定建立免疫档案、加施畜禽标识的，依照《中华人民共和国畜牧法》的有关规定处罚。

第七十五条 违反本法规定，不按照国务院兽医主管部门规定处置染疫动物及其排泄物，染疫动物产品，病死或者死因不明的动物尸体，运载工具中的动物排泄物以及垫料、包装物、容器等污染物以及其他经检疫不合格的动物、动物产品的，由动物卫生监督机构责令无害化处理，所需处理费用由违法行为人承担，可以处三千元以下罚款。

第七十六条 违反本法第二十五条规定，屠宰、经营、运输动物或者生产、经营、加工、贮藏、运输动物产品的，由动物卫生监督机构责令改正、采取补救措施，没收违法所得和动物、动物产品，并处同类检疫合格动物、动物产品货值金额一倍以上五倍以下罚款；其中依法应当检疫而未检疫的，依照本法第七十八条的规定处罚。

第七十七条 违反本法规定，有下列行为之一的，由动物卫生监督机构责令改正，处一千元以上一万元以下罚款；情节严重的，处一万元以上十万元以下罚款：

（一）兴办动物饲养场（养殖小区）和隔离场所，动物屠宰加工场所，以及动物和动物产品无害化处理场所，未取得动物防疫条件合格证的；

（二）未办理审批手续，跨省、自治区、直辖市引进乳用动物、种用动物及其精液、胚胎、种蛋的；

（三）未经检疫，向无规定动物疫病区输入动物、动物产品的。

第七十八条 违反本法规定，屠宰、经营、运输的动物未附有检疫证明，经营和运输的动物产品未附有检疫证明、检疫标志的，由动物卫生监督机构责令改正，处同类检疫合格动物、动物产品货值金额百分之十以上百分之五十以下罚款；对货主以外的承运人处运输费用一倍以上三倍以下罚款。

违反本法规定，参加展览、演出和比赛的动物未附有检疫证明的，由动物卫生监督机构责令改正，处一千元以上三千元以下罚款。

第七十九条 违反本法规定，转让、伪造或者变造检疫证明、检疫标志或者畜禽标识的，由动物卫生监督机构没收违法所得，收缴检疫证明、检疫标志或者畜禽标识，并处三千元以上三万元以下罚款。

第八十条 违反本法规定，有下列行为之一的，由动物卫生监督机构责令改正，处一千元以上一万元以下罚款：

（一）不遵守县级以上人民政府及其兽医主管部门依法作出的有关控制、扑灭动物疫病规定的；

（二）藏匿、转移、盗掘已被依法隔离、封存、处理的动物和动物产品的；

（三）发布动物疫情的。

第八十一条 违反本法规定，未取得动物诊疗许可证从事动物诊疗活动的，由动物卫生监督机构责令停止诊疗活动，没收违法所得；违法所得在三万元以上的，并处违法所得一倍以上三倍以下罚款；没有违法所得或者违法所得不足三万元的，并处三千元以上三万元以下罚款。

动物诊疗机构违反本法规定，造成动物疫病扩散的，由动物卫生监督机构责令改正，处一万元以上五万元以下罚款；情节严重的，由发证机关吊销动物诊疗许可证。

第八十二条 违反本法规定，未经兽医执业注册从事动物诊疗活动的，由动物卫生监督机构责令停止动物诊疗活动，没收违法所得，并处一千元以上一万元以下罚款。

执业兽医有下列行为之一的，由动物卫生监督机构给予警告，责令暂停六个月以上一年以下动物诊疗活动；情节严重的，由发证机关吊销注册证书：

（一）违反有关动物诊疗的操作技术规范，造成或者可能造成动物疫病传播、流行的；

（二）使用不符合国家规定的兽药和兽医器械的；

（三）不按照当地人民政府或者兽医主管部门要求参加动物疫病预防、控制和扑灭活动的。

第八十三条 违反本法规定，从事动物疫病研究与诊疗和动物饲养、屠宰、经营、隔离、运输，以及动物产品生产、经营、加工、贮藏等活动的单位和个人，有下列行为之一的，由动物卫生监督机构责令改正；拒不改正的，对违法行为单位处一千元以上一万元以下罚款，对违法行为个人可以处五百元以下罚款：

（一）不履行动物疫情报告义务的；

（二）不如实提供与动物防疫活动有关资料的；

（三）拒绝动物卫生监督机构进行监督检查的；

（四）拒绝动物疫病预防控制机构进行动物疫病监测、检测的。

第八十四条 违反本法规定，构成犯罪的，依法追究刑事责任。

违反本法规定，导致动物疫病传播、流行等，给他人人身、财产造成损害的，依法承担民事责任。

第十章 附 则

第八十五条 本法自 2008 年 1 月 1 日起施行。

中华人民共和国城市房地产管理法

(1994年7月5日第八届全国人民代表大会常务委员会第八次会议通过
根据2007年8月30日第十届全国人民代表大会常务委员会第二十九次会议
《关于修改〈中华人民共和国城市房地产管理法〉的决定》修正)

第一章 总 则

第一条 为了加强对城市房地产的管理，维护房地产市场秩序，保障房地产权利人的合法权益，促进房地产业的健康发展，制定本法。

第二条 在中华人民共和国城市规划区国有土地（以下简称国有土地）范围内取得房地产开发用地的土地使用权，从事房地产开发、房地产交易，实施房地产管理，应当遵守本法。

本法所称房屋，是指土地上的房屋等建筑物及构筑物。

本法所称房地产开发，是指在依据本法取得国有土地使用权的土地上进行基础设施、房屋建设的行为。

本法所称房地产交易，包括房地产转让、房地产抵押和房屋租赁。

第三条 国家依法实行国有土地有偿、有限期使用制度。但是，国家在本法规定的范围内划拨国有土地使用权的除外。

第四条 国家根据社会、经济发展水平，扶持发展居民住宅建设，逐步改善居民的居住条件。

第五条 房地产权利人应当遵守法律和行政法规，依法纳税。房地产权利人的合法权益受法律保护，任何单位和个人不得侵犯。

第六条 为了公共利益的需要，国家可以征收国有土地上单位和个人的房屋，并依法给予拆迁补偿，维护被征收人的合法权益；征收个人住宅的，还应当保障被征收人的居住条件。具体办法由国务院规定。

第七条 国务院建设行政主管部门、土地管理部门依照国务院规定的职权划分，各司其职，密切配合，管理全国房地产工作。

县级以上地方人民政府房产管理、土地管理部门的机构设置及其职权由省、自治区、直辖市人民政府确定。

第二章 房地产开发用

第一节 土地使用权出让

第八条 土地使用权出让，是指国家将国有土地使用权（以下简称土地使用权）在一定年限内出让给土地使用者，由土地使用者向国家支付土地使用权出让金的行为。

第九条 城市规划区内的集体所有的土地，经依法征用转为国有土地后，该幅国有土地的使用权方可有偿出让。

第十条 土地使用权出让，必须符合土地利用总体规划、城市规划和年度建设用地计划。

第十一条 县级以上地方人民政府出让土地使用权用于房地产开发的，须根据省级以上人民政府下达的控制指标拟订年度出让土地使用权总面积方案，按照国务院规定，报国务院或者省级人民政府批准。

第十二条 土地使用权出让，由市、县人民政府有计划、有步骤地进行。出让的每幅地块、用途、年限和其他条件，由市、县人民政府土地管理部门会同城市规划、建设、房产管理部门共同拟定方案，按照国务院规定，报经有批准权的人民政府批准后，由市、县人民政府土地管理部门实施。

直辖市的县人民政府及其有关部门行使前款规定的权限，由直辖市人民政府规定。

第十三条 土地使用权出让，可以采取拍卖、招标或者双方协议的方式。

商业、旅游、娱乐和豪华住宅用地，有条件的，必须采取拍卖、招标方式；没有条件，不能采取拍卖、招标方式的，可以采取双方协议的方式。

采取双方协议方式出让土地使用权的出让金不得低于按国家规定所确定的最低价。

第十四条 土地使用权出让最高年限由国务院规定。

第十五条 土地使用权出让，应当签订书面出让合同。

土地使用权出让合同由市、县人民政府土地管理部门与土地使用者签订。

第十六条 土地使用者必须按照出让合同约定，支付土地使用权出让金；未按照出让合同约定支付土地使用权出让金的，土地管理部门有权解除合同，并可以请求违约赔偿。

第十七条 土地使用者按照出让合同约定支付土地使用权出让金的，市、县人民政府土地管理部门必须按照出让合同约定，提供出让的土地；未按照出让合同约定提供出让的土地的，土地使用者有权解除合同，由土地管理部门返还土地使用权出让金，土地使用者并可以请求违约赔偿。

第十八条 土地使用者需要改变土地使用权出让合同约定的土地用途的，必须取得出让方和市、县人民政府城市规划行政主管部门的同意，签订土地使用权出让合同变更协议或者重新签订土地使用权出让合同，相应调整土地使用权出让金。

第十九条 土地使用权出让金应当全部上缴财政，列入预算，用于城市基础设施建设和土地开发。土地使用权出让金上缴和使用的具体办法由国务院规定。

第二十条 国家对土地使用者依法取得的土地使用权，在出让合同约定的使用年限届满前不收回；在特殊情况下，根据社会公共利益的需要，可以依照法律程序提前收回，并根据土地使用者使用土地的实际年限和开发土地的实际情况给予相应的补偿。

第二十一条 土地使用权因土地灭失而终止。

第二十二条 土地使用权出让合同约定的使用年限届满，土地使用者需要继续使用土地的，应当至迟于届满前一年申请续期，除根据社会公共利益需要收回该幅土地的，应当予以批准。经批准准予续期的，应当重新签订土地使用权出让合同，依照规定支付土地使用权出让金。

土地使用权出让合同约定的使用年限届满，土地使用者未申请续期或者虽申请续期但依照前款规定未获批准的，土地使用权由国家无偿收回。

第二节　土地使用权划拨

第二十三条　土地使用权划拨，是指县级以上人民政府依法批准，在土地使用者缴纳补偿、安置等费用后将该幅土地交付其使用，或者将土地使用权无偿交付给土地使用者使用的行为。

依照本法规定以划拨方式取得土地使用权的，除法律、行政法规另有规定外，没有使用期限的限制。

第二十四条　下列建设用地的土地使用权，确属必需的，可以由县级以上人民政府依法批准划拨：

（一）国家机关用地和军事用地；

（二）城市基础设施用地和公益事业用地；

（三）国家重点扶持的能源、交通、水利等项目用地；

（四）法律、行政法规规定的其他用地。

第三章　房地产开发

第二十五条　房地产开发必须严格执行城市规划，按照经济效益、社会效益、环境效益相统一的原则，实行全面规划、合理布局、综合开发、配套建设。

第二十六条　以出让方式取得土地使用权进行房地产开发的，必须按照土地使用权出让合同约定的土地用途、动工开发期限开发土地。超过出让合同约定的动工开发日期满一年未动工开发的，可以征收相当于土地使用权出让金百分之二十以下的土地闲置费；满二年未动工开发的，可以无偿收回土地使用权；但是，因不可抗力或者政府、政府有关部门的行为或者动工开发必需的前期工作造成动工开发迟延的除外。

第二十七条　房地产开发项目的设计、施工，必须符合国家的有关标准和规范。

房地产开发项目竣工，经验收合格后，方可交付使用。

第二十八条　依法取得的土地使用权，可以依照本法和有关法律、行政法规的规定，作价入股，合资、合作开发经营房地产。

第二十九条　国家采取税收等方面的优惠措施鼓励和扶持房地产开发企业开发建设居民住宅。

第三十条　房地产开发企业是以营利为目的，从事房地产开发和经营的企业。设立房地产开发企业，应当具备下列条件：

（一）有自己的名称和组织机构；

（二）有固定的经营场所；

（三）有符合国务院规定的注册资本；

（四）有足够的专业技术人员；

（五）法律、行政法规规定的其他条件。

设立房地产开发企业，应当向工商行政管理部门申请设立登记。工商行政管理部门对符合本法规定条件的，应当予以登记，发给营业执照；对不符合本法规定条件的，不予登记。

设立有限责任公司、股份有限公司，从事房地产开发经营的，还应当执行公司法的有关规定。

房地产开发企业在领取营业执照后的一个月内，应当到登记机关所在地的县级以上地方人民政府规定的部门备案。

第三十一条　房地产开发企业的注册资本与投资总额的比例应当符合国家有关规定。

房地产开发企业分期开发房地产的，分期投资额应当与项目规模相适应，并按照土地使用权出让合同的约定，按期投入资金，用于项目建设。

第四章　房地产交易

第一节　一般规定

第三十二条　房地产转让、抵押时，房屋的所有权和该房屋占用范围内的土地使用权同时转让、抵押。

第三十三条　基准地价、标定地价和各类房屋的重置价格应当定期确定并公布。具体办法由国务院规定。

第三十四条　国家实行房地产价格评估制度。

房地产价格评估，应当遵循公正、公平、公开的原则，按照国家规定的技术标准和评估程序，以基准地价、标定地价和各类房屋的重置价格为基础，参照当地的市场价格进行评估。

第三十五条　国家实行房地产成交价格申报制度。

房地产权利人转让房地产，应当向县级以上地方人民政府规定的部门如实申报成交价，不得瞒报或者作不实的申报。

第三十六条　房地产转让、抵押，当事人应当依照本法第五章的规定办理权属登记。

第二节　房地产转让

第三十七条　房地产转让，是指房地产权利人通过买卖、赠与或者其他合法方式将其房地产转移给他人的行为。

第三十八条　下列房地产，不得转让：

（一）以出让方式取得土地使用权的，不符合本法第三十九条规定的条件的；

（二）司法机关和行政机关依法裁定、决定查封或者以其他形式限制房地产权利的；

（三）依法收回土地使用权的；

（四）共有房地产，未经其他共有人书面同意的；

（五）权属有争议的；

（六）未依法登记领取权属证书的；

（七）法律、行政法规规定禁止转让的其他情形。

第三十九条　以出让方式取得土地使用权的，转让房地产时，应当符合下列条件：

（一）按照出让合同约定已经支付全部土地使用权出让金，并取得土地使用权证书；

（二）按照出让合同约定进行投资开发，属于房屋建设工程的，完成开发投资总额的百分之二十五以上，属于成片开发土地的，形成工业用地或者其他建设用地条件。

转让房地产时房屋已经建成的，还应当持有房屋所有权证书。

第四十条　以划拨方式取得土地使用权的，转让房地产时，应当按照国务院规定，报有批准权的人民政府审批。有批准权的人民政府准予转让的，应当由受让方办理土地使用权出让手续，并依照国家有关规定缴纳土地使用权出让金。

以划拨方式取得土地使用权的，转让房地产报批时，有批准权的人民政府按照国务院规定决定可以不办理土地使用权出让手续的，转让方应当按照国务院规定将转让房地产所获收益中的土地收益上缴国家或者作其他处理。

第四十一条 房地产转让，应当签订书面转让合同，合同中应当载明土地使用权取得的方式。

第四十二条 房地产转让时，土地使用权出让合同载明的权利、义务随之转移。

第四十三条 以出让方式取得土地使用权的，转让房地产后，其土地使用权的使用年限为原土地使用权出让合同约定的使用年限减去原土地使用者已经使用年限后的剩余年限。

第四十四条 以出让方式取得土地使用权的，转让房地产后，受让人改变原土地使用权出让合同约定的土地用途的，必须取得原出让方和市、县人民政府城市规划行政主管部门的同意，签订土地使用权出让合同变更协议或者重新签订土地使用权出让合同，相应调整土地使用权出让金。

第四十五条 商品房预售，应当符合下列条件：

（一）已交付全部土地使用权出让金，取得土地使用权证书；

（二）持有建设工程规划许可证；

（三）按提供预售的商品房计算，投入开发建设的资金达到工程建设总投资的百分之二十五以上，并已经确定施工进度和竣工交付日期；

（四）向县级以上人民政府房产管理部门办理预售登记，取得商品房预售许可证明。

商品房预售人应当按照国家有关规定将预售合同报县级以上人民政府房产管理部门和土地管理部门登记备案。

商品房预售所得款项，必须用于有关的工程建设。

第四十六条 商品房预售的，商品房预购人将购买的未竣工的预售商品房再行转让的问题，由国务院规定。

第三节　房地产抵押

第四十七条 房地产抵押，是指抵押人以其合法的房地产以不转移占有的方式向抵押权人提供债务履行担保的行为。债务人不履行债务时，抵押权人有权依法以抵押的房地产拍卖所得的价款优先受偿。

第四十八条 依法取得的房屋所有权连同该房屋占用范围内的土地使用权，可以设定抵押权。

以出让方式取得的土地使用权，可以设定抵押权。

第四十九条 房地产抵押，应当凭土地使用权证书、房屋所有权证书办理。

第五十条 房地产抵押，抵押人和抵押权人应当签订书面抵押合同。

第五十一条 设定房地产抵押权的土地使用权是以划拨方式取得的，依法拍卖该房地产后，应当从拍卖所得的价款中缴纳相当于应缴纳的土地使用权出让金的款额后，抵押权人方可优先受偿。

第五十二条 房地产抵押合同签订后，土地上新增的房屋不属于抵押财产。需要拍卖该抵押的房地产时，可以依法将土地上新增的房屋与抵押财产一同拍卖，但对拍卖新增房屋所得，抵押权人无权优先受偿。

第四节　房屋租赁

第五十三条　房屋租赁，是指房屋所有权人作为出租人将其房屋出租给承租人使用，由承租人向出租人支付租金的行为。

第五十四条　房屋租赁，出租人和承租人应当签订书面租赁合同，约定租赁期限、租赁用途、租赁价格、修缮责任等条款，以及双方的其他权利和义务，并向房产管理部门登记备案。

第五十五条　住宅用房的租赁，应当执行国家和房屋所在城市人民政府规定的租赁政策。租用房屋从事生产、经营活动的，由租赁双方协商议定租金和其他租赁条款。

第五十六条　以营利为目的，房屋所有权人将以划拨方式取得使用权的国有土地上建成的房屋出租的，应当将租金中所含土地收益上缴国家。具体办法由国务院规定。

第五节　中介服务机构

第五十七条　房地产中介服务机构包括房地产咨询机构、房地产价格评估机构、房地产经纪机构等。

第五十八条　房地产中介服务机构应当具备下列条件：

（一）有自己的名称和组织机构；

（二）有固定的服务场所；

（三）有必要的财产和经费；

（四）有足够数量的专业人员；

（五）法律、行政法规规定的其他条件。

设立房地产中介服务机构，应当向工商行政管理部门申请设立登记，领取营业执照后，方可开业。

第五十九条　国家实行房地产价格评估人员资格认证制度。

第五章　房地产权属登记管理

第六十条　国家实行土地使用权和房屋所有权登记发证制度。

第六十一条　以出让或者划拨方式取得土地使用权，应当向县级以上地方人民政府土地管理部门申请登记，经县级以上地方人民政府土地管理部门核实，由同级人民政府颁发土地使用权证书。

在依法取得的房地产开发用地上建成房屋的，应当凭土地使用权证书向县级以上地方人民政府房产管理部门申请登记，由县级以上地方人民政府房产管理部门核实并颁发房屋所有权证书。

房地产转让或者变更时，应当向县级以上地方人民政府房产管理部门申请房产变更登记，并凭变更后的房屋所有权证书向同级人民政府土地管理部门申请土地使用权变更登记，经同级人民政府土地管理部门核实，由同级人民政府更换或者更改土地使用权证书。

法律另有规定的，依照有关法律的规定办理。

第六十二条　房地产抵押时，应当向县级以上地方人民政府规定的部门办理抵押登记。

因处分抵押房地产而取得土地使用权和房屋所有权的，应当依照本章规定办理过户登记。

第六十三条 经省、自治区、直辖市人民政府确定，县级以上地方人民政府由一个部门统一负责房产管理和土地管理工作的，可以制作、颁发统一的房地产权证书，依照本法第六十一条的规定，将房屋的所有权和该房屋占用范围内的土地使用权的确认和变更，分别载入房地产权证书。

第六章 法律责任

第六十四条 违反本法第十一条、第十二条的规定，擅自批准出让或者擅自出让土地使用权用于房地产开发的，由上级机关或者所在单位给予有关责任人员行政处分。

第六十五条 违反本法第三十条的规定，未取得营业执照擅自从事房地产开发业务的，由县级以上人民政府工商行政管理部门责令停止房地产开发业务活动，没收违法所得，可以并处罚款。

第六十六条 违反本法第三十九条第一款的规定转让土地使用权的，由县级以上人民政府土地管理部门没收违法所得，可以并处罚款。

第六十七条 违反本法第四十条第一款的规定转让房地产的，由县级以上人民政府土地管理部门责令缴纳土地使用权出让金，没收违法所得，可以并处罚款。

第六十八条 违反本法第四十五条第一款的规定预售商品房的，由县级以上人民政府房产管理部门责令停止预售活动，没收违法所得，可以并处罚款。

第六十九条 违反本法第五十八条的规定，未取得营业执照擅自从事房地产中介服务业务的，由县级以上人民政府工商行政管理部门责令停止房地产中介服务业务活动，没收违法所得，可以并处罚款。

第七十条 没有法律、法规的依据，向房地产开发企业收费的，上级机关应当责令退回所收取的钱款；情节严重的，由上级机关或者所在单位给予直接责任人员行政处分。

第七十一条 房产管理部门、土地管理部门工作人员玩忽职守、滥用职权，构成犯罪的，依法追究刑事责任；不构成犯罪的，给予行政处分。

房产管理部门、土地管理部门工作人员利用职务上的便利，索取他人财物，或者非法收受他人财物为他人谋取利益，构成犯罪的，依照惩治贪污罪贿赂罪的补充规定追究刑事责任；不构成犯罪的，给予行政处分。

第七章 附 则

第七十二条 在城市规划区外的国有土地范围内取得房地产开发用地的土地使用权，从事房地产开发、交易活动以及实施房地产管理，参照本法执行。

第七十三条 本法自1995年1月1日起施行。

中华人民共和国农产品质量安全法

（2006 年 4 月 29 日第十届全国人民代表大会常务委员会第二十一次会议通过）

第一章　总　则

第一条　为保障农产品质量安全，维护公众健康，促进农业和农村经济发展，制定本法。

第二条　本法所称农产品，是指来源于农业的初级产品，即在农业活动中获得的植物、动物、微生物及其产品。

本法所称农产品质量安全，是指农产品质量符合保障人的健康、安全的要求。

第三条　县级以上人民政府农业行政主管部门负责农产品质量安全的监督管理工作；县级以上人民政府有关部门按照职责分工，负责农产品质量安全的有关工作。

第四条　县级以上人民政府应当将农产品质量安全管理工作纳入本级国民经济和社会发展规划，并安排农产品质量安全经费，用于开展农产品质量安全工作。

第五条　县级以上地方人民政府统一领导、协调本行政区域内的农产品质量安全工作，并采取措施，建立健全农产品质量安全服务体系，提高农产品质量安全水平。

第六条　国务院农业行政主管部门应当设立由有关方面专家组成的农产品质量安全风险评估专家委员会，对可能影响农产品质量安全的潜在危害进行风险分析和评估。

国务院农业行政主管部门应当根据农产品质量安全风险评估结果采取相应的管理措施，并将农产品质量安全风险评估结果及时通报国务院有关部门。

第七条　国务院农业行政主管部门和省、自治区、直辖市人民政府农业行政主管部门应当按照职责权限，发布有关农产品质量安全状况信息。

第八条　国家引导、推广农产品标准化生产，鼓励和支持生产优质农产品，禁止生产、销售不符合国家规定的农产品质量安全标准的农产品。

第九条　国家支持农产品质量安全科学技术研究，推行科学的质量安全管理方法，推广先进安全的生产技术。

第十条　各级人民政府及有关部门应当加强农产品质量安全知识的宣传，提高公众的农产品质量安全意识，引导农产品生产者、销售者加强质量安全管理，保障农产品消费安全。

第二章　农产品质量安全标准

第十一条　国家建立健全农产品质量安全标准体系。农产品质量安全标准是强制性的技术规范。

农产品质量安全标准的制定和发布，依照有关法律、行政法规的规定执行。

第十二条　制定农产品质量安全标准应当充分考虑农产品质量安全风险评估结果，并听取农产品生产者、销售者和消费者的意见，保障消费安全。

第十三条 农产品质量安全标准应当根据科学技术发展水平以及农产品质量安全的需要，及时修订。

第十四条 农产品质量安全标准由农业行政主管部门商有关部门组织实施。

第三章 农产品产地

第十五条 县级以上地方人民政府农业行政主管部门按照保障农产品质量安全的要求，根据农产品品种特性和生产区域大气、土壤、水体中有毒有害物质状况等因素，认为不适宜特定农产品生产的，提出禁止生产的区域，报本级人民政府批准后公布。具体办法由国务院农业行政主管部门商国务院环境保护行政主管部门制定。

农产品禁止生产区域的调整，依照前款规定的程序办理。

第十六条 县级以上人民政府应当采取措施，加强农产品基地建设，改善农产品的生产条件。

县级以上人民政府农业行政主管部门应当采取措施，推进保障农产品质量安全的标准化生产综合示范区、示范农场、养殖小区和无规定动植物疫病区的建设。

第十七条 禁止在有毒有害物质超过规定标准的区域生产、捕捞、采集食用农产品和建立农产品生产基地。

第十八条 禁止违反法律、法规的规定向农产品产地排放或者倾倒废水、废气、固体废物或者其他有毒有害物质。

农业生产用水和用作肥料的固体废物，应当符合国家规定的标准。

第十九条 农产品生产者应当合理使用化肥、农药、兽药、农用薄膜等化工产品，防止对农产品产地造成污染。

第四章 农产品生产

第二十条 国务院农业行政主管部门和省、自治区、直辖市人民政府农业行政主管部门应当制定保障农产品质量安全的生产技术要求和操作规程。县级以上人民政府农业行政主管部门应当加强对农产品生产的指导。

第二十一条 对可能影响农产品质量安全的农药、兽药、饲料和饲料添加剂、肥料、兽医器械，依照有关法律、行政法规的规定实行许可制度。

国务院农业行政主管部门和省、自治区、直辖市人民政府农业行政主管部门应当定期对可能危及农产品质量安全的农药、兽药、饲料和饲料添加剂、肥料等农业投入品进行监督抽查，并公布抽查结果。

第二十二条 县级以上人民政府农业行政主管部门应当加强对农业投入品使用的管理和指导，建立健全农业投入品的安全使用制度。

第二十三条 农业科研教育机构和农业技术推广机构应当加强对农产品生产者质量安全知识和技能的培训。

第二十四条 农产品生产企业和农民专业合作经济组织应当建立农产品生产记录，如实记载下列事项：

（一）使用农业投入品的名称、来源、用法、用量和使用、停用的日期；

（二）动物疫病、植物病虫草害的发生和防治情况；

（三）收获、屠宰或者捕捞的日期。

农产品生产记录应当保存二年。禁止伪造农产品生产记录。

国家鼓励其他农产品生产者建立农产品生产记录。

第二十五条 农产品生产者应当按照法律、行政法规和国务院农业行政主管部门的规定，合理使用农业投入品，严格执行农业投入品使用安全间隔期或者休药期的规定，防止危及农产品质量安全。

禁止在农产品生产过程中使用国家明令禁止使用的农业投入品。

第二十六条 农产品生产企业和农民专业合作经济组织，应当自行或者委托检测机构对农产品质量安全状况进行检测；经检测不符合农产品质量安全标准的农产品，不得销售。

第二十七条 农民专业合作经济组织和农产品行业协会对其成员应当及时提供生产技术服务，建立农产品质量安全管理制度，健全农产品质量安全控制体系，加强自律管理。

第五章 农产品包装和标识

第二十八条 农产品生产企业、农民专业合作经济组织以及从事农产品收购的单位或者个人销售的农产品，按照规定应当包装或者附加标识的，须经包装或者附加标识后方可销售。包装物或者标识上应当按照规定标明产品的品名、产地、生产者、生产日期、保质期、产品质量等级等内容；使用添加剂的，还应当按照规定标明添加剂的名称。具体办法由国务院农业行政主管部门制定。

第二十九条 农产品在包装、保鲜、贮存、运输中所使用的保鲜剂、防腐剂、添加剂等材料，应当符合国家有关强制性的技术规范。

第三十条 属于农业转基因生物的农产品，应当按照农业转基因生物安全管理的有关规定进行标识。

第三十一条 依法需要实施检疫的动植物及其产品，应当附具检疫合格标志、检疫合格证明。

第三十二条 销售的农产品必须符合农产品质量安全标准，生产者可以申请使用无公害农产品标志。农产品质量符合国家规定的有关优质农产品标准的，生产者可以申请使用相应的农产品质量标志。

禁止冒用前款规定的农产品质量标志。

第六章 监督检查

第三十三条 有下列情形之一的农产品，不得销售：

（一）含有国家禁止使用的农药、兽药或者其他化学物质的；

（二）农药、兽药等化学物质残留或者含有的重金属等有毒有害物质不符合农产品质量安全标准的；

（三）含有的致病性寄生虫、微生物或者生物毒素不符合农产品质量安全标准的；

（四）使用的保鲜剂、防腐剂、添加剂等材料不符合国家有关强制性的技术规范的；

（五）其他不符合农产品质量安全标准的。

第三十四条 国家建立农产品质量安全监测制度。县级以上人民政府农业行政主管部门应当按照保障农产品质量安全的要求，制定并组织实施农产品质量安全监测计划，对生产中或者市场上销售的农产品进行监督抽查。监督抽查结果由国务院农业行政主管部门或者省、自治区、直辖市人民政府农业行政主管部门按照权限予以公布。

监督抽查检测应当委托符合本法第三十五条规定条件的农产品质量安全检测机构进行，不得向被抽查人收取费用，抽取的样品不得超过国务院农业行政主管部门规定的数量。上级农业行政主管部门监督抽查的农产品，下级农业行政主管部门不得另行重复抽查。

第三十五条 农产品质量安全检测应当充分利用现有的符合条件的检测机构。

从事农产品质量安全检测的机构，必须具备相应的检测条件和能力，由省级以上人民政府农业行政主管部门或者其授权的部门考核合格。具体办法由国务院农业行政主管部门制定。

农产品质量安全检测机构应当依法经计量认证合格。

第三十六条 农产品生产者、销售者对监督抽查检测结果有异议的，可以自收到检测结果之日起五日内，向组织实施农产品质量安全监督抽查的农业行政主管部门或者其上级农业行政主管部门申请复检。

采用国务院农业行政主管部门会同有关部门认定的快速检测方法进行农产品质量安全监督抽查检测，被抽查人对检测结果有异议的，可以自收到检测结果时起四小时内申请复检。复检不得采用快速检测方法。

因检测结果错误给当事人造成损害的，依法承担赔偿责任。

第三十七条 农产品批发市场应当设立或者委托农产品质量安全检测机构，对进场销售的农产品质量安全状况进行抽查检测；发现不符合农产品质量安全标准的，应当要求销售者立即停止销售，并向农业行政主管部门报告。

农产品销售企业对其销售的农产品，应当建立健全进货检查验收制度；经查验不符合农产品质量安全标准的，不得销售。

第三十八条 国家鼓励单位和个人对农产品质量安全进行社会监督。任何单位和个人都有权对违反本法的行为进行检举、揭发和控告。有关部门收到相关的检举、揭发和控告后，应当及时处理。

第三十九条 县级以上人民政府农业行政主管部门在农产品质量安全监督检查中，可以对生产、销售的农产品进行现场检查，调查了解农产品质量安全的有关情况，查阅、复制与农产品质量安全有关的记录和其他资料；对经检测不符合农产品质量安全标准的农产品，有权查封、扣押。

第四十条 发生农产品质量安全事故时，有关单位和个人应当采取控制措施，及时向所在地乡级人民政府和县级人民政府农业行政主管部门报告；收到报告的机关应当及时处理并报上一级人民政府和有关部门。发生重大农产品质量安全事故时，农业行政主管部门应当及时通报同级食品药品监督管理部门。

第四十一条 县级以上人民政府农业行政主管部门在农产品质量安全监督管理中，发现有本法第三十三条所列情形之一的农产品，应当按照农产品质量安全责任追究制度的要求，查明责任人，依法予以处理或者提出处理建议。

第四十二条　进口的农产品必须按照国家规定的农产品质量安全标准进行检验；尚未制定有关农产品质量安全标准的，应当依法及时制定，未制定之前，可以参照国家有关部门指定的国外有关标准进行检验。

第七章　法律责任

第四十三条　农产品质量安全监督管理人员不依法履行监督职责，或者滥用职权的，依法给予行政处分。

第四十四条　农产品质量安全检测机构伪造检测结果的，责令改正，没收违法所得，并处五万元以上十万元以下罚款，对直接负责的主管人员和其他直接责任人员处一万元以上五万元以下罚款；情节严重的，撤销其检测资格；造成损害的，依法承担赔偿责任。

农产品质量安全检测机构出具检测结果不实，造成损害的，依法承担赔偿责任；造成重大损害的，并撤销其检测资格。

第四十五条　违反法律、法规规定，向农产品产地排放或者倾倒废水、废气、固体废物或者其他有毒有害物质的，依照有关环境保护法律、法规的规定处罚；造成损害的，依法承担赔偿责任。

第四十六条　使用农业投入品违反法律、行政法规和国务院农业行政主管部门的规定的，依照有关法律、行政法规的规定处罚。

第四十七条　农产品生产企业、农民专业合作经济组织未建立或者未按照规定保存农产品生产记录的，或者伪造农产品生产记录的，责令限期改正；逾期不改正的，可以处二千元以下罚款。

第四十八条　违反本法第二十八条规定，销售的农产品未按照规定进行包装、标识的，责令限期改正；逾期不改正的，可以处二千元以下罚款。

第四十九条　有本法第三十三条第四项规定情形，使用的保鲜剂、防腐剂、添加剂等材料不符合国家有关强制性的技术规范的，责令停止销售，对被污染的农产品进行无害化处理，对不能进行无害化处理的予以监督销毁；没收违法所得，并处二千元以上二万元以下罚款。

第五十条　农产品生产企业、农民专业合作经济组织销售的农产品有本法第三十三条第一项至第三项或者第五项所列情形之一的，责令停止销售，追回已经销售的农产品，对违法销售的农产品进行无害化处理或者予以监督销毁；没收违法所得，并处二千元以上二万元以下罚款。

农产品销售企业销售的农产品有前款所列情形的，依照前款规定处理、处罚。

农产品批发市场中销售的农产品有第一款所列情形的，对违法销售的农产品依照第一款规定处理，对农产品销售者依照第一款规定处罚。

农产品批发市场违反本法第三十七条第一款规定的，责令改正，处二千元以上二万元以下罚款。

第五十一条　违反本法第三十二条规定，冒用农产品质量标志的，责令改正，没收违法所得，并处二千元以上二万元以下罚款。

第五十二条　本法第四十四条、第四十七条至第四十九条、第五十条第一款、第四款和第五十一条规定的处理、处罚，由县级以上人民政府农业行政主管部门决定；第五十条第二款、第三款规定的处理、处罚，由工商行政管理部门决定。

法律对行政处罚及处罚机关有其他规定的，从其规定。但是，对同一违法行为不得重复处罚。

第五十三条 违反本法规定，构成犯罪的，依法追究刑事责任。

第五十四条 生产、销售本法第三十三条所列农产品，给消费者造成损害的，依法承担赔偿责任。

农产品批发市场中销售的农产品有前款规定情形的，消费者可以向农产品批发市场要求赔偿；属于生产者、销售者责任的，农产品批发市场有权追偿。消费者也可以直接向农产品生产者、销售者要求赔偿。

第八章 附 则

第五十五条 生猪屠宰的管理按照国家有关规定执行。

第五十六条 本法自 2006 年 11 月 1 日起施行。

中华人民共和国公证法

（2005年8月28日第十届全国人民代表大会常务委员会第十七次会议通过）

第一章　总　则

第一条　为规范公证活动，保障公证机构和公证员依法履行职责，预防纠纷，保障自然人、法人或者其他组织的合法权益，制定本法。

第二条　公证是公证机构根据自然人、法人或者其他组织的申请，依照法定程序对民事法律行为、有法律意义的事实和文书的真实性、合法性予以证明的活动。

第三条　公证机构办理公证，应当遵守法律，坚持客观、公正的原则。

第四条　全国设立中国公证协会，省、自治区、直辖市设立地方公证协会。中国公证协会和地方公证协会是社会团体法人。中国公证协会章程由会员代表大会制定，报国务院司法行政部门备案。

公证协会是公证业的自律性组织，依据章程开展活动，对公证机构、公证员的执业活动进行监督。

第五条　司法行政部门依照本法规定对公证机构、公证员和公证协会进行监督、指导。

第二章　公证机构

第六条　公证机构是依法设立，不以营利为目的，依法独立行使公证职能、承担民事责任的证明机构。

第七条　公证机构按照统筹规划、合理布局的原则，可以在县、不设区的市、设区的市、直辖市或者市辖区设立；在设区的市、直辖市可以设立一个或者若干个公证机构。公证机构不按行政区划层层设立。

第八条　设立公证机构，应当具备下列条件：

（一）有自己的名称；

（二）有固定的场所；

（三）有二名以上公证员；

（四）有开展公证业务所必需的资金。

第九条　设立公证机构，由所在地的司法行政部门报省、自治区、直辖市人民政府司法行政部门按照规定程序批准后，颁发公证机构执业证书。

第十条　公证机构的负责人应当在有三年以上执业经历的公证员中推选产生，由所在地的司法行政部门核准，报省、自治区、直辖市人民政府司法行政部门备案。

第十一条　根据自然人、法人或者其他组织的申请，公证机构办理下列公证事项：

（一）合同；

（二）继承；

（三）委托、声明、赠与、遗嘱；

（四）财产分割；

（五）招标投标、拍卖；

（六）婚姻状况、亲属关系、收养关系；

（七）出生、生存、死亡、身份、经历、学历、学位、职务、职称、有无违法犯罪记录；

（八）公司章程；

（九）保全证据；

（十）文书上的签名、印鉴、日期，文书的副本、影印本与原本相符；

（十一）自然人、法人或者其他组织自愿申请办理的其他公证事项。

法律、行政法规规定应当公证的事项，有关自然人、法人或者其他组织应当向公证机构申请办理公证。

第十二条 根据自然人、法人或者其他组织的申请，公证机构可以办理下列事务：

（一）法律、行政法规规定由公证机构登记的事务；

（二）提存；

（三）保管遗嘱、遗产或者其他与公证事项有关的财产、物品、文书；

（四）代写与公证事项有关的法律事务文书；

（五）提供公证法律咨询。

第十三条 公证机构不得有下列行为：

（一）为不真实、不合法的事项出具公证书；

（二）毁损、篡改公证文书或者公证档案；

（三）以诋毁其他公证机构、公证员或者支付回扣、佣金等不正当手段争揽公证业务；

（四）泄露在执业活动中知悉的国家秘密、商业秘密或者个人隐私；

（五）违反规定的收费标准收取公证费；

（六）法律、法规、国务院司法行政部门规定禁止的其他行为。

第十四条 公证机构应当建立业务、财务、资产等管理制度，对公证员的执业行为进行监督，建立执业过错责任追究制度。

第十五条 公证机构应当参加公证执业责任保险。

第三章 公证员

第十六条 公证员是符合本法规定的条件，在公证机构从事公证业务的执业人员。

第十七条 公证员的数量根据公证业务需要确定。省、自治区、直辖市人民政府司法行政部门应当根据公证机构的设置情况和公证业务的需要核定公证员配备方案，报国务院司法行政部门备案。

第十八条 担任公证员，应当具备下列条件：

（一）具有中华人民共和国国籍；

（二）年龄二十五周岁以上六十五周岁以下；

（三）公道正派，遵纪守法，品行良好；

（四）通过国家司法考试；

（五）在公证机构实习二年以上或者具有三年以上其他法律职业经历并在公证机构实习一年以上，经考核合格。

第十九条　从事法学教学、研究工作，具有高级职称的人员，或者具有本科以上学历，从事审判、检察、法制工作、法律服务满十年的公务员、律师，已经离开原工作岗位，经考核合格的，可以担任公证员。

第二十条　有下列情形之一的，不得担任公证员：

（一）无民事行为能力或者限制民事行为能力的；

（二）因故意犯罪或者职务过失犯罪受过刑事处罚的；

（三）被开除公职的；

（四）被吊销执业证书的。

第二十一条　担任公证员，应当由符合公证员条件的人员提出申请，经公证机构推荐，由所在地的司法行政部门报省、自治区、直辖市人民政府司法行政部门审核同意后，报请国务院司法行政部门任命，并由省、自治区、直辖市人民政府司法行政部门颁发公证员执业证书。

第二十二条　公证员应当遵纪守法，恪守职业道德，依法履行公证职责，保守执业秘密。

公证员有权获得劳动报酬，享受保险和福利待遇；有权提出辞职、申诉或者控告；非因法定事由和非经法定程序，不被免职或者处罚。

第二十三条　公证员不得有下列行为：

（一）同时在二个以上公证机构执业；

（二）从事有报酬的其他职业；

（三）为本人及近亲属办理公证或者办理与本人及近亲属有利害关系的公证；

（四）私自出具公证书；

（五）为不真实、不合法的事项出具公证书；

（六）侵占、挪用公证费或者侵占、盗窃公证专用物品；

（七）毁损、篡改公证文书或者公证档案；

（八）泄露在执业活动中知悉的国家秘密、商业秘密或者个人隐私；

（九）法律、法规、国务院司法行政部门规定禁止的其他行为。

第二十四条　公证员有下列情形之一的，由所在地的司法行政部门报省、自治区、直辖市人民政府司法行政部门提请国务院司法行政部门予以免职：

（一）丧失中华人民共和国国籍的；

（二）年满六十五周岁或者因健康原因不能继续履行职务的；

（三）自愿辞去公证员职务的；

（四）被吊销公证员执业证书的。

第四章　公证程序

第二十五条　自然人、法人或者其他组织申请办理公证，可以向住所地、经常居住地、行为地或者事实发生地的公证机构提出。

申请办理涉及不动产的公证，应当向不动产所在地的公证机构提出；申请办理涉及不动产的委托、声明、赠与、遗嘱的公证，可以适用前款规定。

第二十六条 自然人、法人或者其他组织可以委托他人办理公证，但遗嘱、生存、收养关系等应当由本人办理公证的除外。

第二十七条 申请办理公证的当事人应当向公证机构如实说明申请公证事项的有关情况，提供真实、合法、充分的证明材料；提供的证明材料不充分的，公证机构可以要求补充。

公证机构受理公证申请后，应当告知当事人申请公证事项的法律意义和可能产生的法律后果，并将告知内容记录存档。

第二十八条 公证机构办理公证，应当根据不同公证事项的办证规则，分别审查下列事项：

（一）当事人的身份、申请办理该项公证的资格以及相应的权利；

（二）提供的文书内容是否完备，含义是否清晰，签名、印鉴是否齐全；

（三）提供的证明材料是否真实、合法、充分；

（四）申请公证的事项是否真实、合法。

第二十九条 公证机构对申请公证的事项以及当事人提供的证明材料，按照有关办证规则需要核实或者对其有疑义的，应当进行核实，或者委托异地公证机构代为核实，有关单位或者个人应当依法予以协助。

第三十条 公证机构经审查，认为申请提供的证明材料真实、合法、充分，申请公证的事项真实、合法的，应当自受理公证申请之日起十五个工作日内向当事人出具公证书。但是，因不可抗力、补充证明材料或者需要核实有关情况的，所需时间不计算在期限内。

第三十一条 有下列情形之一的，公证机构不予办理公证：

（一）无民事行为能力人或者限制民事行为能力人没有监护人代理申请办理公证的；

（二）当事人与申请公证的事项没有利害关系的；

（三）申请公证的事项属专业技术鉴定、评估事项的；

（四）当事人之间对申请公证的事项有争议的；

（五）当事人虚构、隐瞒事实，或者提供虚假证明材料的；

（六）当事人提供的证明材料不充分或者拒绝补充证明材料的；

（七）申请公证的事项不真实、不合法的；

（八）申请公证的事项违背社会公德的；

（九）当事人拒绝按照规定支付公证费的。

第三十二条 公证书应当按照国务院司法行政部门规定的格式制作，由公证员签名或者加盖签名章并加盖公证机构印章。公证书自出具之日起生效。

公证书应当使用全国通用的文字；在民族自治地方，根据当事人的要求，可以制作当地通用的民族文字文本。

第三十三条 公证书需要在国外使用，使用国要求先认证的，应当经中华人民共和国外交部或者外交部授权的机构和有关国家驻中华人民共和国使（领）馆认证。

第三十四条 当事人应当按照规定支付公证费。

对符合法律援助条件的当事人，公证机构应当按照规定减免公证费。

第三十五条　公证机构应当将公证文书分类立卷，归档保存。法律、行政法规规定应当公证的事项等重要的公证档案在公证机构保存期满，应当按照规定移交地方档案馆保管。

第五章　公证效力

第三十六条　经公证的民事法律行为、有法律意义的事实和文书，应当作为认定事实的根据，但有相反证据足以推翻该项公证的除外。

第三十七条　对经公证的以给付为内容并载明债务人愿意接受强制执行承诺的债权文书，债务人不履行或者履行不适当的，债权人可以依法向有管辖权的人民法院申请执行。

前款规定的债权文书确有错误的，人民法院裁定不予执行，并将裁定书送达双方当事人和公证机构。

第三十八条　法律、行政法规规定未经公证的事项不具有法律效力的，依照其规定。

第三十九条　当事人、公证事项的利害关系人认为公证书有错误的，可以向出具该公证书的公证机构提出复查。公证书的内容违法或者与事实不符的，公证机构应当撤销该公证书并予以公告，该公证书自始无效；公证书有其他错误的，公证机构应当予以更正。

第四十条　当事人、公证事项的利害关系人对公证书的内容有争议的，可以就该争议向人民法院提起民事诉讼。

第六章　法律责任

第四十一条　公证机构及其公证员有下列行为之一的，由省、自治区、直辖市或者设区的市人民政府司法行政部门给予警告；情节严重的，对公证机构处一万元以上五万元以下罚款，对公证员处一千元以上五千元以下罚款，并可以给予三个月以上六个月以下停止执业的处罚；有违法所得的，没收违法所得：

（一）以诋毁其他公证机构、公证员或者支付回扣、佣金等不正当手段争揽公证业务的；

（二）违反规定的收费标准收取公证费的；

（三）同时在二个以上公证机构执业的；

（四）从事有报酬的其他职业的；

（五）为本人及近亲属办理公证或者办理与本人及近亲属有利害关系的公证的；

（六）依照法律、行政法规的规定，应当给予处罚的其他行为。

第四十二条　公证机构及其公证员有下列行为之一的，由省、自治区、直辖市或者设区的市人民政府司法行政部门对公证机构给予警告，并处二万元以上十万元以下罚款，并可以给予一个月以上三个月以下停业整顿的处罚；对公证员给予警告，并处二千元以上一万元以下罚款，并可以给予三个月以上十二个月以下停止执业的处罚；有违法所得的，没收违法所得；情节严重的，由省、自治区、直辖市人民政府司法行政部门吊销公证员执业证书；构成犯罪的，依法追究刑事责任：

（一）私自出具公证书的；

（二）为不真实、不合法的事项出具公证书的；

（三）侵占、挪用公证费或者侵占、盗窃公证专用物品的；

（四）毁损、篡改公证文书或者公证档案的；

（五）泄露在执业活动中知悉的国家秘密、商业秘密或者个人隐私的；

（六）依照法律、行政法规的规定，应当给予处罚的其他行为。

因故意犯罪或者职务过失犯罪受刑事处罚的，应当吊销公证员执业证书。

第四十三条 公证机构及其公证员因过错给当事人、公证事项的利害关系人造成损失的，由公证机构承担相应的赔偿责任；公证机构赔偿后，可以向有故意或者重大过失的公证员追偿。

当事人、公证事项的利害关系人与公证机构因赔偿发生争议的，可以向人民法院提起民事诉讼。

第四十四条 当事人以及其他个人或者组织有下列行为之一，给他人造成损失的，依法承担民事责任；违反治安管理的，依法给予治安管理处罚；构成犯罪的，依法追究刑事责任：

（一）提供虚假证明材料，骗取公证书的；

（二）利用虚假公证书从事欺诈活动的；

（三）伪造、变造或者买卖伪造、变造的公证书、公证机构印章的。

第七章 附 则

第四十五条 中华人民共和国驻外使（领）馆可以依照本法的规定或者中华人民共和国缔结或者参加的国际条约的规定，办理公证。

第四十六条 公证费的收费标准由国务院财政部门、价格主管部门会同国务院司法行政部门制定。

第四十七条 本法自 2006 年 3 月 1 日起施行。

中华人民共和国土地管理法

（1986年6月25日第六届全国人民代表大会常务委员会第十六次会议通过
根据2004年8月28日第十届全国人民代表大会常务委员会第十一次会议
《关于修改〈中华人民共和国土地管理法〉的决定》修正）

第一章　总　则

第一条　为了加强土地管理，维护土地的社会主义公有制，保护、开发土地资源，合理利用土地，切实保护耕地，促进社会经济的可持续发展，根据宪法，制定本法。

第二条　中华人民共和国实行土地的社会主义公有制，即全民所有制和劳动群众集体所有制。

全民所有，即国家所有土地的所有权由国务院代表国家行使。

任何单位和个人不得侵占、买卖或者以其他形式非法转让土地。土地使用权可以依法转让。

国家为了公共利益的需要，可以依法对土地实行征收或者征用并给予补偿。

国家依法实行国有土地有偿使用制度。但是，国家在法律规定的范围内划拨国有土地使用权的除外。

第三条　十分珍惜、合理利用土地和切实保护耕地是我国的基本国策。各级人民政府应当采取措施，全面规划，严格管理，保护、开发土地资源，制止非法占用土地的行为。

第四条　国家实行土地用途管制制度。

国家编制土地利用总体规划，规定土地用途，将土地分为农用地、建设用地和未利用地。严格限制农用地转为建设用地，控制建设用地总量，对耕地实行特殊保护。

前款所称农用地是指直接用于农业生产的土地，包括耕地、林地、草地、农田水利用地、养殖水面等；建设用地是指建造建筑物、构筑物的土地，包括城乡住宅和公共设施用地、工矿用地、交通水利设施用地、旅游用地、军事设施用地等；未利用地是指农用地和建设用地以外的土地。

使用土地的单位和个人必须严格按照土地利用总体规划确定的用途使用土地。

第五条　国务院土地行政主管部门统一负责全国土地的管理和监督工作。

县级以上地方人民政府土地行政主管部门的设置及其职责，由省、自治区、直辖市人民政府根据国务院有关规定确定。

第六条　任何单位和个人都有遵守土地管理法律、法规的义务，并有权对违反土地管理法律、法规的行为提出检举和控告。

第七条　在保护和开发土地资源、合理利用土地以及进行有关的科学研究等方面成绩显著的单位和个人，由人民政府给予奖励。

第二章 土地的所有权和使用权

第八条 城市市区的土地属于国家所有。

农村和城市郊区的土地，除由法律规定属于国家所有的以外，属于农民集体所有；宅基地和自留地、自留山，属于农民集体所有。

第九条 国有土地和农民集体所有的土地，可以依法确定给单位或者个人使用。使用土地的单位和个人，有保护、管理和合理利用土地的义务。

第十条 农民集体所有的土地依法属于村农民集体所有的，由村集体经济组织或者村民委员会经营、管理；已经分别属于村内两个以上农村集体经济组织的农民集体所有的，由村内各该农村集体经济组织或者村民小组经营、管理；已经属于乡（镇）农民集体所有的，由乡（镇）农村集体经济组织经营、管理。

第十一条 农民集体所有的土地，由县级人民政府登记造册，核发证书，确认所有权。

农民集体所有的土地依法用于非农业建设的，由县级人民政府登记造册，核发证书，确认建设用地使用权。

单位和个人依法使用的国有土地，由县级以上人民政府登记造册，核发证书，确认使用权；其中，中央国家机关使用的国有土地的具体登记发证机关，由国务院确定。

确认林地、草原的所有权或者使用权，确认水面、滩涂的养殖使用权，分别依照《中华人民共和国森林法》、《中华人民共和国草原法》和《中华人民共和国渔业法》的有关规定办理。

第十二条 依法改变土地权属和用途的，应当办理土地变更登记手续。

第十三条 依法登记的土地的所有权和使用权受法律保护，任何单位和个人不得侵犯。

第十四条 农民集体所有的土地由本集体经济组织的成员承包经营，从事种植业、林业、畜牧业、渔业生产。土地承包经营期限为三十年。发包方和承包方应当订立承包合同，约定双方的权利和义务。承包经营土地的农民有保护和按照承包合同约定的用途合理利用土地的义务。农民的土地承包经营权受法律保护。

在土地承包经营期限内，对个别承包经营者之间承包的土地进行适当调整的，必须经村民会议三分之二以上成员或者三分之二以上村民代表的同意，并报乡（镇）人民政府和县级人民政府农业行政主管部门批准。

第十五条 国有土地可以由单位或者个人承包经营，从事种植业、林业、畜牧业、渔业生产。农民集体所有的土地，可以由本集体经济组织以外的单位或者个人承包经营，从事种植业、林业、畜牧业、渔业生产。发包方和承包方应当订立承包合同，约定双方的权利和义务。土地承包经营的期限由承包合同约定。承包经营土地的单位和个人，有保护和按照承包合同约定的用途合理利用土地的义务。

农民集体所有的土地由本集体经济组织以外的单位或者个人承包经营的，必须经村民会议三分之二以上成员或者三分之二以上村民代表的同意，并报乡（镇）人民政府批准。

第十六条 土地所有权和使用权争议，由当事人协商解决；协商不成的，由人民政府处理。

单位之间的争议，由县级以上人民政府处理；个人之间、个人与单位之间的争议，由乡级人民政府或者县级以上人民政府处理。

当事人对有关人民政府的处理决定不服的，可以自接到处理决定通知之日起三十日内，向人民法院起诉。

在土地所有权和使用权争议解决前，任何一方不得改变土地利用现状。

第三章　土地利用总体规划

第十七条　各级人民政府应当依据国民经济和社会发展规划、国土整治和资源环境保护的要求、土地供给能力以及各项建设对土地的需求，组织编制土地利用总体规划。

土地利用总体规划的规划期限由国务院规定。

第十八条　下级土地利用总体规划应当依据上一级土地利用总体规划编制。

地方各级人民政府编制的土地利用总体规划中的建设用地总量不得超过上一级土地利用总体规划确定的控制指标，耕地保有量不得低于上一级土地利用总体规划确定的控制指标。

省、自治区、直辖市人民政府编制的土地利用总体规划，应当确保本行政区域内耕地总量不减少。

第十九条　土地利用总体规划按照下列原则编制：

（一）严格保护基本农田，控制非农业建设占用农用地；

（二）提高土地利用率；

（三）统筹安排各类、各区域用地；

（四）保护和改善生态环境，保障土地的可持续利用；

（五）占用耕地与开发复垦耕地相平衡。

第二十条　县级土地利用总体规划应当划分土地利用区，明确土地用途。

乡（镇）土地利用总体规划应当划分土地利用区，根据土地使用条件，确定每一块土地的用途，并予以公告。

第二十一条　土地利用总体规划实行分级审批。

省、自治区、直辖市的土地利用总体规划，报国务院批准。

省、自治区人民政府所在地的市、人口在一百万以上的城市以及国务院指定的城市的土地利用总体规划，经省、自治区人民政府审查同意后，报国务院批准。

本条第二款、第三款规定以外的土地利用总体规划，逐级上报省、自治区、直辖市人民政府批准；其中，乡（镇）土地利用总体规划可以由省级人民政府授权的设区的市、自治州人民政府批准。

土地利用总体规划一经批准，必须严格执行。

第二十二条　城市建设用地规模应当符合国家规定的标准，充分利用现有建设用地，不占或者尽量少占农用地。

城市总体规划、村庄和集镇规划，应当与土地利用总体规划相衔接，城市总体规划、村庄和集镇规划中建设用地规模不得超过土地利用总体规划确定的城市和村庄、集镇建设用地规模。

在城市规划区内、村庄和集镇规划区内，城市和村庄、集镇建设用地应当符合城市规划、村庄和集镇规划。

第二十三条 江河、湖泊综合治理和开发利用规划，应当与土地利用总体规划相衔接。在江河、湖泊、水库的管理和保护范围以及蓄洪滞洪区内，土地利用应当符合江河、湖泊综合治理和开发利用规划，符合河道、湖泊行洪、蓄洪和输水的要求。

第二十四条 各级人民政府应当加强土地利用计划管理，实行建设用地总量控制。

土地利用年度计划，根据国民经济和社会发展计划、国家产业政策、土地利用总体规划以及建设用地和土地利用的实际状况编制。土地利用年度计划的编制审批程序与土地利用总体规划的编制审批程序相同，一经审批下达，必须严格执行。

第二十五条 省、自治区、直辖市人民政府应当将土地利用年度计划的执行情况列为国民经济和社会发展计划执行情况的内容，向同级人民代表大会报告。

第二十六条 经批准的土地利用总体规划的修改，须经原批准机关批准；未经批准，不得改变土地利用总体规划确定的土地用途。

经国务院批准的大型能源、交通、水利等基础设施建设用地，需要改变土地利用总体规划的，根据国务院的批准文件修改土地利用总体规划。

经省、自治区、直辖市人民政府批准的能源、交通、水利等基础设施建设用地，需要改变土地利用总体规划的，属于省级人民政府土地利用总体规划批准权限内的，根据省级人民政府的批准文件修改土地利用总体规划。

第二十七条 国家建立土地调查制度。

县级以上人民政府土地行政主管部门会同同级有关部门进行土地调查。土地所有者或者使用者应当配合调查，并提供有关资料。

第二十八条 县级以上人民政府土地行政主管部门会同同级有关部门根据土地调查成果、规划土地用途和国家制定的统一标准，评定土地等级。

第二十九条 国家建立土地统计制度。

县级以上人民政府土地行政主管部门和同级统计部门共同制定统计调查方案，依法进行土地统计，定期发布土地统计资料。土地所有者或者使用者应当提供有关资料，不得虚报、瞒报、拒报、迟报。

土地行政主管部门和统计部门共同发布的土地面积统计资料是各级人民政府编制土地利用总体规划的依据。

第三十条 国家建立全国土地管理信息系统，对土地利用状况进行动态监测。

第四章 耕地保护

第三十一条 国家保护耕地，严格控制耕地转为非耕地。

国家实行占用耕地补偿制度。非农业建设经批准占用耕地的，按照“占多少，垦多少”的原则，由占用耕地的单位负责开垦与所占用耕地的数量和质量相当的耕地；没有条件开垦或者开垦的耕地不符合要求的，应当按照省、自治区、直辖市的规定缴纳耕地开垦费，专款用于开垦新的耕地。

省、自治区、直辖市人民政府应当制定开垦耕地计划，监督占用耕地的单位按照计划开垦耕地或者按照计划组织开垦耕地，并进行验收。

第三十二条 县级以上地方人民政府可以要求占用耕地的单位将所占用耕地耕作层的

土壤用于新开垦耕地、劣质地或者其他耕地的土壤改良。

第三十三条　省、自治区、直辖市人民政府应当严格执行土地利用总体规划和土地利用年度计划，采取措施，确保本行政区域内耕地总量不减少；耕地总量减少的，由国务院责令在规定期限内组织开垦与所减少耕地的数量与质量相当的耕地，并由国务院土地行政主管部门会同农业行政主管部门验收。个别省、直辖市确因土地后备资源匮乏，新增建设用地后，新开垦耕地的数量不足以补偿所占用耕地的数量的，必须报经国务院批准减免本行政区域内开垦耕地的数量，进行易地开垦。

第三十四条　国家实行基本农田保护制度。下列耕地应当根据土地利用总体规划划入基本农田保护区，严格管理：

（一）经国务院有关主管部门或者县级以上地方人民政府批准确定的粮、棉、油生产基地内的耕地；

（二）有良好的水利与水土保持设施的耕地，正在实施改造计划以及可以改造的中、低产田；

（三）蔬菜生产基地；

（四）农业科研、教学试验田；

（五）国务院规定应当划入基本农田保护区的其他耕地。

各省、自治区、直辖市划定的基本农田应当占本行政区域内耕地的百分之八十以上。

基本农田保护区以乡（镇）为单位进行划区定界，由县级人民政府土地行政主管部门会同同级农业行政主管部门组织实施。

第三十五条　各级人民政府应当采取措施，维护排灌工程设施，改良土壤，提高地力，防止土地荒漠化、盐渍化、水土流失和污染土地。

第三十六条　非农业建设必须节约使用土地，可以利用荒地的，不得占用耕地；可以利用劣地的，不得占用好地。

禁止占用耕地建窑、建坟或者擅自在耕地上建房、挖砂、采石、采矿、取土等。

禁止占用基本农田发展林果业和挖塘养鱼。

第三十七条　禁止任何单位和个人闲置、荒芜耕地。已经办理审批手续的非农业建设占用耕地，一年内不用而又可以耕种并收获的，应当由原耕种该幅耕地的集体或者个人恢复耕种，也可以由用地单位组织耕种；一年以上未动工建设的，应当按照省、自治区、直辖市的规定缴纳闲置费；连续二年未使用的，经原批准机关批准，由县级以上人民政府无偿收回用地单位的土地使用权；该幅土地原为农民集体所有的，应当交由原农村集体经济组织恢复耕种。

在城市规划区范围内，以出让方式取得土地使用权进行房地产开发的闲置土地，依照《中华人民共和国城市房地产管理法》的有关规定办理。

承包经营耕地的单位或者个人连续二年弃耕抛荒的，原发包单位应当终止承包合同，收回发包的耕地。

第三十八条　国家鼓励单位和个人按照土地利用总体规划，在保护和改善生态环境、防止水土流失和土地荒漠化的前提下，开发未利用的土地；适宜开发为农用地的，应当优先开发成农用地。

国家依法保护开发者的合法权益。

第三十九条 开垦未利用的土地，必须经过科学论证和评估，在土地利用总体规划划定的可开垦的区域内，经依法批准后进行。禁止毁坏森林、草原开垦耕地，禁止围湖造田和侵占江河滩地。

根据土地利用总体规划，对破坏生态环境开垦、围垦的土地，有计划有步骤地退耕还林、还牧、还湖。

第四十条 开发未确定使用权的国有荒山、荒地、荒滩从事种植业、林业、畜牧业、渔业生产的，经县级以上人民政府依法批准，可以确定给开发单位或者个人长期使用。

第四十一条 国家鼓励土地整理。县、乡（镇）人民政府应当组织农村集体经济组织，按照土地利用总体规划，对田、水、路、林、村综合整治，提高耕地质量，增加有效耕地面积，改善农业生产条件和生态环境。

地方各级人民政府应当采取措施，改造中、低产田，整治闲散地和废弃地。

第四十二条 因挖损、塌陷、压占等造成土地破坏，用地单位和个人应当按照国家有关规定负责复垦；没有条件复垦或者复垦不符合要求的，应当缴纳土地复垦费，专项用于土地复垦。复垦的土地应当优先用于农业。

第五章　建设用地

第四十三条 任何单位和个人进行建设，需要使用土地的，必须依法申请使用国有土地；但是，兴办乡镇企业和村民建设住宅经依法批准使用本集体经济组织农民集体所有的土地的，或者乡（镇）村公共设施和公益事业建设经依法批准使用农民集体所有的土地的除外。

前款所称依法申请使用的国有土地包括国家所有的土地和国家征收的原属于农民集体所有的土地。

第四十四条 建设占用土地，涉及农用地转为建设用地的，应当办理农用地转用审批手续。

省、自治区、直辖市人民政府批准的道路、管线工程和大型基础设施建设项目、国务院批准的建设项目占用土地，涉及农用地转为建设用地的，由国务院批准。

在土地利用总体规划确定的城市和村庄、集镇建设用地规模范围内，为实施该规划而将农用地转为建设用地的，按土地利用年度计划分批次由原批准土地利用总体规划的机关批准。在已批准的农用地转用范围内，具体建设项目用地可以由市、县人民政府批准。

本条第二款、第三款规定以外的建设项目占用土地，涉及农用地转为建设用地的，由省、自治区、直辖市人民政府批准。

第四十五条 征收下列土地的，由国务院批准：

（一）基本农田；

（二）基本农田以外的耕地超过三十五公顷的；

（三）其他土地超过七十公顷的。

征收前款规定以外的土地的，由省、自治区、直辖市人民政府批准，并报国务院备案。

征收农用地的，应当依照本法第四十四条的规定先行办理农用地转用审批。其中，经国务院批准农用地转用的，同时办理征地审批手续，不再另行办理征地审批；经省、自治区、直辖市人民政府在征地批准权限内批准农用地转用的，同时办理征地审批手续，不再另行办理征地审批，超过征地批准权限的，应当依照本条第一款的规定另行办理征地审批。

第四十六条　国家征收土地的，依照法定程序批准后，由县级以上地方人民政府予以公告并组织实施。

被征收土地的所有权人、使用权人应当在公告规定期限内，持土地权属证书到当地人民政府土地行政主管部门办理征地补偿登记。

第四十七条　征收土地的，按照被征收土地的原用途给予补偿。

征收耕地的补偿费用包括土地补偿费、安置补助费以及地上附着物和青苗的补偿费。征收耕地的土地补偿费，为该耕地被征收前三年平均年产值的六至十倍。征收耕地的安置补助费，按照需要安置的农业人口数计算。需要安置的农业人口数，按照被征收的耕地数量除以征地前被征收单位平均每人占有耕地的数量计算。每一个需要安置的农业人口的安置补助费标准，为该耕地被征收前三年平均年产值的四至六倍。但是，每公顷被征收耕地的安置补助费，最高不得超过被征收前三年平均年产值的十五倍。

征收其他土地的土地补偿费和安置补助费标准，由省、自治区、直辖市参照征收耕地的土地补偿费和安置补助费的标准规定。

被征收土地上的附着物和青苗的补偿标准，由省、自治区、直辖市规定。

征收城市郊区的菜地，用地单位应当按照国家有关规定缴纳新菜地开发建设基金。

依照本条第二款的规定支付土地补偿费和安置补助费，尚不能使需要安置的农民保持原有生活水平的，经省、自治区、直辖市人民政府批准，可以增加安置补助费。但是，土地补偿费和安置补助费的总和不得超过土地被征收前三年平均年产值的三十倍。

国务院根据社会、经济发展水平，在特殊情况下，可以提高征收耕地的土地补偿费和安置补助费的标准。

第四十八条　征地补偿安置方案确定后，有关地方人民政府应当公告，并听取被征地的农村集体经济组织和农民的意见。

第四十九条　被征地的农村集体经济组织应当将征收土地的补偿费用的收支状况向本集体经济组织的成员公布，接受监督。

禁止侵占、挪用被征收土地单位的征地补偿费用和其他有关费用。

第五十条　地方各级人民政府应当支持被征地的农村集体经济组织和农民从事开发经营，兴办企业。

第五十一条　大中型水利、水电工程建设征收土地的补偿费标准和移民安置办法，由国务院另行规定。

第五十二条　建设项目可行性研究论证时，土地行政主管部门可以根据土地利用总体规划、土地利用年度计划和建设用地标准，对建设用地有关事项进行审查，并提出意见。

第五十三条　经批准的建设项目需要使用国有建设用地的，建设单位应当持法律、行政法规规定的有关文件，向有批准权的县级以上人民政府土地行政主管部门提出建设用地申请，经土地行政主管部门审查，报本级人民政府批准。

第五十四条　建设单位使用国有土地，应当以出让等有偿使用方式取得；但是，下列建设用地，经县级以上人民政府依法批准，可以以划拨方式取得：

（一）国家机关用地和军事用地；

（二）城市基础设施用地和公益事业用地；

（三）国家重点扶持的能源、交通、水利等基础设施用地；

（四）法律、行政法规规定的其他用地。

第五十五条 以出让等有偿使用方式取得国有土地使用权的建设单位，按照国务院规定的标准和办法，缴纳土地使用权出让金等土地有偿使用费和其他费用后，方可使用土地。

自本法施行之日起，新增建设用地的土地有偿使用费，百分之三十上缴中央财政，百分之七十留给有关地方人民政府，都专项用于耕地开发。

第五十六条 建设单位使用国有土地的，应当按照土地使用权出让等有偿使用合同的约定或者土地使用权划拨批准文件的规定使用土地；确需改变该幅土地建设用途的，应当经有关人民政府土地行政主管部门同意，报原批准用地的人民政府批准。其中，在城市规划区内改变土地用途的，在报批前，应当先经有关城市规划行政主管部门同意。

第五十七条 建设项目施工和地质勘查需要临时使用国有土地或者农民集体所有的土地的，由县级以上人民政府土地行政主管部门批准。其中，在城市规划区内的临时用地，在报批前，应当先经有关城市规划行政主管部门同意。土地使用者应当根据土地权属，与有关土地行政主管部门或者农村集体经济组织、村民委员会签订临时使用土地合同，并按照合同的约定支付临时使用土地补偿费。

临时使用土地的使用者应当按照临时使用土地合同约定的用途使用土地，并不得修建永久性建筑物。

临时使用土地期限一般不超过二年。

第五十八条 有下列情形之一的，由有关人民政府土地行政主管部门报经原批准用地的人民政府或者有批准权的人民政府批准，可以收回国有土地使用权：

（一）为公共利益需要使用土地的；

（二）为实施城市规划进行旧城区改建，需要调整使用土地的；

（三）土地出让等有偿使用合同约定的使用期限届满，土地使用者未申请续期或者申请续期未获批准的；

（四）因单位撤销、迁移等原因，停止使用原划拨的国有土地的；

（五）公路、铁路、机场、矿场等经核准报废的。

依照前款第（一）项、第（二）项的规定收回国有土地使用权的，对土地使用权人应当给予适当补偿。

第五十九条 乡镇企业、乡（镇）村公共设施、公益事业、农村村民住宅等乡（镇）村建设，应当按照村庄和集镇规划，合理布局，综合开发，配套建设；建设用地，应当符合乡（镇）土地利用总体规划和土地利用年度计划，并依照本法第四十四条、第六十条、第六十一条、第六十二条的规定办理审批手续。

第六十条 农村集体经济组织使用乡（镇）土地利用总体规划确定的建设用地兴办企业或者与其他单位、个人以土地使用权入股、联营等形式共同举办企业的，应当持有关批准文件，向县级以上地方人民政府土地行政主管部门提出申请，按照省、自治区、直辖市规定的批准权限，由县级以上地方人民政府批准；其中，涉及占用农用地的，依照本法第四十四条的规定办理审批手续。

按照前款规定兴办企业的建设用地，必须严格控制。省、自治区、直辖市可以按照乡镇企业的不同行业和经营规模，分别规定用地标准。

第六十一条　乡（镇）村公共设施、公益事业建设，需要使用土地的，经乡（镇）人民政府审核，向县级以上地方人民政府土地行政主管部门提出申请，按照省、自治区、直辖市规定的批准权限，由县级以上地方人民政府批准；其中，涉及占用农用地的，依照本法第四十四条的规定办理审批手续。

第六十二条　农村村民一户只能拥有一处宅基地，其宅基地的面积不得超过省、自治区、直辖市规定的标准。

农村村民建住宅，应当符合乡（镇）土地利用总体规划，并尽量使用原有的宅基地和村内空闲地。

农村村民住宅用地，经乡（镇）人民政府审核，由县级人民政府批准；其中，涉及占用农用地的，依照本法第四十四条的规定办理审批手续。

农村村民出卖、出租住房后，再申请宅基地的，不予批准。

第六十三条　农民集体所有的土地的使用权不得出让、转让或者出租用于非农业建设；但是，符合土地利用总体规划并依法取得建设用地的企业，因破产、兼并等情形致使土地使用权依法发生转移的除外。

第六十四条　在土地利用总体规划制定前已建的不符合土地利用总体规划确定的用途的建筑物、构筑物，不得重建、扩建。

第六十五条　有下列情形之一的，农村集体经济组织报经原批准用地的人民政府批准，可以收回土地使用权：

（一）为乡（镇）村公共设施和公益事业建设，需要使用土地的；

（二）不按照批准的用途使用土地的；

（三）因撤销、迁移等原因而停止使用土地的。

依照前款第（一）项规定收回农民集体所有的土地的，对土地使用权人应当给予适当补偿。

第六章　监督检查

第六十六条　县级以上人民政府土地行政主管部门对违反土地管理法律、法规的行为进行监督检查。

土地管理监督检查人员应当熟悉土地管理法律、法规，忠于职守、秉公执法。

第六十七条　县级以上人民政府土地行政主管部门履行监督检查职责时，有权采取下列措施：

（一）要求被检查的单位或者个人提供有关土地权利的文件和资料，进行查阅或者予以复制；

（二）要求被检查的单位或者个人就有关土地权利的问题作出说明；

（三）进入被检查单位或者个人非法占用的土地现场进行勘测；

（四）责令非法占用土地的单位或者个人停止违反土地管理法律、法规的行为。

第六十八条　土地管理监督检查人员履行职责，需要进入现场进行勘测、要求有关单位或者个人提供文件、资料和作出说明的，应当出示土地管理监督检查证件。

第六十九条 有关单位和个人对县级以上人民政府土地行政主管部门就土地违法行为进行的监督检查应当支持与配合，并提供工作方便，不得拒绝与阻碍土地管理监督检查人员依法执行职务。

第七十条 县级以上人民政府土地行政主管部门在监督检查工作中发现国家工作人员的违法行为，依法应当给予行政处分的，应当依法予以处理；自己无权处理的，应当向同级或者上级人民政府的行政监察机关提出行政处分建议书，有关行政监察机关应当依法予以处理。

第七十一条 县级以上人民政府土地行政主管部门在监督检查工作中发现土地违法行为构成犯罪的，应当将案件移送有关机关，依法追究刑事责任；尚不构成犯罪的，应当依法给予行政处罚。

第七十二条 依照本法规定应当给予行政处罚，而有关土地行政主管部门不给予行政处罚的，上级人民政府土地行政主管部门有权责令有关土地行政主管部门作出行政处罚决定或者直接给予行政处罚，并给予有关土地行政主管部门的负责人行政处分。

第七章　法律责任

第七十三条 买卖或者以其他形式非法转让土地的，由县级以上人民政府土地行政主管部门没收违法所得；对违反土地利用总体规划擅自将农用地改为建设用地的，限期拆除在非法转让的土地上新建的建筑物和其他设施，恢复土地原状，对符合土地利用总体规划的，没收在非法转让的土地上新建的建筑物和其他设施；可以并处罚款；对直接负责的主管人员和其他直接责任人员，依法给予行政处分；构成犯罪的，依法追究刑事责任。

第七十四条 违反本法规定，占用耕地建窑、建坟或者擅自在耕地上建房、挖砂、采石、采矿、取土等，破坏种植条件的，或者因开发土地造成土地荒漠化、盐渍化的，由县级以上人民政府土地行政主管部门责令限期改正或者治理，可以并处罚款；构成犯罪的，依法追究刑事责任。

第七十五条 违反本法规定，拒不履行土地复垦义务的，由县级以上人民政府土地行政主管部门责令限期改正；逾期不改正的，责令缴纳复垦费，专项用于土地复垦，可以处以罚款。

第七十六条 未经批准或者采取欺骗手段骗取批准，非法占用土地的，由县级以上人民政府土地行政主管部门责令退还非法占用的土地，对违反土地利用总体规划擅自将农用地改为建设用地的，限期拆除在非法占用的土地上新建的建筑物和其他设施，恢复土地原状，对符合土地利用总体规划的，没收在非法占用的土地上新建的建筑物和其他设施，可以并处罚款；对非法占用土地单位的直接负责的主管人员和其他直接责任人员，依法给予行政处分；构成犯罪的，依法追究刑事责任。

超过批准的数量占用土地，多占的土地以非法占用土地论处。

第七十七条 农村村民未经批准或者采取欺骗手段骗取批准，非法占用土地建住宅的，由县级以上人民政府土地行政主管部门责令退还非法占用的土地，限期拆除在非法占用的土地上新建的房屋。

超过省、自治区、直辖市规定的标准，多占的土地以非法占用土地论处。

第七十八条 无权批准征收、使用土地的单位或者个人非法批准占用土地的，超越批准权限非法批准占用土地的，不按照土地利用总体规划确定的用途批准用地的，或者违反法律规定的程序批准占用、征收土地的，其批准文件无效，对非法批准征收、使用土地的直接负责的主管人员和其他直接责任人员，依法给予行政处分；构成犯罪的，依法追究刑事责任。非法批准、使用的土地应当收回，有关当事人拒不归还的，以非法占用土地论处。

非法批准征收、使用土地，对当事人造成损失的，依法应当承担赔偿责任。

第七十九条 侵占、挪用被征收土地单位的征地补偿费用和其他有关费用，构成犯罪的，依法追究刑事责任；尚不构成犯罪的，依法给予行政处分。

第八十条 依法收回国有土地使用权当事人拒不交出土地的，临时使用土地期满拒不归还的，或者不按照批准的用途使用国有土地的，由县级以上人民政府土地行政主管部门责令交还土地，处以罚款。

第八十一条 擅自将农民集体所有的土地的使用权出让、转让或者出租用于非农业建设的，由县级以上人民政府土地行政主管部门责令限期改正，没收违法所得，并处罚款。

第八十二条 不依照本法规定办理土地变更登记的，由县级以上人民政府土地行政主管部门责令其限期办理。

第八十三条 依照本法规定，责令限期拆除在非法占用的土地上新建的建筑物和其他设施的，建设单位或者个人必须立即停止施工，自行拆除；对继续施工的，作出处罚决定的机关有权制止。建设单位或者个人对责令限期拆除的行政处罚决定不服的，可以在接到责令限期拆除决定之日起十五日内，向人民法院起诉；期满不起诉又不自行拆除的，由作出处罚决定的机关依法申请人民法院强制执行，费用由违法者承担。

第八十四条 土地行政主管部门的工作人员玩忽职守、滥用职权、徇私舞弊，构成犯罪的，依法追究刑事责任；尚不构成犯罪的，依法给予行政处分。

第八章 附 则

第八十五条 中外合资经营企业、中外合作经营企业、外资企业使用土地的，适用本法；法律另有规定的，从其规定。

第八十六条 本法自 1999 年 1 月 1 日起施行。

对外承包工程管理条例

（国务院令第 527 号　2008 年 7 月 21 日）

第一章　总　则

第一条　为了规范对外承包工程，促进对外承包工程健康发展，制定本条例。

第二条　本条例所称对外承包工程，是指中国的企业或者其他单位（以下统称单位）承包境外建设工程项目（以下简称工程项目）的活动。

第三条　国家鼓励和支持开展对外承包工程，提高对外承包工程的质量和水平。

国务院有关部门制定和完善促进对外承包工程的政策措施，建立、健全对外承包工程服务体系和风险保障机制。

第四条　开展对外承包工程，应当维护国家利益和社会公共利益，保障外派人员的合法权益。

开展对外承包工程，应当遵守工程项目所在国家或者地区的法律，信守合同，尊重当地的风俗习惯，注重生态环境保护，促进当地经济社会发展。

第五条　国务院商务主管部门负责全国对外承包工程的监督管理，国务院有关部门在各自的职责范围内负责与对外承包工程有关的管理工作。

国务院建设主管部门组织协调建设企业参与对外承包工程。

省、自治区、直辖市人民政府商务主管部门负责本行政区域内对外承包工程的监督管理。

第六条　有关对外承包工程的协会、商会按照章程为其成员提供与对外承包工程有关的信息、培训等方面的服务，依法制定行业规范，发挥协调和自律作用，维护公平竞争和成员利益。

第二章　对外承包工程资格

第七条　对外承包工程的单位应当依照本条例的规定，取得对外承包工程资格。

第八条　申请对外承包工程资格，应当具备下列条件：

（一）有法人资格，工程建设类单位还应当依法取得建设主管部门或者其他有关部门颁发的特级或者一级（甲级）资质证书；

（二）有与开展对外承包工程相适应的资金和专业技术人员，管理人员中至少 2 人具有 2 年以上从事对外承包工程的经历；

（三）有与开展对外承包工程相适应的安全防范能力；

（四）有保障工程质量和安全生产的规章制度，最近 2 年内没有发生重大工程质量问题和较大事故以上的生产安全事故；

（五）有良好的商业信誉，最近 3 年内没有重大违约行为和重大违法经营记录。

第九条　申请对外承包工程资格，中央企业和中央管理的其他单位（以下称中央单位）应当向国务院商务主管部门提出申请，中央单位以外的单位应当向所在地省、自治区、直辖市人民政府商务主管部门提出申请；申请时应当提交申请书和符合本条例第八条规定条件的证明材料。国务院商务主管部门或者省、自治区、直辖市人民政府商务主管部门应当自收到申请书和证明材料之日起30日内，会同同级建设主管部门进行审查，作出批准或者不予批准的决定。予以批准的，由受理申请的国务院商务主管部门或者省、自治区、直辖市人民政府商务主管部门颁发对外承包工程资格证书；不予批准的，书面通知申请单位并说明理由。

省、自治区、直辖市人民政府商务主管部门应当将其颁发对外承包工程资格证书的情况报国务院商务主管部门备案。

第十条　国务院商务主管部门和省、自治区、直辖市人民政府商务主管部门在监督检查中，发现对外承包工程的单位不再具备本条例规定条件的，应当责令其限期整改；逾期仍达不到本条例规定条件的，吊销其对外承包工程资格证书。

第三章　对外承包工程活动

第十一条　国务院商务主管部门应当会同国务院有关部门建立对外承包工程安全风险评估机制，定期发布有关国家和地区安全状况的评估结果，及时提供预警信息，指导对外承包工程的单位做好安全风险防范。

第十二条　对外承包工程的单位不得以不正当的低价承揽工程项目、串通投标，不得进行商业贿赂。

第十三条　对外承包工程的单位应当与境外工程项目发包人订立书面合同，明确双方的权利和义务，并按照合同约定履行义务。

第十四条　对外承包工程的单位应当加强对工程质量和安全生产的管理，建立、健全并严格执行工程质量和安全生产管理的规章制度。

对外承包工程的单位将工程项目分包的，应当与分包单位订立专门的工程质量和安全生产管理协议，或者在分包合同中约定各自的工程质量和安全生产管理责任，并对分包单位的工程质量和安全生产工作统一协调、管理。

对外承包工程的单位不得将工程项目分包给不具备国家规定的相应资质的单位；工程项目的建筑施工部分不得分包给未依法取得安全生产许可证的境内建筑施工企业。

分包单位不得将工程项目转包或者再分包。对外承包工程的单位应当在分包合同中明确约定分包单位不得将工程项目转包或者再分包，并负责监督。

第十五条　从事对外承包工程外派人员中介服务的机构应当取得国务院商务主管部门的许可，并按照国务院商务主管部门的规定从事对外承包工程外派人员中介服务。

对外承包工程的单位通过中介机构招用外派人员的，应当选择依法取得许可并合法经营的中介机构，不得通过未依法取得许可或者有重大违法行为的中介机构招用外派人员。

第十六条　对外承包工程的单位应当依法与其招用的外派人员订立劳动合同，按照合同约定向外派人员提供工作条件和支付报酬，履行用人单位义务。

第十七条　对外承包工程的单位应当有专门的安全管理机构和人员，负责保护外派人员的人身和财产安全，并根据所承包工程项目的具体情况，制定保护外派人员人身和财产安全的方案，落实所需经费。

对外承包工程的单位应当根据工程项目所在国家或者地区的安全状况，有针对性地对外派人员进行安全防范教育和应急知识培训，增强外派人员的安全防范意识和自我保护能力。

第十八条 对外承包工程的单位应当为外派人员购买境外人身意外伤害保险。

第十九条 对外承包工程的单位应当按照国务院商务主管部门和国务院财政部门的规定，及时存缴备用金。

前款规定的备用金，用于支付对外承包工程的单位拒绝承担或者无力承担的下列费用：

（一）外派人员的报酬；

（二）因发生突发事件，外派人员回国或者接受其他紧急救助所需费用；

（三）依法应当对外派人员的损失进行赔偿所需费用。

第二十条 对外承包工程的单位与境外工程项目发包人订立合同后，应当及时向中国驻该工程项目所在国使馆（领馆）报告。

对外承包工程的单位应当接受中国驻该工程项目所在国使馆（领馆）在突发事件防范、工程质量、安全生产及外派人员保护等方面的指导。

第二十一条 对外承包工程的单位应当制定突发事件应急预案；在境外发生突发事件时，应当及时、妥善处理，并立即向中国驻该工程项目所在国使馆（领馆）和国内有关主管部门报告。

国务院商务主管部门应当会同国务院有关部门，按照预防和处置并重的原则，建立、健全对外承包工程突发事件预警、防范和应急处置机制，制定对外承包工程突发事件应急预案。

第二十二条 对外承包工程的单位应当定期向商务主管部门报告其开展对外承包工程的情况，并按照国务院商务主管部门和国务院统计部门的规定，向有关部门报送业务统计资料。

第二十三条 国务院商务主管部门应当会同国务院有关部门建立对外承包工程信息收集、通报制度，向对外承包工程的单位无偿提供信息服务。

有关部门应当在货物通关、人员出入境等方面，依法为对外承包工程的单位提供快捷、便利的服务。

第四章 法律责任

第二十四条 未取得对外承包工程资格，擅自开展对外承包工程的，由商务主管部门责令改正，处50万元以上100万元以下的罚款；有违法所得的，没收违法所得；对其主要负责人处5万元以上10万元以下的罚款。

第二十五条 对外承包工程的单位有下列情形之一的，由商务主管部门责令改正，处10万元以上20万元以下的罚款，对其主要负责人处1万元以上2万元以下的罚款；拒不改正的，商务主管部门可以禁止其在1年以上3年以下的期限内对外承包新的工程项目；造成重大工程质量问题、发生较大事故以上生产安全事故或者造成其他严重后果的，商务主管部门可以吊销其对外承包工程资格证书；对工程建设类单位，建设主管部门或者其他有关主管部门可以降低其资质等级或者吊销其资质证书：

（一）未建立并严格执行工程质量和安全生产管理的规章制度的；

（二）没有专门的安全管理机构和人员负责保护外派人员的人身和财产安全，或者未根据所承包工程项目的具体情况制定保护外派人员人身和财产安全的方案并落实所需经费的；

（三）未对外派人员进行安全防范教育和应急知识培训的；

（四）未制定突发事件应急预案，或者在境外发生突发事件，未及时、妥善处理的。

第二十六条　对外承包工程的单位有下列情形之一的，由商务主管部门责令改正，处15万元以上30万元以下的罚款，对其主要负责人处2万元以上5万元以下的罚款；拒不改正的，商务主管部门可以禁止其在2年以上5年以下的期限内对外承包新的工程项目；造成重大工程质量问题、发生较大事故以上生产安全事故或者造成其他严重后果的，商务主管部门可以吊销其对外承包工程资格证书；对工程建设类单位，建设主管部门或者其他有关主管部门可以降低其资质等级或者吊销其资质证书：

（一）以不正当的低价承揽工程项目、串通投标或者进行商业贿赂的；

（二）未与分包单位订立专门的工程质量和安全生产管理协议，或者未在分包合同中约定各自的工程质量和安全生产管理责任，或者未对分包单位的工程质量和安全生产工作统一协调、管理的；

（三）将工程项目分包给不具备国家规定的相应资质的单位，或者将工程项目的建筑施工部分分包给未依法取得安全生产许可证的境内建筑施工企业的；

（四）未在分包合同中明确约定分包单位不得将工程项目转包或者再分包的。

分包单位将其承包的工程项目转包或者再分包的，由建设主管部门责令改正，依照前款规定的数额对分包单位及其主要负责人处以罚款；造成重大工程质量问题，或者发生较大事故以上生产安全事故的，建设主管部门或者其他有关主管部门可以降低其资质等级或者吊销其资质证书。

第二十七条　对外承包工程的单位有下列情形之一的，由商务主管部门责令改正，处2万元以上5万元以下的罚款；拒不改正的，对其主要负责人处5000元以上1万元以下的罚款：

（一）与境外工程项目发包人订立合同后，未及时向中国驻该工程项目所在国使馆（领馆）报告的；

（二）在境外发生突发事件，未立即向中国驻该工程项目所在国使馆（领馆）和国内有关主管部门报告的；

（三）未定期向商务主管部门报告其开展对外承包工程的情况，或者未按照规定向有关部门报送业务统计资料的。

第二十八条　对外承包工程的单位通过未依法取得许可或者有重大违法行为的中介机构招用外派人员，或者不依照本条例规定为外派人员购买境外人身意外伤害保险，或者未按照规定存缴备用金的，由商务主管部门责令限期改正，处5万元以上10万元以下的罚款，对其主要负责人处5000元以上1万元以下的罚款；逾期不改正的，商务主管部门可以禁止其在1年以上3年以下的期限内对外承包新的工程项目。

未取得国务院商务主管部门的许可，擅自从事对外承包工程外派人员中介服务的，由国务院商务主管部门责令改正，处10万元以上20万元以下的罚款；有违法所得的，没收违法所得；对其主要负责人处5万元以上10万元以下的罚款。

第二十九条 商务主管部门、建设主管部门和其他有关部门的工作人员在对外承包工程监督管理工作中滥用职权、玩忽职守、徇私舞弊，构成犯罪的，依法追究刑事责任；尚不构成犯罪的，依法给予处分。

第五章 附 则

第三十条 对外承包工程涉及的货物进出口、技术进出口、人员出入境、海关以及税收、外汇等事项，依照有关法律、行政法规和国家有关规定办理。

第三十一条 对外承包工程的单位以投标、议标方式参与报价金额在国务院商务主管部门和国务院财政部门等有关部门规定标准以上的工程项目的，其银行保函的出具等事项，依照国务院商务主管部门和国务院财政部门等有关部门的规定办理。

第三十二条 对外承包工程的单位承包特定工程项目，或者在国务院商务主管部门会同外交部等有关部门确定的特定国家或者地区承包工程项目的，应当经国务院商务主管部门会同国务院有关部门批准。

第三十三条 中国内地的单位在香港特别行政区、澳门特别行政区、台湾地区承包工程项目，参照本条例的规定执行。

第三十四条 中国政府对外援建的工程项目的实施及其管理，依照国家有关规定执行。

第三十五条 本条例自2008年9月1日起施行。

汶川地震灾后恢复重建条例

（国务院令第526号　2008年6月8日）

第一章　总　则

第一条　为了保障汶川地震灾后恢复重建工作有力、有序、有效地开展，积极、稳妥恢复灾区群众正常的生活、生产、学习、工作条件，促进灾区经济社会的恢复和发展，根据《中华人民共和国突发事件应对法》和《中华人民共和国防震减灾法》，制定本条例。

第二条　地震灾后恢复重建应当坚持以人为本、科学规划、统筹兼顾、分步实施、自力更生、国家支持、社会帮扶的方针。

第三条　地震灾后恢复重建应当遵循以下原则：

（一）受灾地区自力更生、生产自救与国家支持、对口支援相结合；

（二）政府主导与社会参与相结合；

（三）就地恢复重建与异地新建相结合；

（四）确保质量与注重效率相结合；

（五）立足当前与兼顾长远相结合；

（六）经济社会发展与生态环境资源保护相结合。

第四条　各级人民政府应当加强对地震灾后恢复重建工作的领导、组织和协调，必要时成立地震灾后恢复重建协调机构，组织协调地震灾后恢复重建工作。

县级以上人民政府有关部门应当在本级人民政府的统一领导下，按照职责分工，密切配合，采取有效措施，共同做好地震灾后恢复重建工作。

第五条　地震灾区的各级人民政府应当自力更生、艰苦奋斗、勤俭节约，多种渠道筹集资金、物资，开展地震灾后恢复重建。

国家对地震灾后恢复重建给予财政支持、税收优惠和金融扶持，并积极提供物资、技术和人力等方面的支持。

国家鼓励公民、法人和其他组织积极参与地震灾后恢复重建工作，支持在地震灾后恢复重建中采用先进的技术、设备和材料。

国家接受外国政府和国际组织提供的符合地震灾后恢复重建需要的援助。

第六条　对在地震灾后恢复重建工作中做出突出贡献的单位和个人，按照国家有关规定给予表彰和奖励。

第二章　过渡性安置

第七条　对地震灾区的受灾群众进行过渡性安置，应当根据地震灾区的实际情况，采取就地安置与异地安置，集中安置与分散安置，政府安置与投亲靠友、自行安置相结合的方式。

政府对投亲靠友和采取其他方式自行安置的受灾群众给予适当补助。具体办法由省级人民政府制定。

第八条 过渡性安置地点应当选在交通条件便利、方便受灾群众恢复生产和生活的区域，并避开地震活动断层和可能发生洪灾、山体滑坡和崩塌、泥石流、地面塌陷、雷击等灾害的区域以及生产、储存易燃易爆危险品的工厂、仓库。

实施过渡性安置应当占用废弃地、空旷地，尽量不占用或者少占用农田，并避免对自然保护区、饮用水水源保护区以及生态脆弱区域造成破坏。

第九条 地震灾区的各级人民政府根据实际条件，因地制宜，为灾区群众安排临时住所。临时住所可以采用帐篷、篷布房，有条件的也可以采用简易住房、活动板房。安排临时住所确实存在困难的，可以将学校操场和经安全鉴定的体育场馆等作为临时避难场所。

国家鼓励地震灾区农村居民自行筹建符合安全要求的临时住所，并予以补助。具体办法由省级人民政府制定。

第十条 用于过渡性安置的物资应当保证质量安全。生产单位应当确保帐篷、篷布房的产品质量。建设单位、生产单位应当采用质量合格的建筑材料，确保简易住房、活动板房的安全质量和抗震性能。

第十一条 过渡性安置地点应当配套建设水、电、道路等基础设施，并按比例配备学校、医疗点、集中供水点、公共卫生间、垃圾收集点、日常用品供应点、少数民族特需品供应点以及必要的文化宣传设施等配套公共服务设施，确保受灾群众的基本生活需要。

过渡性安置地点的规模应当适度，并安装必要的防雷设施和预留必要的消防应急通道，配备相应的消防设施，防范火灾和雷击灾害发生。

第十二条 临时住所应当具备防火、防风、防雨等功能。

第十三条 活动板房应当优先用于重灾区和需要异地安置的受灾群众，倒塌房屋在短期内难以恢复重建的重灾户特别是遇难者家庭、孕妇、婴幼儿、孤儿、孤老、残疾人员以及学校、医疗点等公共服务设施。

第十四条 临时住所、过渡性安置资金和物资的分配和使用，应当公开透明，定期公布，接受有关部门和社会监督。具体办法由省级人民政府制定。

第十五条 过渡性安置用地按临时用地安排，可以先行使用，事后再依法办理有关用地手续；到期未转为永久性用地的，应当复垦后交还原土地使用者。

第十六条 过渡性安置地点所在地的县级人民政府，应当组织有关部门加强次生灾害、饮用水水质、食品卫生、疫情的监测和流行病学调查以及环境卫生整治。使用的消毒剂、清洗剂应当符合环境保护要求，避免对土壤、水资源、环境等造成污染。

过渡性安置地点所在地的公安机关，应当加强治安管理，及时惩处违法行为，维护正常的社会秩序。

受灾群众应当在过渡性安置地点所在地的县、乡（镇）人民政府组织下，建立治安、消防联队，开展治安、消防巡查等自防自救工作。

第十七条 地震灾区的各级人民政府，应当组织受灾群众和企业开展生产自救，积极恢复生产，并做好受灾群众的心理援助工作。

第十八条 地震灾区的各级人民政府及政府农业行政主管部门应当及时组织修复毁损的农业生产设施，开展抢种抢收，提供农业生产技术指导，保障农业投入品和农业机械设备的供应。

第十九条　地震灾区的各级人民政府及政府有关部门应当优先组织供电、供水、供气等企业恢复生产，并对大型骨干企业恢复生产提供支持，为全面恢复工业、服务业生产经营提供条件。

第三章　调查评估

第二十条　国务院有关部门应当组织开展地震灾害调查评估工作，为编制地震灾后恢复重建规划提供依据。

第二十一条　地震灾害调查评估应当包括下列事项：

（一）城镇和乡村受损程度和数量；

（二）人员伤亡情况，房屋破坏程度和数量，基础设施、公共服务设施、工农业生产设施与商贸流通设施受损程度和数量，农用地毁损程度和数量等；

（三）需要安置人口的数量，需要救助的伤残人员数量，需要帮助的孤寡老人及未成年人的数量，需要提供的房屋数量，需要恢复重建的基础设施和公共服务设施，需要恢复重建的生产设施，需要整理和复垦的农用地等；

（四）环境污染、生态损害以及自然和历史文化遗产毁损等情况；

（五）资源环境承载能力以及地质灾害、地震次生灾害和隐患等情况；

（六）水文地质、工程地质、环境地质、地形地貌以及河势和水文情势、重大水利水电工程的受影响情况；

（七）突发公共卫生事件及其隐患；

（八）编制地震灾后恢复重建规划需要调查评估的其他事项。

第二十二条　县级以上人民政府应当依据各自职责分工组织有关部门和专家，对毁损严重的水利、道路、电力等基础设施，学校等公共服务设施以及其他建设工程进行工程质量和抗震性能鉴定，保存有关资料和样本，并开展地震活动对相关建设工程破坏机理的调查评估，为改进建设工程抗震设计规范和工程建设标准，采取抗震设防措施提供科学依据。

第二十三条　地震灾害调查评估应当采用全面调查评估、实地调查评估、综合评估的方法，确保数据资料的真实性、准确性、及时性和评估结论的可靠性。

地震部门、地震监测台网应当收集、保存地震前、地震中、地震后的所有资料和信息，并建立完整的档案。

开展地震灾害调查评估工作，应当遵守国家法律、法规以及有关技术标准和要求。

第二十四条　地震灾害调查评估报告应当及时上报国务院。

第四章　恢复重建规划

第二十五条　国务院发展改革部门会同国务院有关部门与地震灾区的省级人民政府共同组织编制地震灾后恢复重建规划，报国务院批准后组织实施。

地震灾后恢复重建规划应当包括地震灾后恢复重建总体规划和城镇体系规划、农村建设规划、城乡住房建设规划、基础设施建设规划、公共服务设施建设规划、生产力布局和产业调整规划、市场服务体系规划、防灾减灾和生态修复规划、土地利用规划等专项规划。

第二十六条 地震灾区的市、县人民政府应当在省级人民政府的指导下，组织编制本行政区域的地震灾后恢复重建实施规划。

第二十七条 编制地震灾后恢复重建规划，应当全面贯彻落实科学发展观，坚持以人为本，优先恢复重建受灾群众基本生活和公共服务设施；尊重科学、尊重自然，充分考虑资源环境承载能力；统筹兼顾，与推进工业化、城镇化、新农村建设、主体功能区建设、产业结构优化升级相结合，并坚持统一部署、分工负责，区分缓急、突出重点，相互衔接、上下协调，规范有序、依法推进的原则。

编制地震灾后恢复重建规划，应当遵守法律、法规和国家有关标准。

第二十八条 地震灾后调查评估获得的地质、勘察、测绘、水文、环境等基础资料，应当作为编制地震灾后恢复重建规划的依据。

地震工作主管部门应当根据地震地质、地震活动特性的研究成果和地震烈度分布情况，对地震动参数区划图进行复核，为编制地震灾后恢复重建规划和进行建设工程抗震设防提供依据。

第二十九条 地震灾后恢复重建规划应当包括地震灾害状况和区域分析，恢复重建原则和目标，恢复重建区域范围，恢复重建空间布局，恢复重建任务和政策措施，有科学价值的地震遗址、遗迹保护，受损文物和具有历史价值与少数民族特色的建筑物、构筑物的修复，实施步骤和阶段等主要内容。

地震灾后恢复重建规划应当重点对城镇和乡村的布局、住房建设、基础设施建设、公共服务设施建设、农业生产设施建设、工业生产设施建设、防灾减灾和生态环境以及自然资源和历史文化遗产保护、土地整理和复垦等做出安排。

第三十条 地震灾区的中央所属企业生产、生活等设施的恢复重建，纳入地震灾后恢复重建规划统筹安排。

第三十一条 编制地震灾后恢复重建规划，应当吸收有关部门、专家参加，并充分听取地震灾区受灾群众的意见；重大事项应当组织有关方面专家进行专题论证。

第三十二条 地震灾区内的城镇和乡村完全毁损，存在重大安全隐患或者人口规模超出环境承载能力，需要异地新建的，重新选址时，应当避开地震活动断层或者生态脆弱和可能发生洪灾、山体滑坡、崩塌、泥石流、地面塌陷等灾害的区域以及传染病自然疫源地。

地震灾区的县级以上地方人民政府应当组织有关部门、专家对新址进行论证，听取公众意见，并报上一级人民政府批准。

第三十三条 国务院批准的地震灾后恢复重建规划，是地震灾后恢复重建的基本依据，应当及时公布。任何单位和个人都应当遵守经依法批准公布的地震灾后恢复重建规划，服从规划管理。

地震灾后恢复重建规划所依据的基础资料修改、其他客观条件发生变化需要修改的，或者因恢复重建工作需要修改的，由规划组织编制机关提出修改意见，报国务院批准。

第五章 恢复重建的实施

第三十四条 地震灾区的省级人民政府，应当根据地震灾后恢复重建规划和当地经济社会发展水平，有计划、分步骤地组织实施地震灾后恢复重建。

国务院有关部门应当支持、协助、指导地震灾区的恢复重建工作。

城镇恢复重建应当充分考虑原有城市、镇总体规划，注重体现原有少数民族建筑风格，合理确定城镇的建设规模和标准，并达到抗震设防要求。

第三十五条 发展改革部门具体负责灾后恢复重建的统筹规划、政策建议、投资计划、组织协调和重大建设项目的安排。

财政部门会同有关部门负责提出资金安排和政策建议，并具体负责灾后恢复重建财政资金的拨付和管理。

交通运输、水利、铁路、电力、通信、广播影视等部门按照职责分工，具体组织实施有关基础设施的灾后恢复重建。

建设部门具体组织实施房屋和市政公用设施的灾后恢复重建。

民政部门具体组织实施受灾群众的临时基本生活保障、生活困难救助、农村毁损房屋恢复重建补助、社会福利设施恢复重建以及对孤儿、孤老、残疾人员的安置、补助、心理援助和伤残康复。

教育、科技、文化、卫生、广播影视、体育、人力资源社会保障、商务、工商等部门按照职责分工，具体组织实施公共服务设施的灾后恢复重建、卫生防疫和医疗救治、就业服务和社会保障、重要生活必需品供应以及维护市场秩序。高等学校、科学技术研究开发机构应当加强对有关问题的专题研究，为地震灾后恢复重建提供科学技术支撑。

农业、林业、水利、国土资源、商务、工业等部门按照职责分工，具体组织实施动物疫情监测、农业生产设施恢复重建和农业生产条件恢复，地震灾后恢复重建用地安排、土地整理和复垦、地质灾害防治，商贸流通、工业生产设施等恢复重建。

环保、林业、民政、水利、科技、安全生产、地震、气象、测绘等部门按照职责分工，具体负责生态环境保护和防灾减灾、安全生产的技术保障及公共服务设施恢复重建。

中国人民银行和银行、证券、保险监督管理机构按照职责分工，具体负责地震灾后恢复重建金融支持和服务政策的制定与落实。

公安部门具体负责维护和稳定地震灾区社会秩序。

海关、出入境检验检疫部门按照职责分工，依法组织实施进口恢复重建物资、境外捐赠物资的验放、检验检疫。

外交部会同有关部门按照职责分工，协调开展地震灾后恢复重建的涉外工作。

第三十六条 国务院地震工作主管部门应当会同文物等有关部门组织专家对地震废墟进行现场调查，对具有典型性、代表性、科学价值和纪念意义的地震遗址、遗迹划定范围，建立地震遗址博物馆。

第三十七条 地震灾区的省级人民政府应当组织民族事务、建设、环保、地震、文物等部门和专家，根据地震灾害调查评估结果，制定清理保护方案，明确地震遗址、遗迹和文物保护单位以及具有历史价值与少数民族特色的建筑物、构筑物等保护对象及其区域范围，报国务院批准后实施。

第三十八条 地震灾害现场的清理保护，应当在确定无人类生命迹象和无重大疫情的情况下，按照统一组织、科学规划、统筹兼顾、注重保护的原则实施。发现地震灾害现场有人类生命迹象的，应当立即实施救援。

第三十九条 对清理保护方案确定的地震遗址、遗迹应当在保护范围内采取有效措施进行保护，抢救、收集具有科学研究价值的技术资料和实物资料，并在不影响整体风貌的情况下，对有倒塌危险的建筑物、构筑物进行必要的加固，对废墟中有毒、有害的废弃物、残留物进行必要的清理。

对文物保护单位应当实施原址保护。对尚可保留的不可移动文物和具有历史价值与少数民族特色的建筑物、构筑物以及历史建筑，应当采取加固等保护措施；对无法保留但将来可能恢复重建的，应当收集整理影像资料。

对馆藏文物、民间收藏文物等可移动文物和非物质文化遗产的物质载体，应当及时抢救、整理、登记，并将清理出的可移动文物和非物质文化遗产的物质载体，运送到安全地点妥善保管。

第四十条 对地震灾害现场的清理，应当按照清理保护方案分区、分类进行。清理出的遇难者遗体处理，应当尊重当地少数民族传统习惯；清理出的财物，应当对其种类、特征、数量、清理时间、地点等情况详细登记造册，妥善保存。有条件的，可以通知遇难者家属和所有权人到场。

对清理出的废弃危险化学品和其他废弃物、残留物，应当实行分类处理，并遵守国家有关规定。

第四十一条 地震灾区的各级人民政府应当做好地震灾区的动物疫情防控工作。对清理出的动物尸体，应当采取消毒、销毁等无害化处理措施，防止重大动物疫情的发生。

第四十二条 对现场清理过程中拆除或者拆解的废旧建筑材料以及过渡安置期结束后不再使用的活动板房等，能回收利用的，应当回收利用。

第四十三条 地震灾后恢复重建，应当统筹安排交通、铁路、通信、供水、供电、住房、学校、医院、社会福利、文化、广播电视、金融等基础设施和公共服务设施建设。

城镇的地震灾后恢复重建，应当统筹安排市政公用设施、公共服务设施和其他设施，合理确定建设规模和时序。

乡村的地震灾后恢复重建，应当尊重农民意愿，发挥村民自治组织的作用，以群众自建为主，政府补助、社会帮扶、对口支援，因地制宜，节约和集约利用土地，保护耕地。

地震灾区的县级人民政府应当组织有关部门对村民住宅建设的选址予以指导，并提供能够符合当地实际的多种村民住宅设计图，供村民选择。村民住宅应当达到抗震设防要求，体现原有地方特色、民族特色和传统风貌。

第四十四条 经批准的地震灾后恢复重建项目可以根据土地利用总体规划，先行安排使用土地，实行边建设边报批，并按照有关规定办理用地手续。对因地震灾害毁损的耕地、农田道路、抢险救灾应急用地、过渡性安置用地、废弃的城镇、村庄和工矿旧址，应当依法进行土地整理和复垦，并治理地质灾害。

第四十五条 国务院有关部门应当组织对地震灾区地震动参数、抗震设防要求、工程建设标准进行复审；确有必要修订的，应当及时组织修订。

地震灾区的抗震设防要求和有关工程建设标准应当根据修订后的地震灾区地震动参数，进行相应修订。

第四十六条 对地震灾区尚可使用的建筑物、构筑物和设施，应当按照地震灾区的抗震设防要求进行抗震性能鉴定，并根据鉴定结果采取加固、改造等措施。

第四十七条 地震灾后重建工程的选址，应当符合地震灾后恢复重建规划和抗震设防、防灾减灾要求，避开地震活动断层、生态脆弱地区、可能发生重大灾害的区域和传染病自然疫源地。

第四十八条　设计单位应当严格按照抗震设防要求和工程建设强制性标准进行抗震设计，并对抗震设计的质量以及出具的施工图的准确性负责。

施工单位应当按照施工图设计文件和工程建设强制性标准进行施工，并对施工质量负责。

建设单位、施工单位应当选用施工图设计文件和国家有关标准规定的材料、构配件和设备。

工程监理单位应当依照施工图设计文件和工程建设强制性标准实施监理，并对施工质量承担监理责任。

第四十九条　按照国家有关规定对地震灾后恢复重建工程进行竣工验收时，应当重点对工程是否符合抗震设防要求进行查验；对不符合抗震设防要求的，不得出具竣工验收报告。

第五十条　对学校、医院、体育场馆、博物馆、文化馆、图书馆、影剧院、商场、交通枢纽等人员密集的公共服务设施，应当按照高于当地房屋建筑的抗震设防要求进行设计，增强抗震设防能力。

第五十一条　地震灾后恢复重建中涉及文物保护、自然保护区、野生动植物保护和地震遗址、遗迹保护的，依照国家有关法律、法规的规定执行。

第五十二条　地震灾后恢复重建中，货物、工程和服务的政府采购活动，应当严格依照《中华人民共和国政府采购法》的有关规定执行。

第六章　资金筹集与政策扶持

第五十三条　县级以上人民政府应当通过政府投入、对口支援、社会募集、市场运作等方式筹集地震灾后恢复重建资金。

第五十四条　国家根据地震的强度和损失的实际情况等因素建立地震灾后恢复重建基金，专项用于地震灾后恢复重建。

地震灾后恢复重建基金由预算资金以及其他财政资金构成。

地震灾后恢复重建基金筹集使用管理办法，由国务院财政部门制定。

第五十五条　国家鼓励公民、法人和其他组织为地震灾后恢复重建捐赠款物。捐赠款物的使用应当尊重捐赠人的意愿，并纳入地震灾后恢复重建规划。

县级以上人民政府及其部门作为受赠人的，应当将捐赠款物用于地震灾后恢复重建。公益性社会团体、公益性非营利的事业单位作为受赠人的，应当公开接受捐赠的情况和受赠财产的使用、管理情况，接受政府有关部门、捐赠人和社会的监督。

县级以上人民政府及其部门、公益性社会团体、公益性非营利的事业单位接受捐赠的，应当向捐赠人出具由省级以上财政部门统一印制的捐赠票据。

外国政府和国际组织提供的地震灾后恢复重建资金、物资和人员服务以及安排实施的多双边地震灾后恢复重建项目等，依照国家有关规定执行。

第五十六条　国家鼓励公民、法人和其他组织依法投资地震灾区基础设施和公共服务设施的恢复重建。

第五十七条 国家对地震灾后恢复重建依法实行税收优惠。具体办法由国务院财政部门、国务院税务部门制定。

地震灾区灾后恢复重建期间，县级以上地方人民政府依法实施地方税收优惠措施。

第五十八条 地震灾区的各项行政事业性收费可以适当减免。具体办法由有关主管部门制定。

第五十九条 国家向地震灾区的房屋贷款和公共服务设施恢复重建贷款、工业和服务业恢复生产经营贷款、农业恢复生产贷款等提供财政贴息。具体办法由国务院财政部门会同其他有关部门制定。

第六十条 国家在安排建设资金时，应当优先考虑地震灾区的交通、铁路、能源、农业、水利、通信、金融、市政公用、教育、卫生、文化、广播电视、防灾减灾、环境保护等基础设施和公共服务设施以及关系国家安全的重点工程设施建设。

测绘、气象、地震、水文等设施因地震遭受破坏的，地震灾区的人民政府应当采取紧急措施，组织力量修复，确保正常运行。

第六十一条 各级人民政府及政府有关部门应当加强对受灾群众的职业技能培训、就业服务和就业援助，鼓励企业、事业单位优先吸纳符合条件的受灾群众就业；可以采取以工代赈的方式组织受灾群众参加地震灾后恢复重建。

第六十二条 地震灾区接受义务教育的学生，其监护人因地震灾害死亡或者丧失劳动能力或者因地震灾害导致家庭经济困难的，由国家给予生活费补贴；地震灾区的其他学生，其父母因地震灾害死亡或者丧失劳动能力或者因地震灾害导致家庭经济困难的，在同等情况下其所在的学校可以优先将其纳入国家资助政策体系予以资助。

第六十三条 非地震灾区的县级以上地方人民政府及其有关部门应当按照国家和当地人民政府的安排，采取对口支援等多种形式支持地震灾区恢复重建。

国家鼓励非地震灾区的企业、事业单位通过援建等多种形式支持地震灾区恢复重建。

第六十四条 对地震灾后恢复重建中需要办理行政审批手续的事项，有审批权的人民政府及有关部门应当按照方便群众、简化手续、提高效率的原则，依法及时予以办理。

第七章 监督管理

第六十五条 县级以上人民政府应当加强对下级人民政府地震灾后恢复重建工作的监督检查。

县级以上人民政府有关部门应当加强对地震灾后恢复重建建设工程质量和安全以及产品质量的监督。

第六十六条 地震灾区的各级人民政府在确定地震灾后恢复重建资金和物资分配方案、房屋分配方案前，应当先行调查，经民主评议后予以公布。

第六十七条 地震灾区的各级人民政府应当定期公布地震灾后恢复重建资金和物资的来源、数量、发放和使用情况，接受社会监督。

第六十八条 财政部门应当加强对地震灾后恢复重建资金的拨付和使用的监督管理。

发展改革、建设、交通运输、水利、电力、铁路、工业和信息化等部门按照职责分工，组织开展对地震灾后恢复重建项目的监督检查。国务院发展改革部门组织开展对地震灾后恢复重建的重大建设项目的稽察。

第六十九条　审计机关应当加强对地震灾后恢复重建资金和物资的筹集、分配、拨付、使用和效果的全过程跟踪审计，定期公布地震灾后恢复重建资金和物资使用情况，并在审计结束后公布最终的审计结果。

第七十条　地震灾区的各级人民政府及有关部门和单位，应当对建设项目以及地震灾后恢复重建资金和物资的筹集、分配、拨付、使用情况登记造册，建立、健全档案，并在建设工程竣工验收和地震灾后恢复重建结束后，及时向建设主管部门或者其他有关部门移交档案。

第七十一条　监察机关应当加强对参与地震灾后恢复重建工作的国家机关和法律、法规授权的具有管理公共事务职能的组织及其工作人员的监察。

第七十二条　任何单位和个人对地震灾后恢复重建中的违法违纪行为，都有权进行举报。

接到举报的人民政府或者有关部门应当立即调查，依法处理，并为举报人保密。实名举报的，应当将处理结果反馈举报人。社会影响较大的违法违纪行为，处理结果应当向社会公布。

第八章　法律责任

第七十三条　有关地方人民政府及政府部门侵占、截留、挪用地震灾后恢复重建资金或者物资的，由财政部门、审计机关在各自职责范围内，责令改正，追回被侵占、截留、挪用的地震灾后恢复重建资金或者物资，没收违法所得，对单位给予警告或者通报批评；对直接负责的主管人员和其他直接责任人员，由任免机关或者监察机关按照人事管理权限依法给予降级、撤职直至开除的处分；构成犯罪的，依法追究刑事责任。

第七十四条　在地震灾后恢复重建中，有关地方人民政府及政府有关部门拖欠施工单位工程款，或者明示、暗示设计单位、施工单位违反抗震设防要求和工程建设强制性标准，降低建设工程质量，造成重大安全事故，构成犯罪的，依法追究刑事责任；尚不构成犯罪的，对直接负责的主管人员和其他直接责任人员，由任免机关或者监察机关按照人事管理权限依法给予降级、撤职直至开除的处分。

第七十五条　在地震灾后恢复重建中，建设单位、勘察单位、设计单位、施工单位或者工程监理单位，降低建设工程质量，造成重大安全事故，构成犯罪的，依法追究刑事责任；尚不构成犯罪的，由县级以上地方人民政府建设主管部门或者其他有关部门依照《建设工程质量管理条例》的有关规定给予处罚。

第七十六条　对毁损严重的基础设施、公共服务设施和其他建设工程，在调查评估中经鉴定确认工程质量存在重大问题，构成犯罪的，对负有责任的建设单位、设计单位、施工单位、工程监理单位的直接责任人员，依法追究刑事责任；尚不构成犯罪的，由县级以上地方人民政府建设主管部门或者其他有关部门依照《建设工程质量管理条例》的有关规定给予处罚。涉嫌行贿、受贿的，依法追究刑事责任。

第七十七条　在地震灾后恢复重建中，扰乱社会公共秩序，构成违反治安管理行为的，由公安机关依法给予处罚。

第七十八条　国家工作人员在地震灾后恢复重建工作中滥用职权、玩忽职守、徇私舞弊的，依法给予处分；构成犯罪的，依法追究刑事责任。

第九章　附　则

第七十九条　地震灾后恢复重建中的其他有关法律的适用和有关政策，由国务院依法另行制定，或者由国务院有关部门、省级人民政府在各自职权范围内做出规定。

第八十条　本条例自公布之日起施行。

证券公司监督管理条例

（国务院令第522号　2008年4月23日）

第一章　总　则

第一条　为了加强对证券公司的监督管理，规范证券公司的行为，防范证券公司的风险，保护客户的合法权益和社会公共利益，促进证券业健康发展，根据《中华人民共和国公司法》（以下简称《公司法》）、《中华人民共和国证券法》（以下简称《证券法》），制定本条例。

第二条　证券公司应当遵守法律、行政法规和国务院证券监督管理机构的规定，审慎经营，履行对客户的诚信义务。

第三条　证券公司的股东和实际控制人不得滥用权利，占用证券公司或者客户的资产，损害证券公司或者客户的合法权益。

第四条　国家鼓励证券公司在有效控制风险的前提下，依法开展经营方式创新、业务或者产品创新、组织创新和激励约束机制创新。

国务院证券监督管理机构、国务院有关部门应当采取有效措施，促进证券公司的创新活动规范、有序进行。

第五条　证券公司按照国家规定，可以发行、交易、销售证券类金融产品。

第六条　国务院证券监督管理机构依法履行对证券公司的监督管理职责。国务院证券监督管理机构的派出机构在国务院证券监督管理机构的授权范围内，履行对证券公司的监督管理职责。

第七条　国务院证券监督管理机构、中国人民银行、国务院其他金融监督管理机构应当建立证券公司监督管理的信息共享机制。

国务院证券监督管理机构和地方人民政府应当建立证券公司的有关情况通报机制。

第二章　设立与变更

第八条　设立证券公司，应当具备《公司法》、《证券法》和本条例规定的条件，并经国务院证券监督管理机构批准。

第九条　证券公司的股东应当用货币或者证券公司经营必需的非货币财产出资。证券公司股东的非货币财产出资总额不得超过证券公司注册资本的30%。

证券公司股东的出资，应当经具有证券、期货相关业务资格的会计师事务所验资并出具证明；出资中的非货币财产，应当经具有证券相关业务资格的资产评估机构评估。

在证券公司经营过程中，证券公司的债权人将其债权转为证券公司股权的，不受本条第一款规定的限制。

第十条　有下列情形之一的单位或者个人，不得成为持有证券公司5%以上股权的股东、实际控制人：

（一）因故意犯罪被判处刑罚，刑罚执行完毕未逾 3 年；

（二）净资产低于实收资本的 50%，或者或有负债达到净资产的 50%；

（三）不能清偿到期债务；

（四）国务院证券监督管理机构认定的其他情形。

证券公司的其他股东应当符合国务院证券监督管理机构的相关要求。

第十一条 证券公司应当有 3 名以上在证券业担任高级管理人员满 2 年的高级管理人员。

第十二条 证券公司设立时，其业务范围应当与其财务状况、内部控制制度、合规制度和人力资源状况相适应；证券公司在经营过程中，经其申请，国务院证券监督管理机构可以根据其财务状况、内部控制水平、合规程度、高级管理人员业务管理能力、专业人员数量，对其业务范围进行调整。

第十三条 证券公司变更注册资本、业务范围、公司形式或者公司章程中的重要条款，合并、分立，设立、收购或者撤销境内分支机构，变更境内分支机构的营业场所，在境外设立、收购、参股证券经营机构，应当经国务院证券监督管理机构批准。

前款所称公司章程中的重要条款，是指规定下列事项的条款：

（一）证券公司的名称、住所；

（二）证券公司的组织机构及其产生办法、职权、议事规则；

（三）证券公司对外投资、对外提供担保的类型、金额和内部审批程序；

（四）证券公司的解散事由与清算办法；

（五）国务院证券监督管埋机构要求证券公司章程规定的其他事项。

本条第一款所称证券公司分支机构，是指从事业务经营活动的分公司、证券营业部等证券公司下属的非法人单位。

第十四条 任何单位或者个人有下列情形之一的，应当事先告知证券公司，由证券公司报国务院证券监督管理机构批准：

（一）认购或者受让证券公司的股权后，其持股比例达到证券公司注册资本的 5%；

（二）以持有证券公司股东的股权或者其他方式，实际控制证券公司 5%以上的股权。

未经国务院证券监督管理机构批准，任何单位或者个人不得委托他人或者接受他人委托持有或者管理证券公司的股权。证券公司的股东不得违反国家规定，约定不按照出资比例行使表决权。

第十五条 证券公司合并、分立的，涉及客户权益的重大资产转让应当经具有证券相关业务资格的资产评估机构评估。

证券公司停业、解散或者破产的，应当经国务院证券监督管理机构批准，并按照有关规定安置客户、处理未了结的业务。

第十六条 国务院证券监督管理机构应当对下列申请进行审查，并在下列期限内，做出批准或者不予批准的书面决定：

（一）对在境内设立证券公司或者在境外设立、收购或者参股证券经营机构的申请，自受理之日起 6 个月；

（二）对变更注册资本、合并、分立或者要求审查股东、实际控制人资格的申请，自受理之日起 3 个月；

（三）对变更业务范围、公司形式、公司章程中的重要条款或者要求审查高级管理人员任职资格的申请，自受理之日起45个工作日；

（四）对设立、收购、撤销境内分支机构，变更境内分支机构的营业场所，或者停业、解散、破产的申请，自受理之日起30个工作日；

（五）对要求审查董事、监事、境内分支机构负责人任职资格的申请，自受理之日起20个工作日。

国务院证券监督管理机构审批证券公司及其分支机构的设立申请，应当考虑证券市场发展和公平竞争的需要。

第十七条　公司登记机关应当依照法律、行政法规的规定，凭国务院证券监督管理机构的批准文件，办理证券公司及其境内分支机构的设立、变更、注销登记。

证券公司在取得公司登记机关颁发或者换发的证券公司或者境内分支机构的营业执照后，应当向国务院证券监督管理机构申请颁发或者换发经营证券业务许可证。经营证券业务许可证应当载明证券公司或者境内分支机构的证券业务范围。

未取得经营证券业务许可证，证券公司及其境内分支机构不得经营证券业务。

证券公司停止全部证券业务、解散、破产或者撤销境内分支机构的，应当在国务院证券监督管理机构指定的报刊上公告，并按照规定将经营证券业务许可证交国务院证券监督管理机构注销。

第三章　组织机构

第十八条　证券公司应当依照《公司法》、《证券法》和本条例的规定，建立健全组织机构，明确决策、执行、监督机构的职权。

第十九条　证券公司可以设独立董事。证券公司的独立董事，不得在本证券公司担任董事会外的职务，不得与本证券公司存在可能妨碍其做出独立、客观判断的关系。

第二十条　证券公司经营证券经纪业务、证券资产管理业务、融资融券业务和证券承销与保荐业务中两种以上业务的，其董事会应当设薪酬与提名委员会、审计委员会和风险控制委员会，行使公司章程规定的职权。

证券公司董事会设薪酬与提名委员会、审计委员会的，委员会负责人由独立董事担任。

第二十一条　证券公司设董事会秘书，负责股东会和董事会会议的筹备、文件的保管以及股东资料的管理，按照规定或者根据国务院证券监督管理机构、股东等有关单位或者个人的要求，依法提供有关资料，办理信息报送或者信息披露事项。董事会秘书为证券公司高级管理人员。

第二十二条　证券公司设立行使证券公司经营管理职权的机构，应当在公司章程中明确其名称、组成、职责和议事规则，该机构的成员为证券公司高级管理人员。

第二十三条　证券公司设合规负责人，对证券公司经营管理行为的合法合规性进行审查、监督或者检查。合规负责人为证券公司高级管理人员，由董事会决定聘任，并应当经国务院证券监督管理机构认可。合规负责人不得在证券公司兼任负责经营管理的职务。

合规负责人发现违法违规行为，应当向公司章程规定的机构报告，同时按照规定向国务院证券监督管理机构或者有关自律组织报告。

证券公司解聘合规负责人，应当有正当理由，并自解聘之日起3个工作日内将解聘的事实和理由书面报告国务院证券监督管理机构。

第二十四条 证券公司的董事、监事、高级管理人员和境内分支机构负责人应当在任职前取得经国务院证券监督管理机构核准的任职资格。

证券公司不得聘任、选任未取得任职资格的人员担任前款规定的职务；已经聘任、选任的，有关聘任、选任的决议、决定无效。

第二十五条 证券公司的法定代表人或者高级管理人员离任的，证券公司应当对其进行审计，并自其离任之日起2个月内将审计报告报送国务院证券监督管理机构；证券公司的法定代表人或者经营管理的主要负责人离任的，应当聘请具有证券、期货相关业务资格的会计师事务所对其进行审计。

前款规定的审计报告未报送国务院证券监督管理机构的，离任人员不得在其他证券公司任职。

第四章 业务规则与风险控制

第一节 一般规定

第二十六条 证券公司及其境内分支机构从事《证券法》第一百二十五条规定的证券业务，应当遵守《证券法》和本条例的规定。

证券公司及其境内分支机构经营的业务应当经国务院证券监督管理机构批准，不得经营未经批准的业务。

2个以上的证券公司受同一单位、个人控制或者相互之间存在控制关系的，不得经营相同的证券业务，但国务院证券监督管理机构另有规定的除外。

第二十七条 证券公司应当按照审慎经营的原则，建立健全风险管理与内部控制制度，防范和控制风险。

证券公司应当对分支机构实行集中统一管理，不得与他人合资、合作经营管理分支机构，也不得将分支机构承包、租赁或者委托给他人经营管理。

第二十八条 证券公司受证券登记结算机构委托，为客户开立证券账户，应当按照证券账户管理规则，对客户申报的姓名或者名称、身份的真实性进行审查。同一客户开立的资金账户和证券账户的姓名或者名称应当一致。

证券公司为证券资产管理客户开立的证券账户，应当自开户之日起3个交易日内报证券交易所备案。

证券公司不得将客户的资金账户、证券账户提供给他人使用。

第二十九条 证券公司从事证券资产管理业务、融资融券业务，销售证券类金融产品，应当按照规定程序，了解客户的身份、财产与收入状况、证券投资经验和风险偏好，并以书面和电子方式予以记载、保存。证券公司应当根据所了解的客户情况推荐适当的产品或者服务。具体规则由中国证券业协会制定。

第三十条 证券公司与客户签订证券交易委托、证券资产管理、融资融券等业务合同，应当事先指定专人向客户讲解有关业务规则和合同内容，并将风险揭示书交由客户签字确认。业务合同的必备条款和风险揭示书的标准格式，由中国证券业协会制定，并报国务院证券监督管理机构备案。

第三十一条　证券公司从事证券资产管理业务、融资融券业务，应当按照规定编制对账单，按月寄送客户。证券公司与客户对对账单送交时间或者方式另有约定的，从其约定。

第三十二条　证券公司应当建立信息查询制度，保证客户在证券公司营业时间内能够随时查询其委托记录、交易记录、证券和资金余额，以及证券公司业务经办人员和证券经纪人的姓名、执业证书、证券经纪人证书编号等信息。

客户认为有关信息记录与实际情况不符的，可以向证券公司或者国务院证券监督管理机构投诉。证券公司应当指定专门部门负责处理客户投诉。国务院证券监督管理机构应当根据客户的投诉，采取相应措施。

第三十三条　证券公司不得违反规定委托其他单位或者个人进行客户招揽、客户服务、产品销售活动。

第三十四条　证券公司向客户提供投资建议，不得对证券价格的涨跌或者市场走势做出确定性的判断。

证券公司及其从业人员不得利用向客户提供投资建议而谋取不正当利益。

第三十五条　证券公司应当建立并实施有效的管理制度，防范其从业人员直接或者以化名、他人名义持有、买卖股票，收受他人赠送的股票。

第三十六条　证券公司应当按照规定提取一般风险准备金，用于弥补经营亏损。

第二节　证券经纪业务

第三十七条　证券公司从事证券经纪业务，应当对客户账户内的资金、证券是否充足进行审查。客户资金账户内的资金不足的，不得接受其买入委托；客户证券账户内的证券不足的，不得接受其卖出委托。

第三十八条　证券公司从事证券经纪业务，可以委托证券公司以外的人员作为证券经纪人，代理其进行客户招揽、客户服务等活动。证券经纪人应当具有证券从业资格。

证券公司应当与接受委托的证券经纪人签订委托合同，颁发证券经纪人证书，明确对证券经纪人的授权范围，并对证券经纪人的执业行为进行监督。

证券经纪人应当在证券公司的授权范围内从事业务，并应当向客户出示证券经纪人证书。

第三十九条　证券经纪人应当遵守证券公司从业人员的管理规定，其在证券公司授权范围内的行为，由证券公司依法承担相应的法律责任；超出授权范围的行为，证券经纪人应当依法承担相应的法律责任。

证券经纪人只能接受一家证券公司的委托，进行客户招揽、客户服务等活动。

证券经纪人不得为客户办理证券认购、交易等事项。

第四十条　证券公司向客户收取证券交易费用，应当符合国家有关规定，并将收费项目、收费标准在营业场所的显著位置予以公示。

第三节　证券自营业务

第四十一条　证券公司从事证券自营业务，限于买卖依法公开发行的股票、债券、权证、证券投资基金或者国务院证券监督管理机构认可的其他证券。

第四十二条　证券公司从事证券自营业务，应当使用实名证券自营账户。

证券公司的证券自营账户，应当自开户之日起3个交易日内报证券交易所备案。

第四十三条 证券公司从事证券自营业务，不得有下列行为：

（一）违反规定购买本证券公司控股股东或者与本证券公司有其他重大利害关系的发行人发行的证券；

（二）违反规定委托他人代为买卖证券；

（三）利用内幕信息买卖证券或者操纵证券市场；

（四）法律、行政法规或者国务院证券监督管理机构禁止的其他行为。

第四十四条 证券公司从事证券自营业务，自营证券总值与公司净资本的比例、持有一种证券的价值与公司净资本的比例、持有一种证券的数量与该证券发行总量的比例等风险控制指标，应当符合国务院证券监督管理机构的规定。

第四节 证券资产管理业务

第四十五条 证券公司可以依照《证券法》和本条例的规定，从事接受客户的委托、使用客户资产进行投资的证券资产管理业务。投资所产生的收益由客户享有，损失由客户承担，证券公司可以按照约定收取管理费用。

证券公司从事证券资产管理业务，应当与客户签订证券资产管理合同，约定投资范围、投资比例、管理期限及管理费用等事项。

第四十六条 证券公司从事证券资产管理业务，不得有下列行为：

（一）向客户做出保证其资产本金不受损失或者保证其取得最低收益的承诺；

（二）接受一个客户的单笔委托资产价值，低于国务院证券监督管理机构规定的最低限额；

（三）使用客户资产进行不必要的证券交易；

（四）在证券自营账户与证券资产管理账户之间或者不同的证券资产管理账户之间进行交易，且无充分证据证明已依法实现有效隔离；

（五）法律、行政法规或者国务院证券监督管理机构禁止的其他行为。

第四十七条 证券公司使用多个客户的资产进行集合投资，或者使用客户资产专项投资于特定目标产品的，应当符合国务院证券监督管理机构的有关规定，并报国务院证券监督管理机构批准。

国务院证券监督管理机构应当自受理申请之日起2个月内，对前款规定的事项做出批准或者不予批准的书面决定。

第五节 融资融券业务

第四十八条 本条例所称融资融券业务，是指在证券交易所或者国务院批准的其他证券交易场所进行的证券交易中，证券公司向客户出借资金供其买入证券或者出借证券供其卖出，并由客户交存相应担保物的经营活动。

第四十九条 证券公司经营融资融券业务，应当具备下列条件：

（一）证券公司治理结构健全，内部控制有效；

（二）风险控制指标符合规定，财务状况、合规状况良好；

（三）有经营融资融券业务所需的专业人员、技术条件、资金和证券；

（四）有完善的融资融券业务管理制度和实施方案；

（五）国务院证券监督管理机构规定的其他条件。

第五十条　证券公司从事融资融券业务，应当与客户签订融资融券合同，并按照国务院证券监督管理机构的规定，以证券公司的名义在证券登记结算机构开立客户证券担保账户，在指定商业银行开立客户资金担保账户。客户资金担保账户内的资金应当参照本条例第五十七条的规定进行管理。

在以证券公司名义开立的客户证券担保账户和客户资金担保账户内，应当为每一客户单独开立授信账户。

第五十一条　证券公司向客户融资，应当使用自有资金或者依法筹集的资金；向客户融券，应当使用自有证券或者依法取得处分权的证券。

第五十二条　证券公司向客户融资融券时，客户应当交存一定比例的保证金。保证金可以用证券充抵。

客户交存的保证金以及通过融资融券交易买入的全部证券和卖出证券所得的全部资金，均为对证券公司的担保物，应当存入证券公司客户证券担保账户或者客户资金担保账户并记入该客户授信账户。

第五十三条　客户证券担保账户内的证券和客户资金担保账户内的资金为信托财产。证券公司不得违背受托义务侵占客户担保账户内的证券或者资金。除本条例第五十四条规定的情形或者证券公司和客户依法另有约定的情形外，证券公司不得动用客户担保账户内的证券或者资金。

第五十四条　证券公司应当逐日计算客户担保物价值与其债务的比例。当该比例低于规定的最低维持担保比例时，证券公司应当通知客户在一定的期限内补交差额。客户未能按期交足差额，或者到期未偿还融资融券债务的，证券公司应当立即按照约定处分其担保物。

第五十五条　客户依照本条例第五十二条第一款规定交存保证金的比例，由国务院证券监督管理机构授权的单位规定。

证券公司可以向客户融出的证券和融出资金可以买入证券的种类，可充抵保证金的有价证券的种类和折算率，融资融券的期限，最低维持担保比例和补交差额的期限，由证券交易所规定。

本条第一款、第二款规定由被授权单位或者证券交易所做出的相关规定，应当向国务院证券监督管理机构备案，且不得违反国家货币政策。

第五十六条　证券公司从事融资融券业务，自有资金或者证券不足的，可以向证券金融公司借入。证券金融公司的设立和解散由国务院决定。

第五章　客户资产的保护

第五十七条　证券公司从事证券经纪业务，其客户的交易结算资金应当存放在指定商业银行，以每个客户的名义单独立户管理。

指定商业银行应当与证券公司及其客户签订客户的交易结算资金存管合同，约定客户的交易结算资金存取、划转、查询等事项，并按照证券交易净额结算、货银对付的要求，为证券公司开立客户的交易结算资金汇总账户。

客户的交易结算资金的存取，应当通过指定商业银行办理。指定商业银行应当保证客户能够随时查询客户的交易结算资金的余额及变动情况。

指定商业银行的名单，由国务院证券监督管理机构会同国务院银行业监督管理机构确定并公告。

第五十八条 证券公司从事证券资产管理业务，应当将客户的委托资产交由本条例第五十七条第四款规定的指定商业银行或者国务院证券监督管理机构认可的其他资产托管机构托管。

资产托管机构应当按照国务院证券监督管理机构的规定和证券资产管理合同的约定，履行安全保管客户的委托资产、办理资金收付事项、监督证券公司投资行为等职责。

第五十九条 客户的交易结算资金、证券资产管理客户的委托资产属于客户，应当与证券公司、指定商业银行、资产托管机构的自有资产相互独立、分别管理。非因客户本身的债务或者法律规定的其他情形，任何单位或者个人不得对客户的交易结算资金、委托资产申请查封、冻结或者强制执行。

第六十条 除下列情形外，不得动用客户的交易结算资金或者委托资金：

（一）客户进行证券的申购、证券交易的结算或者客户提款；

（二）客户支付与证券交易有关的佣金、费用或者税款；

（三）法律规定的其他情形。

第六十一条 证券公司不得以证券经纪客户或者证券资产管理客户的资产向他人提供融资或者担保。任何单位或者个人不得强令、指使、协助、接受证券公司以其证券经纪客户或者证券资产管理客户的资产提供融资或者担保。

第六十二条 指定商业银行、资产托管机构和证券登记结算机构应当对存放在本机构的客户的交易结算资金、委托资金和客户担保账户内的资金、证券的动用情况进行监督，并按照规定定期向国务院证券监督管理机构报送客户的交易结算资金、委托资金和客户担保账户内的资金、证券的存管或者动用情况的有关数据。

指定商业银行、资产托管机构和证券登记结算机构对超出本条例第五十三条、第五十四条、第六十条规定的范围，动用客户的交易结算资金、委托资金和客户担保账户内的资金、证券的申请、指令，应当拒绝；发现客户的交易结算资金、委托资金和客户担保账户内的资金、证券被违法动用或者有其他异常情况的，应当立即向国务院证券监督管理机构报告，并抄报有关监督管理机构。

第六章 监督管理措施

第六十三条 证券公司应当自每一会计年度结束之日起 4 个月内，向国务院证券监督管理机构报送年度报告；自每月结束之日起 7 个工作日内，报送月度报告。

发生影响或者可能影响证券公司经营管理、财务状况、风险控制指标或者客户资产安全的重大事件的，证券公司应当立即向国务院证券监督管理机构报送临时报告，说明事件的起因、目前的状态、可能产生的后果和拟采取的相应措施。

第六十四条 证券公司年度报告中的财务会计报告、风险控制指标报告以及国务院证券监督管理机构规定的其他专项报告，应当经具有证券、期货相关业务资格的会计师事务所审计。证券公司年度报告应当附有该会计师事务所出具的内部控制评审报告。

证券公司的董事、高级管理人员应当对证券公司年度报告签署确认意见；经营管理的主要负责人和财务负责人应当对月度报告签署确认意见。在证券公司年度报告、月度报告上签字的人员，应当保证报告的内容真实、准确、完整；对报告内容持有异议的，应当注明自己的意见和理由。

第六十五条　对证券公司报送的年度报告、月度报告，国务院证券监督管理机构应当指定专人进行审核，并制作审核报告。审核人员应当在审核报告上签字。审核中发现问题的，国务院证券监督管理机构应当及时采取相应措施。

国务院证券监督管理机构应当对有关机构报送的客户的交易结算资金、委托资金和客户担保账户内的资金、证券的有关数据进行比对、核查，及时发现资金或者证券被违法动用的情况。

第六十六条　证券公司应当依法向社会公开披露其基本情况、参股及控股情况、负债及或有负债情况、经营管理状况、财务收支状况、高级管理人员薪酬和其他有关信息。具体办法由国务院证券监督管理机构制定。

第六十七条　国务院证券监督管理机构可以要求下列单位或者个人，在指定的期限内提供与证券公司经营管理和财务状况有关的资料、信息：

（一）证券公司及其董事、监事、工作人员；

（二）证券公司的股东、实际控制人；

（三）证券公司控股或者实际控制的企业；

（四）证券公司的开户银行、指定商业银行、资产托管机构、证券交易所、证券登记结算机构；

（五）为证券公司提供服务的证券服务机构。

第六十八条　国务院证券监督管理机构有权采取下列措施，对证券公司的业务活动、财务状况、经营管理情况进行检查：

（一）询问证券公司的董事、监事、工作人员，要求其对有关检查事项做出说明；

（二）进入证券公司的办公场所或者营业场所进行检查；

（三）查阅、复制与检查事项有关的文件、资料，对可能被转移、隐匿或者毁损的文件、资料、电子设备予以封存；

（四）检查证券公司的计算机信息管理系统，复制有关数据资料。

国务院证券监督管理机构为查清证券公司的业务情况、财务状况，经国务院证券监督管理机构负责人批准，可以查询证券公司及与证券公司有控股或者实际控制关系企业的银行账户。

第六十九条　证券公司以及有关单位和个人披露、报送或者提供的资料、信息应当真实、准确、完整，不得有虚假记载、误导性陈述或者重大遗漏。

第七十条　国务院证券监督管理机构对治理结构不健全、内部控制不完善、经营管理混乱、设立账外账或者进行账外经营、拒不执行监督管理决定、违法违规的证券公司，应当责令其限期改正，并可以采取下列措施：

（一）责令增加内部合规检查的次数并提交合规检查报告；

（二）对证券公司及其有关董事、监事、高级管理人员、境内分支机构负责人给予谴责；

（三）责令处分有关责任人员，并报告结果；

（四）责令更换董事、监事、高级管理人员或者限制其权利；

（五）对证券公司进行临时接管，并进行全面核查；

（六）责令暂停证券公司或者其境内分支机构的部分或者全部业务、限期撤销境内分支机构。

证券公司被暂停业务、限期撤销境内分支机构的，应当按照有关规定安置客户、处理未了结的业务。

对证券公司的违法违规行为，合规负责人已经依法履行制止和报告职责的，免除责任。

第七十一条 任何单位或者个人未经批准，持有或者实际控制证券公司5%以上股权的，国务院证券监督管理机构应当责令其限期改正；改正前，相应股权不具有表决权。

第七十二条 任何人未取得任职资格，实际行使证券公司董事、监事、高级管理人员或者境内分支机构负责人职权的，国务院证券监督管理机构应当责令其停止行使职权，予以公告，并可以按照规定对其采取证券市场禁入的措施。

第七十三条 证券公司董事、监事、高级管理人员或者境内分支机构负责人不再具备任职资格条件的，证券公司应当解除其职务并向国务院证券监督管理机构报告；证券公司未解除其职务的，国务院证券监督管理机构应当责令其解除。

第七十四条 证券公司聘请或者解聘会计师事务所的，应当自做出决定之日起3个工作日内报国务院证券监督管理机构备案；解聘会计师事务所的，应当说明理由。

第七十五条 会计师事务所对证券公司或者其有关人员进行审计，可以查阅、复制与审计事项有关的客户信息或者证券公司的其他有关文件、资料，并可以调取证券公司计算机信息管理系统内的有关数据资料。

会计师事务所应当对所知悉的信息保密。法律、行政法规另有规定的除外。

第七十六条 证券交易所应当对证券公司证券自营账户和证券资产管理账户的交易行为进行实时监控；发现异常情况的，应当及时按照交易规则和会员管理规则处理，并向国务院证券监督管理机构报告。

第七章 法律责任

第七十七条 证券公司有下列情形之一的，依照《证券法》第一百九十八条的规定处罚：

（一）聘任不具有任职资格的人员担任境内分支机构的负责人；

（二）未按照国务院证券监督管理机构依法做出的决定，解除不再具备任职资格条件的董事、监事、高级管理人员、境内分支机构负责人的职务。

第七十八条 证券公司从事证券经纪业务，客户资金不足而接受其买入委托，或者客户证券不足而接受其卖出委托的，依照《证券法》第二百零五条的规定处罚。

第七十九条 证券公司将客户的资金账户、证券账户提供给他人使用的，依照《证券法》第二百零八条的规定处罚。

第八十条 证券公司诱使客户进行不必要的证券交易，或者从事证券资产管理业务时，使用客户资产进行不必要的证券交易的，依照《证券法》第二百一十条的规定处罚。

第八十一条 证券公司有下列情形之一的，依照《证券法》第二百一十九条的规定处罚：

（一）证券公司或者其境内分支机构超出国务院证券监督管理机构批准的范围经营业务；

（二）未经批准，用多个客户的资产进行集合投资，或者将客户资产专项投资于特定目标产品。

第八十二条　证券公司在证券自营账户与证券资产管理账户之间或者不同的证券资产管理账户之间进行交易，且无充分证据证明已依法实现有效隔离的，依照《证券法》第二百二十条的规定处罚。

第八十三条　证券公司违反本条例的规定，有下列情形之一的，责令改正，给予警告，没收违法所得，并处以违法所得1倍以上5倍以下的罚款；没有违法所得或者违法所得不足10万元的，处以10万元以上30万元以下的罚款；情节严重的，暂停或者撤销其相关证券业务许可。对直接负责的主管人员和其他直接责任人员，给予警告，并处以3万元以上10万元以下的罚款；情节严重的，撤销任职资格或者证券从业资格：

（一）违反规定委托其他单位或者个人进行客户招揽、客户服务或者产品销售活动；

（二）向客户提供投资建议，对证券价格的涨跌或者市场走势做出确定性的判断；

（三）违反规定委托他人代为买卖证券；

（四）从事证券自营业务、证券资产管理业务，投资范围或者投资比例违反规定；

（五）从事证券资产管理业务，接受一个客户的单笔委托资产价值低于规定的最低限额。

第八十四条　证券公司违反本条例的规定，有下列情形之一的，责令改正，给予警告，没收违法所得，并处以违法所得1倍以上5倍以下的罚款；没有违法所得或者违法所得不足3万元的，处以3万元以上30万元以下的罚款。对直接负责的主管人员和其他直接责任人员单处或者并处警告、3万元以上10万元以下的罚款；情节严重的，撤销任职资格或者证券从业资格：

（一）未按照规定对离任的法定代表人或者高级管理人员进行审计，并报送审计报告；

（二）与他人合资、合作经营管理分支机构，或者将分支机构承包、租赁或者委托给他人经营管理；

（三）未按照规定将证券自营账户或者证券资产管理客户的证券账户报证券交易所备案；

（四）未按照规定程序了解客户的身份、财产与收入状况、证券投资经验和风险偏好；

（五）推荐的产品或者服务与所了解的客户情况不相适应；

（六）未按照规定指定专人向客户讲解有关业务规则和合同内容，并以书面方式向其揭示投资风险；

（七）未按照规定与客户签订业务合同，或者未在与客户签订的业务合同中载入规定的必备条款；

（八）未按照规定编制并向客户送交对账单，或者未按照规定建立并有效执行信息查询制度；

（九）未按照规定指定专门部门处理客户投诉；

（十）未按照规定提取一般风险准备金；

（十一）未按照规定存放、管理客户的交易结算资金、委托资金和客户担保账户内的资金、证券；

（十二）聘请、解聘会计师事务所，未按照规定向国务院证券监督管理机构备案，解聘会计师事务所未说明理由。

第八十五条 证券公司未按照规定为客户开立账户的，责令改正；情节严重的，处以20万元以上50万元以下的罚款，并对直接负责的董事、高级管理人员和其他直接责任人员，处以1万元以上5万元以下的罚款。

第八十六条 违反本条例的规定，有下列情形之一的，责令改正，给予警告，没收违法所得，并处以违法所得1倍以上5倍以下的罚款；没有违法所得或者违法所得不足10万元的，处以10万元以上60万元以下的罚款；情节严重的，撤销相关业务许可。对直接负责的主管人员和其他直接责任人员给予警告，撤销任职资格或者证券从业资格，并处以3万元以上30万元以下的罚款：

（一）未经批准，委托他人或者接受他人委托持有或者管理证券公司的股权，或者认购、受让或者实际控制证券公司的股权；

（二）证券公司股东、实际控制人强令、指使、协助、接受证券公司以证券经纪客户或者证券资产管理客户的资产提供融资或者担保；

（三）证券公司、资产托管机构、证券登记结算机构违反规定动用客户的交易结算资金、委托资金和客户担保账户内的资金、证券；

（四）资产托管机构、证券登记结算机构对违反规定动用委托资金和客户担保账户内的资金、证券的申请、指令予以同意、执行；

（五）资产托管机构、证券登记结算机构发现委托资金和客户担保账户内的资金、证券被违法动用而未向国务院证券监督管理机构报告。

第八十七条 指定商业银行有下列情形之一的，由国务院证券监督管理机构责令改正，给予警告，没收违法所得，并处以违法所得1倍以上5倍以下的罚款；没有违法所得或者违法所得不足10万元的，处以10万元以上60万元以下的罚款。对直接负责的主管人员和其他直接责任人员给予警告，并处以3万元以上30万元以下的罚款：

（一）违反规定动用客户的交易结算资金；

（二）对违反规定动用客户的交易结算资金的申请、指令予以同意或者执行；

（三）发现客户的交易结算资金被违法动用而未向国务院证券监督管理机构报告。

指定商业银行有前款规定的行为，情节严重的，由国务院证券监督管理机构会同国务院银行业监督管理机构责令其暂停或者终止客户的交易结算资金存管业务；对直接负责的主管人员和其他直接责任人员，国务院证券监督管理机构可以建议国务院银行业监督管理机构依法处罚。

第八十八条 违反本条例的规定，有下列情形之一的，责令改正，给予警告，并处以3万元以上20万元以下的罚款；对直接负责的主管人员和其他直接责任人员，给予警告，可以处以3万元以下的罚款：

（一）证券公司未按照本条例第六十六条的规定公开披露信息，或者公开披露的信息中有虚假记载、误导性陈述或者重大遗漏；

（二）证券公司控股或者实际控制的企业、资产托管机构、证券服务机构未按照规定向国务院证券监督管理机构报送、提供有关信息、资料，或者报送、提供的信息、资料中有虚假记载、误导性陈述或者重大遗漏。

第八十九条　违反本条例的规定，有下列情形之一的，责令改正，给予警告，没收违法所得，并处以违法所得等值罚款；没有违法所得或者违法所得不足3万元的，处以3万元以下的罚款；情节严重的，撤销任职资格或者证券从业资格：

（一）合规负责人未按照规定向国务院证券监督管理机构或者有关自律组织报告违法违规行为；

（二）证券经纪人从事业务未向客户出示证券经纪人证书；

（三）证券经纪人同时接受多家证券公司的委托，进行客户招揽、客户服务等活动；

（四）证券经纪人接受客户的委托，为客户办理证券认购、交易等事项。

第九十条　证券公司违反规定收取费用的，由有关主管部门依法给予处罚。

第八章　附　则

第九十一条　证券公司经营证券业务不符合本条例第二十六条第三款规定的，应当在国务院证券监督管理机构规定的期限内达到规定要求。

第九十二条　证券公司客户的交易结算资金存管方式不符合本条例第五十七条规定的，国务院证券监督管理机构应当责令其限期调整。

证券公司客户的交易结算资金存管方式，应当自本条例实施之日起1年内达到规定要求。

第九十三条　经国务院证券监督管理机构批准，证券公司可以向股东或者其他单位借入偿还顺序在普通债务之后的债，具体管理办法由国务院证券监督管理机构制定。

第九十四条　外商投资证券公司的业务范围、境外股东的资格条件和出资比例，由国务院证券监督管理机构规定，报国务院批准。

第九十五条　境外证券经营机构在境内经营证券业务或者设立代表机构，应当经国务院证券监督管理机构批准。具体办法由国务院证券监督管理机构制定，报国务院批准。

第九十六条　本条例所称证券登记结算机构，是指《证券法》第一百五十五条规定的证券登记结算机构。

第九十七条　本条例自2008年6月1日起施行。

证券公司风险处置条例

（国务院令第523号 2008年4月23日）

第一章 总 则

第一条 为了控制和化解证券公司风险，保护投资者合法权益和社会公共利益，保障证券业健康发展，根据《中华人民共和国证券法》（以下简称《证券法》）、《中华人民共和国企业破产法》（以下简称《企业破产法》），制定本条例。

第二条 国务院证券监督管理机构依法对处置证券公司风险工作进行组织、协调和监督。

第三条 国务院证券监督管理机构应当会同中国人民银行、国务院财政部门、国务院公安部门、国务院其他金融监督管理机构以及省级人民政府建立处置证券公司风险的协调配合与快速反应机制。

第四条 处置证券公司风险过程中，有关地方人民政府应当采取有效措施维护社会稳定。

第五条 处置证券公司风险过程中，应当保障证券经纪业务正常进行。

第二章 停业整顿、托管、接管、行政重组

第六条 国务院证券监督管理机构发现证券公司存在重大风险隐患，可以派出风险监控现场工作组对证券公司进行专项检查，对证券公司划拨资金、处置资产、调配人员、使用印章、订立以及履行合同等经营、管理活动进行监控，并及时向有关地方人民政府通报情况。

第七条 证券公司风险控制指标不符合有关规定，在规定期限内未能完成整改的，国务院证券监督管理机构可以责令证券公司停止部分或者全部业务进行整顿。停业整顿的期限不超过3个月。

证券经纪业务被责令停业整顿的，证券公司在规定的期限内可以将其证券经纪业务委托给国务院证券监督管理机构认可的证券公司管理，或者将客户转移到其他证券公司。证券公司逾期未按照要求委托证券经纪业务或者未转移客户的，国务院证券监督管理机构应当将客户转移到其他证券公司。

第八条 证券公司有下列情形之一的，国务院证券监督管理机构可以对其证券经纪等涉及客户的业务进行托管；情节严重的，可以对该证券公司进行接管：

（一）治理混乱，管理失控；

（二）挪用客户资产并且不能自行弥补；

（三）在证券交易结算中多次发生交收违约或者交收违约数额较大；

（四）风险控制指标不符合规定，发生重大财务危机；

（五）其他可能影响证券公司持续经营的情形。

第九条　国务院证券监督管理机构决定对证券公司证券经纪等涉及客户的业务进行托管的，应当按照规定程序选择证券公司等专业机构成立托管组，行使被托管证券公司的证券经纪等涉及客户的业务的经营管理权。

托管组自托管之日起履行下列职责：

（一）保障证券公司证券经纪业务正常合规运行，必要时依照规定垫付营运资金和客户的交易结算资金；

（二）采取有效措施维护托管期间客户资产的安全；

（三）核查证券公司存在的风险，及时向国务院证券监督管理机构报告业务运行中出现的紧急情况，并提出解决方案；

（四）国务院证券监督管理机构要求履行的其他职责。

托管期限一般不超过12个月。满12个月，确需继续托管的，国务院证券监督管理机构可以决定延长托管期限，但延长托管期限最长不得超过12个月。

第十条　被托管证券公司应当承担托管费用和托管期间的营运费用。国务院证券监督管理机构应当对托管费用和托管期间的营运费用进行审核。

托管组不承担被托管证券公司的亏损。

第十一条　国务院证券监督管理机构决定对证券公司进行接管的，应当按照规定程序组织专业人员成立接管组，行使被接管证券公司的经营管理权，接管组负责人行使被接管证券公司法定代表人职权，被接管证券公司的股东会或者股东大会、董事会、监事会以及经理、副经理停止履行职责。

接管组自接管之日起履行下列职责：

（一）接管证券公司的财产、印章和账簿、文书等资料；

（二）决定证券公司的管理事务；

（三）保障证券公司证券经纪业务正常合规运行，完善内控制度；

（四）清查证券公司财产，依法保全、追收资产；

（五）控制证券公司风险，提出风险化解方案；

（六）核查证券公司有关人员的违法行为；

（七）国务院证券监督管理机构要求履行的其他职责。

接管期限一般不超过12个月。满12个月，确需继续接管的，国务院证券监督管理机构可以决定延长接管期限，但延长接管期限最长不得超过12个月。

第十二条　证券公司出现重大风险，但具备下列条件的，可以直接向国务院证券监督管理机构申请进行行政重组：

（一）财务信息真实、完整；

（二）省级人民政府或者有关方面予以支持；

（三）整改措施具体，有可行的重组计划。

被停业整顿、托管、接管的证券公司，具备前款规定条件的，也可以向国务院证券监督管理机构申请进行行政重组。

国务院证券监督管理机构应当自受理行政重组申请之日起30个工作日内做出批准或者不予批准的决定；不予批准的，应当说明理由。

第十三条　证券公司进行行政重组，可以采取注资、股权重组、债务重组、资产重组、合并或者其他方式。

行政重组期限一般不超过12个月。满12个月，行政重组未完成的，证券公司可以向国务院证券监督管理机构申请延长行政重组期限，但延长行政重组期限最长不得超过6个月。

国务院证券监督管理机构对证券公司的行政重组进行协调和指导。

第十四条 国务院证券监督管理机构对证券公司做出责令停业整顿、托管、接管、行政重组的处置决定，应当予以公告，并将公告张贴于被处置证券公司的营业场所。

处置决定包括被处置证券公司的名称、处置措施、事由以及范围等有关事项。

处置决定的公告日期为处置日，处置决定自公告之时生效。

第十五条 证券公司被责令停业整顿、托管、接管、行政重组的，其债权债务关系不因处置决定而变化。

第十六条 证券公司经停业整顿、托管、接管或者行政重组在规定期限内达到正常经营条件的，经国务院证券监督管理机构批准，可以恢复正常经营。

第十七条 证券公司经停业整顿、托管、接管或者行政重组在规定期限内仍达不到正常经营条件，但能够清偿到期债务的，国务院证券监督管理机构依法撤销其证券业务许可。

第十八条 被撤销证券业务许可的证券公司应当停止经营证券业务，按照客户自愿的原则将客户安置到其他证券公司，安置过程中相关各方应当采取必要措施保证客户证券交易的正常进行。

被撤销证券业务许可的证券公司有未安置客户等情形的，国务院证券监督管理机构可以比照本条例第三章的规定，成立行政清理组，清理账户、安置客户、转让证券类资产。

第三章 撤 销

第十九条 证券公司同时有下列情形的，国务院证券监督管理机构可以直接撤销该证券公司：

（一）违法经营情节特别严重、存在巨大经营风险；

（二）不能清偿到期债务，并且资产不足以清偿全部债务或者明显缺乏清偿能力；

（三）需要动用证券投资者保护基金。

第二十条 证券公司经停业整顿、托管、接管或者行政重组在规定期限内仍达不到正常经营条件，并且有本条例第十九条第（二）项或者第（三）项规定情形的，国务院证券监督管理机构应当撤销该证券公司。

第二十一条 国务院证券监督管理机构撤销证券公司，应当做出撤销决定，并按照规定程序选择律师事务所、会计师事务所等专业机构成立行政清理组，对该证券公司进行行政清理。

撤销决定应当予以公告，撤销决定的公告日期为处置日，撤销决定自公告之时生效。

本条例施行前，国务院证券监督管理机构已经对证券公司进行行政清理的，行政清理的公告日期为处置日。

第二十二条 行政清理期间，行政清理组负责人行使被撤销证券公司法定代表人职权。

行政清理组履行下列职责：

（一）管理证券公司的财产、印章和账簿、文书等资料；

（二）清理账户，核实资产负债有关情况，对符合国家规定的债权进行登记；

（三）协助甄别确认、收购符合国家规定的债权；

（四）协助证券投资者保护基金管理机构弥补客户的交易结算资金；

（五）按照客户自愿的原则安置客户；

（六）转让证券类资产；

（七）国务院证券监督管理机构要求履行的其他职责。

前款所称证券类资产，是指证券公司为维持证券经纪业务正常进行所必需的计算机信息管理系统、交易系统、通信网络系统、交易席位等资产。

第二十三条　被撤销证券公司的股东会或者股东大会、董事会、监事会以及经理、副经理停止履行职责。

行政清理期间，被撤销证券公司的股东不得自行组织清算，不得参与行政清理工作。

第二十四条　行政清理期间，被撤销证券公司的证券经纪等涉及客户的业务，由国务院证券监督管理机构按照规定程序选择证券公司等专业机构进行托管。

第二十五条　证券公司设立或者实际控制的关联公司，其资产、人员、财务或者业务与被撤销证券公司混合的，经国务院证券监督管理机构审查批准，纳入行政清理范围。

第二十六条　证券公司的债权债务关系不因其被撤销而变化。

自证券公司被撤销之日起，证券公司的债务停止计算利息。

第二十七条　行政清理组清理被撤销证券公司账户的结果，应当经具有证券、期货相关业务资格的会计师事务所审计，并报国务院证券监督管理机构认定。

行政清理组根据经国务院证券监督管理机构认定的账户清理结果，向证券投资者保护基金管理机构申请弥补客户的交易结算资金的资金。

第二十八条　行政清理组应当自成立之日起10日内，将债权人需要登记的相关事项予以公告。

符合国家有关规定的债权人应当自公告之日起90日内，持相关证明材料向行政清理组申报债权，行政清理组按照规定登记。无正当理由逾期申报的，不予登记。

已登记债权经甄别确认符合国家收购规定的，行政清理组应当及时按照国家有关规定申请收购资金并协助收购；经甄别确认不符合国家收购规定的，行政清理组应当告知申报的债权人。

第二十九条　行政清理组应当在具备证券业务经营资格的机构中，采用招标、公开询价等公开方式转让证券类资产。证券类资产转让方案应当报国务院证券监督管理机构批准。

第三十条　行政清理组不得转让证券类资产以外的资产，但经国务院证券监督管理机构批准，易贬损并可能遭受损失的资产或者确为保护客户和债权人利益的其他情形除外。

第三十一条　行政清理组不得对债务进行个别清偿，但为保护客户和债权人利益的下列情形除外：

（一）因行政清理组请求对方当事人履行双方均未履行完毕的合同所产生的债务；

（二）为维持业务正常进行而应当支付的职工劳动报酬和社会保险费用等正常支出；

（三）行政清理组履行职责所产生的其他费用。

第三十二条 为保护债权人利益，经国务院证券监督管理机构批准，行政清理组可以向人民法院申请对处置前被采取查封、扣押、冻结等强制措施的证券类资产以及其他资产进行变现处置，变现后的资金应当予以冻结。

第三十三条 行政清理费用经国务院证券监督管理机构审核后，从被处置证券公司财产中随时清偿。

前款所称行政清理费用，是指行政清理组管理、转让证券公司财产所需的费用，行政清理组履行职务和聘用专业机构的费用等。

第三十四条 行政清理期限一般不超过12个月。满12个月，行政清理未完成的，国务院证券监督管理机构可以决定延长行政清理期限，但延长行政清理期限最长不得超过12个月。

第三十五条 行政清理期间，被处置证券公司免缴行政性收费和增值税、营业税等行政法规规定的税收。

第三十六条 证券公司被国务院证券监督管理机构依法责令关闭，需要进行行政清理的，比照本章的有关规定执行。

第四章 破产清算和重整

第三十七条 证券公司被依法撤销、关闭时，有《企业破产法》第二条规定情形的，行政清理工作完成后，国务院证券监督管理机构或者其委托的行政清理组依照《企业破产法》的有关规定，可以向人民法院申请对被撤销、关闭证券公司进行破产清算。

第三十八条 证券公司有《企业破产法》第二条规定情形的，国务院证券监督管理机构可以直接向人民法院申请对该证券公司进行重整。

证券公司或者其债权人依照《企业破产法》的有关规定，可以向人民法院提出对证券公司进行破产清算或者重整的申请，但应当依照《证券法》第一百二十九条的规定报经国务院证券监督管理机构批准。

第三十九条 对不需要动用证券投资者保护基金的证券公司，国务院证券监督管理机构应当在批准破产清算前撤销其证券业务许可。证券公司应当依照本条例第十八条的规定停止经营证券业务，安置客户。

对需要动用证券投资者保护基金的证券公司，国务院证券监督管理机构对该证券公司或者其债权人的破产清算申请不予批准，并依照本条例第三章的规定撤销该证券公司，进行行政清理。

第四十条 人民法院裁定受理证券公司重整或者破产清算申请的，国务院证券监督管理机构可以向人民法院推荐管理人人选。

第四十一条 证券公司进行破产清算的，行政清理时已登记的不符合国家收购规定的债权，管理人可以直接予以登记。

第四十二条 人民法院裁定证券公司重整的，证券公司或者管理人应当同时向债权人会议、国务院证券监督管理机构和人民法院提交重整计划草案。

第四十三条 自债权人会议各表决组通过重整计划草案之日起10日内，证券公司或者管理人应当向人民法院提出批准重整计划的申请。重整计划涉及《证券法》第一百二十九条规定相关事项的，证券公司或者管理人应当同时向国务院证券监督管理机构提出批准相关事项的申请，国务院证券监督管理机构应当自收到申请之日起 15 日内做出批准或者不予批准的决定。

第四十四条　债权人会议部分表决组未通过重整计划草案，但重整计划草案符合《企业破产法》第八十七条第二款规定条件的，证券公司或者管理人可以申请人民法院批准重整计划草案。重整计划草案涉及《证券法》第一百二十九条规定相关事项的，证券公司或者管理人应当同时向国务院证券监督管理机构提出批准相关事项的申请，国务院证券监督管理机构应当自收到申请之日起 15 日内做出批准或者不予批准的决定。

第四十五条　经批准的重整计划由证券公司执行，管理人负责监督。监督期届满，管理人应当向人民法院和国务院证券监督管理机构提交监督报告。

第四十六条　重整计划的相关事项未获国务院证券监督管理机构批准，或者重整计划未获人民法院批准的，人民法院裁定终止重整程序，并宣告证券公司破产。

第四十七条　重整程序终止，人民法院宣告证券公司破产的，国务院证券监督管理机构应当对证券公司做出撤销决定，人民法院依照《企业破产法》的规定组织破产清算。涉及税收事项，依照《企业破产法》和《中华人民共和国税收征收管理法》的规定执行。

人民法院认为应当对证券公司进行行政清理的，国务院证券监督管理机构比照本条例第三章的规定成立行政清理组，负责清理账户，协助甄别确认、收购符合国家规定的债权，协助证券投资者保护基金管理机构弥补客户的交易结算资金，转让证券类资产等。

第五章　监督协调

第四十八条　国务院证券监督管理机构在处置证券公司风险工作中，履行下列职责：

（一）制订证券公司风险处置方案并组织实施；

（二）派驻风险处置现场工作组，对被处置证券公司、托管组、接管组、行政清理组、管理人以及参与风险处置的其他机构和人员进行监督和指导；

（三）协调证券交易所、证券登记结算机构、证券投资者保护基金管理机构，保障被处置证券公司证券经纪业务正常进行；

（四）对证券公司的违法行为立案稽查并予以处罚；

（五）及时向公安机关等通报涉嫌刑事犯罪的情况，按照有关规定移送涉嫌犯罪的案件；

（六）向有关地方人民政府通报证券公司风险状况以及影响社会稳定的情况；

（七）法律、行政法规要求履行的其他职责。

第四十九条　处置证券公司风险过程中，发现涉嫌犯罪的案件，属公安机关管辖的，应当由国务院公安部门统一组织依法查处。有关地方人民政府应当予以支持和配合。

风险处置现场工作组、行政清理组和管理人需要从公安机关扣押资料中查询、复制与其工作有关资料的，公安机关应当支持和配合。证券公司进入破产程序的，公安机关应当依法将冻结的涉案资产移送给受理破产案件的人民法院，并留存必需的相关证据材料。

第五十条　国务院证券监督管理机构依照本条例第二章、第三章对证券公司进行处置的，可以向人民法院提出申请中止以该证券公司以及其分支机构为被告、第三人或者被执行人的民事诉讼程序或者执行程序。

证券公司设立或者实际控制的关联公司，其资产、人员、财务或者业务与被处置证券公司混合的，国务院证券监督管理机构可以向人民法院提出申请中止以该关联公司为被告、第三人或者被执行人的民事诉讼程序或者执行程序。

采取前两款规定措施期间，除本条例第三十一条规定的情形外，不得对被处置证券公司债务进行个别清偿。

第五十一条 被处置证券公司或者其关联客户可能转移、隐匿违法资金、证券，或者证券公司违反本条例规定可能对债务进行个别清偿的，国务院证券监督管理机构可以禁止相关资金账户、证券账户的资金和证券转出。

第五十二条 被处置证券公司以及其分支机构所在地人民政府，应当按照国家有关规定配合证券公司风险处置工作，制订维护社会稳定的预案，排查、预防和化解不稳定因素，维护被处置证券公司正常的营业秩序。

被处置证券公司以及其分支机构所在地人民政府，应当组织相关单位的人员成立个人债权甄别确认小组，按照国家规定对已登记的个人债权进行甄别确认。

第五十三条 证券投资者保护基金管理机构应当按照国家规定，收购债权、弥补客户的交易结算资金。

证券投资者保护基金管理机构可以对证券投资者保护基金的使用情况进行检查。

第五十四条 被处置证券公司的股东、实际控制人、债权人以及与被处置证券公司有关的机构和人员，应当配合证券公司风险处置工作。

第五十五条 被处置证券公司的董事、监事、高级管理人员以及其他有关人员应当妥善保管其使用和管理的证券公司财产、印章和账簿、文书等资料以及其他物品，按照要求向托管组、接管组、行政清理组或者管理人移交，并配合风险处置现场工作组、托管组、接管组、行政清理组的调查工作。

第五十六条 托管组、接管组、行政清理组以及被责令停业整顿、托管和行政重组的证券公司，应当按照规定向国务院证券监督管理机构报告工作情况。

第五十七条 托管组、接管组、行政清理组以及其工作人员应当勤勉尽责，忠实履行职责。

被处置证券公司的股东以及债权人有证据证明托管组、接管组、行政清理组以及其工作人员未依法履行职责的，可以向国务院证券监督管理机构投诉。经调查核实，由国务院证券监督管理机构责令托管组、接管组、行政清理组以及其工作人员改正或者对其予以更换。

第五十八条 有下列情形之一的机构或者人员，禁止参与处置证券公司风险工作：

（一）曾受过刑事处罚或者涉嫌犯罪正在被立案侦查、起诉；

（二）涉嫌严重违法正在被行政管理部门立案稽查或者曾因严重违法行为受到行政处罚未逾 3 年；

（三）仍处于证券市场禁入期；

（四）内部控制薄弱、存在重大风险隐患；

（五）与被处置证券公司处置事项有利害关系；

（六）国务院证券监督管理机构认定不宜参与处置证券公司风险工作的其他情形。

第六章　法律责任

第五十九条　证券公司的董事、监事、高级管理人员等对该证券公司被处置负有主要责任的，暂停其任职资格1至3年；情节严重的，撤销其任职资格、证券从业资格，并可以按照规定对其采取证券市场禁入的措施。

第六十条　被处置证券公司的董事、监事、高级管理人员等有关人员有下列情形之一的，处以其年收入1倍以上2倍以下的罚款，并可以暂停其任职资格、证券从业资格；情节严重的，撤销其任职资格、证券从业资格，处以其年收入2倍以上5倍以下的罚款，并可以按照规定对其采取证券市场禁入的措施：

（一）拒绝配合现场工作组、托管组、接管组、行政清理组依法履行职责；

（二）拒绝向托管组、接管组、行政清理组移交财产、印章或者账簿、文书等资料；

（三）隐匿、销毁、伪造有关资料，或者故意提供虚假情况；

（四）隐匿财产，擅自转移、转让财产；

（五）妨碍证券公司正常经营管理秩序和业务运行，诱发不稳定因素；

（六）妨碍处置证券公司风险工作正常进行的其他情形。

证券公司控股股东或者实际控制人指使董事、监事、高级管理人员有前款规定的违法行为的，对控股股东、实际控制人依照前款规定从重处罚。

第七章　附　则

第六十一条　证券公司因分立、合并或者出现公司章程规定的解散事由需要解散的，应当向国务院证券监督管理机构提出解散申请，并附解散理由和转让证券类资产、了结证券业务、安置客户等方案，经国务院证券监督管理机构批准后依法解散并清算，清算过程接受国务院证券监督管理机构的监督。

第六十二条　期货公司风险处置参照本条例的规定执行。

第六十三条　本条例自公布之日起施行。

武器装备科研生产许可管理条例

（国务院、中央军委令第521号　2008年3月6日）

第一章　总　则

第一条　为了维护武器装备科研生产秩序，加强武器装备科研生产安全保密管理，保证武器装备质量合格稳定，满足国防建设的需要，制定本条例。

第二条　国家对列入武器装备科研生产许可目录（以下简称许可目录）的武器装备科研生产活动实行许可管理。但是，专门的武器装备科学研究活动除外。

许可目录由国务院国防科技工业主管部门会同中国人民解放军总装备部（以下简称总装备部）和军工电子行业主管部门共同制定，并适时调整。许可目录的制定和调整，应当征求国务院有关部门和军队有关部门的意见。

武器装备科研生产许可，应当在许可目录所确定的范围内实行分类管理。

第三条　未取得武器装备科研生产许可，不得从事许可目录所列的武器装备科研生产活动。但是，经国务院、中央军事委员会批准的除外。

第四条　武器装备科研生产许可管理，应当遵循统筹兼顾、合理布局、鼓励竞争、安全保密的原则。

第五条　国务院国防科技工业主管部门，依照本条例规定对全国的武器装备科研生产许可实施监督管理。

总装备部协同国务院国防科技工业主管部门对全国的武器装备科研生产许可实施监督管理。

省、自治区、直辖市人民政府负责国防科技工业管理的部门，依照本条例规定对本行政区域的武器装备科研生产许可实施监督管理。

第六条　取得武器装备科研生产许可的单位，应当在许可范围内从事武器装备科研生产活动，按照国家要求或者合同约定提供合格的科研成果和武器装备。

第二章　许可程序

第七条　申请武器装备科研生产许可的单位，应当符合下列条件：

（一）具有法人资格；

（二）有与申请从事的武器装备科研生产活动相适应的专业技术人员；

（三）有与申请从事的武器装备科研生产活动相适应的科研生产条件和检验检测、试验手段；

（四）有与申请从事的武器装备科研生产活动相适应的技术和工艺；

（五）经评定合格的质量管理体系；

（六）与申请从事的武器装备科研生产活动相适应的安全生产条件；

（七）有与申请从事的武器装备科研生产活动相适应的保密资格。

第八条　申请武器装备科研生产许可的单位，应当向所在地的省、自治区、直辖市人民政府负责国防科技工业管理的部门提出申请。

许可目录规定应当向国务院国防科技工业主管部门申请武器装备科研生产许可的，应当直接向国务院国防科技工业主管部门提出申请，并将申请材料同时报送总装备部。

第九条　国务院国防科技工业主管部门和省、自治区、直辖市人民政府负责国防科技工业管理的部门收到申请后，应当依照《中华人民共和国行政许可法》规定的程序办理。

第十条　省、自治区、直辖市人民政府负责国防科技工业管理的部门组织对申请单位进行审查，应当征求中国人民解放军派驻的军事代表机构（以下简称军事代表机构）的意见，并自受理申请之日起30日内完成审查，将审查意见和全部申请材料报送国务院国防科技工业主管部门，同时报送总装备部。

第十一条　国务院国防科技工业主管部门受理申请后，应当进行审查，并自受理申请之日起60日内或者自收到省、自治区、直辖市人民政府负责国防科技工业管理的部门报送的审查意见和全部申请材料之日起30日内，做出决定。做出准予许可决定的，应当自做出决定之日起10日内向提出申请的单位颁发武器装备科研生产许可证；做出不准予许可决定的，应当书面通知提出申请的单位，并说明理由。

国务院国防科技工业主管部门在做出决定前，应当书面征求总装备部的意见，总装备部应当在10日内回复意见。

第十二条　国务院国防科技工业主管部门根据国家武器装备科研生产能力布局的要求，按照武器装备科研生产的实际需要，经征求总装备部意见，可以对有特殊要求的武器装备科研生产许可做出数量限制。

第十三条　武器装备科研生产许可证应当载明单位名称、法定代表人、许可专业或者产品名称、证书编号、发证日期、有效期等相关内容。

武器装备科研生产许可证格式由国务院国防科技工业主管部门规定。

第十四条　取得武器装备科研生产许可的单位应当妥善保管武器装备科研生产许可证，严格保密管理，不得泄露武器装备科研生产许可证载明的相关内容。

第十五条　取得武器装备科研生产许可的单位应当在武器装备科研生产合同、产品出厂证书上标注武器装备科研生产许可证编号。

第十六条　任何单位和个人不得伪造、变造武器装备科研生产许可证。取得武器装备科研生产许可的单位不得出租、出借或者以其他方式转让武器装备科研生产许可证。

第十七条　国务院国防科技工业主管部门和省、自治区、直辖市人民政府负责国防科技工业管理的部门，应当将办理武器装备科研生产许可的有关材料及时归档，并妥善保存，严格保密。

第十八条　取得武器装备科研生产许可并承担武器装备科研生产任务的单位，应当接受军事代表机构的监督。

第三章　保密管理

第十九条　取得武器装备科研生产许可的单位应当遵守国家保密法律、法规和有关规定，建立健全保密管理制度，按照积极防范、突出重点、严格标准、明确责任的原则，对落实保密管理制度的情况进行定期或者不定期的检查，及时研究解决保密工作中的问题。

第二十条　取得武器装备科研生产许可的单位应当建立保密管理领导责任制，其主要负责人应当加强对本单位保密工作的组织领导，切实履行保密职责和义务。

第二十一条 取得武器装备科研生产许可的单位应当设立保密工作机构，配备保密管理人员。

保密管理人员应当熟悉国家保密法律、法规和有关规定，具备保密管理工作能力，掌握保密技术基础知识，并经过必要的培训、考核。

第二十二条 取得武器装备科研生产许可的单位应当与承担武器装备科研生产任务的涉及国家秘密人员签订岗位保密责任书，明确岗位保密责任，并对其进行经常性的保密教育培训。

涉及国家秘密人员应当熟悉国家保密法律、法规和有关规定，严格按照岗位保密责任书的要求，履行保密义务。

第二十三条 取得武器装备科研生产许可的单位应当依照国家保密法律、法规和有关规定，制作、收发、传递、使用、复制、保存和销毁国家秘密载体，严格控制接触国家秘密载体的人员范围。

第二十四条 取得武器装备科研生产许可的单位应当采取措施，在涉及国家秘密的要害部门、部位设置安全可靠的保密防护设施。

第二十五条 取得武器装备科研生产许可的单位应当依照国家保密法律、法规和有关规定对涉及国家秘密的计算机和信息系统采取安全保密防护措施，不得使用无安全保密保障的设备处理、传输、存储国家秘密信息。

第二十六条 取得武器装备科研生产许可的单位举办涉及国家秘密的重大会议或者活动，应当制订专项保密工作方案，并确定专人负责保密工作。涉及国家秘密的会议必须在有安全保密保障措施的场所进行，并严格控制与会人员的范围。

第二十七条 取得武器装备科研生产许可的单位在对外交流、合作和谈判等活动中，应当保守国家秘密，对外提供有关文件资料和实物样品，必须按照规定的程序事先经过批准。

第二十八条 取得武器装备科研生产许可的单位应当依照国家保密法律、法规和有关规定建立保密档案制度，对涉及国家秘密人员的管理、泄密事件查处等情况进行记录，及时归档，并对涉及国家秘密的档案实施有效管理。

第四章 法律责任

第二十九条 未依照本条例规定申请取得武器装备科研生产许可，擅自从事许可目录范围内武器装备科研生产活动的，责令停止违法行为，没收违法生产的产品，并处违法生产产品货值金额 1 倍以上 3 倍以下罚款；有违法所得的，没收违法所得。

第三十条 取得武器装备科研生产许可的单位，出租、出借或者以其他方式转让武器装备科研生产许可证的，处 10 万元罚款；情节严重的，吊销武器装备科研生产许可证。违法接受并使用他人提供的武器装备科研生产许可证的，责令停止武器装备生产活动，没收违法生产的产品，并处违法生产产品货值金额 1 倍以上 3 倍以下罚款；有违法所得的，没收违法所得。

第三十一条 伪造、变造武器装备科研生产许可证的，责令停止违法行为，处 10 万元罚款；有违法所得的，没收违法所得。

第三十二条 以欺骗、贿赂等不正当手段取得武器装备科研生产许可的，处5万元以上20万元以下罚款，并依照《中华人民共和国行政许可法》的有关规定处理。

第三十三条 国务院国防科技工业主管部门和省、自治区、直辖市人民政府负责国防科技工业管理的部门及其工作人员违反本条例规定，有下列情形之一的，由同级监察机关责令改正；情节严重的，对直接负责的主管人员和其他直接责任人员依法给予处分：

（一）对符合本条例规定条件的申请不予受理的；

（二）未依法说明不准予许可的理由的。

第三十四条 国务院国防科技工业主管部门和省、自治区、直辖市人民政府负责国防科技工业管理的部门有下列情形之一的，由同级监察机关责令改正，对直接负责的主管人员和其他直接责任人员依法给予处分：

（一）对不符合本条例规定条件的申请人准予许可或者超越法定职权做出准予许可决定的；

（二）对符合本条例规定条件的申请人不准予许可或者不在法定期限内做出准予许可决定的；

（三）发现未依照本条例规定申请取得武器装备科研生产许可而擅自从事列入许可目录的武器装备科研生产活动，不及时依法查处的。

第三十五条 取得武器装备科研生产许可的单位违反本条例第十九条、第二十条、第二十一条、第二十二条、第二十八条规定的，责令限期改正；逾期未改正的，处5万元以上20万元以下罚款，对直接负责的主管人员和其他直接责任人员依法给予处分。

第三十六条 取得武器装备科研生产许可的单位违反本条例第二十三条、第二十四条、第二十五条、第二十六条、第二十七条规定的，责令改正，处5万元以上20万元以下罚款，对直接负责的主管人员和其他直接责任人员依法给予处分；情节严重的，责令停业整顿直至吊销武器装备科研生产许可证。

第三十七条 取得武器装备科研生产许可的单位违反本条例规定，被吊销武器装备科研生产许可证的，在3年内不得再次申请武器装备科研生产许可。

第三十八条 本条例规定的行政处罚，由国务院国防科技工业主管部门实施。

第三十九条 违反本条例规定，构成犯罪的，依法追究刑事责任。

第五章 附 则

第四十条 依照本条例规定实施武器装备科研生产许可，不得收取任何费用。

第四十一条 本条例施行前已经从事武器装备科研生产活动的单位应当自本条例施行之日起，在国务院国防科技工业主管部门规定的期限内，依照本条例规定申请取得武器装备科研生产许可。

第四十二条 军工电子行业科研生产许可管理，由其主管部门参照本条例规定执行。

第四十三条 本条例自2008年4月1日起施行。

地质勘查资质管理条例

（国务院令第520号　2008年3月3日）

第一章　总　则

第一条　为了加强对地质勘查活动的管理，维护地质勘查市场秩序，保证地质勘查质量，促进地质勘查业的发展，制定本条例。

第二条　从事地质勘查活动的单位，应当依照本条例的规定，取得地质勘查资质证书。

第三条　国务院国土资源主管部门和省、自治区、直辖市人民政府国土资源主管部门依照本条例的规定，负责地质勘查资质的审批颁发和监督管理工作。

市、县人民政府国土资源主管部门依照本条例的规定，负责本行政区域地质勘查资质的有关监督管理工作。

第四条　地质勘查资质分为综合地质勘查资质和专业地质勘查资质。

综合地质勘查资质包括区域地质调查资质，海洋地质调查资质，石油天然气矿产勘查资质，液体矿产勘查资质（不含石油），气体矿产勘查资质（不含天然气），煤炭等固体矿产勘查资质和水文地质、工程地质、环境地质调查资质。

专业地质勘查资质包括地球物理勘查资质、地球化学勘查资质、航空地质调查资质、遥感地质调查资质、地质钻（坑）探资质和地质实验测试资质。

第五条　区域地质调查资质、海洋地质调查资质、石油天然气矿产勘查资质、气体矿产勘查资质（不含天然气）、航空地质调查资质、遥感地质调查资质和地质实验测试资质分为甲级、乙级两级；其他地质勘查资质分为甲级、乙级、丙级三级。

第六条　任何单位和个人对违反本条例规定从事地质勘查活动的行为，都有权向国土资源主管部门进行举报。

接到举报的国土资源主管部门应当依法调查处理，并为举报人保密。

第二章　申请与受理

第七条　申请地质勘查资质的单位，应当具备下列基本条件：

（一）具有企业或者事业单位法人资格；

（二）有与所申请的地质勘查资质类别和资质等级相适应的具有资格的勘查技术人员；

（三）有与所申请的地质勘查资质类别和资质等级相适应的勘查设备、仪器；

（四）有与所申请的地质勘查资质类别和资质等级相适应的质量管理体系和安全生产管理体系。

不同地质勘查资质类别和资质等级的具体标准与条件，由国务院国土资源主管部门规定。

第八条　下列地质勘查资质，由国务院国土资源主管部门审批颁发：

（一）海洋地质调查资质、石油天然气矿产勘查资质、航空地质调查资质；

（二）其他甲级地质勘查资质。

本条第一款规定之外的地质勘查资质，由省、自治区、直辖市人民政府国土资源主管部门审批颁发。

第九条　申请地质勘查资质的单位，应当向审批机关提交下列材料：

（一）地质勘查资质申请书；

（二）法人资格证明文件；

（三）勘查技术人员名单、身份证明、资格证书和技术负责人的任职文件；

（四）勘查设备、仪器清单和相应证明文件；

（五）质量管理体系和安全生产管理体系的有关文件。

申请单位应当对申请材料的真实性负责。

第十条　地质勘查资质申请的受理，依照《中华人民共和国行政许可法》的有关规定办理。

第三章　审查与决定

第十一条　审批机关应当自受理地质勘查资质申请之日起20个工作日内完成审查。

经审查符合条件的，审批机关应当予以公示，公示期不少于10个工作日。公示期满无异议的，予以批准，并在10个工作日内颁发地质勘查资质证书；有异议的，应当在10个工作日内通知申请单位提交相关说明材料。

经审查不符合条件的，审批机关应当书面通知申请单位，并说明理由。

第十二条　审批机关应当将颁发的地质勘查资质证书及时向社会公告，并为公众查阅提供便利。

第十三条　地质勘查资质证书主要包括下列内容：

（一）单位名称、住所和法定代表人；

（二）地质勘查资质类别和资质等级；

（三）有效期限；

（四）发证机关、发证日期和证书编号。

地质勘查资质证书式样，由国务院国土资源主管部门规定。

第十四条　地质勘查单位变更单位名称、住所或者法定代表人的，应当自工商变更登记或者事业单位变更登记之日起20个工作日内，到原审批机关办理地质勘查资质证书变更手续。

地质勘查单位因合并、分立或者其他原因变更地质勘查资质证书规定的资质类别或者资质等级的，应当依照本条例的规定重新申请资质。

第十五条　地质勘查单位因解散或者其他原因终止从事地质勘查活动的，应当自终止之日起10个工作日内，到原审批机关办理地质勘查资质证书注销手续。逾期不办理的，审批机关予以注销。

第十六条　取得甲级地质勘查资质的单位，可以从事本类别所有的地质勘查活动。

取得乙级和丙级地质勘查资质的单位，可以从事的地质勘查活动的范围由国务院国土资源主管部门规定。

第十七条 地质勘查资质证书有效期为5年。

地质勘查资质证书有效期届满，地质勘查单位继续从事地质勘查活动的，应当于地质勘查资质证书有效期届满3个月前，向原审批机关提出延续申请。

审批机关应当在地质勘查资质证书有效期届满前做出是否准予延续的决定；逾期未做决定的，视为准予延续。

第四章 监督管理

第十八条 县级以上人民政府国土资源主管部门应当加强对地质勘查活动的监督检查。

县级以上人民政府国土资源主管部门进行监督检查，可以查阅或者要求地质勘查单位提供与地质勘查资质有关的材料。

地质勘查单位应当如实提供有关材料，不得拒绝和阻碍监督检查。

第十九条 监督检查人员进行监督检查，应当出示证件，为被检查单位保守技术秘密和业务秘密，并对监督检查的内容、发现的问题以及处理情况做出记录，由监督检查人员和被检查单位的有关负责人签字确认。被检查单位的有关负责人拒绝签字的，监督检查人员应当将有关情况记录在案。

第二十条 审批机关应当建立、健全地质勘查单位的执业档案管理制度。执业档案应当记录地质勘查单位的执业经历、工作业绩、职业信誉、检查评议、社会投诉和违法行为等情况。

第二十一条 审批机关在监督检查中发现地质勘查单位不再符合地质勘查资质证书规定的资质类别或者资质等级相应条件的，应当责令其限期整改。

第二十二条 有下列情形之一的，审批机关应当撤销地质勘查资质证书：

（一）审批机关工作人员滥用职权、玩忽职守颁发地质勘查资质证书的；

（二）超越法定职权颁发地质勘查资质证书的；

（三）违反法定程序颁发地质勘查资质证书的；

（四）对不符合本条例规定条件的申请单位颁发地质勘查资质证书的。

第二十三条 地质勘查单位遗失地质勘查资质证书的，应当在全国范围内公告，公告期不少于30日。公告期满后，方可到原审批机关办理补证手续。

第二十四条 地质勘查单位不得超越地质勘查资质证书规定的资质类别或者资质等级从事地质勘查活动，不得出具虚假地质勘查报告。

地质勘查单位不得转包其承担的地质勘查项目，不得允许其他单位以本单位的名义从事地质勘查活动。

地质勘查单位在委托方取得矿产资源勘查许可证、采矿许可证前，不得为其进行矿产地质勘查活动。

任何单位和个人不得伪造、变造、转让地质勘查资质证书。

第五章 法律责任

第二十五条 县级以上人民政府国土资源主管部门及其工作人员违反本条例规定，有下列情形之一的，对直接负责的主管人员和其他直接责任人员依法给予处分；直接负责的主管人员和其他直接责任人员构成犯罪的，依法追究刑事责任：

（一）对不符合本条例规定条件的申请单位颁发地质勘查资质证书，或者超越法定职权颁发地质勘查资质证书的；

（二）对符合本条例规定条件的申请单位不予颁发地质勘查资质证书，或者不在法定期限内颁发地质勘查资质证书的；

（三）发现违反本条例规定的行为不予查处，或者接到举报后不依法处理的；

（四）在地质勘查资质审批颁发和监督管理中有其他违法行为的。

第二十六条 地质勘查单位在资质申请过程中隐瞒真实情况或者提供虚假材料的，审批机关不予受理或者不予颁发地质勘查资质证书，并给予警告。

地质勘查单位以欺骗、贿赂等不正当手段取得地质勘查资质证书的，由原审批机关予以撤销，处 2 万元以上 10 万元以下的罚款；构成犯罪的，依法追究刑事责任。

第二十七条 未取得地质勘查资质证书，擅自从事地质勘查活动，或者地质勘查资质证书有效期届满，未依照本条例的规定办理延续手续，继续从事地质勘查活动的，由县级以上人民政府国土资源主管部门责令限期改正，处 5 万元以上 20 万元以下的罚款；有违法所得的，没收违法所得。

第二十八条 地质勘查单位变更单位名称、住所或者法定代表人，未依照本条例规定办理地质勘查资质证书变更手续的，由原审批机关责令限期改正；逾期不改正的，暂扣或者吊销地质勘查资质证书。

第二十九条 地质勘查单位有下列行为之一的，由县级以上人民政府国土资源主管部门责令限期改正，处 5 万元以上 20 万元以下的罚款；有违法所得的，没收违法所得；逾期不改正的，由原审批机关吊销地质勘查资质证书：

（一）不按照地质勘查资质证书规定的资质类别或者资质等级从事地质勘查活动的；

（二）出具虚假地质勘查报告的；

（三）转包其承担的地质勘查项目的；

（四）允许其他单位以本单位的名义从事地质勘查活动的；

（五）在委托方取得矿产资源勘查许可证、采矿许可证前，为其进行矿产地质勘查活动的。

第三十条 地质勘查单位在接受监督检查时，不如实提供有关材料，或者拒绝、阻碍监督检查的，由县级以上人民政府国土资源主管部门责令限期改正；逾期不改正的，由原审批机关暂扣或者吊销地质勘查资质证书。

第三十一条 地质勘查单位被责令限期整改，逾期不整改或者经整改仍不符合地质勘查资质证书规定的资质类别或者资质等级相应条件的，由原审批机关暂扣或者吊销地质勘查资质证书。

第三十二条 伪造、变造、转让地质勘查资质证书的，由县级以上人民政府国土资源主管部门收缴或者由原审批机关吊销伪造、变造、转让的地质勘查资质证书，处 5 万元以上 20 万元以下的罚款；有违法所得的，没收违法所得；构成违反治安管理行为的，由公安机关依法给予治安管理处罚；构成犯罪的，依法追究刑事责任。

第三十三条 违反本条例规定被依法吊销地质勘查资质证书的单位，自吊销之日起 1 年内不得重新申请地质勘查资质。

第六章　附　则

第三十四条　本条例施行前，已经依法取得地质勘查资质证书的单位，应当在原地质勘查资质证书有效期届满30个工作日前，依照本条例的规定重新申请地质勘查资质。逾期不办理的，不得继续从事地质勘查活动。

第三十五条　建设工程勘察资质管理，依照《建设工程勘察设计管理条例》的有关规定执行。

第三十六条　本条例自2008年7月1日起施行。

土地调查条例

（国务院令第 519 号 2008 年 2 月 18 日）

第一章 总 则

第一条 为了科学、有效地组织实施土地调查，保障土地调查数据的真实性、准确性和及时性，根据《中华人民共和国土地管理法》和《中华人民共和国统计法》，制定本条例。

第二条 土地调查的目的，是全面查清土地资源和利用状况，掌握真实准确的土地基础数据，为科学规划、合理利用、有效保护土地资源，实施最严格的耕地保护制度，加强和改善宏观调控提供依据，促进经济社会全面协调可持续发展。

第三条 土地调查工作按照全国统一领导、部门分工协作、地方分级负责、各方共同参与的原则组织实施。

第四条 土地调查所需经费，由中央和地方各级人民政府共同负担，列入相应年度的财政预算，按时拨付，确保足额到位。

土地调查经费应当统一管理、专款专用、从严控制支出。

第五条 报刊、广播、电视和互联网等新闻媒体，应当及时开展土地调查工作的宣传报道。

第二章 土地调查的内容和方法

第六条 国家根据国民经济和社会发展需要，每 10 年进行一次全国土地调查；根据土地管理工作的需要，每年进行土地变更调查。

第七条 土地调查包括下列内容：

（一）土地利用现状及变化情况，包括地类、位置、面积、分布等状况；

（二）土地权属及变化情况，包括土地的所有权和使用权状况；

（三）土地条件，包括土地的自然条件、社会经济条件等状况。

进行土地利用现状及变化情况调查时，应当重点调查基本农田现状及变化情况，包括基本农田的数量、分布和保护状况。

第八条 土地调查采用全面调查的方法，综合运用实地调查统计、遥感监测等手段。

第九条 土地调查采用《土地利用现状分类》国家标准、统一的技术规程和按照国家统一标准制作的调查基础图件。

土地调查技术规程，由国务院国土资源主管部门会同国务院有关部门制定。

第三章 土地调查的组织实施

第十条 县级以上人民政府国土资源主管部门会同同级有关部门进行土地调查。

乡（镇）人民政府、街道办事处和村（居）民委员会应当广泛动员和组织社会力量积极参与土地调查工作。

第十一条 县级以上人民政府有关部门应当积极参与和密切配合土地调查工作，依法提供土地调查需要的相关资料。

社会团体以及与土地调查有关的单位和个人应当依照本条例的规定，配合土地调查工作。

第十二条 全国土地调查总体方案由国务院国土资源主管部门会同国务院有关部门拟订，报国务院批准。县级以上地方人民政府国土资源主管部门会同同级有关部门按照国家统一要求，根据本行政区域的土地利用特点，编制地方土地调查实施方案，报上一级人民政府国土资源主管部门会同同级有关部门核准后施行。

第十三条 在土地调查中，需要面向社会选择专业调查队伍承担的土地调查任务，应当通过招标投标方式组织实施。

承担土地调查任务的单位应当具备以下条件：

（一）具有法人资格；

（二）有与土地调查相关的资质和工作业绩；

（三）有完备的技术和质量管理制度；

（四）有经过培训且考核合格的专业技术人员。

国务院国土资源主管部门应当会同国务院有关部门加强对承担土地调查任务单位的管理，并公布符合本条第二款规定条件的单位名录。

第十四条 土地调查人员应当坚持实事求是，恪守职业道德，具有执行调查任务所需要的专业知识。

土地调查人员应当接受业务培训，经考核合格领取全国统一的土地调查员工作证。

第十五条 土地调查人员应当严格执行全国土地调查总体方案和地方土地调查实施方案、《土地利用现状分类》国家标准和统一的技术规程，不得伪造、篡改调查资料，不得强令、授意调查对象提供虚假的调查资料。

土地调查人员应当对其登记、审核、录入的调查资料与现场调查资料的一致性负责。

第十六条 土地调查人员依法独立行使调查、报告、监督和检查职权，有权根据工作需要进行现场调查，并按照技术规程进行现场作业。

土地调查人员有权就与调查有关的问题询问有关单位和个人，要求有关单位和个人如实提供相关资料。

土地调查人员进行现场调查、现场作业以及询问有关单位和个人时，应当出示土地调查员工作证。

第十七条 接受调查的有关单位和个人应当如实回答询问，履行现场指界义务，按照要求提供相关资料，不得转移、隐匿、篡改、毁弃原始记录和土地登记簿等相关资料。

第十八条 各地方、各部门、各单位的负责人不得擅自修改土地调查资料、数据，不得强令或者授意土地调查人员篡改调查资料、数据或者编造虚假数据，不得对拒绝、抵制篡改调查资料、数据或者编造虚假数据的土地调查人员打击报复。

第四章 调查成果处理和质量控制

第十九条 土地调查形成下列调查成果：

（一）数据成果；

（二）图件成果；

（三）文字成果；

（四）数据库成果。

第二十条　土地调查成果实行逐级汇交、汇总统计制度。

土地调查数据的处理和上报应当按照全国土地调查总体方案和有关标准进行。

第二十一条　县级以上地方人民政府对本行政区域的土地调查成果质量负总责，主要负责人是第一责任人。

县级以上人民政府国土资源主管部门会同同级有关部门对调查的各个环节实行质量控制，建立土地调查成果质量控制岗位责任制，切实保证调查的数据、图件和被调查土地实际状况三者一致，并对其加工、整理、汇总的调查成果的准确性负责。

第二十二条　国务院国土资源主管部门会同国务院有关部门统一组织土地调查成果质量的抽查工作。抽查结果作为评价土地调查成果质量的重要依据。

第二十三条　土地调查成果实行分阶段、分级检查验收制度。前一阶段土地调查成果经检查验收合格后，方可开展下一阶段的调查工作。

土地调查成果检查验收办法，由国务院国土资源主管部门会同国务院有关部门制定。

第五章　调查成果公布和应用

第二十四条　国家建立土地调查成果公布制度。

土地调查成果应当向社会公布，并接受公开查询，但依法应当保密的除外。

第二十五条　全国土地调查成果，报国务院批准后公布。

地方土地调查成果，经本级人民政府审核，报上一级人民政府批准后公布。

全国土地调查成果公布后，县级以上地方人民政府方可逐级依次公布本行政区域的土地调查成果。

第二十六条　县级以上人民政府国土资源主管部门会同同级有关部门做好土地调查成果的保存、管理、开发、应用和为社会公众提供服务等工作。

国家通过土地调查，建立互联共享的土地调查数据库，并做好维护、更新工作。

第二十七条　土地调查成果是编制国民经济和社会发展规划以及从事国土资源规划、管理、保护和利用的重要依据。

第二十八条　土地调查成果应当严格管理和规范使用，不作为依照其他法律、行政法规对调查对象实施行政处罚的依据，不作为划分部门职责分工和管理范围的依据。

第六章　表彰和处罚

第二十九条　对在土地调查工作中做出突出贡献的单位和个人，应当按照国家有关规定给予表彰或者奖励。

第三十条　地方、部门、单位的负责人有下列行为之一的，依法给予处分；构成犯罪的，依法追究刑事责任：

（一）擅自修改调查资料、数据的；

（二）强令、授意土地调查人员篡改调查资料、数据或者编造虚假数据的；

（三）对拒绝、抵制篡改调查资料、数据或者编造虚假数据的土地调查人员打击报复的。

第三十一条 土地调查人员不执行全国土地调查总体方案和地方土地调查实施方案、《土地利用现状分类》国家标准和统一的技术规程，或者伪造、篡改调查资料，或者强令、授意接受调查的有关单位和个人提供虚假调查资料的，依法给予处分，并由县级以上人民政府国土资源主管部门、统计机构予以通报批评。

第三十二条 接受调查的单位和个人有下列行为之一的，由县级以上人民政府国土资源主管部门责令限期改正，可以处5万元以下的罚款；构成违反治安管理行为的，由公安机关依法给予治安管理处罚；构成犯罪的，依法追究刑事责任：

（一）拒绝或者阻挠土地调查人员依法进行调查的；

（二）提供虚假调查资料的；

（三）拒绝提供调查资料的；

（四）转移、隐匿、篡改、毁弃原始记录、土地登记簿等相关资料的。

第三十三条 县级以上地方人民政府有下列行为之一的，由上级人民政府予以通报批评；情节严重的，对直接负责的主管人员和其他直接责任人员依法给予处分：

（一）未按期完成土地调查工作，被责令限期完成，逾期仍未完成的；

（二）提供的土地调查数据失真，被责令限期改正，逾期仍未改正的。

第七章 附 则

第三十四条 军用土地调查，由国务院国土资源主管部门会同军队有关部门按照国家统一规定和要求制定具体办法。

中央单位使用土地的调查数据汇总内容的确定和成果的应用管理，由国务院国土资源主管部门会同国务院管理机关事务工作的机构负责。

第三十五条 县级以上人民政府可以按照全国土地调查总体方案和地方土地调查实施方案成立土地调查领导小组，组织和领导土地调查工作。必要时，可以设立土地调查领导小组办公室负责土地调查日常工作。

第三十六条 本条例自公布之日起施行。

铁路交通事故应急救援和调查处理条例

（国务院令第501号　2007年7月11日）

第一章　总　则

第一条　为了加强铁路交通事故的应急救援工作，规范铁路交通事故调查处理，减少人员伤亡和财产损失，保障铁路运输安全和畅通，根据《中华人民共和国铁路法》和其他有关法律的规定，制定本条例。

第二条　铁路机车车辆在运行过程中与行人、机动车、非机动车、牲畜及其他障碍物相撞，或者铁路机车车辆发生冲突、脱轨、火灾、爆炸等影响铁路正常行车的铁路交通事故（以下简称事故）的应急救援和调查处理，适用本条例。

第三条　国务院铁路主管部门应当加强铁路运输安全监督管理，建立健全事故应急救援和调查处理的各项制度，按照国家规定的权限和程序，负责组织、指挥、协调事故的应急救援和调查处理工作。

第四条　铁路管理机构应当加强日常的铁路运输安全监督检查，指导、督促铁路运输企业落实事故应急救援的各项规定，按照规定的权限和程序，组织、参与、协调本辖区内事故的应急救援和调查处理工作。

第五条　国务院其他有关部门和有关地方人民政府应当按照各自的职责和分工，组织、参与事故的应急救援和调查处理工作。

第六条　铁路运输企业和其他有关单位、个人应当遵守铁路运输安全管理的各项规定，防止和避免事故的发生。

事故发生后，铁路运输企业和其他有关单位应当及时、准确地报告事故情况，积极开展应急救援工作，减少人员伤亡和财产损失，尽快恢复铁路正常行车。

第七条　任何单位和个人不得干扰、阻碍事故应急救援、铁路线路开通、列车运行和事故调查处理。

第二章　事故等级

第八条　根据事故造成的人员伤亡、直接经济损失、列车脱轨辆数、中断铁路行车时间等情形，事故等级分为特别重大事故、重大事故、较大事故和一般事故。

第九条　有下列情形之一的，为特别重大事故：

（一）造成30人以上死亡，或者100人以上重伤（包括急性工业中毒，下同），或者1亿元以上直接经济损失的；

（二）繁忙干线客运列车脱轨18辆以上并中断铁路行车48小时以上的；

（三）繁忙干线货运列车脱轨60辆以上并中断铁路行车48小时以上的。

第十条　有下列情形之一的，为重大事故：

（一）造成10人以上30人以下死亡，或者50人以上100人以下重伤，或者5000万元以上1亿元以下直接经济损失的；

（二）客运列车脱轨18辆以上的；

（三）货运列车脱轨60辆以上的；

（四）客运列车脱轨2辆以上18辆以下，并中断繁忙干线铁路行车24小时以上或者中断其他线路铁路行车48小时以上的；

（五）货运列车脱轨6辆以上60辆以下，并中断繁忙干线铁路行车24小时以上或者中断其他线路铁路行车48小时以上的。

第十一条 有下列情形之一的，为较大事故：

（一）造成3人以上10人以下死亡，或者10人以上50人以下重伤，或者1000万元以上5000万元以下直接经济损失的；

（二）客运列车脱轨2辆以上18辆以下的；

（三）货运列车脱轨6辆以上60辆以下的；

（四）中断繁忙干线铁路行车6小时以上的；

（五）中断其他线路铁路行车10小时以上的。

第十二条 造成3人以下死亡，或者10人以下重伤，或者1000万元以下直接经济损失的，为一般事故。

除前款规定外，国务院铁路主管部门可以对一般事故的其他情形作出补充规定。

第十三条 本章所称的“以上”包括本数，所称的“以下”不包括本数。

第三章 事故报告

第十四条 事故发生后，事故现场的铁路运输企业工作人员或者其他人员应当立即报告邻近铁路车站、列车调度员或者公安机关。有关单位和人员接到报告后，应当立即将事故情况报告事故发生地铁路管理机构。

第十五条 铁路管理机构接到事故报告，应当尽快核实有关情况，并立即报告国务院铁路主管部门；对特别重大事故、重大事故，国务院铁路主管部门应当立即报告国务院并通报国家安全生产监督管理等有关部门。

发生特别重大事故、重大事故、较大事故或者有人员伤亡的一般事故，铁路管理机构还应当通报事故发生地县级以上地方人民政府及其安全生产监督管理部门。

第十六条 事故报告应当包括下列内容：

（一）事故发生的时间、地点、区间（线名、公里、米）、事故相关单位和人员；

（二）发生事故的列车种类、车次、部位、计长、机车型号、牵引辆数、吨数；

（三）承运旅客人数或者货物品名、装载情况；

（四）人员伤亡情况，机车车辆、线路设施、道路车辆的损坏情况，对铁路行车的影响情况；

（五）事故原因的初步判断；

（六）事故发生后采取的措施及事故控制情况；

（七）具体救援请求。

事故报告后出现新情况的，应当及时补报。

第十七条 国务院铁路主管部门、铁路管理机构和铁路运输企业应当向社会公布事故报告值班电话，受理事故报告和举报。

第四章　事故应急救援

第十八条　事故发生后，列车司机或者运转车长应当立即停车，采取紧急处置措施；对无法处置的，应当立即报告邻近铁路车站、列车调度员进行处置。

为保障铁路旅客安全或者因特殊运输需要不宜停车的，可以不停车；但是，列车司机或者运转车长应当立即将事故情况报告邻近铁路车站、列车调度员，接到报告的邻近铁路车站、列车调度员应当立即进行处置。

第十九条　事故造成中断铁路行车的，铁路运输企业应当立即组织抢修，尽快恢复铁路正常行车；必要时，铁路运输调度指挥部门应当调整运输径路，减少事故影响。

第二十条　事故发生后，国务院铁路主管部门、铁路管理机构、事故发生地县级以上地方人民政府或者铁路运输企业应当根据事故等级启动相应的应急预案；必要时，成立现场应急救援机构。

第二十一条　现场应急救援机构根据事故应急救援工作的实际需要，可以借用有关单位和个人的设施、设备和其他物资。借用单位使用完毕应当及时归还，并支付适当费用；造成损失的，应当赔偿。

有关单位和个人应当积极支持、配合救援工作。

第二十二条　事故造成重大人员伤亡或者需要紧急转移、安置铁路旅客和沿线居民的，事故发生地县级以上地方人民政府应当及时组织开展救治和转移、安置工作。

第二十三条　国务院铁路主管部门、铁路管理机构或者事故发生地县级以上地方人民政府根据事故救援的实际需要，可以请求当地驻军、武装警察部队参与事故救援。

第二十四条　有关单位和个人应当妥善保护事故现场以及相关证据，并在事故调查组成立后将相关证据移交事故调查组。因事故救援、尽快恢复铁路正常行车需要改变事故现场的，应当做出标记、绘制现场示意图、制作现场视听资料，并做出书面记录。

任何单位和个人不得破坏事故现场，不得伪造、隐匿或者毁灭相关证据。

第二十五条　事故中死亡人员的尸体经法定机构鉴定后，应当及时通知死者家属认领；无法查找死者家属的，按照国家有关规定处理。

第五章　事故调查处理

第二十六条　特别重大事故由国务院或者国务院授权的部门组织事故调查组进行调查。

重大事故由国务院铁路主管部门组织事故调查组进行调查。

较大事故和一般事故由事故发生地铁路管理机构组织事故调查组进行调查；国务院铁路主管部门认为必要时，可以组织事故调查组对较大事故和一般事故进行调查。

根据事故的具体情况，事故调查组由有关人民政府、公安机关、安全生产监督管理部门、监察机关等单位派人组成，并应当邀请人民检察院派人参加。事故调查组认为必要时，可以聘请有关专家参与事故调查。

第二十七条　事故调查组应当按照国家有关规定开展事故调查，并在下列调查期限内向组织事故调查组的机关或者铁路管理机构提交事故调查报告：

（一）特别重大事故的调查期限为60日；

（二）重大事故的调查期限为30日；

（三）较大事故的调查期限为20日；

（四）一般事故的调查期限为10日。

事故调查期限自事故发生之日起计算。

第二十八条 事故调查处理，需要委托有关机构进行技术鉴定或者对铁路设备、设施及其他财产损失状况以及中断铁路行车造成的直接经济损失进行评估的，事故调查组应当委托具有国家规定资质的机构进行技术鉴定或者评估。技术鉴定或者评估所需时间不计入事故调查期限。

第二十九条 事故调查报告形成后，报经组织事故调查组的机关或者铁路管理机构同意，事故调查组工作即告结束。组织事故调查组的机关或者铁路管理机构应当自事故调查组工作结束之日起15日内，根据事故调查报告，制作事故认定书。

事故认定书是事故赔偿、事故处理以及事故责任追究的依据。

第三十条 事故责任单位和有关人员应当认真吸取事故教训，落实防范和整改措施，防止事故再次发生。

国务院铁路主管部门、铁路管理机构以及其他有关行政机关应当对事故责任单位和有关人员落实防范和整改措施的情况进行监督检查。

第三十一条 事故的处理情况，除依法应当保密的外，应当由组织事故调查组的机关或者铁路管理机构向社会公布。

第六章　事故赔偿

第三十二条 事故造成人身伤亡的，铁路运输企业应当承担赔偿责任；但是人身伤亡是不可抗力或者受害人自身原因造成的，铁路运输企业不承担赔偿责任。

违章通过平交道口或者人行过道，或者在铁路线路上行走、坐卧造成的人身伤亡，属于受害人自身的原因造成的人身伤亡。

第三十三条 事故造成铁路旅客人身伤亡和自带行李损失的，铁路运输企业对每名铁路旅客人身伤亡的赔偿责任限额为人民币15万元，对每名铁路旅客自带行李损失的赔偿责任限额为人民币2000元。

铁路运输企业与铁路旅客可以书面约定高于前款规定的赔偿责任限额。

第三十四条 事故造成铁路运输企业承运的货物、包裹、行李损失的，铁路运输企业应当依照《中华人民共和国铁路法》的规定承担赔偿责任。

第三十五条 除本条例第三十三条、第三十四条的规定外，事故造成其他人身伤亡或者财产损失的，依照国家有关法律、行政法规的规定赔偿。

第三十六条 事故当事人对事故损害赔偿有争议的，可以通过协商解决，或者请求组织事故调查组的机关或者铁路管理机构组织调解，也可以直接向人民法院提起民事诉讼。

第七章　法律责任

第三十七条 铁路运输企业及其职工违反法律、行政法规的规定，造成事故的，由国务院铁路主管部门或者铁路管理机构依法追究行政责任。

第三十八条　违反本条例的规定，铁路运输企业及其职工不立即组织救援，或者迟报、漏报、瞒报、谎报事故的，对单位，由国务院铁路主管部门或者铁路管理机构处10万元以上50万元以下的罚款；对个人，由国务院铁路主管部门或者铁路管理机构处4000元以上2万元以下的罚款；属于国家工作人员的，依法给予处分；构成犯罪的，依法追究刑事责任。

第三十九条　违反本条例的规定，国务院铁路主管部门、铁路管理机构以及其他行政机关未立即启动应急预案，或者迟报、漏报、瞒报、谎报事故的，对直接负责的主管人员和其他直接责任人员依法给予处分；构成犯罪的，依法追究刑事责任。

第四十条　违反本条例的规定，干扰、阻碍事故救援、铁路线路开通、列车运行和事故调查处理的，对单位，由国务院铁路主管部门或者铁路管理机构处4万元以上20万元以下的罚款；对个人，由国务院铁路主管部门或者铁路管理机构处2000元以上1万元以下的罚款；情节严重的，对单位，由国务院铁路主管部门或者铁路管理机构处20万元以上100万元以下的罚款；对个人，由国务院铁路主管部门或者铁路管理机构处1万元以上5万元以下的罚款；属于国家工作人员的，依法给予处分；构成违反治安管理行为的，由公安机关依法给予治安管理处罚；构成犯罪的，依法追究刑事责任。

第八章　附　则

第四十一条　本条例于2007年9月1日起施行。1979年7月16日国务院批准发布的《火车与其他车辆碰撞和铁路路外人员伤亡事故处理暂行规定》和1994年8月13日国务院批准发布的《铁路旅客运输损害赔偿规定》同时废止。

民用核安全设备监督管理条例

（国务院令第 500 号　2007 年 7 月 11 日）

第一章　总　则

第一条　为了加强对民用核安全设备的监督管理，保证民用核设施的安全运行，预防核事故，保障工作人员和公众的健康，保护环境，促进核能事业的顺利发展，制定本条例。

第二条　本条例所称民用核安全设备，是指在民用核设施中使用的执行核安全功能的设备，包括核安全机械设备和核安全电气设备。

民用核安全设备目录由国务院核安全监管部门商国务院有关部门制定并发布。

第三条　民用核安全设备设计、制造、安装和无损检验活动适用本条例。

民用核安全设备运离民用核设施现场进行的维修活动，适用民用核安全设备制造活动的有关规定。

第四条　国务院核安全监管部门对民用核安全设备设计、制造、安装和无损检验活动实施监督管理。

国务院核行业主管部门和其他有关部门依照本条例和国务院规定的职责分工负责有关工作。

第五条　民用核安全设备设计、制造、安装和无损检验单位，应当建立健全责任制度，加强质量管理，并对其所从事的民用核安全设备设计、制造、安装和无损检验活动承担全面责任。

民用核设施营运单位，应当对在役的民用核安全设备进行检查、试验、检验和维修，并对民用核安全设备的使用和运行安全承担全面责任。

第六条　民用核安全设备设计、制造、安装和无损检验活动应当符合国家有关产业政策。

国家鼓励民用核安全设备设计、制造、安装和无损检验的科学技术研究，提高安全水平。

第七条　任何单位和个人对违反本条例规定的行为，有权向国务院核安全监管部门举报。国务院核安全监管部门接到举报，应当及时调查处理，并为举报人保密。

第二章　标　准

第八条　民用核安全设备标准是从事民用核安全设备设计、制造、安装和无损检验活动的技术依据。

第九条　国家建立健全民用核安全设备标准体系。制定民用核安全设备标准，应当充分考虑民用核安全设备的技术发展和使用要求，结合我国的工业基础和技术水平，做到安全可靠、技术成熟、经济合理。

民用核安全设备标准包括国家标准、行业标准和企业标准。

第十条　涉及核安全基本原则和技术要求的民用核安全设备国家标准，由国务院核安全监管部门组织拟定，由国务院标准化主管部门和国务院核安全监管部门联合发布；其他的民用核安全设备国家标准，由国务院核行业主管部门组织拟定，经国务院核安全监管部门认可，由国务院标准化主管部门发布。

民用核安全设备行业标准，由国务院核行业主管部门组织拟定，经国务院核安全监管部门认可，由国务院核行业主管部门发布，并报国务院标准化主管部门备案。

制定民用核安全设备国家标准和行业标准，应当充分听取有关部门和专家的意见。

第十一条　尚未制定相应国家标准和行业标准的，民用核安全设备设计、制造、安装和无损检验单位应当采用经国务院核安全监管部门认可的标准。

第三章　许　可

第十二条　民用核安全设备设计、制造、安装和无损检验单位应当依照本条例规定申请领取许可证。

第十三条　申请领取民用核安全设备设计、制造、安装或者无损检验许可证的单位，应当具备下列条件：

（一）具有法人资格；

（二）有与拟从事活动相关或者相近的工作业绩，并且满5年以上；

（三）有与拟从事活动相适应的、经考核合格的专业技术人员，其中从事民用核安全设备焊接和无损检验活动的专业技术人员应当取得相应的资格证书；

（四）有与拟从事活动相适应的工作场所、设施和装备；

（五）有健全的管理制度和完善的质量保证体系，以及符合核安全监督管理规定的质量保证大纲。

申请领取民用核安全设备制造许可证或者安装许可证的单位，还应当制作有代表性的模拟件。

第十四条　申请领取民用核安全设备设计、制造、安装或者无损检验许可证的单位，应当向国务院核安全监管部门提出书面申请，并提交符合本条例第十三条规定条件的证明材料。

第十五条　国务院核安全监管部门应当自受理申请之日起45个工作日内完成审查，并对符合条件的颁发许可证，予以公告；对不符合条件的，书面通知申请单位并说明理由。

国务院核安全监管部门在审查过程中，应当组织专家进行技术评审，并征求国务院核行业主管部门和其他有关部门的意见。技术评审所需时间不计算在前款规定的期限内。

第十六条　民用核安全设备设计、制造、安装和无损检验许可证应当载明下列内容：

（一）单位名称、地址和法定代表人；

（二）准予从事的活动种类和范围；

（三）有效期限；

（四）发证机关、发证日期和证书编号。

第十七条　民用核安全设备设计、制造、安装和无损检验单位变更单位名称、地址或者法定代表人的，应当自变更工商登记之日起 20 日内，向国务院核安全监管部门申请办理许可证变更手续。

民用核安全设备设计、制造、安装和无损检验单位变更许可证规定的活动种类或者范围的，应当按照原申请程序向国务院核安全监管部门重新申请领取许可证。

第十八条 民用核安全设备设计、制造、安装和无损检验许可证有效期为 5 年。

许可证有效期届满，民用核安全设备设计、制造、安装和无损检验单位需要继续从事相关活动的，应当于许可证有效期届满 6 个月前，向国务院核安全监管部门提出延续申请。

国务院核安全监管部门应当在许可证有效期届满前作出是否准予延续的决定；逾期未作决定的，视为准予延续。

第十九条 禁止无许可证擅自从事或者不按照许可证规定的活动种类和范围从事民用核安全设备设计、制造、安装和无损检验活动。

禁止委托未取得相应许可证的单位进行民用核安全设备设计、制造、安装和无损检验活动。

禁止伪造、变造、转让许可证。

第四章　设计、制造、安装和无损检验

第二十条 民用核安全设备设计、制造、安装和无损检验单位，应当提高核安全意识，建立完善的质量保证体系，确保民用核安全设备的质量和可靠性。

民用核设施营运单位，应当对民用核安全设备设计、制造、安装和无损检验活动进行质量管理和过程控制，做好监造和验收工作。

第二十一条 民用核安全设备设计、制造、安装和无损检验单位，应当根据其质量保证大纲和民用核设施营运单位的要求，在民用核安全设备设计、制造、安装和无损检验活动开始前编制项目质量保证分大纲，并经民用核设施营运单位审查同意。

第二十二条 民用核安全设备设计单位，应当在设计活动开始 30 日前，将下列文件报国务院核安全监管部门备案：

（一）项目设计质量保证分大纲和程序清单；

（二）设计内容和设计进度计划；

（三）设计遵循的标准和规范目录清单，设计中使用的计算机软件清单；

（四）设计验证活动清单。

第二十三条 民用核安全设备制造、安装单位，应当在制造、安装活动开始 30 日前，将下列文件报国务院核安全监管部门备案：

（一）项目制造、安装质量保证分大纲和程序清单；

（二）制造、安装技术规格书；

（三）分包项目清单；

（四）制造、安装质量计划。

第二十四条 民用核安全设备设计、制造、安装和无损检验单位，不得将国务院核安全监管部门确定的关键工艺环节分包给其他单位。

第二十五条 民用核安全设备制造、安装、无损检验单位和民用核设施营运单位，应

当聘用取得民用核安全设备焊工、焊接操作工和无损检验人员资格证书的人员进行民用核安全设备焊接和无损检验活动。

民用核安全设备焊工、焊接操作工由国务院核安全监管部门核准颁发资格证书。民用核安全设备无损检验人员由国务院核行业主管部门按照国务院核安全监管部门的规定统一组织考核，经国务院核安全监管部门核准，由国务院核行业主管部门颁发资格证书。

民用核安全设备焊工、焊接操作工和无损检验人员在民用核安全设备焊接和无损检验活动中，应当严格遵守操作规程。

第二十六条　民用核安全设备无损检验单位应当客观、准确地出具无损检验结果报告。无损检验结果报告经取得相应资格证书的无损检验人员签字方为有效。

民用核安全设备无损检验单位和无损检验人员对无损检验结果报告负责。

第二十七条　民用核安全设备设计单位应当对其设计进行设计验证。设计验证由未参与原设计的专业人员进行。

设计验证可以采用设计评审、鉴定试验或者不同于设计中使用的计算方法的其他计算方法等形式。

第二十八条　民用核安全设备制造、安装单位应当对民用核安全设备的制造、安装质量进行检验。未经检验或者经检验不合格的，不得交付验收。

第二十九条　民用核设施营运单位应当对民用核安全设备质量进行验收。有下列情形之一的，不得验收通过：

（一）不能按照质量保证要求证明质量受控的；

（二）出现重大质量问题未处理完毕的。

第三十条　民用核安全设备设计、制造、安装和无损检验单位，应当对本单位所从事的民用核安全设备设计、制造、安装和无损检验活动进行年度评估，并于每年 4 月 1 日前向国务院核安全监管部门提交上一年度的评估报告。

评估报告应当包括本单位工作场所、设施、装备和人员等变动情况，质量保证体系实施情况，重大质量问题处理情况以及国务院核安全监管部门和民用核设施营运单位提出的整改要求落实情况等内容。

民用核安全设备设计、制造、安装和无损检验单位对本单位在民用核安全设备设计、制造、安装和无损检验活动中出现的重大质量问题，应当立即采取处理措施，并向国务院核安全监管部门报告。

第五章　进出口

第三十一条　为中华人民共和国境内民用核设施进行民用核安全设备设计、制造、安装和无损检验活动的境外单位，应当具备下列条件：

（一）遵守中华人民共和国的法律、行政法规和核安全监督管理规定；

（二）已取得所在国核安全监管部门规定的相应资质；

（三）使用的民用核安全设备设计、制造、安装和无损检验技术是成熟的或者经过验证的；

（四）采用中华人民共和国的民用核安全设备国家标准、行业标准或者国务院核安全监管部门认可的标准。

第三十二条 为中华人民共和国境内民用核设施进行民用核安全设备设计、制造、安装和无损检验活动的境外单位，应当事先到国务院核安全监管部门办理注册登记手续。国务院核安全监管部门应当将境外单位注册登记情况抄送国务院核行业主管部门和其他有关部门。

注册登记的具体办法由国务院核安全监管部门制定。

第三十三条 国务院核安全监管部门及其所属的检验机构应当依法对进口的民用核安全设备进行安全检验。

进口的民用核安全设备在安全检验合格后，由出入境检验机构进行商品检验。

第三十四条 国务院核安全监管部门根据需要，可以对境外单位为中华人民共和国境内民用核设施进行的民用核安全设备设计、制造、安装和无损检验活动实施核安全监督检查。

第三十五条 民用核设施营运单位应当在对外贸易合同中约定有关民用核安全设备监造、装运前检验和监装等方面的要求。

第三十六条 民用核安全设备的出口管理依照有关法律、行政法规的规定执行。

第六章　监督检查

第三十七条 国务院核安全监管部门及其派出机构，依照本条例规定对民用核安全设备设计、制造、安装和无损检验活动进行监督检查。监督检查分为例行检查和非例行检查。

第三十八条 国务院核安全监管部门及其派出机构在进行监督检查时，有权采取下列措施：

（一）向被检查单位的法定代表人和其他有关人员调查、了解情况；

（二）进入被检查单位进行现场调查或者核查；

（三）查阅、复制相关文件、记录以及其他有关资料；

（四）要求被检查单位提交有关情况说明或者后续处理报告；

（五）对有证据表明可能存在重大质量问题的民用核安全设备或者其主要部件，予以暂时封存。

被检查单位应当予以配合，如实反映情况，提供必要资料，不得拒绝和阻碍。

第三十九条 国务院核安全监管部门及其派出机构在进行监督检查时，应当对检查的内容、发现的问题以及处理情况作出记录，并由监督检查人员和被检查单位的有关负责人签字确认。被检查单位的有关负责人拒绝签字的，监督检查人员应当将有关情况记录在案。

第四十条 民用核安全设备监督检查人员在进行监督检查时，应当出示证件，并为被检查单位保守技术秘密和业务秘密。

民用核安全设备监督检查人员不得滥用职权侵犯企业的合法权益，或者利用职务上的便利索取、收受财物。

民用核安全设备监督检查人员不得从事或者参与民用核安全设备经营活动。

第四十一条 国务院核安全监管部门发现民用核安全设备设计、制造、安装和无损检验单位有不符合发证条件的情形的，应当责令其限期整改。

第四十二条　国务院核行业主管部门应当加强对本行业民用核设施营运单位的管理，督促本行业民用核设施营运单位遵守法律、行政法规和核安全监督管理规定。

第七章　法律责任

第四十三条　国务院核安全监管部门及其民用核安全设备监督检查人员有下列行为之一的，对直接负责的主管人员和其他直接责任人员，依法给予处分；直接负责的主管人员和其他直接责任人员构成犯罪的，依法追究刑事责任：

（一）不依照本条例规定颁发许可证的；

（二）发现违反本条例规定的行为不予查处，或者接到举报后不依法处理的；

（三）滥用职权侵犯企业的合法权益，或者利用职务上的便利索取、收受财物的；

（四）从事或者参与民用核安全设备经营活动的；

（五）在民用核安全设备监督管理工作中有其他违法行为的。

第四十四条　无许可证擅自从事民用核安全设备设计、制造、安装和无损检验活动的，由国务院核安全监管部门责令停止违法行为，处50万元以上100万元以下的罚款；有违法所得的，没收违法所得；对直接负责的主管人员和其他直接责任人员，处2万元以上10万元以下的罚款。

第四十五条　民用核安全设备设计、制造、安装和无损检验单位不按照许可证规定的活动种类和范围从事民用核安全设备设计、制造、安装和无损检验活动的，由国务院核安全监管部门责令停止违法行为，限期改正，处10万元以上50万元以下的罚款；有违法所得的，没收违法所得；逾期不改正的，暂扣或者吊销许可证，对直接负责的主管人员和其他直接责任人员，处2万元以上10万元以下的罚款。

第四十六条　民用核安全设备设计、制造、安装和无损检验单位变更单位名称、地址或者法定代表人，未依法办理许可证变更手续的，由国务院核安全监管部门责令限期改正；逾期不改正的，暂扣或者吊销许可证。

第四十七条　单位伪造、变造、转让许可证的，由国务院核安全监管部门收缴伪造、变造的许可证或者吊销许可证，处10万元以上50万元以下的罚款；有违法所得的，没收违法所得；对直接负责的主管人员和其他直接责任人员，处2万元以上10万元以下的罚款；构成违反治安管理行为的，由公安机关依法予以治安处罚；构成犯罪的，依法追究刑事责任。

第四十八条　民用核安全设备设计、制造、安装和无损检验单位未按照民用核安全设备标准进行民用核安全设备设计、制造、安装和无损检验活动的，由国务院核安全监管部门责令停止违法行为，限期改正，禁止使用相关设计、设备，处10万元以上50万元以下的罚款；有违法所得的，没收违法所得；逾期不改正的，暂扣或者吊销许可证，对直接负责的主管人员和其他直接责任人员，处2万元以上10万元以下的罚款。

第四十九条　民用核安全设备设计、制造、安装和无损检验单位有下列行为之一的，由国务院核安全监管部门责令停止违法行为，限期改正，处10万元以上50万元以下的罚款；逾期不改正的，暂扣或者吊销许可证，对直接负责的主管人员和其他直接责任人员，处2万元以上10万元以下的罚款：

（一）委托未取得相应许可证的单位进行民用核安全设备设计、制造、安装和无损检验活动的；

（二）聘用未取得相应资格证书的人员进行民用核安全设备焊接和无损检验活动的；

（三）将国务院核安全监管部门确定的关键工艺环节分包给其他单位的。

第五十条 民用核安全设备设计、制造、安装和无损检验单位对本单位在民用核安全设备设计、制造、安装和无损检验活动中出现的重大质量问题，未按照规定采取处理措施并向国务院核安全监管部门报告的，由国务院核安全监管部门责令停止民用核安全设备设计、制造、安装和无损检验活动，限期改正，处5万元以上20万元以下的罚款；逾期不改正的，暂扣或者吊销许可证，对直接负责的主管人员和其他直接责任人员，处2万元以上10万元以下的罚款。

第五十一条 民用核安全设备设计、制造、安装和无损检验单位有下列行为之一的，由国务院核安全监管部门责令停止民用核安全设备设计、制造、安装和无损检验活动，限期改正；逾期不改正的，处5万元以上20万元以下的罚款，暂扣或者吊销许可证：

（一）未按照规定编制项目质量保证分大纲并经民用核设施营运单位审查同意的；

（二）在民用核安全设备设计、制造和安装活动开始前，未按照规定将有关文件报国务院核安全监管部门备案的；

（三）未按照规定进行年度评估并向国务院核安全监管部门提交评估报告的。

第五十二条 民用核安全设备无损检验单位出具虚假无损检验结果报告的，由国务院核安全监管部门处10万元以上50万元以下的罚款，吊销许可证；有违法所得的，没收违法所得；对直接负责的主管人员和其他直接责任人员，处2万元以上10万元以下的罚款；构成犯罪的，依法追究刑事责任。

第五十三条 民用核安全设备焊工、焊接操作工违反操作规程导致严重焊接质量问题的，由国务院核安全监管部门吊销其资格证书。

第五十四条 民用核安全设备无损检验人员违反操作规程导致无损检验结果报告严重错误的，由国务院核行业主管部门吊销其资格证书，或者由国务院核安全监管部门责令其停止民用核安全设备无损检验活动并提请国务院核行业主管部门吊销其资格证书。

第五十五条 民用核安全设备设计单位未按照规定进行设计验证，或者民用核安全设备制造、安装单位未按照规定进行质量检验以及经检验不合格即交付验收的，由国务院核安全监管部门责令限期改正，处10万元以上50万元以下的罚款；有违法所得的，没收违法所得；逾期不改正的，吊销许可证，对直接负责的主管人员和其他直接责任人员，处2万元以上10万元以下的罚款。

第五十六条 民用核设施营运单位有下列行为之一的，由国务院核安全监管部门责令限期改正，处100万元以上500万元以下的罚款；逾期不改正的，吊销其核设施建造许可证或者核设施运行许可证，对直接负责的主管人员和其他直接责任人员，处2万元以上10万元以下的罚款：

（一）委托未取得相应许可证的单位进行民用核安全设备设计、制造、安装和无损检验活动的；

（二）对不能按照质量保证要求证明质量受控，或者出现重大质量问题未处理完毕的民用核安全设备予以验收通过的。

第五十七条 民用核安全设备设计、制造、安装和无损检验单位被责令限期整改，逾期不整改或者经整改仍不符合发证条件的，由国务院核安全监管部门暂扣或者吊销许可证。

第五十八条　拒绝或者阻碍国务院核安全监管部门及其派出机构监督检查的，由国务院核安全监管部门责令限期改正；逾期不改正或者在接受监督检查时弄虚作假的，暂扣或者吊销许可证。

第五十九条　违反本条例规定，被依法吊销许可证的单位，自吊销许可证之日起1年内不得重新申请领取许可证。

第八章　附　则

第六十条　申请领取民用核安全设备设计、制造、安装或者无损检验许可证的单位，应当按照国家有关规定缴纳技术评审的费用。

第六十一条　本条例下列用语的含义：

（一）核安全机械设备，包括执行核安全功能的压力容器、钢制安全壳（钢衬里）、储罐、热交换器、泵、风机和压缩机、阀门、闸门、管道（含热交换器传热管）和管配件、膨胀节、波纹管、法兰、堆内构件、控制棒驱动机构、支承件、机械贯穿件以及上述设备的铸锻件等。

（二）核安全电气设备，包括执行核安全功能的传感器（包括探测器和变送器）、电缆、机柜（包括机箱和机架）、控制台屏、显示仪表、应急柴油发电机组、蓄电池（组）、电动机、阀门驱动装置、电气贯穿件等。

第六十二条　本条例自2008年1月1日起施行。

期货交易管理条例

（国务院令第 489 号　2007 年 3 月 6 日）

第一章　总　则

第一条　为了规范期货交易行为，加强对期货交易的监督管理，维护期货市场秩序，防范风险，保护期货交易各方的合法权益和社会公共利益，促进期货市场积极稳妥发展，制定本条例。

第二条　任何单位和个人从事期货交易，包括商品和金融期货合约、期权合约交易及其相关活动，应当遵守本条例。

第三条　从事期货交易活动，应当遵循公开、公平、公正和诚实信用的原则。禁止欺诈、内幕交易和操纵期货交易价格等违法行为。

第四条　期货交易应当在依法设立的期货交易所或者国务院期货监督管理机构批准的其他交易场所进行。

禁止在国务院期货监督管理机构批准的期货交易场所之外进行期货交易，禁止变相期货交易。

第五条　国务院期货监督管理机构对期货市场实行集中统一的监督管理。

国务院期货监督管理机构派出机构依照本条例的有关规定和国务院期货监督管理机构的授权，履行监督管理职责。

第二章　期货交易所

第六条　设立期货交易所，由国务院期货监督管理机构审批。

未经国务院期货监督管理机构批准，任何单位或者个人不得设立期货交易所或者以任何形式组织期货交易及其相关活动。

第七条　期货交易所不以营利为目的，按照其章程的规定实行自律管理。期货交易所以其全部财产承担民事责任。期货交易所的负责人由国务院期货监督管理机构任免。

期货交易所的管理办法由国务院期货监督管理机构制定。

第八条　期货交易所会员应当是在中华人民共和国境内登记注册的企业法人或者其他经济组织。

期货交易所可以实行会员分级结算制度。实行会员分级结算制度的期货交易所会员由结算会员和非结算会员组成。

结算会员的结算业务资格由国务院期货监督管理机构批准。国务院期货监督管理机构应当在受理结算业务资格申请之日起 3 个月内做出批准或者不批准的决定。

第九条　有《中华人民共和国公司法》第一百四十七条规定的情形或者下列情形之一的，不得担任期货交易所的负责人、财务会计人员：

（一）因违法行为或者违纪行为被解除职务的期货交易所、证券交易所、证券登记结算机构的负责人，或者期货公司、证券公司的董事、监事、高级管理人员，以及国务院期货监督管理机构规定的其他人员，自被解除职务之日起未逾5年；

（二）因违法行为或者违纪行为被撤销资格的律师、注册会计师或者投资咨询机构、财务顾问机构、资信评级机构、资产评估机构、验证机构的专业人员，自被撤销资格之日起未逾5年。

第十条 期货交易所应当依照本条例和国务院期货监督管理机构的规定，建立、健全各项规章制度，加强对交易活动的风险控制和对会员以及交易所工作人员的监督管理。期货交易所履行下列职责：

（一）提供交易的场所、设施和服务；

（二）设计合约，安排合约上市；

（三）组织并监督交易、结算和交割；

（四）保证合约的履行；

（五）按照章程和交易规则对会员进行监督管理；

（六）国务院期货监督管理机构规定的其他职责。

期货交易所不得直接或者间接参与期货交易。未经国务院期货监督管理机构审核并报国务院批准，期货交易所不得从事信托投资、股票投资、非自用不动产投资等与其职责无关的业务。

第十一条 期货交易所应当按照国家有关规定建立、健全下列风险管理制度：

（一）保证金制度；

（二）当日无负债结算制度；

（三）涨跌停板制度；

（四）持仓限额和大户持仓报告制度；

（五）风险准备金制度；

（六）国务院期货监督管理机构规定的其他风险管理制度。

实行会员分级结算制度的期货交易所，还应当建立、健全结算担保金制度。

第十二条 当期货市场出现异常情况时，期货交易所可以按照其章程规定的权限和程序，决定采取下列紧急措施，并应当立即报告国务院期货监督管理机构：

（一）提高保证金；

（二）调整涨跌停板幅度；

（三）限制会员或者客户的最大持仓量；

（四）暂时停止交易；

（五）采取其他紧急措施。

前款所称异常情况，是指在交易中发生操纵期货交易价格的行为或者发生不可抗拒的突发事件以及国务院期货监督管理机构规定的其他情形。

异常情况消失后，期货交易所应当及时取消紧急措施。

第十三条 期货交易所办理下列事项，应当经国务院期货监督管理机构批准：

（一）制定或者修改章程、交易规则；

（二）上市、中止、取消或者恢复交易品种；

（三）上市、修改或者终止合约；

（四）变更住所或者营业场所；

（五）合并、分立或者解散；

（六）国务院期货监督管理机构规定的其他事项。

国务院期货监督管理机构批准期货交易所上市新的交易品种，应当征求国务院有关部门的意见。

第十四条 期货交易所的所得收益按照国家有关规定管理和使用，但应当首先用于保证期货交易场所、设施的运行和改善。

第三章 期货公司

第十五条 期货公司是依照《中华人民共和国公司法》和本条例规定设立的经营期货业务的金融机构。设立期货公司，应当经国务院期货监督管理机构批准，并在公司登记机关登记注册。

未经国务院期货监督管理机构批准，任何单位或者个人不得设立或者变相设立期货公司，经营期货业务。

第十六条 申请设立期货公司，应当符合《中华人民共和国公司法》的规定，并具备下列条件：

（一）注册资本最低限额为人民币3000万元；

（二）董事、监事、高级管理人员具备任职资格，从业人员具有期货从业资格；

（三）有符合法律、行政法规规定的公司章程；

（四）主要股东以及实际控制人具有持续盈利能力，信誉良好，最近3年无重大违法违规记录；

（五）有合格的经营场所和业务设施；

（六）有健全的风险管理和内部控制制度；

（七）国务院期货监督管理机构规定的其他条件。

国务院期货监督管理机构根据审慎监管原则和各项业务的风险程度，可以提高注册资本最低限额。注册资本应当是实缴资本。股东应当以货币或者期货公司经营必需的非货币财产出资，货币出资比例不得低于85%。

国务院期货监督管理机构应当在受理期货公司设立申请之日起6个月内，根据审慎监管原则进行审查，做出批准或者不批准的决定。

未经国务院期货监督管理机构批准，任何单位和个人不得委托或者接受他人委托持有或者管理期货公司的股权。

第十七条 期货公司业务实行许可制度，由国务院期货监督管理机构按照其商品期货、金融期货业务种类颁发许可证。期货公司除申请经营境内期货经纪业务外，还可以申请经营境外期货经纪、期货投资咨询以及国务院期货监督管理机构规定的其他期货业务。

期货公司不得从事与期货业务无关的活动，法律、行政法规或者国务院期货监督管理机构另有规定的除外。

期货公司不得从事或者变相从事期货自营业务。

期货公司不得为其股东、实际控制人或者其他关联人提供融资，不得对外担保。

第十八条 期货公司从事经纪业务，接受客户委托，以自己的名义为客户进行期货交易，交易结果由客户承担。

第十九条 期货公司办理下列事项，应当经国务院期货监督管理机构批准：

（一）合并、分立、停业、解散或者破产；

（二）变更公司形式；

（三）变更业务范围；

（四）变更注册资本；

（五）变更5%以上的股权；

（六）设立、收购、参股或者终止境外期货类经营机构；

（七）国务院期货监督管理机构规定的其他事项。

前款第（四）项、第（七）项所列事项，国务院期货监督管理机构应当自受理申请之日起20日内做出批准或者不批准的决定；前款所列其他事项，国务院期货监督管理机构应当自受理申请之日起2个月内做出批准或者不批准的决定。

第二十条 期货公司办理下列事项，应当经国务院期货监督管理机构派出机构批准：

（一）变更法定代表人；

（二）变更住所或者营业场所；

（三）设立或者终止境内分支机构；

（四）变更境内分支机构的营业场所、负责人或者经营范围；

（五）国务院期货监督管理机构规定的其他事项。

前款第（一）项、第（二）项、第（四）项、第（五）项所列事项，国务院期货监督管理机构派出机构应当自受理申请之日起20日内做出批准或者不批准的决定；前款第（三）项所列事项，国务院期货监督管理机构派出机构应当自受理申请之日起2个月内做出批准或者不批准的决定。

第二十一条 期货公司或者其分支机构有《中华人民共和国行政许可法》第七十条规定的情形或者下列情形之一的，国务院期货监督管理机构应当依法办理期货业务许可证注销手续：

（一）营业执照被公司登记机关依法注销；

（二）成立后无正当理由超过3个月未开始营业，或者开业后无正当理由停业连续3个月以上；

（三）主动提出注销申请；

（四）国务院期货监督管理机构规定的其他情形。

期货公司在注销期货业务许可证前，应当结清相关期货业务，并依法返还客户的保证金和其他资产。期货公司分支机构在注销经营许可证前，应当终止经营活动，妥善处理客户资产。

第二十二条 期货公司应当建立、健全并严格执行业务管理规则、风险管理制度，遵守信息披露制度，保障客户保证金的存管安全，按照期货交易所的规定，向期货交易所报告大户名单、交易情况。

第二十三条 从事期货投资咨询以及为期货公司提供中间介绍等业务的其他期货经营机构，应当取得国务院期货监督管理机构批准的业务资格，具体管理办法由国务院期货监督管理机构制定。

第四章　期货交易基本规则

第二十四条　在期货交易所进行期货交易的，应当是期货交易所会员。

第二十五条　期货公司接受客户委托为其进行期货交易，应当事先向客户出示风险说明书，经客户签字确认后，与客户签订书面合同。期货公司不得未经客户委托或者不按照客户委托内容，擅自进行期货交易。

期货公司不得向客户做获利保证；不得在经纪业务中与客户约定分享利益或者共担风险。

第二十六条　下列单位和个人不得从事期货交易，期货公司不得接受其委托为其进行期货交易：

（一）国家机关和事业单位；

（二）国务院期货监督管理机构、期货交易所、期货保证金安全存管监控机构和期货业协会的工作人员；

（三）证券、期货市场禁止进入者；

（四）未能提供开户证明材料的单位和个人；

（五）国务院期货监督管理机构规定不得从事期货交易的其他单位和个人。

第二十七条　客户可以通过书面、电话、互联网或者国务院期货监督管理机构规定的其他方式，向期货公司下达交易指令。客户的交易指令应当明确、全面。

期货公司不得隐瞒重要事项或者使用其他不正当手段诱骗客户发出交易指令。

第二十八条　期货交易所应当及时公布上市品种合约的成交量、成交价、持仓量、最高价与最低价、开盘价与收盘价和其他应当公布的即时行情，并保证即时行情的真实、准确。期货交易所不得发布价格预测信息。

未经期货交易所许可，任何单位和个人不得发布期货交易即时行情。

第二十九条　期货交易应当严格执行保证金制度。期货交易所向会员、期货公司向客户收取的保证金，不得低于国务院期货监督管理机构、期货交易所规定的标准，并应当与自有资金分开，专户存放。

期货交易所向会员收取的保证金，属于会员所有，除用于会员的交易结算外，严禁挪作他用。

期货公司向客户收取的保证金，属于客户所有，除下列可划转的情形外，严禁挪作他用：

（一）依据客户的要求支付可用资金；

（二）为客户交存保证金，支付手续费、税款；

（三）国务院期货监督管理机构规定的其他情形。

第三十条　期货公司应当为每一个客户单独开立专门账户、设置交易编码，不得混码交易。

第三十一条　期货公司经营期货经纪业务又同时经营其他期货业务的，应当严格执行业务分离和资金分离制度，不得混合操作。

第三十二条　期货交易所会员、客户可以使用标准仓单、国债等价值稳定、流动性强的有价证券充抵保证金进行期货交易。有价证券的种类、价值的计算方法和充抵保证金的比例等，由国务院期货监督管理机构规定。

第三十三条　银行业金融机构从事期货保证金存管、期货结算业务的资格，经国务院银行业监督管理机构审核同意后，由国务院期货监督管理机构批准。

第三十四条　期货交易所、期货公司、非期货公司结算会员应当按照国务院期货监督管理机构、财政部门的规定提取、管理和使用风险准备金，不得挪用。

第三十五条　期货交易的收费项目、收费标准和管理办法由国务院有关主管部门统一制定并公布。

第三十六条　期货交易应当采用公开的集中交易方式或者国务院期货监督管理机构批准的其他方式。

第三十七条　期货交易的结算，由期货交易所统一组织进行。

期货交易所实行当日无负债结算制度。期货交易所应当在当日及时将结算结果通知会员。

期货公司根据期货交易所的结算结果对客户进行结算，并应当将结算结果按照与客户约定的方式及时通知客户。客户应当及时查询并妥善处理自己的交易持仓。

第三十八条　期货交易所会员的保证金不足时，应当及时追加保证金或者自行平仓。会员未在期货交易所规定的时间内追加保证金或者自行平仓的，期货交易所应当将该会员的合约强行平仓，强行平仓的有关费用和发生的损失由该会员承担。

客户保证金不足时，应当及时追加保证金或者自行平仓。客户未在期货公司规定的时间内及时追加保证金或者自行平仓的，期货公司应当将该客户的合约强行平仓，强行平仓的有关费用和发生的损失由该客户承担。

第三十九条　期货交易的交割，由期货交易所统一组织进行。

交割仓库由期货交易所指定。期货交易所不得限制实物交割总量，并应当与交割仓库签订协议，明确双方的权利和义务。交割仓库不得有下列行为：

（一）出具虚假仓单；

（二）违反期货交易所业务规则，限制交割商品的入库、出库；

（三）泄露与期货交易有关的商业秘密；

（四）违反国家有关规定参与期货交易；

（五）国务院期货监督管理机构规定的其他行为。

第四十条　会员在期货交易中违约的，期货交易所先以该会员的保证金承担违约责任；保证金不足的，期货交易所应当以风险准备金和自有资金代为承担违约责任，并由此取得对该会员的相应追偿权。

客户在期货交易中违约的，期货公司先以该客户的保证金承担违约责任；保证金不足的，期货公司应当以风险准备金和自有资金代为承担违约责任，并由此取得对该客户的相应追偿权。

第四十一条　实行会员分级结算制度的期货交易所，应当向结算会员收取结算担保金。期货交易所只对结算会员结算，收取和追收保证金，以结算担保金、风险准备金、自有资金代为承担违约责任，以及采取其他相关措施；对非结算会员的结算、收取和追收保证金、代为承担违约责任，以及采取其他相关措施，由结算会员执行。

第四十二条　期货交易所、期货公司和非期货公司结算会员应当保证期货交易、结算、交割资料的完整和安全。

第四十三条 任何单位或者个人不得编造、传播有关期货交易的虚假信息，不得恶意串通、联手买卖或者以其他方式操纵期货交易价格。

第四十四条 任何单位或者个人不得违规使用信贷资金、财政资金进行期货交易。

银行业金融机构从事期货交易融资或者担保业务的资格，由国务院银行业监督管理机构批准。

第四十五条 国有以及国有控股企业进行境内外期货交易，应当遵循套期保值的原则，严格遵守国务院国有资产监督管理机构以及其他有关部门关于企业以国有资产进入期货市场的有关规定。

第四十六条 国务院商务主管部门对境内单位或者个人从事境外商品期货交易的品种进行核准。

境外期货项下购汇、结汇以及外汇收支，应当符合国家外汇管理有关规定。

境内单位或者个人从事境外期货交易的办法，由国务院期货监督管理机构会同国务院商务主管部门、国有资产监督管理机构、银行业监督管理机构、外汇管理部门等有关部门制订，报国务院批准后施行。

第五章 期货业协会

第四十七条 期货业协会是期货业的自律性组织，是社会团体法人。

期货公司以及其他专门从事期货经营的机构应当加入期货业协会，并缴纳会员费。

第四十八条 期货业协会的权力机构为全体会员组成的会员大会。

期货业协会的章程由会员大会制定，并报国务院期货监督管理机构备案。

期货业协会设理事会。理事会成员按照章程的规定选举产生。

第四十九条 期货业协会履行下列职责：

（一）教育和组织会员遵守期货法律法规和政策；

（二）制定会员应当遵守的行业自律性规则，监督、检查会员行为，对违反协会章程和自律性规则的，按照规定给予纪律处分；

（三）负责期货从业人员资格的认定、管理以及撤销工作；

（四）受理客户与期货业务有关的投诉，对会员之间、会员与客户之间发生的纠纷进行调解；

（五）依法维护会员的合法权益，向国务院期货监督管理机构反映会员的建议和要求；

（六）组织期货从业人员的业务培训，开展会员间的业务交流；

（七）组织会员就期货业的发展、运作以及有关内容进行研究；

（八）期货业协会章程规定的其他职责。

期货业协会的业务活动应当接受国务院期货监督管理机构的指导和监督。

第六章 监督管理

第五十条 国务院期货监督管理机构对期货市场实施监督管理，依法履行下列职责：

（一）制定有关期货市场监督管理的规章、规则，并依法行使审批权；

（二）对品种的上市、交易、结算、交割等期货交易及其相关活动，进行监督管理；

（三）对期货交易所、期货公司及其他期货经营机构、非期货公司结算会员、期货保证金安全存管监控机构、期货保证金存管银行、交割仓库等市场相关参与者的期货业务活动，进行监督管理；

（四）制定期货从业人员的资格标准和管理办法，并监督实施；

（五）监督检查期货交易的信息公开情况；

（六）对期货业协会的活动进行指导和监督；

（七）对违反期货市场监督管理法律、行政法规的行为进行查处；

（八）开展与期货市场监督管理有关的国际交流、合作活动；

（九）法律、行政法规规定的其他职责。

第五十一条　国务院期货监督管理机构依法履行职责，可以采取下列措施：

（一）对期货交易所、期货公司及其他期货经营机构、非期货公司结算会员、期货保证金安全存管监控机构和交割仓库进行现场检查；

（二）进入涉嫌违法行为发生场所调查取证；

（三）询问当事人和与被调查事件有关的单位和个人，要求其对与被调查事件有关的事项做出说明；

（四）查阅、复制与被调查事件有关的财产权登记等资料；

（五）查阅、复制当事人和与被调查事件有关的单位和个人的期货交易记录、财务会计资料以及其他相关文件和资料；对可能被转移、隐匿或者毁损的文件和资料，可以予以封存；

（六）查询与被调查事件有关的单位的保证金账户和银行账户；

（七）在调查操纵期货交易价格、内幕交易等重大期货违法行为时，经国务院期货监督管理机构主要负责人批准，可以限制被调查事件当事人的期货交易，但限制的时间不得超过15个交易日；案情复杂的，可以延长至30个交易日；

（八）法律、行政法规规定的其他措施。

第五十二条　期货交易所、期货公司及其他期货经营机构、期货保证金安全存管监控机构，应当向国务院期货监督管理机构报送财务会计报告、业务资料和其他有关资料。

对期货公司及其他期货经营机构报送的年度报告，国务院期货监督管理机构应当指定专人进行审核，并制作审核报告。审核人员应当在审核报告上签字。审核中发现问题的，国务院期货监督管理机构应当及时采取相应措施。

必要时，国务院期货监督管理机构可以要求非期货公司结算会员、交割仓库，以及期货公司股东、实际控制人或者其他关联人报送相关资料。

第五十三条　国务院期货监督管理机构依法履行职责，进行监督检查或者调查时，被检查、调查的单位和个人应当配合，如实提供有关文件和资料，不得拒绝、阻碍和隐瞒；其他有关部门和单位应当给予支持和配合。

第五十四条　国家根据期货市场发展的需要，设立期货投资者保障基金。

期货投资者保障基金的筹集、管理和使用的具体办法，由国务院期货监督管理机构会同国务院财政部门制定。

第五十五条　国务院期货监督管理机构应当建立、健全保证金安全存管监控制度，设立期货保证金安全存管监控机构。

客户和期货交易所、期货公司及其他期货经营机构、非期货公司结算会员以及期货保证金存管银行，应当遵守国务院期货监督管理机构有关保证金安全存管监控的规定。

第五十六条 期货保证金安全存管监控机构依照有关规定对保证金安全实施监控，进行每日稽核，发现问题应当立即报告国务院期货监督管理机构。国务院期货监督管理机构应当根据不同情况，依照本条例有关规定及时处理。

第五十七条 国务院期货监督管理机构对期货交易所、期货公司及其他期货经营机构和期货保证金安全存管监控机构的董事、监事、高级管理人员以及其他期货从业人员，实行资格管理制度。

第五十八条 国务院期货监督管理机构应当制定期货公司持续性经营规则，对期货公司的净资本与净资产的比例，净资本与境内期货经纪、境外期货经纪等业务规模的比例，流动资产与流动负债的比例等风险监管指标做出规定；对期货公司及其分支机构的经营条件、风险管理、内部控制、保证金存管、关联交易等方面提出要求。

第五十九条 期货公司及其分支机构不符合持续性经营规则或者出现经营风险的，国务院期货监督管理机构可以对期货公司及其董事、监事和高级管理人员采取谈话、提示、记入信用记录等监管措施或者责令期货公司限期整改，并对其整改情况进行检查验收。

期货公司逾期未改正，其行为严重危及期货公司的稳健运行、损害客户合法权益，或者涉嫌严重违法违规正在被国务院期货监督管理机构调查的，国务院期货监督管理机构可以区别情形，对其采取下列措施：

（一）限制或者暂停部分期货业务；

（二）停止批准新增业务或者分支机构；

（三）限制分配红利，限制向董事、监事、高级管理人员支付报酬、提供福利；

（四）限制转让财产或者在财产上设定其他权利；

（五）责令更换董事、监事、高级管理人员或者有关业务部门、分支机构的负责人员，或者限制其权利；

（六）限制期货公司自有资金或者风险准备金的调拨和使用；

（七）责令控股股东转让股权或者限制有关股东行使股东权利。

对经过整改符合有关法律、行政法规规定以及持续性经营规则要求的期货公司，国务院期货监督管理机构应当自验收完毕之日起 3 日内解除对其采取的有关措施。

对经过整改仍未达到持续性经营规则要求，严重影响正常经营的期货公司，国务院期货监督管理机构有权撤销其部分或者全部期货业务许可、关闭其分支机构。

第六十条 期货公司违法经营或者出现重大风险，严重危害期货市场秩序、损害客户利益的，国务院期货监督管理机构可以对该期货公司采取责令停业整顿、指定其他机构托管或者接管等监管措施。经国务院期货监督管理机构批准，可以对该期货公司直接负责的董事、监事、高级管理人员和其他直接责任人员采取以下措施：

（一）通知出境管理机关依法阻止其出境；

（二）申请司法机关禁止其转移、转让或者以其他方式处分财产，或者在财产上设定其他权利。

第六十一条 期货公司的股东有虚假出资或者抽逃出资行为的，国务院期货监督管理机构应当责令其限期改正，并可责令其转让所持期货公司的股权。

在股东按照前款要求改正违法行为、转让所持期货公司的股权前，国务院期货监督管理机构可以限制其股东权利。

第六十二条 当期货市场出现异常情况时，国务院期货监督管理机构可以采取必要的风险处置措施。

第六十三条 期货公司的交易软件、结算软件，应当满足期货公司审慎经营和风险管理以及国务院期货监督管理机构有关保证金安全存管监控规定的要求。期货公司的交易软件、结算软件不符合要求的，国务院期货监督管理机构有权要求期货公司予以改进或者更换。

国务院期货监督管理机构可以要求期货公司的交易软件、结算软件的供应商提供该软件的相关资料，供应商应当予以配合。国务院期货监督管理机构对供应商提供的相关资料负有保密义务。

第六十四条 期货公司涉及重大诉讼、仲裁，或者股权被冻结或者用于担保，以及发生其他重大事件时，期货公司及其相关股东、实际控制人应当自该事件发生之日起5日内向国务院期货监督管理机构提交书面报告。

第六十五条 会计师事务所、律师事务所、资产评估机构等中介服务机构向期货交易所和期货公司等市场相关参与者提供相关服务时，应当遵守期货法律、行政法规以及国家有关规定，并按照国务院期货监督管理机构的要求提供相关资料。

第六十六条 国务院期货监督管理机构应当与有关部门建立监督管理的信息共享和协调配合机制。

国务院期货监督管理机构可以和其他国家或者地区的期货监督管理机构建立监督管理合作机制，实施跨境监督管理。

第六十七条 国务院期货监督管理机构、期货交易所、期货保证金安全存管监控机构和期货保证金存管银行等相关单位的工作人员，应当忠于职守，依法办事，公正廉洁，保守国家秘密和有关当事人的商业秘密，不得利用职务便利牟取不正当的利益。

第七章 法律责任

第六十八条 期货交易所、非期货公司结算会员有下列行为之一的，责令改正，给予警告，没收违法所得：

（一）违反规定接纳会员的；

（二）违反规定收取手续费的；

（三）违反规定使用、分配收益的；

（四）不按照规定公布即时行情的，或者发布价格预测信息的；

（五）不按照规定向国务院期货监督管理机构履行报告义务的；

（六）不按照规定向国务院期货监督管理机构报送有关文件、资料的；

（七）不按照规定建立、健全结算担保金制度的；

（八）不按照规定提取、管理和使用风险准备金的；

（九）违反国务院期货监督管理机构有关保证金安全存管监控规定的；

（十）限制会员实物交割总量的；

（十一）任用不具备资格的期货从业人员的；

（十二）违反国务院期货监督管理机构规定的其他行为。

有前款所列行为之一的，对直接负责的主管人员和其他直接责任人员给予纪律处分，处1万元以上10万元以下的罚款。

有本条第一款第（二）项所列行为的，应当责令退还多收取的手续费。

期货保证金安全存管监控机构有本条第一款第（五）项、第（六）项、第（九）项、第（十一）项、第（十二）项所列行为的，依照本条第一款、第二款的规定处罚、处分。期货保证金存管银行有本条第一款第（九）项、第（十二）项所列行为的，依照本条第一款、第二款的规定处罚、处分。

第六十九条 期货交易所、非期货公司结算会员有下列行为之一的，责令改正，给予警告，没收违法所得，并处违法所得1倍以上5倍以下的罚款；没有违法所得或者违法所得不满10万元的，并处10万元以上50万元以下的罚款；情节严重的，责令停业整顿：

（一）未经批准，擅自办理本条例第十三条所列事项的；

（二）允许会员在保证金不足的情况下进行期货交易的；

（三）直接或者间接参与期货交易，或者违反规定从事与其职责无关的业务的；

（四）违反规定收取保证金，或者挪用保证金的；

（五）伪造、涂改或者不按照规定保存期货交易、结算、交割资料的；

（六）未建立或者未执行当日无负债结算、涨跌停板、持仓限额和大户持仓报告制度的；

（七）拒绝或者妨碍国务院期货监督管理机构监督检查的；

（八）违反国务院期货监督管理机构规定的其他行为。

有前款所列行为之一的，对直接负责的主管人员和其他直接责任人员给予纪律处分，处1万元以上10万元以下的罚款。

期货保证金安全存管监控机构有本条第一款第（三）项、第（七）项、第（八）项所列行为的，依照本条第一款、第二款的规定处罚、处分。

第七十条 期货公司有下列行为之一的，责令改正，给予警告，没收违法所得，并处违法所得1倍以上3倍以下的罚款；没有违法所得或者违法所得不满10万元的，并处10万元以上30万元以下的罚款；情节严重的，责令停业整顿或者吊销期货业务许可证：

（一）接受不符合规定条件的单位或者个人委托的；

（二）允许客户在保证金不足的情况下进行期货交易的；

（三）未经批准，擅自办理本条例第十九条、第二十条所列事项的；

（四）违反规定从事与期货业务无关的活动的；

（五）从事或者变相从事期货自营业务的；

（六）为其股东、实际控制人或者其他关联人提供融资，或者对外担保的；

（七）违反国务院期货监督管理机构有关保证金安全存管监控规定的；

（八）不按照规定向国务院期货监督管理机构履行报告义务或者报送有关文件、资料的；

（九）交易软件、结算软件不符合期货公司审慎经营和风险管理以及国务院期货监督管理机构有关保证金安全存管监控规定的要求的；

（十）不按照规定提取、管理和使用风险准备金的；

（十一）伪造、涂改或者不按照规定保存期货交易、结算、交割资料的；

（十二）任用不具备资格的期货从业人员的；

（十三）伪造、变造、出租、出借、买卖期货业务许可证或者经营许可证的；

（十四）进行混码交易的；

（十五）拒绝或者妨碍国务院期货监督管理机构监督检查的；

（十六）违反国务院期货监督管理机构规定的其他行为。

期货公司有前款所列行为之一的，对直接负责的主管人员和其他直接责任人员给予警告，并处1万元以上5万元以下的罚款；情节严重的，暂停或者撤销任职资格、期货从业人员资格。

期货公司之外的其他期货经营机构有本条第一款第（八）项、第（十二）项、第（十三）项、第（十五）项、第（十六）项所列行为的，依照本条第一款、第二款的规定处罚。

期货公司的股东、实际控制人或者其他关联人未经批准擅自委托他人或者接受他人委托持有或者管理期货公司股权的，拒不配合国务院期货监督管理机构的检查，拒不按照规定履行报告义务、提供有关信息和资料，或者报送、提供的信息和资料有虚假记载、误导性陈述或者重大遗漏的，依照本条第一款、第二款的规定处罚。

第七十一条　期货公司有下列欺诈客户行为之一的，责令改正，给予警告，没收违法所得，并处违法所得1倍以上5倍以下的罚款；没有违法所得或者违法所得不满10万元的，并处10万元以上50万元以下的罚款；情节严重的，责令停业整顿或者吊销期货业务许可证：

（一）向客户做获利保证或者不按照规定向客户出示风险说明书的；

（二）在经纪业务中与客户约定分享利益、共担风险的；

（三）不按照规定接受客户委托或者不按照客户委托内容擅自进行期货交易的；

（四）隐瞒重要事项或者使用其他不正当手段，诱骗客户发出交易指令的；

（五）向客户提供虚假成交回报的；

（六）未将客户交易指令下达到期货交易所的；

（七）挪用客户保证金的；

（八）不按照规定在期货保证金存管银行开立保证金账户，或者违规划转客户保证金的；

（九）国务院期货监督管理机构规定的其他欺诈客户的行为。

期货公司有前款所列行为之一的，对直接负责的主管人员和其他直接责任人员给予警告，并处1万元以上10万元以下的罚款；情节严重的，暂停或者撤销任职资格、期货从业人员资格。

任何单位或者个人编造并且传播有关期货交易的虚假信息，扰乱期货交易市场的，依照本条第一款、第二款的规定处罚。

第七十二条　期货公司及其他期货经营机构、非期货公司结算会员、期货保证金存管银行提供虚假申请文件或者采取其他欺诈手段隐瞒重要事实骗取期货业务许可的，撤销其期货业务许可，没收违法所得。

第七十三条　期货交易内幕信息的知情人或者非法获取期货交易内幕信息的人，在对期货交易价格有重大影响的信息尚未公开前，利用内幕信息从事期货交易，或者向他人泄露内幕信息，使他人利用内幕信息进行期货交易的，没收违法所得，并处违法所得1倍以上5倍以下的罚款；没有违法所得或者违法所得不满10万元的，处10万元以上50万元以下的罚款。单位从事内幕交易的，还应当对直接负责的主管人员和其他直接责任人员给予警告，并处3万元以上30万元以下的罚款。

国务院期货监督管理机构、期货交易所和期货保证金安全存管监控机构的工作人员进行内幕交易的，从重处罚。

第七十四条 任何单位或者个人有下列行为之一，操纵期货交易价格的，责令改正，没收违法所得，并处违法所得1倍以上5倍以下的罚款；没有违法所得或者违法所得不满20万元的，处20万元以上100万元以下的罚款：

（一）单独或者合谋，集中资金优势、持仓优势或者利用信息优势联合或者连续买卖合约，操纵期货交易价格的；

（二）蓄意串通，按事先约定的时间、价格和方式相互进行期货交易，影响期货交易价格或者期货交易量的；

（三）以自己为交易对象，自买自卖，影响期货交易价格或者期货交易量的；

（四）为影响期货市场行情囤积现货的；

（五）国务院期货监督管理机构规定的其他操纵期货交易价格的行为。

单位有前款所列行为之一的，对直接负责的主管人员和其他直接责任人员给予警告，并处1万元以上10万元以下的罚款。

第七十五条 交割仓库有本条例第三十九条第二款所列行为之一的，责令改正，给予警告，没收违法所得，并处违法所得1倍以上5倍以下的罚款；没有违法所得或者违法所得不满10万元的，并处10万元以上50万元以下的罚款；情节严重的，责令期货交易所暂停或者取消其交割仓库资格。对直接负责的主管人员和其他直接责任人员给予警告，并处1万元以上10万元以下的罚款。

第七十六条 国有以及国有控股企业违反本条例和国务院国有资产监督管理机构以及其他有关部门关于企业以国有资产进入期货市场的有关规定进行期货交易，或者单位、个人违规使用信贷资金、财政资金进行期货交易的，给予警告，没收违法所得，并处违法所得1倍以上5倍以下的罚款；没有违法所得或者违法所得不满10万元的，并处10万元以上50万元以下的罚款。对直接负责的主管人员和其他直接责任人员给予降级直至开除的纪律处分。

第七十七条 境内单位或者个人违反规定从事境外期货交易的，责令改正，给予警告，没收违法所得，并处违法所得1倍以上5倍以下的罚款；没有违法所得或者违法所得不满20万元的，并处20万元以上100万元以下的罚款；情节严重的，暂停其境外期货交易。对直接负责的主管人员和其他直接责任人员给予警告，并处1万元以上10万元以下的罚款。

第七十八条 任何单位或者个人非法设立或者变相设立期货交易所、期货公司及其他期货经营机构，或者擅自从事期货业务，或者组织变相期货交易活动的，予以取缔，没收违法所得，并处违法所得1倍以上5倍以下的罚款；没有违法所得或者违法所得不满20万元的，处20万元以上100万元以下的罚款。对直接负责的主管人员和其他直接责任人员给予警告，并处 1 万元以上 10 万元以下的罚款。

第七十九条　期货公司的交易软件、结算软件供应商拒不配合国务院期货监督管理机构调查，或者未按照规定向国务院期货监督管理机构提供相关软件资料，或者提供的软件资料有虚假、重大遗漏的，责令改正，处 3 万元以上 10 万元以下的罚款。对直接负责的主管人员和其他直接责任人员给予警告，并处 1 万元以上 5 万元以下的罚款。

第八十条　会计师事务所、律师事务所、资产评估机构等中介服务机构未勤勉尽责，所出具的文件有虚假记载、误导性陈述或者重大遗漏的，责令改正，没收业务收入，暂停或者撤销相关业务许可，并处业务收入 1 倍以上 5 倍以下的罚款。对直接负责的主管人员和其他直接责任人员给予警告，并处 3 万元以上 10 万元以下的罚款。

第八十一条　任何单位或者个人违反本条例规定，情节严重的，由国务院期货监督管理机构宣布该个人、该单位或者该单位的直接责任人员为期货市场禁止进入者。

第八十二条　国务院期货监督管理机构、期货交易所、期货保证金安全存管监控机构和期货保证金存管银行等相关单位的工作人员，泄露知悉的国家秘密或者会员、客户商业秘密，或者徇私舞弊、玩忽职守、滥用职权、收受贿赂的，依法给予行政处分或者纪律处分。

第八十三条　违反本条例规定，构成犯罪的，依法追究刑事责任。

第八十四条　对本条例规定的违法行为的行政处罚，由国务院期货监督管理机构决定；涉及其他有关部门法定职权的，国务院期货监督管理机构应当会同其他有关部门处理；属于其他有关部门法定职权的，国务院期货监督管理机构应当移交其他有关部门处理。

第八章　附　则

第八十五条　本条例下列用语的含义：

（一）期货合约，是指由期货交易所统一制定的、规定在将来某一特定的时间和地点交割一定数量标的物的标准化合约。根据合约标的物的不同，期货合约分为商品期货合约和金融期货合约。商品期货合约的标的物包括农产品、工业品、能源和其他商品及其相关指数产品；金融期货合约的标的物包括有价证券、利率、汇率等金融产品及其相关指数产品。

（二）期权合约，是指由期货交易所统一制定的、规定买方有权在将来某一时间以特定价格买入或者卖出约定标的物（包括期货合约）的标准化合约。

（三）保证金，是指期货交易者按照规定标准交纳的资金，用于结算和保证履约。

（四）结算，是指根据期货交易所公布的结算价格对交易双方的交易盈亏状况进行的资金清算和划转。

（五）交割，是指合约到期时，按照期货交易所的规则和程序，交易双方通过该合约所载标的物所有权的转移，或者按照规定结算价格进行现金差价结算，了结到期未平仓合约的过程。

（六）平仓，是指期货交易者买入或者卖出与其所持合约的品种、数量和交割月份相同但交易方向相反的合约，了结期货交易的行为。

（七）持仓量，是指期货交易者所持有的未平仓合约的数量。

（八）持仓限额，是指期货交易所对期货交易者的持仓量规定的最高数额。

（九）仓单，是指交割仓库开具并经期货交易所认定的标准化提货凭证。

（十）涨跌停板，是指合约在1个交易日中的交易价格不得高于或者低于规定的涨跌幅度，超出该涨跌幅度的报价将被视为无效，不能成交。

（十一）内幕信息，是指可能对期货交易价格产生重大影响的尚未公开的信息，包括：国务院期货监督管理机构以及其他相关部门制定的对期货交易价格可能发生重大影响的政策，期货交易所做出的可能对期货交易价格发生重大影响的决定，期货交易所会员、客户的资金和交易动向以及国务院期货监督管理机构认定的对期货交易价格有显著影响的其他重要信息。

（十二）内幕信息的知情人员，是指由于其管理地位、监督地位或者职业地位，或者作为雇员、专业顾问履行职务，能够接触或者获得内幕信息的人员，包括：期货交易所的管理人员以及其他由于任职可获取内幕信息的从业人员，国务院期货监督管理机构和其他有关部门的工作人员以及国务院期货监督管理机构规定的其他人员。

第八十六条 国务院期货监督管理机构可以批准设立期货专门结算机构，专门履行期货交易所的结算以及相关职责，并承担相应法律责任。

第八十七条 境外机构在境内设立、收购或者参股期货经营机构，以及境外期货经营机构在境内设立分支机构（含代表处）的管理办法，由国务院期货监督管理机构会同国务院商务主管部门、外汇管理部门等有关部门制订，报国务院批准后施行。

第八十八条 在期货交易所之外的国务院期货监督管理机构批准的交易场所进行的期货交易，依照本条例的有关规定执行。

第八十九条 任何机构或者市场，未经国务院期货监督管理机构批准，采用集中交易方式进行标准化合约交易，同时采用以下交易机制或者具备以下交易机制特征之一的，为变相期货交易：

（一）为参与集中交易的所有买方和卖方提供履约担保的；

（二）实行当日无负债结算制度和保证金制度，同时保证金收取比例低于合约（或者合同）标的额20%的。

本条例施行前采用前款规定的交易机制或者具备前款规定的交易机制特征之一的机构或者市场，应当在国务院商务主管部门规定的期限内进行整改。

第九十条 不属于期货交易的商品或者金融产品的其他交易活动，由国家有关部门监督管理，不适用本条例。

第九十一条 本条例自2007年4月15日起施行。1999年6月2日国务院发布的《期货交易管理暂行条例》同时废止。

商业特许经营管理条例

（国务院令第 485 号　2007 年 2 月 6 日）

第一章　总　则

第一条　为规范商业特许经营活动，促进商业特许经营健康、有序发展，维护市场秩序，制定本条例。

第二条　在中华人民共和国境内从事商业特许经营活动，应当遵守本条例。

第三条　本条例所称商业特许经营（以下简称特许经营），是指拥有注册商标、企业标志、专利、专有技术等经营资源的企业（以下称特许人），以合同形式将其拥有的经营资源许可其他经营者（以下称被特许人）使用，被特许人按照合同约定在统一的经营模式下开展经营，并向特许人支付特许经营费用的经营活动。

企业以外的其他单位和个人不得作为特许人从事特许经营活动。

第四条　从事特许经营活动，应当遵循自愿、公平、诚实信用的原则。

第五条　国务院商务主管部门依照本条例规定，负责对全国范围内的特许经营活动实施监督管理。省、自治区、直辖市人民政府商务主管部门和设区的市级人民政府商务主管部门依照本条例规定，负责对本行政区域内的特许经营活动实施监督管理。

第六条　任何单位或者个人对违反本条例规定的行为，有权向商务主管部门举报。商务主管部门接到举报后应当依法及时处理。

第二章　特许经营活动

第七条　特许人从事特许经营活动应当拥有成熟的经营模式，并具备为被特许人持续提供经营指导、技术支持和业务培训等服务的能力。

特许人从事特许经营活动应当拥有至少 2 个直营店，并且经营时间超过 1 年。

第八条　特许人应当自首次订立特许经营合同之日起 15 日内，依照本条例的规定向商务主管部门备案。在省、自治区、直辖市范围内从事特许经营活动的，应当向所在地省、自治区、直辖市人民政府商务主管部门备案；跨省、自治区、直辖市范围从事特许经营活动的，应当向国务院商务主管部门备案。

特许人向商务主管部门备案，应当提交下列文件、资料：

（一）营业执照复印件或者企业登记（注册）证书复印件；

（二）特许经营合同样本；

（三）特许经营操作手册；

（四）市场计划书；

（五）表明其符合本条例第七条规定的书面承诺及相关证明材料；

（六）国务院商务主管部门规定的其他文件、资料。

特许经营的产品或者服务，依法应当经批准方可经营的，特许人还应当提交有关批准文件。

第九条 商务主管部门应当自收到特许人提交的符合本条例第八条规定的文件、资料之日起10日内予以备案，并通知特许人。特许人提交的文件、资料不完备的，商务主管部门可以要求其在7日内补充提交文件、资料。

第十条 商务主管部门应当将备案的特许人名单在政府网站上公布，并及时更新。

第十一条 从事特许经营活动，特许人和被特许人应当采用书面形式订立特许经营合同。

特许经营合同应当包括下列主要内容：

（一）特许人、被特许人的基本情况；

（二）特许经营的内容、期限；

（三）特许经营费用的种类、金额及其支付方式；

（四）经营指导、技术支持以及业务培训等服务的具体内容和提供方式；

（五）产品或者服务的质量、标准要求和保证措施；

（六）产品或者服务的促销与广告宣传；

（七）特许经营中的消费者权益保护和赔偿责任的承担；

（八）特许经营合同的变更、解除和终止；

（九）违约责任；

（十）争议的解决方式；

（十一）特许人与被特许人约定的其他事项。

第十二条 特许人和被特许人应当在特许经营合同中约定，被特许人在特许经营合同订立后一定期限内，可以单方解除合同。

第十三条 特许经营合同约定的特许经营期限应当不少于3年。但是，被特许人同意的除外。

特许人和被特许人续签特许经营合同的，不适用前款规定。

第十四条 特许人应当向被特许人提供特许经营操作手册，并按照约定的内容和方式为被特许人持续提供经营指导、技术支持、业务培训等服务。

第十五条 特许经营的产品或者服务的质量、标准应当符合法律、行政法规和国家有关规定的要求。

第十六条 特许人要求被特许人在订立特许经营合同前支付费用的，应当以书面形式向被特许人说明该部分费用的用途以及退还的条件、方式。

第十七条 特许人向被特许人收取的推广、宣传费用，应当按照合同约定的用途使用。推广、宣传费用的使用情况应当及时向被特许人披露。

特许人在推广、宣传活动中，不得有欺骗、误导的行为，其发布的广告中不得含有宣传被特许人从事特许经营活动收益的内容。

第十八条 未经特许人同意，被特许人不得向他人转让特许经营权。

被特许人不得向他人泄露或者允许他人使用其所掌握的特许人的商业秘密。

第十九条 特许人应当在每年第一季度将其上一年度订立特许经营合同的情况向商务主管部门报告。

第三章　信息披露

第二十条　特许人应当依照国务院商务主管部门的规定，建立并实行完备的信息披露制度。

第二十一条　特许人应当在订立特许经营合同之日前至少30日，以书面形式向被特许人提供本条例第二十二条规定的信息，并提供特许经营合同文本。

第二十二条　特许人应当向被特许人提供以下信息：

（一）特许人的名称、住所、法定代表人、注册资本额、经营范围以及从事特许经营活动的基本情况；

（二）特许人的注册商标、企业标志、专利、专有技术和经营模式的基本情况；

（三）特许经营费用的种类、金额和支付方式（包括是否收取保证金以及保证金的返还条件和返还方式）；

（四）向被特许人提供产品、服务、设备的价格和条件；

（五）为被特许人持续提供经营指导、技术支持、业务培训等服务的具体内容、提供方式和实施计划；

（六）对被特许人的经营活动进行指导、监督的具体办法；

（七）特许经营网点投资预算；

（八）在中国境内现有的被特许人的数量、分布地域以及经营状况评估；

（九）最近2年的经会计师事务所审计的财务会计报告摘要和审计报告摘要；

（十）最近5年内与特许经营相关的诉讼和仲裁情况；

（十一）特许人及其法定代表人是否有重大违法经营记录；

（十二）国务院商务主管部门规定的其他信息。

第二十三条　特许人向被特许人提供的信息应当真实、准确、完整，不得隐瞒有关信息，或者提供虚假信息。

特许人向被特许人提供的信息发生重大变更的，应当及时通知被特许人。

特许人隐瞒有关信息或者提供虚假信息的，被特许人可以解除特许经营合同。

第四章　法律责任

第二十四条　特许人不具备本条例第七条第二款规定的条件，从事特许经营活动的，由商务主管部门责令改正，没收违法所得，处10万元以上50万元以下的罚款，并予以公告。

企业以外的其他单位和个人作为特许人从事特许经营活动的，由商务主管部门责令停止非法经营活动，没收违法所得，并处10万元以上50万元以下的罚款。

第二十五条　特许人未依照本条例第八条的规定向商务主管部门备案的，由商务主管部门责令限期备案，处1万元以上5万元以下的罚款；逾期仍不备案的，处5万元以上10万元以下的罚款，并予以公告。

第二十六条　特许人违反本条例第十六条、第十九条规定的，由商务主管部门责令改正，可以处1万元以下的罚款；情节严重的，处1万元以上5万元以下的罚款，并予以公告。

第二十七条 特许人违反本条例第十七条第二款规定的，由工商行政管理部门责令改正，处3万元以上10万元以下的罚款；情节严重的，处10万元以上30万元以下的罚款，并予以公告；构成犯罪的，依法追究刑事责任。

特许人利用广告实施欺骗、误导行为的，依照广告法的有关规定予以处罚。

第二十八条 特许人违反本条例第二十一条、第二十三条规定，被特许人向商务主管部门举报并经查实的，由商务主管部门责令改正，处1万元以上5万元以下的罚款；情节严重的，处5万元以上10万元以下的罚款，并予以公告。

第二十九条 以特许经营名义骗取他人财物，构成犯罪的，依法追究刑事责任；尚不构成犯罪的，由公安机关依照《中华人民共和国治安管理处罚法》的规定予以处罚。

以特许经营名义从事传销行为的，依照《禁止传销条例》的有关规定予以处罚。

第三十条 商务主管部门的工作人员滥用职权、玩忽职守、徇私舞弊，构成犯罪的，依法追究刑事责任；尚不构成犯罪的，依法给予处分。

第五章 附 则

第三十一条 特许经营活动中涉及商标许可、专利许可的，依照有关商标、专利的法律、行政法规的规定办理。

第三十二条 有关协会组织在国务院商务主管部门指导下，依照本条例的规定制定特许经营活动规范，加强行业自律，为特许经营活动当事人提供相关服务。

第三十三条 本条例施行前已经从事特许经营活动的特许人，应当自本条例施行之日起1年内，依照本条例的规定向商务主管部门备案；逾期不备案的，依照本条例第二十五条的规定处罚。

前款规定的特许人，不适用本条例第七条第二款的规定。

第三十四条 本条例自2007年5月1日起施行。

诉讼费用交纳办法

（国务院令第 481 号　2006 年 12 月 19 日）

第一章　总　则

第一条　根据《中华人民共和国民事诉讼法》（以下简称民事诉讼法）和《中华人民共和国行政诉讼法》（以下简称行政诉讼法）的有关规定，制定本办法。

第二条　当事人进行民事诉讼、行政诉讼，应当依照本办法交纳诉讼费用。

本办法规定可以不交纳或者免予交纳诉讼费用的除外。

第三条　在诉讼过程中不得违反本办法规定的范围和标准向当事人收取费用。

第四条　国家对交纳诉讼费用确有困难的当事人提供司法救助，保障其依法行使诉讼权利，维护其合法权益。

第五条　外国人、无国籍人、外国企业或者组织在人民法院进行诉讼，适用本办法。

外国法院对中华人民共和国公民、法人或者其他组织，与其本国公民、法人或者其他组织在诉讼费用交纳上实行差别对待的，按照对等原则处理。

第二章　诉讼费用交纳范围

第六条　当事人应当向人民法院交纳的诉讼费用包括：

（一）案件受理费；

（二）申请费；

（三）证人、鉴定人、翻译人员、理算人员在人民法院指定日期出庭发生的交通费、住宿费、生活费和误工补贴。

第七条　案件受理费包括：

（一）第一审案件受理费；

（二）第二审案件受理费；

（三）再审案件中，依照本办法规定需要交纳的案件受理费。

第八条　下列案件不交纳案件受理费：

（一）依照民事诉讼法规定的特别程序审理的案件；

（二）裁定不予受理、驳回起诉、驳回上诉的案件；

（三）对不予受理、驳回起诉和管辖权异议裁定不服，提起上诉的案件；

（四）行政赔偿案件。

第九条　根据民事诉讼法和行政诉讼法规定的审判监督程序审理的案件，当事人不交纳案件受理费。但是，下列情形除外：

（一）当事人有新的证据，足以推翻原判决、裁定，向人民法院申请再审，人民法院经审查决定再审的案件；

（二）当事人对人民法院第一审判决或者裁定未提出上诉，第一审判决、裁定或者调解书发生法律效力后又申请再审，人民法院经审查决定再审的案件。

第十条 当事人依法向人民法院申请下列事项，应当交纳申请费：

（一）申请执行人民法院发生法律效力的判决、裁定、调解书，仲裁机构依法作出的裁决和调解书，公证机构依法赋予强制执行效力的债权文书；

（二）申请保全措施；

（三）申请支付令；

（四）申请公示催告；

（五）申请撤销仲裁裁决或者认定仲裁协议效力；

（六）申请破产；

（七）申请海事强制令、共同海损理算、设立海事赔偿责任限制基金、海事债权登记、船舶优先权催告；

（八）申请承认和执行外国法院判决、裁定和国外仲裁机构裁决。

第十一条 证人、鉴定人、翻译人员、理算人员在人民法院指定日期出庭发生的交通费、住宿费、生活费和误工补贴，由人民法院按照国家规定标准代为收取。

当事人复制案件卷宗材料和法律文书应当按实际成本向人民法院交纳工本费。

第十二条 诉讼过程中因鉴定、公告、勘验、翻译、评估、拍卖、变卖、仓储、保管、运输、船舶监管等发生的依法应当由当事人负担的费用，人民法院根据谁主张、谁负担的原则，决定由当事人直接支付给有关机构或者单位，人民法院不得代收代付。

人民法院依照民事诉讼法第十一条第三款规定提供当地民族通用语言、文字翻译的，不收取费用。

第三章 诉讼费用交纳标准

第十三条 案件受理费分别按照下列标准交纳：

（一）财产案件根据诉讼请求的金额或者价额，按照下列比例分段累计交纳：

1. 不超过1万元的，每件交纳50元；
2. 超过1万元至10万元的部分，按照2.5%交纳；
3. 超过10万元至20万元的部分，按照2%交纳；
4. 超过20万元至50万元的部分，按照1.5%交纳；
5. 超过50万元至100万元的部分，按照1%交纳；
6. 超过100万元至200万元的部分，按照0.9%交纳；
7. 超过200万元至500万元的部分，按照0.8%交纳；
8. 超过500万元至1 000万元的部分，按照0.7%交纳；
9. 超过1 000万元至2 000万元的部分，按照0.6%交纳；
10. 超过2 000万元的部分，按照0.5%交纳。

（二）非财产案件按照下列标准交纳：

1. 离婚案件每件交纳50元至300元。涉及财产分割，财产总额不超过20万元的，不另行交纳；超过20万元的部分，按照0.5%交纳。

2. 侵害姓名权、名称权、肖像权、名誉权、荣誉权以及其他人格权的案件，每件交纳100元至500元。涉及损害赔偿，赔偿金额不超过5万元的，不另行交纳；超过5万元至10万元的部分，按照1%交纳；超过10万元的部分，按照0.5%交纳。

3. 其他非财产案件每件交纳50元至100元。

（三）知识产权民事案件，没有争议金额或者价额的，每件交纳500元至1 000元；有争议金额或者价额的，按照财产案件的标准交纳。

（四）劳动争议案件每件交纳10元。

（五）行政案件按照下列标准交纳：

1. 商标、专利、海事行政案件每件交纳100元；

2. 其他行政案件每件交纳50元。

（六）当事人提出案件管辖权异议，异议不成立的，每件交纳50元至100元。省、自治区、直辖市人民政府可以结合本地实际情况在本条第（二）项、第（三）项、第（六）项规定的幅度内制定具体交纳标准。

第十四条 申请费分别按照下列标准交纳：

（一）依法向人民法院申请执行人民法院发生法律效力的判决、裁定、调解书，仲裁机构依法作出的裁决和调解书，公证机关依法赋予强制执行效力的债权文书，申请承认和执行外国法院判决、裁定以及国外仲裁机构裁决的，按照下列标准交纳：

1. 没有执行金额或者价额的，每件交纳50元至500元。

2. 执行金额或者价额不超过1万元的，每件交纳50元；超过1万元至50万元的部分，按照1.5%交纳；超过50万元至500万元的部分，按照1%交纳；超过500万元至1000万元的部分，按照0.5%交纳；超过1000万元的部分，按照0.1%交纳。

3. 符合民事诉讼法第五十五条第四款规定，未参加登记的权利人向人民法院提起诉讼的，按照本项规定的标准交纳申请费，不再交纳案件受理费。

（二）申请保全措施的，根据实际保全的财产数额按照下列标准交纳：

财产数额不超过1 000元或者不涉及财产数额的，每件交纳30元；超过1 000元至10万元的部分，按照1%交纳；超过10万元的部分，按照0.5%交纳。但是，当事人申请保全措施交纳的费用最多不超过5 000元。

（三）依法申请支付令的，比照财产案件受理费标准的1/3交纳。

（四）依法申请公示催告的，每件交纳100元。

（五）申请撤销仲裁裁决或者认定仲裁协议效力的，每件交纳400元。

（六）破产案件依据破产财产总额计算，按照财产案件受理费标准减半交纳，但是，最高不超过30万元。

（七）海事案件的申请费按照下列标准交纳：

1. 申请设立海事赔偿责任限制基金的，每件交纳1 000元至1万元；

2. 申请海事强制令的，每件交纳1 000元至5 000元；

3. 申请船舶优先权催告的，每件交纳1 000元至5 000元；

4. 申请海事债权登记的，每件交纳1 000元；

5. 申请共同海损理算的，每件交纳1 000元。

第十五条 以调解方式结案或者当事人申请撤诉的，减半交纳案件受理费。

第十六条 适用简易程序审理的案件减半交纳案件受理费。

第十七条 对财产案件提起上诉的，按照不服一审判决部分的上诉请求数额交纳案件受理费。

第十八条 被告提起反诉、有独立请求权的第三人提出与本案有关的诉讼请求，人民法院决定合并审理的，分别减半交纳案件受理费。

第十九条 依照本办法第九条规定需要交纳案件受理费的再审案件，按照不服原判决部分的再审请求数额交纳案件受理费。

第四章 诉讼费用的交纳和退还

第二十条 案件受理费由原告、有独立请求权的第三人、上诉人预交。被告提起反诉，依照本办法规定需要交纳案件受理费的，由被告预交。追索劳动报酬的案件可以不预交案件受理费。

申请费由申请人预交。但是，本办法第十条第（一）项、第（六）项规定的申请费不由申请人预交，执行申请费执行后交纳，破产申请费清算后交纳。

本办法第十一条规定的费用，待实际发生后交纳。

第二十一条 当事人在诉讼中变更诉讼请求数额，案件受理费依照下列规定处理：

（一）当事人增加诉讼请求数额的，按照增加后的诉讼请求数额计算补交；

（二）当事人在法庭调查终结前提出减少诉讼请求数额的，按照减少后的诉讼请求数额计算退还。

第二十二条 原告自接到人民法院交纳诉讼费用通知次日起 7 日内交纳案件受理费；反诉案件由提起反诉的当事人自提起反诉次日起 7 日内交纳案件受理费。

上诉案件的案件受理费由上诉人向人民法院提交上诉状时预交。双方当事人都提起上诉的，分别预交。上诉人在上诉期内未预交诉讼费用的，人民法院应当通知其在 7 日内预交。

申请费由申请人在提出申请时或者在人民法院指定的期限内预交。

当事人逾期不交纳诉讼费用又未提出司法救助申请，或者申请司法救助未获批准，在人民法院指定期限内仍未交纳诉讼费用的，由人民法院依照有关规定处理。

第二十三条 依照本办法第九条规定需要交纳案件受理费的再审案件，由申请再审的当事人预交。双方当事人都申请再审的，分别预交。

第二十四条 依照民事诉讼法第三十六条、第三十七条、第三十八条、第三十九条规定移送、移交的案件，原受理人民法院应当将当事人预交的诉讼费用随案移交接收案件的人民法院。

第二十五条 人民法院审理民事案件过程中发现涉嫌刑事犯罪并将案件移送有关部门处理的，当事人交纳的案件受理费予以退还；移送后民事案件需要继续审理的，当事人已交纳的案件受理费不予退还。

第二十六条 中止诉讼、中止执行的案件，已交纳的案件受理费、申请费不予退还。中止诉讼、中止执行的原因消除，恢复诉讼、执行的，不再交纳案件受理费、申请费。

第二十七条 第二审人民法院决定将案件发回重审的，应当退还上诉人已交纳的第二审案件受理费。第一审人民法院裁定不予受理或者驳回起诉的，应当退还当事人已交纳的案件受理费；当事人对第一审人民法院不予受理、驳回起诉的裁定提起上诉，第二审人民法院维持第一审人民法院作出的裁定的，第一审人民法院应当退还当事人已交纳的案件受理费。

第二十八条　依照民事诉讼法第一百三十七条规定终结诉讼的案件，依照本办法规定已交纳的案件受理费不予退还。

第五章　诉讼费用的负担

第二十九条　诉讼费用由败诉方负担，胜诉方自愿承担的除外。

部分胜诉、部分败诉的，人民法院根据案件的具体情况决定当事人各自负担的诉讼费用数额。

共同诉讼当事人败诉的，人民法院根据其对诉讼标的的利害关系，决定当事人各自负担的诉讼费用数额。

第三十条　第二审人民法院改变第一审人民法院作出的判决、裁定的，应当相应变更第一审人民法院对诉讼费用负担的决定。

第三十一条　经人民法院调解达成协议的案件，诉讼费用的负担由双方当事人协商解决；协商不成的，由人民法院决定。

第三十二条　依照本办法第九条第（一）项、第（二）项的规定应当交纳案件受理费的再审案件，诉讼费用由申请再审的当事人负担；双方当事人都申请再审的，诉讼费用依照本办法第二十九条的规定负担。原审诉讼费用的负担由人民法院根据诉讼费用负担原则重新确定。

第三十三条　离婚案件诉讼费用的负担由双方当事人协商解决；协商不成的，由人民法院决定。

第三十四条　民事案件的原告或者上诉人申请撤诉，人民法院裁定准许的，案件受理费由原告或者上诉人负担。

行政案件的被告改变或者撤销具体行政行为，原告申请撤诉，人民法院裁定准许的，案件受理费由被告负担。

第三十五条　当事人在法庭调查终结后提出减少诉讼请求数额的，减少请求数额部分的案件受理费由变更诉讼请求的当事人负担。

第三十六条　债务人对督促程序未提出异议的，申请费由债务人负担。债务人对督促程序提出异议致使督促程序终结的，申请费由申请人负担；申请人另行起诉的，可以将申请费列入诉讼请求。

第三十七条　公示催告的申请费由申请人负担。

第三十八条　本办法第十条第（一）项、第（八）项规定的申请费由被执行人负担。

执行中当事人达成和解协议的，申请费的负担由双方当事人协商解决；协商不成的，由人民法院决定。

本办法第十条第（二）项规定的申请费由申请人负担，申请人提起诉讼的，可以将该申请费列入诉讼请求。

本办法第十条第（五）项规定的申请费，由人民法院依照本办法第二十九条规定决定申请费的负担。

第三十九条　海事案件中的有关诉讼费用依照下列规定负担：

（一）诉前申请海事请求保全、海事强制令的，申请费由申请人负担；申请人就有关海事请求提起诉讼的，可将上述费用列入诉讼请求；

（二）诉前申请海事证据保全的，申请费由申请人负担；

（三）诉讼中拍卖、变卖被扣押船舶、船载货物、船用燃油、船用物料发生的合理费用，由申请人预付，从拍卖、变卖价款中先行扣除，退还申请人；

（四）申请设立海事赔偿责任限制基金、申请债权登记与受偿、申请船舶优先权催告案件的申请费，由申请人负担；

（五）设立海事赔偿责任限制基金、船舶优先权催告程序中的公告费用由申请人负担。

第四十条　当事人因自身原因未能在举证期限内举证，在二审或者再审期间提出新的证据致使诉讼费用增加的，增加的诉讼费用由该当事人负担。

第四十一条　依照特别程序审理案件的公告费，由起诉人或者申请人负担。

第四十二条　依法向人民法院申请破产的，诉讼费用依照有关法律规定从破产财产中拨付。

第四十三条　当事人不得单独对人民法院关于诉讼费用的决定提起上诉。

当事人单独对人民法院关于诉讼费用的决定有异议的，可以向作出决定的人民法院院长申请复核。复核决定应当自收到当事人申请之日起 15 日内作出。

当事人对人民法院决定诉讼费用的计算有异议的，可以向作出决定的人民法院请求复核。计算确有错误的，作出决定的人民法院应当予以更正。

第六章　司法救助

第四十四条　当事人交纳诉讼费用确有困难的，可以依照本办法向人民法院申请缓交、减交或者免交诉讼费用的司法救助。

诉讼费用的免交只适用于自然人。

第四十五条　当事人申请司法救助，符合下列情形之一的，人民法院应当准予免交诉讼费用：

（一）残疾人无固定生活来源的；

（二）追索赡养费、扶养费、抚育费、抚恤金的；

（三）最低生活保障对象、农村特困定期救济对象、农村五保供养对象或者领取失业保险金人员，无其他收入的；

（四）因见义勇为或者为保护社会公共利益致使自身合法权益受到损害，本人或者其近亲属请求赔偿或者补偿的；

（五）确实需要免交的其他情形。

第四十六条　当事人申请司法救助，符合下列情形之一的，人民法院应当准予减交诉讼费用：

（一）因自然灾害等不可抗力造成生活困难，正在接受社会救济，或者家庭生产经营难以为继的；

（二）属于国家规定的优抚、安置对象的；

（三）社会福利机构和救助管理站；

（四）确实需要减交的其他情形。

人民法院准予减交诉讼费用的，减交比例不得低于 30％。

第四十七条　当事人申请司法救助，符合下列情形之一的，人民法院应当准予缓交诉讼费用：

（一）追索社会保险金、经济补偿金的；

（二）海上事故、交通事故、医疗事故、工伤事故、产品质量事故或者其他人身伤害事故的受害人请求赔偿的；

（三）正在接受有关部门法律援助的；

（四）确实需要缓交的其他情形。

第四十八条　当事人申请司法救助，应当在起诉或者上诉时提交书面申请、足以证明其确有经济困难的证明材料以及其他相关证明材料。

因生活困难或者追索基本生活费用申请免交、减交诉讼费用的，还应当提供本人及其家庭经济状况符合当地民政、劳动保障等部门规定的公民经济困难标准的证明。

人民法院对当事人的司法救助申请不予批准的，应当向当事人书面说明理由。

第四十九条　当事人申请缓交诉讼费用经审查符合本办法第四十七条规定的，人民法院应当在决定立案之前作出准予缓交的决定。

第五十条　人民法院对一方当事人提供司法救助，对方当事人败诉的，诉讼费用由对方当事人负担；对方当事人胜诉的，可以视申请司法救助的当事人的经济状况决定其减交、免交诉讼费用。

第五十一条　人民法院准予当事人减交、免交诉讼费用的，应当在法律文书中载明。

第七章　诉讼费用的管理和监督

第五十二条　诉讼费用的交纳和收取制度应当公示。人民法院收取诉讼费用按照其财务隶属关系使用国务院财政部门或者省级人民政府财政部门印制的财政票据。案件受理费、申请费全额上缴财政，纳入预算，实行收支两条线管理。

人民法院收取诉讼费用应当向当事人开具缴费凭证，当事人持缴费凭证到指定代理银行交费。依法应当向当事人退费的，人民法院应当按照国家有关规定办理。诉讼费用缴库和退费的具体办法由国务院财政部门商最高人民法院另行制定。

在边远、水上、交通不便地区，基层巡回法庭当场审理案件，当事人提出向指定代理银行交纳诉讼费用确有困难的，基层巡回法庭可以当场收取诉讼费用，并向当事人出具省级人民政府财政部门印制的财政票据；不出具省级人民政府财政部门印制的财政票据的，当事人有权拒绝交纳。

第五十三条　案件审结后，人民法院应当将诉讼费用的详细清单和当事人应当负担的数额书面通知当事人，同时在判决书、裁定书或者调解书中写明当事人各方应当负担的数额。

需要向当事人退还诉讼费用的，人民法院应当自法律文书生效之日起15日内退还有关当事人。

第五十四条　价格主管部门、财政部门按照收费管理的职责分工，对诉讼费用进行管理和监督；对违反本办法规定的乱收费行为，依照法律、法规和国务院相关规定予以查处。

第八章　附　则

第五十五条　诉讼费用以人民币为计算单位。以外币为计算单位的，依照人民法院决定受理案件之日国家公布的汇率换算成人民币计算交纳；上诉案件和申请再审案件的诉讼费用，按照第一审人民法院决定受理案件之日国家公布的汇率换算。

第五十六条　本办法自 2007 年 4 月 1 日起施行。

娱乐场所管理条例

（国务院令第 458 号　2006 年 1 月 29 日）

第一章　总　则

第一条　为了加强对娱乐场所的管理，保障娱乐场所的健康发展，制定本条例。

第二条　本条例所称娱乐场所，是指以营利为目的，并向公众开放、消费者自娱自乐的歌舞、游艺等场所。

第三条　县级以上人民政府文化主管部门负责对娱乐场所日常经营活动的监督管理；县级以上公安部门负责对娱乐场所消防、治安状况的监督管理。

第四条　国家机关及其工作人员不得开办娱乐场所，不得参与或者变相参与娱乐场所的经营活动。

与文化主管部门、公安部门的工作人员有夫妻关系、直系血亲关系、三代以内旁系血亲关系以及近姻亲关系的亲属，不得开办娱乐场所，不得参与或者变相参与娱乐场所的经营活动。

第二章　设　立

第五条　有下列情形之一的人员，不得开办娱乐场所或者在娱乐场所内从业：

（一）曾犯有组织、强迫、引诱、容留、介绍卖淫罪，制作、贩卖、传播淫秽物品罪，走私、贩卖、运输、制造毒品罪，强奸罪，强制猥亵、侮辱妇女罪，赌博罪，洗钱罪，组织、领导、参加黑社会性质组织罪的；

（二）因犯罪曾被剥夺政治权利的；

（三）因吸食、注射毒品曾被强制戒毒的；

（四）因卖淫、嫖娼曾被处以行政拘留的。

第六条　外国投资者可以与中国投资者依法设立中外合资经营、中外合作经营的娱乐场所，不得设立外商独资经营的娱乐场所。

第七条　娱乐场所不得设在下列地点：

（一）居民楼、博物馆、图书馆和被核定为文物保护单位的建筑物内；

（二）居民住宅区和学校、医院、机关周围；

（三）车站、机场等人群密集的场所；

（四）建筑物地下一层以下；

（五）与危险化学品仓库毗连的区域。

娱乐场所的边界噪声，应当符合国家规定的环境噪声标准。

第八条　娱乐场所的使用面积，不得低于国务院文化主管部门规定的最低标准；设立含有电子游戏机的游艺娱乐场所，应当符合国务院文化主管部门关于总量和布局的要求。

第九条　设立娱乐场所，应当向所在地县级人民政府文化主管部门提出申请；设立中外合资经营、中外合作经营的娱乐场所，应当向所在地省、自治区、直辖市人民政府文化主管部门提出申请。

申请设立娱乐场所，应当提交投资人员、拟任的法定代表人和其他负责人没有本条例第五条规定情形的书面声明。申请人应当对书面声明内容的真实性负责。

受理申请的文化主管部门应当就书面声明向公安部门或者其他有关单位核查，公安部门或者其他有关单位应当予以配合；经核查属实的，文化主管部门应当依据本条例第七条、第八条的规定进行实地检查，作出决定。予以批准的，颁发娱乐经营许可证，并根据国务院文化主管部门的规定核定娱乐场所容纳的消费者数量；不予批准的，应当书面通知申请人并说明理由。

有关法律、行政法规规定需要办理消防、卫生、环境保护等审批手续的，从其规定。

第十条 文化主管部门审批娱乐场所应当举行听证。有关听证的程序，依照《中华人民共和国行政许可法》的规定执行。

第十一条 申请人取得娱乐经营许可证和有关消防、卫生、环境保护的批准文件后，方可到工商行政管理部门依法办理登记手续，领取营业执照。

娱乐场所取得营业执照后，应当在15日内向所在地县级公安部门备案。

第十二条 娱乐场所改建、扩建营业场所或者变更场地、主要设施设备、投资人员，或者变更娱乐经营许可证载明的事项的，应当向原发证机关申请重新核发娱乐经营许可证，并向公安部门备案；需要办理变更登记的，应当依法向工商行政管理部门办理变更登记。

第三章 经 营

第十三条 国家倡导弘扬民族优秀文化，禁止娱乐场所内的娱乐活动含有下列内容：

（一）违反宪法确定的基本原则的；

（二）危害国家统一、主权或者领土完整的；

（三）危害国家安全，或者损害国家荣誉、利益的；

（四）煽动民族仇恨、民族歧视，伤害民族感情或者侵害民族风俗、习惯，破坏民族团结的；

（五）违反国家宗教政策，宣扬邪教、迷信的；

（六）宣扬淫秽、赌博、暴力以及与毒品有关的违法犯罪活动，或者教唆犯罪的；

（七）违背社会公德或者民族优秀文化传统的；

（八）侮辱、诽谤他人，侵害他人合法权益的；

（九）法律、行政法规禁止的其他内容。

第十四条 娱乐场所及其从业人员不得实施下列行为，不得为进入娱乐场所的人员实施下列行为提供条件：

（一）贩卖、提供毒品，或者组织、强迫、教唆、引诱、欺骗、容留他人吸食、注射毒品；

（二）组织、强迫、引诱、容留、介绍他人卖淫、嫖娼；

（三）制作、贩卖、传播淫秽物品；

（四）提供或者从事以营利为目的的陪侍；

（五）赌博；

（六）从事邪教、迷信活动；

（七）其他违法犯罪行为。

娱乐场所的从业人员不得吸食、注射毒品，不得卖淫、嫖娼；娱乐场所及其从业人员不得为进入娱乐场所的人员实施上述行为提供条件。

第十五条　歌舞娱乐场所应当按照国务院公安部门的规定在营业场所的出入口、主要通道安装闭路电视监控设备，并应当保证闭路电视监控设备在营业期间正常运行，不得中断。

歌舞娱乐场所应当将闭路电视监控录像资料留存30日备查，不得删改或者挪作他用。

第十六条　歌舞娱乐场所的包厢、包间内不得设置隔断，并应当安装展现室内整体环境的透明门窗。包厢、包间的门不得有内锁装置。

第十七条　营业期间，歌舞娱乐场所内亮度不得低于国家规定的标准。

第十八条　娱乐场所使用的音像制品或者电子游戏应当是依法出版、生产或者进口的产品。

歌舞娱乐场所播放的曲目和屏幕画面以及游艺娱乐场所的电子游戏机内的游戏项目，不得含有本条例第十三条禁止的内容；歌舞娱乐场所使用的歌曲点播系统不得与境外的曲库联接。

第十九条　游艺娱乐场所不得设置具有赌博功能的电子游戏机机型、机种、电路板等游戏设施设备，不得以现金或者有价证券作为奖品，不得回购奖品。

第二十条　娱乐场所的法定代表人或者主要负责人应当对娱乐场所的消防安全和其他安全负责。

娱乐场所应当确保其建筑、设施符合国家安全标准和消防技术规范，定期检查消防设施状况，并及时维护、更新。

娱乐场所应当制定安全工作方案和应急疏散预案。

第二十一条　营业期间，娱乐场所应当保证疏散通道和安全出口畅通，不得封堵、锁闭疏散通道和安全出口，不得在疏散通道和安全出口设置栅栏等影响疏散的障碍物。

娱乐场所应当在疏散通道和安全出口设置明显指示标志，不得遮挡、覆盖指示标志。

第二十二条　任何人不得非法携带枪支、弹药、管制器具或者携带爆炸性、易燃性、毒害性、放射性、腐蚀性等危险物品和传染病病原体进入娱乐场所。

迪斯科舞厅应当配备安全检查设备，对进入营业场所的人员进行安全检查。

第二十三条　歌舞娱乐场所不得接纳未成年人。除国家法定节假日外，游艺娱乐场所设置的电子游戏机不得向未成年人提供。

第二十四条　娱乐场所不得招用未成年人；招用外国人的，应当按照国家有关规定为其办理外国人就业许可证。

第二十五条　娱乐场所应当与从业人员签订文明服务责任书，并建立从业人员名簿；从业人员名簿应当包括从业人员的真实姓名、居民身份证复印件、外国人就业许可证复印件等内容。

娱乐场所应当建立营业日志，记载营业期间从业人员的工作职责、工作时间、工作地点；营业日志不得删改，并应当留存60日备查。

第二十六条 娱乐场所应当与保安服务企业签订保安服务合同，配备专业保安人员；不得聘用其他人员从事保安工作。

第二十七条 营业期间，娱乐场所的从业人员应当统一着工作服，佩带工作标志并携带居民身份证或者外国人就业许可证。

从业人员应当遵守职业道德和卫生规范，诚实守信，礼貌待人，不得侵害消费者的人身和财产权利。

第二十八条 每日凌晨2时至上午8时，娱乐场所不得营业。

第二十九条 娱乐场所提供娱乐服务项目和出售商品，应当明码标价，并向消费者出示价目表；不得强迫、欺骗消费者接受服务、购买商品。

第三十条 娱乐场所应当在营业场所的大厅、包厢、包间内的显著位置悬挂含有禁毒、禁赌、禁止卖淫嫖娼等内容的警示标志、未成年人禁入或者限入标志。标志应当注明公安部门、文化主管部门的举报电话。

第三十一条 娱乐场所应当建立巡查制度，发现娱乐场所内有违法犯罪活动的，应当立即向所在地县级公安部门、县级人民政府文化主管部门报告。

第四章 监督管理

第三十二条 文化主管部门、公安部门和其他有关部门的工作人员依法履行监督检查职责时，有权进入娱乐场所。娱乐场所应当予以配合，不得拒绝、阻挠。

文化主管部门、公安部门和其他有关部门的工作人员依法履行监督检查职责时，需要查阅闭路电视监控录像资料、从业人员名簿、营业日志等资料的，娱乐场所应当及时提供。

第三十三条 文化主管部门、公安部门和其他有关部门应当记录监督检查的情况和处理结果。监督检查记录由监督检查人员签字归档。公众有权查阅监督检查记录。

第三十四条 文化主管部门、公安部门和其他有关部门应当建立娱乐场所违法行为警示记录系统；对列入警示记录的娱乐场所，应当及时向社会公布，并加大监督检查力度。

第三十五条 文化主管部门、公安部门和其他有关部门应当建立相互间的信息通报制度，及时通报监督检查情况和处理结果。

第三十六条 任何单位或者个人发现娱乐场所内有违反本条例行为的，有权向文化主管部门、公安部门等有关部门举报。

文化主管部门、公安部门等有关部门接到举报，应当记录，并及时依法调查、处理；对不属于本部门职责范围的，应当及时移送有关部门。

第三十七条 上级人民政府文化主管部门、公安部门在必要时，可以依照本条例的规定调查、处理由下级人民政府文化主管部门、公安部门调查、处理的案件。

下级人民政府文化主管部门、公安部门认为案件重大、复杂的，可以请求移送上级人民政府文化主管部门、公安部门调查、处理。

第三十八条 文化主管部门、公安部门和其他有关部门及其工作人员违反本条例规定的，任何单位或者个人可以向依法有权处理的本级或者上一级机关举报。接到举报的机关应当依法及时调查、处理。

第三十九条 娱乐场所行业协会应当依照章程的规定，制定行业自律规范，加强对会员经营活动的指导、监督。

第五章　法律责任

第四十条　违反本条例规定，擅自从事娱乐场所经营活动的，由工商行政管理部门、文化主管部门依法予以取缔；公安部门在查处治安、刑事案件时，发现擅自从事娱乐场所经营活动的，应当依法予以取缔。

第四十一条　违反本条例规定，以欺骗等不正当手段取得娱乐经营许可证的，由原发证机关撤销娱乐经营许可证。

第四十二条　娱乐场所实施本条例第十四条禁止行为的，由县级公安部门没收违法所得和非法财物，责令停业整顿3个月至6个月；情节严重的，由原发证机关吊销娱乐经营许可证，对直接负责的主管人员和其他直接责任人员处1万元以上2万元以下的罚款。

第四十三条　娱乐场所违反本条例规定，有下列情形之一的，由县级公安部门责令改正，给予警告；情节严重的，责令停业整顿1个月至3个月：

（一）照明设施、包厢、包间的设置以及门窗的使用不符合本条例规定的；

（二）未按照本条例规定安装闭路电视监控设备或者中断使用的；

（三）未按照本条例规定留存监控录像资料或者删改监控录像资料的；

（四）未按照本条例规定配备安全检查设备或者未对进入营业场所的人员进行安全检查的；

（五）未按照本条例规定配备保安人员的。

第四十四条　娱乐场所违反本条例规定，有下列情形之一的，由县级公安部门没收违法所得和非法财物，并处违法所得2倍以上5倍以下的罚款；没有违法所得或者违法所得不足1万元的，并处2万元以上5万元以下的罚款；情节严重的，责令停业整顿1个月至3个月：

（一）设置具有赌博功能的电子游戏机机型、机种、电路板等游戏设施设备的；

（二）以现金、有价证券作为奖品，或者回购奖品的。

第四十五条　娱乐场所指使、纵容从业人员侵害消费者人身权利的，应当依法承担民事责任，并由县级公安部门责令停业整顿1个月至3个月；造成严重后果的，由原发证机关吊销娱乐经营许可证。

第四十六条　娱乐场所取得营业执照后，未按照本条例规定向公安部门备案的，由县级公安部门责令改正，给予警告。

第四十七条　违反本条例规定，有下列情形之一的，由县级人民政府文化主管部门没收违法所得和非法财物，并处违法所得1倍以上3倍以下的罚款；没有违法所得或者违法所得不足1万元的，并处1万元以上3万元以下的罚款；情节严重的，责令停业整顿1个月至6个月：

（一）歌舞娱乐场所的歌曲点播系统与境外的曲库联接的；

（二）歌舞娱乐场所播放的曲目、屏幕画面或者游艺娱乐场所电子游戏机内的游戏项目含有本条例第十三条禁止内容的；

（三）歌舞娱乐场所接纳未成年人的；

（四）游艺娱乐场所设置的电子游戏机在国家法定节假日外向未成年人提供的；

（五）娱乐场所容纳的消费者超过核定人数的。

第四十八条 娱乐场所违反本条例规定，有下列情形之一的，由县级人民政府文化主管部门责令改正，给予警告；情节严重的，责令停业整顿1个月至3个月：

（一）变更有关事项，未按照本条例规定申请重新核发娱乐经营许可证的；

（二）在本条例规定的禁止营业时间内营业的；

（三）从业人员在营业期间未统一着装并佩带工作标志的。

第四十九条 娱乐场所未按照本条例规定建立从业人员名簿、营业日志，或者发现违法犯罪行为未按照本条例规定报告的，由县级人民政府文化主管部门、县级公安部门依据法定职权责令改正，给予警告；情节严重的，责令停业整顿1个月至3个月。

第五十条 娱乐场所未按照本条例规定悬挂警示标志、未成年人禁入或者限入标志的，由县级人民政府文化主管部门、县级公安部门依据法定职权责令改正，给予警告。

第五十一条 娱乐场所招用未成年人的，由劳动保障行政部门责令改正，并按照每招用一名未成年人每月处5 000元罚款的标准给予处罚。

第五十二条 因擅自从事娱乐场所经营活动被依法取缔的，其投资人员和负责人终身不得投资开办娱乐场所或者担任娱乐场所的法定代表人、负责人。

娱乐场所因违反本条例规定，被吊销或者撤销娱乐经营许可证的，自被吊销或者撤销之日起，其法定代表人、负责人5年内不得担任娱乐场所的法定代表人、负责人。

娱乐场所因违反本条例规定，2年内被处以3次警告或者罚款又有违反本条例的行为应受行政处罚的，由县级人民政府文化主管部门、县级公安部门依据法定职权责令停业整顿3个月至6个月；2年内被2次责令停业整顿又有违反本条例的行为应受行政处罚的，由原发证机关吊销娱乐经营许可证。

第五十三条 娱乐场所违反有关治安管理或者消防管理法律、行政法规规定的，由公安部门依法予以处罚；构成犯罪的，依法追究刑事责任。

娱乐场所违反有关卫生、环境保护、价格、劳动等法律、行政法规规定的，由有关部门依法予以处罚；构成犯罪的，依法追究刑事责任。

娱乐场所及其从业人员与消费者发生争议的，应当依照消费者权益保护的法律规定解决；造成消费者人身、财产损害的，由娱乐场所依法予以赔偿。

第五十四条 娱乐场所违反本条例规定被吊销或者撤销娱乐经营许可证的，应当依法到工商行政管理部门办理变更登记或者注销登记；逾期不办理的，吊销营业执照。

第五十五条 国家机关及其工作人员开办娱乐场所，参与或者变相参与娱乐场所经营活动的，对直接负责的主管人员和其他直接责任人员依法给予撤职或者开除的行政处分。

文化主管部门、公安部门的工作人员明知其亲属开办娱乐场所或者发现其亲属参与、变相参与娱乐场所的经营活动，不予制止或者制止不力的，依法给予行政处分；情节严重的，依法给予撤职或者开除的行政处分。

第五十六条 文化主管部门、公安部门、工商行政管理部门和其他有关部门的工作人员有下列行为之一的，对直接负责的主管人员和其他直接责任人员依法给予行政处分；构成犯罪的，依法追究刑事责任：

（一）向不符合法定设立条件的单位颁发许可证、批准文件、营业执照的；

（二）不履行监督管理职责，或者发现擅自从事娱乐场所经营活动不依法取缔，或者发现违法行为不依法查处的；

（三）接到对违法行为的举报、通报后不依法查处的；

（四）利用职务之便，索取、收受他人财物或者谋取其他利益的；

（五）利用职务之便，参与、包庇违法行为，或者向有关单位、个人通风报信的；

（六）有其他滥用职权、玩忽职守、徇私舞弊行为的。

第六章　附　则

第五十七条　本条例所称从业人员，包括娱乐场所的管理人员、服务人员、保安人员和在娱乐场所工作的其他人员。

第五十八条　本条例自 2006 年 3 月 1 日起施行。1999 年 3 月 26 日国务院发布的《娱乐场所管理条例》同时废止。

中央储备粮管理条例

（国务院令第388号　2003年8月15日）

第一章　总　则

第一条　为了加强对中央储备粮的管理，保证中央储备粮数量真实、质量良好和储存安全，保护农民利益，维护粮食市场稳定，有效发挥中央储备粮在国家宏观调控中的作用，制定本条例。

第二条　本条例所称中央储备粮，是指中央政府储备的用于调节全国粮食供求总量，稳定粮食市场，以及应对重大自然灾害或者其他突发事件等情况的粮食和食用油。

第三条　从事和参与中央储备粮经营管理、监督活动的单位和个人，必须遵守本条例。

第四条　国家实行中央储备粮垂直管理体制，地方各级人民政府及有关部门应当对中央储备粮的垂直管理给予支持和协助。

第五条　中央储备粮的管理应当严格制度、严格管理、严格责任，确保中央储备粮数量真实、质量良好和储存安全，确保中央储备粮储得进、管得好、调得动、用得上并节约成本、费用。

未经国务院批准，任何单位和个人不得擅自动用中央储备粮。

第六条　国务院发展改革部门及国家粮食行政管理部门会同国务院财政部门负责拟订中央储备粮规模总量、总体布局和动用的宏观调控意见，对中央储备粮管理进行指导和协调；国家粮食行政管理部门负责中央储备粮的行政管理，对中央储备粮的数量、质量和储存安全实施监督检查。

第七条　国务院财政部门负责安排中央储备粮的贷款利息、管理费用等财政补贴，并保证及时、足额拨付；负责对中央储备粮有关财务执行情况实施监督检查。

第八条　中国储备粮管理总公司具体负责中央储备粮的经营管理，并对中央储备粮的数量、质量和储存安全负责。

中国储备粮管理总公司依照国家有关中央储备粮管理的行政法规、规章、国家标准和技术规范，建立、健全中央储备粮各项业务管理制度，并报国家粮食行政管理部门备案。

第九条　中国农业发展银行负责按照国家有关规定，及时、足额安排中央储备粮所需贷款，并对发放的中央储备粮贷款实施信贷监管。

第十条　任何单位和个人不得以任何方式骗取、挤占、截留、挪用中央储备粮贷款或者贷款利息、管理费用等财政补贴。

第十一条　任何单位和个人不得破坏中央储备粮的仓储设施，不得偷盗、哄抢或者损毁中央储备粮。

中央储备粮储存地的地方人民政府对破坏中央储备粮仓储设施，偷盗、哄抢或者损毁中央储备粮的违法行为，应当及时组织有关部门予以制止、查处。

第十二条　任何单位和个人对中央储备粮经营管理中的违法行为，均有权向国家粮食行政管理部门等有关部门举报。国家粮食行政管理部门等有关部门接到举报后，应当及时查处；举报事项的处理属于其他部门职责范围的，应当及时移送其他部门处理。

第二章　中央储备粮的计划

第十三条　中央储备粮的储存规模、品种和总体布局方案，由国务院发展改革部门及国家粮食行政管理部门会同国务院财政部门，根据国家宏观调控需要和财政承受能力提出，报国务院批准。

第十四条　中央储备粮的收购、销售计划，由国家粮食行政管理部门根据国务院批准的中央储备粮储存规模、品种和总体布局方案提出建议，经国务院发展改革部门、国务院财政部门审核同意后，由国务院发展改革部门及国家粮食行政管理部门会同国务院财政部门和中国农业发展银行共同下达中国储备粮管理总公司。

第十五条　中国储备粮管理总公司根据中央储备粮的收购、销售计划，具体组织实施中央储备粮的收购、销售。

第十六条　中央储备粮实行均衡轮换制度，每年轮换的数量一般为中央储备粮储存总量的20%至30%。

中国储备粮管理总公司应当根据中央储备粮的品质情况和入库年限，提出中央储备粮年度轮换的数量、品种和分地区计划，报国家粮食行政管理部门、国务院财政部门和中国农业发展银行批准。中国储备粮管理总公司在年度轮换计划内根据粮食市场供求状况，具体组织实施中央储备粮的轮换。

第十七条　中国储备粮管理总公司应当将中央储备粮收购、销售、年度轮换计划的具体执行情况，及时报国务院发展改革部门、国家粮食行政管理部门和国务院财政部门备案，并抄送中国农业发展银行。

第三章　中央储备粮的储存

第十八条　中国储备粮管理总公司直属企业为专户储存中央储备粮的企业。

中央储备粮也可以依照本条例的规定由具备条件的其他企业代储。

第十九条　代储中央储备粮的企业，应当具备下列条件：

（一）仓库容量达到国家规定的规模，仓库条件符合国家标准和技术规范的要求；

（二）具有与粮食储存功能、仓型、进出粮方式、粮食品种、储粮周期等相适应的仓储设备；

（三）具有符合国家标准的中央储备粮质量等级检测仪器和场所，具备检测中央储备粮储存期间仓库内温度、水分、害虫密度的条件；

（四）具有经过专业培训，并取得有关主管部门颁发的资格证书的粮食保管、检验、防治等管理技术人员；

（五）经营管理和信誉良好，并无严重违法经营记录。

选择代储中央储备粮的企业，应当遵循有利于中央储备粮的合理布局，有利于中央储备粮的集中管理和监督，有利于降低中央储备粮成本、费用的原则。

第二十条　具备本条例第十九条规定代储条件的企业，经国家粮食行政管理部门审核同意，取得代储中央储备粮的资格。

企业代储中央储备粮的资格认定办法，由国家粮食行政管理部门会同国务院财政部门，并征求中国农业发展银行和中国储备粮管理总公司的意见制定。

第二十一条 中国储备粮管理总公司负责从取得代储中央储备粮资格的企业中，根据中央储备粮的总体布局方案择优选定中央储备粮代储企业，报国家粮食行政管理部门、国务院财政部门和中国农业发展银行备案，并抄送当地粮食行政管理部门。

中国储备粮管理总公司应当与中央储备粮代储企业签订合同，明确双方的权利、义务和违约责任等事项。

中央储备粮代储企业不得将中央储备粮轮换业务与其他业务混合经营。

第二十二条 中国储备粮管理总公司直属企业、中央储备粮代储企业（以下统称承储企业）储存中央储备粮，应当严格执行国家有关中央储备粮管理的行政法规、规章、国家标准和技术规范，以及中国储备粮管理总公司依照有关行政法规、规章、国家标准和技术规范制定的各项业务管理制度。

第二十三条 承储企业必须保证入库的中央储备粮达到收购、轮换计划规定的质量等级，并符合国家规定的质量标准。

第二十四条 承储企业应当对中央储备粮实行专仓储存、专人保管、专账记载，保证中央储备粮账账相符、账实相符、质量良好、储存安全。

第二十五条 承储企业不得虚报、瞒报中央储备粮的数量，不得在中央储备粮中掺杂掺假、以次充好，不得擅自串换中央储备粮的品种、变更中央储备粮的储存地点，不得因延误轮换或者管理不善造成中央储备粮陈化、霉变。

第二十六条 承储企业不得以低价购进高价入账、高价售出低价入账、以旧粮顶替新粮、虚增入库成本等手段套取差价，骗取中央储备粮贷款和贷款利息、管理费用等财政补贴。

第二十七条 承储企业应当建立、健全中央储备粮的防火、防盗、防洪等安全管理制度，并配备必要的安全防护设施。

地方各级人民政府应当支持本行政区域内的承储企业做好中央储备粮的安全管理工作。

第二十八条 承储企业应当对中央储备粮的储存管理状况进行经常性检查；发现中央储备粮数量、质量和储存安全等方面的问题，应当及时处理；不能处理的，承储企业的主要负责人必须及时报告中国储备粮管理总公司或者其分支机构。

第二十九条 承储企业应当在轮换计划规定的时间内完成中央储备粮的轮换。

中央储备粮的轮换应当遵循有利于保证中央储备粮的数量、质量和储存安全，保持粮食市场稳定，防止造成市场粮价剧烈波动，节约成本、提高效率的原则。

中央储备粮轮换的具体管理办法，由国务院发展改革部门及国家粮食行政管理部门会同国务院财政部门，并征求中国农业发展银行和中国储备粮管理总公司的意见制定。

第三十条 中央储备粮的收购、销售、轮换原则上应当通过规范的粮食批发市场公开进行，也可以通过国家规定的其他方式进行。

第三十一条 承储企业不得以中央储备粮对外进行担保或者对外清偿债务。

承储企业依法被撤销、解散或者破产的，其储存的中央储备粮由中国储备粮管理总公司负责调出另储。

第三十二条　中央储备粮的管理费用补贴实行定额包干，由国务院财政部门拨付给中国储备粮管理总公司；中国储备粮管理总公司按照国务院财政部门的有关规定，通过中国农业发展银行补贴专户，及时、足额拨付到承储企业。中国储备粮管理总公司在中央储备粮管理费用补贴包干总额内，可以根据不同储存条件和实际费用水平，适当调整不同地区、不同品种、不同承储企业的管理费用补贴标准；但同一地区、同一品种、储存条件基本相同的承储企业的管理费用补贴标准原则上应当一致。

中央储备粮的贷款利息实行据实补贴，由国务院财政部门拨付。

第三十三条　中央储备粮贷款实行贷款与粮食库存值增减挂钩和专户管理、专款专用。

承储企业应当在中国农业发展银行开立基本账户，并接受中国农业发展银行的信贷监管。

中国储备粮管理总公司应当创造条件，逐步实行中央储备粮贷款统借统还。

第三十四条　中央储备粮的入库成本由国务院财政部门负责核定。中央储备粮的入库成本一经核定，中国储备粮管理总公司及其分支机构和承储企业必须遵照执行。

任何单位和个人不得擅自更改中央储备粮入库成本。

第三十五条　国家建立中央储备粮损失、损耗处理制度，及时处理所发生的损失、损耗。具体办法由国务院财政部门会同国家粮食行政管理部门，并征求中国储备粮管理总公司和中国农业发展银行的意见制定。

第三十六条　中国储备粮管理总公司应当定期统计、分析中央储备粮的储存管理情况，并将统计、分析情况报送国务院发展改革部门、国家粮食行政管理部门、国务院财政部门及中国农业发展银行。

第四章　中央储备粮的动用

第三十七条　国务院发展改革部门及国家粮食行政管理部门，应当完善中央储备粮的动用预警机制，加强对需要动用中央储备粮情况的监测，适时提出动用中央储备粮的建议。

第三十八条　出现下列情况之一的，可以动用中央储备粮：

（一）全国或者部分地区粮食明显供不应求或者市场价格异常波动；

（二）发生重大自然灾害或者其他突发事件需要动用中央储备粮；

（三）国务院认为需要动用中央储备粮的其他情形。

第三十九条　动用中央储备粮，由国务院发展改革部门及国家粮食行政管理部门会同国务院财政部门提出动用方案，报国务院批准。动用方案应当包括动用中央储备粮的品种、数量、质量、价格、使用安排、运输保障等内容。

第四十条　国务院发展改革部门及国家粮食行政管理部门，根据国务院批准的中央储备粮动用方案下达动用命令，由中国储备粮管理总公司具体组织实施。

紧急情况下，国务院直接决定动用中央储备粮并下达动用命令。

国务院有关部门和有关地方人民政府对中央储备粮动用命令的实施，应当给予支持、配合。

第四十一条 任何单位和个人不得拒绝执行或者擅自改变中央储备粮动用命令。

第五章 监督检查

第四十二条 国家粮食行政管理部门、国务院财政部门按照各自职责，依法对中国储备粮管理总公司及其分支机构、承储企业执行本条例及有关粮食法规的情况，进行监督检查。在监督检查过程中，可以行使下列职权：

（一）进入承储企业检查中央储备粮的数量、质量和储存安全；

（二）向有关单位和人员了解中央储备粮收购、销售、轮换计划及动用命令的执行情况；

（三）调阅中央储备粮经营管理的有关资料、凭证；

（四）对违法行为，依法予以处理。

第四十三条 国家粮食行政管理部门、国务院财政部门在监督检查中，发现中央储备粮数量、质量、储存安全等方面存在问题，应当责成中国储备粮管理总公司及其分支机构、承储企业立即予以纠正或者处理；发现中央储备粮代储企业不再具备代储条件，国家粮食行政管理部门应当取消其代储资格；发现中国储备粮管理总公司直属企业存在不适于储存中央储备粮的情况，国家粮食行政管理部门应当责成中国储备粮管理总公司对有关直属企业限期整改。

第四十四条 国家粮食行政管理部门、国务院财政部门的监督检查人员应当将监督检查情况作出书面记录，并由监督检查人员和被检查单位的负责人签字。被检查单位的负责人拒绝签字的，监督检查人员应当将有关情况记录在案。

第四十五条 审计机关依照审计法规定的职权和程序，对有关中央储备粮的财务收支情况实施审计监督；发现问题，应当及时予以处理。

第四十六条 中国储备粮管理总公司及其分支机构、承储企业，对国家粮食行政管理部门、国务院财政部门、审计机关的监督检查人员依法履行职责，应当予以配合。

任何单位和个人不得拒绝、阻挠、干涉国家粮食行政管理部门、国务院财政部门、审计机关的监督检查人员依法履行监督检查职责。

第四十七条 中国储备粮管理总公司及其分支机构应当加强对中央储备粮的经营管理和检查，对中央储备粮的数量、质量存在的问题，应当及时予以纠正；对危及中央储备粮储存安全的重大问题，应当立即采取有效措施予以处理，并报告国家粮食行政管理部门、国务院财政部门及中国农业发展银行。

第四十八条 中国农业发展银行应当按照资金封闭管理的规定，加强对中央储备粮贷款的信贷监管。中国储备粮管理总公司及其分支机构、承储企业对中国农业发展银行依法进行的信贷监管，应当予以配合，并及时提供有关资料和情况。

第六章 法律责任

第四十九条 国家机关工作人员违反本条例规定，有下列行为之一的，给予警告直至撤职的行政处分；情节严重的，给予降级直至开除的行政处分；构成犯罪的，依法追究刑事责任：

（一）不及时下达中央储备粮收购、销售及年度轮换计划的；

（二）给予不具备代储条件的企业代储中央储备粮资格，或者发现中央储备粮代储企业不再具备代储条件不及时取消其代储资格的；

（三）发现中国储备粮管理总公司直属企业存在不适于储存中央储备粮的情况不责成中国储备粮管理总公司对其限期整改的；

（四）接到举报、发现违法行为不及时查处的。

第五十条　中国储备粮管理总公司及其分支机构违反本条例规定，有下列行为之一的，由国家粮食行政管理部门责令改正；对直接负责的主管人员和其他直接责任人员，责成中国储备粮管理总公司给予警告直至撤职的纪律处分；情节严重的，对直接负责的主管人员和其他直接责任人员给予降级直至开除的纪律处分；构成犯罪的，依法追究刑事责任：

（一）拒不组织实施或者擅自改变中央储备粮收购、销售、年度轮换计划及动用命令的；

（二）选择未取得代储中央储备粮资格的企业代储中央储备粮的；

（三）发现中央储备粮的数量、质量存在问题不及时纠正，或者发现危及中央储备粮储存安全的重大问题，不立即采取有效措施处理并按照规定报告的；

（四）拒绝、阻挠、干涉国家粮食行政管理部门、国务院财政部门、审计机关的监督检查人员依法履行监督检查职责的。

第五十一条　承储企业违反本条例规定，有下列行为之一的，由国家粮食行政管理部门责成中国储备粮管理总公司对其限期改正；情节严重的，对中央储备粮代储企业，还应当取消其代储资格；对直接负责的主管人员和其他直接责任人员给予警告直至开除的纪律处分；构成犯罪的，依法追究刑事责任：

（一）入库的中央储备粮不符合质量等级和国家标准要求的；

（二）对中央储备粮未实行专仓储存、专人保管、专账记载，中央储备粮账账不符、账实不符的；

（三）发现中央储备粮的数量、质量和储存安全等方面的问题不及时处理，或者处理不了不及时报告的；

（四）拒绝、阻挠、干涉国家粮食行政管理部门、国务院财政部门、审计机关的监督检查人员或者中国储备粮管理总公司的检查人员依法履行职责的。

第五十二条　承储企业违反本条例规定，有下列行为之一的，由国家粮食行政管理部门责成中国储备粮管理总公司对其限期改正；有违法所得的，没收违法所得；对直接负责的主管人员给予降级直至开除的纪律处分；对其他直接责任人员给予警告直至开除的纪律处分；构成犯罪的，依法追究刑事责任；对中央储备粮代储企业，取消其代储资格：

（一）虚报、瞒报中央储备粮数量的；

（二）在中央储备粮中掺杂掺假、以次充好的；

（三）擅自串换中央储备粮的品种、变更中央储备粮储存地点的；

（四）造成中央储备粮陈化、霉变的；

（五）拒不执行或者擅自改变中央储备粮收购、销售、轮换计划和动用命令的；

（六）擅自动用中央储备粮的；

（七）以中央储备粮对外进行担保或者清偿债务的。

第五十三条 承储企业违反本条例规定，以低价购进高价入账、高价售出低价入账、以旧粮顶替新粮、虚增入库成本等手段套取差价，骗取中央储备粮贷款和贷款利息、管理费用等财政补贴的，由国家粮食行政管理部门、国务院财政部门按照各自职责责成中国储备粮管理总公司对其限期改正，并责令退回骗取的中央储备粮贷款和贷款利息、管理费用等财政补贴；有违法所得的，没收违法所得；对直接负责的主管人员给予降级直至开除的纪律处分；对其他直接责任人员给予警告直至开除的纪律处分；构成犯罪的，依法追究刑事责任；对中央储备粮代储企业，取消其代储资格。

第五十四条 中央储备粮代储企业将中央储备粮轮换业务与其他业务混合经营的，由国家粮食行政管理部门责成中国储备粮管理总公司对其限期改正；对直接负责的主管人员给予警告直至降级的纪律处分；造成中央储备粮损失的，对直接负责的主管人员给予撤职直至开除的纪律处分，并取消其代储资格。

第五十五条 违反本条例规定，挤占、截留、挪用中央储备粮贷款或者贷款利息、管理费用等财政补贴，或者擅自更改中央储备粮入库成本的，由国务院财政部门、中国农业发展银行按照各自职责责令改正或者给予信贷制裁；有违法所得的，没收违法所得；对直接负责的主管人员和其他直接责任人员依法给予撤职直至开除的纪律处分；构成犯罪的，依法追究刑事责任。

第五十六条 国家机关和中国农业发展银行的工作人员违反本条例规定，滥用职权、徇私舞弊或者玩忽职守，构成犯罪的，依法追究刑事责任；尚不构成犯罪的，依法给予降级直至开除的行政处分或者纪律处分。

第五十七条 违反本条例规定，破坏中央储备粮仓储设施，偷盗、哄抢、损毁中央储备粮，构成犯罪的，依法追究刑事责任；尚不构成犯罪的，依照《中华人民共和国治安管理处罚条例》的规定予以处罚；造成财产损失的，依法承担民事赔偿责任。

第五十八条 本条例规定的对国家机关工作人员的行政处分，依照《国家公务员暂行条例》的规定执行；对中国储备粮管理总公司及其分支机构、承储企业、中国农业发展银行工作人员的纪律处分，依照《企业职工奖惩条例》的规定执行，国家另有规定的，依照有关规定执行。

第七章 附 则

第五十九条 地方储备粮的管理办法，由省、自治区、直辖市参照本条例制定。

第六十条 本条例自公布之日起施行。

中华人民共和国内河交通安全管理条例

（国务院令第355号　2002年6月28日）

第一章　总　则

第一条　为了加强内河交通安全管理，维护内河交通秩序，保障人民群众生命、财产安全，制定本条例。

第二条　在中华人民共和国内河通航水域从事航行、停泊和作业以及与内河交通安全有关的活动，必须遵守本条例。

第三条　内河交通安全管理遵循安全第一、预防为主、方便群众、依法管理的原则，保障内河交通安全、有序、畅通。

第四条　国务院交通主管部门主管全国内河交通安全管理工作。国家海事管理机构在国务院交通主管部门的领导下，负责全国内河交通安全监督管理工作。

国务院交通主管部门在中央管理水域设立的海事管理机构和省、自治区、直辖市人民政府在中央管理水域以外的其他水域设立的海事管理机构（以下统称海事管理机构）依据各自的职责权限，对所辖内河通航水域实施水上交通安全监督管理。

第五条　县级以上地方各级人民政府应当加强本行政区域内的内河交通安全管理工作，建立、健全内河交通安全管理责任制。

乡（镇）人民政府对本行政区域内的内河交通安全管理履行下列职责：

（一）建立、健全行政村和船主的船舶安全责任制；

（二）落实渡口船舶、船员、旅客定额的安全管理责任制；

（三）落实船舶水上交通安全管理的专门人员；

（四）督促船舶所有人、经营人和船员遵守有关内河交通安全的法律、法规和规章。

第二章　船舶、浮动设施和船员

第六条　船舶具备下列条件，方可航行：

（一）经海事管理机构认可的船舶检验机构依法检验并持有合格的船舶检验证书；

（二）经海事管理机构依法登记并持有船舶登记证书；

（三）配备符合国务院交通主管部门规定的船员；

（四）配备必要的航行资料。

第七条　浮动设施具备下列条件，方可从事有关活动：

（一）经海事管理机构认可的船舶检验机构依法检验并持有合格的检验证书；

（二）经海事管理机构依法登记并持有登记证书；

（三）配备符合国务院交通主管部门规定的掌握水上交通安全技能的船员。

第八条 船舶、浮动设施应当保持适于安全航行、停泊或者从事有关活动的状态。

船舶、浮动设施的配载和系固应当符合国家安全技术规范。

第九条 船员经水上交通安全专业培训，其中客船和载运危险货物船舶的船员还应当经相应的特殊培训，并经海事管理机构考试合格，取得相应的适任证书或者其他适任证件，方可担任船员职务。严禁未取得适任证书或者其他适任证件的船员上岗。

船员应当遵守职业道德，提高业务素质，严格依法履行职责。

第十条 船舶、浮动设施的所有人或者经营人，应当加强对船舶、浮动设施的安全管理，建立、健全相应的交通安全管理制度，并对船舶、浮动设施的交通安全负责；不得聘用无适任证书或者其他适任证件的人员担任船员；不得指使、强令船员违章操作。

第十一条 船舶、浮动设施的所有人或者经营人，应当根据船舶、浮动设施的技术性能、船员状况、水域和水文气象条件，合理调度船舶或者使用浮动设施。

第十二条 按照国家规定必须取得船舶污染损害责任、沉船打捞责任的保险文书或者财务保证书的船舶，其所有人或者经营人必须取得相应的保险文书或者财务担保证明，并随船携带其副本。

第十三条 禁止伪造、变造、买卖、租借、冒用船舶检验证书、船舶登记证书、船员适任证书或者其他适任证件。

第三章 航行、停泊和作业

第十四条 船舶在内河航行，应当悬挂国旗，标明船名、船籍港、载重线。

按照国家规定应当报废的船舶、浮动设施，不得航行或者作业。

第十五条 船舶在内河航行，应当保持了望，注意观察，并采用安全航速航行。船舶安全航速应当根据能见度、通航密度、船舶操纵性能和风、浪、水流、航路状况以及周围环境等主要因素决定。使用雷达的船舶，还应当考虑雷达设备的特性、效率和局限性。

船舶在限制航速的区域和汛期高水位期间，应当按照海事管理机构规定的航速航行。

第十六条 船舶在内河航行时，上行船舶应当沿缓流或者航路一侧航行，下行船舶应当沿主流或者航路中间航行；在潮流河段、湖泊、水库、平流区域，应当尽可能沿本船右舷一侧航路航行。

第十七条 船舶在内河航行时，应当谨慎驾驶，保障安全；对来船动态不明、声号不统一或者遇有紧迫情况时，应当减速、停车或者倒车，防止碰撞。

船舶相遇，各方应当注意避让。按照船舶航行规则应当让路的船舶，必须主动避让被让路船舶；被让路船舶应当注意让路船舶的行动，并适时采取措施，协助避让。

船舶避让时，各方避让意图经统一后，任何一方不得擅自改变避让行动。

船舶航行、避让和信号显示的具体规则，由国务院交通主管部门制定。

第十八条 船舶进出内河港口，应当向海事管理机构办理船舶进出港签证手续。

第十九条 下列船舶在内河航行，应当向引航机构申请引航：

（一）外国籍船舶；

（二）1000 总吨以上的海上机动船舶，但船长驾驶同一类型的海上机动船舶在同一内河通航水域航行与上一航次间隔 2 个月以内的除外；

（三）通航条件受限制的船舶；

（四）国务院交通主管部门规定应当申请引航的客船、载运危险货物的船舶。

第二十条　船舶进出港口和通过交通管制区、通航密集区或者航行条件受限制的区域，应当遵守海事管理机构发布的有关通航规定。

任何船舶不得擅自进入或者穿越海事管理机构公布的禁航区。

第二十一条　从事货物或者旅客运输的船舶，必须符合船舶强度、稳性、吃水、消防和救生等安全技术要求和国务院交通主管部门规定的载货或者载客条件。

任何船舶不得超载运输货物或者旅客。

第二十二条　船舶在内河通航水域载运或者拖带超重、超长、超高、超宽、半潜的物体，必须在装船或者拖带前24小时报海事管理机构核定拟航行的航路、时间，并采取必要的安全措施，保障船舶载运或者拖带安全。船舶需要护航的，应当向海事管理机构申请护航。

第二十三条　遇有下列情形之一时，海事管理机构可以根据情况采取限时航行、单航、封航等临时性限制、疏导交通的措施，并予公告：

（一）恶劣天气；

（二）大范围水上施工作业；

（三）影响航行的水上交通事故；

（四）水上大型群众性活动或者体育比赛；

（五）对航行安全影响较大的其他情形。

第二十四条　船舶应当在码头、泊位或者依法公布的锚地、停泊区、作业区停泊；遇有紧急情况，需要在其他水域停泊的，应当向海事管理机构报告。

船舶停泊，应当按照规定显示信号，不得妨碍或者危及其他船舶航行、停泊或者作业的安全。

船舶停泊，应当留有足以保证船舶安全的船员值班。

第二十五条　在内河通航水域或者岸线上进行下列可能影响通航安全的作业或者活动的，应当在进行作业或者活动前报海事管理机构批准：

（一）勘探、采掘、爆破；

（二）构筑、设置、维修、拆除水上水下构筑物或者设施；

（三）架设桥梁、索道；

（四）铺设、检修、拆除水上水下电缆或者管道；

（五）设置系船浮筒、浮趸、缆桩等设施；

（六）航道建设，航道、码头前沿水域疏浚；

（七）举行大型群众性活动、体育比赛。

进行前款所列作业或者活动，需要进行可行性研究的，在进行可行性研究时应当征求海事管理机构的意见；依照法律、行政法规的规定，需经其他有关部门审批的，还应当依法办理有关审批手续。

第二十六条　海事管理机构审批本条例第二十五条规定的作业或者活动，应当自收到申请之日起30日内作出批准或者不批准的决定，并书面通知申请人。

遇有紧急情况，需要对航道进行修复或者对航道、码头前沿水域进行疏浚的，作业人可以边申请边施工。

第二十七条 航道内不得养殖、种植植物、水生物和设置永久性固定设施。

划定航道，涉及水产养殖区的，航道主管部门应当征求渔业行政主管部门的意见；设置水产养殖区，涉及航道的，渔业行政主管部门应当征求航道主管部门和海事管理机构的意见。

第二十八条 在内河通航水域进行下列可能影响通航安全的作业，应当在进行作业前向海事管理机构备案：

（一）气象观测、测量、地质调查；

（二）航道日常养护；

（三）大面积清除水面垃圾；

（四）可能影响内河通航水域交通安全的其他行为。

第二十九条 进行本条例第二十五条、第二十八条规定的作业或者活动时，应当在作业或者活动区域设置标志和显示信号，并按照海事管理机构的规定，采取相应的安全措施，保障通航安全。

前款作业或者活动完成后，不得遗留任何妨碍航行的物体。

第四章 危险货物监管

第三十条 从事危险货物装卸的码头、泊位，必须符合国家有关安全规范要求，并征求海事管理机构的意见，经验收合格后，方可投入使用。

禁止在内河运输法律、行政法规以及国务院交通主管部门规定禁止运输的危险货物。

第三十一条 载运危险货物的船舶，必须持有经海事管理机构认可的船舶检验机构依法检验并颁发的危险货物适装证书，并按照国家有关危险货物运输的规定和安全技术规范进行配载和运输。

第三十二条 船舶装卸、过驳危险货物或者载运危险货物进出港口，应当将危险货物的名称、特性、包装、装卸或者过驳的时间、地点以及进出港时间等事项，事先报告海事管理机构和港口管理机构，经其同意后，方可进行装卸、过驳作业或者进出港口；但是，定船、定线、定货的船舶可以定期报告。

第三十三条 载运危险货物的船舶，在航行、装卸或者停泊时，应当按照规定显示信号；其他船舶应当避让。

第三十四条 从事危险货物装卸的码头、泊位和载运危险货物的船舶，必须编制危险货物事故应急预案，并配备相应的应急救援设备和器材。

第五章 渡口管理

第三十五条 设置或者撤销渡口，应当经渡口所在地的县级人民政府审批；县级人民政府审批前，应当征求当地海事管理机构的意见。

第三十六条 渡口的设置应当具备下列条件：

（一）选址应当在水流平缓、水深足够、坡岸稳定、视野开阔、适宜船舶停靠的地点，并远离危险物品生产、堆放场所；

（二）具备货物装卸、旅客上下的安全设施；

（三）配备必要的救生设备和专门管理人员。

第三十七条　渡口经营者应当在渡口设置明显的标志，维护渡运秩序，保障渡运安全。

渡口所在地县级人民政府应当建立、健全渡口安全管理责任制，指定有关部门负责对渡口和渡运安全实施监督检查。

第三十八条　渡口工作人员应当经培训、考试合格，并取得渡口所在地县级人民政府指定的部门颁发的合格证书。

渡口船舶应当持有合格的船舶检验证书和船舶登记证书。

第三十九条　渡口载客船舶应当有符合国家规定的识别标志，并在明显位置标明载客定额、安全注意事项。

渡口船舶应当按照渡口所在地的县级人民政府核定的路线渡运，并不得超载；渡运时，应当注意避让过往船舶，不得抢航或者强行横越。

遇有洪水或者大风、大雾、大雪等恶劣天气，渡口应当停止渡运。

第六章　通航保障

第四十条　内河通航水域的航道、航标和其他标志的规划、建设、设置、维护，应当符合国家规定的通航安全要求。

第四十一条　内河航道发生变迁，水深、宽度发生变化，或者航标发生位移、损坏、灭失，影响通航安全的，航道、航标主管部门必须及时采取措施，使航道、航标保持正常状态。

第四十二条　内河通航水域内可能影响航行安全的沉没物、漂流物、搁浅物，其所有人和经营人，必须按照国家有关规定设置标志，向海事管理机构报告，并在海事管理机构限定的时间内打捞清除；没有所有人或者经营人的，由海事管理机构打捞清除或者采取其他相应措施，保障通航安全。

第四十三条　在内河通航水域中拖放竹、木等物体，应当在拖放前24小时报经海事管理机构同意，按照核定的时间、路线拖放，并采取必要的安全措施，保障拖放安全。

第四十四条　任何单位和个人发现下列情况，应当迅速向海事管理机构报告：

（一）航道变迁，航道水深、宽度发生变化；

（二）妨碍通航安全的物体；

（三）航标发生位移、损坏、灭失；

（四）妨碍通航安全的其他情况。

海事管理机构接到报告后，应当根据情况发布航行通告或者航行警告，并通知航道、航标主管部门。

第四十五条　海事管理机构划定或者调整禁航区、交通管制区、港区外锚地、停泊区和安全作业区，以及对进行本条例第二十五条、第二十八条规定的作业或者活动，需要发布航行通告、航行警告的，应当及时发布。

第七章 救 助

第四十六条 船舶、浮动设施遇险，应当采取一切有效措施进行自救。

船舶、浮动设施发生碰撞等事故，任何一方应当在不危及自身安全的情况下，积极救助遇险的他方，不得逃逸。

船舶、浮动设施遇险，必须迅速将遇险的时间、地点、遇险状况、遇险原因、救助要求，向遇险地海事管理机构以及船舶、浮动设施所有人、经营人报告。

第四十七条 船员、浮动设施上的工作人员或者其他人员发现其他船舶、浮动设施遇险，或者收到求救信号后，必须尽力救助遇险人员，并将有关情况及时向遇险地海事管理机构报告。

第四十八条 海事管理机构收到船舶、浮动设施遇险求救信号或者报告后，必须立即组织力量救助遇险人员，同时向遇险地县级以上地方人民政府和上级海事管理机构报告。

遇险地县级以上地方人民政府收到海事管理机构的报告后，应当对救助工作进行领导和协调，动员各方力量积极参与救助。

第四十九条 船舶、浮动设施遇险时，有关部门和人员必须积极协助海事管理机构做好救助工作。

遇险现场和附近的船舶、人员，必须服从海事管理机构的统一调度和指挥。

第八章 事故调查处理

第五十条 船舶、浮动设施发生交通事故，其所有人或者经营人必须立即向交通事故发生地海事管理机构报告，并做好现场保护工作。

第五十一条 海事管理机构接到内河交通事故报告后，必须立即派员前往现场，进行调查和取证。

海事管理机构进行内河交通事故调查和取证，应当全面、客观、公正。

第五十二条 接受海事管理机构调查、取证的有关人员，应当如实提供有关情况和证据，不得谎报或者隐匿、毁灭证据。

第五十三条 海事管理机构应当在内河交通事故调查、取证结束后30日内，依据调查事实和证据作出调查结论，并书面告知内河交通事故当事人。

第五十四条 海事管理机构在调查处理内河交通事故过程中，应当采取有效措施，保证航路畅通，防止发生其他事故。

第五十五条 地方人民政府应当依照国家有关规定积极做好内河交通事故的善后工作。

第五十六条 特大内河交通事故的报告、调查和处理，按照国务院有关规定执行。

第九章 监督检查

第五十七条 在旅游、交通运输繁忙的湖泊、水库，在气候恶劣的季节，在法定或者传统节日、重大集会、集市、农忙、学生放学放假等交通高峰期间，县级以上地方各级人民政府应当加强对维护内河交通安全的组织、协调工作。

第五十八条　海事管理机构必须建立、健全内河交通安全监督检查制度，并组织落实。

第五十九条　海事管理机构必须依法履行职责，加强对船舶、浮动设施、船员和通航安全环境的监督检查。发现内河交通安全隐患时，应当责令有关单位和个人立即消除或者限期消除；有关单位和个人不立即消除或者逾期不消除的，海事管理机构必须采取责令其临时停航、停止作业，禁止进港、离港等强制性措施。

第六十条　对内河交通密集区域、多发事故水域以及货物装卸、乘客上下比较集中的港口，对客渡船、滚装客船、高速客轮、旅游船和载运危险货物的船舶，海事管理机构必须加强安全巡查。

第六十一条　海事管理机构依照本条例实施监督检查时，可以根据情况对违反本条例有关规定的船舶，采取责令临时停航、驶向指定地点，禁止进港、离港，强制卸载、拆除动力装置、暂扣船舶等保障通航安全的措施。

第六十二条　海事管理机构的工作人员依法在内河通航水域对船舶、浮动设施进行内河交通安全监督检查，任何单位和个人不得拒绝或者阻挠。

有关单位或者个人应当接受海事管理机构依法实施的安全监督检查，并为其提供方便。

海事管理机构的工作人员依照本条例实施监督检查时，应当出示执法证件，表明身份。

第十章　法律责任

第六十三条　违反本条例的规定，应当报废的船舶、浮动设施在内河航行或者作业的，由海事管理机构责令停航或者停止作业，并对船舶、浮动设施予以没收。

第六十四条　违反本条例的规定，船舶、浮动设施未持有合格的检验证书、登记证书或者船舶未持有必要的航行资料，擅自航行或者作业的，由海事管理机构责令停止航行或者作业；拒不停止的，暂扣船舶、浮动设施；情节严重的，予以没收。

第六十五条　违反本条例的规定，船舶未按照国务院交通主管部门的规定配备船员擅自航行，或者浮动设施未按照国务院交通主管部门的规定配备掌握水上交通安全技能的船员擅自作业的，由海事管理机构责令限期改正，对船舶、浮动设施所有人或者经营人处1万元以上10万元以下的罚款；逾期不改正的，责令停航或者停止作业。

第六十六条　违反本条例的规定，未经考试合格并取得适任证书或者其他适任证件的人员擅自从事船舶航行的，由海事管理机构责令其立即离岗，对直接责任人员处2000元以上2万元以下的罚款，并对聘用单位处1万元以上10万元以下的罚款。

第六十七条　违反本条例的规定，按照国家规定必须取得船舶污染损害责任、沉船打捞责任的保险文书或者财务保证书的船舶的所有人或者经营人，未取得船舶污染损害责任、沉船打捞责任保险文书或者财务担保证明的，由海事管理机构责令限期改正；逾期不改正的，责令停航，并处1万元以上10万元以下的罚款。

第六十八条　违反本条例的规定，船舶在内河航行时，有下列情形之一的，由海事管理机构责令改正，处5000元以上5万元以下的罚款；情节严重的，禁止船舶进出港口或者责令停航，并可以对责任船员给予暂扣适任证书或者其他适任证件 3 个月至 6 个月的处罚：

（一）未按照规定悬挂国旗，标明船名、船籍港、载重线的；

（二）未向海事管理机构办理船舶进出港签证手续的；

（三）未按照规定申请引航的；

（四）擅自进出内河港口，强行通过交通管制区、通航密集区、航行条件受限制区域或者禁航区的；

（五）载运或者拖带超重、超长、超高、超宽、半潜的物体，未申请或者未按照核定的航路、时间航行的。

第六十九条 违反本条例的规定，船舶未在码头、泊位或者依法公布的锚地、停泊区、作业区停泊的，由海事管理机构责令改正；拒不改正的，予以强行拖离，因拖离发生的费用由船舶所有人或者经营人承担。

第七十条 违反本条例的规定，在内河通航水域或者岸线上进行有关作业或者活动未经批准或者备案，或者未设置标志、显示信号的，由海事管理机构责令改正，处 5000 元以上 5 万元以下的罚款。

第七十一条 违反本条例的规定，从事危险货物作业，有下列情形之一的，由海事管理机构责令停止作业或者航行，对负有责任的主管人员或者其他直接责任人员处 2 万元以上 10 万元以下的罚款；属于船员的，并给予暂扣适任证书或者其他适任证件 6 个月以上直至吊销适任证书或者其他适任证件的处罚：

（一）从事危险货物运输的船舶，未编制危险货物事故应急预案或者未配备相应的应急救援设备和器材的；

（二）船舶装卸、过驳危险货物或者载运危险货物进出港口未经海事管理机构、港口管理机构同意的。

未持有危险货物适装证书擅自载运危险货物或者未按照安全技术规范进行配载和运输的，依照《危险化学品安全管理条例》的规定处罚。

第七十二条 违反本条例的规定，未经批准擅自设置或者撤销渡口的，由渡口所在地县级人民政府指定的部门责令限期改正；逾期不改正的，予以强制拆除或者恢复，因强制拆除或者恢复发生的费用分别由设置人、撤销人承担。

第七十三条 违反本条例的规定，渡口船舶未标明识别标志、载客定额、安全注意事项的，由渡口所在地县级人民政府指定的部门责令改正，处 2000 元以上 1 万元以下的罚款；逾期不改正的，责令停航。

第七十四条 违反本条例的规定，在内河通航水域的航道内养殖、种植植物、水生物或者设置永久性固定设施的，由海事管理机构责令限期改正；逾期不改正的，予以强制清除，因清除发生的费用由其所有人或者经营人承担。

第七十五条 违反本条例的规定，内河通航水域中的沉没物、漂流物、搁浅物的所有人或者经营人，未按照国家有关规定设置标志或者未在规定的时间内打捞清除的，由海事管理机构责令限期改正；逾期不改正的，海事管理机构强制设置标志或者组织打捞清除；需要立即组织打捞清除的，海事管理机构应当及时组织打捞清除。海事管理机构因设置标志或者打捞清除发生的费用，由沉没物、漂流物、搁浅物的所有人或者经营人承担。

第七十六条　违反本条例的规定，船舶、浮动设施遇险后未履行报告义务或者不积极施救的，由海事管理机构给予警告，并可以对责任船员给予暂扣适任证书或者其他适任证件3个月至6个月直至吊销适任证书或者其他适任证件的处罚。

第七十七条　违反本条例的规定，船舶、浮动设施发生内河交通事故的，除依法承担相应的法律责任外，由海事管理机构根据调查结论，对责任船员给予暂扣适任证书或者其他适任证件6个月以上直至吊销适任证书或者其他适任证件的处罚。

第七十八条　违反本条例的规定，遇险现场和附近的船舶、船员不服从海事管理机构的统一调度和指挥的，由海事管理机构给予警告，并可以对责任船员给予暂扣适任证书或者其他适任证件3个月至6个月直至吊销适任证书或者其他适任证件的处罚。

第七十九条　违反本条例的规定，伪造、变造、买卖、转借、冒用船舶检验证书、船舶登记证书、船员适任证书或者其他适任证件的，由海事管理机构没收有关的证书或者证件；有违法所得的，没收违法所得，并处违法所得2倍以上5倍以下的罚款；没有违法所得或者违法所得不足2万元的，处1万元以上5万元以下的罚款；触犯刑律的，依照刑法关于伪造、变造、买卖国家机关公文、证件罪或者其他罪的规定，依法追究刑事责任。

第八十条　违反本条例的规定，船舶、浮动设施的所有人或者经营人指使、强令船员违章操作的，由海事管理机构给予警告，处1万元以上5万元以下的罚款，并可以责令停航或者停止作业；造成重大伤亡事故或者严重后果的，依照刑法关于重大责任事故罪或者其他罪的规定，依法追究刑事责任。

第八十一条　违反本条例的规定，船舶在内河航行、停泊或者作业，不遵守航行、避让和信号显示规则的，由海事管理机构责令改正，处1000元以上1万元以下的罚款；情节严重的，对责任船员给予暂扣适任证书或者其他适任证件3个月至6个月直至吊销适任证书或者其他适任证件的处罚；造成重大内河交通事故的，依照刑法关于交通肇事罪或者其他罪的规定，依法追究刑事责任。

第八十二条　违反本条例的规定，船舶不具备安全技术条件从事货物、旅客运输，或者超载运输货物、旅客的，由海事管理机构责令改正，处2万元以上10万元以下的罚款，可以对责任船员给予暂扣适任证书或者其他适任证件6个月以上直至吊销适任证书或者其他适任证件的处罚，并对超载运输的船舶强制卸载，因卸载而发生的卸货费、存货费、旅客安置费和船舶监管费由船舶所有人或者经营人承担；发生重大伤亡事故或者造成其他严重后果的，依照刑法关于重大劳动安全事故罪或者其他罪的规定，依法追究刑事责任。

第八十三条　违反本条例的规定，船舶、浮动设施发生内河交通事故后逃逸的，由海事管理机构对责任船员给予吊销适任证书或者其他适任证件的处罚；证书或者证件吊销后，5年内不得重新从业；触犯刑律的，依照刑法关于交通肇事罪或者其他罪的规定，依法追究刑事责任。第八十四条　违反本条例的规定，阻碍、妨碍内河交通事故调查取证，或者谎报、隐匿、毁灭证据的，由海事管理机构给予警告，并对直接责任人员处1000元以上1万元以下的罚款；属于船员的，并给予暂扣适任证书或者其他适任证件12个月以上直至吊销适任证书或者其他适任证件的处罚；以暴力、威胁方法阻碍内河交通事故调查取证的，依照刑法关于妨害公务罪的规定，依法追究刑事责任。

第八十五条 违反本条例的规定，海事管理机构不依据法定的安全条件进行审批、许可的，对负有责任的主管人员和其他直接责任人员根据不同情节，给予降级或者撤职的行政处分；造成重大内河交通事故或者致使公共财产、国家和人民利益遭受重大损失的，依照刑法关于滥用职权罪、玩忽职守罪或者其他罪的规定，依法追究刑事责任。

第八十六条 违反本条例的规定，海事管理机构对审批、许可的安全事项不实施监督检查的，对负有责任的主管人员和其他直接责任人员根据不同情节，给予记大过、降级或者撤职的行政处分；造成重大内河交通事故或者致使公共财产、国家和人民利益遭受重大损失的，依照刑法关于滥用职权罪、玩忽职守罪或者其他罪的规定，依法追究刑事责任。

第八十七条 违反本条例的规定，海事管理机构发现船舶、浮动设施不再具备安全航行、停泊、作业条件而不及时撤销批准或者许可并予以处理的，对负有责任的主管人员和其他直接责任人员根据不同情节，给予记大过、降级或者撤职的行政处分；造成重大内河交通事故或者致使公共财产、国家和人民利益遭受重大损失的，依照刑法关于滥用职权罪、玩忽职守罪或者其他罪的规定，依法追究刑事责任。

第八十八条 违反本条例的规定，海事管理机构对未经审批、许可擅自从事旅客、危险货物运输的船舶不实施监督检查，或者发现内河交通安全隐患不及时依法处理，或者对违法行为不依法予以处罚的，对负有责任的主管人员和其他直接责任人员根据不同情节，给予降级或者撤职的行政处分；造成重大内河交通事故或者致使公共财产、国家和人民利益遭受重大损失的，依照刑法关于滥用职权罪、玩忽职守罪或者其他罪的规定，依法追究刑事责任。

第八十九条 违反本条例的规定，渡口所在地县级人民政府指定的部门，有下列情形之一的，根据不同情节，对负有责任的主管人员和其他直接责任人员，给予降级或者撤职的行政处分；造成重大内河交通事故或者致使公共财产、国家和人民利益遭受重大损失的，依照刑法关于滥用职权罪、玩忽职守罪或者其他罪的规定，依法追究刑事责任：

（一）对县级人民政府批准的渡口不依法实施监督检查的；

（二）对未经县级人民政府批准擅自设立的渡口不予以查处的；

（三）对渡船超载、人与大牲畜混载、人与爆炸品、压缩气体和液化气体、易燃液体、易燃固体、自燃物品和遇湿易燃物品、氧化剂和有机过氧化物、有毒品和腐蚀品等危险品混载以及其他危及安全的行为不及时纠正并依法处理的。

第九十条 违反本条例的规定，触犯《中华人民共和国治安管理处罚条例》，构成违反治安管理行为的，由公安机关给予治安管理处罚。

第十一章　附　则

第九十一条 本条例下列用语的含义：

（一）内河通航水域，是指由海事管理机构认定的可供船舶航行的江、河、湖泊、水库、运河等水域。

（二）船舶，是指各类排水或者非排水的船、艇、筏、水上飞行器、潜水器、移动式平台以及其他水上移动装置。

（三）浮动设施，是指采用缆绳或者锚链等非刚性固定方式系固并漂浮或者潜于水中的建筑、装置。

（四）交通事故，是指船舶、浮动设施在内河通航水域发生的碰撞、触碰、触礁、浪损、搁浅、火灾、爆炸、沉没等引起人身伤亡和财产损失的事件。

第九十二条　军事船舶在内河通航水域航行，应当遵守内河航行、避让和信号显示规则。军事船舶的检验、登记和船员的考试、发证等管理办法，按照国家有关规定执行。

第九十三条　渔船的检验、登记以及进出渔港签证，渔船船员的考试、发证，渔船之间交通事故的调查处理，以及渔港水域内渔船的交通安全管理办法，由国务院渔业行政主管部门依据本条例另行规定。

第九十四条　城市园林水域水上交通安全管理的具体办法，由省、自治区、直辖市人民政府制定；但是，有关船舶检验、登记和船员管理，依照国家有关规定执行。

第九十五条　本条例自 2002 年 8 月 1 日起施行。1986 年 12 月 16 日国务院发布的《中华人民共和国内河交通安全管理条例》同时废止。

中华人民共和国公路管理条例

（国务院令第543号　2008年12月27日）

第一章　总　则

第一条　为加强公路的建设和管理，发挥公路在国民经济、国防和人民生活中的作用，适应社会主义现代化建设的需要，特制定本条例。

第二条　本条例适用于中华人民共和国境内的国家干线公路（以下简称国道），省、自治区、直辖市干线公路（以下简称省道），县公路（以下简称县道），乡公路（以下简称乡道）。

本条例对专用公路有规定的，适用于专用公路。

第三条　中华人民共和国交通部主管全国公路事业。

第四条　公路管理工作实行统一领导、分级管理的原则。国道、省道由省、自治区、直辖市公路主管部门负责修建、养护和管理。

国道中跨省、自治区、直辖市的高速公路，由交通部批准的专门机构负责修建、养护和管理。

县道由县（市）公路主管部门负责修建、养护和管理。

乡道由乡（镇）人民政府负责修建、养护和管理。

专用公路由专用单位负责修建、养护和管理。

第五条　公路、公路用地和公路设施受国家法律保护，任何单位和个人均不得侵占和破坏。

第二章　公路建设

第六条　公路发展规划应当以国民经济、国防建设和人民生活的需要为依据，并与铁路、水路、航空、管道运输的发展规划相协调，与城市建设发展规划相配合。

第七条　国道发展规划由交通部编制，报国务院审批。

省道发展规划由省、自治区、直辖市公路主管部门编制，报省、自治区、直辖市人民政府审批，并报交通部备案。

县道发展规划由地级市（或相当于地级市的机构）的公路主管部门编制，报省、自治区、直辖市人民政府或其派出机构审批。

乡道发展规划由县公路主管部门编制，报县人民政府审批。

专用公路的建设计划，由专用单位编制，报上级主管部门审批，并报当地公路主管部门备案。

第八条　国家鼓励专用公路用于社会运输。专用公路主要用于社会运输时，经省、自治区、直辖市公路主管部门批准，可以改划为省道或者县道。

第九条　公路建设资金可以采取以下方式筹集：国家和地方投资、专用单位投资、中外合资、社会集资、贷款和车辆购置税。

公路建设还可以采取民工建勤、民办公助和以工代赈的办法。

第十条　公路主管部门对利用集资、贷款修建的高速公路、一级公路、二级公路和大型的公路桥梁、隧道、轮渡码头，可以向过往车辆收取通行费，用于偿还集资和贷款。

通行费的征收办法由交通部会同财政部和国家物价局制定。

第十一条　公路建设用地，按照《中华人民共和国土地管理法》的规定办理。

第十二条　根据公路发展规划，确定新建公路或者扩宽原有公路路基、增建其他公路设施需要的土地，由当地人民政府纳入其土地利用总体规划。

第十三条　修建公路影响铁路、管道、水利、电力、邮电等设施正常使用时，建设单位应当事先征得有关部门的同意。

第十四条　公路主管部门负责对公路建设工程的质量进行监督和检验。未按国家有关规定验收合格的公路，不得交付使用。

第十五条　修建公路，应当同时修建公路的防护、养护、环境保护等配套设施。

公路建成后，应当按规定设置各种交通标志。

第三章　公路养护

第十六条　公路主管部门应当加强公路养护工作，保持公路完好、平整、畅通，提高公路的耐久性和抗灾能力。

进行公路维修应当规定修复期限。施工期间，应当采取措施，保证车辆通行。临时不能通行的，应当通过公安交通管理机关事先发布通告。

第十七条　公路养护实行专业养护与民工建勤养护相结合的制度。

民工建勤的用工、用车数额不得超过国家规定的标准。

第十八条　公路交通遇严重灾害受阻时，当地县级以上人民政府应当立即动员和组织附近驻军、机关、团体、学校、企业事业单位、城乡居民协助公路主管部门限期修复。

第十九条　因公路修建、养护需要，在空地、荒山、河流、滩涂取土采石，应当征得县（市）人民政府同意。

在上述地点取土采石不得影响附近建筑物和水利、电力、通讯设施以及农田水土保持。

在县（市）人民政府核准的公路料场取土采石，任何单位和个人不得借故阻挠或者索取价款。

第二十条　公路绿化工作，由公路主管部门统筹规划并组织实施。

公路绿化必须按照公路技术标准进行。

公路两侧林木不得任意砍伐，需要更新砍伐的，必须经公路主管部门批准。

第四章　路政管理

第二十一条　公路主管部门负责管理和保护公路、公路用地及公路设施，有权依法检查、制止、处理各种侵占、破坏公路、公路用地及公路设施的行为。

第二十二条　禁止在公路及公路用地上构筑设施、种植作物。禁止任意利用公路边沟进行灌溉或者排放污水。

第二十三条 在公路两侧开山、伐木、施工作业，不得危及公路及公路设施的安全。

第二十四条 不得在大型公路桥梁和公路渡口的上、下游各200米范围内采挖沙石、修筑堤坝、倾倒垃圾、压缩或者扩宽河床、进行爆破作业。不得在公路隧道上方和洞口外100米范围内任意取土、采石、伐木。

第二十五条 通过公路渡口的车辆和人员，必须遵守渡口管理规章。

第二十六条 未经公路主管部门批准，履带车和铁轮车不得在铺有路面的公路上行驶，超过桥梁限载标准的车辆、物件不得过桥。在特殊情况下，必须通过公路、桥梁时，应当采取有效的技术保护措施。

第二十七条 兴建铁路、机场、电站、水库、水渠，铺设管线或者进行其他建设工程，需要挖掘公路，挖掘、占用、利用公路用地及公路设施时，建设单位必须事先取得公路主管部门同意，影响车辆通行的，还须征得公安交通管理机关同意。工程完成后，建设单位应当按照原有技术标准，或者经协商按照规划标准修复或者改建公路。

第二十八条 修建跨越公路的桥梁、渡槽、架设管线等，应当考虑公路的远景发展，符合公路的技术标准，并事先征得当地公路主管部门和公安交通管理机关同意。

第二十九条 在公路两侧修建永久性工程设施，其建筑物边缘与公路边沟外缘的间距为：国道不少于20米，省道不少于15米，县道不少于10米，乡道不少于5米。

第三十条 在公路上设置交叉道口，必须经公路主管部门和公安交通管理机关批准。

设计、修建交叉道口，必须符合国家规定的技术标准。

第三十一条 经省、自治区、直辖市人民政府批准，公路主管部门可以在必要的公路路口、桥头、渡口、隧道口设立收取车辆通行费的站卡。

第五章 法律责任

第三十二条 对违反本条例规定的单位和个人，公路主管部门可以分别情况，责令其返还原物、恢复原状、赔偿损失、没收非法所得并处以罚款。

第三十三条 当事人对公路主管部门给予的处罚不服的，可以向上级公路主管部门提出申诉；对上级公路主管部门的处理决定不服的，可以在接到处理决定书之日起15日内向人民法院起诉；期满不起诉又不履行的，公路主管部门可以申请人民法院强制执行。

第三十四条 公路管理人员违反本条例的，由公路主管部门给予行政处分或经济处罚。

第三十五条 违反本条例应当受治安管理处罚的，由公安机关处理；构成犯罪的，由司法机关依法追究刑事责任。

第六章 附 则

第三十六条 本条例下列用语的含义是：

“公路”是指经公路主管部门验收认定的城间、城乡间、乡间能行驶汽车的公共道路。公路包括公路的路基、路面、桥梁、涵洞、隧道。

“公路用地”是指公路两侧边沟（或者截水沟）及边沟（或者截水沟）以外不少于1米范围的土地。公路用地的具体范围由县级以上人民政府确定。

"公路设施"是指公路的排水设备、防护构造物、交叉道口、界碑、测桩、安全设施、通讯设施、检测及监控设施、养护设施、服务设施、渡口码头、花草林木、专用房屋等。

第三十七条　本条例由交通部负责解释，交通部可以根据本条例制定实施细则。

第三十八条　本条例自 1988 年 1 月 1 日起施行。

中华人民共和国水路运输管理条例

（国务院令第544号　2008年12月27日）

第一章　总　则

第一条　为加强水路运输管理，维护运输秩序，提高运输效益，特制定本条例。

第二条　本条例适用于在中华人民共和国沿海、江河、湖泊及其他通航水域内从事水路运输和水路运输服务业务的单位和个人。

第三条　水路运输分为营业性运输和非营业性运输。

营业性运输是指为社会服务，发生费用结算的旅客运输（含旅游运输，下同）和货物运输。

非营业性运输是指为本单位或本身服务，不发生费用结算的运输。

第四条　交通部主管全国水路运输事业，各地交通主管部门主管本地区的水路运输事业。

各地交通主管部门可以根据水路运输管理业务的实际情况，设置航运管理机构。

第五条　水路运输在国家计划指导下，实行地区、行业、部门多家经营的方针。保护正当竞争，制止非法经营。

第六条　从事水路运输和水路运输服务业务的单位和个人，必须遵守国家有关法律、法规及交通部发布的水路运输规章。

第七条　未经中华人民共和国交通部准许，外资企业、中外合资经营企业、中外合作经营企业不得经营中华人民共和国沿海、江河、湖泊及其他通航水域的水路运输。

第二章　营运管理

第八条　设立水路运输企业、水路运输服务企业以及水路运输企业以外的单位和个人从事营业性运输，由交通主管部门根据本条例的有关规定和社会运力运量综合平衡情况审查批准。审批办法由交通部规定。

对水路运输行业管理影响较大的非营业性船舶运输的审批办法，由交通部会同有关部门另行规定。

第九条　设立水路运输企业必须具备下列条件：

（一）具有与经营范围相适应的运输船舶；

（二）有较稳定的客源或货源；

（三）经营旅客运输的，应当落实客船沿线停靠港（站）点，并具备相应的服务设施；

（四）有经营管理的组织机构和负责人；

（五）有与运输业务相适应的自有流动资金。

第十条　设立水路运输服务企业，必须具备第九条第四项规定的条件，并拥有与水路运输服务业务相适应的自有流动资金。

第十一条　水路运输企业以外的单位和个人从事营业性运输，必须具备第九条第一、二、三、五项规定的条件，并有确定的负责人。

第十二条　交通主管部门应当根据水路运输企业和其他从事营业性运输的单位、个人的管理水平、运输能力、客源货源情况审批其经营范围。

第十三条　交通主管部门对批准设立的水路运输企业和其他从事营业性运输的单位、个人，发给运输许可证；对批准设立的水路运输服务企业，发给运输服务许可证。

第十四条　取得运输许可证和运输服务许可证的单位和个人，凭证向当地工商行政管理机关申请营业登记，经核准领取营业执照后，方可开业。

第十五条　水路运输企业、水路运输服务企业和其他从事营业性运输的单位、个人停业，应当向交通主管部门和工商行政管理机关办理停业手续。

第十六条　交通部和省、自治区、直辖市交通主管部门负责对水路运输计划分级进行综合平衡。

需要进行综合平衡的重点物资、联运物资、外贸物资的运输计划，属于全国性的，由交通部按国家计划组织综合平衡；属于长江、珠江、黑龙江水系干线省际间的，由交通部派驻水系的航运管理机构组织综合平衡；属于省、自治区、直辖市以内的，由省、自治区、直辖市的交通主管部门组织综合平衡。

第十七条　经综合平衡确定的运输计划以外的货源和客源，水路运输企业和其他从事营业性运输的单位、个人，可以在批准的经营范围内自行组织承运。任何单位和个人均不得实行地区或部门封锁，垄断客源、货源。

第十八条　营业性水路货物运输的承运方和托运方，必须按照《中华人民共和国经济合同法》和《水路货物运输合同实施细则》的规定，签订运输合同。

第十九条　水路运输企业和其他从事营业性运输的单位、个人，必须按国家有关规定计收运杂费用，并使用交通部规定的运输票据。

第二十条　从事营业性运输的个体（含联户，下同）船舶必须按照国家有关规定办理保险。

第二十一条　水路运输企业和其他从事营业性运输的单位、个人以及石油、煤炭、冶金、商业、供销、外贸、林业、电力、化工、水产部门，必须按规定向交通主管部门和统计主管部门提供营业性和非营业性运输统计表。

第二十二条　水路运输服务企业不得垄断货源，强行代办服务；不得超出规定的收费标准收取服务费用。

第二十三条　海、河民用港口应当按照国家港口管理规定和计划安排，向运输船舶提供港埠设施和业务服务。

船舶进出港口必须遵守港口规章，服从管理。

水路运输企业和其他从事营业性运输的单位、个人同港埠企业之间，可以根据自愿原则，按照有关规定签订业务代理合同。

第二十四条　水路运输企业和其他从事营业性运输的单位、个人必须按照国家规定缴纳税金、规费（港务费、船舶停泊费）；从事非营业性运输的单位和个人必须按照国家规定缴纳规费。

规费的计征办法由交通部会同国务院有关主管部门制定。

第二十五条 全民、集体所有制单位和个体船民经营水路运输，其合法权益受国家法律保护，任何单位和个人均不得向其非法收取或摊派费用。

第三章 罚 则

第二十六条 违反本条例有下列行为之一的，由县级以上人民政府交通主管部门按照下列规定给予处罚：

（一）未经批准，擅自设立水路运输企业、水路运输服务企业，或者水路运输企业以外的单位和个人擅自从事营业性运输的，没收违法所得，并处违法所得1倍以上3倍以下的罚款；没有违法所得的，处3万元以上25万元以下的罚款；

（二）水路运输企业、水路运输服务企业超越经营范围从事经营活动的，没收违法所得，并处违法所得1倍以上3倍以下的罚款；没有违法所得的，处2万元以上20万元以下的罚款；

（三）违反国家有关规定收取运费或者服务费的，没收违反规定收取的部分，并处2万元以上15万元以下的罚款；

（四）未使用规定的运输票据进行营业性运输的，视情节轻重给予警告或者处1万元以下的罚款；

（五）未按照规定缴纳国家规定的规费的，责令限期缴纳；逾期仍不缴纳的，除责令补缴所欠费款外，处欠缴费款1倍以上3倍以下的罚款；情节严重的，并可以暂扣许可证；

（六）垄断货源，强行代办服务的，处1万元以上10万元以下的罚款；情节严重的，并可以暂扣或者吊销许可证。

第二十七条 当事人对交通主管部门的处罚决定不服的，可以向上一级交通主管部门申请复议；对上一级交通主管部门的复议决定不服的，可以自接到复议决定书之日起15日内向人民法院起诉。当事人期满不起诉又不履行的，交通主管部门可以申请人民法院强制执行。

第二十八条 违反本条例应当受治安管理处罚的，由公安机关处理；构成犯罪的，由司法机关依法追究刑事责任。

第二十九条 水路运输管理人员违反本条例，由交通主管部门给予行政处分或经济处罚。

第四章 附 则

第三十条 本条例下列用语的含义是：

水路运输企业，是指专门从事水路营业性运输的企业。

水路运输服务企业，是指从事代办运输手续、代办货物中转、代为组织货源的企业，但为多种运输方式服务的联运服务企业除外。

第三十一条 本条例不适用于国际航线水路运输和以排筏作为运输工具的水路运输。

第三十二条 本条例公布前已开业的水路运输企业、水路运输服务企业和其他从事营业性运输的单位、个人，应当于本条例公布之日起180天内申请补办审批手续。对不具备开业条件的，交通主管部门应当责令其停业或限期整顿；整顿无效的，由工商行政管理机关吊销营业执照。

第三十三条　本条例自 1987 年 10 月 1 日起施行。

中华人民共和国航道管理条例

（国务院令第545号　2008年12月27日）

第一章　总　则

第一条　为加强航道管理，改善通航条件，保证航道畅通和航行安全，充分发挥水上交通在国民经济和国防建设中的作用，特制定本条例。

第二条　本条例适用于中华人民共和国沿海和内河的航道、航道设施以及与通航有关的设施。

第三条　国家鼓励和保护在统筹兼顾、综合利用水资源的原则下，开发利用航道，发展水运事业。

第四条　中华人民共和国交通部主管全国航道事业。

第五条　航道分为国家航道、地方航道和专用航道。

第六条　国家航道及其航道设施按海区和内河水系，由交通部或者交通部授权的省、自治区、直辖市交通主管部门管理。

地方航道及其航道设施由省、自治区、直辖市交通主管部门管理。

专用航道及其航道设施由专用部门管理。

国家航道和地方航道上的过船建筑物，按照国务院规定管理。

第二章　航道的规划和建设

第七条　航道发展规划应当依据统筹兼顾、综合利用的原则，结合水利水电、城市建设以及铁路、公路、水运发展规划和国家批准的水资源综合规划制定。

第八条　国家航道发展规划由交通部编制，报国务院审查批准后实施。

地方航道发展规划由省、自治区、直辖市交通主管部门编制，报省、自治区、直辖市人民政府审查批准后实施，并抄报交通部备案。

跨省、自治区、直辖市的地方航道的发展规划，由有关省、自治区、直辖市交通主管部门共同编制，报有关省、自治区、直辖市人民政府联合审查批准后实施，并抄报交通部备案；必要时报交通部审查批准后实施。

专用航道发展规划由专用航道管理部门会同同级交通主管部门编制，报同级人民政府批准后实施。

第九条　各级水利电力主管部门编制河流流域规划和与航运有关的水利、水电工程规划以及进行上述工程设计时，必须有同级交通主管部门参加。

各级交通主管部门编制渠化河流和人工运河航道发展规划和进行与水利水电有关的工程设计时，必须有同级水利电力主管部门参加。

各级水利电力主管部门、交通主管部门编制上述规划，涉及运送木材的河流和重要的渔业水域时，必须有同级林业、渔业主管部门参加。

第十条　航道应当划分技术等级。航道技术等级的划分，由省、自治区、直辖市交通主管部门或交通部派驻水系的管理机构根据通航标准提出方案。一至四级航道由交通部会同水利电力部及其他有关部门研究批准，报国务院备案；四级以下的航道，由省、自治区、直辖市人民政府批准，报交通部备案。

第十一条　建设航道及其设施，必须遵守国家基本建设程序的规定。工程竣工经验收合格后，方能交付使用。

第十二条　建设航道及其设施，不得危及水利水电工程、跨河建筑物和其他设施的安全。

因建设航道及其设施损坏水利水电工程、跨河建筑物和其他设施的，建设单位应当给予赔偿或者修复。

在行洪河道上建设航道，必须符合行洪安全的要求。

第三章　航道的保护

第十三条　航道和航道设施受国家保护，任何单位和个人均不得侵占或者破坏。交通部门应当加强对航道的养护，保证航道畅通。

第十四条　修建与通航有关的设施或者治理河道、引水灌溉，必须符合国家规定的通航标准和技术要求，并应当事先征求交通主管部门的意见。

违反前款规定，中断或者恶化通航条件的，由建设单位或者个人赔偿损失，并在规定期限内负责恢复通航。

第十五条　在通航河流上建设永久性拦河闸坝，建设单位必须按照设计和施工方案，同时建设适当规模的过船、过木、过鱼建筑物，并解决施工期间的船舶、排筏通航问题。过船、过木、过鱼建筑物的建设费用，由建设单位承担。

在不通航河流或者人工渠道上建设闸坝后可以通航的，建设单位应当同时建设适当规模的过船建筑物；不能同时建设的，应当预留建设过船建筑物的位置。过船建筑物的建设费用，除国家另有规定外，应当由交通部门承担。

过船、过木、过鱼建筑物的设计任务书、设计文件和施工方案，必须取得交通、林业、渔业主管部门的同意。

第十六条　因紧急抗旱需要，在通航河流上建临时闸坝，必须经县级以上人民政府批准。旱情解除后，建闸坝单位必须及时拆除闸坝，恢复通航条件。

第十七条　对通航河流上碍航的闸坝、桥梁和其他建筑物以及由建筑物所造成的航道淤积，由地方人民政府按照“谁造成碍航谁恢复通航”的原则，责成有关部门改建碍航建筑物或者限期补建过船、过木、过鱼建筑物，清除淤积，恢复通航。

第十八条　在通航河段或其上游兴建水利工程控制或引走水源，建设单位应当保证航道和船闸所需要的通航流量。在特殊情况下，由于控制水源或大量引水影响通航时，建设单位应当采取相应的工程措施，地方人民政府应当组织有关部门协商，合理分配水量。

第十九条　水利水电工程设施管理部门制定调度运行方案，涉及通航流量、水位和航行安全时，应当事先与交通主管部门协商。协商不一致时，由县级以上人民政府决定。

第二十条　在防洪、排涝、抗旱时，综合利用水利枢纽过船建筑物应当服从防汛抗旱指挥机构统一安排。

第二十一条 沿海和通航河流上设置的助航标志必须符合国家规定的标准。

在沿海和通航河流上设置专用标志必须经交通主管部门同意；设置渔标和军用标，必须报交通主管部门备案。

第二十二条 禁止向河道倾倒沙石泥土和废弃物。

在通航河道内挖取沙石泥土、堆存材料，不得恶化通航条件。

第二十三条 在航道内施工工程完成后，施工单位应当及时清除遗留物。

第四章 航道养护经费

第二十四条 经国家批准计征港务费的沿海和内河港口，进出港航道的维护费用由港务费开支。

第二十五条 专用航道的维护费用，由专用部门自行解决。

第二十六条 对中央、地方财政拨给的航道维护费用，必须坚持专款专用的原则。

第五章 罚 则

第二十七条 对违反本条例规定的单位和个人，县以上交通主管部门可以视情节轻重给予警告、罚款的处罚。

第二十八条 当事人对交通主管部门的处罚不服的，可以向上级交通主管部门提出申诉；对上级交通主管部门的处理不服的，可以在接到处理决定书之日起 15 日内向人民法院起诉。逾期不起诉又不履行的，交通主管部门可以申请人民法院强制执行。

第二十九条 违反本条例的规定，应当受治安管理处罚的，由公安机关处理；构成犯罪的，由司法机关依法追究刑事责任。

第六章 附 则

第三十条 本条例下列用语的含义是：

“航道”是指中华人民共和国沿海、江河、湖泊、运河内船舶、排筏可以通航的水域。

“国家航道”是指：（一）构成国家航道网、可以通航五百吨级以上船舶的内河干线航道；（二）跨省、自治区、直辖市，可以常年通航三百吨级以上船舶的内河干线航道；（三）沿海干线航道和主要海港航道；（四）国家指定的重要航道。

“专用航道”是指由军事、水利电力、林业、水产等部门以及其他企业事业单位自行建设、使用的航道。

“地方航道”是指国家航道和专用航道以外的航道。

“航道设施”是指航道的助航导航设施、整治建筑物、航运梯级、过船建筑物（包括过船闸坝）和其他航道工程设施。

“与通航有关的设施”是指对航道的通航条件有影响的闸坝、桥梁、码头、架空电线、水下电缆、管道等拦河、跨河、临河建筑物和其他工程设施。

第三十一条 本条例由交通部负责解释。交通部可以根据本条例制定实施细则。

第三十二条 本条例自 1987 年 10 月 1 日起施行。

建设工程安全生产管理条例

（国务院令第 393 号　2003 年 11 月 24 日）

第一章　总　则

第一条　为了加强建设工程安全生产监督管理，保障人民群众生命和财产安全，根据《中华人民共和国建筑法》、《中华人民共和国安全生产法》，制定本条例。

第二条　在中华人民共和国境内从事建设工程的新建、扩建、改建和拆除等有关活动及实施对建设工程安全生产的监督管理，必须遵守本条例。

本条例所称建设工程，是指土木工程、建筑工程、线路管道和设备安装工程及装修工程。

第三条　建设工程安全生产管理，坚持安全第一、预防为主的方针。

第四条　建设单位、勘察单位、设计单位、施工单位、工程监理单位及其他与建设工程安全生产有关的单位，必须遵守安全生产法律、法规的规定，保证建设工程安全生产，依法承担建设工程安全生产责任。

第五条　国家鼓励建设工程安全生产的科学技术研究和先进技术的推广应用，推进建设工程安全生产的科学管理。

第二章　建设单位的安全责任

第六条　建设单位应当向施工单位提供施工现场及毗邻区域内供水、排水、供电、供气、供热、通信、广播电视等地下管线资料，气象和水文观测资料，相邻建筑物和构筑物、地下工程的有关资料，并保证资料的真实、准确、完整。

建设单位因建设工程需要，向有关部门或者单位查询前款规定的资料时，有关部门或者单位应当及时提供。

第七条　建设单位不得对勘察、设计、施工、工程监理等单位提出不符合建设工程安全生产法律、法规和强制性标准规定的要求，不得压缩合同约定的工期。

第八条　建设单位在编制工程概算时，应当确定建设工程安全作业环境及安全施工措施所需费用。

第九条　建设单位不得明示或者暗示施工单位购买、租赁、使用不符合安全施工要求的安全防护用具、机械设备、施工机具及配件、消防设施和器材。

第十条　建设单位在申请领取施工许可证时，应当提供建设工程有关安全施工措施的资料。

依法批准开工报告的建设工程，建设单位应当自开工报告批准之日起 15 日内，将保证安全施工的措施报送建设工程所在地的县级以上地方人民政府建设行政主管部门或者其他有关部门备案。

第十一条 建设单位应当将拆除工程发包给具有相应资质等级的施工单位。

建设单位应当在拆除工程施工 15 日前，将下列资料报送建设工程所在地的县级以上地方人民政府建设行政主管部门或者其他有关部门备案：

（一）施工单位资质等级证明；

（二）拟拆除建筑物、构筑物及可能危及毗邻建筑的说明；

（三）拆除施工组织方案；

（四）堆放、清除废弃物的措施。

实施爆破作业的，应当遵守国家有关民用爆炸物品管理的规定。

第三章　勘察、设计、工程监理及其他有关单位的安全责任

第十二条 勘察单位应当按照法律、法规和工程建设强制性标准进行勘察，提供的勘察文件应当真实、准确，满足建设工程安全生产的需要。

勘察单位在勘察作业时，应当严格执行操作规程，采取措施保证各类管线、设施和周边建筑物、构筑物的安全。

第十三条 设计单位应当按照法律、法规和工程建设强制性标准进行设计，防止因设计不合理导致生产安全事故的发生。

设计单位应当考虑施工安全操作和防护的需要，对涉及施工安全的重点部位和环节在设计文件中注明，并对防范生产安全事故提出指导意见。

采用新结构、新材料、新工艺的建设工程和特殊结构的建设工程，设计单位应当在设计中提出保障施工作业人员安全和预防生产安全事故的措施建议。

设计单位和注册建筑师等注册执业人员应当对其设计负责。

第十四条 工程监理单位应当审查施工组织设计中的安全技术措施或者专项施工方案是否符合工程建设强制性标准。

工程监理单位在实施监理过程中，发现存在安全事故隐患的，应当要求施工单位整改；情况严重的，应当要求施工单位暂时停止施工，并及时报告建设单位。施工单位拒不整改或者不停止施工的，工程监理单位应当及时向有关主管部门报告。

工程监理单位和监理工程师应当按照法律、法规和工程建设强制性标准实施监理，并对建设工程安全生产承担监理责任。

第十五条 为建设工程提供机械设备和配件的单位，应当按照安全施工的要求配备齐全有效的保险、限位等安全设施和装置。

第十六条 出租的机械设备和施工机具及配件，应当具有生产（制造）许可证、产品合格证。

出租单位应当对出租的机械设备和施工机具及配件的安全性能进行检测，在签订租赁协议时，应当出具检测合格证明。

禁止出租检测不合格的机械设备和施工机具及配件。

第十七条 在施工现场安装、拆卸施工起重机械和整体提升脚手架、模板等自升式架设设施，必须由具有相应资质的单位承担。

安装、拆卸施工起重机械和整体提升脚手架、模板等自升式架设设施，应当编制拆装方案、制定安全施工措施，并由专业技术人员现场监督。

施工起重机械和整体提升脚手架、模板等自升式架设设施安装完毕后，安装单位应当自检，出具自检合格证明，并向施工单位进行安全使用说明，办理验收手续并签字。

第十八条　施工起重机械和整体提升脚手架、模板等自升式架设设施的使用达到国家规定的检验检测期限的，必须经具有专业资质的检验检测机构检测。经检测不合格的，不得继续使用。

第十九条　检验检测机构对检测合格的施工起重机械和整体提升脚手架、模板等自升式架设设施，应当出具安全合格证明文件，并对检测结果负责。

第四章　施工单位的安全责任

第二十条　施工单位从事建设工程的新建、扩建、改建和拆除等活动，应当具备国家规定的注册资本、专业技术人员、技术装备和安全生产等条件，依法取得相应等级的资质证书，并在其资质等级许可的范围内承揽工程。

第二十一条　施工单位主要负责人依法对本单位的安全生产工作全面负责。施工单位应当建立健全安全生产责任制度和安全生产教育培训制度，制定安全生产规章制度和操作规程，保证本单位安全生产条件所需资金的投入，对所承担的建设工程进行定期和专项安全检查，并做好安全检查记录。

施工单位的项目负责人应当由取得相应执业资格的人员担任，对建设工程项目的安全施工负责，落实安全生产责任制度、安全生产规章制度和操作规程，确保安全生产费用的有效使用，并根据工程的特点组织制定安全施工措施，消除安全事故隐患，及时、如实报告生产安全事故。

第二十二条　施工单位对列入建设工程概算的安全作业环境及安全施工措施所需费用，应当用于施工安全防护用具及设施的采购和更新、安全施工措施的落实、安全生产条件的改善，不得挪作他用。

第二十三条　施工单位应当设立安全生产管理机构，配备专职安全生产管理人员。

专职安全生产管理人员负责对安全生产进行现场监督检查。发现安全事故隐患，应当及时向项目负责人和安全生产管理机构报告；对违章指挥、违章操作的，应当立即制止。

专职安全生产管理人员的配备办法由国务院建设行政主管部门会同国务院其他有关部门制定。

第二十四条　建设工程实行施工总承包的，由总承包单位对施工现场的安全生产负总责。

总承包单位应当自行完成建设工程主体结构的施工。

总承包单位依法将建设工程分包给其他单位的，分包合同中应当明确各自的安全生产方面的权利、义务。总承包单位和分包单位对分包工程的安全生产承担连带责任。

分包单位应当服从总承包单位的安全生产管理，分包单位不服从管理导致生产安全事故的，由分包单位承担主要责任。

第二十五条　垂直运输机械作业人员、安装拆卸工、爆破作业人员、起重信号工、登高架设作业人员等特种作业人员，必须按照国家有关规定经过专门的安全作业培训，并取得特种作业操作资格证书后，方可上岗作业。

第二十六条 施工单位应当在施工组织设计中编制安全技术措施和施工现场临时用电方案，对下列达到一定规模的危险性较大的分部分项工程编制专项施工方案，并附具安全验算结果，经施工单位技术负责人、总监理工程师签字后实施，由专职安全生产管理人员进行现场监督：

（一）基坑支护与降水工程；

（二）土方开挖工程；

（三）模板工程；

（四）起重吊装工程；

（五）脚手架工程；

（六）拆除、爆破工程；

（七）国务院建设行政主管部门或者其他有关部门规定的其他危险性较大的工程。

对前款所列工程中涉及深基坑、地下暗挖工程、高大模板工程的专项施工方案，施工单位还应当组织专家进行论证、审查。

本条第一款规定的达到一定规模的危险性较大工程的标准，由国务院建设行政主管部门会同国务院其他有关部门制定。

第二十七条 建设工程施工前，施工单位负责项目管理的技术人员应当对有关安全施工的技术要求向施工作业班组、作业人员作出详细说明，并由双方签字确认。

第二十八条 施工单位应当在施工现场入口处、施工起重机械、临时用电设施、脚手架、出入通道口、楼梯口、电梯井口、孔洞口、桥梁口、隧道口、基坑边沿、爆破物及有害危险气体和液体存放处等危险部位，设置明显的安全警示标志。安全警示标志必须符合国家标准。

施工单位应当根据不同施工阶段和周围环境及季节、气候的变化，在施工现场采取相应的安全施工措施。施工现场暂时停止施工的，施工单位应当做好现场防护，所需费用由责任方承担，或者按照合同约定执行。

第二十九条 施工单位应当将施工现场的办公、生活区与作业区分开设置，并保持安全距离；办公、生活区的选址应当符合安全性要求。职工的膳食、饮水、休息场所等应当符合卫生标准。施工单位不得在尚未竣工的建筑物内设置员工集体宿舍。

施工现场临时搭建的建筑物应当符合安全使用要求。施工现场使用的装配式活动房屋应当具有产品合格证。

第三十条 施工单位对因建设工程施工可能造成损害的毗邻建筑物、构筑物和地下管线等，应当采取专项防护措施。

施工单位应当遵守有关环境保护法律、法规的规定，在施工现场采取措施，防止或者减少粉尘、废气、废水、固体废物、噪声、振动和施工照明对人和环境的危害和污染。

在城市市区内的建设工程，施工单位应当对施工现场实行封闭围挡。

第三十一条 施工单位应当在施工现场建立消防安全责任制度，确定消防安全责任人，制定用火、用电、使用易燃易爆材料等各项消防安全管理制度和操作规程，设置消防通道、消防水源，配备消防设施和灭火器材，并在施工现场入口处设置明显标志。

第三十二条 施工单位应当向作业人员提供安全防护用具和安全防护服装，并书面告知危险岗位的操作规程和违章操作的危害。

作业人员有权对施工现场的作业条件、作业程序和作业方式中存在的安全问题提出批评、检举和控告，有权拒绝违章指挥和强令冒险作业。

在施工中发生危及人身安全的紧急情况时，作业人员有权立即停止作业或者在采取必要的应急措施后撤离危险区域。

第三十三条 作业人员应当遵守安全施工的强制性标准、规章制度和操作规程，正确使用安全防护用具、机械设备等。

第三十四条 施工单位采购、租赁的安全防护用具、机械设备、施工机具及配件，应当具有生产（制造）许可证、产品合格证，并在进入施工现场前进行查验。

施工现场的安全防护用具、机械设备、施工机具及配件必须由专人管理，定期进行检查、维修和保养，建立相应的资料档案，并按照国家有关规定及时报废。

第三十五条 施工单位在使用施工起重机械和整体提升脚手架、模板等自升式架设设施前，应当组织有关单位进行验收，也可以委托具有相应资质的检验检测机构进行验收；使用承租的机械设备和施工机具及配件的，由施工总承包单位、分包单位、出租单位和安装单位共同进行验收。验收合格的方可使用。

《特种设备安全监察条例》规定的施工起重机械，在验收前应当经有相应资质的检验检测机构监督检验合格。

施工单位应当自施工起重机械和整体提升脚手架、模板等自升式架设设施验收合格之日起 30 日内，向建设行政主管部门或者其他有关部门登记。登记标志应当置于或者附着于该设备的显著位置。

第三十六条 施工单位的主要负责人、项目负责人、专职安全生产管理人员应当经建设行政主管部门或者其他有关部门考核合格后方可任职。

施工单位应当对管理人员和作业人员每年至少进行一次安全生产教育培训，其教育培训情况记入个人工作档案。安全生产教育培训考核不合格的人员，不得上岗。

第三十七条 作业人员进入新的岗位或者新的施工现场前，应当接受安全生产教育培训。未经教育培训或者教育培训考核不合格的人员，不得上岗作业。

施工单位在采用新技术、新工艺、新设备、新材料时，应当对作业人员进行相应的安全生产教育培训。

第三十八条 施工单位应当为施工现场从事危险作业的人员办理意外伤害保险。

意外伤害保险费由施工单位支付。实行施工总承包的，由总承包单位支付意外伤害保险费。意外伤害保险期限自建设工程开工之日起至竣工验收合格止。

第五章 监督管理

第三十九条 国务院负责安全生产监督管理的部门依照《中华人民共和国安全生产法》的规定，对全国建设工程安全生产工作实施综合监督管理。

县级以上地方人民政府负责安全生产监督管理的部门依照《中华人民共和国安全生产

法》的规定，对本行政区域内建设工程安全生产工作实施综合监督管理。

第四十条 国务院建设行政主管部门对全国的建设工程安全生产实施监督管理。国务院铁路、交通、水利等有关部门按照国务院规定的职责分工，负责有关专业建设工程安全生产的监督管理。

县级以上地方人民政府建设行政主管部门对本行政区域内的建设工程安全生产实施监督管理。县级以上地方人民政府交通、水利等有关部门在各自的职责范围内，负责本行政区域内的专业建设工程安全生产的监督管理。

第四十一条 建设行政主管部门和其他有关部门应当将本条例第十条、第十一条规定的有关资料的主要内容抄送同级负责安全生产监督管理的部门。

第四十二条 建设行政主管部门在审核发放施工许可证时，应当对建设工程是否有安全施工措施进行审查，对没有安全施工措施的，不得颁发施工许可证。

建设行政主管部门或者其他有关部门对建设工程是否有安全施工措施进行审查时，不得收取费用。

第四十三条 县级以上人民政府负有建设工程安全生产监督管理职责的部门在各自的职责范围内履行安全监督检查职责时，有权采取下列措施：

（一）要求被检查单位提供有关建设工程安全生产的文件和资料；

（二）进入被检查单位施工现场进行检查；

（三）纠正施工中违反安全生产要求的行为；

（四）对检查中发现的安全事故隐患，责令立即排除；重大安全事故隐患排除前或者排除过程中无法保证安全的，责令从危险区域内撤出作业人员或者暂时停止施工。

第四十四条 建设行政主管部门或者其他有关部门可以将施工现场的监督检查委托给建设工程安全监督机构具体实施。

第四十五条 国家对严重危及施工安全的工艺、设备、材料实行淘汰制度。具体目录由国务院建设行政主管部门会同国务院其他有关部门制定并公布。

第四十六条 县级以上人民政府建设行政主管部门和其他有关部门应当及时受理对建设工程生产安全事故及安全事故隐患的检举、控告和投诉。

第六章 生产安全事故的应急救援和调查处理

第四十七条 县级以上地方人民政府建设行政主管部门应当根据本级人民政府的要求，制定本行政区域内建设工程特大生产安全事故应急救援预案。

第四十八条 施工单位应当制定本单位生产安全事故应急救援预案，建立应急救援组织或者配备应急救援人员，配备必要的应急救援器材、设备，并定期组织演练。

第四十九条 施工单位应当根据建设工程施工的特点、范围，对施工现场易发生重大事故的部位、环节进行监控，制定施工现场生产安全事故应急救援预案。实行施工总承包的，由总承包单位统一组织编制建设工程生产安全事故应急救援预案，工程总承包单位和分包单位按照应急救援预案，各自建立应急救援组织或者配备应急救援人员，配备救援器材、设备，并定期组织演练。

第五十条 施工单位发生生产安全事故，应当按照国家有关伤亡事故报告和调查处理的规定，及时、如实地向负责安全生产监督管理的部门、建设行政主管部门或者其他有关部门报告；特种设备发生事故的，还应当同时向特种设备安全监督管理部门报告。接到报告的部门应当按照国家有关规定，如实上报。

实行施工总承包的建设工程，由总承包单位负责上报事故。

第五十一条 发生生产安全事故后，施工单位应当采取措施防止事故扩大，保护事故现场。需要移动现场物品时，应当做出标记和书面记录，妥善保管有关证物。

第五十二条 建设工程生产安全事故的调查、对事故责任单位和责任人的处罚与处理，按照有关法律、法规的规定执行。

第七章 法律责任

第五十三条 违反本条例的规定，县级以上人民政府建设行政主管部门或者其他有关行政管理部门的工作人员，有下列行为之一的，给予降级或者撤职的行政处分；构成犯罪的，依照刑法有关规定追究刑事责任：

（一）对不具备安全生产条件的施工单位颁发资质证书的；

（二）对没有安全施工措施的建设工程颁发施工许可证的；

（三）发现违法行为不予查处的；

（四）不依法履行监督管理职责的其他行为。

第五十四条 违反本条例的规定，建设单位未提供建设工程安全生产作业环境及安全施工措施所需费用的，责令限期改正；逾期未改正的，责令该建设工程停止施工。

建设单位未将保证安全施工的措施或者拆除工程的有关资料报送有关部门备案的，责令限期改正，给予警告。

第五十五条 违反本条例的规定，建设单位有下列行为之一的，责令限期改正，处20万元以上50万元以下的罚款；造成重大安全事故，构成犯罪的，对直接责任人员，依照刑法有关规定追究刑事责任；造成损失的，依法承担赔偿责任：

（一）对勘察、设计、施工、工程监理等单位提出不符合安全生产法律、法规和强制性标准规定的要求的；

（二）要求施工单位压缩合同约定的工期的；

（三）将拆除工程发包给不具有相应资质等级的施工单位的。

第五十六条 违反本条例的规定，勘察单位、设计单位有下列行为之一的，责令限期改正，处10万元以上30万元以下的罚款；情节严重的，责令停业整顿，降低资质等级，直至吊销资质证书；造成重大安全事故，构成犯罪的，对直接责任人员，依照刑法有关规定追究刑事责任；造成损失的，依法承担赔偿责任：

（一）未按照法律、法规和工程建设强制性标准进行勘察、设计的；

（二）采用新结构、新材料、新工艺的建设工程和特殊结构的建设工程，设计单位未在设计中提出保障施工作业人员安全和预防生产安全事故的措施建议的。

第五十七条 违反本条例的规定，工程监理单位有下列行为之一的，责令限期改正；逾期未改正的，责令停业整顿，并处10万元以上30万元以下的罚款；情节严重的，降低资质等级，直至吊销资质证书；造成重大安全事故，构成犯罪的，对直接责任人员，依照刑法有关规定追究刑事责任；造成损失的，依法承担赔偿责任：

（一）未对施工组织设计中的安全技术措施或者专项施工方案进行审查的；

（二）发现安全事故隐患未及时要求施工单位整改或者暂时停止施工的；

（三）施工单位拒不整改或者不停止施工，未及时向有关主管部门报告的；

（四）未依照法律、法规和工程建设强制性标准实施监理的。

第五十八条 注册执业人员未执行法律、法规和工程建设强制性标准的，责令停止执业3个月以上1年以下；情节严重的，吊销执业资格证书，5年内不予注册；造成重大安全事故的，终身不予注册；构成犯罪的，依照刑法有关规定追究刑事责任。

第五十九条 违反本条例的规定，为建设工程提供机械设备和配件的单位，未按照安全施工的要求配备齐全有效的保险、限位等安全设施和装置的，责令限期改正，处合同价款1倍以上3倍以下的罚款；造成损失的，依法承担赔偿责任。

第六十条 违反本条例的规定，出租单位出租未经安全性能检测或者经检测不合格的机械设备和施工机具及配件的，责令停业整顿，并处5万元以上10万元以下的罚款；造成损失的，依法承担赔偿责任。

第六十一条 违反本条例的规定，施工起重机械和整体提升脚手架、模板等自升式架设设施安装、拆卸单位有下列行为之一的，责令限期改正，处5万元以上10万元以下的罚款；情节严重的，责令停业整顿，降低资质等级，直至吊销资质证书；造成损失的，依法承担赔偿责任：

（一）未编制拆装方案、制定安全施工措施的；

（二）未由专业技术人员现场监督的；

（三）未出具自检合格证明或者出具虚假证明的；

（四）未向施工单位进行安全使用说明，办理移交手续的。

施工起重机械和整体提升脚手架、模板等自升式架设设施安装、拆卸单位有前款规定的第（一）项、第（三）项行为，经有关部门或者单位职工提出后，对事故隐患仍不采取措施，因而发生重大伤亡事故或者造成其他严重后果，构成犯罪的，对直接责任人员，依照刑法有关规定追究刑事责任。

第六十二条 违反本条例的规定，施工单位有下列行为之一的，责令限期改正；逾期未改正的，责令停业整顿，依照《中华人民共和国安全生产法》的有关规定处以罚款；造成重大安全事故，构成犯罪的，对直接责任人员，依照刑法有关规定追究刑事责任：

（一）未设立安全生产管理机构、配备专职安全生产管理人员或者分部分项工程施工时无专职安全生产管理人员现场监督的；

（二）施工单位的主要负责人、项目负责人、专职安全生产管理人员、作业人员或者特种作业人员，未经安全教育培训或者经考核不合格即从事相关工作的；

（三）未在施工现场的危险部位设置明显的安全警示标志，或者未按照国家有关规定在施工现场设置消防通道、消防水源、配备消防设施和灭火器材的；

（四）未向作业人员提供安全防护用具和安全防护服装的；

（五）未按照规定在施工起重机械和整体提升脚手架、模板等自升式架设设施验收合格后登记的；

（六）使用国家明令淘汰、禁止使用的危及施工安全的工艺、设备、材料的。

第六十三条　违反本条例的规定，施工单位挪用列入建设工程概算的安全生产作业环境及安全施工措施所需费用的，责令限期改正，处挪用费用20%以上50%以下的罚款；造成损失的，依法承担赔偿责任。

第六十四条　违反本条例的规定，施工单位有下列行为之一的，责令限期改正；逾期未改正的，责令停业整顿，并处5万元以上10万元以下的罚款；造成重大安全事故，构成犯罪的，对直接责任人员，依照刑法有关规定追究刑事责任：

（一）施工前未对有关安全施工的技术要求作出详细说明的；

（二）未根据不同施工阶段和周围环境及季节、气候的变化，在施工现场采取相应的安全施工措施，或者在城市市区内的建设工程的施工现场未实行封闭围挡的；

（三）在尚未竣工的建筑物内设置员工集体宿舍的；

（四）施工现场临时搭建的建筑物不符合安全使用要求的；

（五）未对因建设工程施工可能造成损害的毗邻建筑物、构筑物和地下管线等采取专项防护措施的。

施工单位有前款规定第（四）项、第（五）项行为，造成损失的，依法承担赔偿责任。

第六十五条　违反本条例的规定，施工单位有下列行为之一的，责令限期改正；逾期未改正的，责令停业整顿，并处10万元以上30万元以下的罚款；情节严重的，降低资质等级，直至吊销资质证书；造成重大安全事故，构成犯罪的，对直接责任人员，依照刑法有关规定追究刑事责任；造成损失的，依法承担赔偿责任：

（一）安全防护用具、机械设备、施工机具及配件在进入施工现场前未经查验或者查验不合格即投入使用的；

（二）使用未经验收或者验收不合格的施工起重机械和整体提升脚手架、模板等自升式架设设施的；

（三）委托不具有相应资质的单位承担施工现场安装、拆卸施工起重机械和整体提升脚手架、模板等自升式架设设施的；

（四）在施工组织设计中未编制安全技术措施、施工现场临时用电方案或者专项施工方案的。

第六十六条　违反本条例的规定，施工单位的主要负责人、项目负责人未履行安全生产管理职责的，责令限期改正；逾期未改正的，责令施工单位停业整顿；造成重大安全事故、重大伤亡事故或者其他严重后果，构成犯罪的，依照刑法有关规定追究刑事责任。

作业人员不服管理、违反规章制度和操作规程冒险作业造成重大伤亡事故或者其他严重后果，构成犯罪的，依照刑法有关规定追究刑事责任。

施工单位的主要负责人、项目负责人有前款违法行为，尚不够刑事处罚的，处2万元以上20万元以下的罚款或者按照管理权限给予撤职处分；自刑罚执行完毕或者受处分之日起，5年内不得担任任何施工单位的主要负责人、项目负责人。

第六十七条　施工单位取得资质证书后，降低安全生产条件的，责令限期改正；经整改仍未达到与其资质等级相适应的安全生产条件的，责令停业整顿，降低其资质等级直至吊销资质证书。

第六十八条 本条例规定的行政处罚，由建设行政主管部门或者其他有关部门依照法定职权决定。

违反消防安全管理规定的行为，由公安消防机构依法处罚。

有关法律、行政法规对建设工程安全生产违法行为的行政处罚决定机关另有规定的，从其规定。

第八章 附 则

第六十九条 抢险救灾和农民自建低层住宅的安全生产管理，不适用本条例。

第七十条 军事建设工程的安全生产管理，按照中央军事委员会的有关规定执行。

第七十一条 本条例自 2004 年 2 月 1 日起施行。

草原防火条例

（国务院第542号　2008年11月29日）

第一章　总　则

第一条　为了加强草原防火工作，积极预防和扑救草原火灾，保护草原，保障人民生命和财产安全，根据《中华人民共和国草原法》，制定本条例。

第二条　本条例适用于中华人民共和国境内草原火灾的预防和扑救。但是，林区和城市市区的除外。

第三条　草原防火工作实行预防为主、防消结合的方针。

第四条　县级以上人民政府应当加强草原防火工作的组织领导，将草原防火所需经费纳入本级财政预算，保障草原火灾预防和扑救工作的开展。

草原防火工作实行地方各级人民政府行政首长负责制和部门、单位领导负责制。

第五条　国务院草原行政主管部门主管全国草原防火工作。

县级以上地方人民政府确定的草原防火主管部门主管本行政区域内的草原防火工作。

县级以上人民政府其他有关部门在各自的职责范围内做好草原防火工作。

第六条　草原的经营使用单位和个人，在其经营使用范围内承担草原防火责任。

第七条　草原防火工作涉及两个以上行政区域或者涉及森林防火、城市消防的，有关地方人民政府及有关部门应当建立联防制度，确定联防区域，制定联防措施，加强信息沟通和监督检查。

第八条　各级人民政府或者有关部门应当加强草原防火宣传教育活动，提高公民的草原防火意识。

第九条　国家鼓励和支持草原火灾预防和扑救的科学技术研究，推广先进的草原火灾预防和扑救技术。

第十条　对在草原火灾预防和扑救工作中有突出贡献或者成绩显著的单位、个人，按照国家有关规定给予表彰和奖励。

第二章　草原火灾的预防

第十一条　国务院草原行政主管部门根据草原火灾发生的危险程度和影响范围等，将全国草原划分为极高、高、中、低四个等级的草原火险区。

第十二条　国务院草原行政主管部门根据草原火险区划和草原防火工作的实际需要，编制全国草原防火规划，报国务院或者国务院授权的部门批准后组织实施。

县级以上地方人民政府草原防火主管部门根据全国草原防火规划，结合本地实际，编制本行政区域的草原防火规划，报本级人民政府批准后组织实施。

第十三条　草原防火规划应当主要包括下列内容：

（一）草原防火规划制定的依据；

（二）草原防火组织体系建设；

（三）草原防火基础设施和装备建设；

（四）草原防火物资储备；

（五）保障措施。

第十四条 县级以上人民政府应当组织有关部门和单位，按照草原防火规划，加强草原火情瞭望和监测设施、防火隔离带、防火道路、防火物资储备库（站）等基础设施建设，配备草原防火交通工具、灭火器械、观察和通信器材等装备，储存必要的防火物资，建立和完善草原防火指挥信息系统。

第十五条 国务院草原行政主管部门负责制订全国草原火灾应急预案，报国务院批准后组织实施。

县级以上地方人民政府草原防火主管部门负责制订本行政区域的草原火灾应急预案，报本级人民政府批准后组织实施。

第十六条 草原火灾应急预案应当主要包括下列内容：

（一）草原火灾应急组织机构及其职责；

（二）草原火灾预警与预防机制；

（三）草原火灾报告程序；

（四）不同等级草原火灾的应急处置措施；

（五）扑救草原火灾所需物资、资金和队伍的应急保障；

（六）人员财产撤离、医疗救治、疾病控制等应急方案。

草原火灾根据受害草原面积、伤亡人数、受灾牲畜数量以及对城乡居民点、重要设施、名胜古迹、自然保护区的威胁程度等，分为特别重大、重大、较大、一般四个等级。具体划分标准由国务院草原行政主管部门制定。

第十七条 县级以上地方人民政府应当根据草原火灾发生规律，确定本行政区域的草原防火期，并向社会公布。

第十八条 在草原防火期内，因生产活动需要在草原上野外用火的，应当经县级人民政府草原防火主管部门批准。用火单位或者个人应当采取防火措施，防止失火。

在草原防火期内，因生活需要在草原上用火的，应当选择安全地点，采取防火措施，用火后彻底熄灭余火。

除本条第一款、第二款规定的情形外，在草原防火期内，禁止在草原上野外用火。

第十九条 在草原防火期内，禁止在草原上使用枪械狩猎。

在草原防火期内，在草原上进行爆破、勘察和施工等活动的，应当经县级以上地方人民政府草原防火主管部门批准，并采取防火措施，防止失火。

在草原防火期内，部队在草原上进行实弹演习、处置突发性事件和执行其他任务，应当采取必要的防火措施。

第二十条 在草原防火期内，在草原上作业或者行驶的机动车辆，应当安装防火装置，严防漏火、喷火和闸瓦脱落引起火灾。在草原上行驶的公共交通工具上的司机和乘务人员，应当对旅客进行草原防火宣传。司机、乘务人员和旅客不得丢弃火种。

在草原防火期内，对草原上从事野外作业的机械设备，应当采取防火措施；作业人员应当遵守防火安全操作规程，防止失火。

第二十一条　在草原防火期内，经本级人民政府批准，草原防火主管部门应当对进入草原、存在火灾隐患的车辆以及可能引发草原火灾的野外作业活动进行草原防火安全检查。发现存在火灾隐患的，应当告知有关责任人员采取措施消除火灾隐患；拒不采取措施消除火灾隐患的，禁止进入草原或者在草原上从事野外作业活动。

第二十二条　在草原防火期内，出现高温、干旱、大风等高火险天气时，县级以上地方人民政府应当将极高草原火险区、高草原火险区以及一旦发生草原火灾可能造成人身重大伤亡或者财产重大损失的区域划为草原防火管制区，规定管制期限，及时向社会公布，并报上一级人民政府备案。

在草原防火管制区内，禁止一切野外用火。对可能引起草原火灾的非野外用火，县级以上地方人民政府或者草原防火主管部门应当按照管制要求，严格管理。

进入草原防火管制区的车辆，应当取得县级以上地方人民政府草原防火主管部门颁发的草原防火通行证，并服从防火管制。

第二十三条　草原上的农（牧）场、工矿企业和其他生产经营单位，以及驻军单位、自然保护区管理单位和农村集体经济组织等，应当在县级以上地方人民政府的领导和草原防火主管部门的指导下，落实草原防火责任制，加强火源管理，消除火灾隐患，做好本单位的草原防火工作。

铁路、公路、电力和电信线路以及石油天然气管道等的经营单位，应当在其草原防火责任区内，落实防火措施，防止发生草原火灾。

承包经营草原的个人对其承包经营的草原，应当加强火源管理，消除火灾隐患，履行草原防火义务。

第二十四条　省、自治区、直辖市人民政府可以根据本地的实际情况划定重点草原防火区，报国务院草原行政主管部门备案。

重点草原防火区的县级以上地方人民政府和自然保护区管理单位，应当根据需要建立专业扑火队；有关乡（镇）、村应当建立群众扑火队。扑火队应当进行专业培训，并接受县级以上地方人民政府的指挥、调动。

第二十五条　县级以上人民政府草原防火主管部门和气象主管机构，应当联合建立草原火险预报预警制度。气象主管机构应当根据草原防火的实际需要，做好草原火险气象等级预报和发布工作；新闻媒体应当及时播报草原火险气象等级预报。

第三章　草原火灾的扑救

第二十六条　从事草原火情监测以及在草原上从事生产经营活动的单位和个人，发现草原火情的，应当采取必要措施，并及时向当地人民政府或者草原防火主管部门报告。其他发现草原火情的单位和个人，也应当及时向当地人民政府或者草原防火主管部门报告。

当地人民政府或者草原防火主管部门接到报告后，应当立即组织人员赶赴现场，核实火情，采取控制和扑救措施，防止草原火灾扩大。

第二十七条　当地人民政府或者草原防火主管部门应当及时将草原火灾发生时间、地点、估测过火面积、火情发展趋势等情况报上级人民政府及其草原防火主管部门；境外草原火灾威胁到我国草原安全的，还应当报告境外草原火灾距我国边境距离、沿边境蔓延长度以及对我国草原的威胁程度等情况。

禁止瞒报、谎报或者授意他人瞒报、谎报草原火灾。

第二十八条 县级以上地方人民政府应当根据草原火灾发生情况确定火灾等级，并及时启动草原火灾应急预案。特别重大、重大草原火灾以及境外草原火灾威胁到我国草原安全的，国务院草原行政主管部门应当及时启动草原火灾应急预案。

第二十九条 草原火灾应急预案启动后，有关地方人民政府应当按照草原火灾应急预案的要求，立即组织、指挥草原火灾的扑救工作。

扑救草原火灾应当首先保障人民群众的生命安全，有关地方人民政府应当及时动员受到草原火灾威胁的居民以及其他人员转移到安全地带，并予以妥善安置；情况紧急时，可以强行组织避灾疏散。

第三十条 县级以上人民政府有关部门应当按照草原火灾应急预案的分工，做好相应的草原火灾应急工作。

气象主管机构应当做好气象监测和预报工作，及时向当地人民政府提供气象信息，并根据天气条件适时实施人工增雨。

民政部门应当及时设置避难场所和救济物资供应点，开展受灾群众救助工作。

卫生主管部门应当做好医疗救护、卫生防疫工作。

铁路、交通、航空等部门应当优先运送救灾物资、设备、药物、食品。

通信主管部门应当组织提供应急通信保障。

公安部门应当及时查处草原火灾案件，做好社会治安维护工作。

第三十一条 扑救草原火灾应当组织和动员专业扑火队和受过专业培训的群众扑火队；接到扑救命令的单位和个人，必须迅速赶赴指定地点，投入扑救工作。

扑救草原火灾，不得动员残疾人、孕妇、未成年人和老年人参加。

需要中国人民解放军和中国人民武装警察部队参加草原火灾扑救的，依照《军队参加抢险救灾条例》的有关规定执行。

第三十二条 根据扑救草原火灾的需要，有关地方人民政府可以紧急征用物资、交通工具和相关的设施、设备；必要时，可以采取清除障碍物、建设隔离带、应急取水、局部交通管制等应急管理措施。

因救灾需要，紧急征用单位和个人的物资、交通工具、设施、设备或者占用其房屋、土地的，事后应当及时返还，并依照有关法律规定给予补偿。

第三十三条 发生特别重大、重大草原火灾的，国务院草原行政主管部门应当立即派员赶赴火灾现场，组织、协调、督导火灾扑救，并做好跨省、自治区、直辖市草原防火物资的调用工作。

发生威胁林区安全的草原火灾的，有关草原防火主管部门应当及时通知有关林业主管部门。

境外草原火灾威胁到我国草原安全的，国务院草原行政主管部门应当立即派员赶赴有关现场，组织、协调、督导火灾预防，并及时将有关情况通知外交部。

第三十四条 国家实行草原火灾信息统一发布制度。特别重大、重大草原火灾以及威胁到我国草原安全的境外草原火灾信息，由国务院草原行政主管部门发布；其他草原火灾信息，由省、自治区、直辖市人民政府草原防火主管部门发布。

第三十五条　重点草原防火区的县级以上地方人民政府可以根据草原火灾应急预案的规定，成立草原防火指挥部，行使本章规定的本级人民政府在草原火灾扑救中的职责。

第四章　灾后处置

第三十六条　草原火灾扑灭后，有关地方人民政府草原防火主管部门或者其指定的单位应当对火灾现场进行全面检查，清除余火，并留有足够的人员看守火场。经草原防火主管部门检查验收合格，看守人员方可撤出。

第三十七条　草原火灾扑灭后，有关地方人民政府应当组织有关部门及时做好灾民安置和救助工作，保障灾民的基本生活条件，做好卫生防疫工作，防止传染病的发生和传播。

第三十八条　草原火灾扑灭后，有关地方人民政府应当组织有关部门及时制定草原恢复计划，组织实施补播草籽和人工种草等技术措施，恢复草场植被，并做好畜禽检疫工作，防止动物疫病的发生。

第三十九条　草原火灾扑灭后，有关地方人民政府草原防火主管部门应当及时会同公安等有关部门，对火灾发生时间、地点、原因以及肇事人等进行调查并提出处理意见。

草原防火主管部门应当对受灾草原面积、受灾畜禽种类和数量、受灾珍稀野生动植物种类和数量、人员伤亡以及物资消耗和其他经济损失等情况进行统计，对草原火灾给城乡居民生活、工农业生产、生态环境造成的影响进行评估，并按照国务院草原行政主管部门的规定上报。

第四十条　有关地方人民政府草原防火主管部门应当严格按照草原火灾统计报表的要求，进行草原火灾统计，向上一级人民政府草原防火主管部门报告，并抄送同级公安部门、统计机构。草原火灾统计报表由国务院草原行政主管部门会同国务院公安部门制定，报国家统计部门备案。

第四十一条　对因参加草原火灾扑救受伤、致残或者死亡的人员，按照国家有关规定给予医疗、抚恤。

第五章　法律责任

第四十二条　违反本条例规定，县级以上人民政府草原防火主管部门或者其他有关部门及其工作人员，有下列行为之一的，由其上级行政机关或者监察机关责令改正；情节严重的，对直接负责的主管人员和其他直接责任人员依法给予处分；构成犯罪的，依法追究刑事责任：

（一）未按照规定制订草原火灾应急预案的；

（二）对不符合草原防火要求的野外用火或者爆破、勘察和施工等活动予以批准的；

（三）对不符合条件的车辆发放草原防火通行证的；

（四）瞒报、谎报或者授意他人瞒报、谎报草原火灾的；

（五）未及时采取草原火灾扑救措施的；

（六）不依法履行职责的其他行为。

第四十三条　截留、挪用草原防火资金或者侵占、挪用草原防火物资的，依照有关财政违法行为处罚处分的法律、法规进行处理；构成犯罪的，依法追究刑事责任。

第四十四条 违反本条例规定，有下列行为之一的，由县级以上地方人民政府草原防火主管部门责令停止违法行为，采取防火措施，并限期补办有关手续，对有关责任人员处2000元以上5000元以下罚款，对有关责任单位处5000元以上2万元以下罚款：

（一）未经批准在草原上野外用火或者进行爆破、勘察和施工等活动的；

（二）未取得草原防火通行证进入草原防火管制区的。

第四十五条 违反本条例规定，有下列行为之一的，由县级以上地方人民政府草原防火主管部门责令停止违法行为，采取防火措施，消除火灾隐患，并对有关责任人员处200元以上2000元以下罚款，对有关责任单位处2000元以上2万元以下罚款；拒不采取防火措施、消除火灾隐患的，由县级以上地方人民政府草原防火主管部门代为采取防火措施、消除火灾隐患，所需费用由违法单位或者个人承担：

（一）在草原防火期内，经批准的野外用火未采取防火措施的；

（二）在草原上作业和行驶的机动车辆未安装防火装置或者存在火灾隐患的；

（三）在草原上行驶的公共交通工具上的司机、乘务人员或者旅客丢弃火种的；

（四）在草原上从事野外作业的机械设备作业人员不遵守防火安全操作规程或者对野外作业的机械设备未采取防火措施的；

（五）在草原防火管制区内未按照规定用火的。

第四十六条 违反本条例规定，草原上的生产经营等单位未建立或者未落实草原防火责任制的，由县级以上地方人民政府草原防火主管部门责令改正，对有关责任单位处5000元以上2万元以下罚款。

第四十七条 违反本条例规定，故意或者过失引发草原火灾，构成犯罪的，依法追究刑事责任。

第六章 附 则

第四十八条 草原消防车辆应当按照规定喷涂标志图案，安装警报器、标志灯具。

第四十九条 本条例自2009年1月1日起施行。

森林防火条例

（国务院令第541号　2008年12月1日）

第一章　总　则

第一条　为了有效预防和扑救森林火灾，保障人民生命财产安全，保护森林资源，维护生态安全，根据《中华人民共和国森林法》，制定本条例。

第二条　本条例适用于中华人民共和国境内森林火灾的预防和扑救。但是，城市市区的除外。

第三条　森林防火工作实行预防为主、积极消灭的方针。

第四条　国家森林防火指挥机构负责组织、协调和指导全国的森林防火工作。

国务院林业主管部门负责全国森林防火的监督和管理工作，承担国家森林防火指挥机构的日常工作。

国务院其他有关部门按照职责分工，负责有关的森林防火工作。

第五条　森林防火工作实行地方各级人民政府行政首长负责制。

县级以上地方人民政府根据实际需要设立的森林防火指挥机构，负责组织、协调和指导本行政区域的森林防火工作。

县级以上地方人民政府林业主管部门负责本行政区域森林防火的监督和管理工作，承担本级人民政府森林防火指挥机构的日常工作。

县级以上地方人民政府其他有关部门按照职责分工，负责有关的森林防火工作。

第六条　森林、林木、林地的经营单位和个人，在其经营范围内承担森林防火责任。

第七条　森林防火工作涉及两个以上行政区域的，有关地方人民政府应当建立森林防火联防机制，确定联防区域，建立联防制度，实行信息共享，并加强监督检查。

第八条　县级以上人民政府应当将森林防火基础设施建设纳入国民经济和社会发展规划，将森林防火经费纳入本级财政预算。

第九条　国家支持森林防火科学研究，推广和应用先进的科学技术，提高森林防火科技水平。

第十条　各级人民政府、有关部门应当组织经常性的森林防火宣传活动，普及森林防火知识，做好森林火灾预防工作。

第十一条　国家鼓励通过保险形式转移森林火灾风险，提高林业防灾减灾能力和灾后自我救助能力。

第十二条　对在森林防火工作中作出突出成绩的单位和个人，按照国家有关规定，给予表彰和奖励。

对在扑救重大、特别重大森林火灾中表现突出的单位和个人，可以由森林防火指挥机构当场给予表彰和奖励。

第二章　森林火灾的预防

第十三条　省、自治区、直辖市人民政府林业主管部门应当按照国务院林业主管部门制定的森林火险区划等级标准，以县为单位确定本行政区域的森林火险区划等级，向社会公布，并报国务院林业主管部门备案。

第十四条　国务院林业主管部门应当根据全国森林火险区划等级和实际工作需要，编制全国森林防火规划，报国务院或者国务院授权的部门批准后组织实施。

县级以上地方人民政府林业主管部门根据全国森林防火规划，结合本地实际，编制本行政区域的森林防火规划，报本级人民政府批准后组织实施。

第十五条　国务院有关部门和县级以上地方人民政府应当按照森林防火规划，加强森林防火基础设施建设，储备必要的森林防火物资，根据实际需要整合、完善森林防火指挥信息系统。

国务院和省、自治区、直辖市人民政府根据森林防火实际需要，充分利用卫星遥感技术和现有军用、民用航空基础设施，建立相关单位参与的航空护林协作机制，完善航空护林基础设施，并保障航空护林所需经费。

第十六条　国务院林业主管部门应当按照有关规定编制国家重大、特别重大森林火灾应急预案，报国务院批准。

县级以上地方人民政府林业主管部门应当按照有关规定编制森林火灾应急预案，报本级人民政府批准，并报上一级人民政府林业主管部门备案。

县级人民政府应当组织乡（镇）人民政府根据森林火灾应急预案制定森林火灾应急处置办法；村民委员会应当按照森林火灾应急预案和森林火灾应急处置办法的规定，协助做好森林火灾应急处置工作。

县级以上人民政府及其有关部门应当组织开展必要的森林火灾应急预案的演练。

第十七条　森林火灾应急预案应当包括下列内容：

（一）森林火灾应急组织指挥机构及其职责；

（二）森林火灾的预警、监测、信息报告和处理；

（三）森林火灾的应急响应机制和措施；

（四）资金、物资和技术等保障措施；

（五）灾后处置。

第十八条　在林区依法开办工矿企业、设立旅游区或者新建开发区的，其森林防火设施应当与该建设项目同步规划、同步设计、同步施工、同步验收；在林区成片造林的，应当同时配套建设森林防火设施。

第十九条　铁路的经营单位应当负责本单位所属林地的防火工作，并配合县级以上地方人民政府做好铁路沿线森林火灾危险地段的防火工作。

电力、电信线路和石油天然气管道的森林防火责任单位，应当在森林火灾危险地段开设防火隔离带，并组织人员进行巡护。

第二十条　森林、林木、林地的经营单位和个人应当按照林业主管部门的规定，建立森林防火责任制，划定森林防火责任区，确定森林防火责任人，并配备森林防火设施和设备。

第二十一条 地方各级人民政府和国有林业企业、事业单位应当根据实际需要，成立森林火灾专业扑救队伍；县级以上地方人民政府应当指导森林经营单位和林区的居民委员会、村民委员会、企业、事业单位建立森林火灾群众扑救队伍。专业的和群众的火灾扑救队伍应当定期进行培训和演练。

第二十二条 森林、林木、林地的经营单位配备的兼职或者专职护林员负责巡护森林，管理野外用火，及时报告火情，协助有关机关调查森林火灾案件。

第二十三条 县级以上地方人民政府应当根据本行政区域内森林资源分布状况和森林火灾发生规律，划定森林防火区，规定森林防火期，并向社会公布。

森林防火期内，各级人民政府森林防火指挥机构和森林、林木、林地的经营单位和个人，应当根据森林火险预报，采取相应的预防和应急准备措施。

第二十四条 县级以上人民政府森林防火指挥机构，应当组织有关部门对森林防火区内有关单位的森林防火组织建设、森林防火责任制落实、森林防火设施建设等情况进行检查；对检查中发现的森林火灾隐患，县级以上地方人民政府林业主管部门应当及时向有关单位下达森林火灾隐患整改通知书，责令限期整改，消除隐患。

被检查单位应当积极配合，不得阻挠、妨碍检查活动。

第二十五条 森林防火期内，禁止在森林防火区野外用火。因防治病虫鼠害、冻害等特殊情况确需野外用火的，应当经县级人民政府批准，并按照要求采取防火措施，严防失火；需要进入森林防火区进行实弹演习、爆破等活动的，应当经省、自治区、直辖市人民政府林业主管部门批准，并采取必要的防火措施；中国人民解放军和中国人民武装警察部队因处置突发事件和执行其他紧急任务需要进入森林防火区的，应当经其上级主管部门批准，并采取必要的防火措施。

第二十六条 森林防火期内，森林、林木、林地的经营单位应当设置森林防火警示宣传标志，并对进入其经营范围的人员进行森林防火安全宣传。

森林防火期内，进入森林防火区的各种机动车辆应当按照规定安装防火装置，配备灭火器材。

第二十七条 森林防火期内，经省、自治区、直辖市人民政府批准，林业主管部门、国务院确定的重点国有林区的管理机构可以设立临时性的森林防火检查站，对进入森林防火区的车辆和人员进行森林防火检查。

第二十八条 森林防火期内，预报有高温、干旱、大风等高火险天气的，县级以上地方人民政府应当划定森林高火险区，规定森林高火险期。必要时，县级以上地方人民政府可以根据需要发布命令，严禁一切野外用火；对可能引起森林火灾的居民生活用火应当严格管理。

第二十九条 森林高火险期内，进入森林高火险区的，应当经县级以上地方人民政府批准，严格按照批准的时间、地点、范围活动，并接受县级以上地方人民政府林业主管部门的监督管理。

第三十条 县级以上人民政府林业主管部门和气象主管机构应当根据森林防火需要，建设森林火险监测和预报台站，建立联合会商机制，及时制作发布森林火险预警预报信息。

气象主管机构应当无偿提供森林火险天气预报服务。广播、电视、报纸、互联网等媒体应当及时播发或者刊登森林火险天气预报。

第三章　森林火灾的扑救

第三十一条　县级以上地方人民政府应当公布森林火警电话，建立森林防火值班制度。

任何单位和个人发现森林火灾，应当立即报告。接到报告的当地人民政府或者森林防火指挥机构应当立即派人赶赴现场，调查核实，采取相应的扑救措施，并按照有关规定逐级报上级人民政府和森林防火指挥机构。

第三十二条　发生下列森林火灾，省、自治区、直辖市人民政府森林防火指挥机构应当立即报告国家森林防火指挥机构，由国家森林防火指挥机构按照规定报告国务院，并及时通报国务院有关部门：

（一）国界附近的森林火灾；

（二）重大、特别重大森林火灾；

（三）造成 3 人以上死亡或者 10 人以上重伤的森林火灾；

（四）威胁居民区或者重要设施的森林火灾；

（五）24 小时尚未扑灭明火的森林火灾；

（六）未开发原始林区的森林火灾；

（七）省、自治区、直辖市交界地区危险性大的森林火灾；

（八）需要国家支援扑救的森林火灾。

本条第一款所称“以上”包括本数。

第三十三条　发生森林火灾，县级以上地方人民政府森林防火指挥机构应当按照规定立即启动森林火灾应急预案；发生重大、特别重大森林火灾，国家森林防火指挥机构应当立即启动重大、特别重大森林火灾应急预案。

森林火灾应急预案启动后，有关森林防火指挥机构应当在核实火灾准确位置、范围以及风力、风向、火势的基础上，根据火灾现场天气、地理条件，合理确定扑救方案，划分扑救地段，确定扑救责任人，并指定负责人及时到达森林火灾现场具体指挥森林火灾的扑救。

第三十四条　森林防火指挥机构应当按照森林火灾应急预案，统一组织和指挥森林火灾的扑救。

扑救森林火灾，应当坚持以人为本、科学扑救，及时疏散、撤离受火灾威胁的群众，并做好火灾扑救人员的安全防护，尽最大可能避免人员伤亡。

第三十五条　扑救森林火灾应当以专业火灾扑救队伍为主要力量；组织群众扑救队伍扑救森林火灾的，不得动员残疾人、孕妇和未成年人以及其他不适宜参加森林火灾扑救的人员参加。

第三十六条　武装警察森林部队负责执行国家赋予的森林防火任务。武装警察森林部队执行森林火灾扑救任务，应当接受火灾发生地县级以上地方人民政府森林防火指挥机构的统一指挥；执行跨省、自治区、直辖市森林火灾扑救任务的，应当接受国家森林防火指挥机构的统一指挥。

中国人民解放军执行森林火灾扑救任务的，依照《军队参加抢险救灾条例》的有关规定执行。

第三十七条　发生森林火灾，有关部门应当按照森林火灾应急预案和森林防火指挥机构的统一指挥，做好扑救森林火灾的有关工作。

气象主管机构应当及时提供火灾地区天气预报和相关信息，并根据天气条件适时开展人工增雨作业。

交通运输主管部门应当优先组织运送森林火灾扑救人员和扑救物资。

通信主管部门应当组织提供应急通信保障。

民政部门应当及时设置避难场所和救灾物资供应点，紧急转移并妥善安置灾民，开展受灾群众救助工作。

公安机关应当维护治安秩序，加强治安管理。

商务、卫生等主管部门应当做好物资供应、医疗救护和卫生防疫等工作。

第三十八条　因扑救森林火灾的需要，县级以上人民政府森林防火指挥机构可以决定采取开设防火隔离带、清除障碍物、应急取水、局部交通管制等应急措施。

因扑救森林火灾需要征用物资、设备、交通运输工具的，由县级以上人民政府决定。扑火工作结束后，应当及时返还被征用的物资、设备和交通工具，并依照有关法律规定给予补偿。

第三十九条　森林火灾扑灭后，火灾扑救队伍应当对火灾现场进行全面检查，清理余火，并留有足够人员看守火场，经当地人民政府森林防火指挥机构检查验收合格，方可撤出看守人员。

第四章　灾后处置

第四十条　按照受害森林面积和伤亡人数，森林火灾分为一般森林火灾、较大森林火灾、重大森林火灾和特别重大森林火灾：

（一）一般森林火灾：受害森林面积在 1 公顷以下或者其他林地起火的，或者死亡 1 人以上 3 人以下的，或者重伤 1 人以上 10 人以下的；

（二）较大森林火灾：受害森林面积在 1 公顷以上 100 公顷以下的，或者死亡 3 人以上 10 人以下的，或者重伤 10 人以上 50 人以下的；

（三）重大森林火灾：受害森林面积在 100 公顷以上 1 000 公顷以下的，或者死亡 10 人以上 30 人以下的，或者重伤 50 人以上 100 人以下的；

（四）特别重大森林火灾：受害森林面积在 1 000 公顷以上的，或者死亡 30 人以上的，或者重伤 100 人以上的。

本条第一款所称“以上”包括本数，“以下”不包括本数。

第四十一条　县级以上人民政府林业主管部门应当会同有关部门及时对森林火灾发生原因、肇事者、受害森林面积和蓄积、人员伤亡、其他经济损失等情况进行调查和评估，向当地人民政府提出调查报告；当地人民政府应当根据调查报告，确定森林火灾责任单位和责任人，并依法处理。

森林火灾损失评估标准，由国务院林业主管部门会同有关部门制定。

第四十二条　县级以上地方人民政府林业主管部门应当按照有关要求对森林火灾情况进行统计，报上级人民政府林业主管部门和本级人民政府统计机构，并及时通报本级人民政府有关部门。

森林火灾统计报告表由国务院林业主管部门制定，报国家统计局备案。

第四十三条 森林火灾信息由县级以上人民政府森林防火指挥机构或者林业主管部门向社会发布。重大、特别重大森林火灾信息由国务院林业主管部门发布。

第四十四条 对因扑救森林火灾负伤、致残或者死亡的人员，按照国家有关规定给予医疗、抚恤。

第四十五条 参加森林火灾扑救的人员的误工补贴和生活补助以及扑救森林火灾所发生的其他费用，按照省、自治区、直辖市人民政府规定的标准，由火灾肇事单位或者个人支付；起火原因不清的，由起火单位支付；火灾肇事单位、个人或者起火单位确实无力支付的部分，由当地人民政府支付。误工补贴和生活补助以及扑救森林火灾所发生的其他费用，可以由当地人民政府先行支付。

第四十六条 森林火灾发生后，森林、林木、林地的经营单位和个人应当及时采取更新造林措施，恢复火烧迹地森林植被。

第五章 法律责任

第四十七条 违反本条例规定，县级以上地方人民政府及其森林防火指挥机构、县级以上人民政府林业主管部门或者其他有关部门及其工作人员，有下列行为之一的，由其上级行政机关或者监察机关责令改正；情节严重的，对直接负责的主管人员和其他直接责任人员依法给予处分；构成犯罪的，依法追究刑事责任：

（一）未按照有关规定编制森林火灾应急预案的；

（二）发现森林火灾隐患未及时下达森林火灾隐患整改通知书的；

（三）对不符合森林防火要求的野外用火或者实弹演习、爆破等活动予以批准的；

（四）瞒报、谎报或者故意拖延报告森林火灾的；

（五）未及时采取森林火灾扑救措施的；

（六）不依法履行职责的其他行为。

第四十八条 违反本条例规定，森林、林木、林地的经营单位或者个人未履行森林防火责任的，由县级以上地方人民政府林业主管部门责令改正，对个人处500元以上5 000元以下罚款，对单位处1万元以上5万元以下罚款。

第四十九条 违反本条例规定，森林防火区内的有关单位或者个人拒绝接受森林防火检查或者接到森林火灾隐患整改通知书逾期不消除火灾隐患的，由县级以上地方人民政府林业主管部门责令改正，给予警告，对个人并处200元以上2 000元以下罚款，对单位并处5 000元以上1万元以下罚款。

第五十条 违反本条例规定，森林防火期内未经批准擅自在森林防火区内野外用火的，由县级以上地方人民政府林业主管部门责令停止违法行为，给予警告，对个人并处200元以上3 000元以下罚款，对单位并处1万元以上5万元以下罚款。

第五十一条 违反本条例规定，森林防火期内未经批准在森林防火区内进行实弹演习、爆破等活动的，由县级以上地方人民政府林业主管部门责令停止违法行为，给予警告，并处5万元以上10万元以下罚款。

第五十二条 违反本条例规定，有下列行为之一的，由县级以上地方人民政府林业主管部门责令改正，给予警告，对个人并处 200 元以上2 000元以下罚款，对单位并处2 000元以上5 000元以下罚款：

（一）森林防火期内，森林、林木、林地的经营单位未设置森林防火警示宣传标志的；

（二）森林防火期内，进入森林防火区的机动车辆未安装森林防火装置的；

（三）森林高火险期内，未经批准擅自进入森林高火险区活动的。

第五十三条　违反本条例规定，造成森林火灾，构成犯罪的，依法追究刑事责任；尚不构成犯罪的，除依照本条例第四十八条、第四十九条、第五十条、第五十一条、第五十二条的规定追究法律责任外，县级以上地方人民政府林业主管部门可以责令责任人补种树木。

第六章　附　则

第五十四条　森林消防专用车辆应当按照规定喷涂标志图案，安装警报器、标志灯具。

第五十五条　在中华人民共和国边境地区发生的森林火灾，按照中华人民共和国政府与有关国家政府签订的有关协定开展扑救工作；没有协定的，由中华人民共和国政府和有关国家政府协商办理。

第五十六条　本条例自 2009 年 1 月 1 日起施行。

电力监管条例

（国务院令第432号　2005年2月25日）

第一章　总　则

第一条　为了加强电力监管，规范电力监管行为，完善电力监管制度，制定本条例。

第二条　电力监管的任务是维护电力市场秩序，依法保护电力投资者、经营者、使用者的合法权益和社会公共利益，保障电力系统安全稳定运行，促进电力事业健康发展。

第三条　电力监管应当依法进行，并遵循公开、公正和效率的原则。

第四条　国务院电力监管机构依照本条例和国务院有关规定，履行电力监管和行政执法职能；国务院有关部门依照有关法律、行政法规和国务院有关规定，履行相关的监管职能和行政执法职能。

第五条　任何单位和个人对违反本条例和国家有关电力监管规定的行为有权向电力监管机构和政府有关部门举报，电力监管机构和政府有关部门应当及时处理，并依照有关规定对举报有功人员给予奖励。

第二章　监管机构

第六条　国务院电力监管机构根据履行职责的需要，经国务院批准，设立派出机构。国务院电力监管机构对派出机构实行统一领导和管理。

国务院电力监管机构的派出机构在国务院电力监管机构的授权范围内，履行电力监管职责。

第七条　电力监管机构从事监管工作的人员，应当具备与电力监管工作相适应的专业知识和业务工作经验。

第八条　电力监管机构从事监管工作的人员，应当忠于职守，依法办事，公正廉洁，不得利用职务便利谋取不正当利益，不得在电力企业、电力调度交易机构兼任职务。

第九条　电力监管机构应当建立监管责任制度和监管信息公开制度。

第十条　电力监管机构及其从事监管工作的人员依法履行电力监管职责，有关单位和人员应当予以配合和协助。

第十一条　电力监管机构应当接受国务院财政、监察、审计等部门依法实施的监督。

第三章　监管职责

第十二条　国务院电力监管机构依照有关法律、行政法规和本条例的规定，在其职责范围内制定并发布电力监管规章、规则。

第十三条　电力监管机构依照有关法律和国务院有关规定，颁发和管理电力业务许可证。

第十四条　电力监管机构按照国家有关规定，对发电企业在各电力市场中所占份额的比例实施监管。

第十五条　电力监管机构对发电厂并网、电网互联以及发电厂与电网协调运行中执行有关规章、规则的情况实施监管。

第十六条　电力监管机构对电力市场向从事电力交易的主体公平、无歧视开放的情况以及输电企业公平开放电网的情况依法实施监管。

第十七条　电力监管机构对电力企业、电力调度交易机构执行电力市场运行规则的情况，以及电力调度交易机构执行电力调度规则的情况实施监管。

第十八条　电力监管机构对供电企业按照国家规定的电能质量和供电服务质量标准向用户提供供电服务的情况实施监管。

第十九条　电力监管机构具体负责电力安全监督管理工作。国务院电力监管机构经商国务院发展改革部门、国务院安全生产监督管理部门等有关部门后，制订重大电力生产安全事故处置预案，建立重大电力生产安全事故应急处置制度。

第二十条　国务院价格主管部门、国务院电力监管机构依照法律、行政法规和国务院的规定，对电价实施监管。

第四章　监管措施

第二十一条　电力监管机构根据履行监管职责的需要，有权要求电力企业、电力调度交易机构报送与监管事项相关的文件、资料。电力企业、电力调度交易机构应当如实提供有关文件、资料。

第二十二条　国务院电力监管机构应当建立电力监管信息系统。电力企业、电力调度交易机构应当按照国务院电力监管机构的规定将与监管相关的信息系统接入电力监管信息系统。

第二十三条　电力监管机构有权责令电力企业、电力调度交易机构按照国家有关电力监管规章、规则的规定如实披露有关信息。

第二十四条　电力监管机构依法履行职责，可以采取下列措施，进行现场检查：

（一）进入电力企业、电力调度交易机构进行检查；

（二）询问电力企业、电力调度交易机构的工作人员，要求其对有关检查事项作出说明；

（三）查阅、复制与检查事项有关的文件、资料，对可能被转移、隐匿、损毁的文件、资料予以封存；

（四）对检查中发现的违法行为，有权当场予以纠正或者要求限期改正。

第二十五条　依法从事电力监管工作的人员在进行现场检查时，应当出示有效执法证件；未出示有效执法证件的，电力企业、电力调度交易机构有权拒绝检查。

第二十六条　发电厂与电网并网、电网与电网互联，并网双方或者互联双方达不成协议，影响电力交易正常进行的，电力监管机构应当进行协调；经协调仍不能达成协议的，由电力监管机构作出裁决。

第二十七条　电力企业发生电力生产安全事故，应当及时采取措施，防止事故扩大，并向电力监管机构和其他有关部门报告。电力监管机构接到发生重大电力生产安全事故报告后，应当按照重大电力生产安全事故处置预案，及时采取处置措施。电力监管机构按照国家有关规定组织或者参加电力生产安全事故的调查处理。

第二十八条 电力监管机构对电力企业、电力调度交易机构违反有关电力监管的法律、行政法规或者有关电力监管规章、规则，损害社会公共利益的行为及其处理情况，可以向社会公布。

第五章 法律责任

第二十九条 电力监管机构从事监管工作的人员有下列情形之一的，依法给予行政处分；构成犯罪的，依法追究刑事责任：

（一）违反有关法律和国务院有关规定颁发电力业务许可证的；

（二）发现未经许可擅自经营电力业务的行为，不依法进行处理的；

（三）发现违法行为或者接到对违法行为的举报后，不及时进行处理的；

（四）利用职务便利谋取不正当利益的。

电力监管机构从事监管工作的人员在电力企业、电力调度交易机构兼任职务的，由电力监管机构责令改正，没收兼职所得；拒不改正的，予以辞退或者开除。

第三十条 违反规定未取得电力业务许可证擅自经营电力业务的，由电力监管机构责令改正，没收违法所得，可以并处违法所得5倍以下的罚款；构成犯罪的，依法追究刑事责任。

第三十一条 电力企业违反本条例规定，有下列情形之一的，由电力监管机构责令改正；拒不改正的，处10万元以上100万元以下的罚款；对直接负责的主管人员和其他直接责任人员，依法给予处分；情节严重的，可以吊销电力业务许可证：

（一）不遵守电力市场运行规则的；

（二）发电厂并网、电网互联不遵守有关规章、规则的；

（三）不向从事电力交易的主体公平、无歧视开放电力市场或者不按照规定公平开放电网的。

第三十二条 供电企业未按照国家规定的电能质量和供电服务质量标准向用户提供供电服务的，由电力监管机构责令改正，给予警告；情节严重的，对直接负责的主管人员和其他直接责任人员，依法给予处分。

第三十三条 电力调度交易机构违反本条例规定，不按照电力市场运行规则组织交易的，由电力监管机构责令改正；拒不改正的，处10万元以上100万元以下的罚款；对直接负责的主管人员和其他直接责任人员，依法给予处分。

电力调度交易机构工作人员泄露电力交易内幕信息的，由电力监管机构责令改正，并依法给予处分。

第三十四条 电力企业、电力调度交易机构有下列情形之一的，由电力监管机构责令改正；拒不改正的，处5万元以上50万元以下的罚款，对直接负责的主管人员和其他直接责任人员，依法给予处分；构成犯罪的，依法追究刑事责任：

（一）拒绝或者阻碍电力监管机构及其从事监管工作的人员依法履行监管职责的；

（二）提供虚假或者隐瞒重要事实的文件、资料的；

（三）未按照国家有关电力监管规章、规则的规定披露有关信息的。

第三十五条 本条例规定的罚款和没收的违法所得，按照国家有关规定上缴国库。

第六章　附　则

第三十六条　电力企业应当按照国务院价格主管部门、财政部门的有关规定缴纳电力监管费。

第三十七条　本条例自2005年5月1日起施行。

历史文化名城名镇名村保护条例

（国务院令第524号　2008年4月22日）

第一章　总　则

第一条　为了加强历史文化名城、名镇、名村的保护与管理，继承中华民族优秀历史文化遗产，制定本条例。

第二条　历史文化名城、名镇、名村的申报、批准、规划、保护，适用本条例。

第三条　历史文化名城、名镇、名村的保护应当遵循科学规划、严格保护的原则，保持和延续其传统格局和历史风貌，维护历史文化遗产的真实性和完整性，继承和弘扬中华民族优秀传统文化，正确处理经济社会发展和历史文化遗产保护的关系。

第四条　国家对历史文化名城、名镇、名村的保护给予必要的资金支持。

历史文化名城、名镇、名村所在地的县级以上地方人民政府，根据本地实际情况安排保护资金，列入本级财政预算。

国家鼓励企业、事业单位、社会团体和个人参与历史文化名城、名镇、名村的保护。

第五条　国务院建设主管部门会同国务院文物主管部门负责全国历史文化名城、名镇、名村的保护和监督管理工作。

地方各级人民政府负责本行政区域历史文化名城、名镇、名村的保护和监督管理工作。

第六条　县级以上人民政府及其有关部门对在历史文化名城、名镇、名村保护工作中做出突出贡献的单位和个人，按照国家有关规定给予表彰和奖励。

第二章　申报与批准

第七条　具备下列条件的城市、镇、村庄，可以申报历史文化名城、名镇、名村：

（一）保存文物特别丰富；

（二）历史建筑集中成片；

（三）保留着传统格局和历史风貌；

（四）历史上曾经作为政治、经济、文化、交通中心或者军事要地，或者发生过重要历史事件，或者其传统产业、历史上建设的重大工程对本地区的发展产生过重要影响，或者能够集中反映本地区建筑的文化特色、民族特色。

申报历史文化名城的，在所申报的历史文化名城保护范围内还应当有2个以上的历史文化街区。

第八条　申报历史文化名城、名镇、名村，应当提交所申报的历史文化名城、名镇、名村的下列材料：

（一）历史沿革、地方特色和历史文化价值的说明；

（二）传统格局和历史风貌的现状；

（三）保护范围；

（四）不可移动文物、历史建筑、历史文化街区的清单；

（五）保护工作情况、保护目标和保护要求。

第九条 申报历史文化名城，由省、自治区、直辖市人民政府提出申请，经国务院建设主管部门会同国务院文物主管部门组织有关部门、专家进行论证，提出审查意见，报国务院批准公布。

申报历史文化名镇、名村，由所在地县级人民政府提出申请，经省、自治区、直辖市人民政府确定的保护主管部门会同同级文物主管部门组织有关部门、专家进行论证，提出审查意见，报省、自治区、直辖市人民政府批准公布。

第十条 对符合本条例第七条规定的条件而没有申报历史文化名城的城市，国务院建设主管部门会同国务院文物主管部门可以向该城市所在地的省、自治区人民政府提出申报建议；仍不申报的，可以直接向国务院提出确定该城市为历史文化名城的建议。

对符合本条例第七条规定的条件而没有申报历史文化名镇、名村的镇、村庄，省、自治区、直辖市人民政府确定的保护主管部门会同同级文物主管部门可以向该镇、村庄所在地的县级人民政府提出申报建议；仍不申报的，可以直接向省、自治区、直辖市人民政府提出确定该镇、村庄为历史文化名镇、名村的建议。

第十一条 国务院建设主管部门会同国务院文物主管部门可以在已批准公布的历史文化名镇、名村中，严格按照国家有关评价标准，选择具有重大历史、艺术、科学价值的历史文化名镇、名村，经专家论证，确定为中国历史文化名镇、名村。

第十二条 已批准公布的历史文化名城、名镇、名村，因保护不力使其历史文化价值受到严重影响的，批准机关应当将其列入濒危名单，予以公布，并责成所在地城市、县人民政府限期采取补救措施，防止情况继续恶化，并完善保护制度，加强保护工作。

第三章 保护规划

第十三条 历史文化名城批准公布后，历史文化名城人民政府应当组织编制历史文化名城保护规划。

历史文化名镇、名村批准公布后，所在地县级人民政府应当组织编制历史文化名镇、名村保护规划。

保护规划应当自历史文化名城、名镇、名村批准公布之日起 1 年内编制完成。

第十四条 保护规划应当包括下列内容：

（一）保护原则、保护内容和保护范围；

（二）保护措施、开发强度和建设控制要求；

（三）传统格局和历史风貌保护要求；

（四）历史文化街区、名镇、名村的核心保护范围和建设控制地带；

（五）保护规划分期实施方案。

第十五条 历史文化名城、名镇保护规划的规划期限应当与城市、镇总体规划的规划期限相一致；历史文化名村保护规划的规划期限应当与村庄规划的规划期限相一致。

第十六条 保护规划报送审批前，保护规划的组织编制机关应当广泛征求有关部门、专家和公众的意见；必要时，可以举行听证。

保护规划报送审批文件中应当附具意见采纳情况及理由；经听证的，还应当附具听证笔录。

第十七条 保护规划由省、自治区、直辖市人民政府审批。

保护规划的组织编制机关应当将经依法批准的历史文化名城保护规划和中国历史文化名镇、名村保护规划，报国务院建设主管部门和国务院文物主管部门备案。

第十八条 保护规划的组织编制机关应当及时公布经依法批准的保护规划。

第十九条 经依法批准的保护规划，不得擅自修改；确需修改的，保护规划的组织编制机关应当向原审批机关提出专题报告，经同意后，方可编制修改方案。修改后的保护规划，应当按照原审批程序报送审批。

第二十条 国务院建设主管部门会同国务院文物主管部门应当加强对保护规划实施情况的监督检查。

县级以上地方人民政府应当加强对本行政区域保护规划实施情况的监督检查，并对历史文化名城、名镇、名村保护状况进行评估；对发现的问题，应当及时纠正、处理。

第四章 保护措施

第二十一条 历史文化名城、名镇、名村应当整体保护，保持传统格局、历史风貌和空间尺度，不得改变与其相互依存的自然景观和环境。

第二十二条 历史文化名城、名镇、名村所在地县级以上地方人民政府应当根据当地经济社会发展水平，按照保护规划，控制历史文化名城、名镇、名村的人口数量，改善历史文化名城、名镇、名村的基础设施、公共服务设施和居住环境。

第二十三条 在历史文化名城、名镇、名村保护范围内从事建设活动，应当符合保护规划的要求，不得损害历史文化遗产的真实性和完整性，不得对其传统格局和历史风貌构成破坏性影响。

第二十四条 在历史文化名城、名镇、名村保护范围内禁止进行下列活动：

（一）开山、采石、开矿等破坏传统格局和历史风貌的活动；

（二）占用保护规划确定保留的园林绿地、河湖水系、道路等；

（三）修建生产、储存爆炸性、易燃性、放射性、毒害性、腐蚀性物品的工厂、仓库等；

（四）在历史建筑上刻划、涂污。

第二十五条 在历史文化名城、名镇、名村保护范围内进行下列活动，应当保护其传统格局、历史风貌和历史建筑；制订保护方案，经城市、县人民政府城乡规划主管部门会同同级文物主管部门批准，并依照有关法律、法规的规定办理相关手续：

（一）改变园林绿地、河湖水系等自然状态的活动；

（二）在核心保护范围内进行影视摄制、举办大型群众性活动；

（三）其他影响传统格局、历史风貌或者历史建筑的活动。

第二十六条　历史文化街区、名镇、名村建设控制地带内的新建建筑物、构筑物，应当符合保护规划确定的建设控制要求。

第二十七条　对历史文化街区、名镇、名村核心保护范围内的建筑物、构筑物，应当区分不同情况，采取相应措施，实行分类保护。

历史文化街区、名镇、名村核心保护范围内的历史建筑，应当保持原有的高度、体量、外观形象及色彩等。

第二十八条　在历史文化街区、名镇、名村核心保护范围内，不得进行新建、扩建活动。但是，新建、扩建必要的基础设施和公共服务设施除外。

在历史文化街区、名镇、名村核心保护范围内，新建、扩建必要的基础设施和公共服务设施的，城市、县人民政府城乡规划主管部门核发建设工程规划许可证、乡村建设规划许可证前，应当征求同级文物主管部门的意见。

在历史文化街区、名镇、名村核心保护范围内，拆除历史建筑以外的建筑物、构筑物或者其他设施的，应当经城市、县人民政府城乡规划主管部门会同同级文物主管部门批准。

第二十九条　审批本条例第二十八条规定的建设活动，审批机关应当组织专家论证，并将审批事项予以公示，征求公众意见，告知利害关系人有要求举行听证的权利。公示时间不得少于20日。

利害关系人要求听证的，应当在公示期间提出，审批机关应当在公示期满后及时举行听证。

第三十条　城市、县人民政府应当在历史文化街区、名镇、名村核心保护范围的主要出入口设置标志牌。

任何单位和个人不得擅自设置、移动、涂改或者损毁标志牌。

第三十一条　历史文化街区、名镇、名村核心保护范围内的消防设施、消防通道，应当按照有关的消防技术标准和规范设置。确因历史文化街区、名镇、名村的保护需要，无法按照标准和规范设置的，由城市、县人民政府公安机关消防机构会同同级城乡规划主管部门制订相应的防火安全保障方案。

第三十二条　城市、县人民政府应当对历史建筑设置保护标志，建立历史建筑档案。

历史建筑档案应当包括下列内容：

（一）建筑艺术特征、历史特征、建设年代及稀有程度；

（二）建筑的有关技术资料；

（三）建筑的使用现状和权属变化情况；

（四）建筑的修缮、装饰装修过程中形成的文字、图纸、图片、影像等资料；

（五）建筑的测绘信息记录和相关资料。

第三十三条　历史建筑的所有权人应当按照保护规划的要求，负责历史建筑的维护和修缮。

县级以上地方人民政府可以从保护资金中对历史建筑的维护和修缮给予补助。

历史建筑有损毁危险，所有权人不具备维护和修缮能力的，当地人民政府应当采取措施进行保护。

任何单位或者个人不得损坏或者擅自迁移、拆除历史建筑。

第三十四条 建设工程选址，应当尽可能避开历史建筑；因特殊情况不能避开的，应当尽可能实施原址保护。

对历史建筑实施原址保护的，建设单位应当事先确定保护措施，报城市、县人民政府城乡规划主管部门会同同级文物主管部门批准。

因公共利益需要进行建设活动，对历史建筑无法实施原址保护、必须迁移异地保护或者拆除的，应当由城市、县人民政府城乡规划主管部门会同同级文物主管部门，报省、自治区、直辖市人民政府确定的保护主管部门会同同级文物主管部门批准。

本条规定的历史建筑原址保护、迁移、拆除所需费用，由建设单位列入建设工程预算。

第三十五条 对历史建筑进行外部修缮装饰、添加设施以及改变历史建筑的结构或者使用性质的，应当经城市、县人民政府城乡规划主管部门会同同级文物主管部门批准，并依照有关法律、法规的规定办理相关手续。

第三十六条 在历史文化名城、名镇、名村保护范围内涉及文物保护的，应当执行文物保护法律、法规的规定。

第五章 法律责任

第三十七条 违反本条例规定，国务院建设主管部门、国务院文物主管部门和县级以上地方人民政府及其有关主管部门的工作人员，不履行监督管理职责，发现违法行为不予查处或者有其他滥用职权、玩忽职守、徇私舞弊行为，构成犯罪的，依法追究刑事责任；尚不构成犯罪的，依法给予处分。

第三十八条 违反本条例规定，地方人民政府有下列行为之一的，由上级人民政府责令改正，对直接负责的主管人员和其他直接责任人员，依法给予处分：

（一）未组织编制保护规划的；

（二）未按照法定程序组织编制保护规划的；

（三）擅自修改保护规划的；

（四）未将批准的保护规划予以公布的。

第三十九条 违反本条例规定，省、自治区、直辖市人民政府确定的保护主管部门或者城市、县人民政府城乡规划主管部门，未按照保护规划的要求或者未按照法定程序履行本条例第二十五条、第二十八条、第三十四条、第三十五条规定的审批职责的，由本级人民政府或者上级人民政府有关部门责令改正，通报批评；对直接负责的主管人员和其他直接责任人员，依法给予处分。

第四十条 违反本条例规定，城市、县人民政府因保护不力，导致已批准公布的历史文化名城、名镇、名村被列入濒危名单的，由上级人民政府通报批评；对直接负责的主管人员和其他直接责任人员，依法给予处分。

第四十一条 违反本条例规定，在历史文化名城、名镇、名村保护范围内有下列行为之一的，由城市、县人民政府城乡规划主管部门责令停止违法行为、限期恢复原状或者采取其他补救措施；有违法所得的，没收违法所得；逾期不恢复原状或者不采取其他补救措施的，城乡规划主管部门可以指定有能力的单位代为恢复原状或者采取其他补救措施，所需费用由违法者承担；造成严重后果的，对单位并处50万元以上100万元以下的罚款，对个人并处5万元以上10万元以下的罚款；造成损失的，依法承担赔偿责任：

（一）开山、采石、开矿等破坏传统格局和历史风貌的；

（二）占用保护规划确定保留的园林绿地、河湖水系、道路等的；

（三）修建生产、储存爆炸性、易燃性、放射性、毒害性、腐蚀性物品的工厂、仓库等的。

第四十二条 违反本条例规定，在历史建筑上刻划、涂污的，由城市、县人民政府城乡规划主管部门责令恢复原状或者采取其他补救措施，处50元的罚款。

第四十三条 违反本条例规定，未经城乡规划主管部门会同同级文物主管部门批准，有下列行为之一的，由城市、县人民政府城乡规划主管部门责令停止违法行为、限期恢复原状或者采取其他补救措施；有违法所得的，没收违法所得；逾期不恢复原状或者不采取其他补救措施的，城乡规划主管部门可以指定有能力的单位代为恢复原状或者采取其他补救措施，所需费用由违法者承担；造成严重后果的，对单位并处5万元以上10万元以下的罚款，对个人并处1万元以上5万元以下的罚款；造成损失的，依法承担赔偿责任：

（一）改变园林绿地、河湖水系等自然状态的；

（二）进行影视摄制、举办大型群众性活动的；

（三）拆除历史建筑以外的建筑物、构筑物或者其他设施的；

（四）对历史建筑进行外部修缮装饰、添加设施以及改变历史建筑的结构或者使用性质的；

（五）其他影响传统格局、历史风貌或者历史建筑的。

有关单位或者个人经批准进行上述活动，但是在活动过程中对传统格局、历史风貌或者历史建筑构成破坏性影响的，依照本条第一款规定予以处罚。

第四十四条 违反本条例规定，损坏或者擅自迁移、拆除历史建筑的，由城市、县人民政府城乡规划主管部门责令停止违法行为、限期恢复原状或者采取其他补救措施；有违法所得的，没收违法所得；逾期不恢复原状或者不采取其他补救措施的，城乡规划主管部门可以指定有能力的单位代为恢复原状或者采取其他补救措施，所需费用由违法者承担；造成严重后果的，对单位并处20万元以上50万元以下的罚款，对个人并处10万元以上20万元以下的罚款；造成损失的，依法承担赔偿责任。

第四十五条 违反本条例规定，擅自设置、移动、涂改或者损毁历史文化街区、名镇、名村标志牌的，由城市、县人民政府城乡规划主管部门责令限期改正；逾期不改正的，对单位处1万元以上5万元以下的罚款，对个人处1000元以上1万元以下的罚款。

第四十六条 违反本条例规定，对历史文化名城、名镇、名村中的文物造成损毁的，依照文物保护法律、法规的规定给予处罚；构成犯罪的，依法追究刑事责任。

第六章 附 则

第四十七条 本条例下列用语的含义：

（一）历史建筑，是指经城市、县人民政府确定公布的具有一定保护价值，能够反映历史风貌和地方特色，未公布为文物保护单位，也未登记为不可移动文物的建筑物、构筑物。

（二）历史文化街区，是指经省、自治区、直辖市人民政府核定公布的保存文物特别丰富、历史建筑集中成片、能够较完整和真实地体现传统格局和历史风貌，并具有一定规模的区域。

历史文化街区保护的具体实施办法，由国务院建设主管部门会同国务院文物主管部门制定。

第四十八条 本条例自 2008 年 7 月 1 日起施行。

公共机构节能条例

（国务院令第531号　2008年8月21日）

第一章　总　则

第一条　为了推动公共机构节能，提高公共机构能源利用效率，发挥公共机构在全社会节能中的表率作用，根据《中华人民共和国节约能源法》，制定本条例。

第二条　本条例所称公共机构，是指全部或者部分使用财政性资金的国家机关、事业单位和团体组织。

第三条　公共机构应当加强用能管理，采取技术上可行、经济上合理的措施，降低能源消耗，减少、制止能源浪费，有效、合理地利用能源。

第四条　国务院管理节能工作的部门主管全国的公共机构节能监督管理工作。国务院管理机关事务工作的机构在国务院管理节能工作的部门指导下，负责推进、指导、协调、监督全国的公共机构节能工作。

国务院和县级以上地方各级人民政府管理机关事务工作的机构在同级管理节能工作的部门指导下，负责本级公共机构节能监督管理工作。

教育、科技、文化、卫生、体育等系统各级主管部门在同级管理机关事务工作的机构指导下，开展本级系统内公共机构节能工作。

第五条　国务院和县级以上地方各级人民政府管理机关事务工作的机构应当会同同级有关部门开展公共机构节能宣传、教育和培训，普及节能科学知识。

第六条　公共机构负责人对本单位节能工作全面负责。

公共机构的节能工作实行目标责任制和考核评价制度，节能目标完成情况应当作为对公共机构负责人考核评价的内容。

第七条　公共机构应当建立、健全本单位节能管理的规章制度，开展节能宣传教育和岗位培训，增强工作人员的节能意识，培养节能习惯，提高节能管理水平。

第八条　公共机构的节能工作应当接受社会监督。任何单位和个人都有权举报公共机构浪费能源的行为，有关部门对举报应当及时调查处理。

第九条　对在公共机构节能工作中做出显著成绩的单位和个人，按照国家规定予以表彰和奖励。

第二章　节能规划

第十条　国务院和县级以上地方各级人民政府管理机关事务工作的机构应当会同同级有关部门，根据本级人民政府节能中长期专项规划，制定本级公共机构节能规划。

县级公共机构节能规划应当包括所辖乡（镇）公共机构节能的内容。

第十一条　公共机构节能规划应当包括指导思想和原则、用能现状和问题、节能目标和指标、节能重点环节、实施主体、保障措施等方面的内容。

第十二条 国务院和县级以上地方各级人民政府管理机关事务工作的机构应当将公共机构节能规划确定的节能目标和指标，按年度分解落实到本级公共机构。

第十三条 公共机构应当结合本单位用能特点和上一年度用能状况，制定年度节能目标和实施方案，有针对性地采取节能管理或者节能改造措施，保证节能目标的完成。

公共机构应当将年度节能目标和实施方案报本级人民政府管理机关事务工作的机构备案。

第三章 节能管理

第十四条 公共机构应当实行能源消费计量制度，区分用能种类、用能系统实行能源消费分户、分类、分项计量，并对能源消耗状况进行实时监测，及时发现、纠正用能浪费现象。

第十五条 公共机构应当指定专人负责能源消费统计，如实记录能源消费计量原始数据，建立统计台账。

公共机构应当于每年 3 月 31 日前，向本级人民政府管理机关事务工作的机构报送上一年度能源消费状况报告。

第十六条 国务院和县级以上地方各级人民政府管理机关事务工作的机构应当会同同级有关部门按照管理权限，根据不同行业、不同系统公共机构能源消耗综合水平和特点，制定能源消耗定额，财政部门根据能源消耗定额制定能源消耗支出标准。

第十七条 公共机构应当在能源消耗定额范围内使用能源，加强能源消耗支出管理；超过能源消耗定额使用能源的，应当向本级人民政府管理机关事务工作的机构作出说明。

第十八条 公共机构应当按照国家有关强制采购或者优先采购的规定，采购列入节能产品、设备政府采购名录和环境标志产品政府采购名录中的产品、设备，不得采购国家明令淘汰的用能产品、设备。

第十九条 国务院和省级人民政府的政府采购监督管理部门应当会同同级有关部门完善节能产品、设备政府采购名录，优先将取得节能产品认证证书的产品、设备列入政府采购名录。

国务院和省级人民政府应当将节能产品、设备政府采购名录中的产品、设备纳入政府集中采购目录。

第二十条 公共机构新建建筑和既有建筑维修改造应当严格执行国家有关建筑节能设计、施工、调试、竣工验收等方面的规定和标准，国务院和县级以上地方人民政府建设主管部门对执行国家有关规定和标准的情况应当加强监督检查。

国务院和县级以上地方各级人民政府负责审批或者核准固定资产投资项目的部门，应当严格控制公共机构建设项目的建设规模和标准，统筹兼顾节能投资和效益，对建设项目进行节能评估和审查；未通过节能评估和审查的项目，不得批准或者核准建设。

第二十一条 国务院和县级以上地方各级人民政府管理机关事务工作的机构会同有关部门制定本级公共机构既有建筑节能改造计划，并组织实施。

第二十二条 公共机构应当按照规定进行能源审计，对本单位用能系统、设备的运行及使用能源情况进行技术和经济性评价，根据审计结果采取提高能源利用效率的措施。具体办法由国务院管理节能工作的部门会同国务院有关部门制定。

第二十三条　能源审计的内容包括：

（一）查阅建筑物竣工验收资料和用能系统、设备台账资料，检查节能设计标准的执行情况；

（二）核对电、气、煤、油、市政热力等能源消耗计量记录和财务账单，评估分类与分项的总能耗、人均能耗和单位建筑面积能耗；

（三）检查用能系统、设备的运行状况，审查节能管理制度执行情况；

（四）检查前一次能源审计合理使用能源建议的落实情况；

（五）查找存在节能潜力的用能环节或者部位，提出合理使用能源的建议；

（六）审查年度节能计划、能源消耗定额执行情况，核实公共机构超过能源消耗定额使用能源的说明；

（七）审查能源计量器具的运行情况，检查能耗统计数据的真实性、准确性。

第四章　节能措施

第二十四条　公共机构应当建立、健全本单位节能运行管理制度和用能系统操作规程，加强用能系统和设备运行调节、维护保养、巡视检查，推行低成本、无成本节能措施。

第二十五条　公共机构应当设置能源管理岗位，实行能源管理岗位责任制。重点用能系统、设备的操作岗位应当配备专业技术人员。

第二十六条　公共机构可以采用合同能源管理方式，委托节能服务机构进行节能诊断、设计、融资、改造和运行管理。

第二十七条　公共机构选择物业服务企业，应当考虑其节能管理能力。公共机构与物业服务企业订立物业服务合同，应当载明节能管理的目标和要求。

第二十八条　公共机构实施节能改造，应当进行能源审计和投资收益分析，明确节能指标，并在节能改造后采用计量方式对节能指标进行考核和综合评价。

第二十九条　公共机构应当减少空调、计算机、复印机等用电设备的待机能耗，及时关闭用电设备。

第三十条　公共机构应当严格执行国家有关空调室内温度控制的规定，充分利用自然通风，改进空调运行管理。

第三十一条　公共机构电梯系统应当实行智能化控制，合理设置电梯开启数量和时间，加强运行调节和维护保养。

第三十二条　公共机构办公建筑应当充分利用自然采光，使用高效节能照明灯具，优化照明系统设计，改进电路控制方式，推广应用智能调控装置，严格控制建筑物外部泛光照明以及外部装饰用照明。

第三十三条　公共机构应当对网络机房、食堂、开水间、锅炉房等部位的用能情况实行重点监测，采取有效措施降低能耗。

第三十四条　公共机构的公务用车应当按照标准配备，优先选用低能耗、低污染、使用清洁能源的车辆，并严格执行车辆报废制度。

公共机构应当按照规定用途使用公务用车，制定节能驾驶规范，推行单车能耗核算制度。

公共机构应当积极推进公务用车服务社会化，鼓励工作人员利用公共交通工具、非机动交通工具出行。

第五章　监督和保障

第三十五条　国务院和县级以上地方各级人民政府管理机关事务工作的机构应当会同有关部门加强对本级公共机构节能的监督检查。监督检查的内容包括：

（一）年度节能目标和实施方案的制定、落实情况；

（二）能源消费计量、监测和统计情况；

（三）能源消耗定额执行情况；

（四）节能管理规章制度建立情况；

（五）能源管理岗位设置以及能源管理岗位责任制落实情况；

（六）用能系统、设备节能运行情况；

（七）开展能源审计情况；

（八）公务用车配备、使用情况。

对于节能规章制度不健全、超过能源消耗定额使用能源情况严重的公共机构，应当进行重点监督检查。

第三十六条　公共机构应当配合节能监督检查，如实说明有关情况，提供相关资料和数据，不得拒绝、阻碍。

第三十七条　公共机构有下列行为之一的，由本级人民政府管理机关事务工作的机构会同有关部门责令限期改正；逾期不改正的，予以通报，并由有关机关对公共机构负责人依法给予处分：

（一）未制定年度节能目标和实施方案，或者未按照规定将年度节能目标和实施方案备案的；

（二）未实行能源消费计量制度，或者未区分用能种类、用能系统实行能源消费分户、分类、分项计量，并对能源消耗状况进行实时监测的；

（三）未指定专人负责能源消费统计，或者未如实记录能源消费计量原始数据，建立统计台账的；

（四）未按照要求报送上一年度能源消费状况报告的；

（五）超过能源消耗定额使用能源，未向本级人民政府管理机关事务工作的机构作出说明的；

（六）未设立能源管理岗位，或者未在重点用能系统、设备操作岗位配备专业技术人员的；

（七）未按照规定进行能源审计，或者未根据审计结果采取提高能源利用效率的措施的；

（八）拒绝、阻碍节能监督检查的。

第三十八条　公共机构不执行节能产品、设备政府采购名录，未按照国家有关强制采购或者优先采购的规定采购列入节能产品、设备政府采购名录中的产品、设备，或者采购国家明令淘汰的用能产品、设备的，由政府采购监督管理部门给予警告，可以并处罚款；对直接负责的主管人员和其他直接责任人员依法给予处分，并予通报。

第三十九条　负责审批或者核准固定资产投资项目的部门对未通过节能评估和审查的公共机构建设项目予以批准或者核准的，对直接负责的主管人员和其他直接责任人员依法给予处分。

公共机构开工建设未通过节能评估和审查的建设项目的，由有关机关依法责令限期整改；对直接负责的主管人员和其他直接责任人员依法给予处分。

第四十条　公共机构违反规定超标准、超编制购置公务用车或者拒不报废高耗能、高污染车辆的，对直接负责的主管人员和其他直接责任人员依法给予处分，并由本级人民政府管理机关事务工作的机构依照有关规定，对车辆采取收回、拍卖、责令退还等方式处理。

第四十一条　公共机构违反规定用能造成能源浪费的，由本级人民政府管理机关事务工作的机构会同有关部门下达节能整改意见书，公共机构应当及时予以落实。

第四十二条　管理机关事务工作的机构的工作人员在公共机构节能监督管理中滥用职权、玩忽职守、徇私舞弊，构成犯罪的，依法追究刑事责任；尚不构成犯罪的，依法给予处分。

第六章　附　则

第四十三条　本条例自 2008 年 10 月 1 日起施行。

民用建筑节能条例

（国务院令第530号　2008年8月1日）

第一章　总　则

第一条　为了加强民用建筑节能管理，降低民用建筑使用过程中的能源消耗，提高能源利用效率，制定本条例。

第二条　本条例所称民用建筑节能，是指在保证民用建筑使用功能和室内热环境质量的前提下，降低其使用过程中能源消耗的活动。

本条例所称民用建筑，是指居住建筑、国家机关办公建筑和商业、服务业、教育、卫生等其他公共建筑。

第三条　各级人民政府应当加强对民用建筑节能工作的领导，积极培育民用建筑节能服务市场，健全民用建筑节能服务体系，推动民用建筑节能技术的开发应用，做好民用建筑节能知识的宣传教育工作。

第四条　国家鼓励和扶持在新建建筑和既有建筑节能改造中采用太阳能、地热能等可再生能源。

在具备太阳能利用条件的地区，有关地方人民政府及其部门应当采取有效措施，鼓励和扶持单位、个人安装使用太阳能热水系统、照明系统、供热系统、采暖制冷系统等太阳能利用系统。

第五条　国务院建设主管部门负责全国民用建筑节能的监督管理工作。县级以上地方人民政府建设主管部门负责本行政区域民用建筑节能的监督管理工作。

县级以上人民政府有关部门应当依照本条例的规定以及本级人民政府规定的职责分工，负责民用建筑节能的有关工作。

第六条　国务院建设主管部门应当在国家节能中长期专项规划指导下，编制全国民用建筑节能规划，并与相关规划相衔接。

县级以上地方人民政府建设主管部门应当组织编制本行政区域的民用建筑节能规划，报本级人民政府批准后实施。

第七条　国家建立健全民用建筑节能标准体系。国家民用建筑节能标准由国务院建设主管部门负责组织制定，并依照法定程序发布。

国家鼓励制定、采用优于国家民用建筑节能标准的地方民用建筑节能标准。

第八条　县级以上人民政府应当安排民用建筑节能资金，用于支持民用建筑节能的科学技术研究和标准制定、既有建筑围护结构和供热系统的节能改造、可再生能源的应用，以及民用建筑节能示范工程、节能项目的推广。

政府引导金融机构对既有建筑节能改造、可再生能源的应用，以及民用建筑节能示范工程等项目提供支持。

民用建筑节能项目依法享受税收优惠。

第九条 国家积极推进供热体制改革，完善供热价格形成机制，鼓励发展集中供热，逐步实行按照用热量收费制度。

第十条 对在民用建筑节能工作中做出显著成绩的单位和个人，按照国家有关规定给予表彰和奖励。

第二章 新建建筑节能

第十一条 国家推广使用民用建筑节能的新技术、新工艺、新材料和新设备，限制使用或者禁止使用能源消耗高的技术、工艺、材料和设备。国务院节能工作主管部门、建设主管部门应当制定、公布并及时更新推广使用、限制使用、禁止使用目录。

国家限制进口或者禁止进口能源消耗高的技术、材料和设备。

建设单位、设计单位、施工单位不得在建筑活动中使用列入禁止使用目录的技术、工艺、材料和设备。

第十二条 编制城市详细规划、镇详细规划，应当按照民用建筑节能的要求，确定建筑的布局、形状和朝向。

城乡规划主管部门依法对民用建筑进行规划审查，应当就设计方案是否符合民用建筑节能强制性标准征求同级建设主管部门的意见；建设主管部门应当自收到征求意见材料之日起 10 日内提出意见。征求意见时间不计算在规划许可的期限内。

对不符合民用建筑节能强制性标准的，不得颁发建设工程规划许可证。

第十三条 施工图设计文件审查机构应当按照民用建筑节能强制性标准对施工图设计文件进行审查；经审查不符合民用建筑节能强制性标准的，县级以上地方人民政府建设主管部门不得颁发施工许可证。

第十四条 建设单位不得明示或者暗示设计单位、施工单位违反民用建筑节能强制性标准进行设计、施工，不得明示或者暗示施工单位使用不符合施工图设计文件要求的墙体材料、保温材料、门窗、采暖制冷系统和照明设备。

按照合同约定由建设单位采购墙体材料、保温材料、门窗、采暖制冷系统和照明设备的，建设单位应当保证其符合施工图设计文件要求。

第十五条 设计单位、施工单位、工程监理单位及其注册执业人员，应当按照民用建筑节能强制性标准进行设计、施工、监理。

第十六条 施工单位应当对进入施工现场的墙体材料、保温材料、门窗、采暖制冷系统和照明设备进行查验；不符合施工图设计文件要求的，不得使用。

工程监理单位发现施工单位不按照民用建筑节能强制性标准施工的，应当要求施工单位改正；施工单位拒不改正的，工程监理单位应当及时报告建设单位，并向有关主管部门报告。

墙体、屋面的保温工程施工时，监理工程师应当按照工程监理规范的要求，采取旁站、巡视和平行检验等形式实施监理。

未经监理工程师签字，墙体材料、保温材料、门窗、采暖制冷系统和照明设备不得在建筑上使用或者安装，施工单位不得进行下一道工序的施工。

第十七条 建设单位组织竣工验收，应当对民用建筑是否符合民用建筑节能强制性标准进行查验；对不符合民用建筑节能强制性标准的，不得出具竣工验收合格报告。

第十八条 实行集中供热的建筑应当安装供热系统调控装置、用热计量装置和室内温度调控装置；公共建筑还应当安装用电分项计量装置。居住建筑安装的用热计量装置应当满足分户计量的要求。

计量装置应当依法检定合格。

第十九条 建筑的公共走廊、楼梯等部位，应当安装、使用节能灯具和电气控制装置。

第二十条 对具备可再生能源利用条件的建筑，建设单位应当选择合适的可再生能源，用于采暖、制冷、照明和热水供应等；设计单位应当按照有关可再生能源利用的标准进行设计。

建设可再生能源利用设施，应当与建筑主体工程同步设计、同步施工、同步验收。

第二十一条 国家机关办公建筑和大型公共建筑的所有权人应当对建筑的能源利用效率进行测评和标识，并按照国家有关规定将测评结果予以公示，接受社会监督。

国家机关办公建筑应当安装、使用节能设备。

本条例所称大型公共建筑，是指单体建筑面积2万平方米以上的公共建筑。

第二十二条 房地产开发企业销售商品房，应当向购买人明示所售商品房的能源消耗指标、节能措施和保护要求、保温工程保修期等信息，并在商品房买卖合同和住宅质量保证书、住宅使用说明书中载明。

第二十三条 在正常使用条件下，保温工程的最低保修期限为5年。保温工程的保修期，自竣工验收合格之日起计算。

保温工程在保修范围和保修期内发生质量问题的，施工单位应当履行保修义务，并对造成的损失依法承担赔偿责任。

第三章 既有建筑节能

第二十四条 既有建筑节能改造应当根据当地经济、社会发展水平和地理气候条件等实际情况，有计划、分步骤地实施分类改造。

本条例所称既有建筑节能改造，是指对不符合民用建筑节能强制性标准的既有建筑的围护结构、供热系统、采暖制冷系统、照明设备和热水供应设施等实施节能改造的活动。

第二十五条 县级以上地方人民政府建设主管部门应当对本行政区域内既有建筑的建设年代、结构形式、用能系统、能源消耗指标、寿命周期等组织调查统计和分析，制定既有建筑节能改造计划，明确节能改造的目标、范围和要求，报本级人民政府批准后组织实施。

中央国家机关既有建筑的节能改造，由有关管理机关事务工作的机构制定节能改造计划，并组织实施。

第二十六条 国家机关办公建筑、政府投资和以政府投资为主的公共建筑的节能改造，应当制定节能改造方案，经充分论证，并按照国家有关规定办理相关审批手续方可进行。

各级人民政府及其有关部门、单位不得违反国家有关规定和标准，以节能改造的名义对前款规定的既有建筑进行扩建、改建。

第二十七条 居住建筑和本条例第二十六条规定以外的其他公共建筑不符合民用建筑

节能强制性标准的，在尊重建筑所有权人意愿的基础上，可以结合扩建、改建，逐步实施节能改造。

第二十八条 实施既有建筑节能改造，应当符合民用建筑节能强制性标准，优先采用遮阳、改善通风等低成本改造措施。

既有建筑围护结构的改造和供热系统的改造，应当同步进行。

第二十九条 对实行集中供热的建筑进行节能改造，应当安装供热系统调控装置和用热计量装置；对公共建筑进行节能改造，还应当安装室内温度调控装置和用电分项计量装置。

第三十条 国家机关办公建筑的节能改造费用，由县级以上人民政府纳入本级财政预算。

居住建筑和教育、科学、文化、卫生、体育等公益事业使用的公共建筑节能改造费用，由政府、建筑所有权人共同负担。

国家鼓励社会资金投资既有建筑节能改造。

第四章 建筑用能系统运行节能

第三十一条 建筑所有权人或者使用权人应当保证建筑用能系统的正常运行，不得人为损坏建筑围护结构和用能系统。

国家机关办公建筑和大型公共建筑的所有权人或者使用权人应当建立健全民用建筑节能管理制度和操作规程，对建筑用能系统进行监测、维护，并定期将分项用电量报县级以上地方人民政府建设主管部门。

第三十二条 县级以上地方人民政府节能工作主管部门应当会同同级建设主管部门确定本行政区域内公共建筑重点用电单位及其年度用电限额。

县级以上地方人民政府建设主管部门应当对本行政区域内国家机关办公建筑和公共建筑用电情况进行调查统计和评价分析。国家机关办公建筑和大型公共建筑采暖、制冷、照明的能源消耗情况应当依照法律、行政法规和国家其他有关规定向社会公布。

国家机关办公建筑和公共建筑的所有权人或者使用权人应当对县级以上地方人民政府建设主管部门的调查统计工作予以配合。

第三十三条 供热单位应当建立健全相关制度，加强对专业技术人员的教育和培训。

供热单位应当改进技术装备，实施计量管理，并对供热系统进行监测、维护，提高供热系统的效率，保证供热系统的运行符合民用建筑节能强制性标准。

第三十四条 县级以上地方人民政府建设主管部门应当对本行政区域内供热单位的能源消耗情况进行调查统计和分析，并制定供热单位能源消耗指标；对超过能源消耗指标的，应当要求供热单位制定相应的改进措施，并监督实施。

第五章 法律责任

第三十五条 违反本条例规定，县级以上人民政府有关部门有下列行为之一的，对负有责任的主管人员和其他直接责任人员依法给予处分；构成犯罪的，依法追究刑事责任：

（一）对设计方案不符合民用建筑节能强制性标准的民用建筑项目颁发建设工程规划许可证的；

（二）对不符合民用建筑节能强制性标准的设计方案出具合格意见的；

（三）对施工图设计文件不符合民用建筑节能强制性标准的民用建筑项目颁发施工许可证的；

（四）不依法履行监督管理职责的其他行为。

第三十六条 违反本条例规定，各级人民政府及其有关部门、单位违反国家有关规定和标准，以节能改造的名义对既有建筑进行扩建、改建的，对负有责任的主管人员和其他直接责任人员，依法给予处分。

第三十七条 违反本条例规定，建设单位有下列行为之一的，由县级以上地方人民政府建设主管部门责令改正，处20万元以上50万元以下的罚款：

（一）明示或者暗示设计单位、施工单位违反民用建筑节能强制性标准进行设计、施工的；

（二）明示或者暗示施工单位使用不符合施工图设计文件要求的墙体材料、保温材料、门窗、采暖制冷系统和照明设备的；

（三）采购不符合施工图设计文件要求的墙体材料、保温材料、门窗、采暖制冷系统和照明设备的；

（四）使用列入禁止使用目录的技术、工艺、材料和设备的。

第三十八条 违反本条例规定，建设单位对不符合民用建筑节能强制性标准的民用建筑项目出具竣工验收合格报告的，由县级以上地方人民政府建设主管部门责令改正，处民用建筑项目合同价款2%以上4%以下的罚款；造成损失的，依法承担赔偿责任。

第三十九条 违反本条例规定，设计单位未按照民用建筑节能强制性标准进行设计，或者使用列入禁止使用目录的技术、工艺、材料和设备的，由县级以上地方人民政府建设主管部门责令改正，处10万元以上30万元以下的罚款；情节严重的，由颁发资质证书的部门责令停业整顿，降低资质等级或者吊销资质证书；造成损失的，依法承担赔偿责任。

第四十条 违反本条例规定，施工单位未按照民用建筑节能强制性标准进行施工的，由县级以上地方人民政府建设主管部门责令改正，处民用建筑项目合同价款2%以上4%以下的罚款；情节严重的，由颁发资质证书的部门责令停业整顿，降低资质等级或者吊销资质证书；造成损失的，依法承担赔偿责任。

第四十一条 违反本条例规定，施工单位有下列行为之一的，由县级以上地方人民政府建设主管部门责令改正，处10万元以上20万元以下的罚款；情节严重的，由颁发资质证书的部门责令停业整顿，降低资质等级或者吊销资质证书；造成损失的，依法承担赔偿责任：

（一）未对进入施工现场的墙体材料、保温材料、门窗、采暖制冷系统和照明设备进行查验的；

（二）使用不符合施工图设计文件要求的墙体材料、保温材料、门窗、采暖制冷系统和照明设备的；

（三）使用列入禁止使用目录的技术、工艺、材料和设备的。

第四十二条 违反本条例规定，工程监理单位有下列行为之一的，由县级以上地方人民政府建设主管部门责令限期改正；逾期未改正的，处10万元以上30万元以下的罚款；情节严重的，由颁发资质证书的部门责令停业整顿，降低资质等级或者吊销资质证书；造成损失的，依法承担赔偿责任：

（一）未按照民用建筑节能强制性标准实施监理的；

（二）墙体、屋面的保温工程施工时，未采取旁站、巡视和平行检验等形式实施监理的。

对不符合施工图设计文件要求的墙体材料、保温材料、门窗、采暖制冷系统和照明设备，按照符合施工图设计文件要求签字的，依照《建设工程质量管理条例》第六十七条的规定处罚。

第四十三条　违反本条例规定，房地产开发企业销售商品房，未向购买人明示所售商品房的能源消耗指标、节能措施和保护要求、保温工程保修期等信息，或者向购买人明示的所售商品房能源消耗指标与实际能源消耗不符的，依法承担民事责任；由县级以上地方人民政府建设主管部门责令限期改正；逾期未改正的，处交付使用的房屋销售总额2%以下的罚款；情节严重的，由颁发资质证书的部门降低资质等级或者吊销资质证书。

第四十四条　违反本条例规定，注册执业人员未执行民用建筑节能强制性标准的，由县级以上人民政府建设主管部门责令停止执业3个月以上1年以下；情节严重的，由颁发资格证书的部门吊销执业资格证书，5年内不予注册。

第六章　附　则

第四十五条　本条例自2008年10月1日起施行。

粮食流通管理条例

（国务院令第 407 号　2004 年 5 月 26 日）

第一章　总　则

第一条　为了保护粮食生产者的积极性，促进粮食生产，维护经营者、消费者的合法权益，保障国家粮食安全，维护粮食流通秩序，根据有关法律，制定本条例。

第二条　在中华人民共和国境内从事粮食的收购、销售、储存、运输、加工、进出口等经营活动（以下统称粮食经营活动），应当遵守本条例。

前款所称粮食，是指小麦、稻谷、玉米、杂粮及其成品粮。

第三条　国家鼓励多种所有制市场主体从事粮食经营活动，促进公平竞争。依法从事的粮食经营活动受国家法律保护。严禁以非法手段阻碍粮食自由流通。

国有粮食购销企业应当转变经营机制，提高市场竞争能力，在粮食流通中发挥主渠道作用，带头执行国家粮食政策。

第四条　粮食价格主要由市场供求形成。

国家加强粮食流通管理，增强对粮食市场的调控能力。

第五条　粮食经营活动应当遵循自愿、公平、诚实信用的原则，不得损害粮食生产者、消费者的合法权益，不得损害国家利益和社会公共利益。

第六条　国务院发展改革部门及国家粮食行政管理部门负责全国粮食的总量平衡、宏观调控和重要粮食品种的结构调整以及粮食流通的中长期规划；国家粮食行政管理部门负责粮食流通的行政管理、行业指导，监督有关粮食流通的法律、法规、政策及各项规章制度的执行。

国务院工商行政管理、产品质量监督、卫生、价格等部门在各自的职责范围内负责与粮食流通有关的工作。

省、自治区、直辖市人民政府在国家宏观调控下，按照粮食省长负责制的要求，负责本地区粮食的总量平衡和地方储备粮的管理。县级以上地方人民政府粮食行政管理部门负责本地区粮食流通的行政管理、行业指导；县级以上地方人民政府工商行政管理、产品质量监督、卫生、价格等部门在各自的职责范围内负责与粮食流通有关的工作。

第二章　粮食经营

第七条　粮食经营者，是指从事粮食收购、销售、储存、运输、加工、进出口等经营活动的法人、其他经济组织和个体工商户。

第八条　从事粮食收购活动的经营者，应当具备下列条件：

（一）具备经营资金筹措能力；

（二）拥有或者通过租借具有必要的粮食仓储设施；

（三）具备相应的粮食质量检验和保管能力。

前款规定的具体条件，由省、自治区、直辖市人民政府规定、公布。

第九条　取得粮食收购资格，并依照《中华人民共和国公司登记管理条例》等规定办理登记的经营者，方可从事粮食收购活动。

申请从事粮食收购活动，应当向办理工商登记的部门同级的粮食行政管理部门提交书面申请，并提供资金、仓储设施、质量检验和保管能力等证明材料。粮食行政管理部门应当自受理之日起15个工作日内完成审核，对符合本条例第八条规定具体条件的申请者作出许可决定并公示。

第十条　取得粮食行政管理部门粮食收购资格许可的，应当依法向工商行政管理部门办理设立登记，在经营范围中注明粮食收购；已在工商行政管理部门登记的，从事粮食收购活动也应当取得粮食行政管理部门的粮食收购资格许可，并依法向工商行政管理部门办理变更经营范围登记，在经营范围中注明粮食收购。

第十一条　依法从事粮食收购活动的粮食经营者（以下简称粮食收购者），应当告知售粮者或者在收购场所公示粮食的品种、质量标准和收购价格。

第十二条　粮食收购者收购粮食，应当执行国家粮食质量标准，按质论价，不得损害农民和其他粮食生产者的利益；应当及时向售粮者支付售粮款，不得拖欠；不得接受任何组织或者个人的委托代扣、代缴任何税、费和其他款项。

第十三条　粮食收购者应当向收购地的县级人民政府粮食行政管理部门定期报告粮食收购数量等有关情况。

跨省收购粮食，应当向收购地和粮食收购者所在地的县级人民政府粮食行政管理部门定期报告粮食收购数量等有关情况。

第十四条　从事粮食销售、储存、运输、加工、进出口等经营活动的粮食经营者应当在工商行政管理部门登记。

第十五条　粮食经营者使用的粮食仓储设施，应当符合粮食储存有关标准和技术规范的要求。粮食不得与可能对粮食产生污染的有害物质混存，储存粮食不得使用国家禁止使用的化学药剂或者超量使用化学药剂。

第十六条　运输粮食应当严格执行国家粮食运输的技术规范，不得使用被污染的运输工具或者包装材料运输粮食。

第十七条　从事食用粮食加工的经营者，应当具有保证粮食质量和卫生必备的加工条件，不得有下列行为：

（一）使用发霉变质的原粮、副产品进行加工；

（二）违反规定使用添加剂；

（三）使用不符合质量、卫生标准的包装材料；

（四）影响粮食质量、卫生的其他行为。

第十八条　销售粮食应当严格执行国家有关粮食质量、卫生标准，不得短斤少两、掺杂使假、以次充好，不得囤积居奇、垄断或者操纵粮食价格、欺行霸市。

第十九条　建立粮食销售出库质量检验制度。粮食储存企业对超过正常储存年限的陈粮，在出库前应当经过有资质的粮食质量检验机构进行质量鉴定，凡已陈化变质、不符合食用卫生标准的粮食，严禁流入口粮市场。陈化粮购买资格由省级人民政府粮食行政管理部门会同工商行政管理部门认定。陈化粮判定标准，由国家粮食行政管理部门会同有关部门制定，陈化粮销售、处理和监管的具体办法，依照国家有关规定执行。

第二十条 从事粮食收购、加工、销售的经营者，必须保持必要的库存量。

必要时，由省、自治区、直辖市人民政府规定最低和最高库存量的具体标准。

第二十一条 国有和国有控股粮食企业应当积极收购粮食，并做好政府委托的粮食收购和政策性用粮的购销工作，服从和服务于国家宏观调控。

第二十二条 对符合贷款条件的粮食收购者，银行应当按照国家有关规定及时提供收购贷款。中国农业发展银行应当保证中央和地方储备粮以及政府调控用粮和其他政策性用粮的信贷资金需要，对国有和国有控股的粮食购销企业、大型粮食产业化龙头企业和其他粮食购销企业，按企业的风险承受能力提供信贷资金支持。

第二十三条 所有从事粮食收购、销售、储存、加工的粮食经营者以及饲料、工业用粮企业，应当建立粮食经营台账，并向所在地的县级人民政府粮食行政管理部门报送粮食购进、销售、储存等基本数据和有关情况。粮食经营者保留粮食经营台账的期限不得少于3年。粮食经营者报送的基本数据和有关情况涉及商业秘密的，粮食行政管理部门负有保密义务。

国家粮食流通统计制度，由国家粮食行政管理部门制定，报国务院统计部门批准。

第二十四条 粮食行业协会以及中介组织应当加强行业自律，在维护粮食市场秩序方面发挥监督和协调作用。

第三章　宏观调控

第二十五条 国家采取储备粮吞吐、委托收购、粮食进出口等多种经济手段和价格干预等必要的行政手段，加强对粮食市场的调控，保持全国粮食供求总量基本平衡和价格基本稳定。

第二十六条 国家实行中央和地方分级粮食储备制度。粮食储备用于调节粮食供求，稳定粮食市场，以及应对重大自然灾害或者其他突发事件等情况。

政策性用粮的采购和销售，原则上通过粮食批发市场公开进行，也可以通过国家规定的其他方式进行。

第二十七条 国务院和地方人民政府建立健全粮食风险基金制度。粮食风险基金主要用于对种粮农民直接补贴、支持粮食储备、稳定粮食市场等。

国务院和地方人民政府财政部门负责粮食风险基金的监督管理，确保专款专用。

第二十八条 当粮食供求关系发生重大变化时，为保障市场供应、保护种粮农民利益，必要时可由国务院决定对短缺的重点粮食品种在粮食主产区实行最低收购价格。

当粮食价格显著上涨或者有可能显著上涨时，国务院和省、自治区、直辖市人民政府可以按照《中华人民共和国价格法》的规定，采取价格干预措施。

第二十九条 国务院发展改革部门及国家粮食行政管理部门会同农业、统计、产品质量监督等部门负责粮食市场供求形势的监测和预警分析，建立粮食供需抽查制度，发布粮食生产、消费、价格、质量等信息。

第三十条 国家鼓励粮食主产区和主销区以多种形式建立稳定的产销关系，鼓励建立产销一体化的粮食经营企业，发展订单农业，在执行最低收购价格时国家给予必要的经济优惠，并在粮食运输方面给予优先安排。

第三十一条 在重大自然灾害、重大疫情或者其他突发事件引起粮食市场供求异常波动时，国家实施粮食应急机制。

第三十二条 国家建立突发事件的粮食应急体系。国务院发展改革部门及国家粮食行政管理部门会同国务院有关部门制定全国的粮食应急预案，报请国务院批准。省、自治区、直辖市人民政府根据本地区的实际情况，制定本行政区域的粮食应急预案。

第三十三条 启动全国的粮食应急预案，由国务院发展改革部门及国家粮食行政管理部门提出建议，报国务院批准后实施。

启动省、自治区、直辖市的粮食应急预案，由省、自治区、直辖市发展改革部门及粮食行政管理部门提出建议，报本级人民政府决定，并向国务院报告。

第三十四条 粮食应急预案启动后，所有粮食经营者必须按国家要求承担应急任务，服从国家的统一安排和调度，保证应急工作的需要。

第四章 监督检查

第三十五条 粮食行政管理部门依照本条例对粮食经营者从事粮食收购、储存、运输活动和政策性用粮的购销活动，以及执行国家粮食流通统计制度的情况进行监督检查。

粮食行政管理部门应当根据国家要求对粮食收购资格进行核查。

粮食行政管理部门在监督检查过程中，可以进入粮食经营者经营场所检查粮食的库存量和收购、储存活动中的粮食质量以及原粮卫生；检查粮食仓储设施、设备是否符合国家技术规范；查阅粮食经营者有关资料、凭证；向有关单位和人员调查了解相关情况。

第三十六条 产品质量监督部门依照有关法律、行政法规的规定，对粮食加工过程中的以假充真、以次充好、掺杂使假等违法行为进行监督检查。

第三十七条 工商行政管理部门依照有关法律、行政法规的规定，对粮食经营活动中的无照经营、超范围经营以及粮食销售活动中的囤积居奇、欺行霸市、强买强卖、掺杂使假、以次充好等扰乱市场秩序和违法违规交易行为进行监督检查。

第三十八条 卫生部门依照有关法律、行政法规的规定，对粮食加工、销售中的卫生以及成品粮储存中的卫生进行监督检查。

第三十九条 价格主管部门依照有关法律、行政法规的规定，对粮食流通活动中的价格违法行为进行监督检查。

第四十条 任何单位和个人有权对违反本条例规定的行为向有关部门检举。有关部门应当为检举人保密，并依法及时处理。

第五章 法律责任

第四十一条 未经粮食行政管理部门许可或者未在工商行政管理部门登记擅自从事粮食收购活动的，由工商行政管理部门没收非法收购的粮食；情节严重的，并处非法收购粮食价值 1 倍以上 5 倍以下的罚款；构成犯罪的，依法追究刑事责任。

由粮食行政管理部门查出的，移交工商行政管理部门按照前款规定予以处罚。

第四十二条 以欺骗、贿赂等不正当手段取得粮食收购资格许可的，由粮食行政管理部门取消粮食收购资格，工商行政管理部门吊销营业执照，没收违法所得；构成犯罪的，依法追究刑事责任。

粮食行政管理部门工作人员办理粮食收购资格许可，索取或者收受他人财物或者谋取其他利益，构成犯罪的，依法追究刑事责任；尚不构成犯罪的，依法给予行政处分。

第四十三条 粮食收购者有未按照规定告知、公示粮食收购价格或者收购粮食压级压价，垄断或者操纵价格等价格违法行为的，由价格主管部门依照《中华人民共和国价格法》的有关规定给予行政处罚。

第四十四条 有下列情形之一的，由粮食行政管理部门责令改正，予以警告，可以处20万元以下的罚款；情节严重的，并由粮食行政管理部门暂停或者取消粮食收购资格：

（一）粮食收购者未执行国家粮食质量标准的；

（二）粮食收购者被售粮者举报未及时支付售粮款的；

（三）粮食收购者违反本条例规定代扣、代缴税、费和其他款项的；

（四）从事粮食收购、销售、储存、加工的粮食经营者以及饲料、工业用粮企业未建立粮食经营台账，或者未按照规定报送粮食基本数据和有关情况的；

（五）接受委托的粮食经营者从事政策性用粮的购销活动未执行国家有关政策的。

第四十五条 陈粮出库未按照本条例规定进行质量鉴定的，由粮食行政管理部门责令改正，给予警告；情节严重的，处出库粮食价值1倍以上5倍以下的罚款，工商行政管理部门可以吊销营业执照。

倒卖陈化粮或者不按照规定使用陈化粮的，由工商行政管理部门没收非法倒卖的粮食，并处非法倒卖粮食价值20%以下的罚款，有陈化粮购买资格的，由省级人民政府粮食行政管理部门取消陈化粮购买资格；情节严重的，由工商行政管理部门并处非法倒卖粮食价值1倍以上5倍以下的罚款，吊销营业执照；构成犯罪的，依法追究刑事责任。

第四十六条 从事粮食收购、加工、销售的经营者的粮食库存低于规定的最低库存量的，由粮食行政管理部门责令改正，给予警告；情节严重的，处不足部分粮食价值1倍以上5倍以下的罚款，并可以取消粮食收购资格，工商行政管理部门可以吊销营业执照。

从事粮食收购、加工、销售的经营者的粮食库存超出规定的最高库存量的，由粮食行政管理部门责令改正，给予警告；情节严重的，处超出部分粮食价值1倍以上5倍以下的罚款，并可以取消粮食收购资格，工商行政管理部门可以吊销营业执照。

第四十七条 粮食经营者未按照本条例规定使用粮食仓储设施、运输工具的，由粮食行政管理部门或者卫生部门责令改正，给予警告；被污染的粮食不得非法销售、加工。

第四十八条 违反本条例第十七条、第十八条规定的，由产品质量监督部门、工商行政管理部门、卫生部门等依照有关法律、行政法规的规定予以处罚。

第四十九条 财政部门未按照国家关于粮食风险基金管理的规定及时、足额拨付补贴资金，或者挤占、截留、挪用补贴资金的，由本级人民政府或者上级财政部门责令改正，对有关责任人员依法给予行政处分；构成犯罪的，依法追究有关责任人员的刑事责任。

第五十条 违反本条例规定，阻碍粮食自由流通的，依照《国务院关于禁止在市场经济活动中实行地区封锁的规定》予以处罚。

第五十一条 监督检查人员违反本条例规定，非法干预粮食经营者正常经营活动的，依法给予行政处分；构成犯罪的，依法追究刑事责任。

第六章　附　则

第五十二条　本条例下列用语的含义是：

粮食收购，是指为了销售、加工或者作为饲料、工业原料等直接向种粮农民或者其他粮食生产者批量购买粮食的活动。

粮食加工，是指通过处理将原粮转化成半成品粮、成品粮，或者将半成品粮转化成成品粮的经营活动。

第五十三条　大豆、油料和食用植物油的收购、销售、储存、运输、加工、进出口等经营活动，适用本条例除第八条、第九条、第十条以外的规定。

粮食进出口的管理，依照有关法律、行政法规的规定执行。

中央储备粮的管理，依照《中央储备粮管理条例》的规定执行。

第五十四条　本条例自公布之日起施行。1998 年 6 月 6 日国务院发布的《粮食收购条例》、1998 年 8 月 5 日国务院发布的《粮食购销违法行为处罚办法》同时废止。

全国污染源普查条例

（国务院令第508号　2007年10月9日）

第一章　总　则

第一条　为了科学、有效地组织实施全国污染源普查，保障污染源普查数据的准确性和及时性，根据《中华人民共和国统计法》和《中华人民共和国环境保护法》，制定本条例。

第二条　污染源普查的任务是，掌握各类污染源的数量、行业和地区分布情况，了解主要污染物的产生、排放和处理情况，建立健全重点污染源档案、污染源信息数据库和环境统计平台，为制定经济社会发展和环境保护政策、规划提供依据。

第三条　本条例所称污染源，是指因生产、生活和其他活动向环境排放污染物或者对环境产生不良影响的场所、设施、装置以及其他污染发生源。

第四条　污染源普查按照全国统一领导、部门分工协作、地方分级负责、各方共同参与的原则组织实施。

第五条　污染源普查所需经费，由中央和地方各级人民政府共同负担，并列入相应年度的财政预算，按时拨付，确保足额到位。

污染源普查经费应当统一管理，专款专用，严格控制支出。

第六条　全国污染源普查每10年进行1次，标准时点为普查年份的12月31日。

第七条　报刊、广播、电视和互联网等新闻媒体，应当及时开展污染源普查工作的宣传报道。

第二章　污染源普查的对象、范围、内容和方法

第八条　污染源普查的对象是中华人民共和国境内有污染源的单位和个体经营户。

第九条　污染源普查对象有义务接受污染源普查领导小组办公室、普查人员依法进行的调查，并如实反映情况，提供有关资料，按照要求填报污染源普查表。

污染源普查对象不得迟报、虚报、瞒报和拒报普查数据；不得推诿、拒绝和阻挠调查；不得转移、隐匿、篡改、毁弃原材料消耗记录、生产记录、污染物治理设施运行记录、污染物排放监测记录以及其他与污染物产生和排放有关的原始资料。

第十条　污染源普查范围包括：工业污染源，农业污染源，生活污染源，集中式污染治理设施和其他产生、排放污染物的设施。

第十一条　工业污染源普查的主要内容包括：企业基本登记信息，原材料消耗情况，产品生产情况，产生污染的设施情况，各类污染物产生、治理、排放和综合利用情况，各类污染防治设施建设、运行情况等。

农业污染源普查的主要内容包括：农业生产规模，用水、排水情况，化肥、农药、饲料和饲料添加剂以及农用薄膜等农业投入品使用情况，秸秆等种植业剩余物处理情况以及

养殖业污染物产生、治理情况等。

生活污染源普查的主要内容包括：从事第三产业的单位的基本情况和污染物的产生、排放、治理情况，机动车污染物排放情况，城镇生活能源结构和能源消费量，生活用水量、排水量以及污染物排放情况等。

集中式污染治理设施普查的主要内容包括：设施基本情况和运行状况，污染物的处理处置情况，渗滤液、污泥、焚烧残渣和废气的产生、处置以及利用情况等。

第十二条　每次污染源普查的具体范围和内容，由国务院批准的普查方案确定。

第十三条　污染源普查采用全面调查的方法，必要时可以采用抽样调查的方法。

污染源普查采用全国统一的标准和技术要求。

第三章　污染源普查的组织实施

第十四条　全国污染源普查领导小组负责领导和协调全国污染源普查工作。

全国污染源普查领导小组办公室设在国务院环境保护主管部门，负责全国污染源普查日常工作。

第十五条　县级以上地方人民政府污染源普查领导小组，按照全国污染源普查领导小组的统一规定和要求，领导和协调本行政区域的污染源普查工作。

县级以上地方人民政府污染源普查领导小组办公室设在同级环境保护主管部门，负责本行政区域的污染源普查日常工作。

乡（镇）人民政府、街道办事处和村（居）民委员会应当广泛动员和组织社会力量积极参与并认真做好污染源普查工作。

第十六条　县级以上人民政府环境保护主管部门和其他有关部门，按照职责分工和污染源普查领导小组的统一要求，做好污染源普查相关工作。

第十七条　全国污染源普查方案由全国污染源普查领导小组办公室拟订，经全国污染源普查领导小组审核同意，报国务院批准。

全国污染源普查方案应当包括：普查的具体范围和内容、普查的主要污染物、普查方法、普查的组织实施以及经费预算等。

拟订全国污染源普查方案，应当充分听取有关部门和专家的意见。

第十八条　全国污染源普查领导小组办公室根据全国污染源普查方案拟订污染源普查表，报国家统计局审定。

省、自治区、直辖市人民政府污染源普查领导小组办公室，可以根据需要增设本行政区域污染源普查附表，报全国污染源普查领导小组办公室批准后使用。

第十九条　在普查启动阶段，污染源普查领导小组办公室应当进行单位清查。

县级以上人民政府机构编制、民政、工商、质检以及其他具有设立审批、登记职能的部门，应当向同级污染源普查领导小组办公室提供其审批或者登记的单位资料，并协助做好单位清查工作。

污染源普查领导小组办公室应当以本行政区域现有的基本单位名录库为基础，按照全国污染源普查方案确定的污染源普查的具体范围，结合有关部门提供的单位资料，对污染源逐一核实清查，形成污染源普查单位名录。

第二十条　列入污染源普查范围的大、中型工业企业，应当明确相关机构负责本企业污染源普查表的填报工作，其他单位应当指定人员负责本单位污染源普查表的填报工作。

第二十一条 污染源普查领导小组办公室可以根据工作需要，聘用或者从有关单位借调人员从事污染源普查工作。

污染源普查领导小组办公室应当与聘用人员依法签订劳动合同，支付劳动报酬，并为其办理社会保险。借调人员的工资由原单位支付，其福利待遇保持不变。

第二十二条 普查人员应当坚持实事求是，恪守职业道德，具有执行普查任务所需要的专业知识。

污染源普查领导小组办公室应当对普查人员进行业务培训，对考核合格的颁发全国统一的普查员工作证。

第二十三条 普查人员依法独立行使调查、报告、监督和检查的职权，有权查阅普查对象的原材料消耗记录、生产记录、污染物治理设施运行记录、污染物排放监测记录以及其他与污染物产生和排放有关的原始资料，并有权要求普查对象改正其填报的污染源普查表中不真实、不完整的内容。

第二十四条 普查人员应当严格执行全国污染源普查方案，不得伪造、篡改普查资料，不得强令、授意普查对象提供虚假普查资料。

普查人员执行污染源调查任务，不得少于2人，并应当出示普查员工作证；未出示普查员工作证的，普查对象可以拒绝接受调查。

第二十五条 普查人员应当依法直接访问普查对象，指导普查对象填报污染源普查表。污染源普查表填写完成后，应当由普查对象签字或者盖章确认。普查对象应当对其签字或者盖章的普查资料的真实性负责。

污染源普查领导小组办公室对其登记、录入的普查资料与普查对象填报的普查资料的一致性负责，并对其加工、整理的普查资料的准确性负责。

污染源普查领导小组办公室在登记、录入、加工和整理普查资料过程中，对普查资料有疑义的，应当向普查对象核实，普查对象应当如实说明或者改正。

第二十六条 各地方、各部门、各单位的负责人不得擅自修改污染源普查领导小组办公室、普查人员依法取得的污染源普查资料；不得强令或者授意污染源普查领导小组办公室、普查人员伪造或者篡改普查资料；不得对拒绝、抵制伪造或者篡改普查资料的普查人员打击报复。

第四章 数据处理和质量控制

第二十七条 污染源普查领导小组办公室应当按照全国污染源普查方案和有关标准、技术要求进行数据处理，并按时上报普查数据。

第二十八条 污染源普查领导小组办公室应当做好污染源普查数据备份和数据入库工作，建立健全污染源信息数据库，并加强日常管理和维护更新。

第二十九条 污染源普查领导小组办公室应当按照全国污染源普查方案，建立污染源普查数据质量控制岗位责任制，并对普查中的每个环节进行质量控制和检查验收。

污染源普查数据不符合全国污染源普查方案或者有关标准、技术要求的，上一级污染源普查领导小组办公室可以要求下一级污染源普查领导小组办公室重新调查，确保普查数据的一致性、真实性和有效性。

第三十条　全国污染源普查领导小组办公室统一组织对污染源普查数据的质量核查。核查结果作为评估全国或者各省、自治区、直辖市污染源普查数据质量的重要依据。

污染源普查数据的质量达不到规定要求的，有关污染源普查领导小组办公室应当在全国污染源普查领导小组办公室规定的时间内重新进行污染源普查。

第五章　数据发布、资料管理和开发应用

第三十一条　全国污染源普查公报，根据全国污染源普查领导小组的决定发布。

地方污染源普查公报，经上一级污染源普查领导小组办公室核准发布。

第三十二条　普查对象提供的资料和污染源普查领导小组办公室加工、整理的资料属于国家秘密的，应当注明秘密的等级，并按照国家有关保密规定处理。

污染源普查领导小组办公室、普查人员对在污染源普查中知悉的普查对象的商业秘密，负有保密义务。

第三十三条　污染源普查领导小组办公室应当建立污染源普查资料档案管理制度。污染源普查资料档案的保管、调用和移交应当遵守国家有关档案管理规定。

第三十四条　国家建立污染源普查资料信息共享制度。

污染源普查领导小组办公室应当在污染源信息数据库的基础上，建立污染源普查资料信息共享平台，促进普查成果的开发和应用。

第三十五条　污染源普查取得的单个普查对象的资料严格限定用于污染源普查目的，不得作为考核普查对象是否完成污染物总量削减计划的依据，不得作为依照其他法律、行政法规对普查对象实施行政处罚和征收排污费的依据。

第六章　表彰和处罚

第三十六条　对在污染源普查工作中做出突出贡献的集体和个人，应当给予表彰和奖励。

第三十七条　地方、部门、单位的负责人有下列行为之一的，依法给予处分，并由县级以上人民政府统计机构予以通报批评；构成犯罪的，依法追究刑事责任：

（一）擅自修改污染源普查资料的；

（二）强令、授意污染源普查领导小组办公室、普查人员伪造或者篡改普查资料的；

（三）对拒绝、抵制伪造或者篡改普查资料的普查人员打击报复的。

第三十八条　普查人员不执行普查方案，或者伪造、篡改普查资料，或者强令、授意普查对象提供虚假普查资料的，依法给予处分。

污染源普查领导小组办公室、普查人员泄露在普查中知悉的普查对象商业秘密的，对直接负责的主管人员和其他直接责任人员依法给予处分；对普查对象造成损害的，应当依法承担民事责任。

第三十九条　污染源普查对象有下列行为之一的，污染源普查领导小组办公室应当及时向同级人民政府统计机构通报有关情况，提出处理意见，由县级以上人民政府统计机构责令改正，予以通报批评；情节严重的，可以建议对直接负责的主管人员和其他直接责任人员依法给予处分：

（一）迟报、虚报、瞒报或者拒报污染源普查数据的；

（二）推诿、拒绝或者阻挠普查人员依法进行调查的；

（三）转移、隐匿、篡改、毁弃原材料消耗记录、生产记录、污染物治理设施运行记录、污染物排放监测记录以及其他与污染物产生和排放有关的原始资料的。

单位有本条第一款所列行为之一的，由县级以上人民政府统计机构予以警告，可以处5万元以下的罚款。

个体经营户有本条第一款所列行为之一的，由县级以上人民政府统计机构予以警告，可以处1万元以下的罚款。

第四十条　污染源普查领导小组办公室应当设立举报电话和信箱，接受社会各界对污染源普查工作的监督和对违法行为的检举，并对检举有功的人员依法给予奖励，对检举的违法行为，依法予以查处。

第七章　附　则

第四十一条　军队、武装警察部队的污染源普查工作，由中国人民解放军总后勤部按照国家统一规定和要求组织实施。

新疆生产建设兵团的污染源普查工作，由新疆生产建设兵团按照国家统一规定和要求组织实施。

第四十二条　本条例自公布之日起施行。

中华人民共和国防治海岸工程建设项目污染损害海洋环境管理条例

（国务院令第 507 号 2007 年 9 月 25 日）

第一条 为加强海岸工程建设项目的环境保护管理，严格控制新的污染，保护和改善海洋环境，根据《中华人民共和国海洋环境保护法》，制定本条例。

第二条 本条例所称海岸工程建设项目，是指位于海岸或者与海岸连接，工程主体位于海岸线向陆一侧，对海洋环境产生影响的新建、改建、扩建工程项目。具体包括：

（一）港口、码头、航道、滨海机场工程项目；

（二）造船厂、修船厂；

（三）滨海火电站、核电站、风电站；

（四）滨海物资存储设施工程项目；

（五）滨海矿山、化工、轻工、冶金等工业工程项目；

（六）固体废弃物、污水等污染物处理处置排海工程项目；

（七）滨海大型养殖场；

（八）海岸防护工程、砂石场和入海河口处的水利设施；

（九）滨海石油勘探开发工程项目；

（十）国务院环境保护主管部门会同国家海洋主管部门规定的其他海岸工程项目。

第三条 本条例适用于在中华人民共和国境内兴建海岸工程建设项目的一切单位和个人。

拆船厂建设项目的环境保护管理，依照《防止拆船污染环境管理条例》执行。

第四条 建设海岸工程建设项目，应当符合所在经济区的区域环境保护规划的要求。

第五条 国务院环境保护主管部门，主管全国海岸工程建设项目的环境保护工作。

沿海县级以上地方人民政府环境保护主管部门，主管本行政区域内的海岸工程建设项目的环境保护工作。

第六条 新建、改建、扩建海岸工程建设项目，应当遵守国家有关建设项目环境保护管理的规定。

第七条 海岸工程建设项目的建设单位，应当在可行性研究阶段，编制环境影响报告书（表），按照环境保护法律法规的规定，经有关部门预审后，报环境保护主管部门审批。

环境保护主管部门在批准海岸工程建设项目的环境影响报告书之前，应当征求海事、渔业主管部门和军队环境保护部门的意见。

禁止在天然港湾有航运价值的区域、重要苗种基地和养殖场所及水面、滩涂中的鱼、虾、蟹、贝、藻类的自然产卵场、繁殖场、索饵场及重要的洄游通道围海造地。

第八条 海岸工程建设项目环境影响报告书的内容，除按有关规定编制外，还应当包括：

（一）所在地及其附近海域的环境状况；

（二）建设过程中和建成后可能对海洋环境造成的影响；

（三）海洋环境保护措施及其技术、经济可行性论证结论；

（四）建设项目海洋环境影响评价结论。

海岸工程建设项目环境影响报告表，应当参照前款规定填报。

第九条 禁止兴建向中华人民共和国海域及海岸转嫁污染的中外合资经营企业、中外合作经营企业和外资企业；海岸工程建设项目引进技术和设备，应当有相应的防治污染措施，防止转嫁污染。

第十条 在海洋特别保护区、海上自然保护区、海滨风景游览区、盐场保护区、海水浴场、重要渔业水域和其他需要特殊保护的区域内不得建设污染环境、破坏景观的海岸工程建设项目；在其区域外建设海岸工程建设项目的，不得损害上述区域的环境质量。法律法规另有规定的除外。

第十一条 承担海岸工程建设项目环境影响评价的单位，应当依法取得《建设项目环境影响评价资质证书》，按照证书中规定的范围承担评价任务。

第十二条 海岸工程建设项目竣工验收时，建设项目的环境保护设施，应当经环境保护主管部门验收合格后，该建设项目方可正式投入生产或者使用。

第十三条 县级以上人民政府环境保护主管部门，按照项目管理权限，可以会同有关部门对海岸工程建设项目进行现场检查，被检查者应当如实反映情况、提供资料。检查者有责任为被检查者保守技术秘密和业务秘密。法律法规另有规定的除外。

第十四条 设置向海域排放废水设施的，应当合理利用海水自净能力，选择好排污口的位置。采用暗沟或者管道方式排放的，出水管口位置应当在低潮线以下。

第十五条 建设港口、码头，应当设置与其吞吐能力和货物种类相适应的防污设施。

港口、油码头、化学危险品码头，应当配备海上重大污染损害事故应急设备和器材。

现有港口、码头未达到前两款规定要求的，由环境保护主管部门会同港口、码头主管部门责令其限期设置或者配备。

第十六条 建设岸边造船厂、修船厂，应当设置与其性质、规模相适应的残油、废油接收处理设施，含油废水接收处理设施，拦油、收油、消油设施，工业废水接收处理设施，工业和船舶垃圾接收处理设施等。

第十七条 建设滨海核电站和其他核设施，应当严格遵守国家有关核环境保护和放射防护的规定及标准。

第十八条 建设岸边油库，应当设置含油废水接收处理设施，库场地面冲刷废水的集接、处理设施和事故应急设施；输油管线和储油设施应当符合国家关于防渗漏、防腐蚀的规定。

第十九条 建设滨海矿山，在开采、选矿、运输、贮存、冶炼和尾矿处理等过程中，应当按照有关规定采取防止污染损害海洋环境的措施。

第二十条 建设滨海垃圾场或者工业废渣填埋场，应当建造防护堤坝和场底封闭层，设置渗液收集、导出、处理系统和可燃性气体防爆装置。

第二十一条 修筑海岸防护工程，在入海河口处兴建水利设施、航道或者综合整治工程，应当采取措施，不得损害生态环境及水产资源。

第二十二条　兴建海岸工程建设项目，不得改变、破坏国家和地方重点保护的野生动植物的生存环境。不得兴建可能导致重点保护的野生动植物生存环境污染和破坏的海岸工程建设项目；确需兴建的，应当征得野生动植物行政主管部门同意，并由建设单位负责组织采取易地繁育等措施，保证物种延续。

在鱼、虾、蟹、贝类的洄游通道建闸、筑坝，对渔业资源有严重影响的，建设单位应当建造过鱼设施或者采取其他补救措施。

第二十三条　集体所有制单位或者个人在全民所有的水域、海涂，建设构不成基本建设项目的养殖工程的，应当在县级以上地方人民政府规划的区域内进行。

集体所有制单位或者个人零星经营性采挖砂石，应当在县级以上地方人民政府指定的区域内采挖。

第二十四条　禁止在红树林和珊瑚礁生长的地区，建设毁坏红树林和珊瑚礁生态系统的海岸工程建设项目。

第二十五条　兴建海岸工程建设项目，应当防止导致海岸非正常侵蚀。

禁止在海岸保护设施管理部门规定的海岸保护设施的保护范围内从事爆破、采挖砂石、取土等危害海岸保护设施安全的活动。非经国务院授权的有关主管部门批准，不得占用或者拆除海岸保护设施。

第二十六条　未持有经审核和批准的环境影响报告书（表），兴建海岸工程建设项目的，依照《中华人民共和国海洋环境保护法》第八十条的规定予以处罚。

第二十七条　拒绝、阻挠环境保护主管部门进行现场检查，或者在被检查时弄虚作假的，由县级以上人民政府环境保护主管部门依照《中华人民共和国海洋环境保护法》第七十五条的规定予以处罚。

第二十八条　海岸工程建设项目的环境保护设施未建成或者未达到规定要求，该项目即投入生产、使用的，依照《中华人民共和国海洋环境保护法》第八十一条的规定予以处罚。

第二十九条　环境保护主管部门工作人员滥用职权、玩忽职守、徇私舞弊的，由其所在单位或者上级主管机关给予行政处分；构成犯罪的，依法追究刑事责任。

第三十条　本条例自 1990 年 8 月 1 日起施行。

廉租住房保障办法

（建设部令第162号　2007年11月8日）

第一章　总　则

第一条　为促进廉租住房制度建设，逐步解决城市低收入家庭的住房困难，制定本办法。

第二条　城市低收入住房困难家庭的廉租住房保障及其监督管理，适用本办法。

本办法所称城市低收入住房困难家庭，是指城市和县人民政府所在地的镇范围内，家庭收入、住房状况等符合市、县人民政府规定条件的家庭。

第三条　市、县人民政府应当在解决城市低收入家庭住房困难的发展规划及年度计划中，明确廉租住房保障工作目标、措施，并纳入本级国民经济与社会发展规划和住房建设规划。

第四条　国务院建设主管部门指导和监督全国廉租住房保障工作。县级以上地方人民政府建设（住房保障）主管部门负责本行政区域内廉租住房保障管理工作。廉租住房保障的具体工作可以由市、县人民政府确定的实施机构承担。

县级以上人民政府发展改革（价格）、监察、民政、财政、国土资源、金融管理、税务、统计等部门按照职责分工，负责廉租住房保障的相关工作。

第二章　保障方式

第五条　廉租住房保障方式实行货币补贴和实物配租等相结合。货币补贴是指县级以上地方人民政府向申请廉租住房保障的城市低收入住房困难家庭发放租赁住房补贴，由其自行承租住房。实物配租是指县级以上地方人民政府向申请廉租住房保障的城市低收入住房困难家庭提供住房，并按照规定标准收取租金。

实施廉租住房保障，主要通过发放租赁补贴，增强城市低收入住房困难家庭承租住房的能力。廉租住房紧缺的城市，应当通过新建和收购等方式，增加廉租住房实物配租的房源。

第六条　市、县人民政府应当根据当地家庭平均住房水平、财政承受能力以及城市低收入住房困难家庭的人口数量、结构等因素，以户为单位确定廉租住房保障面积标准。

第七条　采取货币补贴方式的，补贴额度按照城市低收入住房困难家庭现住房面积与保障面积标准的差额、每平方米租赁住房补贴标准确定。

每平方米租赁住房补贴标准由市、县人民政府根据当地经济发展水平、市场平均租金、城市低收入住房困难家庭的经济承受能力等因素确定。其中对城市居民最低生活保障家庭，可以按照当地市场平均租金确定租赁住房补贴标准；对其他城市低收入住房困难家庭，可以根据收入情况等分类确定租赁住房补贴标准。

第八条　采取实物配租方式的，配租面积为城市低收入住房困难家庭现住房面积与保障面积标准的差额。

实物配租的住房租金标准实行政府定价。实物配租住房的租金，按照配租面积和市、县人民政府规定的租金标准确定。有条件的地区，对城市居民最低生活保障家庭，可以免收实物配租住房中住房保障面积标准内的租金。

第三章 保障资金及房屋来源

第九条 廉租住房保障资金采取多种渠道筹措。

廉租住房保障资金来源包括：

（一）年度财政预算安排的廉租住房保障资金；

（二）提取贷款风险准备金和管理费用后的住房公积金增值收益余额；

（三）土地出让净收益中安排的廉租住房保障资金；

（四）政府的廉租住房租金收入；

（五）社会捐赠及其他方式筹集的资金。

第十条 提取贷款风险准备金和管理费用后的住房公积金增值收益余额，应当全部用于廉租住房建设。

土地出让净收益用于廉租住房保障资金的比例，不得低于10％。

政府的廉租住房租金收入应当按照国家财政预算支出和财务制度的有关规定，实行收支两条线管理，专项用于廉租住房的维护和管理。

第十一条 对中西部财政困难地区，按照中央预算内投资补助和中央财政廉租住房保障专项补助资金的有关规定给予支持。

第十二条 实物配租的廉租住房来源主要包括：

（一）政府新建、收购的住房；

（二）腾退的公有住房；

（三）社会捐赠的住房；

（四）其他渠道筹集的住房。

第十三条 廉租住房建设用地，应当在土地供应计划中优先安排，并在申报年度用地指标时单独列出，采取划拨方式，保证供应。

廉租住房建设用地的规划布局，应当考虑城市低收入住房困难家庭居住和就业的便利。

廉租住房建设应当坚持经济、适用原则，提高规划设计水平，满足基本使用功能，应当按照发展节能省地环保型住宅的要求，推广新材料、新技术、新工艺。廉租住房应当符合国家质量安全标准。

第十四条 新建廉租住房，应当采取配套建设与相对集中建设相结合的方式，主要在经济适用住房、普通商品住房项目中配套建设。

新建廉租住房，应当将单套的建筑面积控制在50平方米以内，并根据城市低收入住房困难家庭的居住需要，合理确定套型结构。

配套建设廉租住房的经济适用住房或者普通商品住房项目，应当在用地规划、国有土地划拨决定书或者国有土地使用权出让合同中，明确配套建设的廉租住房总建筑面积、套数、布局、套型以及建成后的移交或回购等事项。

第十五条 廉租住房建设免征行政事业性收费和政府性基金。

鼓励社会捐赠住房作为廉租住房房源或捐赠用于廉租住房的资金。

政府或经政府认定的单位新建、购买、改建住房作为廉租住房，社会捐赠廉租住房房源、资金，按照国家规定的有关税收政策执行。

第四章 申请与核准

第十六条 申请廉租住房保障，应当提供下列材料：

（一）家庭收入情况的证明材料；

（二）家庭住房状况的证明材料；

（三）家庭成员身份证和户口簿；

（四）市、县人民政府规定的其他证明材料。

第十七条 申请廉租住房保障，按照下列程序办理：

（一）申请廉租住房保障的家庭，应当由户主向户口所在地街道办事处或者镇人民政府提出书面申请；

（二）街道办事处或者镇人民政府应当自受理申请之日起 30 日内，就申请人的家庭收入、家庭住房状况是否符合规定条件进行审核，提出初审意见并张榜公布，将初审意见和申请材料一并报送市（区）、县人民政府建设（住房保障）主管部门；

（三）建设（住房保障）主管部门应当自收到申请材料之日起 15 日内，就申请人的家庭住房状况是否符合规定条件提出审核意见，并将符合条件的申请人的申请材料转同级民政部门；

（四）民政部门应当自收到申请材料之日起 15 日内，就申请人的家庭收入是否符合规定条件提出审核意见，并反馈同级建设（住房保障）主管部门；

（五）经审核，家庭收入、家庭住房状况符合规定条件的，由建设（住房保障）主管部门予以公示，公示期限为 15 日；对经公示无异议或者异议不成立的，作为廉租住房保障对象予以登记，书面通知申请人，并向社会公开登记结果。

经审核，不符合规定条件的，建设（住房保障）主管部门应当书面通知申请人，说明理由。申请人对审核结果有异议的，可以向建设（住房保障）主管部门申诉。

第十八条 建设（住房保障）主管部门、民政等有关部门以及街道办事处、镇人民政府，可以通过入户调查、邻里访问以及信函索证等方式对申请人的家庭收入和住房状况等进行核实。申请人及有关单位和个人应当予以配合，如实提供有关情况。

第十九条 建设（住房保障）主管部门应当综合考虑登记的城市低收入住房困难家庭的收入水平、住房困难程度和申请顺序以及个人申请的保障方式等，确定相应的保障方式及轮候顺序，并向社会公开。

对已经登记为廉租住房保障对象的城市居民最低生活保障家庭，凡申请租赁住房货币补贴的，要优先安排发放补贴，基本做到应保尽保。

实物配租应当优先面向已经登记为廉租住房保障对象的孤、老、病、残等特殊困难家庭，城市居民最低生活保障家庭以及其他急需救助的家庭。

第二十条 对轮候到位的城市低收入住房困难家庭，建设（住房保障）主管部门或者具体实施机构应当按照已确定的保障方式，与其签订租赁住房补贴协议或者廉租住房租赁合同，予以发放租赁住房补贴或者配租廉租住房。

发放租赁住房补贴和配租廉租住房的结果，应当予以公布。

第二十一条 租赁住房补贴协议应当明确租赁住房补贴额度、停止发放租赁住房补贴的情形等内容。

廉租住房租赁合同应当明确下列内容：

（一）房屋的位置、朝向、面积、结构、附属设施和设备状况；

（二）租金及其支付方式；

（三）房屋用途和使用要求；

（四）租赁期限；

（五）房屋维修责任；

（六）停止实物配租的情形，包括承租人已不符合规定条件的，将所承租的廉租住房转借、转租或者改变用途，无正当理由连续6个月以上未在所承租的廉租住房居住或者未交纳廉租住房租金等；

（七）违约责任及争议解决办法，包括退回廉租住房、调整租金、依照有关法律法规规定处理等；

（八）其他约定。

第五章 监督管理

第二十二条 国务院建设主管部门、省级建设（住房保障）主管部门应当会同有关部门，加强对廉租住房保障工作的监督检查，并公布监督检查结果。

市、县人民政府应当定期向社会公布城市低收入住房困难家庭廉租住房保障情况。

第二十三条 市（区）、县人民政府建设（住房保障）主管部门应当按户建立廉租住房档案，并采取定期走访、抽查等方式，及时掌握城市低收入住房困难家庭的人口、收入及住房变动等有关情况。

第二十四条 已领取租赁住房补贴或者配租廉租住房的城市低收入住房困难家庭，应当按年度向所在地街道办事处或者镇人民政府如实申报家庭人口、收入及住房等变动情况。

街道办事处或者镇人民政府可以对申报情况进行核实、张榜公布，并将申报情况及核实结果报建设（住房保障）主管部门。

建设（住房保障）主管部门应当根据城市低收入住房困难家庭人口、收入、住房等变化情况，调整租赁住房补贴额度或实物配租面积、租金等；对不再符合规定条件的，应当停止发放租赁住房补贴，或者由承租人按照合同约定退回廉租住房。

第二十五条 城市低收入住房困难家庭不得将所承租的廉租住房转借、转租或者改变用途。

城市低收入住房困难家庭违反前款规定或者有下列行为之一的，应当按照合同约定退回廉租住房：

（一）无正当理由连续6个月以上未在所承租的廉租住房居住的；

（二）无正当理由累计6个月以上未交纳廉租住房租金的。

第二十六条 城市低收入住房困难家庭未按照合同约定退回廉租住房的，建设（住房保障）主管部门应当责令其限期退回；逾期未退回的，可以按照合同约定，采取调整租金等方式处理。

城市低收入住房困难家庭拒绝接受前款规定的处理方式的，由建设（住房保障）主管部门或者具体实施机构依照有关法律法规规定处理。

第二十七条 城市低收入住房困难家庭的收入标准、住房困难标准等以及住房保障面积标准，实行动态管理，由市、县人民政府每年向社会公布一次。

第二十八条 任何单位和个人有权对违反本办法规定的行为进行检举和控告。

第六章 法律责任

第二十九条 城市低收入住房困难家庭隐瞒有关情况或者提供虚假材料申请廉租住房保障的，建设（住房保障）主管部门不予受理，并给予警告。

第三十条 对以欺骗等不正当手段，取得审核同意或者获得廉租住房保障的，由建设（住房保障）主管部门给予警告；对已经登记但尚未获得廉租住房保障的，取消其登记；对已经获得廉租住房保障的，责令其退还已领取的租赁住房补贴，或者退出实物配租的住房并按市场价格补交以前房租。

第三十一条 廉租住房保障实施机构违反本办法规定，不执行政府规定的廉租住房租金标准的，由价格主管部门依法查处。

第三十二条 违反本办法规定，建设（住房保障）主管部门及有关部门的工作人员或者市、县人民政府确定的实施机构的工作人员，在廉租住房保障工作中滥用职权、玩忽职守、徇私舞弊的，依法给予处分；构成犯罪的，依法追究刑事责任。

第七章 附 则

第三十三条 对承租直管公房的城市低收入家庭，可以参照本办法有关规定，对住房保障面积标准范围内的租金予以适当减免。

第三十四条 本办法自 2007 年 12 月 1 日起施行。2003 年 12 月 31 日发布的《城镇最低收入家庭廉租住房管理办法》（建设部、财政部、民政部、国土资源部、国家税务总局令第 120 号）同时废止。

经营性公路建设项目投资人招标投标管理规定

（交通部令第 8 号 2007 年 11 月 20 日）

第一章 总 则

第一条 为规范经营性公路建设项目投资人招标投标活动，根据《中华人民共和国公路法》、《中华人民共和国招标投标法》和《收费公路管理条例》，制定本规定。

第二条 在中华人民共和国境内的经营性公路建设项目投资人招标投标活动，适用本规定。

本规定所称经营性公路是指符合《收费公路管理条例》的规定，由国内外经济组织投资建设，经批准依法收取车辆通行费的公路（含桥梁和隧道）。

第三条 经营性公路建设项目投资人招标投标活动应当遵循公开、公平、公正、诚信、择优的原则。

任何单位和个人不得非法干涉招标投标活动。

第四条 国务院交通主管部门负责全国经营性公路建设项目投资人招标投标活动的监督管理工作。主要职责是：

（一）根据有关法律、行政法规，制定相关规章和制度，规范和指导全国经营性公路建设项目投资人招标投标活动；

（二）监督全国经营性公路建设项目投资人招标投标活动，依法受理举报和投诉，查处招标投标活动中的违法行为；

（三）对全国经营性公路建设项目投资人进行动态管理，定期公布投资人信用情况。

第五条 省级人民政府交通主管部门负责本行政区域内经营性公路建设项目投资人招标投标活动的监督管理工作。主要职责是：

（一）贯彻执行有关法律、行政法规、规章，结合本行政区域内的实际情况，制定具体管理制度；

（二）确定下级人民政府交通主管部门对经营性公路建设项目投资人招标投标活动的监督管理职责；

（三）发布本行政区域内经营性公路建设项目投资人招标信息；

（四）负责组织对列入国家高速公路网规划和省级人民政府确定的重点经营性公路建设项目的投资人招标工作；

（五）指导和监督本行政区域内的经营性公路建设项目投资人招标投标活动，依法受理举报和投诉，查处招标投标活动中的违法行为。

第六条 省级以下人民政府交通主管部门的主要职责是：

（一）贯彻执行有关法律、行政法规、规章和相关制度；

（二）负责组织本行政区域内除第五条第（四）项规定以外的经营性公路建设项目投资人招标工作；

（三）按照省级人民政府交通主管部门的规定，对本行政区域内的经营性公路建设项目投资人招标投标活动进行监督管理。

第二章　招　标

第七条　需要进行投资人招标的经营性公路建设项目应当符合下列条件：

（一）符合国家和省、自治区、直辖市公路发展规划；

（二）符合《收费公路管理条例》第十八条规定的技术等级和规模；

（三）已经编制项目可行性研究报告。

第八条　招标人是依照本规定提出经营性公路建设项目、组织投资人招标工作的交通主管部门。

招标人可以自行组织招标或委托具有相应资格的招标代理机构代理有关招标事宜。

第九条　经营性公路建设项目投资人招标应当采用公开招标方式。

第十条　经营性公路建设项目投资人招标实行资格审查制度。资格审查方式采取资格预审或资格后审。

资格预审，是指招标人在投标前对潜在投标人进行资格审查。

资格后审，是指招标人在开标后对投标人进行资格审查。

实行资格预审的，一般不再进行资格后审，但招标文件另有规定的除外。

第十一条　资格审查的基本内容应当包括投标人的财务状况、注册资本、净资产、投融资能力、初步融资方案、从业经验和商业信誉等情况。

第十二条　经营性公路建设项目招标工作应当按照以下程序进行：

（一）发布招标公告；

（二）潜在投标人提出投资意向；

（三）招标人向提出投资意向的潜在投标人推介投资项目；

（四）潜在投标人提出投资申请；

（五）招标人向提出投资申请的潜在投标人详细介绍项目情况，可以组织潜在投标人踏勘项目现场并解答有关问题；

（六）实行资格预审的，由招标人向提出投资申请的潜在投标人发售资格预审文件；实行资格后审的，由招标人向提出投资申请的投标人发售招标文件；

（七）实行资格预审的，潜在投标人编制资格预审申请文件，并递交招标人；招标人应当对递交资格预审申请文件的潜在投标人进行资格审查，并向资格预审合格的潜在投标人发售招标文件；

（八）投标人编制投标文件，并提交招标人；

（九）招标人组织开标，组建评标委员会；

（十）实行资格后审的，评标委员会应当在开标后首先对投标人进行资格审查；

（十一）评标委员会进行评标，推荐中标候选人；

（十二）招标人确定中标人，并发出中标通知书；

（十三）招标人与中标人签订投资协议。

第十三条　招标人应通过国家指定的全国性报刊、信息网络等媒介发布招标公告。

采用国际招标的，应通过相关国际媒介发布招标公告。

第十四条　招标人应当参照国务院交通主管部门制定的经营性公路建设项目投资人招标资格预审文件范本编制资格预审文件，并结合项目特点和需要确定资格审查标准。

招标人应当组建资格预审委员会对递交资格预审申请文件的潜在投标人进行资格审查。资格预审委员会由招标人代表和公路、财务、金融等方面的专家组成，成员人数为七人以上单数。

第十五条　招标人应当参照国务院交通主管部门制定的经营性公路建设项目投资人招标文件范本，并结合项目特点和需要编制招标文件。

招标人编制招标文件时，应当充分考虑项目投资回收能力和预期收益的不确定性，合理分配项目的各类风险，并对特许权内容、最长收费期限、相关政策等予以说明。招标人编制的可行性研究报告应当作为招标文件的组成部分。

第十六条　招标人应当合理确定资格预审申请文件和投标文件的编制时间。

编制资格预审申请文件时间，自资格预审文件开始发售之日起至潜在投标人提交资格预审申请文件截止之日止，不得少于三十个工作日。

编制投标文件的时间，自招标文件开始发售之日起至投标人提交投标文件截止之日止，不得少于四十五个工作日。

第十七条　列入国家高速公路网规划和需经国务院投资主管部门核准的经营性公路建设项目投资人招标投标活动，应当按照招标工作程序，及时将招标文件、资格预审结果、评标报告报国务院交通主管部门备案。国务院交通主管部门应当在收到备案文件七个工作日内，对不符合法律、法规规定的内容提出处理意见，及时行使监督职责。

其他经营性公路建设项目投资人招标投标活动的备案工作按照省级人民政府交通主管部门的有关规定执行。

第三章　投　标

第十八条　投标人是响应招标、参加投标竞争的国内外经济组织。

采用资格预审方式招标的，潜在投标人通过资格预审后，方可参加投标。

第十九条　投标人应当具备以下基本条件：

（一）注册资本一亿元人民币以上，总资产六亿元人民币以上，净资产二亿五千万元人民币以上；

（二）最近连续三年每年均为盈利，且年度财务报告应当经具有法定资格的中介机构审计；

（三）具有不低于项目估算的投融资能力，其中净资产不低于项目估算投资的百分之三十五；

（四）商业信誉良好，无重大违法行为。

招标人可以根据招标项目的实际情况，提高对投标人的条件要求。

第二十条　两个以上的国内外经济组织可以组成一个联合体，以一个投标人的身份共同投标。联合体各方均应符合招标人对投标人的资格审查标准。

以联合体形式参加投标的，应提交联合体各方签订的共同投标协议。共同投标协议应当明确约定联合体各方的出资比例、相互关系、拟承担的工作和责任。联合体中标的，联合体各方应当共同与招标人签订项目投资协议，并向招标人承担连带责任。

联合体的控股方为联合体主办人。

第二十一条 投标人应当按照招标文件的要求编制投标文件，投标文件应当对招标文件提出的实质性要求和条件作出响应。

第二十二条 招标文件明确要求提交投标担保的，投标人应按照招标文件要求的额度、期限和形式提交投标担保。投标人未按照招标文件的要求提交投标担保的，其提交的投标文件为废标。

投标担保的额度一般为项目投资的千分之三，但最高不得超过五百万元人民币。

第二十三条 投标人参加投标，不得弄虚作假，不得与其他投标人串通投标，不得采取商业贿赂以及其他不正当手段谋取中标，不得妨碍其他投标人投标。

第四章 开标与评标

第二十四条 开标应当在招标文件确定的提交投标文件截止时间的同一时间公开进行。

开标由招标人主持，邀请所有投标人代表参加。招标人对开标过程应当记录，并存档备查。

第二十五条 评标由招标人依法组建的评标委员会负责。评标委员会由招标人代表和公路、财务、金融等方面的专家组成，成员人数为七人以上单数。招标人代表的人数不得超过评标委员会总人数的三分之一。

与投标人有利害关系以及其他可能影响公正评标的人员不得进入相关项目的评标委员会，已经进入的应当更换。

评标委员会成员的名单在中标结果确定前应当保密。

第二十六条 评标委员会可以直接或者通过招标人以书面方式要求投标人对投标文件中含义不明确、对同类问题表述不一致或者有明显文字错误的内容作出必要的澄清或者说明，但是澄清或者说明不得超出或者改变投标文件的范围或者改变投标文件的实质性内容。

第二十七条 经营性公路建设项目投资人招标的评标办法应当采用综合评估法或者最短收费期限法。

采用综合评估法的，应当在招标文件中载明对收费期限、融资能力、资金筹措方案、融资经验、项目建设方案、项目运营、移交方案等评价内容的评分权重，根据综合得分由高到低推荐中标候选人。

采用最短收费期限法的，应当在投标人实质性响应招标文件的前提下，推荐经评审的收费期限最短的投标人为中标候选人，但收费期限不得违反国家有关法规的规定。

第二十八条 评标委员会完成评标后，应当向招标人提出书面评标报告，推荐一至三名中标候选人，并标明排名顺序。

评标报告需要由评标委员会全体成员签字。

第五章 中标与协议的签订

第二十九条 招标人应当确定排名第一的中标候选人为中标人。招标人也可以授权评标委员会直接确定中标人。

排名第一的中标候选人有下列情形之一的，招标人可以确定排名第二的中标候选人为中标人：

（一）自动放弃中标；

（二）因不可抗力提出不能履行合同；

（三）不能按照招标文件要求提交履约保证金；

（四）存在违法行为被有关部门依法查处，且其违法行为影响中标结果的。

如果排名第二的中标候选人存在上述情形之一，招标人可以确定排名第三的中标候选人为中标人。

三个中标候选人都存在本条第二款所列情形的，招标人应当依法重新招标。

招标人不得在评标委员会推荐的中标候选人之外确定中标人。

第三十条　提交投标文件的投标人少于三个或者因其他原因导致招标失败的，招标人应当依法重新招标。重新招标前，应当根据前次的招标情况，对招标文件进行适当调整。

第三十一条　招标人确定中标人后，应当在十五个工作日内向中标人发出中标通知书，同时通知所有未中标的投标人。

第三十二条　招标文件要求中标人提供履约担保的，中标人应当提供。担保的金额一般为项目资本金出资额的百分之十。

履约保证金应当在中标人履行项目投资协议后三十日内予以退还。其他形式的履约担保，应当在中标人履行项目投资协议后三十日内予以撤销。

第三十三条　招标人和中标人应当自中标通知书发出之日起三十个工作日内按照招标文件和中标人的投标文件订立书面投资协议。投资协议应包括以下内容：

（一）招标人与中标人的权利义务；

（二）履约担保的有关要求；

（三）违约责任；

（四）免责事由；

（五）争议的解决方式；

（六）双方认为应当规定的其他事项。

招标人应当在与中标人签订投资协议后五个工作日内向所有投标人退回投标担保。

第三十四条　中标人应在签订项目投资协议后九十日内到工商行政管理部门办理项目法人的工商登记手续，完成项目法人组建。

第三十五条　招标人与项目法人应当在完成项目核准手续后签订项目特许权协议。特许权协议应当参照国务院交通主管部门制定的特许权协议示范文本并结合项目的特点和需要制定。特许权协议应当包括以下内容：

（一）特许权的内容及期限；

（二）双方的权利及义务；

（三）项目建设要求；

（四）项目运营管理要求；

（五）有关担保要求；

（六）特许权益转让要求；

（七）违约责任；

（八）协议的终止；

（九）争议的解决；

（十）双方认为应规定的其他事项。

第六章　附　则

第三十六条　对招投标活动中的违法行为，应当按照国家有关法律、法规的规定予以处罚。

第三十七条　招标人违反本办法规定，以不合理的条件限制或者排斥潜在投标人，对潜在投标人实行歧视待遇的，由上级交通主管部门责令改正。

第三十八条　本规定自 2008 年 1 月 1 日起施行。

排污费征收工作稽查办法

（环境保护总局令第42号 2007年10月23日）

第一条 为保障依法、全面、足额征收排污费，纠正排污费征收过程中的违法违规行为，根据《排污费征收使用管理条例》，制定本办法。

第二条 排污费征收稽查，是指上级环境保护行政主管部门对下级环境保护行政主管部门排污费征收行为进行监督、检查和处理的活动。

实施排污费征收稽查，上级环境保护行政主管部门可以对下级环境保护行政主管部门以及相关排污者进行立案调查。

第三条 设区的市级以上环境保护行政主管部门负责排污费征收稽查工作。

设区的市级以上环境保护行政主管部门所属的环境监察机构承担排污费征收稽查具体工作。

省级以上环境保护行政主管部门可以委托设区的市级以上的下级环境保护行政主管部门实施排污费征收稽查。

第四条 各级环境监察机构不得同时对同一排污费征收稽查案件进行稽查。

上级环境监察机构正在稽查的案件，下级环境监察机构不得另行组织稽查。

下级环境监察机构正在稽查的案件，上级环境监察机构不得直接介入或者接管该稽查案件，但可能影响稽查结果的除外。

第五条 下级环境监察机构应当于每年的2月底前将本辖区内上一年度排污费征收稽查情况报上一级环境监察机构。上级环境监察机构发现稽查结果显失公正的，经调查核实后，应当予以纠正。

第六条 排污费征收稽查工作经费列入本部门预算，由同级财政予以保障。

第七条 对排污费征收和稽查工作有显著成绩的单位和个人，应当予以奖励和表彰。

第八条 有稽查权限的环境监察机构应当制定年度排污费征收稽查计划并组织实施。

有稽查权限的环境监察机构可以根据公众举报、有关部门转办等确定稽查对象，并实施专项稽查。

第九条 下级环境保护行政主管部门有下列情形之一的，应当予以立案稽查：

（一）应当征收而未征收排污费的；

（二）核定的排污量与实际的排污量明显不符的；

（三）提高或降低排污费征收标准征收排污费的；

（四）违反国家有关规定减征、免征或者缓征排污费的；

（五）未按国家有关规定的程序征收排污费的；

（六）对排污者拒缴、欠缴排污费等违法行为，未依法催缴、未依法实施行政处罚或者未依法申请人民法院强制执行的；

（七）不执行收支两条线规定，未将排污费缴入国库的；

（八）排污费征收过程中的其他违法、违规行为。

对于不按国家规定，由环境保护行政主管部门以外的机构征收排污费，或者干预排污费征收工作的，也应当予以稽查。

实施排污费征收稽查，追缴排污费，不受追溯时限限制。

第十条 实施排污费征收稽查的环境监察机构，应当向被稽查对象发出《排污费征收稽查通知书》，告知稽查时间、稽查内容以及需要提供的相关材料。但事先告知可能有碍稽查的除外。

第十一条 环境监察机构在实施排污费征收稽查时，稽查人员应当两人以上，并向被稽查对象以及相关排污者出示环境监察执法证件。

稽查人员与被稽查对象以及相关排污者有直接利害关系的，应当回避。

第十二条 稽查人员在实施稽查时，有权行使以下职权：

（一）约见和询问被稽查对象以及相关排污者有关人员；

（二）现场检查相关排污者生产经营及污染物排放情况；

（三）查询被稽查对象排污费征收情况，查询相关排污者有关能耗、物耗、产品销售台账等，收集相关资料。

被稽查对象及相关排污者应当积极配合，认真接受稽查人员的约见和询问，如实提供与稽查相关资料，不得以任何理由和借口拒绝、阻扰或者妨碍稽查工作。

第十三条 稽查人员应当为稽查涉及的相关排污者保守商业和技术秘密。

第十四条 排污费征收稽查采取询问、调取查阅资料、现场核查等方式进行。

稽查人员调查取证时，应当制作笔录。

调取有关资料应当填写《调取资料清单》，一式两份。一份交被稽查对象，一份留存，所调取的资料原件应当自调取之日起 60 日内完整退还。

第十五条 负责稽查的环境监察机构应当于稽查结束后 30 日内制作《排污费征收稽查报告》，报本级环境保护行政主管部门。

第十六条 环境保护行政主管部门应当对《排污费征收稽查报告》进行审查并做出处理决定，制作《排污费征收稽查处理决定书》，送达被稽查对象，同时予以公告。

第十七条 对下级环境保护行政主管部门应当征收而未征收排污费，或者排污量核定与实际排污量明显不符以及未按照排污费征收标准计算排污费数额，导致少征收排污费的，上级环境保护行政主管部门应当责令限期改正。逾期不改正的，由上级环境保护行政主管部门直接责令排污者补缴排污费至其指定的商业银行或信用社（国库经收处），商业银行或信用社（国库经收处）应当于当日将收到的排污费按照国家规定的中央、地方预算比例解缴本级以上各级国库。

第十八条 经稽查，发现下级环境保护行政主管部门连续十二个月，对辖区内 20 家以上排污者应当征收而未征收排污费或者少征收排污费的，上级环境保护行政主管部门应当责令限期改正；逾期不改正的，可由上一级环境保护行政主管部门直接核定并征收该辖区内所有的排污费，期限不超过一年。

第十九条 对排污者拒缴、欠缴排污费行为，未依法催缴、未依法实施行政处罚或者未依法申请人民法院强制执行的，上级环境保护行政主管部门应当责令负责征收排污费的环境保护行政主管部门在 7 日内催缴，依法实施行政处罚或者依法申请人民法院强制执行；也可以直接责令排污者补缴排污费至其指定的商业银行或者信用社（国库经收处），商业银行或者信用社（国库经收处）应当于当日将收到的排污费按国家规定的中央、地方预算比例解缴本级以上各级国库。

第二十条　对其他违反法定程序征收排污费的，上级环境保护行政主管部门应当责令限期改正。

第二十一条　对违反国家规定，由环境保护行政主管部门以外的机构征收排污费的，上级环境保护行政主管部门应当会同同级有关部门依法责令限期改正；逾期不改正的，由上一级环境保护行政主管部门直接核定并征收排污费，期限不超过一年。

第二十二条　经稽查，发现多征收排污费的，应当按照相关规定办理退库，或者在下月（季）征收排污费时扣除。

第二十三条　经稽查，发现排污者少缴排污费且属于排污者责任的，做出排污费征收稽查处理决定的环境保护行政主管部门应当按照排污费征收稽查处理决定追缴排污费，并从滞纳之日起按日加收2‰的滞纳金，滞纳金收入随追缴的排污费一并缴入国库。排污者少缴排污费属于征收机构责任的，不另加收滞纳金。

应当补缴排污费的排污者，逾期仍不缴纳排污费和滞纳金的，由做出排污费征收稽查处理决定的环境保护行政主管部门，依照《排污费征收使用管理条例》等有关规定予以处罚。排污者逾期不履行处罚决定的，由做出排污费征收稽查处理决定的环境保护行政主管部门直接申请本部门所在地基层人民法院强制执行。

第二十四条　县级以上人民政府环境保护行政主管部门工作人员有下列行为之一的，依法给予行政处分；构成犯罪的，依法追究刑事责任：

（一）违反国家规定批准减缴、免缴或者缓缴排污费的；

（二）不执行收支两条线规定，未将排污费依法缴入国库的；

（三）不履行排污费征收管理职责，情节严重的。

第二十五条　对经稽查发现的应当由其他部门管辖的排污收费中的违法违纪案件，移送有管辖权的部门处理；构成犯罪的，移送司法机关，依法追究刑事责任。

第二十六条　排污费征收稽查工作结束后，应当将稽查中形成的有关材料立卷归档。

第二十七条　排污费征收稽查的常用法律文书格式，由国务院环境保护行政主管部门统一规定。

第二十八条　本办法自2007年12月1日起施行。

国家电子政务工程建设项目管理暂行办法

（国家发展和改革委员会令第55号　2007年8月13日）

第一章　总　则

第一条　为全面加强国家电子政务工程建设项目管理，保证工程建设质量，提高投资效益，根据《国务院关于投资体制改革的决定》及相关规定，制定本办法。

第二条　本办法适用于使用中央财政性资金的国家电子政务工程建设项目（以下简称“电子政务项目”）。

第三条　本办法所称电子政务项目主要是指：国家统一电子政务网络、国家重点业务信息系统、国家基础信息库、国家电子政务网络与信息安全保障体系相关基础设施、国家电子政务标准化体系和电子政务相关支撑体系等建设项目。

电子政务项目建设应以政务信息资源开发利用为主线，以国家统一电子政务网络为依托，以提高应用水平、发挥系统效能为重点，深化电子政务应用，推动应用系统的互联互通、信息共享和业务协同，建设符合中国国情的电子政务体系，提高行政效率，降低行政成本，发挥电子政务对加强经济调节、市场监管和改善社会管理、公共服务的作用。

第四条　本办法所称项目建设单位是指中央政务部门和参与国家电子政务项目建设的地方政务部门。项目建设单位负责提出电子政务项目的申请，组织或参与电子政务项目的设计、建设和运行维护。

第五条　本办法所称项目审批部门是指国家发展改革委。项目审批部门负责国家电子政务建设规划的编制和电子政务项目的审批，会同有关部门对电子政务项目实施监督管理。

第二章　申报和审批管理

第六条　项目建设单位应依据中央和国务院的有关文件规定和国家电子政务建设规划，研究提出电子政务项目的立项申请。

第七条　电子政务项目原则上包括以下审批环节：项目建议书、可行性研究报告、初步设计方案和投资概算。对总投资在3000万元以下及特殊情况的，可简化为审批项目可行性研究报告（代项目建议书）、初步设计方案和投资概算。

第八条　项目建设单位应按照《国家电子政务工程建设项目项目建议书编制要求》（附件一）的规定，组织编制项目建议书，报送项目审批部门。项目审批部门在征求相关部门意见，并委托有资格的咨询机构评估后审核批复，或报国务院审批后下达批复。项目建设单位在编制项目建议书阶段应专门组织项目需求分析，形成需求分析报告送项目审批部门组织专家提出咨询意见，作为编制项目建议书的参考。

第九条　项目建设单位应依据项目建议书批复，按照《国家电子政务工程建设项目可行性研究报告编制要求》（附件二）的规定，招标选定或委托具有相关专业甲级资质的工程咨询机构编制项目可行性研究报告，报送项目审批部门。项目审批部门委托有资格的咨询机构评估后审核批复，或报国务院审批后下达批复。

第十条　项目建设单位应依据项目审批部门对可行性研究报告的批复，按照《国家电子政务工程建设项目初步设计方案和投资概算报告编制要求》（附件三）的规定，招标选定或委托具有相关专业甲级资质的设计单位编制初步设计方案和投资概算报告，报送项目审批部门。项目审批部门委托专门评审机构评审后审核批复。

第十一条　中央和地方政务部门共建的电子政务项目，由中央政务部门牵头组织地方政务部门共同编制项目建议书，涉及地方的建设内容及投资规摸，应征求地方发展改革部门的意见。项目审批部门整体批复项目建议书后，其项目可行性研究报告、初步设计方案和投资概算，由中央和地方政务部门分别编制，并报同级发展改革部门审批。地方发展改革部门应按照项目建议书批复要求审批地方政务部门提交的可行性研究报告，并事先征求中央政务部门的意见。地方发展改革部门在可行性研究报告、初步设计方案和投资概算审批方面有专门规定的，可参照地方规定执行。

第十二条　中央和地方共建的需要申请中央财政性资金补助的地方电子政务项目，应按照《中央预算内投资补助和贴息项目管理暂行办法》（国家发展和改革委员会令第 31 号）的规定，由地方政务部门组织编制资金申请报告，经地方发展改革部门审查并报项目审批部门审批。补助资金可根据项目建设进度一次或分次下达。

第十三条　项目审批部门对电子政务项目的项目建议书、可行性研究报告、初步设计方案和投资概算的批复文件是项目建设的主要依据。批复中核定的建设内容、规模、标准、总投资概算和其他控制指标原则上应严格遵守。

项目可行性研究报告的编制内容与项目建议书批复内容有重大变更的，应重新报批项目建议书。项目初步设计方案和投资概算报告的编制内容与项目可行性研究报告批复内容有重大变更或变更投资超出已批复总投资额度百分之十的，应重新报批可行性研究报告。项目初步设计方案和投资概算报告的编制内容与项目可行性研究报告批复内容有少量调整且其调整内容未超出已批复总投资额度百分之十的，需在提交项目初步设计方案和投资概算报告时以独立章节对调整部分进行定量补充说明。

第三章　建设管理

第十四条　项目建设单位应建立健全责任制，并严格执行招标投标、政府采购、工程监理、合同管理等制度。

第十五条　项目建设单位应确定项目实施机构和项目责任人，并建立健全项目管理制度。项目责任人应向项目审批部门报告项目建设过程中的设计变更、建设进度、概算控制等情况。项目建设单位主管领导应对项目建设进度、质量、资金管理及运行管理等负总责。

第十六条　电子政务项目采购货物、工程和服务应按照《中华人民共和国招标投标法》和《中华人民共和国政府采购法》的有关规定执行，并遵从优先采购本国货物、工程和服务的原则。

第十七条 项目建设单位应依法并依据可行性研究报告审批时核准的招标内容和招标方式组织招标采购，确定具有相应资质和能力的中标单位。项目建设单位与中标单位订立合同，并严格履行合同。

第十八条 电子政务项目实行工程监理制。项目建设单位应按照信息系统工程监理的有关规定，委托具有信息系统工程相应监理资质的工程监理单位，对项目建设进行工程监理。

第十九条 项目建设单位应于每年七月底和次年一月底前，向项目审批部门、财政部门报告项目上半年和全年建设进度和概预算执行情况。

第二十条 项目建设单位必须严格按照项目审批部门批复的初步设计方案和投资概算实施项目建设。如有特殊情况，主要建设内容或投资概算确需调整的，必须事先向项目审批部门提交调整报告，履行报批手续。对未经批准擅自进行重大设计变更而导致超概算的，项目审批部门不再受理事后调概申请。

第二十一条 项目建设过程中出现工程严重逾期、投资重大损失等问题，项目建设单位应及时向项目审批部门报告，项目审批部门依照有关规定可要求项目建设单位进行整改和暂停项目建设。

第四章 资金管理

第二十二条 项目建设单位在可行性研究报告批复后，可申请项目前期工作经费。项目前期工作经费主要用于开展应用需求分析、项目建议书、可行性研究、初步设计方案和投资概算的编制、专家咨询评审等工作。项目审批部门根据项目实际情况批准下达前期工作经费，前期工作经费计入项目总投资。

第二十三条 项目建设单位应在初步设计方案和投资概算获得批复及具备开工建设条件后，根据项目实施进度向项目审批部门提出年度资金使用计划申请，项目审批部门将其作为下达年度中央投资计划的依据。

初步设计方案和投资概算未获批复前，原则上不予下达项目建设资金。对确需提前安排资金的电子政务项目（如用于购地、购房、拆迁等），项目建设单位可在项目可行性研究报告批复后，向项目审批部门提出资金使用申请，说明要提前安排资金的原因及理由，经项目审批部门批准后，下达项目建设资金。

第二十四条 项目建设单位应严格按照财政管理的有关规定使用财政资金，专账管理、专款专用。

第五章 监督管理

第二十五条 项目建设单位应接受项目审批部门及有关部门的监督管理。

第二十六条 项目审批部门负责对电子政务项目进行稽察，主要监督检查在项目建设过程中，项目建设单位执行有关法律、法规和政策的情况，以及项目招标投标、工程质量、进度、资金使用和概算控制等情况。对稽察过程中发现有违反国家有关规定及批复要求的，项目审批部门可要求项目建设单位限期整改或遵照有关规定进行处理。对拒不整改或整改后仍不符合要求的，项目审批部门可对其进行通报批评、暂缓拨付建设资金、暂停项目建设、直至终止项目。

第二十七条　有关部门依法对电子政务项目建设中的采购情况、资金使用情况，以及是否符合国家有关规定等实施监督管理。

第二十八条　项目建设单位及相关部门应当协助稽察、审计等监督管理工作，如实提供建设项目有关的资料和情况，不得拒绝、隐匿、瞒报。

第六章　验收评价管理

第二十九条　电子政务项目建设实行验收和后评价制度。

第三十条　电子政务项目应遵循《国家电子政务工程建设项目验收工作大纲》（附件四，以下简称《验收工作大纲》）的相关规定开展验收工作。项目验收包括初步验收和竣工验收两个阶段。初步验收由项目建设单位按照《验收工作大纲》要求自行组织；竣工验收由项目审批部门或其组织成立的电子政务项目竣工验收委员会组织；对建设规模较小或建设内容较简单的电子政务项目，项目审批部门可委托项目建设单位组织验收。

第三十一条　项目建设单位应在完成项目建设任务后的半年内，组织完成建设项目的信息安全风险评估和初步验收工作。初步验收合格后，项目建设单位应向项目审批部门提交竣工验收申请报告，并将项目建设总结、初步验收报告、财务报告、审计报告和信息安全风险评估报告等文件作为附件一并上报。项目审批部门应适时组织竣工验收。项目建设单位未按期提出竣工验收申请的，应向项目审批部门提出延期验收申请。

第三十二条　项目审批部门根据电子政务项目验收后的运行情况，可适时组织专家或委托相关机构对建设项目的系统运行效率、使用效果等情况进行后评价。后评价认为建设项目未实现批复的建设目标或未达到预期效果的，项目建设单位要限期整改；对拒不整改或整改后仍不符合要求的，项目审批部门可对其进行通报批评。

第七章　运行管理

第三十三条　电子政务项目建成后的运行管理实行项目建设单位负责制。项目建设单位应确立项目运行机构，制定和完善相应的管理制度，加强日常运行和维护管理，落实运行维护费用。鼓励专业服务机构参与电子政务项目的运行和维护。

第三十四条　项目建设单位或其委托的专业机构应按照风险评估的相关规定，对建成项目进行信息安全风险评估，检验其网络和信息系统对安全环境变化的适应性及安全措施的有效性，保障信息安全目标的实现。

第八章　法律责任

第三十五条　相关部门、单位或个人违反国家有关规定，截留、挪用电子政务项目资金等，由有关部门按照《财政违法行为处罚处分条例》等相关规定予以惩处；构成犯罪的，移交有关部门依法追究刑事责任。

第三十六条　对违反本办法其他规定的或因管理不善、弄虚作假，造成严重超概算、质量低劣、损失浪费、安全事故或者其他责任事故的，项目审批部门可予以通报批评，并提请有关部门对负有直接责任的主管人员和其他责任人员依法给予处分；构成犯罪的，移交有关部门依法追究刑事责任。

第九章　附　则

第三十七条　本办法由国家发展和改革委员会负责解释。

第三十八条　本办法自二〇〇七年九月一日起施行。

招标拍卖挂牌出让国有建设用地使用权规定

（国土资源部令第39号　2007年9月28日）

第一条　为规范国有建设用地使用权出让行为，优化土地资源配置，建立公开、公平、公正的土地使用制度，根据《中华人民共和国物权法》、《中华人民共和国土地管理法》、《中华人民共和国城市房地产管理法》和《中华人民共和国土地管理法实施条例》，制定本规定。

第二条　在中华人民共和国境内以招标、拍卖或者挂牌出让方式在土地的地表、地上或者地下设立国有建设用地使用权的，适用本规定。

本规定所称招标出让国有建设用地使用权，是指市、县人民政府国土资源行政主管部门（以下简称出让人）发布招标公告，邀请特定或者不特定的自然人、法人和其他组织参加国有建设用地使用权投标，根据投标结果确定国有建设用地使用权人的行为。

本规定所称拍卖出让国有建设用地使用权，是指出让人发布拍卖公告，由竞买人在指定时间、地点进行公开竞价，根据出价结果确定国有建设用地使用权人的行为。

本规定所称挂牌出让国有建设用地使用权，是指出让人发布挂牌公告，按公告规定的期限将拟出让宗地的交易条件在指定的土地交易场所挂牌公布，接受竞买人的报价申请并更新挂牌价格，根据挂牌期限截止时的出价结果或者现场竞价结果确定国有建设用地使用权人的行为。

第三条　招标、拍卖或者挂牌出让国有建设用地使用权，应当遵循公开、公平、公正和诚信的原则。

第四条　工业、商业、旅游、娱乐和商品住宅等经营性用地以及同一宗地有两个以上意向用地者的，应当以招标、拍卖或者挂牌方式出让。

前款规定的工业用地包括仓储用地，但不包括采矿用地。

第五条　国有建设用地使用权招标、拍卖或者挂牌出让活动，应当有计划地进行。

市、县人民政府国土资源行政主管部门根据经济社会发展计划、产业政策、土地利用总体规划、土地利用年度计划、城市规划和土地市场状况，编制国有建设用地使用权出让年度计划，报经同级人民政府批准后，及时向社会公开发布。

第六条　市、县人民政府国土资源行政主管部门应当按照出让年度计划，会同城市规划等有关部门共同拟订拟招标拍卖挂牌出让地块的出让方案，报经市、县人民政府批准后，由市、县人民政府国土资源行政主管部门组织实施。

前款规定的出让方案应当包括出让地块的空间范围、用途、年限、出让方式、时间和其他条件等。

第七条　出让人应当根据招标拍卖挂牌出让地块的情况，编制招标拍卖挂牌出让文件。

招标拍卖挂牌出让文件应当包括出让公告、投标或者竞买须知、土地使用条件、标书或者竞买申请书、报价单、中标通知书或者成交确认书、国有建设用地使用权出让合同文本。

第八条 出让人应当至少在投标、拍卖或者挂牌开始日前20日，在土地有形市场或者指定的场所、媒介发布招标、拍卖或者挂牌公告，公布招标拍卖挂牌出让宗地的基本情况和招标拍卖挂牌的时间、地点。

第九条 招标拍卖挂牌公告应当包括下列内容：

（一）出让人的名称和地址；

（二）出让宗地的面积、界址、空间范围、现状、使用年期、用途、规划指标要求；

（三）投标人、竞买人的资格要求以及申请取得投标、竞买资格的办法；

（四）索取招标拍卖挂牌出让文件的时间、地点和方式；

（五）招标拍卖挂牌时间、地点、投标挂牌期限、投标和竞价方式等；

（六）确定中标人、竞得人的标准和方法；

（七）投标、竞买保证金；

（八）其他需要公告的事项。

第十条 市、县人民政府国土资源行政主管部门应当根据土地估价结果和政府产业政策综合确定标底或者底价。标底或者底价不得低于国家规定的最低价标准。

确定招标标底，拍卖和挂牌的起叫价、起始价、底价，投标、竞买保证金，应当实行集体决策。

招标标底和拍卖挂牌的底价，在招标开标前和拍卖挂牌出让活动结束之前应当保密。

第十一条 中华人民共和国境内外的自然人、法人和其他组织，除法律、法规另有规定外，均可申请参加国有建设用地使用权招标拍卖挂牌出让活动。

出让人在招标拍卖挂牌出让公告中不得设定影响公平、公正竞争的限制条件。挂牌出让的，出让公告中规定的申请截止时间，应当为挂牌出让结束日前2天。对符合招标拍卖挂牌公告规定条件的申请人，出让人应当通知其参加招标拍卖挂牌活动。

第十二条 市、县人民政府国土资源行政主管部门应当为投标人、竞买人查询拟出让土地的有关情况提供便利。

第十三条 投标、开标依照下列程序进行：

（一）投标人在投标截止时间前将标书投入标箱。招标公告允许邮寄标书的，投标人可以邮寄，但出让人在投标截止时间前收到的方为有效。

标书投入标箱后，不可撤回。投标人应当对标书和有关书面承诺承担责任。

（二）出让人按照招标公告规定的时间、地点开标，邀请所有投标人参加。由投标人或者其推选的代表检查标箱的密封情况，当众开启标箱，点算标书。投标人少于三人的，出让人应当终止招标活动。投标人不少于三人的，应当逐一宣布投标人名称、投标价格和投标文件的主要内容。

（三）评标小组进行评标。评标小组由出让人代表、有关专家组成，成员人数为五人以上的单数。

评标小组可以要求投标人对投标文件作出必要的澄清或者说明，但是澄清或者说明不得超出投标文件的范围或者改变投标文件的实质性内容。

评标小组应当按照招标文件确定的评标标准和方法，对投标文件进行评审。

（四）招标人根据评标结果，确定中标人。

按照价高者得的原则确定中标人的，可以不成立评标小组，由招标主持人根据开标结果，确定中标人。

第十四条　对能够最大限度地满足招标文件中规定的各项综合评价标准，或者能够满足招标文件的实质性要求且价格最高的投标人，应当确定为中标人。

第十五条　拍卖会依照下列程序进行：

（一）主持人点算竞买人；

（二）主持人介绍拍卖宗地的面积、界址、空间范围、现状、用途、使用年期、规划指标要求、开工和竣工时间以及其他有关事项；

（三）主持人宣布起叫价和增价规则及增价幅度。没有底价的，应当明确提示；

（四）主持人报出起叫价；

（五）竞买人举牌应价或者报价；

（六）主持人确认该应价或者报价后继续竞价；

（七）主持人连续三次宣布同一应价或者报价而没有再应价或者报价的，主持人落槌表示拍卖成交；

（八）主持人宣布最高应价或者报价者为竞得人。

第十六条　竞买人的最高应价或者报价未达到底价时，主持人应当终止拍卖。

拍卖主持人在拍卖中可以根据竞买人竞价情况调整拍卖增价幅度。

第十七条　挂牌依照以下程序进行：

（一）在挂牌公告规定的挂牌起始日，出让人将挂牌宗地的面积、界址、空间范围、现状、用途、使用年期、规划指标要求、开工时间和竣工时间、起始价、增价规则及增价幅度等，在挂牌公告规定的土地交易场所挂牌公布；

（二）符合条件的竞买人填写报价单报价；

（三）挂牌主持人确认该报价后，更新显示挂牌价格；

（四）挂牌主持人在挂牌公告规定的挂牌截止时间确定竞得人。

第十八条　挂牌时间不得少于10日。挂牌期间可根据竞买人竞价情况调整增价幅度。

第十九条　挂牌截止应当由挂牌主持人主持确定。挂牌期限届满，挂牌主持人现场宣布最高报价及其报价者，并询问竞买人是否愿意继续竞价。有竞买人表示愿意继续竞价的，挂牌出让转入现场竞价，通过现场竞价确定竞得人。挂牌主持人连续三次报出最高挂牌价格，没有竞买人表示愿意继续竞价的，按照下列规定确定是否成交：

（一）在挂牌期限内只有一个竞买人报价，且报价不低于底价，并符合其他条件的，挂牌成交；

（二）在挂牌期限内有两个或者两个以上的竞买人报价的，出价最高者为竞得人；报价相同的，先提交报价单者为竞得人，但报价低于底价者除外；

（三）在挂牌期限内无应价者或者竞买人的报价均低于底价或者均不符合其他条件的，挂牌不成交。

第二十条　以招标、拍卖或者挂牌方式确定中标人、竞得人后，中标人、竞得人支付的投标、竞买保证金，转作受让地块的定金。出让人应当向中标人发出中标通知书或者与竞得人签订成交确认书。

中标通知书或者成交确认书应当包括出让人和中标人或者竞得人的名称，出让标的，成交时间、地点、价款以及签订国有建设用地使用权出让合同的时间、地点等内容。

中标通知书或者成交确认书对出让人和中标人或者竞得人具有法律效力。出让人改变竞得结果，或者中标人、竞得人放弃中标宗地、竞得宗地的，应当依法承担责任。

第二十一条 中标人、竞得人应当按照中标通知书或者成交确认书约定的时间，与出让人签订国有建设用地使用权出让合同。中标人、竞得人支付的投标、竞买保证金抵作土地出让价款；其他投标人、竞买人支付的投标、竞买保证金，出让人必须在招标拍卖挂牌活动结束后5个工作日内予以退还，不计利息。

第二十二条 招标拍卖挂牌活动结束后，出让人应在10个工作日内将招标拍卖挂牌出让结果在土地有形市场或者指定的场所、媒介公布。

出让人公布出让结果，不得向受让人收取费用。

第二十三条 受让人依照国有建设用地使用权出让合同的约定付清全部土地出让价款后，方可申请办理土地登记，领取国有建设用地使用权证书。

未按出让合同约定缴清全部土地出让价款的，不得发放国有建设用地使用权证书，也不得按出让价款缴纳比例分割发放国有建设用地使用权证书。

第二十四条 应当以招标拍卖挂牌方式出让国有建设用地使用权而擅自采用协议方式出让的，对直接负责的主管人员和其他直接责任人员依法给予处分；构成犯罪的，依法追究刑事责任。

第二十五条 中标人、竞得人有下列行为之一的，中标、竞得结果无效；造成损失的，应当依法承担赔偿责任：

（一）提供虚假文件隐瞒事实的；

（二）采取行贿、恶意串通等非法手段中标或者竞得的。

第二十六条 国土资源行政主管部门的工作人员在招标拍卖挂牌出让活动中玩忽职守、滥用职权、徇私舞弊的，依法给予处分；构成犯罪的，依法追究刑事责任。

第二十七条 以招标拍卖挂牌方式租赁国有建设用地使用权的，参照本规定执行。

第二十八条 本规定自2007年11月1日起施行。

金融企业国有资产评估监督管理暂行办法

（财政部令第 47 号　2007 年 10 月 12 日）

第一章　总　则

第一条　为了加强对金融企业国有资产评估的监督管理，规范金融企业国有资产评估行为，维护国有资产所有者合法权益，根据有关法律、行政法规和国务院相关规定，制定本办法。

第二条　在中华人民共和国境内依法设立，并占有国有资产的金融企业、金融控股公司、担保公司（以下简称金融企业）的资产评估，适用本办法。

金融资产管理公司不良资产处置评估另有规定的从其规定。

第三条　县级以上人民政府财政部门（以下简称财政部门）按照统一政策、分级管理的原则，对本级金融企业资产评估工作进行监督管理。

上级财政部门对下级财政部门监督管理金融企业资产评估工作进行指导和监督。

第四条　资产评估机构进行资产评估应当遵守有关法律、法规、部门规章，以及资产评估准则和执业规范，对评估报告的合法性、真实性和合理性负责，并承担责任。

资产评估委托方和提供资料的相关当事方，应当对所提供资料的真实性、合法性和完整性负责。

第五条　金融企业不得委托同一中介机构对同一经济行为进行资产评估、审计、会计业务服务。金融企业有关负责人与中介机构存在可能影响公正执业的利害关系时，应当予以回避。

第二章　评估事项

第六条　金融企业有下列情形之一的，应当委托资产评估机构进行资产评估：

（一）整体或者部分改制为有限责任公司或者股份有限公司的；

（二）以非货币性资产对外投资的；

（三）合并、分立、清算的；

（四）非上市金融企业国有股东股权比例变动的；

（五）产权转让的；

（六）资产转让、置换、拍卖的；

（七）债权转股权的；

（八）债务重组的；

（九）接受非货币性资产抵押或者质押的；

（十）处置不良资产的；

（十一）以非货币性资产抵债或者接受抵债的；

（十二）收购非国有单位资产的；

（十三）接受非国有单位以非货币性资产出资的；

（十四）确定涉讼资产价值的；

（十五）法律、行政法规规定的应当进行评估的其他情形。

第七条 金融企业有下列情形之一的，对相关的资产可以不进行资产评估：

（一）县级以上人民政府或者其授权部门批准其所属企业或者企业的部分资产实施无偿划转的；

（二）国有独资企业与其下属的独资企业之间，或者其下属独资企业之间的合并，以及资产或者产权置换、转让和无偿划转的；

（三）发生多次同类型的经济行为时，同一资产在评估报告使用有效期内，并且资产、市场状况未发生重大变化的；

（四）上市公司可流通的股权转让。

第八条 需要资产评估时，应当按照下列情况进行委托：

（一）经济行为涉及的评估对象属于金融企业法人财产权的，或者金融企业接受非国有资产的，资产评估由金融企业委托；

（二）经济行为涉及的评估对象属于金融企业出资人权利的，资产评估由金融企业出资人或者其上级单位委托。

第九条 金融企业有关经济行为的资产评估报告，自评估基准日起 1 年内有效。

第三章　核准和备案

第十条 金融企业资产评估项目实行核准制和备案制。

第十一条 金融企业下列经济行为涉及资产评估的，资产评估项目实行核准：

（一）经批准进行改组改制、拟在境内或者境外上市、以非货币性资产与外商合资经营或者合作经营的经济行为；

（二）经县级以上人民政府批准的其他涉及国有资产产权变动的经济行为。

中央金融企业资产评估项目报财政部核准。地方金融企业资产评估项目报本级财政部门核准。

第十二条 需要核准的资产评估项目，金融企业应当在资产评估前向财政部门报告下列情况：

（一）相关经济行为的批准情况；

（二）评估基准日的选择情况；

（三）资产评估范围的确定情况；

（四）资产评估机构的选择情况；

（五）资产评估的进度安排情况。

第十三条 对资产评估机构出具的评估报告，金融企业应当逐级上报审核，自评估基准日起 8 个月内向财政部门提出资产评估项目核准申请。

第十四条 金融企业申请资产评估项目核准时，应当向财政部门报送下列材料：

（一）资产评估项目核准申请文件；

（二）金融企业资产评估项目核准表（包括：资产评估项目基本情况和资产评估结果，见附件 1，一式一份）；

（三）与资产评估目的相对应的经济行为批准文件及实施方案；

（四）资产评估报告及电子文档；

（五）按照规定应当进行审计的审计报告。

拟在境外和香港特别行政区上市的，还应当报送符合相关规定的资产评估报告。

第十五条　财政部门收到核准申请后，对申请材料不齐全或者不符合法定形式的，应当在5个工作日内书面一次性告知申请人需要补正的全部内容。对申请材料齐全、符合法定形式，或者申请人按照要求全部补正申请材料的应当受理。

受理申请或者不予受理申请，应当向申请人出具注明日期的书面凭证（见附件2）。

第十六条　财政部门受理申请后，应当对申请材料进行审查。申请材料符合下列要求的，财政部门应当组织专家对资产评估报告进行评审：

（一）资产评估项目所涉及的经济行为已获得批准；

（二）资产评估基准日的选择适当；

（三）资产评估依据适当；

（四）资产评估范围与经济行为批准文件确定的资产范围一致；

（五）资产评估程序符合相关评估准则的规定；

（六）资产评估报告的有效期已明示；

（七）委托方和提供资料的相关当事方已就所提供的资产权属证明文件及其他资料的真实性、合法性和完整性做出承诺。

财政部门应当在受理申请后的20个工作日内作出是否予以核准的书面决定。作出不予核准的书面决定的，应当说明理由。

组织专家评审所需时间不计算在前款规定的期限内。

第十七条　除本办法第十一条第一款规定的经济行为以外的其他经济行为，应当进行资产评估的，资产评估项目实行备案。

第十八条　中央直接管理的金融企业资产评估项目报财政部备案。中央直接管理的金融企业子公司、省级分公司或分行、金融资产管理公司办事处账面资产总额大于或者等于5000万元人民币的资产评估项目，由中央直接管理的金融企业审核后报财政部备案。中央直接管理的金融企业子公司、省级分公司或分行、金融资产管理公司办事处账面资产总额小于5000万元人民币的资产评估项目，以及下属公司、银行地（市、县）级支行的资产评估项目，报中央直接管理的金融企业备案。

地方金融企业资产评估项目备案，由省级财政部门根据本地区实际情况具体确定。

第十九条　对资产评估机构出具的评估报告，金融企业应当逐级上报审核，自评估基准日起9个月内向财政部门（或者金融企业）提出资产评估项目备案申请。

第二十条　金融企业申请资产评估项目备案时，应当报送下列材料：

（一）金融企业资产评估项目备案表（包括：资产评估项目基本情况和资产评估结果，见附件3，一式三份）；

（二）与资产评估目的相对应的经济行为批准文件；

（三）资产评估报告及电子文档；

（四）按照规定应当进行审计的审计报告。

第二十一条　财政部门（或者金融企业）收到备案材料后，应当在20个工作日内决定是否办理备案手续。

对材料齐全、符合下列要求的，财政部门（或者金融企业）应当办理备案手续，并将资产评估项目备案表退资产占有企业和报送企业留存：

（一）资产评估项目所涉及的经济行为已获得批准；

（二）资产评估范围与经济行为批准文件确定的资产范围一致；

（三）资产评估程序符合相关评估准则的规定；

（四）委托方和提供资料的相关当事方已就所提供的资产权属证明文件及其他资料的真实性、合法性和完整性做出承诺。

对材料不齐全或者不符合上述要求的，财政部门（或者金融企业）不予办理备案手续，并书面说明理由。

必要时财政部门（或者金融企业）可以组织有关专家进行评审。组织专家评审所需时间不计算在本条第一款规定的期限内。

第二十二条 涉及多个产权投资主体的，按照金融企业国有股最大股东的财务隶属关系申请核准或者备案。国有股东持股比例相等的，经协商可以委托其中一方按照其财务隶属关系申请核准或者备案。

申请核准或者备案的金融企业应当及时将核准或者备案情况告知产权投资主体。

第二十三条 财政部门准予资产评估项目核准文件和经财政部门（或者金融企业）备案的资产评估项目备案表是金融企业办理产权登记、股权设置和产权转让等相关手续的必备材料。

第二十四条 金融企业发生与资产评估相对应的经济行为时，应当以经核准或者备案的资产评估结果为作价参考依据。当交易价格与资产评估结果相差10%以上时，应当就差异原因向财政部门（或者金融企业）作出书面说明。

第四章 监督检查

第二十五条 金融企业应当建立健全金融企业资产评估管理工作制度，完善档案管理，加强统计分析工作。

第二十六条 省级以上财政部门应当对金融企业资产评估工作进行监督检查，必要时可以对资产评估机构进行延伸检查。

第二十七条 省级财政部门应当于每年的3月31日前，将对本地区金融企业上一年度资产评估工作的监督检查情况、存在的问题及处理情况报财政部。

第二十八条 省级以上财政部门应当将监督检查中发现的问题，及时向相关监管部门进行通报。

第五章 罚　则

第二十九条 金融企业在资产评估中有违法行为的，依照有关法律、行政法规的规定处理、处罚。

第三十条 金融企业违反本办法有关规定，由财政部门责令限期改正。有下列情形之一的，由财政部门给予警告：

（一）应当进行资产评估而未进行评估的；

（二）应当申请资产评估项目核准或者备案而未申请的；

（三）委托没有资产评估执业资格的机构或者人员从事资产评估的，或者委托同一中介机构对同一经济行为进行资产评估、审计、会计业务服务的。

第三十一条　资产评估机构或者人员在金融企业资产评估中违反有关规定的，由省级以上财政部门依法进行处理、处罚。

第三十二条　财政部门工作人员在资产评估监督管理工作中滥用职权、玩忽职守、徇私舞弊，或者泄漏金融企业商业秘密的，依法给予行政处分，涉嫌犯罪的，依法移送司法机关。

第六章　附　则

第三十三条　省级财政部门可以依照本办法，结合本地区实际情况，制订具体实施办法。

第三十四条　对中国人民银行总行所属企业资产评估的监督管理，参照本办法执行。

救灾捐赠管理办法

（民政部令第35号　2008年4月28日）

第一章　总　则

第一条　为了规范救灾捐赠活动，加强救灾捐赠款物的管理，保护捐赠人、救灾捐赠受赠人和灾区受益人的合法权益，根据《中华人民共和国公益事业捐赠法》和《国家自然灾害救助应急预案》，制定本办法。

第二条　在发生自然灾害时，救灾募捐主体开展募捐活动，以及自然人、法人或者其他组织向救灾捐赠受赠人捐赠财产，用于支援灾区、帮助灾民的，适用本办法。

本办法所称救灾募捐主体是指在县级以上人民政府民政部门登记的具有救灾宗旨的公募基金会。

第三条　本办法所称救灾捐赠受赠人包括：

（一）县级以上人民政府民政部门及其委托的社会捐助接收机构；

（二）经县级以上人民政府民政部门认定的具有救灾宗旨的公益性民间组织；

（三）法律、行政法规规定的其他组织。

第四条　救灾捐赠应当是自愿和无偿的，禁止强行摊派或者变相摊派，不得以捐赠为名从事营利活动。

第五条　救灾捐赠款物的使用范围：

（一）解决灾民衣、食、住、医等生活困难；

（二）紧急抢救、转移和安置灾民；

（三）灾民倒塌房屋的恢复重建；

（四）捐赠人指定的与救灾直接相关的用途；

（五）经同级人民政府批准的其他直接用于救灾方面的必要开支。

第六条　国务院民政部门负责管理全国救灾捐赠工作。

县级以上地方人民政府民政部门负责管理本行政区域内的救灾捐赠工作。

第七条　对于在救灾捐赠中有突出贡献的自然人、法人或者其他组织，县级以上人民政府民政部门可以予以表彰。对捐赠人进行公开表彰，应当事先征求捐赠人的意见。

第二章　组织捐赠与募捐

第八条　国务院民政部门可以根据灾情组织开展跨省（自治区、直辖市）或者全国性救灾捐赠活动，县级以上地方人民政府民政部门按照部署组织实施。

经同级人民政府批准，县级以上地方人民政府民政部门组织开展本行政区域内的救灾捐赠活动，但不得跨区域开展。

在县级以上地方人民政府民政部门开展的救灾捐赠活动中，同级人民政府辖区内的各系统、各部门、各单位在本系统、本部门、本单位内组织实施。

第九条　开展义演、义赛、义卖等大型救灾捐赠和募捐活动，举办单位应当在活动结束后30日内，报当地人民政府民政部门备案。备案内容包括：举办单位、活动时间、地点、内容、方式及款物用途等。

第十条　具有救灾宗旨的公募基金会，可以依法开展救灾募捐活动，但在发生自然灾害时所募集的资金不得用于增加原始基金。

第三章　接受捐赠

第十一条　县级以上人民政府民政部门接受救灾捐赠款物，根据工作需要可以指定社会捐助接收机构、具有救灾宗旨的公益性民间组织组织实施。

乡（镇）人民政府、城市街道办事处受县（县级市、市辖区）人民政府委托，可以组织代收本行政区域内村民、居民及驻在单位的救灾捐赠款物。代收的捐赠款物应当及时转交救灾捐赠受赠人。

第十二条　救灾捐赠受赠人应当向社会公布其名称、地址、联系人、联系电话、银行账号等。

第十三条　自然人、法人或者其他组织可以向救灾捐赠受赠人捐赠其有权处分的合法财产。

法人或者其他组织捐赠其自产或者外购商品的，需要享受税收优惠政策的，应当提供相应的发票及证明物品质量的资料。

第十四条　救灾捐赠受赠人接受救灾捐赠款物时，应当确认银行票据，当面清点现金，验收物资。捐赠人所捐款物不能当场兑现的，救灾捐赠受赠人应当与捐赠人签订载明捐赠款物种类、质量、数量和兑现时间等内容的捐赠协议。

捐赠人捐赠的食品、药品、生物化学制品应当符合国家食品药品监督管理和卫生行政等政府相关部门的有关规定。

第十五条　救灾捐赠受赠人接受救灾捐赠款物后，应当向捐赠人出具符合国家财务、税收管理规定的接收捐赠凭证。

第十六条　对符合税收法律法规规定的救灾捐赠，捐赠人凭捐赠凭证享受税收优惠政策，具体按照国家有关规定办理。

第四章　境外救灾捐赠

第十七条　国务院民政部门负责对境外通报灾情，表明接受境外救灾捐赠的态度，确定受援区域。

第十八条　国务院民政部门负责接受境外对中央政府的救灾捐赠。

县级以上地方人民政府民政部门负责接受境外对地方政府的救灾捐赠。

具有救灾宗旨的公益性民间组织接受境外救灾捐赠，应当报民政部门备案。

法律、行政法规另有规定的除外。

第十九条　救灾捐赠受赠人接受的外汇救灾捐赠款按国家外汇管理规定办理。

第二十条　境外救灾捐赠物资的检验、检疫、免税和入境，按照国家的有关规定办理。

第二十一条　对免税进口的救灾捐赠物资不得以任何形式转让、出售、出租或者移作他用。

第五章 救灾捐赠款物的管理和使用

第二十二条 救灾捐赠受赠人应当对救灾捐赠款指定账户，专项管理；对救灾捐赠物资建立分类登记表册。

第二十三条 具有救灾宗旨的公益性民间组织应当按照当地政府提供的灾区需求，提出分配、使用救灾捐赠款物方案，报同级人民政府民政部门备案，接受监督。

第二十四条 在国务院民政部门组织开展的跨省（自治区、直辖市）或者全国性救灾捐赠活动中，国务院民政部门可以统一分配、调拨全国救灾捐赠款物。

第二十五条 国务院民政部门负责调拨的救灾捐赠物资，属境外捐赠的，其运抵口岸后的运输等费用由受援地区负担；属境内捐赠的，由捐赠方负担。

县级以上地方人民政府民政部门负责调拨的救灾捐赠物资，运输、临时仓储等费用由地方同级财政负担。

第二十六条 县级以上人民政府民政部门根据灾情和灾区实际需求，可以统筹平衡和统一调拨分配救灾捐赠款物，并报上一级人民政府民政部门统计。

对捐赠人指定救灾捐赠款物用途或者受援地区的，应当按照捐赠人意愿使用。在捐赠款物过于集中同一地方的情况下，经捐赠人书面同意，省级以上人民政府民政部门可以调剂分配。

发放救灾捐赠款物时，应当坚持民主评议、登记造册、张榜公布、公开发放等程序，做到制度健全、账目清楚，手续完备，并向社会公布。

县级以上人民政府民政部门应当会同监察、审计等部门及时对救灾捐赠款物的使用发放情况进行监督检查。

捐赠人有权向救灾捐赠受赠人查询救灾捐赠财产的使用、管理情况，并提出意见和建议。对于捐赠人的查询，救灾捐赠受赠人应当如实答复。

第二十七条 对灾区不适用的境内救灾捐赠物资，经捐赠人书面同意，报县级以上地方人民政府民政部门批准后可以变卖。

对灾区不适用的境外救灾捐赠物资，应当报省级人民政府民政部门批准后方可变卖。

变卖救灾捐赠物资应当由县级以上地方人民政府民政部门统一组织实施，一般应当采取公开拍卖方式。

变卖救灾捐赠物资所得款必须作为救灾捐赠款管理、使用，不得挪作他用。

第二十八条 可重复使用的救灾捐赠物资，县级以上地方人民政府民政部门应当及时回收、妥善保管，作为地方救灾物资储备。

第二十九条 接受的救灾捐赠款物，受赠人应当严格按照使用范围，在本年度内分配使用，不得滞留。如确需跨年度使用的，应当报上级人民政府民政部门审批。

第三十条 救灾捐赠款物的接受及分配、使用情况应当按照国务院民政部门规定的统计标准进行统计，并接受审计、监察等部门和社会的监督。

第三十一条 各级民政部门在组织救灾捐赠工作中，不得从捐赠款中列支费用。经民政部门授权的社会捐助接收机构、具有救灾宗旨的公益性民间组织，可以按照国家有关规定和自身组织章程，在捐赠款中列支必要的工作经费。捐赠人与救灾捐赠受赠人另有协议的除外。

第三十二条　救灾捐赠、募捐活动及款物分配、使用情况由县级以上人民政府民政部门统一向社会公布，一般每年不少于两次。集中捐赠和募捐活动一般应在活动结束后一个月内向社会公布信息。

第六章　法律责任

第三十三条　捐赠人应当依法履行捐赠协议，按照捐赠协议约定的期限和方式将捐赠财产转移给救灾捐赠受赠人。对不能按时履约的，应当及时向救灾捐赠受赠人说明情况，签订补充履约协议。救灾捐赠受赠人有权依法向协议捐赠人追要捐赠款物，并通过适当方式向社会公告说明。

第三十四条　挪用、侵占或者贪污救灾捐赠款物的，由县级以上人民政府民政部门责令退还所用、所得款物；对直接责任人，由所在单位依照有关规定予以处理；构成犯罪的，依法追究刑事责任。

依照前款追回、追缴的款物，应当用于救灾目的和用途。

第三十五条　救灾捐赠受赠人的工作人员，滥用职权，玩忽职守，徇私舞弊，致使捐赠财产造成重大损失的，由所在单位依照有关规定予以处理；构成犯罪的，依法追究刑事责任。

第七章　附　则

第三十六条　在境外发生特大自然灾害时，需要组织对外援助时，由国务院民政部门参照本办法组织实施社会捐赠，统一协调民间国际援助活动。

第三十七条　自然灾害以外的其他突发公共事件发生时，需要组织开展捐赠活动的，参照本办法执行。

第三十八条　本办法自发布之日起施行。2000 年 5 月 12 日民政部发布的《救灾捐赠管理暂行办法》同时废止。

安全生产事故隐患排查治理暂行规定

（国家安全生产监督管理总局令第 16 号　2007 年 12 月 28 日）

第一章　总　则

第一条　为了建立安全生产事故隐患排查治理长效机制，强化安全生产主体责任，加强事故隐患监督管理，防止和减少事故，保障人民群众生命财产安全，根据安全生产法等法律、行政法规，制定本规定。

第二条　生产经营单位安全生产事故隐患排查治理和安全生产监督管理部门、煤矿安全监察机构（以下统称安全监管监察部门）实施监管监察，适用本规定。

有关法律、行政法规对安全生产事故隐患排查治理另有规定的，依照其规定。

第三条　本规定所称安全生产事故隐患（以下简称事故隐患），是指生产经营单位违反安全生产法律、法规、规章、标准、规程和安全生产管理制度的规定，或者因其他因素在生产经营活动中存在可能导致事故发生的物的危险状态、人的不安全行为和管理上的缺陷。

事故隐患分为一般事故隐患和重大事故隐患。一般事故隐患，是指危害和整改难度较小，发现后能够立即整改排除的隐患。重大事故隐患，是指危害和整改难度较大，应当全部或者局部停产停业，并经过一定时间整改治理方能排除的隐患，或者因外部因素影响致使生产经营单位自身难以排除的隐患。

第四条　生产经营单位应当建立健全事故隐患排查治理制度。

生产经营单位主要负责人对本单位事故隐患排查治理工作全面负责。

第五条　各级安全监管监察部门按照职责对所辖区域内生产经营单位排查治理事故隐患工作依法实施综合监督管理；各级人民政府有关部门在各自职责范围内对生产经营单位排查治理事故隐患工作依法实施监督管理。

第六条　任何单位和个人发现事故隐患，均有权向安全监管监察部门和有关部门报告。

安全监管监察部门接到事故隐患报告后，应当按照职责分工立即组织核实并予以查处；发现所报告事故隐患应当由其他有关部门处理的，应当立即移送有关部门并记录备查。

第二章　生产经营单位的职责

第七条　生产经营单位应当依照法律、法规、规章、标准和规程的要求从事生产经营活动。严禁非法从事生产经营活动。

第八条　生产经营单位是事故隐患排查、治理和防控的责任主体。

生产经营单位应当建立健全事故隐患排查治理和建档监控等制度，逐级建立并落实从主要负责人到每个从业人员的隐患排查治理和监控责任制。

第九条 生产经营单位应当保证事故隐患排查治理所需的资金，建立资金使用专项制度。

第十条 生产经营单位应当定期组织安全生产管理人员、工程技术人员和其他相关人员排查本单位的事故隐患。对排查出的事故隐患，应当按照事故隐患的等级进行登记，建立事故隐患信息档案，并按照职责分工实施监控治理。

第十一条 生产经营单位应当建立事故隐患报告和举报奖励制度，鼓励、发动职工发现和排除事故隐患，鼓励社会公众举报。对发现、排除和举报事故隐患的有功人员，应当给予物质奖励和表彰。

第十二条 生产经营单位将生产经营项目、场所、设备发包、出租的，应当与承包、承租单位签订安全生产管理协议，并在协议中明确各方对事故隐患排查、治理和防控的管理职责。生产经营单位对承包、承租单位的事故隐患排查治理负有统一协调和监督管理的职责。

第十三条 安全监管监察部门和有关部门的监督检查人员依法履行事故隐患监督检查职责时，生产经营单位应当积极配合，不得拒绝和阻挠。

第十四条 生产经营单位应当每季、每年对本单位事故隐患排查治理情况进行统计分析，并分别于下一季度 15 日前和下一年 1 月 31 日前向安全监管监察部门和有关部门报送书面统计分析表。统计分析表应当由生产经营单位主要负责人签字。

对于重大事故隐患，生产经营单位除依照前款规定报送外，应当及时向安全监管监察部门和有关部门报告。重大事故隐患报告内容应当包括：

（一）隐患的现状及其产生原因；

（二）隐患的危害程度和整改难易程度分析；

（三）隐患的治理方案。

第十五条 对于一般事故隐患，由生产经营单位（车间、分厂、区队等）负责人或者有关人员立即组织整改。

对于重大事故隐患，由生产经营单位主要负责人组织制定并实施事故隐患治理方案。重大事故隐患治理方案应当包括以下内容：

（一）治理的目标和任务；

（二）采取的方法和措施；

（三）经费和物资的落实；

（四）负责治理的机构和人员；

（五）治理的时限和要求；

（六）安全措施和应急预案。

第十六条 生产经营单位在事故隐患治理过程中，应当采取相应的安全防范措施，防止事故发生。事故隐患排除前或者排除过程中无法保证安全的，应当从危险区域内撤出作业人员，并疏散可能危及的其他人员，设置警戒标志，暂时停产停业或者停止使用；对暂时难以停产或者停止使用的相关生产储存装置、设施、设备，应当加强维护和保养，防止事故发生。

第十七条 生产经营单位应当加强对自然灾害的预防。对于因自然灾害可能导致事故灾难的隐患，应当按照有关法律、法规、标准和本规定的要求排查治理，采取可靠的预防措施，制定应急预案。在接到有关自然灾害预报时，应当及时向下属单位发出预警通知；发生自然灾害可能危及生产经营单位和人员安全的情况时，应当采取撤离人员、停止作业、加强监测等安全措施，并及时向当地人民政府及其有关部门报告。

第十八条 地方人民政府或者安全监管监察部门及有关部门挂牌督办并责令全部或者局部停产停业治理的重大事故隐患，治理工作结束后，有条件的生产经营单位应当组织本单位的技术人员和专家对重大事故隐患的治理情况进行评估；其他生产经营单位应当委托具备相应资质的安全评价机构对重大事故隐患的治理情况进行评估。

经治理后符合安全生产条件的，生产经营单位应当向安全监管监察部门和有关部门提出恢复生产的书面申请，经安全监管监察部门和有关部门审查同意后，方可恢复生产经营。申请报告应当包括治理方案的内容、项目和安全评价机构出具的评价报告等。

第三章 监督管理

第十九条 安全监管监察部门应当指导、监督生产经营单位按照有关法律、法规、规章、标准和规程的要求，建立健全事故隐患排查治理等各项制度。

第二十条 安全监管监察部门应当建立事故隐患排查治理监督检查制度，定期组织对生产经营单位事故隐患排查治理情况开展监督检查；应当加强对重点单位的事故隐患排查治理情况的监督检查。对检查过程中发现的重大事故隐患，应当下达整改指令书，并建立信息管理台账。必要时，报告同级人民政府并对重大事故隐患实行挂牌督办。

安全监管监察部门应当配合有关部门做好对生产经营单位事故隐患排查治理情况开展的监督检查，依法查处事故隐患排查治理的非法和违法行为及其责任者。

安全监管监察部门发现属于其他有关部门职责范围内的重大事故隐患的，应该及时将有关资料移送有管辖权的有关部门，并记录备查。

第二十一条 已经取得安全生产许可证的生产经营单位，在其被挂牌督办的重大事故隐患治理结束前，安全监管监察部门应当加强监督检查。必要时，可以提请原许可证颁发机关依法暂扣其安全生产许可证。

第二十二条 安全监管监察部门应当会同有关部门把重大事故隐患整改纳入重点行业领域的安全专项整治中加以治理，落实相应责任。

第二十三条 对挂牌督办并采取全部或者局部停产停业治理的重大事故隐患，安全监管监察部门收到生产经营单位恢复生产的申请报告后，应当在10日内进行现场审查。审查合格的，对事故隐患进行核销，同意恢复生产经营；审查不合格的，依法责令改正或者下达停产整改指令。对整改无望或者生产经营单位拒不执行整改指令的，依法实施行政处罚；不具备安全生产条件的，依法提请县级以上人民政府按照国务院规定的权限予以关闭。

第二十四条 安全监管监察部门应当每季将本行政区域重大事故隐患的排查治理情况和统计分析表逐级报至省级安全监管监察部门备案。

省级安全监管监察部门应当每半年将本行政区域重大事故隐患的排查治理情况和统计分析表报国家安全生产监督管理总局备案。

第四章　罚　则

第二十五条　生产经营单位及其主要负责人未履行事故隐患排查治理职责，导致发生生产安全事故的，依法给予行政处罚。

第二十六条　生产经营单位违反本规定，有下列行为之一的，由安全监管监察部门给予警告，并处三万元以下的罚款：

（一）未建立安全生产事故隐患排查治理等各项制度的；

（二）未按规定上报事故隐患排查治理统计分析表的；

（三）未制定事故隐患治理方案的；

（四）重大事故隐患不报或者未及时报告的；

（五）未对事故隐患进行排查治理擅自生产经营的；

（六）整改不合格或者未经安全监管监察部门审查同意擅自恢复生产经营的。

第二十七条　承担检测检验、安全评价的中介机构，出具虚假评价证明，尚不够刑事处罚的，没收违法所得，违法所得在五千元以上的，并处违法所得二倍以上五倍以下的罚款，没有违法所得或者违法所得不足五千元的，单处或者并处五千元以上二万元以下的罚款，同时可对其直接负责的主管人员和其他直接责任人员处五千元以上五万元以下的罚款；给他人造成损害的，与生产经营单位承担连带赔偿责任。

对有前款违法行为的机构，撤销其相应的资质。

第二十八条　生产经营单位事故隐患排查治理过程中违反有关安全生产法律、法规、规章、标准和规程规定的，依法给予行政处罚。

第二十九条　安全监管监察部门的工作人员未依法履行职责的，按照有关规定处理。

第五章　附　则

第三十条　省级安全监管监察部门可以根据本规定，制定事故隐患排查治理和监督管理实施细则。

第三十一条　事业单位、人民团体以及其他经济组织的事故隐患排查治理，参照本规定执行。

第三十二条　本规定自 2008 年 2 月 1 日起施行。

中央企业投资监督管理暂行办法

（国务院国有资产监督管理委员会令第16号　2006年6月28日）

第一条　为依法履行出资人职责，规范中央企业投资活动，提高中央企业投资决策的科学性和民主性，有效防范投资风险，根据《中华人民共和国公司法》、《企业国有资产监督管理暂行条例》等法律法规，制定本办法。

第二条　本办法所称中央企业，是指国务院国有资产监督管理委员会（以下简称国资委）履行出资人职责的企业（以下简称企业）。

第三条　本办法所称的投资主要包括企业在境内的下列投资活动：

（一）固定资产投资；

（二）产权收购；

（三）长期股权投资。

第四条　国资委依法对企业投资活动进行监督管理，指导企业建立健全投资决策程序和管理制度。

第五条　企业是投资活动的主体，企业必须制定并执行投资决策程序和管理制度，建立健全相应的管理机构，并报国资委备案。

第六条　企业投资活动和国资委对企业投资活动的监督管理应当遵循以下原则：

（一）符合国家发展规划和产业政策；

（二）符合企业布局和结构调整方向；

（三）符合企业发展战略与规划；

（四）突出主业，有利于提高企业核心竞争能力；

（五）非主业投资应当符合企业调整、改革方向，不影响主业的发展；

（六）符合企业投资决策程序和管理制度；

（七）投资规模应当与企业资产经营规模、资产负债水平和实际筹资能力相适应；

（八）充分进行科学论证，预期投资收益应不低于国内同行业同期平均水平。

主业是指由企业发展战略和规划确定的并经国资委确认公布的主要经营业务；非主业是指主业以外的其他经营业务。

第七条　企业应当依据其发展战略和规划编制年度投资计划，企业的主要投资活动应当纳入年度投资计划。

企业年度投资计划应当主要包括下列内容：

（一）总投资规模、资金来源与构成；

（二）主业与非主业投资规模；

（三）投资项目基本情况（包括项目内容、投资额、资金构成、投资预期收益、实施年限等）。

企业年度投资计划中的投资项目是指按照企业投资管理制度规定由董事会或总经理办公会议研究决定的投资项目（包括子企业投资项目）。

第八条　企业应当按国资委要求，在规定时间内报送年度投资计划。

企业年度投资计划的统一报送格式、报送时限等要求，由国资委另行规定。

第九条　国资委对企业投资活动实行分类监督管理：

（一）按照国资委有关规定建立规范董事会的国有独资公司，国资委依据企业年度投资计划对投资项目实行备案管理。

（二）未建立规范董事会的国有独资企业、国有独资公司，国资委依据企业年度投资计划对主业投资项目实行备案管理；对非主业投资项目实行审核，在20个工作日内作出审核决定。

（三）国有控股公司，应按照本办法的规定向国资委报送企业年度投资计划。

（四）其他类型的企业，参照国有控股公司执行。

第十条　企业在年度投资计划外追加项目，应当及时将有关情况报告国资委，国资委按本办法第九条规定管理。

第十一条　企业对以下重大投资事项应当及时向国资委报告：

（一）按国家现行投资管理规定，需由国务院批准的投资项目，或者需由国务院有关部门批（核）准的投资项目，企业应当在上报国务院或国务院有关部门的同时，将其有关文件抄送国资委。

（二）企业投资项目实施过程中出现下列情形的，应当重新履行投资决策程序，并将决策意见及时书面报告国资委：

1. 对投资额、资金来源及构成进行重大调整，致使企业负债过高，超出企业承受能力或影响企业正常发展的；

2. 股权结构发生重大变化，导致企业控制权转移的；

3. 投资合作方严重违约，损害出资人权益的。

（三）需报告国资委的其他重大投资事项。

第十二条　国资委建立企业投资统计分析制度，企业应当按照国资委要求报送年度投资完成情况和分析材料，其中部分重点企业应当报送季度投资完成情况。

第十三条　企业应当对投资项目实施后评价管理，具体工作内容与要求，参照《中央企业固定资产投资项目后评价工作指南》执行。国资委根据需要，对企业已完成的投资项目，有选择地开展项目后评价。

第十四条　国资委对企业依据本办法报送的资料负有保密义务。

第十五条　企业违反本办法和其投资决策程序规定的，国资委应当责令其改正；情节严重、致使企业遭受重大损失的，依照有关规定追究企业有关人员的责任。

国资委相关责任人员违反本办法规定的，国资委应当责令其改正；情节严重的，依法给予行政处分。

第十六条　企业境外投资监督管理的具体规定，由国资委另行制定。

第十七条　本办法由国资委负责解释。

第十八条　本办法自2006年7月1日起施行。

水利工程质量检测管理规定

（水利部令第36号　2008年11月3日）

第一条　为加强水利工程质量检测管理，规范水利工程质量检测行为，根据《建设工程质量管理条例》、《国务院对确需保留的行政审批项目设定行政许可的决定》，制定本规定。

第二条　从事水利工程质量检测活动以及对水利工程质量检测实施监督管理，适用本规定。

本规定所称水利工程质量检测（以下简称质量检测），是指水利工程质量检测单位（以下简称检测单位）依据国家有关法律、法规和标准，对水利工程实体以及用于水利工程的原材料、中间产品、金属结构和机电设备等进行的检查、测量、试验或者度量，并将结果与有关标准、要求进行比较以确定工程质量是否合格所进行的活动。

第三条　检测单位应当按照本规定取得资质，并在资质等级许可的范围内承担质量检测业务。

检测单位资质分为岩土工程、混凝土工程、金属结构、机械电气和量测共5个类别，每个类别分为甲级、乙级2个等级。检测单位资质等级标准见附件一。

取得甲级资质的检测单位可以承担各等级水利工程的质量检测业务。大型水利工程（含一级堤防）主要建筑物以及水利工程质量与安全事故鉴定的质量检测业务，必须由具有甲级资质的检测单位承担。取得乙级资质的检测单位可以承担除大型水利工程（含一级堤防）主要建筑物以外的其他各等级水利工程的质量检测业务。

前款所称主要建筑物是指失事以后将造成下游灾害或者严重影响工程功能和效益的建筑物，如堤坝、泄洪建筑物、输水建筑物、电站厂房和泵站等。

第四条　从事水利工程质量检测的专业技术人员（以下简称检测人员），应当具备相应的质量检测知识和能力，并按照国家职业资格管理或者行业自律管理的规定取得从业资格。

第五条　水利部负责审批检测单位甲级资质；省、自治区、直辖市人民政府水行政主管部门负责审批检测单位乙级资质。

检测单位资质原则上每年集中审批一次，受理时间由审批机关提前三个月向社会公告。

第六条　检测单位应当向审批机关提交下列申请材料：

（一）《水利工程质量检测单位资质等级申请表》一式三份；

（二）事业单位法人证书或者工商营业执照原件及复印件；

（三）计量认证资质证书和证书附表原件及复印件；

（四）主要试验检测仪器、设备清单；

（五）主要负责人、技术负责人的职称证书原件及复印件，检测人员的从业资格证明材料原件及复印件；

（六）管理制度及质量控制措施。

申请甲级资质的，还需提交近三年承担质量检测业务的委托合同及相关证明材料。

检测单位可以同时申请不同类别、等级的资质。

第七条 审批机关收到检测单位的申请材料后，应当依法作出是否受理的决定，并向检测单位出具书面凭证；申请材料不齐全或者不符合法定形式的，应当在5日内一次告知检测单位需要补正的全部内容。

审批机关应当自受理申请之日起20日内作出批准或者不予批准的决定。决定予以批准的，颁发《水利工程质量检测单位资质等级证书》（以下简称《资质等级证书》）；不予批准的，应当书面通知检测单位并说明理由。

第八条 审批机关在作出决定前，应当组织对申请材料进行评审，必要时可以组织专家进行现场评审，并将评审结果公示，公示时间不少于7日。

第九条 《资质等级证书》有效期为3年。有效期届满，需要延续的，检测单位应当在有效期届满30日前，向原审批机关提出申请。原审批机关应当在有效期届满前作出是否延续的决定。

原审批机关应当重点核查检测单位仪器设备、检测人员、场所的变动情况，检测工作的开展情况以及质量保证体系的执行情况，必要时，可以组织专家进行现场核查。

第十条 检测单位变更名称、地址、法定代表人、技术负责人的，应当自发生变更之日起60日内到原审批机关办理资质等级证书变更手续。

第十一条 检测单位发生分立的，应当按照本规定重新申请资质等级。

第十二条 任何单位和个人不得涂改、倒卖、出租、出借或者以其他形式非法转让《资质等级证书》。

第十三条 检测单位应当建立健全质量保证体系，采用先进、实用的检测设备和工艺，完善检测手段，提高检测人员的技术水平，确保质量检测工作的科学、准确和公正。

第十四条 检测单位不得转包质量检测业务；未经委托方同意，不得分包质量检测业务。

第十五条 检测单位应当按照国家和行业标准开展质量检测活动；没有国家和行业标准的，由检测单位提出方案，经委托方确认后实施。

检测单位违反法律、法规和强制性标准，给他人造成损失的，应当依法承担赔偿责任。

第十六条 质量检测试样的取样应当严格执行国家和行业标准以及有关规定。

提供质量检测试样的单位和个人，应当对试样的真实性负责。

第十七条 检测单位应当按照合同和有关标准及时、准确地向委托方提交质量检测报告并对质量检测报告负责。

任何单位和个人不得明示或者暗示检测单位出具虚假质量检测报告，不得篡改或者伪造质量检测报告。

第十八条 检测单位应当将存在工程安全问题、可能形成质量隐患或者影响工程正常运行的检测结果以及检测过程中发现的项目法人（建设单位）、勘测设计单位、施工单位、监理单位违反法律、法规和强制性标准的情况，及时报告委托方和具有管辖权的水行政主管部门或者流域管理机构。

第十九条 检测单位应当建立档案管理制度。检测合同、委托单、原始记录、质量检测报告应当按年度统一编号，编号应当连续，不得随意抽撤、涂改。

检测单位应当单独建立检测结果不合格项目台账。

第二十条 检测人员应当按照法律、法规和标准开展质量检测工作，并对质量检测结果负责。

第二十一条 县级以上人民政府水行政主管部门应当加强对检测单位及其质量检测活动的监督检查，主要检查下列内容：

（一）是否符合资质等级标准；

（二）是否有涂改、倒卖、出租、出借或者以其他形式非法转让《资质等级证书》的行为；

（三）是否存在转包、违规分包；

（四）是否按照有关标准和规定进行检测；

（五）是否按照规定在质量检测报告上签字盖章，质量检测报告是否真实；

（六）仪器设备的运行、检定和校准情况；

（七）法律、法规规定的其他事项。

流域管理机构应当加强对所管辖的水利工程的质量检测活动的监督检查。

第二十二条 县级以上人民政府水行政主管部门和流域管理机构实施监督检查时，有权采取下列措施：

（一）要求检测单位或者委托方提供相关的文件和资料；

（二）进入检测单位的工作场地（包括施工现场）进行抽查；

（三）组织进行比对试验以验证检测单位的检测能力；

（四）发现有不符合国家有关法律、法规和标准的检测行为时，责令改正。

第二十三条 县级以上人民政府水行政主管部门和流域管理机构在监督检查中，可以根据需要对有关试样和检测资料采取抽样取证的方法；在证据可能灭失或者以后难以取得的情况下，经负责人批准，可以先行登记保存，并在5日内作出处理，在此期间，当事人和其他有关人员不得销毁或者转移试样和检测资料。

第二十四条 违反本规定，未取得相应的资质，擅自承担检测业务的，其检测报告无效，由县级以上人民政府水行政主管部门责令改正，可并处1万元以上3万元以下的罚款。

第二十五条 隐瞒有关情况或者提供虚假材料申请资质的，审批机关不予受理或者不予批准，并给予警告，一年之内不得再次申请资质。

第二十六条 以欺骗、贿赂等不正当手段取得《资质等级证书》的，由审批机关予以撤销，3年内不得再次申请，可并处1万元以上3万元以下的罚款；构成犯罪的，依法追究刑事责任。

第二十七条 检测单位违反本规定，有下列行为之一的，由县级以上人民政府水行政主管部门责令改正，有违法所得的，没收违法所得，可并处1万元以上3万元以下的罚款；构成犯罪的，依法追究刑事责任：

（一）超出资质等级范围从事检测活动的；

（二）涂改、倒卖、出租、出借或者以其他形式非法转让《资质等级证书》的；

（三）使用不符合条件的检测人员的；

（四）未按规定上报发现的违法违规行为和检测不合格事项的；

（五）未按规定在质量检测报告上签字盖章的；

（六）未按照国家和行业标准进行检测的；

（七）档案资料管理混乱，造成检测数据无法追溯的；

（八）转包、违规分包检测业务的。

第二十八条　检测单位伪造检测数据，出具虚假质量检测报告的，由县级以上人民政府水行政主管部门给予警告，并处 3 万元罚款；给他人造成损失的，依法承担赔偿责任；构成犯罪的，依法追究刑事责任。

第二十九条　违反本规定，委托方有下列行为之一的，由县级以上人民政府水行政主管部门责令改正，可并处 1 万元以上 3 万元以下的罚款：

（一）委托未取得相应资质的检测单位进行检测的；

（二）明示或暗示检测单位出具虚假检测报告，篡改或伪造检测报告的；

（三）送检试样弄虚作假的。

第三十条　检测人员从事质量检测活动中，有下列行为之一的，由县级以上人民政府水行政主管部门责令改正，给予警告，可并处 1 千元以下罚款：

（一）不如实记录，随意取舍检测数据的；

（二）弄虚作假、伪造数据的；

（三）未执行法律、法规和强制性标准的。

第三十一条　县级以上人民政府水行政主管部门、流域管理机构及其工作人员，有下列行为之一的，由其上级行政机关或者监察机关责令改正；情节严重的，对直接负责的主管人员和其他直接责任人员依法给予行政处分；构成犯罪的，依法追究刑事责任：

（一）对符合法定条件的申请不予受理或者不在法定期限内批准的；

（二）对不符合法定条件的申请人签发《资质等级证书》的；

（三）利用职务上的便利，收受他人财物或者其他好处的；

（四）不依法履行监督管理职责，或者发现违法行为不予查处的。

第三十二条　本规定自 2009 年 1 月 1 日起施行。2000 年 1 月 4 日水利部发布的《水利工程质量检测管理规定》（水建管〔2000〕2 号）同时废止。

三峡水库调度和库区水资源与河道管理办法

（水利部令第 35 号　2008 年 11 月 3 日）

第一章　总　则

第一条　为加强三峡水库调度和库区水资源与河道管理，合理开发利用和保护水资源，发挥三峡水库的综合效益，根据《中华人民共和国水法》、《中华人民共和国防洪法》和有关法律、法规的规定，制定本办法。

第二条　本办法适用于三峡水库调度，三峡水利枢纽工程管理和安全运行的监督，三峡库区水资源和河道的管理以及水行政监督检查等。

前款所称三峡水库调度，是指三峡水库汛期的防洪调度以及汛前消落期、汛后蓄水期和枯水运用期的水量调度。

第三条　三峡水库调度和库区水资源与河道管理，应当坚持全面规划，统筹兼顾，科学调度，合理配置水资源，保护水环境，充分发挥三峡水库的防洪、发电、航运、供水、灌溉、旅游等综合功能。

第四条　水利部负责三峡水库水量的统一调度和库区水资源与河道管理的监督工作。

长江水利委员会按照法律、行政法规规定和水利部的授权，负责三峡水库水量的统一调度和库区水资源与河道管理工作。

重庆市、湖北省县级以上地方人民政府水行政主管部门按照规定的权限，负责本行政区域内三峡库区水资源和河道管理工作。

县级以上人民政府有关部门按照职责分工，依法负责三峡库区相关管理工作。

第五条　长江水利委员会应当按照有关规定，商重庆市和湖北省人民政府划定三峡水库管理和保护范围。

第六条　长江水利委员会和有关县级以上地方人民政府水行政主管部门负责三峡水库管理和保护范围内的水行政执法，并按照管理权限，对管辖范围内各项水事活动进行监督检查，依法查处水事违法活动。

第七条　长江水利委员会和有关县级以上地方人民政府水行政主管部门应当建立联合执法制度、信息通报制度和巡查制度。

第二章　水库调度

第八条　三峡水库的防洪调度，应当依据经批准的长江流域防御洪水方案、洪水调度方案和三峡水库洪水调度方案、调度规程、年度汛期调度运用计划以及防洪调度指令进行，并服从国家防汛抗旱指挥机构和长江防汛抗旱指挥机构的调度指挥和监督管理。

第九条　三峡水库的洪水调度方案，应当依据经批准的长江流域防御洪水方案和洪水调度方案，由长江水利委员会组织三峡水利枢纽管理单位编制，征求重庆市、湖北省以及三峡水库下游有关省、直辖市人民政府的意见后，报国家防汛抗旱指挥机构批准。

第十条　三峡水库的年度汛期调度运用计划，应当依据工程规划设计、经批准的长江流域防御洪水方案和洪水调度方案、三峡水库洪水调度方案以及工程实际状况，由三峡水利枢纽管理单位在兴利服从防洪，保证安全的前提下编制，经长江防汛抗旱指挥机构审查同意后，报国家防汛抗旱指挥机构批准。

第十一条　三峡水利枢纽管理单位按照国家防汛抗旱指挥机构或者长江防汛抗旱指挥机构下达的三峡水库防洪调度指令，具体负责三峡水库防洪调度的实施。

三峡水库的发电与航运调度应当服从防洪调度。

第十二条　三峡水库的水量调度，应当依据经批准的三峡库区及下游河段水量分配方案（或者长江流域取水许可总量控制指标）、三峡水库调度规程以及汛前消落期、汛后蓄水期和枯水运用期的水量调度运用计划、水量实时调度指令进行，并服从水利部和长江水利委员会的调度指挥和监督管理。

第十三条　三峡水库的水量分配与调度，应当首先满足城乡居民生活用水，并兼顾农业、工业、生态与环境用水以及航运等需要，注意维持三峡库区及下游河段的合理水位和流量，维护水体的自然净化能力。

第十四条　三峡库区及下游河段水量分配方案，由长江水利委员会商重庆市、湖北省以及三峡水库下游有关省、直辖市人民政府制订，经水利部审查，报国务院或者其授权的部门批准。

第十五条　长江水利委员会应当组织三峡水利枢纽管理单位编制汛前消落期、汛后蓄水期和枯水运用期的水量调度运用计划，征求重庆市、湖北省以及三峡水库下游有关省、直辖市人民政府的意见后，报水利部批准。

第十六条　长江水利委员会应当依据经批准的三峡库区及下游河段水量分配方案（或者长江流域取水许可总量控制指标）以及汛前消落期、汛后蓄水期和枯水运用期的水量调度运用计划，下达水量实时调度指令。

三峡水利枢纽管理单位应当按照水量实时调度指令，具体负责三峡水库水量调度的实施，并按照水量调度指令做好发电计划的安排。

第十七条　三峡库区及下游河段发生干旱灾害时，国家防汛抗旱指挥机构或者长江防汛抗旱指挥机构应当按照旱情紧急情况下的水量调度预案，实施应急水量调度。

第十八条　三峡水库发生重大水污染事件时，长江水利委员会和重庆市、湖北省人民政府水行政主管部门应当按照有关应急预案，及时采取必要的应急调度措施。

第十九条　三峡水利枢纽管理单位应当加强枢纽工程的安全运行与管理养护，按照水库大坝安全管理的有关规定，对枢纽工程进行安全监测和检查，做好枢纽工程的养护修理工作。

水利部或者长江水利委员会应当加强对三峡水利枢纽工程安全运行的监督管理工作。

第三章　库区水资源管理

第二十条　直接从三峡库区取用水资源的，应当按照取水许可和水资源费征收管理的有关规定，向有关县级以上地方人民政府水行政主管部门或者长江水利委员会申请领取取水许可证，缴纳水资源费。

依法应当进行水资源论证的，还应当按照有关规定编制水资源论证报告书（表），并报经有关县级以上地方人民政府水行政主管部门或者长江水利委员会审查。

第二十一条 三峡库区水资源保护规划由水利部组织编制，报国务院批准。

长江水利委员会应当会同重庆市、湖北省人民政府水行政主管部门和环境保护行政主管部门等拟定三峡库区水功能区划，分别经重庆市、湖北省人民政府审查提出意见后，由水利部会同环境保护部审核，报国务院或者其授权的部门批准。

第二十二条 长江水利委员会应当会同重庆市、湖北省人民政府水行政主管部门，按照水功能区对水质的要求和水体的自然净化能力，核定三峡库区的水域纳污能力，向重庆市、湖北省人民政府环境保护行政主管部门提出库区的限制排污总量意见，同时抄报水利部和环境保护部。

经核定的水域纳污能力和限制排污总量意见，是对三峡库区水资源保护实施监督管理的基本依据。

第二十三条 在三峡库区从事水资源的开发利用活动，应当符合三峡库区水功能区划的要求，保护水质。

禁止向三峡库区排放、倾倒工业废渣、垃圾等有毒有害物质。

第二十四条 禁止在饮用水水源保护区内设置入河排污口。

在三峡库区新建、改建或者扩大入河排污口的，应当按照入河排污口监督管理的有关规定，报有关县级以上地方人民政府水行政主管部门或者长江水利委员会审查同意。

第二十五条 有关县级以上地方人民政府水行政主管部门和长江水利委员会应当加强对三峡库区水质状况的监测工作。发现发生重大水污染事件或者发现水质变化可能造成重大水污染事件时，应当及时报告水利部和当地人民政府，并向有关环境保护行政主管部门通报。

第四章 库区河道管理

第二十六条 在三峡水库管理范围内建设水工程的，应当按照水工程建设规划同意书管理的有关规定，向有关县级以上地方人民政府水行政主管部门或者长江水利委员会申请取得水工程建设规划同意书。

第二十七条 长江水利委员会应当会同重庆市、湖北省人民政府水行政主管部门，编制三峡水库岸线利用管理规划，分别征求重庆市、湖北省人民政府意见后报水利部批准。

三峡水库岸线利用管理规划，应当服从流域综合规划和防洪规划，并与河道整治规划和航道整治规划相协调。

第二十八条 三峡库区有关城乡规划的岸线近水利用线，由三峡库区县级以上地方人民政府水行政主管部门会同有关部门依据经批准的三峡水库岸线利用管理规划确定。

三峡库区河道岸线的利用和建设，应当服从河道整治规划、航道整治规划和三峡水库岸线利用管理规划。河道岸线的界限，由三峡库区县级以上地方人民政府水行政主管部门会同交通等有关部门报县级以上地方人民政府划定。

第二十九条 在三峡水库管理范围内建设桥梁、码头、道路、渡口、管道、缆线、取水、排水等工程设施，应当符合国家规定的防洪标准、三峡水库岸线利用管理规划、航运要求和其他有关的技术要求，其工程建设方案应当按照河道管理范围内建设项目管理的有关规定，报经有关县级以上地方人民政府水行政主管部门或者长江水利委员会审查同意。

第三十条 在三峡水库管理范围内从事采砂活动的，应当按照长江河道采砂管理的有关规定，向重庆市、湖北省人民政府水行政主管部门或者长江水利委员会申请领取河道采砂许可证，缴纳长江河道砂石资源费。

第三十一条 三峡水库消落区的利用，应当服从三峡水库的防洪安全和工程安全，满足库区水土保持、水质保护和生态与环境保护的需要。

第三十二条 在三峡水库管理和保护范围内禁止从事下列活动：

（一）围垦库区；

（二）倾倒垃圾、渣土；

（三）在 25 度以上陡坡地开垦种植农作物；

（四）弃置、堆放阻碍行洪的物体；

（五）种植阻碍行洪的林木和高秆作物；

（六）其他可能危害水库安全的行为。

第三十三条 凡涉及土石方开挖、填筑或者排弃，可能造成水土流失的生产建设项目，应当依法编制水土保持方案，报县级以上人民政府水行政主管部门审批。

第五章 罚 则

第三十四条 县级以上人民政府水行政主管部门和长江水利委员会及其工作人员，在三峡水库调度和库区水资源与河道管理过程中，违反本办法规定的，按照《中华人民共和国水法》、《中华人民共和国防洪法》和《中华人民共和国水污染防治法》等法律、法规的有关规定予以处理。

第三十五条 三峡水利枢纽管理单位违反本办法规定，拒不执行三峡水库防洪调度指令或者水量实时调度指令的，由水利部或者长江水利委员会责令改正；对负有责任的主管人员和其他直接责任人员，由其所在单位或者上级主管机关依法给予行政处分；构成犯罪的，依法追究刑事责任。

第三十六条 在三峡库区从事水资源开发利用、河道建设等活动的单位和个人，违反本办法规定的，由县级以上人民政府水行政主管部门或者长江水利委员会按照《中华人民共和国水法》、《中华人民共和国防洪法》、《中华人民共和国水土保持法》和《中华人民共和国水污染防治法》等法律、法规的有关规定予以处罚。

第六章 附 则

第三十七条 本办法所称三峡库区，是指三峡水库校核洪水位以下受淹没影响的区域。

本办法所称消落区，是指三峡水库正常蓄水位 175 米的库区土地征用线以下因水库调度运用导致库区临时性出露的陆地。

第三十八条 本办法自公布之日起施行。

外国政府贷款管理规定

（财金［2008］176号　2008年12月27日）

第一章　总　则

第一条　为进一步规范和加强外国政府贷款（以下简称贷款）管理，明确各有关机构的职责，建立健全贷款监督管理机制，提高贷款资金使用效益，根据《国际金融组织和外国政府贷款赠款管理办法》（财政部令第38号）和国家有关规定，制定本规定。

第二条　贷款的申请、审核、签约、转贷、使用、偿还等相关活动的管理与监督适用本规定。

第三条　财政部门作为政府外债的统一管理部门，会同有关部门对贷款借、用、还全过程实施管理与监督。

第四条　贷款管理工作的基本原则是统一筹措，规模适度，投向合理，效益优先，分类管理，按期偿还。

第五条　按照不同的还款责任，贷款项目实行分类管理。

一类项目由省级财政部门或者国务院有关部门作为债务人并承担还款责任。此类项目应属于公共财政领域、社会效益显著的项目，建设资金主要来源于政府投入。

二类项目由项目单位作为债务人并承担还款责任，省级财政部门或者国务院有关部门提供还款保证。此类项目应属于公共财政领域、经济效益较好、具备贷款偿还能力的项目。

三类项目由项目单位作为债务人并承担还款责任，省级财政部门或者国务院有关部门不提供还款保证。此类项目原则上不限于公共财政领域，但应有利于促进当地经济社会发展，体现制度或技术创新，且具备充分的贷款偿还能力。

第六条　本规定下列用语的含义：

（一）政府协议，是指财政部经授权与贷款国政府或者机构（以下简称贷款方）签署的有关协定、协议、议定书、备忘录或其他法律文件；

（二）贷款协议，是指转贷银行受财政部委托，根据政府协议对外签署的有关协议或其他法律文件；

（三）转贷协议，是指转贷银行根据政府协议和贷款协议，与债务人签署的贷款转贷有关协议；

（四）项目单位，是指根据政府协议和转贷协议规定，具体负责项目实施、管理贷款资金形成资产并承担相关贷款偿还义务的机构或者法人；

（五）债务人，是指与转贷银行签署转贷协议，并按照协议规定享受权利并承担义务的法人；

（六）担保人，是指为债务人借用贷款向转贷银行提供还款担保，依法享有权利并承担义务的法人；

（七）转贷银行，是指受财政部委托，根据政府协议，按照有关规定，开展转贷业务的政策性银行、国有商业银行及股份制商业银行；

（八）采购公司，是指按照财政部有关规定确定的、并根据有关委托代理协议开展采购工作的机构。

第二章 机构职责

第七条 财政部履行下列职责：

（一）研究确定贷款管理原则，制定相关管理制度；

（二）根据贷款方要求，结合公共财政职能，确定贷款的优先投放领域。根据地方需求，确定符合条件的备选项目；

（三）统筹开展对外磋商谈判工作，签订政府协议并履行相应义务；

（四）及时公布贷款可用额度、申请条件等信息；

（五）指导、管理、协调、监督贷款的申报、转贷、采购、偿还、统计、监测、绩效评价等工作；

（六）培训地方财政部门相关人员，提高其贷款管理能力。

第八条 省级财政部门履行下列职责：

（一）制定本地区贷款管理办法；

（二）确定本地区贷款规模，引导贷款投向；

（三）组织对一、二类项目的评审；

（四）监督项目单位落实配套资金，建立健全财务会计核算制度，加强贷款项目的财务管理和会计核算，保障资金的安全有效使用；

（五）监督项目单位和有关机构履行相应职责，及时采取有效措施处理项目出现的问题，并报告财政部；

（六）建立本地区的贷款统计、监测、预警体系，防范和化解债务风险；

（七）按财政部规定组织和实施本地区贷款项目绩效评价工作；

（八）对项目单位以及相关部门进行培训，提高其项目实施能力和管理水平。

第九条 转贷银行履行下列职责：

（一）对贷款项目进行贷前审查和风险评估，并及时向省级财政部门提供一、二类项目的风险评估报告；

（二）负责贷款协议和转贷协议的谈判、签署工作；

（三）确认采购内容与可行性研究报告批复一致；

（四）审核采购有关单据，办理贷款资金的提取和支付；

（五）按时对外还款，并为发生拖欠的项目进行垫付；

（六）及时将项目贷款资金提取、支付和偿还情况报送省级财政部门，并将贷款债务统计数据报送财政部；

（七）按财政部规定做好项目贷后管理工作。

第十条 采购公司履行下列职责：

（一）与债务人或经债务人委托的机构签署贷款项目采购委托代理协议，并开展采购工作；

（二）负责采购合同谈判、签约工作，并及时将签约情况报送财政部和省级财政部门；

（三）审核采购有关单据，按照财政部要求进行现场验货，及时向财政部和省级财政部门报告采购过程中发现的问题；

（四）办理采购合同履约等有关工作。

第十一条 项目单位履行下列职责：

（一）科学、合理地编制可行性研究报告，如实提交项目申请材料；

（二）根据项目实施中发生的变化，及时办理报批手续，并将有关批复情况提供财政部、省级财政部门、转贷银行和采购公司；

（三）协助采购公司开展采购工作，保证采购内容与可行性研究报告批复一致；

（四）按照可行性研究报告要求落实有关工作，包括落实项目配套资金、保证贷款采购设备物资的有效使用、按照工程进度完成项目实施等；

（五）建立健全财务会计核算制度，安全、有效地使用资金；

（六）及时提交项目实施半年进度报告，全面、真实地反映项目进展情况；

（七）及时办理项目竣工结算并提交竣工报告；

（八）制定贷款偿还计划，按时足额偿还贷款。

第三章 项目审核

第十二条 项目单位应当根据财政部公布的贷款信息，按照贷款项目前期管理工作规程提交项目申请材料。

第十三条 省级财政部门收到项目申请材料后，应当对拟利用贷款的项目组织评审，评审事项主要包括：

（一）本地区外债财力增长比、负债率、债务率、偿债率、还贷准备金率等债务管理指标；

（二）项目的领域、财务效益和还款资金来源；

（三）项目单位的财务状况和资信情况；

（四）项目类别确定是否合理；

（五）运营阶段的监督管理责任是否明确；

（六）一、二类项目单位与所在地财政部门的反担保、质押与债务风险控制措施是否落实。

第十四条 对通过评审的项目，省级财政部门应向财政部提交利用贷款的书面申请。

第十五条 财政部收到项目申请后，根据贷款方的发展援助政策、可用资金额度、项目所在地的债务偿还情况及贷款备选项目规划，确定列入备选项目清单的项目。

第十六条 已列入备选项目清单的项目，省级财政部门应当督促项目单位及时办理可行性研究报告审批手续、并将可行性研究报告及变动审批情况及时提供财政部、省级财政部门、转贷银行和采购公司。

第十七条 财政部根据可行性研究报告审批进度适时对外提出贷款申请，进行磋商谈判、组织签署政府协议及办理贷款生效事宜。

第四章 项目转贷

第十八条 转贷银行应当对项目进行贷前审查和风险评估，了解项目单位财务状况、运营情况和还款能力等情况，并及时向财政部和省级财政部门报送一、二类项目的风险评价及提示报告。

第十九条 转贷银行应当根据政府协议和财政部关于转贷工作的有关规定，做好贷款协议和转贷协议的谈判、签署工作。

第二十条 转贷银行应当确认采购内容是否与可行性研究报告批复一致，并根据采购合同认真审核提款和支付等有关单据，按规定程序办理贷款资金的提款和支付。

转贷银行应当及时将项目贷款资金的提取、支付情况报送财政部和省级财政部门。未经财政部同意，不得停止提款和支付。

第二十一条 转贷协议有效期内，转贷银行应当对项目进行贷后跟踪和管理，通过调阅项目单位有关资料、现场调查、委托中介机构审查等方式，掌握项目单位生产经营和财务状况等信息，监督贷款使用和偿还情况，加强资金管理，确保资金安全，并及时报告财政部和省级财政部门项目执行中发现的问题。

第五章 项目采购

第二十二条 债务人或经债务人委托的机构应当按照财政部规定与项目选定的采购公司签署贷款项目采购委托代理协议，明确各方的权利和义务。

第二十三条 采购公司应根据政府协议、贷款方要求和财政部关于采购工作的有关规定，开展采购工作。

第二十四条 采购公司和项目单位应当保证采购内容与可行性研究报告批复一致。确需变更采购品种、数量、型号、规格、金额等实质性内容的，项目单位应当根据贷款方要求和有关规定事先报批。

第二十五条 购公司应通过严格审核采购有关单据、现场核查到货等措施，确保合同内容与可行性研究报告批复相符、合同项下议付单证与合同要求相符、实际到货与单证相符、提款支付与合同要求进度相符。对于合同履行出现的问题，采购公司和项目单位应及时报告省级财政部门，并积极采取措施予以解决。

第六章 项目实施

第二十六条 省级财政部门应当督促项目单位指定专人负责项目的实施，按照国内审批和贷款方要求按期保质实施项目。

第二十七条 省级财政部门应当督促项目单位在项目列入备选项目清单后 18 个月内签署采购合同。除因贷款方工作程序导致的延误外，逾期未签署合同的项目将被取消。被取消的项目如再需申请贷款，应当按新项目重新办理申请手续。

对有特殊原因无法在上述有效期内签署合同的项目，省级财政部门应当提前向财政部提出延期申请并说明原因。财政部可视具体情况延长有效期，原则上延期不超过 1 年。

第二十八条 对于已完成国内审批程序的项目，如在实施过程中确需增加贷款规模、变更项目建设规模、内容和资金用途，省级财政部门应当督促项目单位按照原审批程序重新报批。

第二十九条 省级财政部门应当针对本地区尚未竣工的贷款项目建立报告制度，督促项目单位按时报送项目实施半年进度报告。贷款方有要求的，省级财政部门还应督促项目单位及时对外提交项目实施半年进度报告。

半年进度报告的主要内容应包括项目工期和资金计划、项目采购、支付和工程进度、项目重大变化及实施中出现的问题等。

第三十条 省级财政部门应按财政部规定，每半年向财政部报送辖区内未竣工项目实施情况的汇总报告，除半年进度报告中包含的事项外，报告内容还应包括省级财政部门解决项目实施中有关问题的措施。

第三十一条 贷款项目竣工后，项目单位应及时办理竣工结算，并提交竣工验收报告。

第三十二条 项目单位不得擅自处置贷款采购的设备物资。确需处置长期闲置设备物资的，项目单位应当履行内部决策程序，按国家有关规定进行处置，并及时将处置结果报省级财政部门备案。

影响到项目正常建设和实施的，及时报告财政部。

第七章 债务偿还

第三十三条 省级财政部门应当督促债务人严格遵守转贷协议，制定贷款偿还计划，保证按时足额偿还。

第三十四条 转贷银行应当履行贷款协议和转贷协议规定的义务，确保对外还款。

第三十五条 转贷银行应及时向债务人发送还款通知和督促还款，抄送省级财政部门，并按照财政部和省级财政部门的要求报送债务统计数据。

第三十六条 省级财政部门应当按照财政部规定设立还贷准备金，专项用于贷款到期债务的周转性垫付。

第三十七条 如债务人未按时偿还贷款，转贷银行应当及时足额对外垫付，并将有关情况通知省级财政部门。

对一、二类项目，财政部将通过财政扣款的方式，回补转贷银行对外垫付的贷款本金、利息和国外银行费用。

第三十八条 在贷款债务偿清前，项目单位拟实行资产重组、企业改制或者申请破产的，省级财政部门应当督促项目单位落实新的债务偿还安排，并征得转贷银行和财政部同意，必要时还应征得贷款方同意。

第八章 监督检查与绩效评价

第三十九条 省级财政部门应当按照财政部规定组织或者委托有关部门或机构对项目贷款资金、配套资金的落实与使用情况、项目实施进度及项目单位经营状况等进行监督检查和审计，对出现的问题，要求项目单位及时采取有效措施，限期解决。

第四十条 省级财政部门应当积极配合做好项目实施监管和竣工验收工作，并协助实施监管单位对项目进行现场检查，及时了解项目建设进展情况，协调解决项目建设中出现的问题。

第四十一条　财政部驻各地财政监察专员办事处根据财政部委托，对项目贷款资金、配套资金的落实与使用情况，转贷和采购工作的合规性，项目单位的财务状况，贷款项目的财务管理、会计核算、实施进度、竣工验收以及运营计划的实施情况等进行检查。

第四十二条　财政部按照关于绩效评价的有关办法组织开展贷款项目的绩效评价工作，绩效评价结果将作为进一步完善贷款管理、制定相关政策以及安排贷款的重要参考。

第四十三条　省级财政部门应当督促项目单位做好项目的总结工作，适时对本地区贷款项目开展绩效评价，针对发现的问题采取改进措施。

第九章　罚　则

第四十四条　违反本规定，以虚报、冒领或者其他手段骗取贷款资金的，或者滞留、截留、挪用及其他违反规定使用贷款资金的，或者从政府承贷或者担保的贷款中非法获益的，依照《财政违法行为处罚处分条例》以及相关法律、法规规定处理。

第四十五条　项目单位违反本规定，没有按时足额偿还贷款到期本金、利息、承诺费及其他相关费用的，或者没有纠正监督检查和审计中所发现问题的，依照财政部令第38号规定处理。

第四十六条　省级财政部门未按本规定第八条履行相应职责，财政部可予以通报批评，在有关问题得到妥善处理前暂停新项目安排。

第四十七条　转贷银行未按本规定第九条履行相应职责，财政部可予以批评、暂停参与贷款转贷业务，并建议银行监管部门依法处理。

第四十八条　采购公司未按本规定第十条履行相应职责，财政部可予以批评、暂停参与贷款采购代理业务，并建议商务主管部门依法处理。

第四十九条　项目单位未按本规定第十一条履行相应职责，财政部可予以批评、暂停贷款资金的提取和支付、加速未到期贷款债务的偿还、追回已支付资金及其形成的资产、收取资金占用费或者违约金、停止安排贷款，并建议行业主管部门或地方政府依法处理。

第五十条　供货商违反本规定，与项目单位、采购公司私订返款协议、签订虚假合同，套取贷款资金，财政部可予以批评、禁止其参与贷款采购业务，并将有关情况告知商务主管部门和贷款方。

第五十一条　财政部门、项目主管部门的工作人员在贷款的管理、资金使用和偿还过程中，贪污受贿、滥用职权、玩忽职守、徇私舞弊的，依法给予行政处分。涉嫌犯罪的，移送司法机关依法处理。

第十章　附　则

第五十二条　国务院有关部门、计划单列企业集团以及中央管理企业利用贷款的管理与监督，参照本规定执行。

第五十三条　省级财政部门可结合本地实际情况，根据本规定及其他有关规定制定具体实施办法。

第五十四条　本规定自2009年1月1日起施行。

财政部、国家发展改革委、交通运输部、监察部、审计署关于公布取消公路养路费等涉及交通和车辆收费项目的通知

（财综［2008］84号　2008年12月22日）

国务院各部委、各直属机构，各省、自治区、直辖市、计划单列市财政厅（局）、发展改革委、物价局、交通厅（局、委）、监察厅（局、委）、审计厅（局），上海市城乡建设与交通委员会，天津市市政公路管理局，新疆生产建设兵团财务局、发展改革委、物价局、交通局、监察局、审计局：

根据《国务院关于实施成品油价格和税费改革的通知》（国发［2008］37号）规定，现将取消公路养路费等涉及交通和车辆收费项目有关事项通知如下：

一、自2009年1月1日起，在全国范围内统一取消公路养路费、航道养护费、公路运输管理费、公路客货运附加费、水路运输管理费、水运客货运附加费。

海南省征收的燃油附加费改为高等级公路车辆通行附加费，具体征收办法由海南省制定，并报财政部、国家发展改革委、交通运输部备案。

二、交通规费征稽机构已预征的2009年度或因政策等原因需要退还的上述交通和车辆收费，要予以全额清退。其中，属于中央收入的收费，由交通运输部所属征稽机构负责清退；属于地方收入的收费，具体清退办法按照各省、自治区、直辖市规定执行。

三、出租汽车企业向出租汽车司机收取的承包费（“份钱”）或管理费中包含上述交通和车辆收费的，要相应核减。

四、交通规费征稽机构要按照现行政策规定，继续做好2008年12月份交通和车辆收费征收以及欠缴、漏缴交通和车辆收费的清理工作，确保应征不漏。有关征收和清缴收入要按照财政部门规定渠道全额上缴国库或财政专户。交通规费征稽机构在2009年及以后年度清理欠缴、漏缴交通和车辆收费时，可继续使用2008年度有关财政票据。

五、清缴和清退收费工作结束后，交通规费征稽机构应按规定到原核发《收费许可证》的价格主管部门办理《收费许可证》注销手续，并到原核发财政票据的财政部门办理票据缴销手续。

六、各地要逐步有序取消政府还贷二级公路（含二级公路上的桥梁、隧道，下同）车辆通行费。对确定取消的政府还贷二级公路车辆通行费收费站点，要及时向社会公布具体位置和名称，接受社会监督。

七、今后除国家法律、行政法规和国务院规定外，任何地方、部门和单位均不得设立新的与公路、水路、城市道路维护建设以及机动车辆、船舶管理有关的行政事业性收费和政府性基金项目。各地区、各有关部门违反国家行政事业性收费、政府性基金审批管理规定，越权出台与公路、水路、城市道路维护建设以及机动车辆、船舶管理有关的收费基金

项目均一律取消。

八、各地区、各有关部门和单位要严格执行本通知规定，认真落实公布取消的交通和车辆收费项目，不得以任何理由直接或变相拖延甚至拒绝执行。对不按规定取消或继续非法设立收费项目的，一律将其非法所得没收上缴中央国库，并追究有关人员的责任。

看守所留所执行刑罚罪犯管理办法

（公安部令第98号　2008年2月29日）

第一章　总　则

第一条　为了规范看守所对留所执行刑罚罪犯的管理，做好罪犯改造工作，根据《中华人民共和国刑事诉讼法》、《中华人民共和国监狱法》、《中华人民共和国看守所条例》等有关法律、法规，结合看守所执行刑罚的实际，制定本办法。

第二条　被判处有期徒刑的罪犯，在被交付执行前，剩余刑期在一年以下的，由看守所代为执行刑罚。

被判处拘役的罪犯，由看守所执行刑罚。

未成年犯，由未成年犯管教所执行刑罚。

第三条　看守所应当设置专门监区或者监室监管罪犯。监区和监室应当设在看守所警戒围墙内。

第四条　看守所管理罪犯应当坚持惩罚与改造相结合、教育和劳动相结合的原则，将罪犯改造为守法公民。

第五条　罪犯的人格不受侮辱，人身安全和合法财产不受侵犯，罪犯享有辩护、申诉、控告、检举以及其他未被依法剥夺或者限制的权利。

罪犯应当遵守法律、法规和看守所管理规定，服从管理，接受教育，按照规定参加劳动。

第六条　看守所应当保障罪犯的合法权益，为罪犯行使权利提供必要的条件。

第七条　看守所对罪犯执行刑罚的活动依法接受人民检察院的法律监督。

第二章　刑罚的执行

第一节　收　押

第八条　看守所在收到交付执行的人民法院送达的人民检察院起诉书副本和人民法院判决书、裁定书、执行通知书、结案登记表的当日，应当办理罪犯收押手续，填写收押登记表，载明罪犯基本情况、收押日期等，并由民警签字后，将罪犯转入罪犯监区或者监室。

第九条　对于判决前未被羁押，判决后需要羁押执行刑罚的罪犯，看守所应当凭本办法第八条所列文书收押，并采集罪犯十指指纹信息。

对于发现余罪的罪犯，需要将其羁押到立案地看守所的，立案地看守所凭拘留证、逮捕证复印件收押。对于人民法院异地再审开庭，需要将罪犯临时羁押在异地看守所的，异地看守所凭提起刑事再审的诉讼文书、提审手续收押。

第十条　按照本办法第九条收押罪犯时，看守所应当进行健康和人身、物品安全检查。对罪犯的非生活必需品，应当登记，代为保管；对违禁品，应当予以没收。

对女性罪犯的人身检查，由女性人民警察进行。

第十一条　办理罪犯收押手续时应当建立罪犯档案。罪犯档案一人一档，分为正档和副档。正档包括收押凭证、暂予监外执行决定书、减刑、假释裁定书、释放证明书等法律文书；副档包括收押登记、谈话教育、罪犯考核、奖惩、疾病治疗、财物保管登记等管理记录。

第十二条　收押罪犯后，看守所应当在五日内向罪犯家属或者监护人发出罪犯执行刑罚地点通知书。对收押的外国籍罪犯，应当在二十四小时内报告所属公安机关。

第二节　对罪犯申诉、控告、检举的处理

第十三条　罪犯对已经发生法律效力的判决、裁定不服，提出申诉的，看守所应当及时将申诉材料转递给人民检察院和作出生效判决的人民法院。罪犯也可以委托其亲属或者律师提出申诉。

第十四条　罪犯有权控告、检举违法犯罪行为。看守所应当设置控告、检举信箱，接受罪犯的控告、检举材料。罪犯也可以直接向民警控告、检举。

第十五条　对罪犯向看守所提交的控告、检举材料，看守所应当自收到材料之日起十五日内作出处理；对罪犯向人民法院、人民检察院提交的控告、检举材料，看守所应当自收到材料之日起五日予以转送。

看守所对控告、检举作出处理或者转送有关部门处理的，应当及时将有关情况或者处理结果通知具名控告、检举的罪犯。

第十六条　看守所在执行刑罚过程中，发现判决可能有错误的，应当提请人民检察院或者人民法院处理。

第三节　暂予监外执行

第十七条　罪犯符合刑事诉讼法规定的暂予监外执行条件的，本人或者其家属可以向看守所提出书面申请，管教民警或者看守所医生也可以提出书面意见。

第十八条　看守所接到暂予监外执行申请或者意见后，应当召开所务会研究，初审同意后根据不同情形对罪犯进行病情鉴定、生活不能自理鉴定或者妊娠检查，未通过初审的，应当告知原因。

所务会应当有书面记录，并由与会人员签名。

第十九条　对暂予监外执行罪犯的病情鉴定，应当到省级人民政府指定的医院进行；妊娠检查，应当到医院进行；生活不能自理鉴定，由看守所分管所领导、管教民警、看守所医生、驻所检察人员等组成鉴定小组进行；对正在哺乳自己婴儿的妇女，看守所应当通知罪犯户籍所在地或者居住地的公安机关出具相关证明。

生活不能自理，是指因病、伤残或者年老体弱致使日常生活中起床、用餐、行走、如厕等不能自行进行，必须在他人协助下才能完成。

对于自伤自残的罪犯，不得暂予监外执行。

第二十条　罪犯需要保外就医的，应当由罪犯或者罪犯家属提出保证人。保证人由看守所审查确定。

第二十一条　保证人应当具备下列条件：

（一）愿意承担保证人义务，具有完全民事行为能力；

（二）人身自由未受到限制，享有政治权利；

（三）有固定的住所和收入，有条件履行保证人义务；

（四）与被保证人共同居住或者居住在同一县级公安机关辖区。

第二十二条 保证人应当签署保外就医保证书。

第二十三条 罪犯保外就医期间，保证人应当履行下列义务：

（一）监督被保证人遵守法律和有关规定；

（二）发现被保证人擅自离开居住区域或者有违法犯罪行为的，立即向执行机关报告；

（三）为被保证人的治疗、护理、复查以及正常生活提供必要的条件和保障；

（四）督促和协助被保证人按照规定履行定期复查病情和向执行机关报告；

（五）被保证人保外就医情形消失，或者被保证人死亡的，立即向执行机关报告。

第二十四条 对需要暂予监外执行的罪犯，看守所应当填写暂予监外执行审批表，并附病情鉴定或者妊娠检查证明，或者生活不能自理鉴定，或者哺乳自己婴儿证明；需要保外就医的，应当同时附保外就医保证书。县级看守所应当将有关材料报经所属公安机关审核同意后，报地市级公安机关审批；地市级以上看守所应当将有关材料报所属公安机关审批。

看守所在报送审批材料的同时，应当将暂予监外执行审批表副本、病情鉴定或者妊娠检查诊断证明、生活不能自理鉴定、哺乳自己婴儿证明、保外就医保证书等有关材料的复印件抄送人民检察院驻所检察机构。

第二十五条 看守所收到批准机关暂予监外执行决定书后，应当办理罪犯出所手续，发给暂予监外执行通知书，并告知罪犯应当遵守的规定。

第二十六条 看守所应当将暂予监外执行的罪犯送交负责执行的县级公安机关。

第二十七条 暂予监外执行罪犯服刑地和居住地不在同一省级或者地市级公安机关辖区，需要回居住地暂予监外执行的，服刑地的省级公安机关监管部门或者地市级公安机关监管部门应当书面通知居住地的同级公安机关监管部门，由居住地的公安机关监管部门指定看守所接收罪犯档案、负责办理收监或者刑满释放等手续。

第二十八条 看守所收到执行地公安机关关于暂予监外执行罪犯的收监执行通知书后，应当立即将罪犯收监。

第二十九条 罪犯在暂予监外执行期间刑期届满的，看守所应当为其办理刑满释放手续。

第三十条 罪犯暂予监外执行期间死亡的，看守所应当将执行地公安机关的书面通知归入罪犯档案，并在登记表中注明。

第四节　减刑、假释的提请

第三十一条 罪犯符合减刑、假释条件的，由管教民警提出建议，报看守所所务会研究决定。所务会应当有书面记录，并由与会人员签名。

第三十二条 看守所所务会研究同意后，应当将拟提请减刑、假释的罪犯名单以及减刑、假释意见在看守所内公示。公示期限为七个工作日。公示期内，如有民警或者罪犯对公示内容提出异议，看守所应当重新召开所务会复核，并告知复核结果。

第三十三条 公示完毕，看守所所长应当在罪犯减刑、假释审批表上签署意见，加盖看守所公章，制作提请减刑、假释建议书，经所属公安机关审核后，连同有关材料一起提请所在地中级人民法院裁定。

第三十四条　执行地公安机关向看守所提出暂予监外执行罪犯减刑、假释建议的，应当提供暂予监外执行罪犯确有悔改或者立功、重大立功表现的事实材料。看守所接到相关建议和材料后，应当召开所务会研究，报经所属公安机关审核后，提请所在地中级人民法院裁定。

第三十五条　看守所提请人民法院审理减刑、假释案件时，应当送交下列材料：

（一）提请减刑、假释建议书；

（二）终审人民法院的判决书、裁定书、历次减刑裁定书的复印件；

（三）罪犯确有悔改或者立功、重大立功表现的证明材料；

（四）罪犯评审鉴定表、奖惩审批表等有关材料。

第三十六条　在人民法院作出减刑、假释裁定前，看守所发现罪犯不符合减刑、假释条件的，应当书面撤回减刑、假释建议书；在减刑、假释裁定生效后，看守所发现罪犯不符合减刑、假释条件的，应当书面向作出裁定的人民法院提出撤销裁定建议。

第三十七条　看守所收到人民法院假释裁定书后，应当办理罪犯出所手续，发给假释证明书，并于三日内将罪犯的有关材料寄送罪犯居住地的县级公安机关。

第三十八条　被假释的罪犯被人民法院裁定撤销假释的，看守所应当在收到撤销假释裁定后将罪犯收监。

第三十九条　罪犯在假释期间未违反相关规定的，假释考验期满时，看守所应当为罪犯办理刑满释放手续。罪犯在假释期间死亡的，看守所应当将执行地公安机关的书面通知归入罪犯档案，并在登记表中注明。

第五节　释　放

第四十条　看守所应当在罪犯服刑期满三十日前，将拟释放的罪犯通知罪犯原户籍所在地的县级公安机关和司法行政部门。

第四十一条　罪犯服刑期满，看守所应当按期释放，发给刑满释放证明书，并告知其在规定期限内，持刑满释放证明书到原户籍所在地的公安派出所办理户籍登记手续；有代管钱物的，看守所应当如数发还。刑满释放人员患有重病的，看守所应当通知其家属接回。

第四十二条　外国籍罪犯被判处附加驱逐出境的，看守所应当在罪犯服刑期满前十日通知所属公安机关出入境管理部门。

第三章　管　理

第一节　分押分管

第四十三条　看守所应当根据罪犯的犯罪类型、刑罚种类、性格特征、心理状况、健康状况、改造表现等，对罪犯实行分别关押和管理。罪犯数量少的，可以集中关押。

第四十四条　看守所应当根据罪犯的改造表现，对罪犯实行宽严有别的分级处遇。对罪犯适用分级处遇，按照有关规定，依据对罪犯改造表现的考核结果确定，并应当根据情况变化适时调整。

对不同处遇等级的罪犯，看守所应当在其活动范围、会见通讯、接收物品、文体活动、奖励等方面，分别实施相应的处遇。

第二节　会见、通讯、临时出所

第四十五条　罪犯可以与其亲属或者监护人每月会见一至二次，每次不超过一小时。每次前来会见罪犯的人员不超过三人。因特殊情况需要延长会见时间，增加会见人数，或者其亲属、监护人以外的人要求会见的，应当经看守所领导批准。

第四十六条　罪犯与受委托的律师会见，由律师向看守所提出申请，看守所应当查验授权委托书、律师事务所介绍信和律师执业证，并在四十八小时内予以安排。

第四十七条　依据我国参加的国际公约和缔结的领事条约的有关规定，外国驻华使（领）馆官员要求探视其本国籍罪犯，或者外国籍罪犯亲属、监护人首次要求会见的，应当向省级公安机关提出书面申请。看守所根据省级公安机关的书面通知予以安排。外国籍罪犯亲属或者监护人再次要求会见的，可以直接向看守所提出申请。

外国籍罪犯拒绝其所属国驻华使（领）馆官员或者其亲属、监护人探视的，看守所不予安排，但罪犯应当出具本人签名的书面声明。

第四十八条　经看守所领导批准，罪犯可以用指定的固定电话与其亲友、监护人通话；外国籍罪犯还可以与其所属国驻华使（领）馆通话。通话费用由罪犯本人承担。

第四十九条　少数民族罪犯可以使用其本民族语言文字会见、通讯；外国籍罪犯可以使用其本国语言文字会见、通讯。

第五十条　会见应当在看守所会见室进行。

第五十一条　会见、通讯应当遵守看守所的有关规定。对违反规定的，看守所可以中止会见、通讯。

第五十二条　罪犯可以与其亲友或者监护人通信。看守所应当对罪犯的来往信件进行检查，发现有碍罪犯改造内容的信件可以扣留。

罪犯写给看守所的上级机关和司法机关的信件，不受检查。

第五十三条　办案机关因办案需要向罪犯了解有关情况的，应当出具办案机关证明和办案人员工作证，并经看守所领导批准后在看守所内进行。

第五十四条　因起赃、辨认、出庭作证、接受审判等需要将罪犯提出看守所的，由办案机关出具公函，经看守所领导批准后提出，并当日送回。

侦查机关因办理其他案件需要将罪犯临时寄押到异地看守所取证，并持有侦查机关所在的地市级以上公安机关公函的，看守所应当允许提出，并办理相关手续。

人民法院因再审开庭需要将罪犯提出看守所，并持有人民法院刑事再审决定书或者刑事裁定书，或者人民检察院抗诉书的，看守所应当允许提出，并办理相关手续。

第五十五条　被判处拘役的罪犯每月可以回家一至二日，由罪犯本人提出申请，管教民警签署意见，经看守所所长审核后，报所属公安机关批准。

第五十六条　被判处拘役的外国籍罪犯提出探亲申请的，看守所应当报地市级以上公安机关审批。地市级以上公安机关作出批准决定的，应当报上一级公安机关备案。

被判处拘役的外国籍罪犯探亲时，不得出境。

第五十七条　对于准许回家的拘役罪犯，看守所应当发给回家证明，并告知应当遵守的相关规定。

罪犯回家时间不能集中使用，不得将刑期末期作为回家时间，变相提前释放罪犯。

第五十八条　罪犯需要办理婚姻登记等必须由本人实施的民事法律行为的，应当向看守所提出书面申请，经看守所领导批准后出所办理，由二名以上民警押解。

第五十九条　罪犯进行民事诉讼需要出庭时，应当委托诉讼代理人代为出庭。对于涉及人身关系的诉讼等必须由罪犯本人出庭的，凭人民法院出庭通知书办理临时离所手续，由人民法院司法警察负责押解看管，并于当日返回。

罪犯因特殊情况不宜离所出庭的，看守所可以与人民法院协商，根据《中华人民共和国民事诉讼法》第一百二十一条的规定，由人民法院到看守所开庭审理。

第六十条　罪犯遇有配偶、父母、子女病危或者死亡，确需本人回家处理的，由当地公安派出所出具证明，经看守所所属公安机关领导批准，可以暂时离所，由二名以上民警押解，并于当日返回。

第三节　生活、卫生

第六十一条　罪犯伙食按照国务院财政部门、公安部门制定的实物量标准执行。

第六十二条　罪犯应当着囚服。

第六十三条　对少数民族罪犯，应当尊重其生活、饮食习惯。罪犯患病治疗期间，看守所应当适当提高伙食标准。

第六十四条　看守所对罪犯收受的物品应当进行检查，非日常生活用品由看守所登记保管。罪犯收受的钱款，由看守所代为保管，并开具记账卡交与罪犯。

看守所检查、接收送给罪犯的物品、钱款后，应当开具回执交与送物人、送款人。

罪犯可以依照有关规定使用物品和支出钱款。罪犯刑满释放时，钱款余额和本人物品由其本人领回。

第六十五条　对患病的罪犯，看守所应当及时治疗；对患有传染病需要隔离治疗的，应当及时隔离治疗。

第六十六条　罪犯在服刑期间死亡的，看守所应当立即报告所属公安机关，并通知罪犯家属和人民检察院、原判人民法院。外国籍罪犯死亡的，应当立即层报至省级公安机关。

罪犯死亡的，由看守所所属公安机关或者医院对死亡原因作出鉴定。罪犯家属有异议的，可以向人民检察院提出。

第四节　考核、奖惩

第六十七条　看守所应当依照公开、公平、公正的原则，对罪犯改造表现实行量化考核。考核情况由管教民警填写。考核以罪犯认罪服法、遵守监规、接受教育、参加劳动等情况为主要内容。

考核结果作为对罪犯分级处遇、奖惩和提请减刑、假释的依据。

第六十八条　罪犯有下列情形之一的，看守所可以给予表扬、物质奖励或者记功：

（一）遵守管理规定，努力学习，积极劳动，有认罪服法表现的；

（二）阻止违法犯罪活动的；

（三）爱护公物或者在劳动中节约原材料，有成绩的；

（四）进行技术革新或者传授生产技术，有一定成效的；

（五）在防止或者消除灾害事故中作出一定贡献的；

（六）对国家和社会有其他贡献的。

对罪犯的物质奖励或者记功意见由管教民警提出，物质奖励由看守所领导批准，记功由看守所所务会研究决定。被判处有期徒刑的罪犯有前款所列情形之一，在服刑期间一贯表现好，离开看守所不致再危害社会的，看守所可以根据情况准其离所探亲。

第六十九条 罪犯申请离所探亲的，应当由其家属担保，经看守所所务会研究同意后，报所属公安机关领导批准。探亲时间不含路途时间，为三至七日。罪犯在探亲期间不得离开其亲属居住地，不得出境。

看守所所务会应当有书面记录，并由与会人员签名。

不得将罪犯离所探亲时间安排在罪犯刑期末期，变相提前释放罪犯。

第七十条 对离所探亲的罪犯，看守所应当发给离所探亲证明书。罪犯应当在抵家的当日携带离所探亲证明书到当地公安派出所报到。返回看守所时，由该公安派出所将其离所探亲期间的表现在离所探亲证明书上注明。

第七十一条 罪犯有下列破坏监管秩序情形之一，情节较轻的，予以警告；情节较重的，予以记过；情节严重的，予以禁闭；构成犯罪的，依法追究刑事责任：

（一）聚众哄闹，扰乱正常监管秩序的；

（二）辱骂或者殴打民警的；

（三）欺压其他罪犯的；

（四）偷窃、赌博、打架斗殴、寻衅滋事的；

（五）有劳动能力拒不参加劳动或者消极怠工，经教育不改的；

（六）以自伤、自残手段逃避劳动的；

（七）在生产劳动中故意违反操作规程，或者有意损坏生产工具的；

（八）有违反看守所管理规定的其他行为的。

对罪犯的记过、禁闭由管教民警提出意见，报看守所领导批准。禁闭时间为五至十日，禁闭期间暂停会见、通讯。

第七十二条 看守所对被禁闭的罪犯，应当指定专人进行教育帮助。对确已悔悟的，可以提前解除禁闭，由管教民警提出书面意见，报看守所领导批准；禁闭期满的，应当立即解除禁闭。

第四章　教育改造

第七十三条 看守所应当建立对罪犯的教育改造制度，对罪犯进行法制、道德、文化、技能等教育。

第七十四条 对罪犯的教育应当根据罪犯的犯罪类型、犯罪原因、恶性程度及其思想、行为、心理特征，坚持因人施教、以理服人、注重实效的原则，采取集体教育与个别教育相结合，所内教育与所外教育相结合的方法。

第七十五条 有条件的看守所应当设立教室、谈话室、文体活动室、图书室、阅览室、电化教育室、心理咨询室等教育改造场所，并配备必要的设施。

第七十六条 看守所应当结合时事、政治、重大事件等，适时对罪犯进行集体教育。

第七十七条 看守所应当根据每一名罪犯的具体情况，适时进行有针对性的教育。

第七十八条　看守所应当积极争取社会支持，配合看守所开展社会帮教活动。看守所可以组织罪犯到社会上参观学习，接受教育。

第七十九条　看守所应当根据不同情况，对罪犯进行文化教育，鼓励罪犯自学。

罪犯可以参加国家举办的高等教育自学考试，看守所应当为罪犯学习和考试提供方便。

第八十条　看守所应当加强监区文化建设，组织罪犯开展适当的文体活动，创造有益于罪犯身心健康和发展的改造环境。

第八十一条　看守所应当组织罪犯参加劳动，培养劳动技能，积极创造条件，组织罪犯参加各类职业技术教育培训。

第八十二条　看守所对罪犯的劳动时间，参照国家有关劳动工时的规定执行。

罪犯有在法定节日和休息日休息的权利。

第八十三条　看守所对于参加劳动的罪犯，可以酌情发给报酬并执行国家有关劳动保护的规定。

第八十四条　罪犯在劳动中致伤、致残或者死亡的，由看守所参照国家劳动保险的有关规定处理。

第五章　附　则

第八十五条　罪犯在看守所内又犯新罪的，由看守所侦查；重大、复杂案件由所属公安机关侦查。

第八十六条　看守所发现罪犯有判决前尚未发现的犯罪行为的，应当书面报告所属公安机关。

第八十七条　地市级以上公安机关可以根据实际情况设置集中关押留所执行刑罚罪犯的看守所。

第八十八条　各省、自治区、直辖市公安厅、局和新疆生产建设兵团公安局可以依据本办法制定实施细则。

第八十九条　本办法自 2008 年 7 月 1 日起施行。

航道工程竣工验收管理办法

（交通部令第1号　2008年1月21日）

第一条　为加强航道工程建设管理，规范航道工程竣工验收工作，保证工程质量，根据《中华人民共和国航道管理条例》，制定本办法。

第二条　本办法适用于航道工程竣工验收工作。

本办法所称航道工程竣工验收工作是指航道工程完工后、正式交付使用前，对航道工程质量、国家和行业强制性标准执行情况、资金使用情况等事项的全面检查验收，以及对航道工程建设、设计、施工、监理等工作的综合评价。

第三条　航道工程经竣工验收合格后方可正式交付使用。

第四条　航道工程竣工验收工作，应当做到公正、科学、规范。

第五条　航道工程竣工验收工作，实行统一管理、分级负责。

交通部负责全国航道工程竣工验收工作的监督管理。具体负责由国家发展和改革委员会批准或者核准以及交通部批准的航道工程的竣工验收工作。

省级交通主管部门负责本行政区域内除前款规定之外的航道工程竣工验收工作的监督管理。具体负责由省级人民政府有关部门批准或者核准的航道工程的竣工验收工作。其中列入国家高等级航道且总投资在1亿元（含1亿元）以上的航道工程，省级交通主管部门在组织竣工验收前应当征求交通部意见。设区的市和县级交通主管部门按照省级人民政府的有关规定负责本行政区域内除本条第二款、第三款以外的航道工程竣工验收活动的监督管理。

以上负责航道工程竣工验收工作的部门统称为竣工验收部门。

第六条　航道工程竣工验收的主要依据是：

（一）国家和交通部颁布的相关法律、法规、规章；

（二）国家和交通部颁布的相关技术标准、规范；

（三）建设项目的批准、核准、备案文件；

（四）建设项目的初步设计文件、施工图设计文件、设计变更文件以及概算调整等文件；

（五）主要设备技术规格或者说明书；

（六）招标文件以及合同文本。

第七条　航道工程竣工验收应当具备以下条件：

（一）已按批准的建设规模、标准和内容建成，满足生产使用要求；申请竣工验收的航道建设工程有尾留工程的，尾留工程不得是主体工程，不得影响工程效果和工程正常运行，投资额不能超过工程总概算的5%；

（二）各单位工程和项目经工程质量监督机构检验合格；

（三）各单位工程交工验收合格；

（四）主要工艺设备或者设施调试以及联动测试均已完成，主要技术参数达到设计要求；

（五）航运枢纽工程阶段验收合格；

（六）需要实船适航检验的，已选用设计船型进行了实船适航检验，各项检验指标满足设计要求；

（七）工程试运行期满一年，运行情况正常；

（八）竣工档案资料齐全，通过有关专项验收；

（九）竣工决算报告已编制完成，并取得国家审计机构或者具有审计资格的中介机构出具的审计报告，且审计报告无保留意见；

（十）工程运行管理部门已落实；

（十一）竣工验收工作报告编制完成；

（十二）航运枢纽工程以及技术复杂的其他航道工程，已经竣工验收部门委托的有关单位初步验收合格。

第八条 航道工程应当在工程试运行期满后一年内申请竣工验收。对不能按期申请竣工验收的，应当向竣工验收部门提出延期申请，延长期限一般不得超过二年。

对延期后仍不能按期申请竣工验收的，竣工验收部门应当予以通报或者警告。

第九条 由交通部负责竣工验收的航道工程，项目单位应当向航道工程所在地省级交通主管部门提出竣工验收申请；位于长江干线的航道工程应当向长江航务管理局提出竣工验收申请，其中由长江口航道管理局管辖的航道工程由长江口航道管理局直接向交通部提出竣工验收申请。

省级交通主管部门、长江航务管理局应当在收到申请材料之日起5个工作日内对航道工程是否符合竣工验收条件进行初审，提出初审意见，并应当在初审结束之日起5个工作日内将申请材料和初审意见报送交通部。

第十条 由省级交通主管部门负责竣工验收的航道工程，项目单位可以向省级交通主管部门提出竣工验收申请，也可以向省级交通主管部门委托的部门提出竣工验收申请。

接受委托的部门应当在收到申请材料之日起5个工作日内，对航道工程是否符合竣工验收条件进行初审，提出初审意见，并应当在初审结束之日起5个工作日内将申请材料和初审意见报送省级交通主管部门。

第十一条 竣工验收部门应当按照《交通行政许可实施程序规定》规范的程序和时限完成航道工程竣工验收工作。

第十二条 竣工验收部门应当根据航道工程项目的具体情况，邀请相关部门组成竣工验收委员会开展竣工验收工作。航运枢纽工程以及技术复杂的其他航道工程，应当邀请有关专家参加。

项目单位以及设计、施工、监理和运行管理等单位应当参加竣工验收工作。竣工验收部门还可以邀请有关地方政府部门、单位参加竣工验收工作。

第十三条 竣工验收委员会负责对工程实体质量以及建设情况进行全面检查，对建设项目进行综合评价，形成、通过并签署《航道工程竣工验收鉴定书》。

项目单位负责提交竣工报告、工程试运行报告、工程竣工财务决算和审计报告以及验收所需的其他资料，协助竣工验收委员会开展工作。

工程质量监督机构负责提交工程质量监督工作报告以及工程质量检验意见，配合竣工验收工作。设计、施工、监理单位负责提交各自的工作报告，提供相关资料，配合竣工验收工作。

第十四条 航道工程项目单位、质量监督机构、设计单位、施工单位、监理单位应当对所提交资料的完整性、真实性和有效性负责。

第十五条 航道工程竣工验收主要内容是：

（一）检查工程的批准、核准、备案等文件是否齐全；

（二）检查工程是否按批准的规模、标准、内容全部建成；

（三）检查国家和行业强制性标准的执行情况；

（四）检查工程招投标以及合同履约情况；

（五）检查工程交工验收情况；

（六）检查工程实体质量以及工程效果；

（七）检查航运枢纽工程的阶段验收情况；

（八）检查工程试运行情况；

（九）检查专项验收情况；

（十）检查工程竣工决算报告的审计情况；

（十一）对存在的问题和尾留工程提出处理意见。

第十六条 航道工程竣工验收合格的，竣工验收部门应当自《航道工程竣工验收鉴定书》签署之日起10个工作日内，签发《航道工程竣工验收证书》。

由省级交通主管部门负责竣工验收的航道工程，省级交通主管部门应当自《航道工程竣工验收证书》签发之日起20个工作日内将有关验收资料报交通部备案。

第十七条 航道工程竣工验收不合格的，项目单位应当按照竣工验收委员会提出的处理意见进行限期整改。整改期满后，项目单位应当重新提出竣工验收申请。

第十八条 航道工程竣工验收完成后，应当按国家有关规定办理档案、固定资产交付使用等相关手续。

第十九条 航道工程未经竣工验收合格，擅自投入使用的，由县级以上交通主管部门责令限期改正，可以处3万元以下罚款。

第二十条 竣工验收部门的工作人员在竣工验收工作中滥用职权、徇私舞弊、索贿受贿的，依法给予行政处分；构成犯罪的，依法追究刑事责任。

第二十一条 县级以上交通主管部门应当建立工程竣工验收举报制度。任何单位和个人发现工程竣工验收中有违法行为的，应当向上级交通主管部门举报。

第二十二条 本办法下列用语的含义是：

（一）航道工程是指航道整治、航道疏浚和航运枢纽、过船建筑物等航道设施以及其他航道附属设施的新建、扩建和改建工程。

（二）阶段验收是指航运枢纽工程建设进入截流、水库蓄水、通航、机组启动等关键阶段前进行的验收。

（三）工程试运行期是指航道主体工程交工验收合格后，至竣工验收之前，检验工程效果和运行能力的阶段。工程试运行期自航道主体工程最后一个单位工程交工验收合格之日起算。

第二十三条 利用世界银行、亚洲开发银行等国际金融组织或者外国政府贷款、援助资金的航道工程，贷款方、资金提供方对工程竣工验收另有规定的，可以适用其规定，但不得违背中华人民共和国法律、法规的规定和社会公共利益。

在国际、国界河流上从事航道工程竣工验收活动适用本办法，但我国缔结的政府间协议另有规定的，按照有关协议执行。

第二十四条　《航道工程竣工验收证书》、《航道工程竣工验收鉴定书》应当按照交通部规范的统一格式印制。

第二十五条　本办法自 2008 年 3 月 1 日起施行。

住宅专项维修资金管理办法

（建设部、财政部令第 165 号　2007 年 12 月 4 日）

第一章　总　则

第一条　为了加强对住宅专项维修资金的管理，保障住宅共用部位、共用设施设备的维修和正常使用，维护住宅专项维修资金所有者的合法权益，根据《物权法》、《物业管理条例》等法律、行政法规，制定本办法。

第二条　商品住宅、售后公有住房住宅专项维修资金的交存、使用、管理和监督，适用本办法。

本办法所称住宅专项维修资金，是指专项用于住宅共用部位、共用设施设备保修期满后的维修和更新、改造的资金。

第三条　本办法所称住宅共用部位，是指根据法律、法规和房屋买卖合同，由单幢住宅内业主或者单幢住宅内业主及与之结构相连的非住宅业主共有的部位，一般包括：住宅的基础、承重墙体、柱、梁、楼板、屋顶以及户外的墙面、门厅、楼梯间、走廊通道等。

本办法所称共用设施设备，是指根据法律、法规和房屋买卖合同，由住宅业主或者住宅业主及有关非住宅业主共有的附属设施设备，一般包括电梯、天线、照明、消防设施、绿地、道路、路灯、沟渠、池、井、非经营性车场车库、公益性文体设施和共用设施设备使用的房屋等。

第四条　住宅专项维修资金管理实行专户存储、专款专用、所有权人决策、政府监督的原则。

第五条　国务院建设主管部门会同国务院财政部门负责全国住宅专项维修资金的指导和监督工作。

县级以上地方人民政府建设（房地产）主管部门会同同级财政部门负责本行政区域内住宅专项维修资金的指导和监督工作。

第二章　交　存

第六条　下列物业的业主应当按照本办法的规定交存住宅专项维修资金：

（一）住宅，但一个业主所有且与其他物业不具有共用部位、共用设施设备的除外；

（二）住宅小区内的非住宅或者住宅小区外与单幢住宅结构相连的非住宅。

前款所列物业属于出售公有住房的，售房单位应当按照本办法的规定交存住宅专项维修资金。

第七条　商品住宅的业主、非住宅的业主按照所拥有物业的建筑面积交存住宅专项维修资金，每平方米建筑面积交存首期住宅专项维修资金的数额为当地住宅建筑安装工程每平方米造价的 5%至 8%。

直辖市、市、县人民政府建设（房地产）主管部门应当根据本地区情况，合理确定、公布每平方米建筑面积交存首期住宅专项维修资金的数额，并适时调整。

第八条　出售公有住房的，按照下列规定交存住宅专项维修资金：

（一）业主按照所拥有物业的建筑面积交存住宅专项维修资金，每平方米建筑面积交存首期住宅专项维修资金的数额为当地房改成本价的2%。

（二）售房单位按照多层住宅不低于售房款的20%、高层住宅不低于售房款的30%，从售房款中一次性提取住宅专项维修资金。

第九条　业主交存的住宅专项维修资金属于业主所有。

从公有住房售房款中提取的住宅专项维修资金属于公有住房售房单位所有。

第十条　业主大会成立前，商品住宅业主、非住宅业主交存的住宅专项维修资金，由物业所在地直辖市、市、县人民政府建设（房地产）主管部门代管。

直辖市、市、县人民政府建设（房地产）主管部门应当委托所在地一家商业银行，作为本行政区域内住宅专项维修资金的专户管理银行，并在专户管理银行开立住宅专项维修资金专户。

开立住宅专项维修资金专户，应当以物业管理区域为单位设账，按房屋户门号设分户账；未划定物业管理区域的，以幢为单位设账，按房屋户门号设分户账。

第十一条　业主大会成立前，已售公有住房住宅专项维修资金，由物业所在地直辖市、市、县人民政府财政部门或者建设（房地产）主管部门负责管理。

负责管理公有住房住宅专项维修资金的部门应当委托所在地一家商业银行，作为本行政区域内公有住房住宅专项维修资金的专户管理银行，并在专户管理银行开立公有住房住宅专项维修资金专户。

开立公有住房住宅专项维修资金专户，应当按照售房单位设账，按幢设分账；其中，业主交存的住宅专项维修资金，按房屋户门号设分户账。

第十二条　商品住宅的业主应当在办理房屋入住手续前，将首期住宅专项维修资金存入住宅专项维修资金专户。

已售公有住房的业主应当在办理房屋入住手续前，将首期住宅专项维修资金存入公有住房住宅专项维修资金专户或者交由售房单位存入公有住房住宅专项维修资金专户。

公有住房售房单位应当在收到售房款之日起30日内，将提取的住宅专项维修资金存入公有住房住宅专项维修资金专户。

第十三条　未按本办法规定交存首期住宅专项维修资金的，开发建设单位或者公有住房售房单位不得将房屋交付购买人。

第十四条　专户管理银行、代收住宅专项维修资金的售房单位应当出具由财政部或者省、自治区、直辖市人民政府财政部门统一监制的住宅专项维修资金专用票据。

第十五条　业主大会成立后，应当按照下列规定划转业主交存的住宅专项维修资金：

（一）业主大会应当委托所在地一家商业银行作为本物业管理区域内住宅专项维修资金的专户管理银行，并在专户管理银行开立住宅专项维修资金专户。

开立住宅专项维修资金专户，应当以物业管理区域为单位设账，按房屋户门号设分户账。

（二）业主委员会应当通知所在地直辖市、市、县人民政府建设（房地产）主管部门；涉及已售公有住房的，应当通知负责管理公有住房住宅专项维修资金的部门。

（三）直辖市、市、县人民政府建设（房地产）主管部门或者负责管理公有住房住宅专项维修资金的部门应当在收到通知之日起 30 日内，通知专户管理银行将该物业管理区域内业主交存的住宅专项维修资金账面余额划转至业主大会开立的住宅专项维修资金账户，并将有关账目等移交业主委员会。

第十六条 住宅专项维修资金划转后的账目管理单位，由业主大会决定。业主大会应当建立住宅专项维修资金管理制度。

业主大会开立的住宅专项维修资金账户，应当接受所在地直辖市、市、县人民政府建设（房地产）主管部门的监督。

第十七条 业主分户账面住宅专项维修资金余额不足首期交存额 30%的，应当及时续交。

成立业主大会的，续交方案由业主大会决定。

未成立业主大会的，续交的具体管理办法由直辖市、市、县人民政府建设（房地产）主管部门会同同级财政部门制定。

第三章 使 用

第十八条 住宅专项维修资金应当专项用于住宅共用部位、共用设施设备保修期满后的维修和更新、改造，不得挪作他用。

第十九条 住宅专项维修资金的使用，应当遵循方便快捷、公开透明、受益人和负担人相一致的原则。

第二十条 住宅共用部位、共用设施设备的维修和更新、改造费用，按照下列规定分摊：

（一）商品住宅之间或者商品住宅与非住宅之间共用部位、共用设施设备的维修和更新、改造费用，由相关业主按照各自拥有物业建筑面积的比例分摊。

（二）售后公有住房之间共用部位、共用设施设备的维修和更新、改造费用，由相关业主和公有住房售房单位按照所交存住宅专项维修资金的比例分摊；其中，应由业主承担的，再由相关业主按照各自拥有物业建筑面积的比例分摊。

（三）售后公有住房与商品住宅或者非住宅之间共用部位、共用设施设备的维修和更新、改造费用，先按照建筑面积比例分摊到各相关物业。其中，售后公有住房应分摊的费用，再由相关业主和公有住房售房单位按照所交存住宅专项维修资金的比例分摊。

第二十一条 住宅共用部位、共用设施设备维修和更新、改造，涉及尚未售出的商品住宅、非住宅或者公有住房的，开发建设单位或者公有住房单位应当按照尚未售出商品住宅或者公有住房的建筑面积，分摊维修和更新、改造费用。

第二十二条 住宅专项维修资金划转业主大会管理前，需要使用住宅专项维修资金的，按照以下程序办理：

（一）物业服务企业根据维修和更新、改造项目提出使用建议；没有物业服务企业的，由相关业主提出使用建议；

（二）住宅专项维修资金列支范围内专有部分占建筑物总面积三分之二以上的业主且占总人数三分之二以上的业主讨论通过使用建议；

（三）物业服务企业或者相关业主组织实施使用方案；

（四）物业服务企业或者相关业主持有关材料，向所在地直辖市、市、县人民政府建设（房地产）主管部门申请列支；其中，动用公有住房住宅专项维修资金的，向负责管理公有住房住宅专项维修资金的部门申请列支；

（五）直辖市、市、县人民政府建设（房地产）主管部门或者负责管理公有住房住宅专项维修资金的部门审核同意后，向专户管理银行发出划转住宅专项维修资金的通知；

（六）专户管理银行将所需住宅专项维修资金划转至维修单位。

第二十三条 住宅专项维修资金划转业主大会管理后，需要使用住宅专项维修资金的，按照以下程序办理：

（一）物业服务企业提出使用方案，使用方案应当包括拟维修和更新、改造的项目、费用预算、列支范围、发生危及房屋安全等紧急情况以及其他需临时使用住宅专项维修资金的情况的处置办法等；

（二）业主大会依法通过使用方案；

（三）物业服务企业组织实施使用方案；

（四）物业服务企业持有关材料向业主委员会提出列支住宅专项维修资金；其中，动用公有住房住宅专项维修资金的，向负责管理公有住房住宅专项维修资金的部门申请列支；

（五）业主委员会依据使用方案审核同意，并报直辖市、市、县人民政府建设（房地产）主管部门备案；动用公有住房住宅专项维修资金的，经负责管理公有住房住宅专项维修资金的部门审核同意；直辖市、市、县人民政府建设（房地产）主管部门或者负责管理公有住房住宅专项维修资金的部门发现不符合有关法律、法规、规章和使用方案的，应当责令改正；

（六）业主委员会、负责管理公有住房住宅专项维修资金的部门向专户管理银行发出划转住宅专项维修资金的通知；

（七）专户管理银行将所需住宅专项维修资金划转至维修单位。

第二十四条 发生危及房屋安全等紧急情况，需要立即对住宅共用部位、共用设施设备进行维修和更新、改造的，按照以下规定列支住宅专项维修资金：

（一）住宅专项维修资金划转业主大会管理前，按照本办法第二十二条第四项、第五项、第六项的规定办理；

（二）住宅专项维修资金划转业主大会管理后，按照本办法第二十三条第四项、第五项、第六项和第七项的规定办理。

发生前款情况后，未按规定实施维修和更新、改造的，直辖市、市、县人民政府建设（房地产）主管部门可以组织代修，维修费用从相关业主住宅专项维修资金分户账中列支；其中，涉及已售公有住房的，还应当从公有住房住宅专项维修资金中列支。

第二十五条 下列费用不得从住宅专项维修资金中列支：

（一）依法应当由建设单位或者施工单位承担的住宅共用部位、共用设施设备维修、更新和改造费用；

（二）依法应当由相关单位承担的供水、供电、供气、供热、通讯、有线电视等管线和设施设备的维修、养护费用；

（三）应当由当事人承担的因人为损坏住宅共用部位、共用设施设备所需的修复费用；

（四）根据物业服务合同约定，应当由物业服务企业承担的住宅共用部位、共用设施设备的维修和养护费用。

第二十六条 在保证住宅专项维修资金正常使用的前提下，可以按照国家有关规定将住宅专项维修资金用于购买国债。

利用住宅专项维修资金购买国债，应当在银行间债券市场或者商业银行柜台市场购买一级市场新发行的国债，并持有到期。

利用业主交存的住宅专项维修资金购买国债的，应当经业主大会同意；未成立业主大会的，应当经专有部分占建筑物总面积三分之二以上的业主且占总人数三分之二以上业主同意。

利用从公有住房售房款中提取的住宅专项维修资金购买国债的，应当根据售房单位的财政隶属关系，报经同级财政部门同意。

禁止利用住宅专项维修资金从事国债回购、委托理财业务或者将购买的国债用于质押、抵押等担保行为。

第二十七条 下列资金应当转入住宅专项维修资金滚存使用：

（一）住宅专项维修资金的存储利息；

（二）利用住宅专项维修资金购买国债的增值收益；

（三）利用住宅共用部位、共用设施设备进行经营的，业主所得收益，但业主大会另有决定的除外；

（四）住宅共用设施设备报废后回收的残值。

第四章 监督管理

第二十八条 房屋所有权转让时，业主应当向受让人说明住宅专项维修资金交存和结余情况并出具有效证明，该房屋分户账中结余的住宅专项维修资金随房屋所有权同时过户。

受让人应当持住宅专项维修资金过户的协议、房屋权属证书、身份证等到专户管理银行办理分户账更名手续。

第二十九条 房屋灭失的，按照以下规定返还住宅专项维修资金：

（一）房屋分户账中结余的住宅专项维修资金返还业主；

（二）售房单位交存的住宅专项维修资金账面余额返还售房单位；售房单位不存在的，按照售房单位财务隶属关系，收缴同级国库。

第三十条 直辖市、市、县人民政府建设（房地产）主管部门，负责管理公有住房住宅专项维修资金的部门及业主委员会，应当每年至少一次与专户管理银行核对住宅专项维修资金账目，并向业主、公有住房售房单位公布下列情况：

（一）住宅专项维修资金交存、使用、增值收益和结存的总额；

（二）发生列支的项目、费用和分摊情况；

（三）业主、公有住房售房单位分户账中住宅专项维修资金交存、使用、增值收益和结存的金额；

（四）其他有关住宅专项维修资金使用和管理的情况。

业主、公有住房售房单位对公布的情况有异议的，可以要求复核。

第三十一条　专户管理银行应当每年至少一次向直辖市、市、县人民政府建设（房地产）主管部门，负责管理公有住房住宅专项维修资金的部门及业主委员会发送住宅专项维修资金对账单。

直辖市、市、县建设（房地产）主管部门，负责管理公有住房住宅专项维修资金的部门及业主委员会对资金账户变化情况有异议的，可以要求专户管理银行进行复核。

专户管理银行应当建立住宅专项维修资金查询制度，接受业主、公有住房售房单位对其分户账中住宅专项维修资金使用、增值收益和账面余额的查询。

第三十二条　住宅专项维修资金的管理和使用，应当依法接受审计部门的审计监督。

第三十三条　住宅专项维修资金的财务管理和会计核算应当执行财政部有关规定。

财政部门应当加强对住宅专项维修资金收支财务管理和会计核算制度执行情况的监督。

第三十四条　住宅专项维修资金专用票据的购领、使用、保存、核销管理，应当按照财政部以及省、自治区、直辖市人民政府财政部门的有关规定执行，并接受财政部门的监督检查。

第五章　法律责任

第三十五条　公有住房售房单位有下列行为之一的，由县级以上地方人民政府财政部门会同同级建设（房地产）主管部门责令限期改正：

（一）未按本办法第八条、第十二条第三款规定交存住宅专项维修资金的；

（二）违反本办法第十三条规定将房屋交付买受人的；

（三）未按本办法第二十一条规定分摊维修、更新和改造费用的。

第三十六条　开发建设单位违反本办法第十三条规定将房屋交付买受人的，由县级以上地方人民政府建设（房地产）主管部门责令限期改正；逾期不改正的，处以3万元以下的罚款。

开发建设单位未按本办法第二十一条规定分摊维修、更新和改造费用的，由县级以上地方人民政府建设（房地产）主管部门责令限期改正；逾期不改正的，处以1万元以下的罚款。

第三十七条　违反本办法规定，挪用住宅专项维修资金的，由县级以上地方人民政府建设（房地产）主管部门追回挪用的住宅专项维修资金，没收违法所得，可以并处挪用金额2倍以下的罚款；构成犯罪的，依法追究直接负责的主管人员和其他直接责任人员的刑事责任。

物业服务企业挪用住宅专项维修资金，情节严重的，除按前款规定予以处罚外，还应由颁发资质证书的部门吊销资质证书。

直辖市、市、县人民政府建设（房地产）主管部门挪用住宅专项维修资金的，由上一级人民政府建设（房地产）主管部门追回挪用的住宅专项维修资金，对直接负责的主管人员和其他直接责任人员依法给予处分；构成犯罪的，依法追究刑事责任。

直辖市、市、县人民政府财政部门挪用住宅专项维修资金的，由上一级人民政府财政部门追回挪用的住宅专项维修资金，对直接负责的主管人员和其他直接责任人员依法给予处分；构成犯罪的，依法追究刑事责任。

第三十八条 直辖市、市、县人民政府建设（房地产）主管部门违反本办法第二十六条规定的，由上一级人民政府建设（房地产）主管部门责令限期改正，对直接负责的主管人员和其他直接责任人员依法给予处分；造成损失的，依法赔偿；构成犯罪的，依法追究刑事责任。

直辖市、市、县人民政府财政部门违反本办法第二十六条规定的，由上一级人民政府财政部门责令限期改正，对直接负责的主管人员和其他直接责任人员依法给予处分；造成损失的，依法赔偿；构成犯罪的，依法追究刑事责任。

业主大会违反本办法第二十六条规定的，由直辖市、市、县人民政府建设（房地产）主管部门责令改正。

第三十九条 对违反住宅专项维修资金专用票据管理规定的行为，按照《财政违法行为处罚处分条例》的有关规定追究法律责任。

第四十条 县级以上人民政府建设（房地产）主管部门、财政部门及其工作人员利用职务上的便利，收受他人财物或者其他好处，不依法履行监督管理职责，或者发现违法行为不予查处的，依法给予处分；构成犯罪的，依法追究刑事责任。

第六章 附 则

第四十一条 省、自治区、直辖市人民政府建设（房地产）主管部门会同同级财政部门可以依据本办法，制定实施细则。

第四十二条 本办法实施前，商品住宅、公有住房已经出售但未建立住宅专项维修资金的，应当补建。具体办法由省、自治区、直辖市人民政府建设（房地产）主管部门会同同级财政部门依据本办法制定。

第四十三条 本办法由国务院建设主管部门、财政部门共同解释。

第四十四条 本办法自2008年2月1日起施行，1998年12月16日建设部、财政部发布的《住宅共用部位共用设施设备维修基金管理办法》（建住房［1998］213号）同时废止。

建设项目用地预审管理办法

（国土资源部令第 42 号　2008 年 11 月 12 日）

第一条　为保证土地利用总体规划的实施，充分发挥土地供应的宏观调控作用，控制建设用地总量，根据《中华人民共和国土地管理法》、《中华人民共和国土地管理法实施条例》和《国务院关于深化改革严格土地管理的决定》，制定本办法。

第二条　本办法所称建设项目用地预审，是指国土资源管理部门在建设项目审批、核准、备案阶段，依法对建设项目涉及的土地利用事项进行的审查。

第三条　预审应当遵循下列原则：

（一）符合土地利用总体规划；

（二）保护耕地，特别是基本农田；

（三）合理和集约节约利用土地；

（四）符合国家供地政策。

第四条　建设项目用地实行分级预审。

需人民政府或有批准权的人民政府发展和改革等部门审批的建设项目，由该人民政府的国土资源管理部门预审。

需核准和备案的建设项目，由与核准、备案机关同级的国土资源管理部门预审。

第五条　需审批的建设项目在可行性研究阶段，由建设用地单位提出预审申请。

需核准的建设项目在项目申请报告核准前，由建设单位提出用地预审申请。

需备案的建设项目在办理备案手续后，由建设单位提出用地预审申请。

第六条　依照本办法第四条规定应当由国土资源部预审的建设项目，国土资源部委托项目所在地的省级国土资源管理部门受理，但建设项目占用规划确定的城市建设用地范围内土地的，委托市级国土资源管理部门受理。受理后，提出初审意见，转报国土资源部。

涉密军事项目和国务院批准的特殊建设项目用地，建设用地单位可直接向国土资源部提出预审申请。

应当由国土资源部负责预审的输电线塔基、钻探井位、通讯基站等小面积零星分散建设项目用地，由省级国土资源管理部门预审，并报国土资源部备案。

第七条　已批准项目建议书的审批类建设项目与需备案的建设项目申请用地预审的，应当提交下列材料：

（一）建设项目用地预审申请表；

（二）建设项目用地预审申请报告，内容包括拟建项目的基本情况、拟选址占地情况、拟用地面积确定的依据和适用建设用地指标情况、补充耕地初步方案、征地补偿费用和矿山项目土地复垦资金的拟安排情况等；

（三）项目建议书批复文件或者项目备案批准文件；

（四）单独选址建设项目拟选址位于地质灾害防治规划确定的地质灾害易发区内的，

提交地质灾害危险性评估报告；

（五）单独选址建设项目所在区域的国土资源管理部门出具是否压覆重要矿产资源的证明材料。

直接审批可行性研究报告的审批类建设项目与需核准的建设项目，申请用地预审的不提交前款第（三）、（四）、（五）项材料。

本条第一款规定的用地预审申请表，由国土资源部统一规定。

第八条 直接审批可行性研究报告的审批类建设项目与需核准的建设项目，项目单位应当在用地预审完成后，申请用地审批前，依据相关法律法规的规定，办理地质灾害危险性评估与矿产资源压覆情况证明等手续。

第九条 受国土资源部委托负责初审的国土资源管理部门在转报用地预审申请时，应当提供下列材料：

（一）依据本办法第十一条的有关规定，对申报材料作出的初步审查意见。

（二）标注项目用地范围的县级以上土地利用总体规划图及相关图件；

（三）属于《土地管理法》第二十六条规定情形，建设项目用地需修改土地利用总体规划的，应当出具经相关部门和专家论证的规划修改方案、规划修改对规划实施影响评估报告和修改规划听证会纪要。

第十条 符合本办法第七条规定的预审申请和第九条规定的初审转报件，国土资源管理部门应当受理和接收。不符合的，应当场或在五日内书面通知申请人和转报人，逾期不通知的，视为受理和接收。

受国土资源部委托负责初审的国土资源管理部门应当自受理之日起二十日内完成初审工作，并转报国土资源部。

第十一条 预审应当审查以下内容：

（一）建设项目选址是否符合土地利用总体规划，是否符合国家供地政策和土地管理法律、法规规定的条件；

（二）建设项目用地规模是否符合有关建设用地指标的规定；

（三）建设项目占用耕地的，补充耕地初步方案是否可行；

（四）征地补偿费用和矿山项目土地复垦资金的拟安排情况；

（五）属《土地管理法》第二十六条规定情形，建设项目用地需修改土地利用总体规划的，规划的修改方案、规划修改对规划实施影响评估报告等是否符合法律、法规的规定。

第十二条 国土资源管理部门应当自受理预审申请或者收到转报材料之日起二十日内，完成审查工作，并出具预审意见。二十日内不能出具预审意见的，经负责预审的国土资源管理部门负责人批准，可以延长十日。

第十三条 预审意见应当包括对本办法第十一条规定内容的结论性意见和对建设用地单位的具体要求。

第十四条 预审意见是有关部门审批项目可行性研究报告、核准项目申请报告的必备文件。

第十五条 建设项目用地预审文件有效期为两年，自批准之日起计算。已经预审的项目，如需对土地用途、建设项目选址等进行重大调整的，应当重新申请预审。

未经预审或者预审未通过的，不得批复可行性研究报告、核准项目申请报告；不得批准农用地转用、土地征收，不得办理供地手续。预审审查的相关内容在建设用地报批时，未发生重大变化的，不再重复审查。

第十六条 本办法自2009年1月1日起施行。

中央企业资产损失责任追究暂行办法

（国务院国有资产监督管理委员会令第20号　2008年8月18日）

第一章　总　则

第一条　为加强企业国有资产保护，完善中央企业资产管理责任制度，规范中央企业资产损失责任追究行为，根据《中华人民共和国物权法》、《企业国有资产监督管理暂行条例》等国家有关法律、行政法规，制定本办法。

第二条　国务院国有资产监督管理委员会（以下简称国资委）履行出资人职责的企业（以下简称企业）及其独资或者控股子企业（以下简称子企业）资产损失责任追究工作，适用本办法。

第三条　企业及其子企业经营管理人员和其他有关人员违反国家有关规定以及企业规章制度，未履行或者未正确履行职责，造成企业直接或者间接资产损失的，经调查核实和责任认定，应当追究其责任。

第二章　工作职责

第四条　国资委在资产损失责任追究工作中的主要职责包括：

（一）研究制定企业资产损失责任追究有关规章、制度；

（二）负责管理权限范围内相关责任人的资产损失责任追究工作；

（三）负责特别重大和连续发生的重大资产损失责任追究工作；

（四）指导和监督企业资产损失责任追究工作；

（五）受理企业直接处罚的相关责任人的申诉或者复查申请；

（六）其他有关资产损失责任追究工作。

第五条　企业在资产损失责任追究工作中的主要职责包括：

（一）研究制定本企业资产损失责任追究工作制度；

（二）负责管理权限范围内相关责任人的资产损失责任追究工作；

（三）指导和监督子企业资产损失责任追究工作；

（四）配合国资委开展特别重大和连续发生的重大资产损失责任追究工作；

（五）受理子企业处罚的相关责任人的申诉或者复查申请；

（六）国资委交办的其他有关资产损失责任追究工作。

设立董事会的企业对经营管理层的责任追究工作，应当由董事会负责组织实施，并报国资委备案。但按照规定应当由国资委组织实施的除外。

第六条　企业应当明确监察、审计、财务、法律和人事等部门在资产损失责任追究工作中的职责。

第七条　企业发生资产损失，应当及时采取有效措施，减少或者挽回损失；发生重大或者特别重大资产损失的，应当及时向国资委报告。

第八条　开展资产损失责任追究工作按照以下流程进行：

（一）组织调查、核实资产损失情况；

（二）明确资产损失性质，进行责任认定，听取相关责任人的陈述；

（三）研究作出责任追究决定，或者按照有关规定移交相关部门处理；

（四）受理相关责任人的申诉，组织复查；

（五）组织落实处理决定，监督检查执行情况。

企业内部下一级单位应当向上一级单位报告资产损失责任追究情况，企业应当向国资委报告资产损失责任追究情况。

第九条　企业资产损失相关责任人对处理建议有异议的，可以提出书面陈述意见，并提供相关证明材料；对处理决定有异议的，可以在处理决定下达之日起 30 个工作日内，向上级单位申请复查。上级单位复查过程不影响处理决定的下达和执行。

第三章　资产损失认定

第十条　对企业发生的资产损失，应当在调查核实的基础上，依据有关规定认定损失性质、情形及金额。

第十一条　企业资产损失责任追究中能够证明资产损失真实情况的各种事实，均可作为损失认定证据。主要包括：

（一）司法机关、公安机关、行政部门、专业技术鉴定部门等依法出具的与本企业资产损失相关的书面文件；

（二）会计师事务所、资产评估机构、律师事务所、税务师事务所等社会中介机构对企业某项经济事项出具的专项经济鉴证证明或者意见书；

（三）企业内部涉及特定事项的资产损失的会计记录、内部证明材料或者内部鉴定意见书等；

（四）可以认定资产损失的其他证明材料。

第十二条　认定资产损失金额应当包括直接损失金额和间接损失金额。直接损失金额是与相关人员行为有直接因果关系的资产损失金额；间接损失金额是由相关人员行为引发或者导致的、除直接损失金额之外的、能够确认计量的其他资产损失金额。

第十三条　资产损失金额应当依据有关会计账簿记录，按照会计核算确认的损失分类分项进行认定。

未在会计账簿记录或者账面价值与公允价值相差较大的资产，应当按照市价、重置价值等公允价值认定资产损失金额。

第十四条　相关的交易或者事项尚未形成事实损失，但确有证据证明在可预见的未来将发生事实损失，且能计量损失金额的，应当认定为资产损失。

第十五条　资产损失根据企业实际情况，按照金额大小和影响程度划分为一般资产损失、较大资产损失、重大资产损失和特别重大资产损失：

（一）一般资产损失是指企业资产损失金额较小且造成影响较小的；

（二）较大资产损失是指企业资产损失金额较大或者在企业造成一定不良影响的；

（三）重大资产损失是指企业资产损失金额巨大或者在企业及社会造成严重不良影响的；

（四）特别重大资产损失是指企业资产损失巨大并影响企业持续经营和发展能力，或者在国际、国内造成严重不良影响的。

第四章　资产损失责任追究范围

第十六条　在企业采购产品、服务过程中，企业经营管理人员有下列情形之一造成资产损失的，应当追究相关责任人责任：

（一）未按照规定订立合同的；

（二）未按照规定进行招标的；

（三）未进行必要的资信调查支付预付款项的；

（四）采购标的物与市场同类商品价格相比明显偏高的；

（五）采购标的物与合同约定严重不符而未采取有效措施的；

（六）虚报、瞒报物资（劳务）采购价格的；

（七）授意、指使或者串通进行违规采购的；

（八）未按照规定造成资产损失的其他情形。

第十七条　在销售产品或者提供服务的过程中，企业经营管理人员有下列情形之一造成资产损失的，应当追究相关责任人责任：

（一）未按照规定订立合同的；

（二）擅自压低价格销售产品或者提供服务的；

（三）擅自提供赊销信用或者超出信用额度、期限提供赊销信用的；

（四）应收账款未进行及时催收、对账，以及对异常应收款项未及时追索或者未采取有效保全措施的；

（五）签订虚假合同，提供虚假产品或者服务的；

（六）未按照规定造成资产损失的其他情形。

第十八条　在资金管理和使用中，企业经营管理人员有下列情形之一造成资产损失的，应当追究相关责任人责任：

（一）未按照规定使用、调度资金的；

（二）超越权限或者违反程序授权、批准资金支出的；

（三）违规拆借资金的；

（四）因资金管理不严，发生贪污、失窃、携款潜逃等事件的；

（五）支票等票据丢失未及时采取有效措施的；

（六）违反有关规定委托其他机构或者个人从事理财业务的；

（七）未及时核对银行存款余额、清理未达账项的；

（八）现金未及时入账、留存现金超过核定限额或者私存私放资金的；

（九）未按照规定造成资产损失的其他情形。

第十九条　在投资决策和投资管理中，企业经营管理人员有下列情形之一造成资产损失的，应当追究相关责任人责任：

（一）未履行规定的投资决策程序的；

（二）对投资项目未进行必要、充分可行性研究论证的；

（三）越权审批或者擅自立项扩大投资规模和生产经营规模的；

（四）未履行规定程序超概算投资的；

（五）对投资项目未进行有效监管，发生损失未及时采取有效措施的；

（六）未按照规定进行非主业投资的；

（七）未按照规定造成资产损失的其他情形。

第二十条　在从事股票、期货、外汇，以及金融衍生工具等投资业务中，企业经营管理人员有下列情形之一造成资产损失的，应当追究相关责任人责任：

（一）违规经营或者超范围经营的；

（二）风险控制制度存在重大缺陷的；

（三）资金来源违反国家有关规定的；

（四）以个人名义使用企业资金从事投资业务的；

（五）违规买卖本企业股票、债券的；

（六）未履行规定程序或者未经授权擅自决策的；

（七）未按照规定造成资产损失的其他情形。

第二十一条　在从事保证、抵押、质押等担保活动中，企业经营管理人员有下列情形之一造成资产损失的，应当追究相关责任人责任：

（一）违规进行保证、抵押、质押的；

（二）对担保项目未进行有效监管，发生损失未及时采取有效措施的；

（三）未履行规定程序或者未经授权擅自为其他企业及个人提供担保的；

（四）未按照规定造成资产损失的其他情形。

第二十二条　在资产转让、收购和改组改制过程中，企业经营管理人员有下列情形之一造成资产损失的，应当追究相关责任人责任：

（一）企业管理层转（受）让资产或者产权（股权），主导制订改制方案、指定中介机构、确定转让、收购价格的；

（二）未按照规定进行清产核资、财务审计和资产评估的；

（三）干预或者操纵清产核资、财务审计和资产评估，造成鉴证结果不实的；

（四）向中介机构提供虚假材料，造成审计、评估结果不实的；

（五）将国有资产低价折股或者无偿分给其他单位、个人的；

（六）未按照规定进场交易（国家另有规定的除外）或者超越规定权限，擅自转让资产或者产权（股权）的；

（七）在企业资产租赁或者承包经营中，以不合理低价出租或者发包的；

（八）以不合理低价或者无偿转让资产、主要业务的；

（九）未按照规定造成资产损失的其他情形。

第二十三条　对房屋建筑物、机器设备、运输设备、原材料、在产品、产成品等实物资产保管不当、维护不善，造成非正常毁损、报废或者丢失、被盗的，应当追究相关责任人责任。

第二十四条　未按照会计制度及会计准则规定核算或者披露已发生的资产损失，导致企业严重账实不符、会计信息失真的，应当追究相关责任人责任。

第二十五条　除第十六条至第二十四条以外，因企业内部控制存在重大缺陷或者内部控制执行不力等其他情形造成资产损失的，应当追究相关责任人的责任。

第五章　资产损失责任划分

第二十六条　企业资产损失责任分为直接责任、主管责任、分管领导责任和重要领导责任。

（一）直接责任是指相关人员在其职责范围内，未履行或者未正确履行职责，以及违反法律、法规和相关规定，对造成资产损失起决定性作用时所应当承担的责任。

（二）主管责任是指企业部门主管负责人在其职责范围内，未履行或者未正确履行主管工作职责，以及违反法律、法规和相关规定，造成资产损失时所应当承担的责任。

（三）分管领导责任是指企业分管负责人在其职责范围内，未履行或者未正确履行分管工作职责，以及违反法律、法规和相关规定，造成资产损失时所应当承担的责任。

（四）重要领导责任是指企业主要负责人在其职责范围内，未履行或者未正确履行管理职责，以及违反法律、法规和相关规定，造成资产损失时所应当承担的责任。

第二十七条　企业因未建立内控管理制度或者内控管理制度存在重大缺陷，造成企业重大或者特别重大资产损失的，除按照本办法对其他相关责任人进行责任认定外，企业分管负责人和企业主要负责人应当分别承担分管领导责任和重要领导责任。

第二十八条　子企业发生重大或者特别重大资产损失，除按照本办法对子企业相关责任人进行责任认定外，其上级企业相关负责人应当承担相应的分管领导责任或者重要领导责任。

第二十九条　企业因违反有关规定，未履行或者未正确履行职责，导致决策失误造成重大或者特别重大资产损失的，企业主要负责人应当承担直接责任，参与决策的企业其他人员应当承担相应的责任。

参与决策的人员经会议记录证明决策时曾表明异议的，可以免除相应的责任。

第三十条　企业发生重大或者特别重大资产损失隐瞒不报或者少报资产损失的，除按照本办法对相关责任人进行责任认定外，总会计师或者企业分管财务负责人和企业主要负责人应当承担分管领导责任和重要领导责任。

第三十一条　企业发生重大或者特别重大资产损失，未对相关人员进行责任追究的，一经查实，除按照本办法对相关责任人进行处罚外，对企业主要负责人应当比照直接责任人进行处罚。

第六章　资产损失责任处罚

第三十二条　对资产损失责任人的处罚包括经济处罚、行政处分和禁入限制：

（一）经济处罚是指扣发绩效薪金（奖金），终止授予新的股权。

（二）行政处分是指警告、记过、降级（职）、责令辞职、撤职、解聘、开除等。

（三）禁入限制是指在1至5年内或者终身不得被企业聘用或者担任企业负责人。

以上处罚可以单独适用，也可以合并适用。

第三十三条　企业发生资产损失，经过查证核实和责任认定后，在依据国家或者企业有关规定要求予以赔偿的基础上，应当根据程度及影响对相关责任人分别给予以下处罚：

（一）企业发生一般资产损失的，在责任认定年度对直接责任人和主管责任人处以扣发一定比例的绩效薪金（奖金）的经济处罚，以及警告、记过或者降级（职）等处分。

（二）企业发生较大资产损失的，在责任认定年度对直接责任人和主管责任人处以扣发一定比例的绩效薪金（奖金）的经济处罚，以及降级（职）、责令辞职、撤职、解聘或者开除等处分；对分管领导责任人处以扣发一定比例的绩效薪金（奖金）的经济处罚，以及记过、降级（职）、责令辞职或者撤职等处分。

（三）企业发生重大资产损失的，在责任认定年度对直接责任人和主管责任人处以扣发一定比例的绩效薪金（奖金）、一定期限内不授予新的股权的经济处罚，以及撤职、解聘或者开除等处分；对分管领导责任人和重要领导责任人处以扣发一定比例的绩效薪金（奖金）、一定期限内不授予新的股权的经济处罚，以及降级（职）、责令辞职或者撤职等处分。

（四）企业发生特别重大资产损失的，在责任认定年度对直接责任人和主管责任人处以扣发一定比例的绩效薪金（奖金）、一定期限内不授予新的股权的经济处罚，以及解聘或者开除等处分；对分管领导责任人或者重要领导责任人处以扣发一定比例的绩效薪金（奖金）、一定期限内不授予新的股权的经济处罚，以及撤职、解聘或者开除等处分。

第三十四条 企业发生特别重大资产损失，以及连续发生重大资产损失的，除对相关责任人处以经济处罚和行政处分外，应当同时给予禁入限制。

第三十五条 有下列情形之一的，应当对资产损失相关责任人从重处罚：

（一）情节恶劣或者多次造成资产损失的；

（二）发生资产损失，未及时采取措施或者措施不力，导致资产损失继续扩大的；

（三）干扰、抵制资产损失责任追究工作的；

（四）对企业发生资产损失隐瞒不报或者谎报、漏报的；

（五）强迫、唆使他人违法违纪造成资产损失的；

（六）伪造、毁灭、隐匿证据，或者阻止他人揭发检举、提供证据材料的；

（七）其他应当从重处罚的。

第三十六条 有下列情形之一的，可以对相关责任人从轻或者免予处罚：

（一）及时采取措施减少或者挽回损失的；

（二）主动反映资产损失情况的；

（三）主动检举其他相关人员，经查证属实的；

（四）有其他重大立功表现的。

第三十七条 对调离工作岗位或者已离退休的资产损失相关责任人，应当按照本办法相关规定给予经济处罚、行政处分和禁入限制。

给予经济处罚的，若离职后薪金尚未发放完毕，应当扣发相应的薪金；对继续在中央企业担任职务的，应当在其以后年度薪金中予以扣发；对调离中央企业的，应当向其工作单位提出处罚建议。

第三十八条 建立董事会制度的企业（含董事会试点企业），董事未履行或者未正确履行职责给企业造成资产损失的，除依法承担赔偿责任以外，国资委应当依照本办法及公司法规定的有关程序对其选任的董事进行处罚。

第三十九条 除按照本办法对资产损失相关责任人进行责任追究外，对违反国家有关法律法规规定的，还应当依法承担相应的法律责任。涉嫌犯罪的，依法移送司法机关处理。

资产损失相关责任人违反《中国共产党纪律处分条例》等有关规定的，建议党组织进行处理。

第四十条 国资委及企业负责资产损失责任追究工作的相关人员收受贿赂、徇私舞弊、泄露工作秘密以及协助资产损失相关责任人逃避责任的，视情节轻重给予相应的处罚；涉嫌犯罪的，依法移送司法机关处理。

第七章 附 则

第四十一条 根据本办法制定的中央企业资产损失责任追究实施细则另行公布。

第四十二条 企业应当根据本办法，结合本企业实际情况，制定子企业资产损失责任追究具体工作规范。

第四十三条 各地区国有资产监督管理机构可以参照本办法制定所出资企业资产损失责任追究办法。

第四十四条 本办法自 2008 年 10 月 1 日起施行。

中央纪委、监察部、民政部等
关于加强对抗震救灾资金物资监管的通知

（中纪委发［2008］12号　2008年5月20日）

各省、自治区、直辖市纪委、监察厅（局）、民政厅（局）、财政厅（局）、审计厅（局）：

2008年5月12日四川汶川大地震发生后，党中央、国务院和中央军委高度重视，把抗震救灾作为当前最重要最紧迫的工作，实施了坚强领导，确保了抗震救灾工作有力有序有效进行。中央和地方财政拨付了大量专项资金，全国各族人民、港澳同胞、台湾同胞、海外侨胞以及国际社会慷慨捐助，为抗震救灾提供了强大的物质保障。目前，大量救灾资金和物资集中调拨四川等受灾地区，加强对这些款物的监管，对确保灾民救助和群众基本生活，尽快恢复生产、重建家园，推动抗震救灾工作顺利进行至关重要。现就有关事项通知如下：

一、建立健全抗震救灾资金和物资管理的规章制度。重点要制定和执行筹集、分配、拨付、发放、使用等管理办法，做到手续完备、专账管理、专人负责、专户存储、账目清楚，促进救灾款物管理严格规范、运行简捷有效，堵塞管理使用过程中的各种漏洞，保证救灾款物真正用于灾区、用于受灾群众。

二、确保救灾款物合理使用和规范募集。财政部门要按照财政专项资金管理使用办法的规定，合理安排，科学调度，强化监督，确保抢险救灾、灾后重建等专项资金及时足额拨付到位。当前尤其要严格执行中央规定的因灾生活困难群众补助金、救济粮、孤儿孤老孤残人员基本生活费和遇难人员抚慰金的发放政策，配合有关部门做到落实到位，手续完备，账款相符。各地区、各部门要坚持专款专用、重点使用、合理分配的原则，保证救灾款物用于解决灾民的衣食住医等生活困难，紧急抢救、转移和安置灾民，恢复重建灾民倒塌损坏房屋，恢复生产、重建家园，以及捐赠人指定的与救灾直接相关的项目等。民政部门要组织和协调好救灾捐赠活动，引导社会各界按照正规渠道，向民政部门、红十字会、中华慈善总会及具有救灾宗旨的公募基金会和慈善组织捐赠款物。要加强对其他机关、企业事业单位、社会团体、城乡基层群众性自治组织捐赠和募捐活动的指导和监督，督促其公开名称、地址、银行账号以及接受捐赠情况，并将全部捐赠款物及时通过上述可开展救灾募捐的部门和社会组织送往灾区，保证捐赠款物的使用符合捐赠人意愿。对违反上述要求的募捐活动，要及时纠正。对非法募捐、骗取民众钱财的诈骗行为，要协同公安机关坚决予以打击。要对捐赠情况进行汇总，逐级上报。民政部要统一发布全国抗震救灾捐赠动态，通报外国政府和国际组织援助、捐赠情况。

三、提高救灾款物管理使用效益和公开透明度。各地区、各部门要严格管理，相互配合，确保救灾款物的使用效益。要按照《政府信息公开条例》等规定，建立救灾款物信息披露制度，把公开透明原则贯穿于救灾款物管理使用的全过程，主动公开救灾款物的来源、数量、种类和去向，自觉接受社会各界和新闻媒体的监督。物资采购要按照《政府采购法》等相关规定执行，凡有条件的都要公开招标，择优选购，防止暗箱操作；救灾款物的发放，除紧急情况外，都要坚持调查摸底、民主评议、张榜公示、公开发放等程序，做到账目清楚、手续完备、群众知情满意。市县两级要重点公开救灾款物的管理、使用和分配情况；乡镇要重点公开救灾款物的发放情况。

四、强化对救灾款物的跟踪审计监督。审计机关要关口前移、提前介入，对财政和社会捐赠款物的筹集、分配、拨付、使用及效果进行全过程跟踪审计。促进建立健全救灾款物管理制度，提高救灾款物运行效率。重点查处滞拨滞留，随意分配、优亲厚友，损失浪费、弄虚作假，截留克扣、挤占挪用、贪污私分等问题。对审计中发现的违规问题，要责令有关部门和单位及时整改，坚决纠正。有关省级审计机关每周要向审计署报告救灾款物审计情况，审计署每月向社会公布阶段性审计情况。救灾工作全面结束后，向社会公告救灾款物管理使用的最终审计结果。

五、加强对救灾款物管理使用情况的纪律检查。各级纪检监察机关要加强对抗震救灾款物管理使用情况的监督检查，对贪污私分、虚报冒领、截留克扣、挤占挪用救灾款物等行为，要迅速查办，从重处理；对失职渎职、疏于管理，迟滞拨付救灾款物造成严重后果的行为或致使救灾物资严重毁损浪费的行为，要严肃追究有关人员的直接责任和领导责任。涉嫌犯罪的，要及时移送司法机关追究刑事责任。

各级纪检监察、民政、财政、审计等机关和部门，要按照“谁主管、谁负责”的原则，既分工负责，履行好各自的职责，又密切合作，及时沟通联系，相互支持配合，形成监管合力。要定期汇总分析有关情况，注意研究解决工作中遇到的问题，重要情况要及时向同级党委、政府和上级机关报告。要通过扎实有效的监管工作，保证救灾款物都用于受灾群众，发挥最大效益，以回应社会各界对抗震救灾款物管理使用情况的关切，给群众交一本明白账、放心账，更好地体现党和政府对受灾群众的亲切关怀，进一步增强党和政府的凝聚力、公信力，为夺取抗震救灾全面胜利作出应有的贡献。

国内水路运输经营资质管理规定

（交通运输部令第 2 号 2008 年 5 月 26 日）

第一章 总 则

第一条 为了规范国内水路运输市场管理，维护水路运输经营者、旅客、货主的合法权益，保障人民生命和财产安全，促进水路运输事业健康发展，根据《中华人民共和国水路运输管理条例》和有关法律、法规，制定本规定。

第二条 本规定适用于在中华人民共和国沿海、江河、湖泊及其他通航水域内从事营业性运输的企业和个人的经营资质管理。

港口作业区内为船舶、旅客和货物提供服务的驳运和拖轮经营不适用本规定。

第三条 国内水路运输经营按照航行区域分为沿海运输和内河运输。

国内水路运输经营按照经营船舶的种类分为货船运输和客船运输。货船运输分为普通货船运输和散装液体危险品船运输，散装液体危险品船运输分为液化气体船运输、化学品船运输和油船（含沥青船）运输。客船运输分为普通客船（含客渡船、旅游客船）运输、客滚船（含车客渡船、载货汽车滚装船）运输和高速客船运输。

第四条 从事国内水路运输的企业和个人，应当依照本规定达到并保持相应的经营资质条件，并在核定的经营范围内从事水路运输经营活动，不得转让或者变相转让水路运输经营资质。

第五条 各级人民政府交通主管部门依法对国内水路运输经营资质实施管理，其设置的航运管理机构可以承担具体工作。

第二章 经营资质条件

第六条 除经营单船 600 总吨以下的内河普通货船运输外，经营国内水路运输应当取得企业法人资格。

自然人经营单船 600 总吨以下的内河普通货船运输应当办理个体工商户登记。

第七条 从事国内水路运输的企业应当具备下列经营资质条件：

（一）拥有与经营区域范围、经营业务相适应的自有并经营的适航船舶，且上述船舶总运力规模满足第八条的要求；

（二）有满足经营需要和安全管理要求的经营、海务、机务、船员管理等组织机构、固定办公场所和国家规定的注册资本；

（三）有健全的安全生产责任制度、安全生产规章制度和操作规程以及生产安全事故应急救援预案等安全管理与生产经营管理制度，并且按照《中华人民共和国航运公司安全与防污染管理规定》的要求建立安全管理体系；

（四）有与经营船舶种类、经营规模相适应的经营、海务、机务专职管理人员，相关专职管理人员应当满足本规定第九条的要求；

（五）经营客船运输的，应当落实船舶靠泊、旅客上下船所必需的服务设施和安全设施。

第八条 除在省、自治区、直辖市行政区域内的封闭通航水域经营客船运输外，国内水路运输企业自有并经营的适航船舶总运力规模应当分别满足下列最低要求：

（一）经营省、自治区、直辖市之间（以下简称“省际”）沿海普通货船运输的：普通货船 2000 总吨；

（二）经营省、自治区、直辖市内（以下简称“省内”）沿海普通货船运输的：普通货船 1000 总吨；

（三）经营内河普通货船运输的：普通货船 600 总吨；

（四）经营省际沿海散装液体危险品船运输的：危险品船 2 000 总吨，其中经营液化气体船运输的：舱容 3 000 立方米；

（五）经营省内沿海散装液体危险品船运输的：危险品船 1 000 总吨，其中经营液化气体船运输的：舱容 1 000 立方米；

（六）经营省际内河散装液体危险品船运输的：危险品船 1 000 总吨，其中经营液化气体船运输的：舱容 500 立方米；

（七）经营省内内河散装液体危险品船运输的：危险品船 500 总吨，其中经营液化气体船运输的：舱容 300 立方米；

（八）经营省际沿海客船运输的：普通客船 400 客位，高速客船 200 客位，客滚船 3 000总吨并且 400 客位；

（九）经营省内沿海客船运输的：普通客船 200 客位，高速客船 100 客位，客滚船 1 000总吨并且 100 客位；

（十）经营省际内河客船运输的：普通客船 200 客位，高速客船 100 客位，客滚船 1 000总吨并且 50 客位；

（十一）经营省内内河客船运输的：普通客船 100 客位，高速客船 50 客位，客滚船 300 总吨并且 50 客位。

同时经营油船和化学品船运输或者同时经营普通客船和高速客船运输的，总运力规模可以合并计算，但每一船舶种类应当至少拥有一艘自有并经营的适航船舶。

交通运输部可以针对因市场需求有限，致使从事水路运输的企业运力规模无法满足第一款要求的情况，公布低于第一款规定的总运力规模的特定区域。

第九条 从事国内水路运输的企业应当至少配备 1 名经营专职管理人员，并配备满足下列数量要求的海务、机务专职管理人员：

（一）经营沿海普通货船 1 至 10 艘的，至少分别配备 1 人；11 至 20 艘的，至少分别配备 2 人；21 至 30 艘的，至少分别配备 3 人；30 艘以上的，至少分别配备 4 人；

（二）经营内河普通货船 1 至 10 艘的，至少分别配备 1 人；11 至 50 艘的，至少分别配备 2 人；51 至 100 艘的，至少分别配备 3 人；100 艘以上的，至少分别配备 4 人；

（三）经营沿海散装液体危险品船或者客船 1 至 5 艘的，至少分别配备 1 人；6 至 10 艘的，至少分别配备 2 人；11 至 20 艘的，至少分别配备 3 人；20 艘以上的，至少分别配备 4 人；

（四）经营内河散装液体危险品船或者客船 1 至 10 艘的，至少分别配备 1 人；11 至

20 艘的，至少分别配备 2 人；21 至 30 艘的，至少分别配备 3 人；30 艘以上的，至少分别配备 4 人。

前款规定的专职管理人员应当与企业签订一年以上全日制用工的劳动合同，在合同期限内不得在船上或者其他企业兼职。

经营普通货船运输企业的海务、机务专职管理人员应当具有与所经营船舶种类和航区相对应的不低于大副、大管轮任职的从业资历。

经营客船、散装液体危险品船运输企业的最高管理层中至少有 1 人专职负责安全管理工作并具有与所经营船舶种类和航区相对应的船长或者轮机长任职的从业资历；其海务、机务专职管理人员应当具有与其所经营船舶种类和航区相对应的船长、轮机长任职的从业资历。

第十条　从事国内水路运输的企业可以将其所属船舶的安全与防污染管理委托具有国内船舶管理业经营资格的船舶管理企业代管。

在有效代管期内，委托企业可以不按照第九条第一款中要求的按照经营船舶的规模配备相应数量的海务、机务专职管理人员，但是应当至少分别配备 1 人。

第十一条　从事国内水路运输的个体经营者应当拥有自有并经营的适航船舶，并取得与其经营船舶相对应的有效内河船员适任证书。

第十二条　经营国内水路运输的船舶应当持有配发的《船舶营业运输证》，并持有有效的《船舶所有权登记证书》、《船舶国籍证书》、《船舶检验证书》或者《船舶入级证书》、《船舶最低安全配员证书》。《中华人民共和国航运公司安全与防污染管理规定》适用范围内的船舶还应当持有有效的“安全管理证书”或者“临时安全管理证书”。

第三章　经营资质审批

第十三条　申请经营国内水路运输业务的企业和个人，应当向其所在地人民政府交通主管部门提交本规定第二十二条要求的相应申报材料。

第十四条　受理申请的交通主管部门应当在核实申报材料中的原件和复印件后，盖章确认复印件的内容与原件一致，将材料原件退还申请人；并按照《中华人民共和国水路运输管理条例实施细则》规定的审批权限，将初步审查意见和全部申请材料逐级转报至有审批权的交通主管部门审批。

第十五条　申请经营国内客船、散装液体危险品船运输的，市（设区的市）级人民政府交通主管部门应当在收到申报或者转报材料后的 10 个工作日内，根据申报材料和实地调查情况，对申请人是否符合国内水路运输经营资质条件进行评估，出具评估报告。评估结束后，市（设区的市）级人民政府交通主管部门应当及时将评估报告和申报材料一并转报至有相应审批权限的交通主管部门。

省级人民政府交通主管部门应当对评估的过程进行监督检查，对评估结果有异议的，可以组织复评。国内水路运输经营资质评估办法由交通运输部另行制定。

第十六条　具有相应审批权限的交通主管部门在收到申报或者转报材料后，应当按照本规定要求的经营资质条件和国家有关规定进行审查。符合条件的，作出许可决定，并且向申请人颁发《水路运输许可证》；不符合条件的，作出不予许可决定，并且应当书面通知申请人不予许可的理由。

第十七条 应当事人申请，具有相应审批权限的交通主管部门可以参照本规定要求的经营资质条件，对于筹建期的企业颁发《水路运输许可证（筹建专用）》。企业凭筹建批准文件和《水路运输许可证（筹建专用）》办理购建船舶、工商注册登记等手续。

第十八条 符合下列情形并经交通运输部批准，中国企业可以租用外国籍船舶在中华人民共和国港口之间从事不超过两个航次或者期限为30日的临时运输或者拖航：

（一）确实没有满足所申请的运输或者拖航要求的中国籍船舶；

（二）停靠的港口或者水域为中华人民共和国对外开放的港口或者水域。

第十九条 租用外国籍船舶进行临时运输或者拖航的中国企业应当向交通运输部提交申请书及能够证明符合第十八条第一款第（一）项规定情形的相关材料。申请书应当说明该申请事项的理由、承运的货物、运输航次或者期间、停靠港口、船舶名称、船舶类型、船舶国籍及船舶的适航状况等。

交通运输部应当自受理申请之日起20个工作日内，对申请事项进行审核。符合第十八条规定条件的，作出许可决定并且颁发许可文件；不符合条件的，作出不予许可决定，并且应当书面通知申请人不予许可的理由。

第二十条 从事国内船舶运输或者拖航的外国籍船舶，应当遵守国内水路运输管理的有关规定，并应当按照交通运输部批准的范围和期限进行运输或者拖航。

第二十一条 国内水路运输经营资质的审批程序和期限，本规定未作要求的，按照《中华人民共和国行政许可法》、《中华人民共和国水路运输管理条例》及其实施细则、《交通行政许可实施程序规定》的有关规定执行。

第二十二条 申请经营国内水路运输或者扩大国内水路运输经营范围，应当根据不同情况，提交下列相应申报材料：

（一）申请书，包括申请的经营范围、运力规模及其来源；

（二）可行性报告，包括客货源市场分析及落实情况、资金来源及落实情况、营运经济效益分析；

（三）《企业法人营业执照》或《营业执照》（筹建的提供《企业名称预先核准通知书》即可）及其复印件；

（四）企业股东的基本情况和说明股东投资情况的证明文件，法人股东提供《企业法人营业执照》及其复印件，自然人股东提供身份证及其复印件；

（五）公司章程及其复印件，固定办公场所使用证明及其复印件；

（六）组织机构的设置和本规定第九条要求的专职管理人员配备情况的证明文件，包括专职管理人员名单、任职文件、身份证、任职资历材料、劳动合同（筹建的提供意向协议即可）等及其复印件；

（七）包括生产经营管理与安全管理制度在内的企业基本管理制度；

（八）按照《中华人民共和国航运公司安全与防污染管理规定》需要建立安全管理体系的，应当提供有效的“符合证明”或者“临时符合证明”证书及其复印件；符合本规定第十条规定的，应提供其与船舶管理企业签订的安全与防污染管理协议、船舶管理企业的《水路运输服务许可证》和有效的“符合证明”或者“临时符合证明”证书及其复印件；

（九）拟由其经营并投入国内水路运输的船舶来源证明文件和有效的《船舶所有权登记证书》、《船舶国籍证书》、《船舶检验证书》或者《船舶入级证书》、《船舶最低安全配员证书》及其复印件，《中华人民共和国航运公司安全与防污染管理规定》适用范围内的船舶还应当提供有效的“安全管理证书”或者“临时安全管理证书”及其复印件；

（十）经营客船运输的，应当提供与经营航线停靠站点的港口经营人达成的靠泊港航协议及其复印件，或者已经对客船靠泊、旅客上下船所必需的服务设施、安全设施作出安排的其他证明文件；

（十一）个体运输经营者，提供本人身份证及其复印件和本规定第十一条要求的相关证明文件及其复印件。

企业筹建应当提交本条第一款第（一）项至第（七）项、第（十）项规定的申报材料。

企业开业应当提交本条第一款第（一）项至第（十）项规定的申报材料，有筹建环节的需要提供《水路运输许可证（筹建专用）》及筹建批准文件复印件。

已经取得国内水路运输经营资质的企业扩大经营范围，应当提交本条第一款第（一）项、第（二）项、第（六）项至第（十）项规定的申报材料及原批准文件复印件和《水路运输许可证》（副本）。个体运输经营者申请从事国内水路运输应当提交本条第一款第（一）项、第（九）项、第（十一）项规定的申报材料。

第四章　监督检查

第二十三条　各级人民政府交通主管部门应当依法对从事国内水路运输的企业和个人的经营资质进行监督检查。

国内水路运输经营者所在地人民政府交通主管部门负责日常监督检查工作，对国内水路运输经营者经营资质的有效维持进行监督。

第二十四条　国内水路运输经营者取得经营资质后，应当有效保持经营资质条件。达不到本规定要求的经营资质条件的，其所在地人民政府交通主管部门应当责令其限期整改。整改期限视情况确定，其中运力规模达不到经营资质条件的，整改期限最长不超过6个月，其他情况最长不超过3个月。

经营企业在整改期间已开工建造但尚未竣工的船舶可以计入运力规模。船舶竣工后，如果该船舶并未由该经营企业实际拥有并经营的，应当继续进行整改。

第二十五条　国内水路运输经营者应当积极配合交通主管部门开展的运输经营资质监督检查，并如实提供有关凭证、文件以及其他有关资料。

第二十六条　发生下列情况后，国内水路运输经营者应当在15个工作日内以书面形式向其所在地人民政府交通主管部门报备，并提供相关证明材料：

（一）企业主要股东及其股份构成情况、注册资本发生变化；

（二）公司章程及基本管理制度发生重大变化；

（三）企业海务、机务、经营、船员管理等部门及其职责发生变化；

（四）企业主要负责人以及本规定第九条要求的相关专职管理人员发生变化；

（五）经营的船舶运力规模发生变化；

（六）经营的船舶发生安全责任事故；

（七）符合本规定第十条规定的，其委托的船舶管理企业或者委托管理协议发生变化。

国内水路运输经营者所在地人民政府交通主管部门收到有关报备材料后，应当逐级转报至原审批机关。

第二十七条 各级人民政府交通主管部门应当建立、健全国内水路运输经营资质监督检查制度，对国内水路运输经营者的经营资质实施动态管理，建立预警制度。对于经营资质水平下降或者存在违反本规定行为的国内水路运输经营者，应当加强监管措施。

第二十八条 经营资质监督检查包括经营资质定期核查和不定期抽查。

第二十九条 国内水路运输经营者所在地人民政府交通主管部门应当定期将其经营资质维持情况通报当地海事管理机构。

海事管理机构应当将有关国内运输船舶重大以上安全事故情况及结论意见及时书面通知该船舶经营者所在地人民政府交通主管部门。

第五章 法律责任

第三十条 国内水路运输经营企业违反本规定第九条规定，由其所在地人民政府交通主管部门责令改正，并且可以对其处以5000元以上1万元以下罚款。

第三十一条 国内水路运输经营者违反本规定第二十五条、第二十六条规定，由其所在地人民政府交通主管部门责令改正，并且可以对其处以500元以上2000元以下罚款。

第三十二条 对取得经营资质后不能保持，经整改后仍然达不到经营资质条件的国内水路运输经营者，负责审批的交通主管部门发现其不再具备安全生产条件的，应当撤销原批准的国内水路运输经营资质。

第三十三条 违反本规定的其他规定应当进行处罚的，按照《中华人民共和国水路运输管理条例》执行。

第三十四条 交通主管部门的工作人员有滥用职权、徇私舞弊、玩忽职守等行为的，由其所在单位或者上级机关责令改正并依法给予行政处分；触犯刑律的，依法追究刑事责任。

第六章 附 则

第三十五条 本规定下列用语的定义：

（一）不得转让或者变相转让水路运输经营资质，是指国内水路运输经营者不得以任何方式允许他人以其名义从事或者变相从事国内水路运输经营活动。

（二）自有并经营的适航船舶，是指取得船舶所有权登记且由船舶所有人经营并处于适航状态的船舶，其中船舶属共有的，经营人所占该船舶共有份额的比例应当不低于50%。

第三十六条 已经取得国际船舶运输经营资质的中国企业，要求兼营国内水路运输业务的，应当按照本规定的要求取得国内水路运输经营资质。

第三十七条 载客12人以下的客船运输以及相邻乡镇、村之间为当地群众生产生活提供直接服务的乡镇船舶（含乡镇客渡船）运输经营资质不适用本规定，由省级人民政府交通主管部门制定具体管理办法。

第三十八条 经营内地与香港特别行政区、澳门特别行政区以及台湾地区之间的水路运输，其经营资质条件不适用于本规定。

在香港特别行政区、澳门特别行政区登记的船舶，申请从事内地港口之间临时运输或者拖航的，比照第十八条、第十九条、第二十条的规定办理。

第三十九条　对于本规定施行之日前已经取得国内水路运输经营资质的经营者，交通运输部应当限定期限要求其达到本规定的要求。

第四十条　本规定自2008年8月1日起施行。1990年5月22日原交通部公布的《省际水路运输企业审批管理办法》（（90）交运字275号）和2001年2月14日原交通部公布的《国内船舶运输经营资质管理规定》（交通部令2001年第1号）同时废止。

出入境检验检疫查封、扣押管理规定

（国家质量监督检验检疫总局令第 108 号　2008 年 6 月 25 日）

第一章　总　则

第一条　为规范出入境检验检疫查封、扣押工作，维护国家利益、社会公共利益和公民、法人、其他组织的合法权益，保证检验检疫机构依法履行职责，依照《中华人民共和国进出口商品检验法》及其实施条例、《中华人民共和国进出境动植物检疫法》及其实施条例、《中华人民共和国食品卫生法》、《国务院关于加强食品等产品安全监督管理的特别规定》的规定，制定本规定。

第二条　本规定所称的查封、扣押是指出入境检验检疫机构依法实施的核查、封存或者留置等行政强制措施。

第三条　国家质量监督检验检疫总局（以下简称国家质检总局）负责全国出入境检验检疫查封、扣押的管理和监督检查工作。

国家质检总局设在各地的出入境检验检疫机构（以下简称检验检疫机构）负责查封、扣押的实施。

第四条　检验检疫机构实施查封、扣押应当适当，以最小损害当事人的权益为原则。

第五条　公民、法人或者其他组织对检验检疫机构实施的查封、扣押，享有陈述权、申辩权；对检验检疫机构实施的查封、扣押不服的，有权依法申请行政复议，或者依法提起行政诉讼；对检验检疫机构违法实施查封、扣押造成损害的，有权依法要求赔偿。

第二章　适用范围和管辖

第六条　有下列情形之一的，检验检疫机构可以实施查封、扣押：

（一）法定检验的进出口商品经书面审查、现场查验、感官检查或者初步检测后有证据证明涉及人身财产安全、健康、环境保护项目不合格的；

（二）非法定检验的进出口商品经抽查检验涉及人身财产安全、健康、环境保护项目不合格的；

（三）不符合法定要求的进出口食品、食用农产品等与人体健康和生命安全有关的产品，违法使用的原料、辅料、添加剂、农业投入品以及用于违法生产的工具、设备；

（四）进出口食品、食用农产品等与人体健康和生命安全有关的产品的生产经营场所存在危害人体健康和生命安全重大隐患的；

（五）在涉及进出口食品、食用农产品等与人体健康和生命安全有关的产品的违法行为中，存在与违法行为有关的合同、票据、账簿以及其他有关资料的。

检验检疫机构认为应当实施查封、扣押，但属于海关监管的或者已被其他行政机关查封、扣押的，检验检疫机构暂不实施查封、扣押，并应当及时书面告知海关或者实施查封、扣押的其他机关予以必要的协助。

第七条 查封、扣押一般由违法行为发生地的检验检疫机构按照属地管辖的原则实施。

检验检疫机构需要异地实施查封、扣押的，应当及时通知异地检验检疫机构，异地检验检疫机构应当予以配合。

两个以上检验检疫机构发生管辖争议的，报请共同的上级机构指定管辖。

第三章 程 序

第八条 实施查封、扣押的程序包括：收集证据材料、报告、审批、决定、送达、实施等。

第九条 实施查封、扣押前，应当做好证据的收集工作，并对收集的证据予以核实。

第十条 查封、扣押的证据材料一般包括：现场记录单、现场笔录、当事人提供的各种单证以及现场抽取的样品、摄录的音像材料、实验室检验记录、工作纪录、检验检疫结果证明和其他证明材料。

第十一条 实施查封、扣押前应当向检验检疫机构负责人书面或者口头报告，并填写《实施查封、扣押审批表》，经检验检疫机构负责人批准后方可实施。案件重大或者需要对数额较大的财物实施查封、扣押的，检验检疫机构负责人应当集体讨论决定。

第十二条 紧急情况下或者不实施查封、扣押可能导致严重后果的，检验检疫机构可以按照合法、及时、适当、简便和不加重当事人负担的原则当场做出查封、扣押决定，并组织实施或者监督实施。

第十三条 当场实施查封、扣押的，检验检疫执法人员应当及时补办相关手续。

第十四条 实施查封、扣押应当制作《查封、扣押决定书》。《查封、扣押决定书》应当载明下列事项：

（一）当事人姓名或者名称、地址；

（二）查封、扣押措施的事实、理由和依据；

（三）查封、扣押物品的名称、数量和期限；

（四）申请行政复议或者提起行政诉讼的途径和期限；

（五）行政机关的名称和印章；

（六）行政执法人员的签名和日期。

第十五条 《检验检疫查封、扣押决定书》应当及时送交当事人签收，由当事人在《送达回证》上签名或者盖章，并注明送达日期。当事人拒绝签名或者盖章的，应当予以注明。

第十六条 实施查封、扣押应当符合下列要求：

（一）由检验检疫机构两名以上行政执法人员实施；

（二）出示执法身份证件；

（三）当场告知当事人实施查封、扣押的理由、依据以及当事人依法享有的权利；

（四）制作现场记录，必要时应当进行现场拍摄。现场记录的内容应当包括：查封、扣押实施的起止时间、实施地点、查封、扣押后的状态等；

（五）制作查封、扣押物品清单。查封、扣押清单一式三份，由当事人、物品保管人和检验检疫机构分别保存；

（六）现场记录和查封、扣押物品清单由当事人和检验检疫行政执法人员签名或者盖章，当事人不在现场或者当事人拒绝签名或者盖章的，应当邀请见证人到场，说明情况，在笔录中予以注明；见证人拒绝签字或盖章的，检验检疫行政执法人员应当在笔录中予以注明；

（七）加贴封条或者采取其他方式明示检验检疫机构已实施查封、扣押。

实施查封、扣押后，需要出具有关检验检疫证书的，应当按规定出具相关证书。

第十七条 检验检疫机构应当在30日内依法对查封、扣押的进出口商品或者其他物品（场所），做出处理决定。情况复杂的，经检验检疫机构负责人批准，可以延长时限，期限不超过30日。对于保质期较短的商品或者其他物品，应当在7日内做出处理决定。涉及行政处罚的，期限遵照相关规定。法律对期限另有规定的除外。

需要进行检验或者技术鉴定的，检验或者技术鉴定的时间不计入查封、扣押期限。检验或者技术鉴定的期间应当明确，并告知当事人。检验或者技术鉴定的费用由检验检疫机构承担。

第十八条 对查封、扣押的进出口商品或者其他物品（场所），检验检疫机构应当妥善保管，不得使用或者损毁；因保管不当造成损失的，应当予以赔偿。但因不可抗力造成的损失除外。

第十九条 对查封的进出口商品或者其他物品（场所），检验检疫机构可以指定当事人负责保管，也可以委托第三人负责保管，当事人或者受委托第三人不得损毁或者转移。因当事人原因造成的损失，由当事人承担赔偿责任；因受委托第三人原因造成的损失，由委托的检验检疫机构和受委托第三人承担连带赔偿责任。

第二十条 对经查实不涉及人身财产安全、健康、环境保护项目不合格的进出口商品和其他不再需要实施查封、扣押的物品（场所），检验检疫机构应当立即解除查封、扣押，并制作《解除查封、扣押决定书》和《解除查封、扣押物品清单》送达当事人。

第二十一条 检验检疫机构在查封、扣押期限内未做出处理决定的，查封、扣押自动解除。被扣押的进出口商品或者其他物品，应当立即退还当事人。

第四章 监 督

第二十二条 实施查封、扣押的检验检疫机构有下列情形之一的，应当及时纠正或者由上级检验检疫机构责令改正：

（一）没有法律、法规依据实施查封、扣押的；

（二）改变法定的查封、扣押方式、对象、范围、条件的；

（三）违反法定程序实施查封、扣押的。

第二十三条 检验检疫机构违反本规定，有下列情形之一的，应当及时纠正并依法给予赔偿，情节严重构成犯罪的，依法追究刑事责任：

（一）违法实施查封、扣押的；

（二）使用或者损毁查封、扣押的财物，给当事人造成损失的；

（三）对依法应当退还扣押的物品不予退还，给当事人造成损失的。

第二十四条 检验检疫机构将查封、扣押的财物截留、私分或者变相私分的，由上级检验检疫机构或者有关部门予以追缴。情节严重构成犯罪的，依法追究刑事责任。

第二十五条　检验检疫机构工作人员利用职务便利，将查封、扣押的财物据为己有，情节严重构成犯罪的，依法追究刑事责任。

第五章　附　则

第二十六条　对禁止进境的动植物、动植物产品和其他检疫物必须实施封存的，参照本规定执行。

对出入境旅客实施的诊验等强制措施不在本规定调整范围之内，由国家质检总局另行规定。

第二十七条　检验检疫查封、扣押文书格式由国家质检总局统一制定并在其网站上公布。

第二十八条　检验检疫机构应当建立查封、扣押档案，并妥善保管，保管期限不少于2年。

第二十九条　本规定由国家质检总局负责解释。

第三十条　本规定自2008年10月1日起施行。

第 12 章　出国、礼品、旅游与娱乐制度

中共中央办公厅、国务院办公厅
关于严格控制领导干部出国访问的规定

（中办发［1989］10 号　1989 年 8 月 17 日）

根据《中共中央、国务院关于近期做几件群众关心的事的决定》精神，经党中央、国务院批准，现就严格控制党和国家机关省、部级（含副省、部级）以上领导干部出国和赴港澳地区访问问题，作如下具体规定：

一、领导干部出访，必须是为执行自己主管公务的国事或工作访问，不得以任何理由进行非其主管公务所必须的、与职级身份不相称的出访，不得接受外商资助或境外中资企业邀请出访，也不得授意外方邀请出访。

已离休、退休的干部，不再派遣出国执行公务。

二、领导干部出访，必须按规定的组织手续报批，审核机关要严格把关。凡不按规定报批的，有关部门不予办理出国手续。任何人不得以个人名义向党和国家领导人提出出访要求，党和国家领导人也不受理任何个人提出的出访要求。

三、党和国家领导人出访，由主管的职能部门根据工作需要提出建议和报告，由党中央政治局常委会审定。

四、领导干部出访，除工作上特殊需要外，一年不得超过一次。出访时间应尽可能缩短，访问一个国家（地区）一般限于 3 至 5 天，不得以任何理由绕道旅行或任意延长在境外停留时间。

五、严格控制出访团组人数。党和国家领导人出访，陪同和随行人员总数原则上不超过 20 人，随行记者人数也应压缩。中央其他领导同志出访，陪同和随行人员总数不超过 10 人。省、部级干部出访，团组人员总数不超过 5 人。个别团组如因特殊情况需超过规定人数，应专门报批。出席多边、双边国际会议或其他专业会议的团组人数，根据实际需要报批。

六、领导干部出访，如确因工作需要偕夫人同行，须在上呈报告中写明，一并报批。不得以任何名义携带子女出访。

七、领导干部对外赠送礼品，必须严格按有关规定执行；所受外方礼品，要按有关规定登记上交主管部门，不得自行处理。

八、领导干部率团出访，我驻外使、领馆及其他驻外机构、公司，一律不宴请或变相宴请，不赠送礼品或纪念品。

以上规定，必须严格执行，如有违反，要严加追究，情节严重的要给予党纪、政纪处

分。纪检、监察、财政部门要加强检查和监督。

本规定适用于全国性各群众团体和事业单位相当职级的干部。

军队领导干部出访，由中央军委据此精神作出规定。

中共中央办公厅、国务院办公厅关于严格控制领导干部出国访问的补充规定

（中办发［1991］4号　1991年3月28日）

党的十三届七中全会以后，国内各项任务十分繁重。我们应该集中精力，扎扎实实地为实现十年规划和“八五”计划做好各项工作。《中共中央办公厅、国务院办公厅关于严格控制领导干部出国访问的规定》发布后，总的来说，执行情况是好的。但最近一个时期出现了领导干部出国热度加大、出访国家过多、出访时间过长的问题，这不利于集中精力抓好国内工作。鉴此，党中央、国务院重申，必须继续严格执行《中共中央办公厅、国务院办公厅关于严格控制领导干部出国访问的规定》的规定，并作以下补充规定。

一、省、部级（含副省、部级）以上领导干部出国和赴港澳地区访问，要做到快去快回，可去可不去的不去。出访时间应尽可能压缩，访问一个国家（地区）一般仍限于三至五天；一次访问一般不多于两个国家（地区），在外停留时间最多不得超过十二天。如工作上有特殊需要者，必须经国务院或中央外事工作领导小组特别批准。

二、领导干部出访的目的要明确，要讲究实效，组团要少而精，主要进行对口会谈或工作会晤。凡地、司级干部能够解决的问题，省、部级以上领导干部就不必出访，一般性考察要坚决停止。

三、领导干部出访，一般不安排顺访，更不得以任何理由绕道旅行或擅自延长在境外停留时间。

四、各地区、各部门对机关地、司级以下（含地、司级）干部及工作人员临时因公出国，也要参照上述精神严格审批，从严控制，切实纠正出国过多、过滥的现象。任何单位和个人违反规定，滥用审批权，必须严加追究。

五、各级领导干部在遵守上述规定方面应严格要求自己，作出表率。各外事主管部门要按中央和国务院有关规定严格把关，各纪检、监察、财政部门要加强检查和监督。

中共中央办公厅、国务院办公厅关于严禁用公费变相出国（境）旅游的通知

（中办发［1993］16号　1993年10月2日）

近几年，党中央、国务院针对过多过滥的出国（境）活动，特别是假借各种名义用公费出国（境）旅游的问题，多次作过规定，严加制止。但是近一年来，一些党政机关、企业事业单位和社会团体以考察、学习、研讨、培训、招商、促销为名出国（境），实为用公费旅游的现象愈演愈烈，并有蔓延之势，不仅挥霍浪费了国家的大量外汇，而且严重损害了党和政府的形象，在群众中造成很坏的影响。为贯彻落实党中央关于反腐败斗争的工作部署，坚决刹住用公费变相出国（境）旅游的不正之风，经党中央、国务院批准，特作如下通知：

一、严格控制用公费出国（境）活动。凡属一般性考察、学习和没有明确公务目的及实质内容的出国（境）活动，要坚决停下来；出访团组必须严格执行有关规定，不得以任何理由绕道旅行或擅自延长在境外停留的时间。要坚决贯彻执行《国务院办公厅关于派遣团组和人员赴国（境）外培训的规定》，严格控制党政机关出国（境）培训的团组和人员。这项工作统一由国家外国专家局归口管理，从严掌握，并尽快制定管理办法。

二、审批公务出国（境）经费要严格把关。上报出国（境）报告时要说明经费来源和用汇数额。凡用汇未列入预算或超预算的团组和人员，不得批准。违者要追究组团单位和审批机关领导的责任。

三、严禁党政机关干部索要、挤占企业事业单位的名额搭车出国（境）；因引进技术、设备等项目确需随企业团组出国（境）的，要严格审核并由所在机关开支出国经费。

四、中央和国家机关部委、直属机构中享有派遣临时出国审批权的单位，可以直接向党中央、国务院行文的公司和团体，可按照规定的程序组织少量跨地区、跨部门出国（境）的团组。其他任何单位包括各类学会、协会、基金会、中心、公司、院校、办事处等，均不得组织跨地区、跨部门的团组和人员出国（境）进行考察、培训、研讨、交流等活动，有特殊需要的须报省级以上主管部门批准。违反的要追缴组团所得收入，并追究单位领导的责任。

五、凡因公出国（境），必须严格按照规定的渠道和程序报批，不准弄虚作假，不准异地办理护照，不准假借自费名义、改变身份，不准通过旅行社渠道出国（境）。各旅游部门不得办理公费出国（境）的有关事宜。

六、公务组团出访，组团单位不准超过国家规定的标准收费，不准从中牟利，也不准采取赠送“免费出国名额”、发给奖金或回扣等办法招揽参团人员。

七、各地区、各部门、各单位要对1992年7月1日以来公费出国（境）情况进行一次清理，对检查发现的问题认真作出处理。凡属用公费变相出国（境）旅游的，以本通知发布的时间为界，在这以前的，可以适当从宽处理，但要把已由单位支付的制装费、伙食

费和零用钱，改由个人自理。在这以后的，要从严处理：所有出国（境）旅游费用要全部自理，并视情节轻重给予适当的纪律处分；组团单位的违纪收入要全部没收，上缴国库；对违反规定滥用审批权和颁发护照权的单位，除追究当事人和主管领导的责任外，还要根据情节轻重暂停直至取消该单位的审批权和颁发护照权。各地区、各部门清理整顿的情况，于今年底以前报中纪委、监察部、外交部、国务院外事办公室。

八、纠正用公费出国（境）旅游的不正之风，由各级党委、政府统一领导，各部门、各单位负责进行清理整顿。首先从领导机关和领导干部抓起，中央国家机关要带头清理和制止。各地区外事办和各部门主管外事工作的司（局）要加强对出国（境）工作的监督和管理。财政部门和审计机关要加强财务管理和审计，严格执行财经纪律。各级纪检、监察机关要加强监督检查，严肃查处用公费出国（境）旅游的案件，特别是发生在各级领导干部中的案件；对继续弄虚作假、顶风违纪的，要从严惩处，并有选择地予以公开处理。

加强党政干部因公出国（境）经费管理暂行办法

（财行［2008］230 号 2008 年 8 月 5 日）

第一条 为贯彻落实党中央、国务院关于加强因公出国（境）管理工作的指示精神，切实规范党政干部因公出国（境）活动，进一步严格因公出国（境）经费审批及监督管理，强化预算约束，提高财政资金使用效益，制定本办法。

第二条 各级党政机关因公出国（境）活动，包括访问、考察、培训、参加国际活动等，应严格执行中共中央办公厅、国务院办公厅《关于进一步加强因公出国（境）管理的若干规定》（中办发［2008］9 号），严格遵守预算管理的法律、行政法规，不得为不符合因公出国（境）条件的团组安排经费。

第三条 各级财政部门应进一步加强对因公出国（境）经费的预算管理。应根据财力的可能，科学合理地安排因公出国（境）经费预算额度，将因公出国（境）经费全部纳入预算管理，未安排预算的单位视为无出国（境）任务安排。严格控制因公出国（境）经费预算规模，对各级党政机关因公出国（境）经费预算实行零增长。

第四条 各级财政部门应进一步加强对因公出国（境）活动的用汇额度管理。按照各级党政机关因公出国（境）经费预算规模相应安排出国（境）用汇额度，采取切实措施加强党政机关出国（境）用汇管理，实行因公出国（境）经费预算及用汇额度双控制。

第五条 各级党政机关应切实加强因公出国（境）经费管理。要在财政部门批准的年度因公出国（境）经费预算和外汇额度内核定出国（境）计划，并根据工作需要组织安排出国（境）活动，确定出国（境）团组数量和规模，如需调整，应在预算内调剂安排。各级党政机关不得超预算或无预算安排出国（境）团组，不得接受或变相接受企事业单位资助，或向同级机关、下级机关和下属单位摊派、转嫁费用。

第六条 各级党政机关应贯彻“勤俭办外事”的方针，加强对因公出国（境）团组的财经纪律教育。因公出国（境）团组应严格执行各项费用开支标准，本着务实、高效、精简、节约的原则开展工作，努力提高工作效率和工作质量。

第七条 各级党政机关应建立因公出国（境）经费先行审核制度。因公出国（境）经费审批部门和任务审批部门要实行审批联动，从源头上把握和控制因公出国（境）活动，坚决制止公款出国（境）旅游行为。因公出国（境）经费审批部门和任务审批部门应根据各自的职责参与因公出国（境）的审批联动，具体审核原则如下：

（一）各级党政机关按照部门预算管理程序向同级财政部门申请出国（境）经费预算时，必须同时提供上一年度出国（境）经费预算执行情况。

（二）各级外事审批部门与财政部门应及时沟通因公出国（境）计划情况。各级财政部门应根据国家和地方财力及出国（境）经费预算申请情况确定各部门的出国经费预算额度，并实行总量控制。

（三）各地区各部门每年 1 月底前向中央外事工作领导小组办公室和外交部报送省部

级人员本年度出国（境）计划时，应明确预算安排可以保证出国（境）团组经费开支。

（四）各级党政机关预算经各级人大批准以后，各级外事审批部门与派出单位的财务部门要根据出国（境）经费预算对纳入出国（境）计划的具体出国（境）任务逐一进行任务和经费联动审核，相互及时沟通情况，严格把关，堵塞漏洞。

（五）各级外事审批部门在审批因公出国（境）任务时，派出单位的财务部门应出具经费安排的意见，双跨类团组参团人员由其所在单位的财务部门出具经费审核意见，确保出国（境）任务在部门预算确定的出国（境）经费预算额度内执行。

（六）中央外事工作领导小组办公室和外交部在审批省部级因公出国（境）团组任务时，团组成员所在中央单位财务部门、地方财政部门应出具经费安排的意见。

（七）对于部门预算中未安排出国（境）经费预算，要求使用其他经费（包括单位行政、事业经费，摊派经费，企业赞助经费等）的因公出国（境）团组申请，视为无出国（境）经费预算安排，财务部门一律不得出具认可意见。凡未经财务部门经费审核认可的因公出国（境）申请，各级外事审批部门一律不予批准。

第八条 国家外国专家局安排的出国（境）培训团组，已纳入国家外国专家局计划并由其资助的出国人员，由国家外国专家局出具经费审核意见，其他参团人员由其所在单位的财务部门出具经费审核意见。

第九条 财务部门应进一步严格对因公出国（境）团组的经费核销管理。对因公出国（境）团组提供的出国（境）任务批件、护照（包括签证和出入境记录）复印件及有效费用明细票据进行认真审核，严格按照批准的出国（境）团组人数、天数、出国路线、经费计划以及有关的经费开支标准等进行核销，不得核销与公务活动无关的开支和计划外发生的费用，不得核销虚假费用单据。

除中央有关文件规定的特殊情况外，各级财务部门一律不得报销党政干部持因私出国（境）证件的出国（境）费用。

第十条 各级党政机关应建立健全对因公出国（境）团组的内部监督检查机制。财务部门应定期或不定期对因公出国（境）团组及经费使用情况进行检查，并于每年第一季度向同级财政部门报送上年度因公出国（境）经费和外汇使用情况。

第十一条 各级纪检监察机关应加强对因公出国（境）经费使用情况的有效监管。应将监管因公出国（境）经费使用情况作为坚决制止公费出国（境）旅游的重要内容，加大监督检查力度。

第十二条 各级审计机关应加强对因公出国（境）经费使用情况的审计监督。应将因公出国（境）经费的管理和使用情况的审计监督作为审计工作的重点，对各单位因公出国（境）经费管理和使用情况进行专项审计。

第十三条 各级纪检监察、审计机关对因公出国（境）经费使用管理中出现的违反财经纪律的行为，应按有关规定严肃处理。对弄虚作假，挪用其他资金、摊派转嫁出国（境）费用的，各级纪检监察机关要追究组团单位和团组相关人员的责任；对不认真履行经费审核、核销责任的，要追究财政、财务部门相关人员的责任；对未经经费审核部门认可而批准出国（境）的，要追究外事审批部门相关人员的责任。对涉嫌犯罪的要移送司法机关依法追究刑事责任。

第十四条 各地区各部门根据本办法并结合实际情况制定加强因公出国（境）经费管

理的具体办法及出国任务与经费审批联动的具体实施方案。

第十五条　事业单位因公出国（境）经费的管理可参照本办法执行。

第十六条　本办法由财政部负责解释。

第十七条　本办法自发布之日起实施。

国家行政机关及其工作人员在国内公务活动中不得赠送和接受礼品的规定

（国务院令第 20 号　1988 年 12 月 1 日）

第一条　为了严肃政纪，保持国家行政机关及其工作人人员廉洁，制定本规定。

第二条　国家行政机关及其工作人员在国内公务活动中，不得赠送和接受礼品。

第三条　国家行政机关及其工作人员不得假借名义或者以变相形式赠送和接受礼品；

（一）以鉴定会、评比会、业务会、订货会、展销会、招待会、茶话会、新闻发布会、座谈会、研讨会以及其他会议的形式；

（二）以祝贺春节、元旦、国庆节、中秋节和其他节假日的名义；

（三）以试用、借用、品尝、鉴定的名义；

（四）以祝寿、生日、婚丧嫁娶的名义；

（五）以其他形式和名义。

第四条　本规定所称的礼品，是指礼物、礼金、礼券以及以低价收款的物品。

第五条　国家行政机关违反本规定第二、三条的规定，对负直接责任的机关有关领导人和直接责任者，根据数额多少，情节轻重，分别给予警告直至撤职处分。

第六条　国家行政机关工作人员，违反本规定第二、三条的规定，接受礼品的，根据数额多少，情节轻重，分别给予警告直至撤职处分。

国家行政机关工作人员，违反本规定第二、三条的规定，赠送礼品的，应当给予批评教育；影响很坏的，给予警告或者记过处分。

各级国家行政机关的领导人违反前两款规定的，从重处分。

第七条　国家行政机关及其工作人员违反本规定第二、三条的规定，数额较少、情节轻微，经批评教育表示悔改的，可以免予行政处分。

第八条　国家行政机关及其工作人员为谋取不正当利益而赠送、接受或者索取礼品的，按照国家有关惩治行贿、受贿的法律、法规处理。

第九条　对接收的礼品必须在一个月内交出并上交国库。所收礼品不按期交出的，按贪污论处。

第十条　对国家行政机关工作人员赠送和接受礼品的行政处分，依照国家行政机关工作人员的管理权限和行政处分程序的规定办理。

第十一条　本规定由各级国家行政机关执行，各级监察部门负责监督、检查。

第十二条　各省、自治区、直辖市人民政府可以根据本规定制定实施办法。

第十三条　本规定自发布之日起施行。

国务院关于在对外公务活动中赠送和接受礼品的规定

（国务院令第133号　1993年12月5日）

第一条　为了加强对国家行政机关工作人员在对外公务活动中赠送和接受礼品的管理，严肃外事纪律，保持清廉，制定本规定。

第二条　本规定所称的礼品，是指礼物、礼金、有价证券。

第三条　根据国际惯例和对外工作需要，必要时可以对外赠送礼物。礼物的金额标准另行规定。

第四条　对外赠送礼物必须贯彻节约、从简的原则。礼物应当以具有民族特色的纪念品、传统手工艺品和实用物品为主。

第五条　对来访的外宾，不主动赠送礼物。外宾向我方赠送礼物的，可以适当回赠礼物。

第六条　对外赠送礼物或者回赠礼物，必须经国务院所属部门或者省、自治区、直辖市人民政府批准，或者由其授权的机关批准。审批时，应当从严掌握。

第七条　在对外公务活动中接受的礼物，应当妥善处理。价值按我国市价折合人民币200元以上的，自接受之日起（在国外接受礼物的，自回国之日起）一个月内填写礼品申报单并将应上缴的礼物上缴礼品管理部门或者受礼人所在单位；不满200元的，归受礼人本人或者受礼人所在单位。

在对外公务活动中，对方赠送礼金、有价证券时，应当予以谢绝；确实难以谢绝的，所收礼金、有价证券必须一律上缴国库。

第八条　在对外公务活动中，不得私相授受礼品，不得以明示或者暗示的方式索取礼品。

第九条　国务院机关事务管理局负责保管、处理国务院各部门上缴的礼品。

县级以上地方各级人民政府指定专门单位负责保管、处理该级人民政府各部门上缴的礼品。

第十条　礼品管理部门及有关部门对于收缴的礼品，应当登记造册，妥善保管，及时处理。礼品保管部门应当每年向受礼单位通报礼品处理情况。受礼单位应当将礼品处理情况告知受礼人。

第十一条　国家行政监察机关按照有关规定负责对对外赠送和接受礼品的情况进行监督、检查。

第十二条　国家行政机关工作人员违反本规定的，对负直接责任的机关有关领导人和直接责任人，给予行政处分；构成犯罪的，由司法机关依法追究刑事责任。

对国家行政机关工作人员的行政处分，按照干部管理权限和规定程序办理。

第十三条　国家行政机关工作人员在公务活动中向华侨和香港、澳门、台湾地区的居民赠送礼品和接受其礼品，依照本规定执行。

第十四条　本规定由国务院办公厅负责解释。

第十五条　本规定自发布之日起施行。

中共中央办公厅、国务院办公厅关于认真贯彻执行《国务院关于在对外公务活动中赠送和接受礼品的规定》的通知

（中办发［1993］26号　1993年12月16日）

《国务院关于在对外公务活动中赠送和接受礼品的规定》（以下简称《规定》），是我国制定的关于在对外公务活动中赠送和接受礼品的行政法规。加强在对外公务活动中赠送和接受礼品的管理，对于严肃外事纪律，保持党和国家工作人员廉洁奉公，维护我国国际声誉，保证对外交往的顺利进行，具有重要意义。党和国家机关工作人员尤其是各级党政领导干部应当模范遵守，带头执行。为了认真贯彻执行这个《规定》，经党中央、国务院同意，现将在对外公务活动中赠送和接受礼品有关具体事项通知如下：

一、国家领导人、政府部门和地方政府负责人出国访问，根据国际惯例和国别情况，可以酌情赠送礼物。对首次访问我国的外宾，如果对方赠礼，可以适当回赠。

对来华帮助建设、免费讲学或者长期工作的外国专家、学者和技术人员离华回国时，可以赠送纪念品。

对再次或者多次访问我国的外宾，包括参加定期磋商、会晤、会议等活动的外宾，可以商对方互相免赠礼品。如果对方坚持赠礼，可以向代表团团长及其夫人、重要成员适当回礼。

对外赠送礼物必须贯彻节约、从简原则，礼物应尽量选择具有民族特色的纪念品、传统手工艺品和实用物品，朴素大方，不求奢华。

二、所受礼物，价值按照我国市价折合人民币不满200元的，留归受礼人使用；200元以上的，按照以下办法处理：

（一）贵重礼品，黄金、珠宝制品，高级工艺品，有重要历史价值的礼品，由受礼单位交礼品管理部门送有关机构或者博物馆保存、陈列。

（二）专业用品、设备器材和具有科研价值的礼品，可以留给受礼单位。

（三）高级耐用品，汽车、摩托车，交礼品管理部门；电视机、摄像机、录像机、组合音响、高档照相机等，交礼品管理部门处理，经礼品管理部门同意后也可以留给受礼单位。

（四）食品、烟酒、水果类礼品，可以归受礼人本人或者其所在单位。

（五）高中档实用物品，如钟表、收录机、衣料、服装等，按照国内市价折半价由受礼人所在单位处理，可以照顾受礼人，每人一年以两件为限。

（六）其他贵重物品和未经礼品管理部门批准归受礼人或者其所在单位的物品，全部交由礼品管理部门处理。

礼物变卖收入一律上缴国库。

三、在对外公务活动中如果对方赠送礼金、有价证券，应当谢绝；确实难以谢绝的，

所收礼金、有价证券一律上缴国库。

四、受礼人应当按照《规定》的要求填写礼品申报单。

五、出访、来访以外的其他对外交往中赠送礼品的标准和接受礼品的处理，参照前列有关规定办理。

六、对外赠送礼物金额由财政部和外交部规定。两部可以根据我国物价的变动，对金额作出调整并发文通知，其他任何部门均无权变更。

七、《规定》和本通知也适用于党的各级组织、国家权力机关、审判机关、检察机关、政协、各人民团体和军队。上述部门和单位在对外公务活动中都应当依照《规定》和本通知的要求，做好赠送、接受和处理礼品的管理工作。

中共中央纪律检查委员会办公厅、监察部办公厅关于对浙江省纪委《关于党员、行政监察对象接受私营企业老板出资的旅游活动应当如何定性处理的请示》的答复

（中纪办［2000］98号　2000年6月8日）

党和国家工作人员或者其他从事公务的人员中的共产党员，利用职务上的便利，为他人谋利益，接受其邀请，本人或携带亲友外出旅游，费用由邀请方支付的行为，以受贿错误论，依照《中国共产党纪律处分条例（试行）》第六十一条给予党纪处分。

党和国家工作人员或者其他从事公务的人员中的共产党员，接受可能影响公正执行公务的他人邀请，本人或携带亲友外出旅游，费用由邀请方支付的行为，以受礼错误论，依照《中国共产党纪律处分条例（试行）》第六十三条给予党纪处分。

行政监察对象利用职务或工作上的便利，接受他人邀请，本人或携带亲友外出旅游，费用由邀请方支付的行为，需要给予行政处分的，可参照本答复处理。

对于你们请示中提出的“党员、行政监察对象接受私营企业老板出资的旅游活动”问题，应当区别不同情况，根据上述规定定性处理。

关于对党和国家机关工作人员在国内交往中收受的礼品实行登记制度的规定

（中办发［1995］7号　1995年4月30日）

第一条　为保持党和国家机关工作人员廉洁从政，加强党风廉政建设，制定本规定。

第二条　党和国家机关工作人员在国内交往中，不得收受可能影响公正执行公务的礼品馈赠，因各种原因未能拒收的礼品，必须登记上交。

党和国家机关工作人员在国内交往（不含亲友之间的交往）中收受的其他礼品，除价值不大的以外，均须登记。

第三条　按照第二条的规定须登记的礼品，自收受礼品之日起（在外地接受礼品的，自回本单位之日起）一个月内由本人如实填写礼品登记表，并将登记表交所在机关指定的受理登记的部门。受理登记的部门可将礼品的登记情况在本机关内公布。

登记的礼品按规定应上交的，与礼品登记表一并上交所在机关指定的受理登记的部门。

第四条　对于收受后应登记、不上交的礼品在规定期限内不登记或不如实登记、不上交的，由所在党组织、行政部门或纪检监察机关责令其登记、上交，并给予批评教育或者党纪政纪处分。

第五条　本规定所称党和国家机关工作人员，是指党的机关、人大机关、行政机关、政协机关、审判机关、检察机关中从事公务的人员。

国有企业、事业单位的负责人，国家拨给经费的各社会团体中依照法律从事公务的人员，适用本规定。

第六条　本规定由各级党组织和行政部门负责执行，各级纪检监察机关负责监督检查。

第七条　各省、自治区、直辖市应根据本规定，结合本地区的实际，制定具体的礼品登记标准；中共中央直属机关和中央国家机关的礼品登记标准，由中共中央直属机关事务管理局、国务院机关事务管理局制定。各省、自治区、直辖市和中共中央直属机关事务管理局、国务院机关事务管理局还应制定具体的礼品上交处理办法。各省、自治区、直辖市和中共中央直属机关事务管理局、国务院机关事务管理局制定的礼品登记标准和上交处理办法，要报中央纪委、监察部备案。

第八条　本规定由中共中央纪律检查委员会、监察部负责解释。

第九条　本规定自发布之日起施行。

中共中央纪律检查委员会对《关于对党和国家机关工作人员在国内交往中收受的礼品实行登记制度的规定》中几个问题的答复

（中纪法复［1996］3号　1996年10月9日）

《关于对党和国家机关工作人员在国内交往中收受的礼品实行登记制度的规定》（以下简称《规定》）发布后，一些地方和部门提出了一些问题，经研究，答复如下：

一、本《规定》所称礼品，是指礼物、礼金、礼券以及以象征性低价收款的物品。

二、本《规定》第二条第二款所称“其他礼品”，不包括礼金和礼券。因为按照1993年4月27日中央办公厅、国务院办公厅发布的《关于严禁党政机关及其工作人员在公务活动中接受和赠送礼金、有价证券的通知》，礼金、礼券是严禁收受的，如果收受了，不论价值大小，必须一律登记上交。

三、凡属可能影响公正执行公务的即使是亲友馈赠的礼品，也不能收受，收受的必须登记上交。

四、对违反《规定》者，按照1990年7月1日中央纪委发布的《关于共产党员在经济方面违法违纪党纪处分的若干规定（试行）》给予党纪处分；需要给予政纪处分的比照上述规定处分。

中共中央纪律检查委员会关于制止以革命传统和爱国主义教育为名组织公款旅游的通知

（中共中央纪委［2005］8号 2005年6月16日）

近年来，各地区、各部门利用多种形式，对党员干部进行革命传统和爱国主义教育，增强了党员干部的爱国情感，弘扬和培育了民族精神。但是，最近一段时间，也有少数单位以组织党员干部到革命传统和爱国主义教育基地学习参观为名，舍近求远，兴师动众，变相公款旅游。对此，人民群众反映强烈。为进一步规范有组织的到革命传统和爱国主义教育基地的学习参观活动，坚决制止借机公款旅游，现提出如下要求：

一、组织开展学习参观活动，要有明确的主题和具体的计划，注重实效。对有组织的学习参观活动要切实加强领导，严格审批，严格管理。

二、要从实际出发，因地制宜，充分利用当地条件，就地组织开展学习参观活动。确需去外地的，要就近选择适当的地点。

三、组织开展学习参观活动，要严格执行计划安排，不得擅自改变线路、延长日程、增加地点。禁止借机组织到其他风景名胜区公款旅游。

四、严格控制活动规模，坚持勤俭节约，不得互相攀比、奢侈浪费。学习参观的食宿费用依照财务规定由组织单位承担，不得增加所到地方、单位的负担。

五、坚决纠正和查处以革命传统和爱国主义教育为名组织到其他风景名胜区公款旅游的行为。发现违反规定的问题，要及时进行批评教育并督促纠正。对于情节严重、造成恶劣影响的，要严肃查处并追究有关领导和组织者的责任。各级纪检监察机关要加强监督检查，确保有组织的学习参观活动健康、有序开展。

各地区、各部门要按照本通知要求，抓紧研究制定具体措施，建立健全有关制度规定，明确职责分工，切实抓好落实。

第13章　公务接待、办公、会议与生活待遇

中共中央办公厅、国务院办公厅关于处理党和国家机关正、副省（部）级干部用公款、公物超标准装修住房问题的通知

（中办发［1991］16号　1991年11月20日）

近几年来，一些领导干部违反党中央、国务院有关规定，用公款、公物超过规定标准装修住房，在群众中造成了不良影响。为了教育干部，挽回影响，发扬廉洁奉公、艰苦奋斗的优良传统，必须对党和国家机关正、副省（部）级干部用公款、公物超标准装修住房的问题进行处理。为此，特作如下通知：

一、党和国家机关及人民团体正、副省（部）级干部用公款、公物装修住房，必须严格执行《中共中央、国务院印发〈关于高级干部生活待遇的若干规定〉和邓小平同志报告的通知》的规定，国务院各部门的部级干部还要执行国务院机关事务管理局《关于中央国家机关部级干部宿舍修缮标准的规定》。凡违反以上规定用公款、公物超标准装修住房的，属违纪行为。

二、对超标准装修住房所动用的公款，由该干部现所在单位负责向其全部追回。所动用的公物，由该干部现所在单位按装修时当地的国家规定价格折价计款追回。追回的款额一律上缴国库。

三、用公款、公物超标准装修住房的，除了按本通知第二条处理外，还要根据其超过规定标准所动用的款额（含动用公物折价款额）和情节轻重，给予下列处分：

（一）款额不满一万元的，给予警告处分；

（二）款额在一万元以上不满二万元的，给予警告或记过处分；

（三）款额在二万元以上的，给予记过直至撤职处分。

多次动用公款、公物超标准装修住房未经处理的，按照累计动用款额给予处分。

四、用公款、公物超标准装修住房，有下列情形之一者，要从重或加重处分：

（一）侵占、挪用和克扣救灾、防汛、扶贫、教育等公款、公物的；

（二）使国家和集体利益遭受严重损失的；

（三）共同动用公款、公物，负有主要责任的；

（四）伪造、销毁单据，阻挠他人坦白，对检举人、办案人打击报复的；

（五）先以公款、公物高标准装修，后又按住房制度改革有关文件规定的标准价购买该住宅的。

五、动用公款、公物超标准装修住房，款额（含动用公物折价款额）不满一万元，情

节轻微，本人又主动检查，及时纠正并退回款、物的，可免予处分，但应给予批评教育。

六、在本通知发出时，正在用公款、公物超标准装修住房的，有关部门应责令其停止施工，并按照本通知的规定对有关人员进行处理。为使住房不受损坏，可按规定的标准重新设计装修。

七、对违反财政法规，批准动用公款、公物超标准装修住房的直接责任者，按《国务院关于发布违反财政法规处罚暂行规定的通知》处理。

八、对违反本通知规定需要给予党纪处分的，由其上级党的机关进行处理。对违反本通知规定需要给予行政处分的，由其上级主管机关按照干部管理权限进行处理。中共中央纪律检查委员会和监察部也可以按管辖权限和处分程序直接处理。

九、已办理退（离）休手续的党和国家机关及人民团体正、副省（部）级干部，适用本通知。

十、国营企事业单位中相当于正、副省（部）级的干部，适用本通知。

十一、本通知执行情况，由中共中央纪律检查委员会和监察部负责监督、检查。

十二、凡在《中共中央关于党和国家机关必须保持廉洁的通知》发布以后，仍用公款、公物超标准装修住房的，按照本通知精神处理；在此以前用公款、公物超标准装修住房的，参照本通知精神酌情处理。

十三、军队机关的高级干部用公款、公物超标准装修住房的处理办法，由中央军委参照本通知精神另行制定。

中共中央办公厅、国务院办公厅关于在国内公务接待工作中切实做到勤俭节约的通知

（中办发［2001］3号　2001年4月8日）

各省、自治区、直辖市党委和人民政府，各大军区党委，中央和国家机关各部委，军委各总部、各军兵种党委，各人民团体：

近年来，党中央、国务院就党政机关厉行节约、制止奢侈浪费行为多次作出规定，并采取了一些有力措施，取得了一定成效。但是，目前在国内公务接待工作中仍然存在着一些铺张浪费现象，有的还比较严重。比如，有的地方在接待工作中脱离实际需要，服务项目繁缛，额外发送洗漱用具，在客房摆放各种不必要的生活用品等，甚至有的地方在接待工作中追求奢华，讲排场、比阔气，用公款大吃大喝，赠送贵重物品，安排参加高消费的健身、娱乐和旅游活动。这些铺张浪费行为，不仅加重了基层负担，而且腐蚀干部队伍，影响干群关系，损害了党和政府的形象，必须坚决反对和纠正。根据中央领导同志的指示精神，现重申并提出以下要求：

一、各级党政机关要高度重视在国内公务接待工作中厉行节约的问题。要按照江泽民同志提出的" 三个代表" 的要求，从讲政治的高度，把规范公务接待工作作为促进党风廉政建设的一项重要措施来对待。各地区、各部门要按照有利公务、节俭实在、杜绝浪费的原则，结合实际情况，对接待服务的标准和办法认真进行一次清理，凡不符合中央精神的，一律停止执行。

二、各级党政机关的接待部门要严格按规定办事，不准超标准接待。上级机关检查指导工作、进行调查研究，同级机关之间公务往来、参观学习，当地主要负责同志不要到机场、车站、码头和辖区边界迎送，不要搞层层陪同；要严格按规定使用警车，避免扰民和影响交通；住宿要安排在指定的宾馆、招待所，不要安排豪华宾馆、涉外旅游饭店，客房内不得额外配发洗漱用具和其他不必要的生活用品；不得超标准安排用餐，陪餐人数和次数要严格控制；不得用公款组织高消费娱乐、健身活动和与工作无关的旅游活动；不得以任何名义赠送贵重礼品。要建立健全公务接待报批制度，接待标准列入报批内容，谁批准谁负责，任何人都不得擅自提高接待标准。

三、各级领导干部特别是高级干部在国内公务活动中，要始终保持公仆本色，带头发扬艰苦奋斗、勤俭节约的优良传统，以身作则，廉洁自律，对接待安排不提规定之外的要求，对超标准的接待安排要自觉予以纠正，并加强对随行人员的教育和管理。

四、要加强经常性的监督检查。各级党政机关要认真抓好公务接待工作中厉行节约情况的检查。财政部门要加强对接待服务项目的财务审查稽核和监管；审计部门要定期对接待经费开支情况进行专项审计；纪检监察机关要认真受理群众举报，及时查处公务接待工作中的铺张浪费问题，对于情节严重的，必须追究直接责任人和主管领导的责任。

中共中央办公厅、国务院办公厅关于党政机关工作人员在国内公务活动中食宿不准超过当地接待标准的通知

（中办发［1994］16号 1994年4月28日）

近几年来，党中央、国务院对党政机关工作人员在国内公务活动中的食宿安排问题，多次发布文件，作出了明确规定。这些规定，对加强党风廉政建设，制止用公款大吃大喝、铺张浪费，起到了重要的作用。随着改革开放的深入进行和社会主义市场经济体制的逐步建立，国内公务活动中的接待工作出现了一些新的情况。中央纪委第三次全体会议从变化了的实际情况出发，提出了在国内公务活动中“食宿不准超过当地接待标准”的要求，进一步规范了当前和今后一个时期接待工作中的食宿安排问题。经党中央、国务院领导同志同意，现就执行这一要求通知如下：

一、党政机关工作人员在国内公务活动中，包括上级到下级检查指导工作、调查研究，地区之间公务往来、参观学习，食宿不准超过当地接待标准。当地接待标准由省、自治区、直辖市财政部门和地、市财政部门分别参照当地会议标准提出，报同级人民政府批准。

二、制定当地接待标准，要从本地区经济、财政的实际状况出发，坚持有利公务、节俭实在、杜绝浪费的原则，不搞互相攀比。当地接待标准要便于操作，切实可行，可随着经济发展和物价变化进行调整。当地接待标准可以在接待住所公布。

三、党政机关工作人员在国内公务活动中，应住内部指定的宾馆、招待所，不准住非指定的豪华宾馆、涉外旅游饭店。用餐由各地接待部门按当地接待标准安排，确因工作需要陪餐的，要严格控制人数，减少次数。用餐和陪餐要坚决杜绝浪费，不准上名贵菜肴，更不准上当地不出产的名贵菜肴和酒水。

四、党政机关工作人员在国内公务活动中，要严格按照有关规定向接待部门主动交纳食宿费用，接待部门要按规定收取。

五、凡搞超标准接待的，超出标准的费用，不得用公款报销。对严重浪费、在群众中造成恶劣影响的有关责任人员，要严肃处理。

中共中央办公厅、国务院办公厅关于进一步严格控制党政机关办公楼等楼堂馆所建设问题的通知

（中办发［2007］11号　2007年4月18日）

近年来，各地区各部门按照中央的要求，在严格控制党政机关办公楼等楼堂馆所建设方面采取了一些措施，取得了一定成效。但是，最近一些党政机关违规修建办公楼等楼堂馆所现象又有所抬头，且有愈演愈烈之势。有的违反审批程序，越权审批，擅自提高建设标准、扩大建筑面积；有的不注重建筑的使用功能和经济实用性，盲目攀比，贪大求洋，搞豪华装修；有的不惜贷款、举债，甚至挪用扶贫款、救灾款等专项资金修建办公楼等楼堂馆所，群众反映十分强烈。党中央、国务院对此高度重视，明确要求采取有效措施，坚决刹住这股歪风，维护党和政府的良好形象。经党中央、国务院领导同志同意，现就进一步严格控制党政机关办公楼等楼堂馆所建设问题通知如下。

一、充分认识严格控制党政机关办公楼等楼堂馆所建设的重要意义

严格控制党政机关办公楼等楼堂馆所建设，是发扬艰苦奋斗、勤俭节约优良传统的具体体现，是加强党风廉政建设的重要内容，是密切党群干群关系、维护党和政府形象的客观要求。各级党委、政府和各有关部门要充分认识到，违反规定建设办公楼等楼堂馆所，追求和攀比办公场所豪华气派，是一种严重的铺张浪费行为，也是一种滥用权力的腐败行为。这种做法不仅浪费国家财产和资源，加重人民群众负担，而且败坏党风、政风和社会风气，侵蚀党员干部的进取精神和服务意识，危害党和人民的事业。同时还要看到，虽然我国的经济实力和综合国力在不断增强，但我国还是发展中国家，仍处于并将长期处于社会主义初级阶段，全体人民的生活还不富裕，国家建设和发展需要办的事情还很多，必须继续发扬艰苦奋斗的优良传统，必须继续坚持勤俭办一切事业的方针。各级党政机关和领导干部要牢牢把握立党为公、执政为民的本质要求，始终牢记"两个务必"，全面加强思想作风建设，带头弘扬新风正气，坚决抵制贪图安逸、追求享乐等不正之风，为全社会做好表率。

二、严格审批党政机关办公楼建设项目

所有新建、扩建、迁建、购置、装修改造党政机关办公楼项目，必须严格履行审批程序。根据有关规定，中央直属机关办公楼建设项目经中央直属机关事务管理局审核同意后，由国家发展改革委核报国务院审批。国务院各部门办公楼建设项目，总投资7000万元以下（含7000万元）的，由国务院机关事务管理局征求国家发展改革委意见后报国务院审批；总投资7000万元以上的，经国务院机关事务管理局初审后，由国家发展改革委核报国务院审批。中央和国家机关所属事业单位办公楼建设项目，一律报国家发展改革委

审批。其中，使用中央预算内投资7000万元以上的，由国家发展改革委核报国务院审批。

省（自治区、直辖市）及计划单列市党政机关办公楼建设项目，一律由国家发展改革委核报国务院审批。省直厅（局）级单位和市（地、州、盟）、县（市、区、旗）党政机关办公楼建设项目，由省（自治区、直辖市）人民政府审批。市（地、州、盟）、县（市、区、旗）党政机关直属单位和乡镇党政机关办公楼建设项目，由市（地、州、盟）人民政府（行署）审批。地方各级党政机关直属事业单位办公楼建设项目的审批程序，由各省（自治区、直辖市）人民政府规定。

今后一律不再审批党政机关新建、改扩建包括培训中心在内的各类具有住宿、会议、餐饮等接待功能的设施或场所建设项目，也不得安排财政性资金用于部门、地方所属的现有这类设施或场所的维修改造。各级党政机关要积极推进所属接待设施或场所经营管理的社会化进程，实现与所属部门彻底脱钩。

三、从严控制党政机关办公楼建设标准

党政机关办公楼建设必须体现庄重、朴素、实用和节约资源的原则。办公楼面积标准要严格按照原国家计委《关于印发党政机关办公用房建设标准的通知》（计投资1999 2250号，以下简称《通知》）的规定执行。办公楼主入口不得设置大门厅，门厅高度不得超过两层楼高。各级领导干部办公室的使用面积，要严格控制在《通知》规定的标准内。不得在办公区域内，以任何理由建设阶梯式和有舞台灯光音响、舞台机械、同声传译的会堂、报告厅、大型会议室。建筑物内不得设置阳光房、采光中厅、室内花园、景观走廊等。

党政机关办公楼不得定位为城市标志性建筑，外立面不得搞豪华装修，内装修要简洁朴素，办公设备的配置要科学实用。电梯、采暖、空调、供配电、弱电等设备以及各类建筑材料均应选用高效、节能、环保的国产产品。凡新建、改扩建的，必须严格执行《公共建筑节能设计标准》，建成后应进行建筑节能测评，凡达不到建筑节能标准的，不得进行竣工验收备案。

党政机关办公楼建设必须符合土地利用和城市规划要求，从严控制用地规模，严禁超标准占地、低效利用土地，不得占用耕地，不得配套建设大型广场、公园等设施。同时，要积极创造条件盘活行政事业单位办公楼存量资源，增加存量供给。对办公用房确有困难的，应首先考虑从现有党政机关办公用房存量中调剂解决；确需新建、改扩建的，应打破系统、部门之间界限，实行集中建设。

要充分发挥限额设计在控制投资和建设标准方面的作用，坚决控制党政机关办公楼工程造价标准。党政机关办公楼单位综合造价（不含土地有关费用及市政配套建设费），省（部）级不得超过4000元/平方米，市（地）级不得超过3000元/平方米，县（处）级及以下单位不得超过2500元/平方米。在不超出上述限额的前提下，各省（自治区、直辖市）可根据本地实际情况制定党政机关办公楼单位综合造价标准。凡超出规定标准的，投资主管部门一律不得受理。除明显物价上涨以及国家政策性调整、自然灾害等不可抗力因素外，经批准的初步设计概算一律不得突破和调整。

四、规范党政机关办公楼建设资金来源和管理方式

党政机关和财政全额拨款事业单位办公楼项目建设投资，统一由政府预算内投资安排，不得使用银行贷款，不得接受任何形式的赞助或捐赠，不得搞任何形式的集资或摊派，不得向其他单位借款，不得让施工单位垫资，严禁挪用各类专项资金。土地收益和资产转让收益要按照有关规定严格实行收支两条线管理，不得直接用于办公楼建设。差额拨款和自收自支事业单位使用行政事业性收费等财政性资金建设办公楼的，在申报项目时要出具财政部门对使用行政事业性收费等财政性资金的审核意见。

加快推进党政机关办公楼建设项目代建制试点工作。逐步推行由专业化项目管理单位组织实施项目建设、建成后移交给使用单位的建设管理模式，不再由使用单位自行组织建设。

投资和规模较大的党政机关办公楼建设项目，投资主管部门应对项目施工图进行复核，对不按初步设计和投资概算批复要求编制的施工图，建设和设计单位必须按要求进行修改。在项目实施过程中，有关部门要加强监督检查，使用单位不得随意干涉。项目建成交付使用前，由纪检监察机关、审计、财政和投资主管等部门组成联合检查组，对项目的建设规模、标准、投资、资金来源进行全面检查。

五、全面清理党政机关办公楼等楼堂馆所建设项目

各地区各部门要对近年来修建党政机关办公楼等楼堂馆所情况进行全面彻底的清理。对清理中发现的问题，要根据不同情况分别作出处理。凡是违反规定拟建和在建的办公楼等楼堂馆所项目，必须坚决停建或缓建；凡是没有按规定履行审批手续，擅自建设的办公楼等楼堂馆所项目，一经查实，要予以没收；凡是超规模、超标准、超投资概算建设的办公楼等楼堂馆所项目，要视具体情况作出腾退超标准面积或全部没收、拍卖处理。对招标交易单位不按批复规模、标准受理招标的，有关部门要责令其停业整顿，并追究直接责任人和主要领导人员的责任；对设计单位不按批复规模、标准设计的，有关部门要依法给予其行政处罚，并禁止其承接政府投资项目的设计业务；对项目未按批复规模、标准实施，监理单位未及时制止并向投资主管部门报告的，有关部门要依法给予其行政处罚，并禁止其承接政府投资项目的监理业务。

六、建立健全相关制度和监管机制

各地区各部门要结合实际，抓紧制定相关制度和实施办法，并切实加强领导，严格落实责任制，确保本通知精神落到实处。投资主管部门要进一步完善审批程序，建立健全审批责任制和内部监督机制，对违规审批等行为要严肃处理。财政部门要严格公共财政支出管理制度，增强预算透明度，对于未经有关部门审批的办公楼建设项目一律不下达财政预算，把党政机关办公楼等楼堂馆所建设预算支出情况作为政务公开的重要内容，主动接受社会监督。建设部门要加强党政机关办公楼等楼堂馆所设计概算、施工预算编制的管理和工程造价标准的制定工作。审计部门要加强对党政机关办公楼等楼堂馆所建设项目的审计监督。纪检监察机关要加强对党政机关办公楼等楼堂馆所建设的监督检查，坚决纠正和查处各种违规违纪行为，对有令不行、有禁不止的，要依照有关规定给予直接责任人党纪政

纪处分，并追究有关领导人员的责任。

本通知所称党政机关，包括党的机关、人大机关、行政机关、政协机关、审判机关、检察机关。工会、共青团、妇联等人民团体以及各级党政机关派出机构和直属事业单位适用本通知。国有和国有控股企业参照执行本通知。

中共中央、国务院关于党政机关厉行节约制止奢侈浪费行为的若干规定

（中发［1997］13号　1997年5月25日）

坚持和发扬艰苦奋斗、勤俭节约的优良传统和作风，对于加强党和政府同人民群众的血肉联系，促进党政机关的廉政建设，推动我国改革开放和社会主义现代化建设事业的顺利进行，具有十分重要的意义。近年来，党中央、国务院多次强调，各级党政机关都要厉行节约，反对奢侈浪费，并就此作出过一系列规定。总的看，这些规定的执行情况是好的。但是，讲排场、比阔气、挥霍公款等奢侈浪费现象仍然存在，在有的地区、部门和单位还呈蔓延之势。为了树立艰苦奋斗、勤俭节约的良好风气，进一步制止奢侈浪费行为，党中央、国务院决定重申和制定如下规定：

一、严格控制新建和装修办公楼。党政机关现有办公楼已达到规定建筑面积指标的，不准改扩建、新建或购买办公楼。现有办公楼未达到规定建筑面积指标的，从1997年起三年内原则上不准新建或购买办公楼；因危房或新增机构办公用房等确有必要新建或购买办公楼的，须按国务院发布的《楼堂馆所建设管理暂行条例》中的规定程序报批。经批准新建或购买办公楼的，要严格执行规定标准。新建或购买办公楼不准贷款或挪用其他资金。贫困地区的党政机关一律不准新建或购买办公楼。党政机关不得以建业务楼等名义新建办公楼。除正常维修外，现有办公楼从1997年起三年内不准进行装修。正常维修不得提高原装修标准。

本规定颁布前已立项尚未动工兴建的办公楼，一律暂停，经重新审查后，根据不同情况作出处理；已经动工的，应严格按规定的建筑标准施工。

党政机关新建的已达到规定建筑面积指标的办公楼投入使用后，应及时交出超面积标准的旧办公楼供调剂使用。

二、严格控制各种会议。党政机关召开会议要坚持务实、节俭、高效的原则，既无明确目的又无实质内容的会议或可开可不开的会议，一律不开。确有必要召开的会议，应严格控制数量、会期和参加会议的人数。要严格控制各种类型的纪念会、研讨会、表彰会、新闻发布会等。要建立健全会议审批制度。党政机关召开的各类会议，不准赠送礼品和纪念品，不准组织高消费娱乐活动，不准以开会为名游山玩水，不准向企业事业单位摊派会议费。要提倡就地开会，提倡开电话会议。要逐步建立和推行会议费预算总额包干制度。1997年会议经费的实际支出应比上年至少压缩10%。要减少对会议的新闻报道。

三、严格控制各种庆典活动。党政机关除经上级批准举办有特殊重大意义的庆典活动外，一律不准举办其他庆典活动。凡举办全国性的庆典活动，须经中共中央办公厅或国务院办公厅审批，必要时报党中央或国务院审批；地方性的庆典活动，须经省、自治区、直辖市党委或政府审批，必要时报党中央、国务院审批。要本着节俭的原则严格控制庆典活

动的规模和开支。庆典活动不准发放礼品和贵重纪念品，不准向企业事业单位摊派各种费用。

党政机关领导干部参加庆典活动要由负责安排领导干部活动的部门统一安排，不准擅自应邀参加庆典活动；举办庆典活动的部门对参加庆典活动的人数要严格控制。

四、严禁用公款大吃大喝、挥霍浪费。党政机关召开会议和公务接待要严格执行食宿接待标准，不准超标准接待。各地区、各部门制定的接待标准应当公开。有关部门必须严格执行接待制度，加强管理和监督。不准到上级领导机关所在地宴请领导机关工作人员，不准利用各种学习、培训之机互相宴请，不准参加用公款支付的高消费娱乐活动。对违反规定的要严肃处理，情节严重的还要公开曝光。

五、严格控制用公款安装住宅电话或购买移动电话。党政机关要严格按规定安装住宅电话，住宅电话费实行对个人规定限额、超额自负的制度。党政机关工作人员除工作特殊需要并经部门主管领导批准外，不准配备移动电话；不准占用企业事业单位和其他单位的移动电话。对现已配备和占用的移动电话以及用公款安装的住宅电话，要认真清理，登记注册，对违反规定的一律收缴，并责令补交公款支付的一切费用。

六、严格控制各种检查，禁止形式主义的评比和达标活动。除按法律、法规规定和经党中央、国务院批准外，不准举办全国性或行业性的企业评比活动。经批准举办的活动，不准向被检查、评比、达标单位和个人收费或变相收费，不准借检查、评比、达标活动之机大吃大喝和敛财。

七、严格按规定配备和更换小汽车。党政机关领导干部在任同一职务期间配备的小汽车，五年之内不准更换。使用五年以上，能够使用的要继续使用；按照国家汽车报废更新的有关规定，经交通管理部门鉴定如已达到报废更新标准，可申请更换。有关主管部门要从严审批。领导干部变动工作岗位，能在现有车辆中配备小汽车的，不准配备新车。

党政机关工作人员不得以任何理由私自借用下级机关或企业事业单位的车辆，对现已借用的车辆要一律清退。

八、严格管理公费出国（境）。严禁借考察、学习、培训、研讨、招商、参展等名义用公款变相出国（境）旅游，不准违反规定跨地区、跨部门组织出国（境）活动，不得以任何理由擅自增加访问国家、绕道或延长在国（境）外停留时间。党政机关要严格控制领导干部出访，一般性考察和没有明确目的及实质内容的出国（境）活动要坚决制止。地方党政机关的领导干部一般不得单独组团出国（境）进行立法、司法、财税等领域的考察和交流。党政机关的省（部）级领导干部，未经党中央或国务院批准，不得在国（境）外主持和参加经贸洽谈会、展销会、招商会等经贸活动，不得出国（境）进行股票发行的推介活动，不得参加企业事业单位团组出国（境）。

九、各级党委、政府要认真贯彻执行本规定。对广大党员干部和机关工作人员，要经常进行艰苦奋斗、勤俭节约的教育。各级纪检监察机关要协助党委、政府贯彻落实本规定，并对规定的执行情况进行监督检查。有关业务主管部门应根据本规定精神制定实施细则，建立健全管理制度，严格审批，严格把关。财政、金融、审计等部门对本规定中涉及经费开支的项目要严格管理和监督。各级宣传部门要抓好本规定贯彻落实的宣传报道，积极发挥舆论监督作用。对违反本规定的党政机关，同级财政部门要相应核减其预算经费。

对违反本规定的单位和个人，要视情节轻重追究直接责任人的责任和有关领导的责任，直至给予党纪政纪处分。

十、本规定所称党政机关，是指党的机关、人大机关、行政机关、政协机关、审判机关、检察机关。工会、共青团、妇联等各人民团体适用本规定。国有企业事业单位参照执行本规定。

中共中央纪律检查委员会办公厅、监察部办公厅关于禁止对普通轿车进行豪华装修的通知

（中纪办〔1996〕114号　1996年6月27日）

清理党政机关及党政领导干部超标准用车的工作已取得阶段性成果，受到群众的拥护和好评。但是，有些地方出现了将普通轿车进行豪华装修的现象，所花费用几万元、十几万元，有的甚至超过购置该车的价格，严重地违反了中央关于清理豪华小轿车有关规定的精神。为此，特通知如下：

党政机关领导干部的工作用车及国有企业事业单位领导干部的工作用车一律不得进行豪华装修，即购车时不得要求售车单位高于原车配置设计进行装修，也不得借修车之机进行高于原车配置的装修，如增改天窗、电动门窗；调换真皮座椅；增设车载冰箱、电视、CD音响，以及其它与汽车行驶性能无关的设备。中央纪委第三次全会后，对党政领导干部的工作用车进行豪华装修，以及中央纪委第五次全会后，对国有企业事业单位的领导干部的工作用车进行豪华装修的，必须追究有关人员的责任。情节较轻的，责令作出检查；情节较重的，按照有关规定给予党纪政纪处分。本通知下发后继续违反的，从重处分。对严重超出原车配置设计进行装修的车辆，比照清理豪华小轿车的有关规定处理。

中共中央纪律检查委员会办公厅关于对公安、安全、金融系统在中央纪委三次全会后购买超标准小汽车进行处理的有关政策性问题给浙江省纪委的答复

（中纪办［1996］211号　1996年10月14日）

中央纪委《关于转发中共中央国家机关工委、国务院机关事务管理局〈关于中央国家机关部级领导干部超标车处理中几个政策性问题规定的通知〉的通知》（中纪发［1995］9号）所规定的公安、安全部门可以将超标车转为本机关业务用车，是指这些单位已配备的除奔驰、林肯、卡迪拉克、公爵王、奥迪V8、奥迪V6等高级豪华车以外的供领导干部乘坐的超标车，可以转为本机关的业务用车，并不是说这些部门可以新购置超标准小汽车作为业务用车。公安、安全部门应依据汽车配备和使用管理方面的规定配备小汽车，违反规定配备小汽车的，应依据有关规定严肃处理。金融系统也应照此办理。

中共中央、国务院关于高级干部生活待遇的若干规定

（中发［1979］83号　1979年11月13日）

我们党的干部包括高级干部，一向具有艰苦朴素、与人民同甘共苦的优良传统。这是我党领导中国人民取得革命和建设胜利的一个重要条件。但是，由于封建特权思想和资产阶级思想的侵蚀，特别是林彪、“四人帮”的破坏和毒害，党内有少数领导干部利用职权，谋求私利，生活特殊，影响恶劣，引起人民群众强烈不满，使党的威信受到损害。

目前，我们党正动员和率领全党全军全国人民克服林彪、“四人帮”破坏造成的严重困难，向着祖国四个现代化的伟大目标进军。在这个关键时刻，党的各级干部，特别是高级干部，自觉地以身作则，发扬我党艰苦奋斗的优良传统，起模范带头作用，与人民同甘共苦，这对于团结全国广大干部和群众，同心同德，搞好“四化”建设，有着极为重要的意义。

为此，本着既反对领导干部生活特殊，又反对平均主义的原则，根据国家经济情况并保证工作需要，对中央机关、国家机关和各人民团体的高级干部生活待遇，作如下若干规定：

一、宿舍

（一）一个高级干部的宿舍只能有一处，不得同时占用两处。调到外地工作时，应将原宿舍交回。家属不能随迁的，其宿舍另行安排。

（二）宿舍的面积要有限额，由国务院作出规定。已工作的子女可以同住，如不能同住，其住房原则上由所在单位解决。

（三）严禁利用职权，动用国家物资、人力，为个人建造单户住宅。宿舍的维修，由有关管理部门按制度办理。

（四）已安排宿舍的，不准再占用宾馆、招待所；已经占用的，应限期迁出。凡拖延不迁者，其房费由个人自付。

（五）高级干部逝世后，原配备的宿舍，在一两年内收回，对遗属的住房，另行妥善安排。

二、房租和水电费

（一）高级干部宿舍，除按规定附设的会客室（或办公室）免收房租外，其他用房按面积收取房租。对个人占而不用，别人也无法使用的房屋，原则上照收房租。

（二）水电费自理，公私混用不能分别装电表、水表的，根据水电的实际消耗，按比例合理分摊。

三、家具和生活用具

（一）家具和生活用具，由个人自理；对确有困难的，由公家适当配备，按照规定收取租金。

（二）凡高级生活用品，如电冰箱、电视机等，今后一律由个人自理。原公家已经配

备的，一律按市价合理折价处理给本人。本人不要的，由公家收回，不得以任何理由长期无偿占用，化公为私。

四、交通工具

（一）汽车：部长以上干部，每人配备专车一辆。临时需要增加车辆，由有关单位派车。常务副部长、外事和公安部门副部长及65岁以上的年老体弱的副部长，根据工作需要，每人可配备专车一辆。其他副部长一般不配备专车，由所在单位根据需要，保证用车。家属子女单独外出不供车，因特殊情况必须用车的，按乘坐里程收费。

（二）火车：人大常委副委员长、国务院副总理以及全国政协副主席、最高人民法院院长、最高人民检察院检察长，因公外出，可乘坐火车包车；部长可乘坐火车软卧包房。上列人员除因特殊情况并经中央或国务院批准外，均不得乘坐火车专列。

（三）飞机：人大常委副委员长、国务院副总理以及全国政协副主席、最高人民法院院长、最高人民检察院检察长、部长因公外出，除因特殊情况并经中央或国务院批准外，均不得乘坐专机。

五、服务人员

（一）人大常委副委员长、国务院副总理以及全国政协副主席、最高人民法院院长、最高人民检察院检察长的宿舍，配备服务员、炊事员各一人。如因特殊情况必须适当增加者，应经过批准。

（二）部长的宿舍，配备炊事员或服务员一人。如因特殊情况，经过批准可增加一人。原配备的警卫员取消。

（三）65岁以上的副部长的宿舍，配备炊事员或服务员一人。

（四）在上述规定人数内，本人愿意自雇服务人员的，由公家按规定发给自雇费。

六、出差、出国和外出休养

（一）高级干部外出视察和检查工作，不能携带家属子女和无关人员。凡有家属子女或无关人员同行的，其车、船、食宿费用自理。

（二）高级干部出国访问，除礼节上需要带夫人者外，一律不准带子女亲属。

（三）高级干部外出休养，可携带家属陪同照顾，但一般不得携带已参加工作的子女。

（四）高级干部外出视察和检查工作或外出休养，除有关招待机关负责接待外，不得组织人员迎送；不得举办宴会、专场晚会和其他特殊招待；不得动用公款购送土、特产品。

（五）伙食费和粮票按规定标准收交。

七、文化娱乐

（一）原则上不准为个人组织专场电影、戏剧以及其他文娱活动。如为个人放映电影，要收取影片租金。

（二）除外事活动外不得在公共娱乐场所为高级干部设特座。

（三）为高级干部集体放映电影一律售票，如放映不宜扩大范围的“内部参考影片”，子女不得入场。

（四）有关部门组织的集体文娱活动，高级干部及其家属子女参加时，要同群众一样照章购票。

八、不请客送礼

（一）不准用公款请客送礼。

（二）不得以试用、借用等名义，无偿占有或低价购买国家和集体生产的产品。

（三）各部门各地区和生产单位，不得以任何名义向高级干部个人赠送物品。

（四）在外事、外贸活动中，接受对方赠送的礼品，除价格不高的零星纪念品外，一律交公。

九、（略）

十、遗属的生活安排

高级干部逝世后，对遗属的生活安排问题，由民政部制定具体办法，颁发执行。

本规定适用于各省、自治区、直辖市党委书记、副书记，人大常委主任、副主任，政府省长（主席、市长）、副省长（副主席、副市长），政协主席、副主席等高级干部。军队高级干部的生活待遇，由中央军委参照上述精神另行规定。

关于退休的高级干部生活待遇问题，另行规定。

上述规定，各有关部门必须严格执行；高级干部应自觉遵守。今后凡违反规定的，要进行批评教育；对错误严重，情节恶劣的，应给予纪律处分。

中共中央办公厅、国务院办公厅关于新任副部长、副省长以上干部生活待遇的几项暂行规定

（中办发［1983］39号　1983年5月21日）

随着中央、国家机关以及省、市、自治区一级机构改革工作的开展，一大批优秀干部陆续被提拔到中央和省级以上的党政机关领导岗位，其中大多数是年轻干部。今后还将有更多的年轻干部进入省级以上领导班子。这不仅加快了新老干部合作和交替的进程，而且使高级干部的结构逐步发生变化。在这个新老交替过程中，一些地方和部门提出，对新任命的副部长、副省长以上干部的生活待遇应该如何处理，要求作出相应规定，以便掌握。

中共中央书记处、国务院认为，为了有利于年轻干部的健康成长，有利于促进干部制度的改革，同时，为了贯彻中央提出的对在职干部既严格要求、又保证工作需要的原则，对新提拔的副部长、副省长以上干部的生活待遇，不宜完全按照1979年11月《中共中央、国务院关于高级干部生活待遇的若干规定》办理，需要作一些新的规定。本着上述精神，现对1982年机构改革以来新提拔的担任中央、国家机关副部长和副省长及其以上职务干部的生活待遇作如下几项暂行规定：

一、工资待遇

1. 中共中央、国务院、全国人大常委会、全国政协的领导人，按国务院1982年12月《关于调整国家机关、科学文教卫生等部门部分工作人员工资的决定》（以下简称《决定》）调整工资后，其月标准工资不到200元的，在任职期间，每月补助50元，但补助费加上月标准工资的总数不得超过200元。

2. 中央、国家机关的部长、主任，省、市、自治区党委一把手，省长、市长、自治区主席，人大常委会主任，政协主席（以下简称部长级干部），按《决定》调整工资后，其月标准工资不到150元的，在任职期间，每月补助40元，但补助费加上月标准工资的总数不得超过150元。

3. 中央、国家机关的副部长、副主任，省、市、自治区党委书记、副书记，副省长、副市长、自治区副主席，人大常委会副主任，政协副主席（以下简称副部长级干部），按《决定》调整工资后，其月标准工资不到120元的，在任职期间，每月补助30元，但补助费加上月标准工资的总数不得超过120元。

二、汽车配备

部长级以上干部，可以配一辆专用汽车。副部长级干部保证工作用车，不配专车。

三、秘书配备

部长级以上干部，可以配一名专职秘书。副部长级干部，不配专职秘书，由办公厅（室）指定人员办理有关秘书事宜。

四、宿舍

副部长级以上干部的宿舍，原则上不作调整，不予扩建。对个别住房确实拥挤的，可

根据家庭人口和工作需要，按略高于本机关中层领导干部一般住房标准作适当调整。

部长级以上干部，可以在宿舍设一间会客室，房租由所在单位报销。

五、医疗

副部长级以上干部的医疗关系，原则上不转，由卫生部门发给“门诊医疗证”，在原合同医院优先就诊。需要住院、转院治疗的，可根据情况给以必要的照顾。

六、在中央、国家机关机构改革以前提拔，现仍担任上述领导职务，尚未享受《中共中央、国务院关于高级干部生活待遇的若干规定》规定的待遇的干部，其生活待遇可参照本规定执行。

中共中央办公厅、国务院办公厅关于贯彻执行离休干部生活待遇规定的通知

（中办发［1984］18号　1984年6月3日）

机构改革以来，有大批老干部陆续退出领导岗位离职休养。中央、国务院先后颁发了有关离休干部政治、生活待遇的规定。各地区、各部门在贯彻执行这些规定时，做了大量工作，取得了显著成绩。但工作进展尚不平衡，有些规定在一些单位还没有落实，离休干部在住房、就医、用车等方面的困难还未完全得到解决。各级党委和有关部门，应按照“基本政治待遇不变，生活待遇略为从优”的原则，认真解决离休干部的待遇问题。

各级党组织在落实离休干部政治、生活待遇的同时，要设法开辟一些新路子，发挥离休干部在社会主义物质文明和精神文明建设中的作用。例如，可以提倡老同志参加各种咨询服务组织，从事社会调查和教育青少年等社会工作。要勉励离休干部发扬艰苦奋斗、全心全意为人民服务的优良传统，在端正党风和改变社会风气的工作中，起模范带头作用。离休干部在生活待遇方面的要求，也要体谅国家的困难。

为了正确贯彻执行中央、国务院关于离休干部生活待遇的规定，遵照中央书记处和国务院的指示，现就有关问题作如下通知：

一、住房。离休干部的住房标准享受同级在职干部的待遇，在分配住房时，应当给予优先照顾。跨省安置的离休干部的建房问题，接受安置地区应积极予以落实。建房费用应按规定的建筑面积和接受安置地区制定的每平方米造价标准合理计价，不得超过当地规定多要建房费。

二、参观。离休干部参观工农业建设的活动，应就地、就近安排，注意勤俭节约。跨省参观应适当控制，一律经所在省、自治区、直辖市或中央、国家机关部委批准，由省级老干部工作部门统一组织，并事先征得所去地方的省级老干部工作部门同意，否则不要前往。跨省参观，每年一般只限于组织一批，人数不宜过多，参观时间不宜过长。地、县级单位一律不得组织跨省参观。

参观活动的经费开支一律按规定报销。凡个人自行外出的，费用自理。

三、医疗。在离休干部看病难、住院难的地方和部门，要认真采取措施加以解决。各省、自治区、直辖市的离休干部应在当地就医；当地医治不了而必须转外地诊治的，要按照卫生部门的规定办理医疗手续。不能违反规定多带陪护人员。病愈后应及时出院，不能以治病为名进行旅游或长期在大中城市宾馆、招待所留住。

四、用车。离休干部的配车、用车，要按现行的有关规定执行。原配有专车的干部，离休后待遇不变，如本人自愿，可将专车组成为老干部服务的车队，统一调度。高级干部原未配专车的，离休后不再固定专车，但要保证用车。

五、办公室、秘书、电话。已经离休或退下来在原单位未任职的干部，其原来的办公室不再保留，但要保证他们有学习、看文件的场所；高级干部离休后，一般不配秘书，工

作确实需要的，经所在省、自治区、直辖市或中央、国家机关部委领导批准，可临时抽调助手；原宿舍配备的普通电话应予保留，保密电话不再保留。

各级党组织和老干部工作部门，应按本通知和有关规定，对离休干部政治、生活待遇的落实情况，经常进行检查。不落实的抓紧落实，违反规定的，要按规定妥善解决。

中共中央办公厅、国务院办公厅关于简化各级领导干部外出活动接待工作的若干规定

（中办发［1986］2号 1986年1月23日）

近年来，各级领导干部外出活动时，有些地方在接待工作中没有认真执行有关规定，迎送和陪同人员过多，招待标准过高，警卫工作有时影响群众的正常活动。这些做法，助长了铺张浪费和形式主义，有损党群关系。为了改变这种状况，经中央书记处、国务院批准，对于不是陪同外宾活动的内部接待工作，特作如下规定：

一、废除礼仪性的迎来送往

各级领导干部外出活动，各地除负责接待的少数同志以外，地区、部门负责同志不要到机场、车站、码头迎送，更不要到本地区边境迎送。上级领导干部途经各地时，地区、部门负责同志“不迎不送，不请不到”。

领导干部到基层检查工作，包括参加各种检查团、组，严禁动员或组织群众迎送，不要贴标语，挂横幅。

二、减少陪同人员，轻车简从

领导干部外出活动，各地必须减少陪同人员和工作人员，除约定者以外，其他负责同志不要出面陪同。各级领导干部，包括退下来的老同志，外出休息、疗养时，所到地区和部门的负责同志不要陪同进行参观。

领导干部在各地乘汽车参加活动时，尽量安排集体乘坐大、中型汽车，以减少车辆，避免影响交通。

三、从俭安排食宿

领导干部外出活动，不得安排住接待外宾、侨胞的豪华宾馆，禁止举行迎送宴会，进餐时不要备酒。就餐人员要按标准交伙食费，服务人员的工作餐和误餐费也要严格按规定办。会议室、会客室和卧室，一律不备香烟、水果或其他食品。

不为各级领导干部组织专场文娱活动。

四、禁止馈赠礼品

严禁动用公款向上级领导干部和随行人员馈赠礼品，包括试用品、土特产。

各级领导干部及其随行人员不得向所到地区、部门索取和接受礼品，不得请求代购紧俏商品和优惠价格商品。

五、如实汇报工作情况

向上级领导同志汇报工作要实事求是。成绩、缺点和问题都要如实讲，既不夸大，也不缩小；不得提供假情况，假数据。安排参观访问的路线、地点和单位，应尊重上级领导同志的意见，不要搞仅供参观的固定典型，严禁弄虚作假，布置现场。

六、改进警卫形式和新闻采访

重申1982年11月经中央书记处批准的《关于进一步做好中央领导同志外出时警卫接

待工作的几点意见》的有关规定。要进一步改进警卫形式，坚持内紧外松的原则，切实做到既保证中央领导同志的安全，又方便中央领导同志联系群众。除特殊需要作专门布置以外，中央领导同志外出时，不用警车开道，不用警笛。现场警卫，要严格限制执勤人数。要经常教育全体警卫、接待人员加强群众观点，做到文明礼貌。

除党和国家主要领导人以外，其他中央领导同志到各地视察工作，非经中共中央办公厅或国务院办公厅同意，中央各新闻单位一律不派人随行。中央领导同志在各地的活动，需要在当地报道的，经省级党委批准；需要在全国范围内报道的，由新华社发通稿；重大活动，须由有关方面提出报道计划，经主管部门批准后执行。现场采访人员，包括文字、摄影和电视录像，限3至5人。各新闻单位采访的新闻、影像等资料，由新闻单位共同使用。

以上各项规定，请各级党委、政府坚决贯彻执行，由秘书长或办公厅（室）主任统一组织有关单位认真落实，检查监督。各级领导干部要严格要求自己，模范地遵守各项规定，随时批评制止违反规定的做法。担负接待任务的全体工作人员要敢于坚持原则，严格按规定办事，努力做好工作，共同为实现党风和社会风气的根本好转做出贡献。

中共中央办公厅、国务院办公厅关于中央党政机关汽车配备和使用管理的规定

（中办发［1989］11号　1989年9月6日）

根据《中共中央、国务院关于近期做几件群众关心的事的决定》，经党中央、国务院领导同志同意，对中央党政机关汽车配备和使用管理问题作如下规定：

一、正部长级以上（含正部长级）干部，按一人一辆配备专车。

二、副部长级干部一律不配备专车，其工作用车予以保证。已离休的副部长级干部、退出现职尚未办离休手续的副部长级干部和副部长级干部离休后享受正部长级待遇的干部，也不配备专车。《中共中央办公厅、国务院办公厅关于新任副部长、副省长以上干部生活待遇的几项暂行规定》下发执行以前，已按《中共中央、国务院关于高级干部生活待遇的若干规定》配备专车的副部长，其专车可继续保留，但本人不用车时，由机关调度使用。

三、党中央和国务院领导同志的专车，由负责其生活服务工作的部门配备和管理。各部门正部长级干部专车的配备，需经中共中央直属机关事务管理局或国务院机关事务管理局审批。各部门不得擅自为领导干部配备或调换专车。

四、今后各部门均不准再购买进口小轿车（执行政府间已签定的长期贸易协定和国家批准的技术贸易合同进口的小轿车除外）。中央政治局、书记处成员和国务院常务会议组成人员一律使用国产车。正部长级干部，要根据实际情况，逐步使用国产车。现在使用的进口车，尽可能继续使用，达到报废更新条件时再换配国产车，避免造成新的浪费。

五、驻境外机构要加强汽车的使用管理。应配备一部分中、低档车作为一般公务用。必须退役的车辆应尽量在当地处理。严禁以处理退役车为名变相进口汽车。

六、坚持因私用车收费制度。所有机关干部和职工均不得用公车办私事，遇有特殊情况必须用车的，一律按规定收费。各部门都要严格执行统一规定的专车使用登记和因私用车收费制度。

七、加强汽车配备和使用的监督检查。负责车辆配备管理的部门要严格按规定配车；负责车辆使用管理的部门要定期进行检查，发现问题要及时解决和纠正。本规定要向机关职工传达，欢迎群众对领导干部配车和用车情况进行监督。纪检机关和监察部门要履行职责，认真查处违反车辆配备和使用规定的问题。

八、各部门所属企业、事业单位车辆的配备和使用也按本规定办理。

九、过去有关汽车配备和使用的规定，凡与本规定不一致的，一律按本规定执行。凡不符合配备专车规定而配备了专车的，必须按规定收回。各部门要在10月底以前将落实本规定的情况报中共中央直属机关事务管理局或国务院机关事务管理局，由中共中央直属机关事务管理局和国务院机关事务管理局分别汇总后报党中央、国务院。

中共中央办公厅、国务院办公厅关于在国内公务活动中严禁用公款宴请和有关工作餐的规定

（中办发［1989］14号　1989年9月18日）

根据《中共中央、国务院关于近期做几件群众关心的事的决定》的精神，经党中央、国务院批准，现就在国内公务活动中严禁用公款宴请和有关工作餐问题，作如下规定：

一、各级党和国家机关工作人员（含离休、退休人员，下同）在国内进行各种公务活动，包括上级到下级（含到企业、事业单位）检查指导工作、调查研究，同级之间、地区之间公务往来、参观学习以及干部工作调动等，严禁用公款搞任何形式的宴请。

二、党和国家机关工作人员到外地进行上述公务活动，在住所需要就餐时，应由就餐个人自购餐券就餐，自行交纳伙食费，回单位后按规定报销出差伙食补助费。

三、党和国家机关工作人员进行公务活动，在本埠不能回家或回单位，在外埠不能回住所吃饭的，可在职工食堂就餐或由接待单位供应工作餐。工作餐采用分餐制，一般不得陪餐。

工作餐不准上价格昂贵的菜肴，不准用公款购买烟、酒。工作餐的金额标准由各省、自治区、直辖市根据本地实际情况确定，并报财政部备案。

用工作餐的人员需按当地规定标准交纳伙食费。

四、凡违反上述规定的，均属违纪行为。所动用的公款，必须由违纪单位负责向就餐者如数追还。对违反规定的单位和批准动用公款的责任人员，要按《国务院关于违反财政法规处罚的暂行规定》处理。是党员的，同时要按党的纪律进行处理。各省、自治区、直辖市党委、人民政府可根据本地情况制定具体办法，并报财政部、监察部和中纪委备案。

五、各地区、各部门、各单位和各级党的纪律检查机关、行政监察部门负责本规定的监督实施。如有违纪人或所在单位拒不执行党的纪检机关和行政监察部门处理决定，财务人员对用公款吃喝不抵制，对坚持原则抵制违纪行为的人员和举报人员进行打击报复，要给予单位负责人和直接责任人员以党纪、政纪处分。触犯刑律的，要依法处理。

对违反本规定人员需要给予党纪、政纪处分的，按照干部管理权限和处分程序进行处理。党的纪检机关和行政监察部门也可以直接处理。

六、各级党和国家机关召开的各种会议，按上述精神办理。

七、本规定适用于各级党的机关、国家机关和各人民团体、事业单位及兼有行政管理职能的公司。全民所有制和集体所有制企业也应参照本规定的精神办理。有关外事活动的宴请和用餐，仍按现行规定执行。

八、本规定自发布之日起施行。各省、自治区、直辖市党委和人民政府可根据本规定制定实施细则。过去有关规定凡与本规定不一致的，一律以本规定为准。

中共中央纪律检查委员会、国家发展和改革委员会、监察部等关于做好清理整改工作建立控制党政机关办公楼等楼堂馆所建设长效机制的通知

（发改投资［2008］490号　2008年2月19日）

根据《中共中央办公厅　国务院办公厅关于进一步严格控制党政机关办公楼等楼堂馆所建设问题的通知》（中办发［2007］11号）文件精神和《中共中央纪委　国家发展改革委　监察部　财政部　国土资源部　建设部　审计署关于开展党政机关办公楼等楼堂馆所建设项目清理工作的通知》（中纪发［2007］5号）文件部署，目前全国党政机关办公楼等楼堂馆所建设项目清理自查、复查工作已经结束。为了进一步做好发现问题的整改工作，并逐步建立控制党政机关办公楼等楼堂馆所建设长效机制，经报请中共中央办公厅、国务院办公厅同意，现将有关事项通知如下。

一、继续做好违规项目的整改工作

根据中办发［2007］11号文等有关规定，继续做好清理发现问题的整改和有关责任人的查处工作。

（一）对违规问题进行整改

对于确需建设的办公楼项目，未履行项目审批、用地、规划、建设许可、招投标、竣工验收等手续的，要尽快补办相关手续；人均面积超标或领导班子使用面积超标的项目，已建成或在建的要根据具体情况采取腾退超标面积、安排其它单位使用或调整房屋布局等措施，未开工的要修改设计方案；单位综合造价或装修标准超出规定标准、且未开工建设的，要按有关标准重新调整设计方案和投资概算；资产处置收益未按规定实行收支两条线管理、垫资、拖欠工程款等资金来源不合规的，要根据有关规定规范资金来源；已建成并出租经营的，出租所得资金上缴财政，租赁合同到期后退租；在办公楼建设中违规配套建设有餐饮、住宿功能的，餐饮、住宿功能部分要进行拍卖或交由本级政府资产管理部门统一处置。

对经审核不需建设的办公楼项目，未开工的要停止建设；已开工以及已建成的项目要进行拍卖或交由本级政府资产管理部门统一处置。

对违规新建的培训中心项目，要进行拍卖。

（二）对相关责任人进行查处

各地区、各部门要进一步严肃纪律，确保中央严格控制党政机关办公楼等楼堂馆所建设的决策部署得到有效贯彻落实。特别是对未经审批擅自开工建设、集资摊派、挪用救灾优抚等专项资金等严重违纪的，以及对违规问题隐瞒不报、压制不查、拒不整改等顶风违纪的，对主要领导、分管领导和直接责任人应先予免职，再依据党纪政纪和有关法律法规

追究责任。

对存在问题的省部级党政机关办公楼等楼堂馆所项目，中央部门和地方省级人民政府要向国务院报告整改措施和落实情况；对存在问题的省级以下建设项目，由地方、部门负责整改和处理，并将整改措施和落实情况报告中央纪委、国家发展改革委、监察部、财政部、国土资源部、建设部、审计署等七部委（以下简称“七部委”）。

二、建立控制党政机关办公楼等楼堂馆所建设的长效机制

各地区各部门要把严格控制党政机关办公楼等楼堂馆所建设作为一项经常性的工作来抓，逐步建立控制党政机关办公楼等楼堂馆所建设的长效机制。

（一）进一步提高认识，加强作风建设，大力提倡艰苦奋斗、勤俭节约的工作作风。

各地区各部门，特别是各级领导干部要认真学习贯彻胡锦涛总书记在中央纪委第七次全会上的重要讲话和国务院第五次廉政工作会议精神，全面加强作风建设，发扬党的光荣传统和优良作风，增强忧患意识、公仆意识和节俭意识，把精力放到谋发展、促和谐，为群众办好事、办实事上来。要把解决党政机关违规修建办公楼等楼堂馆所问题作为加强领导干部作风建设的重要切入点，大力弘扬艰苦奋斗、勤俭节约的清风正气，抵制铺张浪费、贪图享受的歪风邪气。

（二）要形成工作合力，加强监督检查

各级纪检监察机关和发展改革、财政、国土资源、建设、审计等部门要各负其责、密切配合，形成工作合力。发展改革部门在审核、审批项目时，要严格按照审批权限履行程序，审核项目建设标准和规模。财政部门要加强对项目资金来源和预算执行的管理。国土资源部门要严格用地的审批，加强对土地利用情况的监管。建设部门要加强对城乡规划、设计概算编制、招投标和施工许可等方面的管理。审计部门要加强对各类专项资金使用情况的审计，及时发现并向纪检监察机关移交违规违纪案件线索。纪检监察机关要会同有关部门加强监督检查，坚决纠正和查处各种违规违纪行为。

建立党政机关办公楼等楼堂馆所项目联合督察制度。各级地方政府要建立由发展改革部门牵头，纪检监察机关和财政、国土、建设、审计等部门参加的党政机关办公楼等楼堂馆所项目联合督察制度，对下级党政机关办公楼建设实行经常性检查监督。每年年底各省（区、市）向七部委上报本年度本省（区、市）办公楼等楼堂馆所建设情况和检查情况。

加强对行政区搬迁、原有办公楼及其土地等资产处置的监管。为了控制因行政区搬迁造成的办公楼等楼堂馆所大规模、集中建设，必须加强对城市行政区搬迁的审查监督，制止不必要的行政功能区的迁移，从源头上遏制随意迁建的办公楼建设。要加强对存量办公楼及其土地等资产处置的监管，规范决策主体、处置程序和方式，对资产的出让、审批、评估、公告、拍卖、签约等各个环节进行有效监管，以确保资产公平交易和国有资产不流失。

（三）加大查处力度，严肃责任追究

今后，各级党政机关修建办公楼等楼堂馆所项目，要严格遵守中央有关规定，尤其不得有以下行为：

1. 未经审批擅自开工建设；

2. 立项报批过程中弄虚作假；

3. 不按批复要求组织实施，擅自扩大建设规模、提高建设标准；

4. 未依法办理用地、规划许可、招投标、施工许可、竣工验收备案手续等；

5. 挪用专项资金、使用贷款、借款、接受赞助或捐赠、集资摊派、施工单位垫资以及违反收支两条线规定使用财政性资金等建设办公楼等楼堂馆所；

6. 违规修建培训中心。

凡有上述违规违纪行为的，对主要领导、分管领导和直接责任人要严肃处理，应按照组织程序先予免职，再依据党纪政纪和有关法律法规追究责任。对情节严重、影响恶劣的，要予以通报或公开曝光。

各地区、各部门要将严格控制党政机关办公楼等楼堂馆所建设项目作为落实党风廉政建设责任制的重要内容，明确各级领导班子和领导干部的责任。各级党政领导班子正职要对职责范围内严格控制党政机关办公楼等楼堂馆所建设的工作负总责，领导班子其他成员根据分工对职责范围内的有关工作负直接领导责任。在项目审批、用地审批、规划许可、招投标、建设施工许可以及竣工验收备案等各个环节，越权审批、违规审批的，要严肃追究违规审批部门有关责任人的责任；对未批先建的，要严肃追究项目单位主要领导、分管领导和直接责任人的责任。对因失职、渎职造成直接管辖范围内违规修建党政机关办公楼等楼堂馆所之风泛滥，或者出现严重违规违纪问题的，要按照党风廉政建设责任制的规定，严肃追究有关领导的责任。为加强事前监督，发展改革等部门按中办发［2007］11号文件规定向同级政府上报办公楼项目审核意见时，应抄送同级纪检监察机关备案。

（四）加快推进党政机关办公楼建设项目代建制工作，逐步研究建立统建统用的办公用房供给模式

根据国务院关于投资体制改革的决定和中办发［2007］11号文件的规定，逐步推行由专业化项目管理单位组织实施项目建设、建成后移交给使用单位的建设管理模式，不再由使用单位自行组织建设。为此要加快研究出台建设项目代建制管理办法，逐步研究建立“统建统用”的办公用房供给模式，并同步推进办公楼后勤管理的配套改革工作。由各级政府根据本级政府各部门、各单位的办公用房需求，统一负责党政机关办公楼建设，建成后统筹调配使用，统一进行后勤管理。有条件的地方要积极推行“统建统用”管理模式的试点工作。

（五）进一步健全和完善党政机关办公楼等楼堂馆所建设的各项制度

明确和规范京外中央单位办公楼建设项目的审批程序。复查中发现，垂直管理的京外中央单位办公用房审批比较混乱。有的由主管部委自行审批，有的直接报所驻地区审批，出现“两头不管、自批自建”的现象。因此，有京外单位的垂直管理部门，要抓紧制定本系统京外单位办公业务用房项目审批管理办法，报国家发展改革委同意后实施。

严格控制业务用房和事业单位用房建设。在审批办公用房与业务用房合建的项目时，要严格控制业务用房规模，有标准的要根据标准核定，没有标准的要按照满足实际需要的原则从严控制建设规模，并且在批文中明确核定办公用房和业务用房的面积划分。今后，对从事专业技术工作，确需建设业务用房的，中央主管部委要研究制定本系统业务用房建设标准，报国家发展改革委、建设部审定后执行。

调整和完善党政机关办公楼建设标准。1999年发布的《党政机关办公用房建设标准》（计投资［1999］2250号）对规范办公楼建设标准、控制建设规模发挥了重要作用。近年来办公用房建设出现了一些新情况和新需求。因此、有关部门将对建设标准根据实际情况进行修订和完善、以更好的发挥建设标准对党政机关办公楼建设的规范和指导作用。

财政部、监察部关于进一步做好清理党政机关及事业单位用公款为个人购买商业保险和清缴党政领导干部拖欠公款工作的通知

（财金［2005］82号　2005年8月15日）

党中央有关部门，国务院各部委、各直属机构，全国人大常委会办公厅，全国政协办公厅，有关人民团体，高法院，高检院，民主党派，工商联，各省、自治区、直辖市、计划单列市财政厅（局）、监察厅（局），新疆生产建设兵团财务局、监察局：

为确保中央纪委第三次全会和国务院第二次廉政工作会议部署的清理党政机关及事业单位用公款为个人购买商业保险、清缴党政领导干部拖欠公款工作的圆满完成，按照《财政部、监察部关于清理党政机关及事业单位用公款为个人购买商业保险工作情况的通报》（财金［2005］36号）、《财政部、监察部关于进一步做好党政领导干部拖欠公款清缴工作的通知》（财预［2005］49号）的要求，2005年上半年，各地区、各部门进一步开展了党政机关及事业单位用公款为个人购买商业保险、党政领导干部拖欠公款或将公款借给亲友的清理清缴工作。按文件规定，目前各地区、各部门应全面完成清理清缴工作，但从督查及汇总上报情况看，清理清缴工作还存在一些问题，需要有关地区和部门高度重视，尽快认真加以解决。为此，现将清理清缴工作的基本情况及进一步做好清理清缴工作的要求通知如下：

一、清理清缴工作的基本情况

各地区、各部门普遍重视商业保险清理和拖欠公款清缴工作，能够站在提高党的执政能力、巩固党的执政地位的高度，把这项工作作为加强党风廉政建设、规范领导干部行政行为，整肃财经纪律、从源头上治理腐败的重要任务和年度工作计划的重要内容，统一部署，全面铺开，扎实推进，取得了明显的成效。

截至2005年6月30日，全国共清理用公款为个人购买商业保险资金总额17亿多元，按规定应清退资金总额15.79亿元，目前已清退13.04亿元，清退率为82.58%，较2004年底提高了16.5个百分点。江苏、四川、云南、福建、深圳等省市以及国家税务总局、卫生部、教育部、商务部和国资委等中央部门在2004年清理工作的基础上，加大了清理清退力度，应清退和已清退资金总额较大，清退率大幅度提高。

各地区、各部门在清理党政领导干部拖欠公款或违规将公款借给亲友方面，也取得了一定的成绩。根据已经上报材料的13个地区和33个中央部门统计，截至2005年6月30日，上述地区和中央部门共查出违规拖欠和批借的公款累计5.82亿元，其中，2005年1～6月份查出新的欠款0.91亿元（中央0.01亿元，地方0.90亿元），已累计偿还欠款3.94亿元，其中，2005年1～6月偿还2.2亿元（中央0.06亿元，地方2.11亿元），偿还率达到67.7%，较2004年底提高了27个百分点，同时查处了一批违纪违法人员。清缴工作完成较好的地方有上海、湖南、重庆等省市，中央部门有团中央、国土资源部、文化

部、社科院、审计署、国家测绘局等单位。另外，目前尚未上报材料的地区和中央部门也正在抓紧总结，统计汇总相关数据。

总体上看，各地区、各部门不仅严格执行了清理清缴政策，按规定途径回收资金，对以权谋私、侵吞国家和集体资金的违纪违法人员进行了严肃处理，并以清理清缴工作为契机，建立健全各项规章制度，完善监督约束机制，治理成效明显，进一步维护了国家机关的良好形象，取得了好的社会反响。

二、清理清缴工作存在的主要问题

1. 部分地区和少数中央部门对清理清缴工作的督查落实不够，存在畏难情绪，统计材料不能按时报送，清理清缴工作进度缓慢。

2. 少数地区和部门对清理清缴政策的理解还存在一定偏差，对政策口径和统计口径把握不准。

3. 部分地区财政、监察部门缺乏有效的沟通配合，工作方法单一，对不同情况缺乏有针对性和强有力的措施，欠账人在还款方面不积极、不配合。

4. 一些地区对特岗人员购买商业保险的政策尚未出台，保费清退工作进度受到很大影响。

此外，一些地区和部门仍存在财务制度不完善、会计管理工作薄弱、资金往来核算不清晰等问题，一些地区存在"前清后欠"的情况，个别地方还比较严重。

三、全面完成清理清缴工作的要求

1. 未完成清理清缴工作的地区和部门必须提高认识，改进工作方式和方法，加强组织领导，加强部门之间的协调配合，严格按文件要求明确特岗等政策，尽快把应清退、清收资金清退清收完毕。财政部、监察部将根据情况，对清理清缴工作完成不好的地区和部门予以通报批评。

2. 建议各地区、各部门将执行清理清缴有关文件的情况纳入对党政机关、事业单位年度审计和考核工作的内容，巩固清理清缴工作成果。

3. 各级监察部门要加强监督检查，对在清理工作中弄虚作假或拒不清退、偿还以及严重违反财经纪律的有关人员，要严肃查处，切实维护党纪政纪的严肃性和权威性。

4. 解决党政机关事业单位用公款购买商业保险和领导干部违规拖欠或出借公款等问题，关键在于规范财政性资金的管理。为此，各地区、各部门要进一步深化财政体制改革，完善制度，加强监控，建立惩防结合的长效机制，从源头上预防和治理腐败。

财政部、监察部关于做好 2009—2010 年出差和会议定点管理工作的通知

（财行［2008］603 号　2008 年 12 月 22 日）

党中央有关部门，国务院各部委、各直属机构，全国人大常委会办公厅，全国政协办公厅，高法院，高检院，有关人民团体，新疆生产建设兵团，各省、自治区、直辖市、计划单列市党委办公厅（室）、人民政府办公厅（室）、财政厅（局）、监察厅（局）：

根据《中央国家机关出差和会议定点管理办法》（财行［2006］312 号）的规定，财政部委托国务院机关事务管理局和各省、地级财政部门，在各地级以上城市通过政府采购确定 2009－2010 年党政机关出差和会议定点饭店。目前，此项工作已经完成，将于 2009 年 1 月 1 日起正式启用。实施党政机关出差和会议定点管理，是贯彻落实中共中央办公厅、国务院办公厅印发的《党政机关国内公务接待管理规定》（中办发［2006］33 号）精神，规范国内公务接待活动，避免中央单位向地方单位、上级单位向下级单位转嫁差旅费、会议费负担的重要举措。自 2007 年实施出差和会议定点管理以来，大部分中央和国家机关及事业单位（以下简称中央单位）在安排工作人员出差和举办会议时，能够认真执行差旅费、会议费管理办法，较好地落实定点管理的有关规定。但是执行中也暴露出一些问题，如个别中央单位和个人违反规定，不到定点饭店住宿办会，向地方单位转嫁费用负担，个别地方接待单位超标准接待等。为了进一步贯彻落实《党政机关国内公务接待管理规定》和《财政部监察部关于落实出差和会议定点管理工作的通知》（财行［2007］285 号）等文件精神，促进党政机关出差和会议定点管理与地方公务接待管理两项工作的有机结合，现就有关事项通知如下：

一、中央国家机关会议费综合定额标准自 2009 年 1 月 1 日起调整后，中央单位应严格控制会议规格和数量、减少会议天数和人数，应当充分利用现代信息技术，召开电视电话、网络视频会议。根据《中央国家机关会议费管理办法》（国管财［2006］426 号），中央单位召开会议，应尽量使用单位内部的宾馆、招待所、会议室和车辆，任何部门和单位均不得设置障碍。内部宾馆、招待所不具备承接条件的，应到定点饭店办会，努力压缩会议成本。中央单位举办会议不得向下级或地方单位转嫁会议费负担。

二、中央单位举办会议应事先预订定点饭店。由下级或地方接待单位协助安排会议的，接待单位应根据会议规模，尽量使用单位内部的宾馆、招待所，接待条件不具备的，应安排在定点饭店。接待单位应综合考虑当地定点饭店的接待能力和中央单位的会议规模，不得超标准安排接待。

三、中央单位出差人员应事先预订定点饭店。由下级或地方接待单位协助安排住宿的，接待单位应区别不同情况处理：在有定点饭店的地方，接待单位应当安排出差人员到定点饭店住宿，不得超标准安排，不得到非定点饭店安排住宿；在没有定点饭店的地方，接待单位应当根据出差人员职务标准并在当地（市、州、盟）出差定点饭店住宿费开支标准上限以内安排住宿。中央单位出差人员应当按照定点饭店协议价格使用公务卡结算住宿

费，不得向地方接待单位转嫁差旅费负担。

四、接待单位要进一步增强责任意识，加强监督检查，切实加强公务接待管理，配合中央单位落实出差和会议定点管理工作，要抵制转嫁差旅费、会议费负担的行为，不得在公务接待费中开支应由中央单位负担的费用。

五、地方财政部门应会同有关部门对当地现行公务接待管理规定进行梳理，确保与党政机关出差和会议定点管理的有关规定相衔接。并尽快修订和完善本地区的差旅费、会议费管理办法，推动党政机关出差和会议定点管理工作的开展。

六、地方监察机关要加强对中央单位在本区域内出差和会议情况的监督检查。对检查出的有关违纪问题，属于中央单位违纪的，应向监察部报告；属于当地接待单位违纪的，要予以纠正，并按照有关规定严肃处理。

第14章　兼职、投资与经商制度

中共中央办公厅、国务院办公厅关于党政机关兴办经济实体和党政机关干部从事经营活动问题的通知

（中办发［1992］5号　1992年6月26日）

最近一个时期，一些地区陆续作出规定，鼓励党政机关兴办各类经济实体，提倡和支持党政机关干部从事各种经营活动。这是一个政策性强而且比较复杂的问题，必须坚持政企分开的原则。为了防止出现政企不分、官商不分及以权谋私等问题，需要重申一些基本原则和政策界限。经党中央、国务院批准，现通知如下：

一、县及县以上党政机关（包括党委机关、国家权力机关、行政机关、审判机关、检察机关），要坚决执行中共中央、国务院历来的规定，不准经商、办企业。所兴办的各类经济实体，必须与党政机关在财务、名称、人事等方面彻底脱钩。严格划清党政机关管理职权与经济实体经营权的界限，凡是经济实体，必须根据国家法律和政策的规定，自主经营，自负盈亏。严禁用经济实体经营所得增加机关干部的工资、奖金、补贴等收入或用作其他福利开支。严禁党政机关利用自己掌握的权力为经济实体谋取非法利益。

在当前机构改革试点和下一步机构改革中，由政府经济管理部门成建制转为经济实体的，要严格实行政企职责分开，不能“一个机构、两块牌子”，不能再行使政府部门的行政管理职能。

二、县及县以上党政机关在职干部一律不得经商、办企业，不得兼有党政机关干部和企业职工双重身份。在机构改革试点中，应支持和鼓励一部分干部从党政机关分离出来，从事包括第三产业在内的各种经济活动，尤其应提倡其中的专业技术人员领办、承包、租赁亏损、微利企业，创办开发性、服务性的经济实体。但这些人员不能保留原在党政机关担任的职务，不能再以党政机关的名义或以党政机关干部的身份从事经营活动，要与党政机关脱钩。

三、各级党委、政府要遵照党中央、国务院的要求，抓紧当前有利时机，进一步解放思想，加快改革开放和经济发展步伐，力争使经济更好更快地上一个新台阶；同时要继续抓好廉政建设、纠正部门和行业不正之风等工作，注意掌握好党政机关兴办经济实体和党政机关干部从事经营活动中的政策界限。要认真研究新情况，及时解决新问题，使本地区、本部门的改革开放和经济建设工作更健康地向前发展。

中共中央办公厅、国务院办公厅关于党政机关领导干部不兼任社会团体领导职务的通知

（中共中央办公厅、国务院办公厅 1998 年 7 月 2 日）

《国务院办公厅关于部门领导同志不兼任社会团体领导职务问题的通知》（国办发［1994］59 号）下发后，国务院各部委、各直属机构认真贯彻执行文件精神，已有一批部门领导干部按规定辞去了兼任的社会团体领导职务。实践证明，部门领导干部不兼任社会团体领导职务的做法有利于这些同志集中精力做好所担负的领导工作，也有利于实行政社分开。目前，在党政机关还有相当数量的县（处）级以上党政领导干部在社会团体中兼任领导职务。为了适应我国政治体制改革和经济体制改革以及机构改革工作的需要，加快政府职能的转变，发挥社会团体应有的社会中介组织作用，经党中央、国务院领导同志同意，现就党政机关领导干部兼任社会团体领导职务问题通知如下：

一、县及县以上各级党的机关、人大机关、行政机关、政协机关、审判机关、检察机关及所属部门的在职县（处）级以上领导干部，不得兼任社会团体（包括境外社会团体）领导职务（含社会团体分支机构负责人）。

二、因特殊情况确需兼任社会团体领导职务的，必须按干部管理权限进行审批，并按照所在社团的章程履行规定程序后，再到相应的社会团体登记管理机关办理有关手续。

未经批准已经兼任社会团体领导职务的，应从本通知下发之日起半年内辞去所兼任的社会团体领导职务；已经批准兼任社会团体领导职务并确需继续兼任的，应按上述规定重新办理审批手续。

三、社会团体领导职务是指社会团体的会长（理事长、主席）、副会长（副理事长、副主席）、秘书长，分会会长（主任委员）、副会长（副主任委员），不包括名誉职务、常务理事、理事。

四、各省、自治区、直辖市应按照本通知精神制定本地区的实施办法；军队领导干部兼任社会团体领导职务问题，由中国人民解放军总政治部按照本通知精神制定相应规定。

具有行政管理职能的事业单位及人民团体参照本通知执行。

五、本通知由中央组织部、民政部负责解释。

中共中央办公厅、国务院办公厅关于军队武警部队政法机关不再从事经商活动的通知

（中共中央办公厅、国务院办公厅　1998年7月25日）

中央最近决定：军队、武警部队和政法机关不再从事经商活动。这是加强党的建设、政权建设和军队建设的一项重大决策，是维护社会主义市场经济秩序、保证国民经济持续快速健康发展的一项必要措施，是加强党风廉政建设，进一步从源头上预防和治理腐败的一项重要举措。这项决定，对于密切党、政府和军队同人民群众的血肉联系，维护军队和政法机关作为人民民主专政柱石的形象，促进党风、政风和社会风气的好转，保证国家的长治久安，都具有非常重大的意义。

各级党委、政府和各级领导干部一定要认真学习邓小平同志关于党风廉政建设的重要论述，学习江泽民同志最近几次重要讲话精神，深刻认识这项工作的重要性和紧迫性，以实际行动同党中央保持高度一致，把这项严肃的政治任务摆在重要位置，采取有效措施，切实抓紧抓好。鉴于这项工作事关全局，涉及面广，情况复杂，政策性强，必须切实加强领导。要实行严格的责任制，分级负责。各省、自治区、直辖市党委、政府要对当地政法机关落实中央决定的工作切实负起领导责任。解放军四总部、武警总部和中央政法机关要发挥表率作用，带头落实中央决定。各省、自治区、直辖市，军队各大单位、武警总部和中央各政法机关要分别成立领导小组和办事机构，负责本地区、本系统落实中央决定的协调、指导和督促工作。当前，要抓紧摸清情况，弄清底数，着手调查研究和制定政策，保证这项工作积极、稳妥地向前推进。政法机关要把这项工作同队伍教育整顿和贯彻执行“行政性收费和罚没收入收支两条线”的规定结合起来进行。

为了确保中央决定的顺利实施，在清理经商活动的过程中，必须严明纪律，防止国有资产流失和发生违法违纪行为。为此，特提出以下要求：

（一）严禁隐匿、转移、转让、变卖企业资产；

（二）严禁以任何名义私分企业财物；

（三）严禁弄虚作假，涂改、转移或者销毁帐目；

（四）在清理期间停止调动和提拔企业人员，严防有违法违纪嫌疑的人员出国（境）；

（五）不准设置障碍，干扰中央决定的贯彻实施。违反上述纪律要求的，要追究主要领导人和直接责任人的责任，并视情节轻重，给予党纪、政纪和军纪处分，直至开除党籍、军籍和开除公职；构成犯罪的，要依法追究刑事责任。

中共中央办公厅、国务院办公厅关于中央党政机关与所办经济实体和管理的直属企业脱钩有关问题的通知

（中办发［1998］27号　1998年11月8日）

党中央、国务院一直非常重视党政机关与所办经济实体脱钩的问题。《中共中央办公厅、国务院办公厅关于转发国家经贸委〈关于党政机关与所办经济实体脱钩的规定〉的通知》（中办发［1993］17号，以下简称《规定》）发出后，在全国范围内开展了党政机关与所办经济实体脱钩的工作，通过各地区、各部门的共同努力，取得了一定成效；但是由于认识不足、体制不顺、法规不健全等种种原因，许多部门与所办经济实体至今未能实现完全脱钩。这不仅影响党政机关公正执行公务，而且损害党政机关的形象，甚至产生腐败现象。根据中央关于军队、武警部队和政法机关一律不再从事经商活动决定的精神，以及政府部门不再直接管理企业的要求，党中央、国务院决定，中央党政机关必须在1998年底以前与所办经济实体和管理的直属企业完全脱钩，不再直接管理企业。为使这项工作顺利进行，现就有关问题通知如下：

一、中央党政机关与所办经济实体和管理的直属企业脱钩，要在《规定》要求实现“四脱钩”（即在职能、财务、人员、名称四个方面与党政机关实现脱钩）的基础上，进一步做到：

（一）各部门直属的各类企业，一律与主管部门解除行政隶属关系，各部门不再作为主管部门直接管理这些企业。

（二）原由各部门管理的企业，与主管部门脱钩后，属于大型企业和企业集团的，以及经国务院批准的涉及国计民生的主要行业的重点企业，其领导干部职务由中央管理：金融类企业，一律交由中共中央金融工作委员会（以下简称中央金融工委）管理；非金融类企业，一律交由中央大型企业工作委员会（以下简称中央企业工委）、人事部管理。其他企业的领导干部职务一律按属地原则，交由地方管理。党的关系根据企业的不同特点和情况分别划转：金融类企业一律划归中央金融工委管理；中央管理的企业，党的关系原在地方的不作变动，原在中央和国家机关的暂由中央、国家机关党工委管理；移交地方的企业，党的关系划归同级党组织管理。

（三）原由各部门管理的企业，在财务上与原主管部门彻底脱钩后，属中央管理的企业，其资产管理及有关的财务关系由财政部负责；属地方管理的企业，其资产管理及有关的财务关系由地方财政部门负责。所有企业都要按照属地原则参加社会保险统筹。

（四）各部门移交中央和地方管理的企业，必须是能够正常经营运行的企业，移交企业的资产实行无偿划转，有关债权债务一并移交；如属资不抵债、亏损累累的企业，必须由原主管部门负责停产整顿，或者关闭安置，妥善处理。

二、脱钩工作分金融类企业和非金融类企业两条线进行。金融类企业的脱钩工作，由中央金融工委、中国人民银行、中国证券监督管理委员会、中国保险监督管理委员会成立工作小组负责；非金融类企业的脱钩工作，由中央企业工委、国家经贸委、人事部成立工

作小组负责（以下简称两个工作小组）。两个工作小组的主要职责是：具体负责中央党政机关与所办经济实体和管理的直属企业脱钩的组织、指导、审查、监督工作，会同有关部门研究制订总体处理意见和具体实施方案，完成党中央、国务院交办的其他有关事项。各部门也要责成专人，负责本部门所办经济实体和管理的直属企业的脱钩工作。

三、各省、自治区、直辖市党委和人民政府对中央党政机关移交地方的企业，一定要按照政企分开的原则，切实做好有关工作，不能把接收的企业层层下放。

四、1998年底前，各部门要按照党中央、国务院的统一部署，在调查、清理、登记造册的基础上，提出分类处理意见；两个工作小组会同财政部、劳动保障部、国家工商局以及中共中央直属机关事务管理局、国务院机关事务管理局等有关部门，根据对各部门分类处理意见的审查情况，研究提出总体处理意见和具体实施方案，报党中央、国务院批准后，各部门与所办经济实体和管理的直属企业即行脱钩。然后在两个工作小组的指导、监督下，按照批准的总体处理意见和具体实施方案，由各部门对所办经济实体和管理的直属企业分别进行处理。

五、为防止国有资产流失和发生违法违纪行为，各部门及所办经济实体和管理的直属企业在脱钩工作中，必须严格财经纪律和各项规章制度，严守以下纪律：

（一）不准隐匿、转移、转让、出卖企业资产或变更企业登记；不准逃废、悬空银行债务，不准逃废欠税；

（二）不准以任何名义私分企业钱物和侵吞国家资产；

（三）不准弄虚作假，涂改、转移或者销毁帐目；

（四）不准抽逃企业资金；

（五）不准突击花钱、分钱、分物；

（六）不准从企业调拨资金和向企业摊派各种费用；

（七）不准突击进人、突击提高工资和离退休待遇；暂停提干和办理离退休手续；

（八）有违法违纪嫌疑的人员，一律不准出国（境）。违反上述纪律的，要追究主管部门主要领导人和直接责任人的责任，并视情节轻重，给予党纪、政纪处分；构成犯罪的，要依法追究刑事责任。

六、中央政法机关与所办企业脱钩的工作仍按《政法机关不再从事经商活动的实施方案》（中办发［1998］25号）的规定办理。

中央党政机关与所办经济实体和管理的直属企业脱钩，不再直接管理企业，是新形势下加强党的建设、政权建设，巩固机构改革成果，建立和完善社会主义市场经济体制的一项重大举措。各地区、各部门一定要深刻认识中央党政机关与所办经济实体和管理的直属企业脱钩的必要性、重要性和紧迫性，把这项工作作为严肃的政治任务，从改革、发展、稳定的大局出发，坚定信心、雷厉风行，不折不扣、扎扎实实地贯彻落实，并确保人心稳定和生产经营活动正常进行。

中共中央纪律检查委员会办公厅对浙江省纪委《关于高校创办社会化后勤服务企业有关领导干部入股问题的请示》的答复

（中纪办［2000］192号 2000年11月20日）

高校领导干部投资入股创办社会化后勤服务企业，是一种个人经商办企业的行为。当前在推动高校后勤社会化改革的过程中，由于高校与后勤服务企业之间的产权关系尚未界定清楚，且后勤服务企业的服务对象又以高校学生和教职员工为主，因此，我们认为，高校领导干部向后勤服务企业投资入股不利于高校后勤社会化改革，容易产生利益冲突，是不适宜的。

中共中央办公厅、国务院办公厅关于清理党和国家机关干部在公司（企业）兼职有关问题的通知

（中办发［1989］1号　1989年2月5日）

中共中央、国务院《关于清理整顿公司的决定》发出后，各地区、各部门对党和国家机关干部在公司（企业）的兼职进行了清理，已有一批党和国家机关干部辞去了公司（企业）职务，或者辞去了机关职务。但是，还有相当数量的党和国家机关干部仍在公司（企业）兼职。为了认真贯彻落实《关于清理整顿公司的决定》，保证清理整顿公司工作的顺利进行，现对清理党和国家机关干部在公司（企业）兼职的有关问题补充通知如下：

一、已到公司（企业）兼职的党和国家机关干部，必须在1989年3月底以前辞去公司（企业）职务，或辞去机关职务。如本人坚持在公司（企业）任职，干部主管部门应免去其机关职务，并将人事、工资等各项关系转到所在公司（企业）。这里所指的党和国家机关干部，包括已退出机关工作岗位，但未办理退（离）休手续的干部（下同）。

二、党和国家机关中具有生产管理经验、专业技术特长的干部，到生产、技术开发、咨询、服务性公司兼职的，也必须辞去机关职务，或辞去公司（企业）职务。

三、在本机关为改善后勤服务工作、方便职工生活而开办的非经营性劳动服务公司兼职的党和国家机关干部，可以继续留任；在党和国家机关开办的、经清查允许保留的经营性劳动服务公司兼职的党和国家机关干部，必须辞去公司职务，或辞去机关职务。

四、党和国家机关干部不得到中外合资企业兼职。少数如因履行职务聘任合同，现在辞去企业职务会影响履行对外合同的，可写出专题报告，按干部管理权限审查批准后，暂时留任。一俟聘任合同到期，应即辞去企业兼职。兼职期间不得领取兼职企业的报酬。

五、党和国家机关干部，凡已到退（离）休年龄的，都应按中央、国务院有关规定办理退（离）休手续。身体健康、具有经营管理经验和专业技术特长的干部，如需到公司（企业）任职，按中共中央办公厅、国务院办公厅《关于县以上党和国家机关退（离）休干部经商办企业问题的若干规定》执行。

六、在兼有政府行政管理职能的公司、事业单位及铁路、邮电、专业银行、保险公司等单位工作的干部，也应按照上述规定执行。

七、各地区、各部门要按照干部管理权限，对在公司（企业）兼职的党和国家机关干部，逐个进行清理，按期办完其辞去公司（企业）职务手续或与机关脱钩的手续，并将清理情况逐级上报干部主管部门。

八、今后，各级党委、政府不再审批党和国家机关干部到公司（企业）兼职。新成立的公司（企业），凡有党和国家机关干部兼职的，工商行政管理部门不予办理审批注册手续。

中共中央关于建立老干部退休制度的决定

（中发［1982］13号　1982年2月20日）

（一）我们党是一个具有悠久斗争历史的大党。经过长达六十多年的光荣的战斗历程，党在自己的队伍中聚集了大量的一代又一代的久经锻炼的老干部。建国以前，在新民主主义革命的四个时期中，即在大革命时期、土地革命战争时期、抗日战争时期和解放战争时期中参加革命的老干部，至今健在的还有250万人。其中已经离休退休的只是少部分人，大部分人还留在工作岗位上。现在的问题是，这些老干部，不少同志现在年事已高，不少同志即将进入老年，他们仍然担负着各种领导岗位上的繁重工作，这就使各级领导班子老化的状况，达到相当严重的地步。妥善地安排新老干部有秩序有步骤地实行适当的交替，已经成为当前摆在我们全党面前的一个重大课题，成为新的历史时期中，党和国家干部制度根本改革的重要组成部分。

还在五十年代后期和六十年代前期，党中央和毛泽东同志就曾经提出过新老干部的适当交替的问题。但是由于指导思想的偏差和实际工作的失误，没有能够解决。历时十年的“文化大革命”，把党和国家各级组织中的领导骨干作为“走资派”打倒，同时提拔了一大批投机分子和野心分子，更使党的马克思列宁主义、毛泽东思想的组织路线和组织工作遭到极大的破坏，使干部制度和干部队伍陷于空前严重的混乱状态，大大延误了这个问题的正确解决。现在，在新的历史时期中，经过从十一届三中全会到六中全会的卓有成效的工作，党在指导思想上拨乱反正的历史任务已经胜利完成，党的思想、政治和组织状况已经大为改善，安定团结的政治局面已经大为巩固。在这样的情况下，中央认为，把新老干部适当交替的问题提到全党的重要议事日程上来，有秩序有步骤地加以妥善解决的时机和条件，已经成熟了。

（二）我们党的老干部是党的宝贵财富。在长期和残酷的革命战争中，在战火纷飞和白色恐怖的年代里，我们党的老干部出生入死，不怕牺牲，英勇奋斗，为推翻反动统治，为民族和人民的解放，为建立新中国，作出了巨大贡献。建国以后，他们又同全国各族人民一道，把长期贫穷落后的中国，建设成为一个具有独立的比较完整的社会主义工业体系和国民经济体系，经济、文化和科学技术都有了相当可观的基础的、发展中的伟大的社会主义国家。十年内乱时期，他们中的绝大多数同志坚持了马克思列宁主义、毛泽东思想的原则立场，同林彪、江青反革命集团进行了各种形式的坚韧斗争。近几年，他们在党的十一届三中全会路线指引下，为拨乱反正，推进社会主义现代化建设事业，作了大量的工作。中国革命和建设的历史反复证明，我们党的老干部，不愧为中国人民伟大事业的中坚力量。没有这样大量的老干部，没有中国革命各个时期中牺牲的先烈和今天仍然健在的老同志，没有他们的艰苦卓绝、可歌可泣的长期斗争，中国人民革命和建设事业的胜利和发展，是不可想象的。对于党的老干部的不可磨灭的历史功勋，我们全党全军和全国各族人民，我们的子孙后代，都是决不会忘记，也决不应当忘记的。

但是，今天仍然健在的老干部的相当一部分，毕竟年老体弱，精力差了，越来越难以承受领导工作的沉重负担。这是不可抗拒的自然规律。有鉴于此，为了使我们的事业后继有人，保持我们党的路线、方针和政策的连续性，保持党的领导的稳定性，必须用极大的努力，选拔和培养成千上万的德才兼备、年富力强的中青年干部，使他们参与各级的各种领导工作，得到更多的实际有效的锻炼，逐步地从老干部手里接好班。我们的老同志，要为党的事业着想，为人民的长远利益着想，以天下为已任，高高兴兴、满腔热情地欢迎和支持资历较浅、年纪较轻的优秀干部担负主要领导职务，同时使自己退出主要领导岗位，转到比较超脱的地位。这是老干部在新的历史时期的一项重大和光荣的历史责任。为了保证新老干部适当交替的顺利进行，并使一切将要退下来的老干部都能得到妥善的安排，中央认为，建立老干部离休退休和退居二线的制度，是必要的。

（三）老干部离休退休和退居二线的制度，是保障党和国家政治生活正常进行和健全发展的一项极其重要的制度，必须立即着手有系统地建立和健全起来，使之经常化，并且严格地加以实行。

不同国家和社会各有自己的退休制度，这些制度不可避免地各有自己的特殊性。我们的老干部离休退休和退居二线的制度，当然也必须从我党我国的实际情况出发，从广大老干部的实际情况出发。只有这样，才能真正做到合情合理，使退下来的老同志各得其所，才能有利于新老合作，巩固和发展安定团结的政治局面，才能强有力地促进我们的社会主义现代化建设事业。

老干部离休退休年龄的界限，考虑到当前干部的实际状况和接替条件，应当规定：担任中央、国家机关部长、副部长，省、市、自治区党委第一书记、书记、省政府省长、副省长，以及省、市、自治区纪律检查委员会和法院、检察院主要负责干部的，正职一般不超过 65 岁，副职一般不超过 60 岁。担任司局长一级的干部，一般不超过 60 岁。当然，个别未到离休退休年龄，但因身体不好，难以坚持正常工作的，经过组织批准，可以提前离休退休。另一方面，个别虽已达到离休退休年龄，但因工作确实需要，身体又可坚持正常工作的，经过组织批准，也可以在一定时间内暂不离休退休，继续担任领导职务。

退居二线，包括当顾问和荣誉职务，不属于离休退休。那些身体还好、又有比较丰富的领导经验和专业知识、但因年龄或名额限制不宜进入领导班子的老干部，可以安排担任负有一定职责的顾问，或从事某一方面的调查研究、参谋咨询的工作。那些为党的事业作出重大贡献、威望比较高、但是坚持正常领导工作（包括当顾问）有困难的老干部，可以安排适当的荣誉职务。担任顾问和荣誉职务不宜重叠，原则上一人一职。

至于原来担任领导职务的著名专家、学者和文艺家，如果年事已高，则应当大力支持他们把宝贵的时间和精力集中用于研究和著述，为他们配备必要的助手和提供较好的工作条件，也可以让他们担任某些荣誉职务，除有特殊情况者外，一般不必再从事行政领导工作。

除了上述原则规定之外，中央认为，还应当强调指出，在党和国家领导人中，需要保留少量超过离休退休年龄界限的老革命家。特别是在当前和今后一个时期的历史条件下，我们这样一个大国，更需要有若干位经验丰富、德高望重，能够深谋远虑、统筹全局，而且精力尚能工作的老同志，留在党和国家的中枢领导岗位上。这是全局的需要，是保持国内安定团结和正确处理国际关系的需要，是完全符合党和人民根本利益的。

（四）老干部离休退休以后，一定要很好地安排照顾，基本政治待遇不变，生活待遇还要略为从优，并注意很好地发挥他们的作用。这应当成为我们党和国家的坚定不移的政策原则之一。

我们党是无产阶级政党，我们国家是社会主义国家，我们的老干部毕生以革命为业，而并不经营什么私人产业。同时，老干部离休退休，虽然离开了原来的工作岗位，不担任行政领导职务了，但在思想上、政治上和组织上并不因此而同样退休，任何一个共产党员的革命意志和组织纪律是绝对不能“退休”“离休”的，他们仍然应当是共产主义革命者，仍然肩负着为人民服务、对人民负责的政治责任。因此，对于一切离休退休的老干部，他们的政治待遇，包括阅读文件、听重要报告、参加某些重要会议和重要政治活动等等，应当一律不变。生活待遇，包括医疗和交通工具等等，也应当一律不变。

建国以前参加革命的不少老干部，老骥伏枥，壮心不已，决心在离休退休之后，无条件地终身坚持艰苦奋斗，这种高尚的革命精神是值得作为楷模在全党大力提倡和学习的。但是，考虑到许多老干部在长期的革命岁月中作出了重大贡献，又积劳成疾，体质越来越弱，在生活和治疗中都不同程度地会遇到一些困难，中央决定分别给以适当的补助。具体标准和实施办法，由中央组织部负责拟订。这样做，表达了党和人民对于老同志保持身体健康和较好地安排生活的应有关怀。中央相信，这个规定，必将得到全党同志和全国各族人民的衷心赞同。

对离休退休的老干部的服务工作，应由他们离休退休时所在的工作单位负责。原则上，在哪个地方离休退休，就居住在哪个地方。如果本人希望回乡或到某些适宜的地区定居，也应当积极地为他们安排，提供方便。

为了统筹解决老干部离休退休方面的问题，各级党委的组织部门应当建立健全老干部工作机构，专司其事。各级党政军的主要负责同志也应当经常督促检查，并且定期地把这一方面的工作提到党委的议事日程上来。

（五）对于一切已经和即将离休退休的老干部，中央寄予殷切的期望。这些老同志，在他们工作的几十年时间里，用巨大的精力和热情为中国人民的革命事业作出自己的贡献，并以此写成了他们自己的光荣历史。离休退休以后，党交给他们的主要任务，是健康长寿，继续写完他们的光荣历史。中央希望他们，继续关心党的事业，关心国家和人民的命运，并在力所能及的范围内，为党为人民作出新的贡献。

我们已有不少老同志，离休退休之后，仍然热心于社会主义祖国的物质文明和精神文明的建设事业，并且利用一切适合于自己情况的方式，参加各种社会活动，保持同群众的联系，进行社会调查，或者认真写作有益于人民和青年的著作，或者积极参加有益社会的轻微体力劳动，切切实实、点点滴滴地为人民做好事。他们不但严以律己，而且抱着高度的政治责任感，严格地教育和要求自己的子女和其他亲属。必须充分认识，老同志的这一件一件事情本身似乎并不轰轰烈烈，但是整个说来，它对我们社会的改造，特别是对青少年的教育，具有不可估量的巨大而又深远的意义。党的报刊要经常地如实地宣传报道这些老同志的事迹。

中央还希望一切离休退休和退居二线的老干部，向现在中央工作的老一辈无产阶级革命家学习。这几位老革命家，虽然由于党和人民的需要，服从党中央的决定，还要留在党和国家的领导岗位上，但他们是那样大公无私地、诚心实意地扶持在资望上、能力上、经验上不如自己的同志出来主持工作，而把自己的位置摆在后面，并且把这当作对党和人民的光荣责任和愉快的事。他们对大量日常性质的问题，放手地让处在第一线的同志去处理，而对重大问题，则又是那样认真地运用自己的丰富经验和政治智慧，竭心尽智地帮助处在第一线的同志出主意，并同集体的政治经验和集体的智慧相结合，尊重党中央的集体领导。这种马克思主义的革命精神和科学方法，正是在新的历史时期中，老同志应当如何发挥作用的极好榜样。

一切离休退休老干部的子女和其他亲属，都应当热情地赞助和支持老同志愉快地离休退休，同时应当更好地继承和发扬革命前辈艰苦奋斗的革命精神，沿着革命前辈的光荣的战斗道路前进。

（六）在老干部离休退休的同时，大胆提拔中青年干部到各级主要领导岗位上来，这是一个问题的两个方面。应当充分地估计到，经过建国三十几年的工作和斗争，我们党确实已经培养和造就了一大批德才兼备、年富力强的优秀中青年干部。他们政治上坚强，有比较丰富的专业知识，有领导能力，经过锻炼和考验，而又精力充沛，完全有条件担任各种领导工作。这是我们党的希望所在，也是我们党具有伟大生命力的表现。如果看不到这一点，或者对这一点估计不足，而在选拔省、市、自治区和中央、国家机关领导干部时总是在 60 岁以上的同志当中打圈子，拿不出魄力，打不开局面，就会贻误我们的事业，就会犯不可原谅的历史性错误。

选拔中青年干部，必须坚持德才兼备、年富力强这个正确标准。首先要看政治表现，要考察他们在“文化大革命”中的表现，特别是十一届三中全会以来的表现。德不好的，虽有某一方面的才能，但不能忠诚地为人民服务，在他们用实际行动切实改正并取得群众谅解信赖以前，一个也不能选拔到领导岗位上。那些跟随林彪、江青一伙“造反”起家的人、帮派思想严重的人和打砸抢分子，以及近几年来在政治上严重破坏党的生活准则和在经济上严重违法乱纪的人，现在还占居领导岗位的，要坚决撤下来。至于对比较年轻干部的领导经验，则不能要求过高。只有把他们放到领导工作的实践中去，才能够使他们由经验不多变为经验很多，愈益成熟起来。在这个问题上，一定要防止和克服任何论资排辈和求全责备的思想。对于德才兼备、年富力强的中青年女干部，尤应重视，不可歧视。中央相信，在十一届三中全会以来正确政治路线、思想路线和组织路线的指引下，只要我们真正依靠党的各级组织，依靠党内外广大群众，同时依靠广大富有经验、知人善任的老干部，善于集中群众的智慧，靠群众的眼力来识别和选拔干部，而不是少数几个人说了算，就一定能够把接班的同志选准，把这件大事办好。即使有个别人没有选准，或者后来经不起考验，变得不好，那也不难及时调整，无碍大局。

中央认为有必要唤起全党同志深刻地注意我们党的历史经验。我们党在走上历史舞台并且开始领导千百万人民群众进行伟大斗争的时候，甚至直到建国的时候，党的各级领导者，包括今天仍然健在的老同志，几乎都是很年轻或者比较年轻的。在新的历史时期中，更应当充分地相信，只要继承和发扬党的优良传统，贯彻执行民主集中制，加强集体领导，发挥集体智慧，依靠老同志的帮助和支持，广大年轻和比较年轻的接班的新干部就一定能够领导人民，开辟更加光辉灿烂的远大前途。

（七）建立老干部离休退休和退居二线的制度，妥善解决新老干部适当交替的问题，这是一场干部制度方面的深刻改革，是关系我们党兴旺发达，国家长治久安，社会主义现代化建设宏伟事业能够顺利实现的具有战略意义的重大决策。能否正确地对待这件大事，对于我们各级党委和每一个共产党员，都是一次严峻的党性考验。

我们的同志应当理解，在职时努力工作是对党和人民负责的表现，由于年事已高、力不从心，不适应工作要求而退居二线或离休退休，也是对党和人民负责的表现。

我们的同志应当具有无产阶级的面向未来的宽广胸怀，敢于打破一切轻视优秀中青年干部的习惯势力，欢迎新生力量的成长。看不起新生力量，不是唯物主义者应有的态度。

所有在职干部，都要尊重离休退休老干部，虚心向他们请教，热忱地体贴他们，做到对自己严格要求，对离休退休的老同志好好照顾，并且努力在全社会范围内造成敬老尊贤的优良风尚。那种对干部在职时照顾备至，离休退休后就冷眼相待的恶劣做法，一定要批评制止。

中央相信，只要全党同心协力，坚定不移，不论遇到什么干扰和阻力都决不半途而废，就一定能成功地解决新老干部适当交替的问题，逐步建立起一整套适应社会主义现代化建设需要的领导体制和干部制度，并且用党章和国家法律的形式固定下来，造成一个我们的革命事业后继有人、兴旺发达的全新的局面，为胜利完成我们在新时期的宏伟历史任务奠定坚实的基础。

中共中央办公厅、国务院办公厅关于县以上党和国家机关退（离）休干部经商办企业问题的若干规定

（中办发［1988］11号　1988年10月3日）

严禁党和国家机关及机关干部经商办企业，是党中央、国务院的一贯方针。机关退休（含离休，下同）干部从事经商活动，容易助长官商不分，使有的人利用原来的工作关系和影响参与倒卖活动，损害国家和群众利益，滋生腐败现象，必须坚决制止。为了保持党政机关的清正廉洁，保证治理经济环境、整顿经济秩序和全面深化改革的顺利进行，更好地发挥老干部的表率作用，遵照党中央和国务院的指示，在严禁党和国家机关及机关在职干部经商办企业的同时，对县以上机关的退休干部经商办企业问题作如下规定：

一、党和国家机关的退休干部，不得兴办商业性企业，不得到这类企业任职，不得在商品买卖中居间取酬，不得以任何形式参与倒卖生产资料和紧俏商品，不得向有关单位索要国家的物资，不得进行金融活动。

二、党和国家机关的退休干部，不得到全民所有制企业和外商投资企业（公司）担任任何领导职务（含名誉职务）和其他管理职务，企业也不得聘请他们任职。已经任职的，必须辞去职务。

三、党和国家机关的退休干部，可以应聘到非全民所有制的非商业性企业任职，但到本人原所在机关主管的行业和企业任职，必须在办理退休手续满两年以后。到这些企业任职的，要经所在机关退休干部管理部门批准，并与聘用单位签订合同。

退休干部应聘到这些企业任职期间，原所在机关应即中止其享受的各项生活待遇，改由企业负责。本人在企业所得报酬数额，最高不得超过其原工资与原机关干部平均奖金之和。退休干部到企业任职，应向原机关如实呈报自己的收入。按此规定执行的，在退出企业后由原机关恢复其原生活待遇；不按此规定执行的，应取消其退休待遇，并不再恢复。

四、党和国家机关的退休干部从事养殖业、种植业生产，进行技术开发、咨询、服务，讲学、写作、翻译，以及从事为改善机关后勤服务而开办小卖部、洗衣房、理发室等经营服务活动，继续按《中共中央、国务院关于严禁党政机关和党政干部经商、办企业的决定》的有关规定执行，取得合理报酬，严格照章纳税，其原享受的退休待遇不变。

五、党和国家机关要加强退休干部的管理工作。对违反本规定的退休干部，其原所在机关应及时纠正；不按规定纠正的，要追究该机关主要负责人的责任。退休干部管理部门和工商行政管理、税务、监察、纪检等部门，要经常检查执行本规定的情况。机关党组织和企业党组织，要切实负起监督的责任。

六、本规定同时适用于县以上工会、妇联、共青团、文联以及各种协会、学会等群众组织的退休干部。

军队机关的退休干部经商办企业问题，由中央军委参照本规定制定具体办法。

第15章　个人收入申报、财产登记与重大事项报告制度

关于党政机关县(处)级以上领导干部收入申报的规定

（中办发［1995］8号　1995年4月30日）

第一条　为保持党政机关领导干部廉洁从政，密切党和政府同人民群众的关系，加强党风廉政建设，制定本规定。

第二条　各级党的机关、人大机关、行政机关、政协机关、审判机关、检察机关的县（处）级以上（含县、处级，下同）领导干部须依照本规定申报收入。

社会团体、事业单位的县（处）级以上领导干部，以及国有大、中型企业的负责人，适用本规定。

第三条　申报人必须申报下列各项收入：

1. 工资；
2. 各类奖金、津贴、补贴及福利费等；
3. 从事咨询、讲学、写作、审稿、书画等劳务所得；
4. 事业单位的领导干部、企业单位的负责人承包经营、承租经营所得。

第四条　申报人于每年7月1日至20日申报本年度上半年的收入；次年1月1日至20日申报前一年度下半年的收入。因特殊情况不能按时申报的，经接受申报部门批准，可以适当延长申报时限。

第五条　各单位组织人事部门负责接受本单位申报人的收入申报，并须按照干部管理权限将申报材料报送相应的上级组织人事部门备案。

第六条　申报人不申报或者不如实申报收入的，由所在党组织、行政部门或者纪检监察机关责令其申报、改正，并视情节轻重给予批评教育或者党纪政纪处分。

第七条　各级纪检监察机关负责对本规定执行情况进行监督检查。

第八条　本规定由中央纪律检查委员会、监察部负责解释。

第九条　本规定自发布之日起施行。

中央纪委、中央组织部关于印发《关于省部级现职领导干部报告家庭财产的规定（试行）》的通知

（中纪发［2001］9号　2001年6月15日）

第一条　为加强党风廉政建设，强化对领导干部的监督，促进领导干部廉洁履行职责，制定本规定。

第二条　省部级现职领导干部（以下简称领导干部）是家庭财产报告的义务人。

第三条　本规定适用于党的机关、人大机关、行政机关、政协机关、审判机关、检察机关和人民团体、国有企业、事业单位中的省部级现职领导干部。

第四条　本规定所称“家庭财产”，是指领导干部本人及其配偶和由其抚养的子女的个人财产和共有财产。

前款所称“由其抚养的子女”，是指由领导干部抚养的未成年子女和不能独立生活的成年子女。

第五条　领导干部应当报告下列各项家庭财产：

（一）人民币现金、存款；

（二）外币现金、存款；

（三）有价证券，包括人民币和外币；

（四）合计价值10 000元人民币以上的债权，合计价值10 000元人民币以上的债务；

（五）私有房产；

（六）单件（套）价值10 000元人民币以上的贵重物品；

（七）名人字画、古董；

（八）领导干部的配偶和由其抚养的子女经商办企业或者从事其他经营性活动的除本条第三项规定以外的投资、股份；

（九）土地使用权；

（十）本人认为应当报告的其他财产。

前款所称“以上”，均包含本数。

第六条　领导干部报告家庭财产每二年由各单位统一组织报告一次，报告时间为奇数年份的一月一日至一月三十一日。因特殊原因不能按时报告的，经接受报告部门批准，可以适当延长报告时间。

领导干部成为报告义务人的一个月以内，应当报告家庭财产。

领导干部任职期间，家庭财产有重大变化的，应当随时报告。

领导干部退（离）休后的一个月以内，应当进行家庭财产的报告，以后不再报告。

领导干部报告家庭财产，应当填写《领导干部家庭财产报告书》。

第七条　每二年一次统一组织报告的《领导干部家庭财产报告书》的内容，由报告义务人在所在单位领导班子内或者规定的范围内通报。

新任省部级职务的领导干部的家庭财产报告和领导干部任职期间的家庭财产重大变化

的报告，不单独通报。

领导干部退（离）休后的家庭财产报告，不通报。

第八条　中央组织部是《领导干部家庭财产报告书》的接受部门。报告义务人填写《领导干部家庭财产报告书》一式两份，一份报中央组织部，一份报中央纪委备案。

第九条　中央组织部发现填写不符合要求的《领导干部家庭财产报告书》，应将有关情况通知该领导干部，并要求其更正。

中央纪委、中央组织部对领导干部的家庭财产报告，可以核查。

第十条　《领导干部家庭财产报告书》由中央纪委、中央组织部统一制发。

第十一条　领导干部无正当理由不报告或者不按时报告的，应责令其限期报告，并根据情节给予批评教育或者党纪政纪处分；对瞒报、伪报的，要从严处理。

第十二条　《领导干部家庭财产报告书》的接受部门要有专人负责这项工作并注意保密。

第十三条　本规定发布实施后，报告义务人不再进行《关于党政机关县（处）级以上领导干部收入申报的规定》所要求的收入申报。

第十四条　本规定由中共中央纪律检查委员会、中共中央组织部负责解释。

第十五条　本规定自发布之日起施行。

关于领导干部报告个人重大事项的规定

（中办发［1997］3号　1997年1月31日）

第一条　为加强对领导干部的管理和监督，促进党风廉政建设和领导干部思想作风建设，制定本规定。

第二条　本规定所称领导干部包括：各级党的机关、人大机关、行政机关、政协机关、审判机关、检察机关担任领导职务和非领导职务的副县（处）级以上（含副县［处］级，下同）干部。

社会团体、事业单位中相当于副县（处）级以上干部，国有大型、特大型企业中层以上领导干部，国有中型企业领导干部，实行公司制的大中型企业中由国有股权代表出任或由国有投资主体委派（包括招聘）的领导干部、选举产生并经主管部门批准的领导干部、企业党组织的领导干部。

第三条　报告人应报告下列重大事项：

（一）本人、配偶、共同生活的子女营建、买卖、出租私房和参加集资建房的情况；

（二）本人参与操办的本人及近亲属婚丧喜庆事宜的办理情况（不含仅在近亲属范围内办理的上述事宜）；

（三）本人、子女与外国人通婚以及配偶、子女出国（境）定居的情况；

（四）本人因私出国（境）和在国（境）外活动的情况；

（五）配偶、子女受到执法执纪机关查处或涉嫌犯罪的情况；

（六）配偶、子女经营个体、私营工商业，或承包、租赁国有、集体工商企业的情况，受聘于三资企业担任企业主管人员或受聘于外国企业驻华、港澳台企业驻境内代办机构担任主管人员的情况。

本人认为应当向组织报告的其他重大事项，也可以报告。

第四条　本规定第三条所列事项，应由报告人在事后一个月内以书面形式报告。因特殊原因不能按期报告的，应及时补报，并说明原因。按照有关规定需要事前请示批准的，应按规定办理。本人认为需要事前请示的事项，也可事前请示。

第五条　各级党委及其纪委，各级人大、政府、政协、法院、检察院党组，以及上述领导机关所属的部门和单位（包括事业单位，下同）的党组（党委），负责受理本级领导干部的报告（不设党组、党委的部门和单位，由相应的机构受理，下同）。各部门和单位内设机构的领导干部的报告，由本部门、本单位的组织人事部门负责受理。

本规定第二条中社会团体、企业事业单位的领导干部个人重大事项的报告，由本单位党委（党组）负责受理。

第六条　对于需要答复的请示，受理报告的党委（党组）或组织人事部门应认真研究，及时答复报告人。报告人应按组织答复意见办理。

第七条　对报告的内容，一般应予保密。组织认为应予公开或本人要求予以公开的，可采取适当方式在一定范围内公开。

第八条　领导干部不按本规定报告或不如实报告个人重大事项的，其所在组织应视情节轻重，给予批评教育、限期改正、责令作出检查、在一定范围内通报批评等处理。

第九条　各级党委、政府及纪检监察机关、组织人事部门要加强对本规定执行情况的监督检查。组织人事部门和纪检监察机关，要把领导干部执行本规定的情况作为考核干部的一项内容。负责受理领导干部报告的党委（党组）及相应机构每年要将执行本规定的情况向上级党委、纪委综合报告一次。

第十条　各省、自治区、直辖市，中央直属机关工委和中央国家机关工委，实行系统管理的部门、单位，可根据本规定结合实际制定具体办法。

第十一条　本规定由中共中央纪律检查委员会、中共中央组织部负责解释。

第十二条　本规定自发布之日起施行。

中共中央纪律检查委员会、中共中央组织部对《关于领导干部报告个人重大事项的规定》若干问题的答复

（中纪法复〔1997〕1号　1997年6月9日）

《关于领导干部报告个人重大事项的规定》发布后，一些地方和部门提出了一些问题，经研究，现答复如下：

一、领导干部已到退（离）休年龄，但尚未办理退（离）休手续或虽已办理退（离）休手续，又被返聘担负领导工作的，均适用本规定。

二、本规定第三条第（一）项所称“共同生活的子女”，是指与领导干部同一户籍的子女或居住以领导干部名义分配、购买、营建的住房的子女。

三、本规定第三条第（二）项所称“近亲属”是指夫妻、父母、子女、同胞兄弟姐妹。

四、本规定第三条第（三）项所称“定居”，是指已取得他国国籍或在他国及港、澳、台地区取得长期或永久居留权的。

五、本规定第三条第（五）项所称“受到执法执纪机关查处”，是指受到司法机关、行政执法机关、纪检监察机关和其他有党纪、政纪处分权的机关的侦查、调查和处理。

六、本规定第三条第（六）项所称“主管人员”是指担任企业或代办机构的董事、监事、正副经理（厂长）、正副代表及相当职级的人员。

七、本规定第三条所列事项，规定发布以前发生，发布后仍在延续，以前未报告过的，应按本规定报告。

八、领导干部向同级党委（党组）的书面报告，应在党委（党组）成员中传阅，或在最近一次的党委（党组）会议上作口头说明。

九、纪检监察机关、组织人事部门根据需要可以查阅本地区、本部门领导干部关于个人重大事项的书面报告，以便监督检查。

十、组织部门对本规定执行情况的监督检查，由其干审机构负责。

十一、各级党委（党组）及相应机构每年就本规定执行情况向上级党委、纪委的综合报告，直接报上级纪委（纪检组）和上级党委（党组）组织部门。属于党委和政府直属机关的，同时抄送直属机关工委。

第16章　对配偶、子女及身边工作人员管理制度

中共中央纪委关于“不准在领导干部管辖的业务范围内个人从事可能与公共利益发生冲突的经商办企业活动”的解释

（中纪发［2000］4号　2000年5月9日）

中央纪委第四次全会提出，省（部）、地（厅）级领导干部（以下简称领导干部）的配偶、子女，不准在该领导干部管辖的业务范围内个人从事可能与公共利益发生冲突的经商办企业活动。现将有关问题解释如下：

个人从事经商办企业活动是指个人经办或与他人合办私营经济组织；个人受聘担任私营经济组织的高级职务；个人进行有偿社会中介活动；个人在国（境）外注册公司后回国（境）从事经营活动等。

“不准在该领导干部管辖的业务范围内从事可能与公共利益发生冲突的经商办企业活动”具体包括：

一、主管行业的部门和行政机构的领导干部，党委、政府领导班子成员中分管上述部门和行政机构的领导干部，其配偶、子女不准在该领导干部管辖的业务范围内，从事与该领导干部管辖的行业业务相同的经商办企业活动；不准与该领导干部管辖的部门、行政机构、行业内的机关、社会团体、国有企业、事业单位直接发生商品、劳务、经济担保等经济关系。

二、主管教育、文化、体育、卫生、民政等事业的部门和行政机构的领导干部，党委、政府领导班子成员中分管上述部门和行政机构的领导干部，其配偶、子女不准在该领导干部管辖的业务范围内，从事属于该领导干部管辖的部门和行政机构管理的经营性活动；不准与该领导干部管辖的部门和行政机构及其所属的机关、社会团体、事业单位直接发生商品、劳务、经济担保等经济关系。

三、除第一、二项以外的其他党政机关的领导干部，其配偶、子女不准从事向该领导干部管辖的业务范围内的党政机关、社会团体提供商品、劳务等经营活动；不准在该领导干部管辖的业务范围内从事由政府投资或审批的项目的投标、承包等活动。

四、领导干部的配偶、子女不准在该领导干部任职单位管辖的地区内从事营业性歌厅、舞厅、夜总会等娱乐业。洗浴按摩等行业的经营活动。

五、单位领导班子中的领导干部，其配偶、子女不准为该单位直接管辖的案件和具体事项提供有偿社会中介和法律服务活动；单位内设机构的领导干部，其配偶、子女不准为

该内设机构直接管辖的案件和具体事项提供有偿社会中介和法律服务活动。这里所称的“社会中介和法律服务活动”，是指在会计师（审计）事务所、财会咨询公司、税务师事务所、律师事务所，各种资产评估、价格鉴证、工程造价审计（审核、咨询）等机构中任职所从事的社会中介和法律服务活动。

六、上市公司的行业主管部门、上市公司的国有近代股单位的主管部门、证券监督管理机构的领导干部，其配偶、子女不准从事上述部门、机构所管理的公司的证券交易活动。

七、不准从事其他与公共利益发生冲突的经商办企业活动。

中共中央纪律检查委员会关于中央国家机关各部门制定的司（局）级以上领导干部配偶、子女个人经商办企业的具体规定适用于地方厅（局）级以上领导干部的通知

（中纪发［2000］9号　2000年8月22日）

为了贯彻落实中央纪委第四次全会提出的“省（部）、地（厅）级领导干部的配偶、子女，不准在该领导干部管辖的业务范围内个人从事可能与公共利益发生冲突的经商办企业活动”的规定，按照中央纪委的统一部署，中央国家机关各部门依据《关于“不准在领导干部管辖的业务范围内个人从事可能与公共利益发生冲突的经商办企业活动”的解释》（中纪发［2000］4号），结合本部门、本系统的职责范围和业务特点，正在制定具体规定并将陆续印发本系统，抄送各省、自治区、直辖市党委、政府和纪委。这些具体规定不仅适用于中央国家机关各部门司（局）级以上领导干部，也适用于地方对口部门的厅（局）级领导干部以及省、地（市）党委、政府分管该部门的领导干部。地方厅（局）级以上领导干部的配偶、子女不得在该领导干部任职单位管辖的地区个人从事中央有关部门具体界定的可能与公共利益发生冲突的经商办企业活动。各省、自治区、直辖市党委要按照干部管理权限抓好中央国家机关各部门制定的具体规定的落实，纪检监察机关负责对规定执行情况进行监督检查。

各地、各部门要在全面登记、清理的基础上，对违反规定的坚决纠正，或者领导干部的配偶、子女退出所从事的经商办企业活动，或者领导干部本人辞去现任职务或给予其组织处理。对今年集中清理后领导干部的配偶、子女个人从事可能与公共利益发生冲突的经商办企业活动的，对领导干部本人一律以违纪论处。

整个清理纠正工作要于2000年10月底之前完成，11月15日之前向中央纪委报送清理纠正工作情况（材料径送中央纪委党风廉政建设室）。

第17章　国有企业领导廉洁从政行为规范

国有企业领导人员廉洁从业若干规定（试行）

（中纪发［2004］25号　2004年12月12日）

第一章　总　则

第一条　为促进国有企业领导人员廉洁从业，防止腐败行为的发生，维护出资人利益，保障国有资产保值增值，依据国家有关法律法规和党内法规，制定本规定。

第二条　本规定适用于国有及国有控股企业领导人员。

第三条　国有企业领导人员应当遵守国家法律法规和企业规章制度，依法经营、廉洁从业、诚实守信、勤勉敬业，全心全意依靠职工群众，切实维护国家、社会、企业利益和职工群众的合法权益。

第二章　廉洁从业行为规范

第四条　国有企业领导人员应当忠实维护国家利益和出资人利益。不得有滥用职权、损害国有资产权益的下列行为：

（一）违反决策原则和程序决定企业生产经营的重大决策、重大项目安排、大额度资金运作事项及重要人事任免；

（二）违反规定决定企业重组改制、兼并、破产、产权交易、清产核资、资产评估、借贷等事项；

（三）违反规定对外投资、担保、融资、为他人代开信用证、采办、销售、进行工程招标投标等；

（四）未经批准，或者批准后未办理保全国有资产的相关法律手续，用企业资产以个人或者他人名义在国（境）外注册公司、投资参股、购买上市公司股票、购置不动产或者进行其他经营活动；

（五）授意、指使、强令财会人员从事违反财经制度的活动；

（六）弄虚作假、谎报业绩或者搞不切实际的“政绩工程”；

（七）偷逃国家税费或者故意拖延应缴国家税费，隐瞒、截留国有资本收益或者故意拖延应缴国有资本收益；

（八）未经履行国有资产出资人职责的机构批准，决定企业领导人员的薪酬和福利待遇；

（九）其他滥用职权损害国家利益和出资人利益的行为。

第五条　国有企业领导人员应当忠实履行职责。不得有以权谋私、损害企业利益的下列行为：

（一）私自从事营利性经营活动，或者在本企业的同类经营企业、关联企业和与本企业有业务关系的企业从事证券投资以外的投资入股；

（二）接受或者索取本企业的关联企业、与本企业有业务关系的企业，以及管理和服务对象提供的不正当利益；

（三）违反规定兼任下属企业或者其他企业、事业单位、行业组织、中介机构的领导职务，或者经批准兼职的，擅自领取兼职工资或者其他报酬；

（四）将企业经济往来中的折扣费、中介费、回扣、佣金、礼金等据为己有或者私分；

（五）利用职务上的便利从事有偿中介活动；

（六）利用企业的商业秘密、知识产权、业务渠道为本人或者他人从事牟利活动；

（七）未经企业领导班子集体研究，决定重大捐赠、赞助事项；

（八）其他谋取私利损害企业利益的行为。

第六条　国有企业领导人员应当以国家和企业利益为重，正确行使经营管理权，对本人及亲属有可能损害企业利益的行为，应当主动回避，防止可能出现的利益冲突。不得有下列行为：

（一）本人的配偶、子女及其配偶违反规定，在与本企业有关联、依托关系的私营和外资企业投资入股；

（二）将国有资产委托、租赁、承包给自己的配偶、子女及其他有利益关系的人经营；

（三）利用职权为配偶、子女及其他有利益关系的人从事营利性经营活动提供各种便利条件；

（四）本人的配偶、子女及其他有利益关系的人投资经营的企业与国有企业领导人员所在企业发生非正常经济业务往来；

（五）按规定应当实行任职和公务回避而没有回避；

（六）离职或者退休后三年内，在与原任职企业有业务关系的私营、外资企业和中介机构担任职务、投资入股，或者在上述企业或单位从事、代理与原任职企业经营业务相关的经营活动；

（七）其他可能损害企业利益的行为。

第七条　国有企业领导人员应当增强民主管理意识，严格执行企业民主管理制度，自觉接受民主监督。不得有侵犯职工群众合法权益的下列行为：

（一）在涉及职工切身利益的重大事项中违反民主管理制度，谋取私利；

（二）按照规定应当公开、公示的事项而未公开、公示；

（三）在职工利益分配中，不依据企业章程和有关规定，暗箱操作、有失公平；

（四）为谋求业绩，违反劳动、安全、社会保障等法律法规，忽视职工安全卫生保护，危害职工生命、健康；

（五）其他侵犯职工群众合法权益的行为。

第八条　国有企业领导人员应当规范职务消费行为。不得有下列行为：

（一）在企业发生非政策性亏损期间，购买或者更换小汽车、装修办公室、添置高档办公用品等；

（二）违反规定用公款进行高消费娱乐活动；

（三）用公款支付或者报销应当由个人承担的购置住宅、住宅装修、物业管理等生活费用；

（四）超过规定标准报销差旅费、业务招待费；

（五）使用信用卡、签单等形式消费，不提供原始凭证和相应的情况说明；

（六）其他违反规定的职务消费行为。

第三章　实施与监督

第九条　国有企业应当依据本规定制定规章制度，建立健全监督制约机制，保证本规定的贯彻执行。

国有企业党委（党组）书记、董事长、总经理为企业实施本规定的主要责任人。

第十条　国有企业领导人员应当将贯彻落实本规定的情况作为述职述廉的一项重要内容，接受监督和民主评议。

第十一条　国有企业应当按照有关规定建立健全职务消费制度，报履行国有资产出资人职责的机构批准，并以适当方式向职工群众公开。

第十二条　国有企业领导人员应当向履行国有资产出资人职责的机构定期报告兼任职务和配偶、子女及其配偶的从业情况，以及有可能产生利益冲突的其他情况。

第十三条　履行国有资产出资人职责的机构和国有企业应当加强对领导人员任职期间及离职和退休后从业行为的管理，并结合本规定建立领导人员的从业承诺抵押制度。

第十四条　履行国有资产出资人职责的机构负责本规定的贯彻落实，应当对国有企业领导人员进行经常性的教育和监督，并结合企业的实际情况，制定国有企业领导人员的收入分配、薪酬管理制度，建立有效的激励和约束机制。

第十五条　各级组织人事部门和履行国有资产出资人职责的机构应当加强对国有企业领导人员的管理，并将其廉洁从业情况作为领导人员考察、考核的重要内容和任免的重要依据。

第十六条　各级纪检监察机关、履行国有资产出资人职责的机构的纪检监察机构以及企业的纪检监察机构依据职责权限，对本规定的执行情况进行监督检查，并对违规行为进行处理或者提出处理建议。

第四章　对违反规定行为的处理

第十七条　国有企业领导人员违反本规定的，应当根据违规行为的情节轻重，依照《企业职工奖惩条例》及企业纪律追究责任。

国有企业领导人员中的共产党员违反本规定的，除依照前款处理外，依照《中国共产党纪律处分条例》给予相应的党纪处理。

第十八条　国有企业领导人员违反本规定的，还可以由有任免权的机构给予组织处理。

组织处理措施可以单独使用，也可以与纪律处分合并使用。

第十九条　国有企业领导人员违反本规定，在依据第十七条、第十八条规定追究责任的同时，获取的不正当经济利益，应当责令退还；给国有企业造成经济损失的，应当承担经济赔偿责任。

拒不履行从业承诺抵押、拒不退还或者拒不承担经济赔偿责任的，国有企业应当通过法律途径追究其责任。

第二十条　国有企业领导人员违反本规定受到撤职以上纪律处分的，五年内不得担任国有企业的领导职务。

违反本规定给国有资产造成重大损失或者被判处刑罚的，终身不得担任国有企业领导职务。

第二十一条　国有企业领导人员违反本规定涉嫌犯罪的，依法移送司法机关。

第五章　附　则

第二十二条　本规定所称履行国有资产出资人职责的机构，包括作为国有资产出资人代表的各级国有资产监督管理部门和尚未实行政资分开代行出资人职责的政府主管部门以及授权经营的母公司。

第二十三条　国有及国有控股企业中对国有资产负有经营管理责任的其他人员参照本规定执行。

国有参股企业中对国有资产负有经营管理责任的人员参照本规定执行。

第二十四条　国务院国有资产监督管理部门，各省、自治区、直辖市，国有及国有控股金融企业可以根据本规定制定实施办法，并报中共中央纪委、监察部备案。

第二十五条　本规定由中共中央纪委、监察部负责解释。

第二十六条　本规定自发布之日起施行。

已经发布的国有企业领导人员廉洁从业的规定与本规定不一致的，依据本规定执行。

中共中央纪律检查委员会关于国有企业领导干部廉洁自律“四条规定”的实施和处理意见

（中纪发［1995］7号　1995年5月11日）

经中共中央批准，中央纪律检查委员会第五次全体会议提出的国有企业领导干部廉洁自律四条规定（以下简称“四条规定”），是推动反腐败斗争深入进行，促进党风廉政建设的重要举措。为正确贯彻执行“四条规定”，特制定本实施和处理意见。

一、“四条规定”的适用范围是：国有大型、特大型企业中层以上领导干部；国有中小型企业负责人；国有资产占控股地位或主导地位的公司中由政府主管部门委派或者招聘的领导干部、企业职工代表大会选举产生并报政府主管部门批准的领导干部、企业党组织的领导干部。包括上述人员中已到退（离）休年龄，尚未办理退（离）休手续的干部。

事业单位领导干部的廉洁自律，原规定按照党政机关县（处）级以上领导干部廉洁自律规定执行的，仍按原规定执行；国家全额预算管理的事业单位领导干部的廉洁自律，也按照党政机关县（处）级以上领导干部廉洁自律的规定执行；其他事业单位领导干部的廉洁自律，适用国有企业领导干部廉洁自律“四条规定”及本实施和处理意见。

二、企业领导干部要参照中央纪委、中央组织部《关于对照领导干部廉洁自律规定开好专题民主生活会的通知》精神，认真开好专题民主生活会，对照“四条规定”进行自查自纠，重点检查自中央纪委第三次全会以来的情况。各级党的组织和企业主管部门，对企业领导干部召开专题民主生活会自查自纠的情况要进行监督检查。

三、不准把经营、管理活动中收取的折扣、中介费、礼金据为己有。

在经营、管理活动中收取折扣，不如实入帐并据为己有的，以贪污论，依照《中共中央纪律检查委员会关于共产党员在经济方面违法违纪党纪处分的若干规定（试行）》（以下简称《若干规定》）第四条处理。在经营、管理活动中收取回扣的，按有关法律和规定处理。

在经营、管理活动中以企业名义从事中介活动并将所得据为己有的，以贪污论，依照《若干规定》第四条处理；利用职务上的便利私自从事中介活动并将所得据为己有的，以受贿论，依照《若干规定》第八条处理。

在经营、管理活动中接受下属单位、其他单位或用公款以个人名义给予的礼金据为己有的，应主动自查自纠。不自查自纠的以及中央纪委第五次全会后违反的，依照《若干规定》第十一条处理。所收取的礼金如数退出。

四、不准违反规定领取兼职职务的工资、奖金。对违反规定领取兼职职务的工资、奖金及其他酬金据为己有的，应作出检查，并将领取的钱款交公。不自查自纠的以及中央纪委第五次全会后违反的，责令将所领取的钱款交公并批评教育；情节严重的，给予党内警告、严重警告或撤销党内职务处分。

五、不准个人私自经商办企业。中央纪委第五次全会前个人私自经商办企业的，应主动自查自纠，一律停办。其中私自经办与其所在的国有企业（包括国有资产占控股地位的公司）的经营管理活动有关联的企业，依托所在国有企业进行营利活动的，应将盈利部分交给所在的国有企业。不自查自纠的以及中央纪委第五次全会后私自经商办企业的，比照《若干规定》第三十条给予党纪处分，并收缴经营所得。其中将国有资产非法转移到个人经办的企业的，以贪污论处，有其他违法违纪行为的，合并处理。

六、不准利用职权为家属及亲友经商办企业提供各种便利条件。对利用职权或职务之便为配偶、子女或亲友经商办企业提供各种便利条件的，比照《若干规定》第三十条处理。其中有非法转移国有资产以及其他违法违纪行为的，合并处理。

七、不准违反规定多占住房。各地区、企业主管部门要制定或完善企业领导干部住房原则规定。各企业要依据国家以及本地区、本行业的有关规定，结合企业实际情况制定领导干部住房具体标准。企业领导干部要根据要求自查自纠，清理清退违反规定多占用的住房。

八、不准用公款购买、建造超标准住宅。企业领导干部居住、使用用公款购买的超标准住宅的，应退出。有关责任人和居住人应主动自查自纠。对于不自查自纠的以及中央纪委第五次全会后违反的，责令退出并批评教育；情节严重的，给予党内警告、严重警告或撤销党内职务处分。

九、不准在企业非政策性亏损、拖欠职工工资期间购买小汽车。1992年7月1日以来在企业非政策性亏损、拖欠职工工资期间购买供领导干部使用的小汽车的，有关责任人应作出检查，小汽车予以拍卖或变卖，钱款用于企业生产经营或补发所拖欠的职工工资。不自查自纠的，以及在中央纪委第五次全会后违反的，责令其限期纠正，并给予有关责任人党内警告、严重警告或撤销党内职务处分。

十、不准购买进口豪华小轿车。中央纪委第五次全会后购买和更换供企业领导干部使用的排气量超过2.6升（含2.6升）进口小轿车的，小轿车由有关部门予以收缴拍卖或变卖，钱款返还企业用于发展生产，并给予有关责任人党内警告、严重警告或撤销党内职务处分。

国家另有规定的，从其规定。

十一、对于违反“四条规定”的行为，需要给予行政处分的，由主管部门、监察机关或所在企业，按照《企业职工奖惩条例》，比照本实施和处理意见予以处分。触犯刑律的，移送司法机关依法处理。

十二、各省、自治区、直辖市、中央国家机关企业主管部门、具有行政管理职能的公司和总会，可根据本实施和处理意见结合实际情况，制定具体实施办法，并报中央纪委备案，同时抄送国家经济贸易委员会。

中共中央纪律检查委员会、监察部关于中央纪委第四次全会重申和提出的国有企业领导人员廉洁自律有关规定的解释

（中纪发［2000］12 号　2000 年 11 月 30 日）

为落实中央纪委第四次全会重申和提出的关于国有企业领导人员廉洁自律五项规定，现将有关问题解释如下：

一、中央纪委第四次全会重申和提出的国有企业领导人员廉洁自律五项规定中所称国有企业领导人员包括：

国有独资企业以及国有独资企业所属具有独立经营权的单位和授权经营单位（或分支机构）的领导人员；国有独资企业委派到其他企业的领导人员；国有资产占控股地位或者主导地位的公司中由上级党组织、行政机关或者国有资产授权经营单位委派、任命、招聘的领导人员以及其他经上述单位批准执行职务的领导人员。

国有大型、特大型企业的中层经营管理人员适用中央纪委第四次全会重申和提出的国有企业领导人员廉洁自律五项规定。

未依照公务员制度管理的事业单位的领导人员以及未承担行政职能的事业单位的领导人员参照执行。

二、“不准个人擅自决定企业的大额度资金运作、生产经营和企业改革的重大决策、重要的人事任免等事项。”

个人擅自决定，是指违反企业制度所规定的决策程序、个人或者少数人作出决定。

大额度资金，是指超过由企业或者企业主管部门所规定的企业领导人员有权调动、使用的资金限额以上的资金。

重大决策，是指依照《中华人民共和国公司法》、《中华人民共和国全民所有制工业企业法》以及其他有关法律、法规规定应当由股东大会（股东会）、董事会、职工代表大会决定的事项；企业的资产重组，工程发包，对外担保；企业对外部投资，在国（境）外投资；企业上市、配股、分红，股权收购、转让；企业重大技术改造，引进重要技术和设备，新产品开发，委托生产，转产；企业的工资制度和福利制度等涉及企业生产经营、改革、重要管理制度、职工利益等重大事项的决策。

重要人事任免，是指企业对本企业中层以上经营管理人员和下属企业、单位负责人的任命、免职或者聘用、解除聘用。

三、“不准将国有资产转移到个人名下或其他企业谋取非法利益。”

将国有资产转移到个人名下，是指国有企业领导人员以划转、调拨、公款私存、将用公款购买的房产或汽车等公物落户给私人、无偿或低价将国有企业的有形资产或无形资产让私人使用或者转让给私人以及其他任何方式将国有资产转移到私人名下。

其他企业，是指国有企业领导人员所在企业以外的任何企业和其他经营性单位。

四、“未经投资者批准，不准以个人名义在国（境）外注册公司或投资参股。”

不准以个人名义在国（境）外注册公司或投资参股，是指国有企业领导人员不得用企业资金以个人名义或者其他人的名义在国（境）外注册公司，投资参股或购买上市公司股票，购置不动产，或者进行其他经营活动。

因驻在国家或地区的法律规定，必须以个人名义进行上述活动的，应当经过投资企业批准；投资企业有上级主管部门或者上级企业的，还应当报经上级主管部门或者上级企业批准。进行上述行为，应当按照规定办理以个人名义进行产权注册委托协议书的公证手续。

五、“不准利用职权为配偶、子女及其他亲属经商办企业提供便利和优惠条件。”

提供便利和优惠条件，是指提供人力、资金、关系贷款、物资、技术、设备、担保、经营场所、经营项目、商标、品牌、专利、非公开信息、客户市场等方面的便利，或者以降低卖出价格、提高买入价格或者降低场地、设备租金，以及其他方式提供优惠条件。

国有企业领导人员的配偶、子女及其他亲属经商办企业既包括私人的经商办企业或者其他经营性活动，也包括以承包、租赁、委托、合作、联营等方式在国有、集体单位的经商办企业或者其他经营性活动。

六、“不准配偶、子女个人从事可能侵害该企业利益的生产经营活动。”

配偶、子女个人从事的生产经营活动，是指国有企业领导人员的配偶、子女个人经办或者与他人合办私营经济组织；个人受聘担任外商独资企业、中外合资企业、私营经济组织高级职位；个人在国（境）外注册公司后回国经营；个人进行中介活动等方式从事生产经营活动。

可能侵害该企业利益的生产经营活动，是指国有企业领导人员的配偶、子女个人所从事的生产经营活动与国有企业领导人员所在企业直接发生商品、劳务、经济担保等经济关系，或者依托国有企业领导人员所在企业进行生产经营活动。

国有企业领导人员的配偶、子女个人所从事的生产经营活动，因专利、特许经营等原因具有经营项目的独占性，企业必须与其发生经济往来的，其经营的项目及项目所涉及的重要指标应当列为厂务公开的一项内容。

七、“不准擅自兼任下属企业或其他企业的领导职务，经批准兼职的不得领取兼职工资或其他报酬。”

擅自兼任下属企业或其他企业的领导职务，是指按照干部管理权限，未经主管部门、上级企业或者本企业批准，兼任下属企业或者其他企业的领导职务，或者担任这些企业的顾问或名誉职务。

主管部门、上级企业或者本企业批准国有企业领导人员兼职，应当确定其本职和兼职。国有企业领导人员组织人事关系和工资关系所在单位的职务为本职，其他职务为兼职。组织人事关系和工资关系不在一处的，应当并为一处。

下属企业或其他企业包括：本企业的下级企业、本企业下属的具有独立经营权的单位、授权经营的单位，与本企业合营或者本企业参股经营的企业以及经营性事业单位，本企业以外的国有、集体、私营经济组织。

国有企业领导人员经批准兼职的，兼职单位给予的工资或者其他报酬，应当上交本企业。

企业领导人员个人出资在经批准兼职的企业合法持有的股份，其红利不视为个人兼职取酬。但兼职企业给予企业领导人员的股份及其红利应视为兼职取酬。

中共中央关于进一步加强和改进国有企业党的建设工作的通知

（中发［1997］4号　1997年1月24日）

为了坚持党对国有企业的领导，充分发挥国有企业党组织的政治核心作用，促进国有企业的改革和发展，现就进一步加强和改进国有企业党的建设工作通知如下：

一、认清形势和任务，增强搞好国有企业党建工作的责任心和紧迫感

我国社会主义现代化建设已经进入重要的发展时期。实现国民经济和社会发展"九五"计划和2010年远景目标，加快经济体制和经济增长方式的根本性转变，必须切实搞好国有企业，这是事关全局的一项紧迫的战略任务。几十年来，国有企业不断发展壮大，为我国建立独立的比较完整的国民经济体系和巩固人民民主专政的国家政权做出了历史性贡献。党的十一届三中全会以来，国有企业又为改革开放和现代化建设做出了新的重大贡献。搞好国有企业不仅是重大的经济问题，而且是重大的政治问题。各级党委和领导同志必须实事求是地分析当前国有企业面临的新形势、遇到的困难和问题，从战略上全局上深刻认识搞好国有企业的重大意义，以高度的政治责任感和历史使命感，进一步统一思想，坚定信心，扎实工作，千方百计把国有企业搞好。

以公有制为主体的现代企业制度是社会主义市场经济体制的基础，是我国国有企业改革的方向。国有企业深化改革，建立现代企业制度，要坚持产权清晰、权责明确、政企分开、管理科学，也要体现社会主义基本制度的要求。坚持党对国有企业的政治领导，发挥国有企业党组织的政治核心作用，充分依靠和调动职工群众的积极性和创造性，这是我们的政治优势，是建立有中国特色现代企业制度的本质要求。国有企业面向市场，深化改革，转换经营机制，加强内部管理，加快技术进步，提高经济效益，都迫切需要增强国有企业党组织的凝聚力和战斗力，充分发挥党组织的作用。

中央对国有企业改革、发展和企业党的建设一直是重视的，指导思想和方针原则是明确的。各级党委和政府做了大量卓有成效的工作，进行了有益的探索。许多国有企业党组织在深化企业改革、加强内部管理、推动企业发展、克服生产经营中的困难、增强职工群众凝聚力等方面，发挥了重要作用。从总体上看，国有企业党的建设在逐步加强，但发展很不平衡，有些问题亟待解决。一是对加强和改进企业党建工作，发挥党组织作用的必要性、重要性、紧迫性认识不足，淡化和削弱企业党组织作用的消极影响还没有完全消除。二是一些地方、部门和国有企业对贯彻中央确定的企业党建工作方针、原则和任务、要求不够得力，没有抓好落实。三是在国有企业深化改革和发展社会主义市场经济条件下如何做好党建工作，有些企业领导人员和部分党务工作者思想观念、工作方法还不适应。这些问题，已经程度不同地影响企业党组织作用的发挥，影响现代企业制度的建立和企业的发展，必须引起高度重视，采取有效措施加以解决，使企业的改革、发展和党的建设都有一个大的进步。

二、坚持党对国有企业的政治领导，充分发挥国有企业党组织的政治核心作用

坚持党对国有企业的政治领导，是一个重大原则问题，任何时候都不能动摇。党对国有企业的政治领导，主要体现在：坚持国有企业的社会主义方向，保证党的路线、方针、政策和国家法律、法规在企业贯彻执行；坚持党管干部的原则，按照管理权限，依法选派、推荐国有资产产权代表和企业经营管理负责人，并对他们实施教育、培养、考核、监督；坚持发挥企业党组织的政治核心作用和党员的先锋模范作用。强调坚持党对国有企业的政治领导，但不能以党代政、以党代企。

为了加强党对国有企业的政治领导，充分发挥企业党组织的政治核心作用，企业党组织必须认真贯彻党的路线、方针、政策，保证监督党和国家的方针政策在本企业的贯彻执行；参与企业重大问题的决策，支持厂长（经理）、股东会、董事会、监事会依法行使职权；领导企业的思想政治工作和精神文明建设，努力建设一支有理想、有道德、有文化、有纪律的职工队伍；全心全意依靠职工群众，支持职工代表大会开展工作；领导和支持工会、共青团等群众组织依照法律和各自的章程，独立自主地开展工作；加强党组织的自身建设，充分发挥党支部的战斗堡垒作用和党员的先锋模范作用。

三、认真贯彻国有企业党建工作的指导思想和方针原则

新形势下的企业党建工作，要坚持以马列主义、毛泽东思想特别是邓小平建设有中国特色社会主义理论为指导，坚持党的“一个中心、两个基本点”的基本路线，紧紧围绕企业改革和生产经营来进行，坚持党要管党、从严治党的方针，从政治、思想、组织和作风上全面加强党的建设，充分发挥党组织的政治核心作用，促进企业的物质文明和精神文明建设。

企业党建工作的目标是：（1）有一个坚决贯彻执行党的路线、方针、政策，善经营，会管理，团结协作，廉洁公正，开拓进取，得到职工群众拥护的领导班子。（2）有一支能够在企业改革、发展中经得起困难和风险的考验，在两个文明建设中发挥先锋模范作用的党员队伍。（3）有一个适应企业改革和发展要求，与生产经营紧密结合，保证企业党组织发挥作用的工作机制。（4）有一套加强党员教育管理，及时解决自身存在的矛盾和问题，不断增强凝聚力和战斗力的工作制度。通过充分发挥党组织和党员的作用，加快两个根本性转变，落实“三改一加强”的措施，促进企业不断提高经济效益和市场竞争能力。

国有企业党建工作，必须坚决贯彻执行以下方针和原则：第一，坚持全面贯彻落实“充分发挥企业党组织的政治核心作用，坚持和完善厂长（经理）负责制，全心全意依靠工人阶级”的指导方针。这个方针是多年来探索有中国特色国有企业领导体制实践经验的科学总结。“三句话”互为依存，不可分割，缺一不可。国有企业由工厂制改成公司制后，要继续充分发挥企业党组织的政治核心作用，坚持全心全意依靠工人阶级，保证和支持股东会、董事会、监事会、经理依法行使职权，逐步完善企业领导制度。第二，坚持为国有企业改革和发展服务。国有企业党的工作要贯穿于生产经营的全过程，把保证和促进企业改革、转换经营机制、加强科学管理、推进科技进步、提高经济效益、实现国有资产保值增值，作为国有企业党组织工作的出发点和落脚点，作为检验党建工作成效和党组织战斗力的主要标准。第三，坚持党管干部的原则。要把坚持党管干部原则同改进管理方法结合起来，同保证厂长（经理）和董事会依法行使用人权结合起来，深化企业人事制度改革，逐步建立一套适合现代企业制度特点的人事管理制度。第四，坚持继承和创新相结合。企业党建工作必须进一步解放思想，从实际情况出发，坚持和发扬过去行之有效的好传统、好办法，积极创造新的活动方式和工作方法。

四、明确国有企业党组织参与重大问题决策的内容、途径和方法

国有企业党组织参与企业重大问题决策是发挥政治核心作用的重要职责和基本途径。其目的在于，保证监督党和国家的方针政策在企业正确贯彻执行，支持和帮助厂长（经理）、董事会实行民主决策、科学决策，避免和减少失误。国有企业党组织参与重大问题的决策是一种组织行为，是党组织按照党的路线、方针、政策，对关系企业改革、发展、稳定的重大问题提出意见和建议。国有企业党组织和领导人员要努力提高参与决策的能力和水平。

国有企业党组织参与决策的重大问题，主要是：经营方针、发展规划、年度计划和重大技术改造、技术引进方案；财务预决算、资产重组和资本运作中的重大问题；中层以上管理人员的选拔使用和奖惩；企业的重要改革方案和重要管理制度的制定、修改；涉及广大职工切身利益的重要问题。公司制企业党组织参与重大问题决策的范围，一般指公司提交股东会、董事会审议决定的问题。

企业党组织参与决策，各地已摸索出一些行之有效的方法，应当坚持和完善。(1) 党政主要领导商量确定决策议题。(2) 开展调查研究，广泛听取党员、职工及有关方面的意见。(3) 在党委会或党委扩大会上进行集体研究后，提出意见和建议。(4) 重大问题决策后，党组织发动党员、团结带领职工，保证决策的实施。

厂长（经理）、董事会在对重大问题决策前，应听取、尊重党委的意见；重大决策的执行情况，应向党委通报。当党组织发现重大问题决策脱离实际，不符合党和国家的方针政策、法律法规时，应及时提出意见；如得不到纠正，党组织要负责向政府有关部门反映并向上级党组织报告。

坚持党管干部的原则，企业党组织在企业人事管理工作中的主要职责是：(1) 贯彻干部队伍“四化”方针和德才兼备原则，坚持任人唯贤，反对任人唯亲。(2) 推荐中层以上管理人员，对厂长（经理）或董事会推荐和拟任免（聘任或解聘）的管理人员进行考察，提出意见和建议。(3) 对企业各级管理人员负有教育、培养、考核、监督的责任。(4) 按照上级有关规定，积极推进企业人事制度改革。任免企业中层管理人员，事先要经过组织人事部门考察，经企业党政领导集体讨论后，由厂长（经理）依法任免（聘任或解聘）。集体讨论的形式可以是党委会、党委扩大会或党政联席会议。没有经过考察的，不能提到会上讨论；多数人不同意的，应暂缓决定任免。

国有企业党组织参与重大问题的决策，要建立健全必要的制度。一些地方和企业实行的厂长（经理）定期向党组织报告工作制度；企业党政主要领导在重大问题决策前的沟通制度；党组织负责人参加厂长（经理）办公会、厂务会制度；发动党员关心和参与企业重大问题决策制度等，都应继续坚持并不断完善。

共产党员要努力增强党性，坚持依法办事。党员董事、监事、经理要严格遵守党章，向党组织报告工作，接受党组织的监督。

五、突出抓好国有企业领导班子建设，大力提高领导人员素质

建设好企业领导班子，造就一支高素质的经营管理者队伍，是搞好国有企业的关键。当前，要结合促进企业改革和发展，下大决心、花大力气把这件事抓紧抓好。要以加强思想政治建设为重点，全面提高领导班子的整体素质。厂长（经理）、董事长、党委书记应当有坚定正确的理想和信念，能够坚决贯彻执行党的路线、方针、政策和国家的法律法规，有较丰富的社会主义市场经济知识、必要的科技知识和岗位职责所要求的管理能力；坚定地依靠党组织和广大职工办企业，善于走群众路线，自觉接受各方面的监督；勤奋敬业，勇于奉献，清正廉洁，艰苦奋斗，开拓进取，扎实工作；谦虚谨慎，努力学习，善于同领导班子成员合作共事。各地各有关部门要立即着手组织力量，对国有企业领导班子普遍进行一次认真的考核。重点抓好近两年严重亏损、内部矛盾突出、职工意见大的大中型企业领导班子的考核。在弄清情况的基础上，抓紧进行调整或整顿，坚决实行选优汰劣。

加强国有企业领导班子建设，关键是选好配强党委书记、厂长（经理）和董事长，优化领导班子的整体结构。实行公司制的企业，党委书记、董事长可由一人担任。由一人担任的，应具备两个职务所要求的条件和能力，同时配备 1 名党委副书记以主要精力抓党的工作。党委书记和董事长分开配备的，党员董事长可任党委副书记，党委书记可任副董事长。根据工作需要和人员条件，党委成员可依法分别进入董事会、监事会和经理班子；董事会、监事会、经理班子中的党员，具备条件的，可按照有关规定进入党委会。董事长与总经理原则上分设。实行工厂制的国有中小企业党政领导的任职形式，要根据本单位的实际和本人条件，宜分则分，宜兼则兼，不搞“一刀切”。

抓紧研究改进对国有企业领导人员加强管理的办法，加快企业人事制度改革。企业领导人员的管理要适应建立社会主义市场经济体制的要求。在积极探索、总结经验的基础上，合理确定对企业领导人员的管理范围，制定适合企业特点的具体办法，切实严格管理。对企业领导人的推荐、考察、任免应建立健全必要的制度和工作程序，认真实施，坚决防止和纠正用人上的不正之风。选拔国有企业领导人要充分发扬民主，走群众路线。要积极探索通过市场配置企业经营者的有效途径，积极稳妥地推进企业经营者职业化的改革试点工作，引入竞争机制。抓紧建立后备人员的选拔、培养制度。

切实加强对国有企业领导班子成员的政治、业务培训。按照《中共中央组织部、国家经贸委关于印发〈“九五”期间全国企业管理人员培训纲要〉的通知》（国经贸培［1996］382 号）的要求，分级负责，用 3 年左右时间，对国有大中型企业的领导人员普遍进行一次工商管理培训，培训中要突出邓小平建设有中国特色社会主义理论和社会主义市场经济的内容。通过培训，使企业领导人增强党的观念、群众观念、法制观念，树立正确的世界观、人生观、价值观，增强参与市场竞争的能力。

切实加强对国有企业领导人员的监督。要充分运用党内监督、法律监督、职工民主监督、财务审计监督和舆论监督等手段，加强对他们在重大问题特别是资金运作、用人决策上的监督。严格实行资产经营责任制。认真落实企业年度审计和厂长（经理）离任审计制度、企业领导人员收入申报制度、招待费用向职代会报告制度和直系亲属工作安排回避制度。坚持和完善职工代表大会民主评议企业领导人员的制度。企业党组织要抓好党员领导干部参加双重组织生活和有关廉洁自律、个人重大事项报告等制度的落实，加强党内监督。

建立对国有企业领导人员的激励机制。通过探索，逐步形成比较规范的对优秀领导人员的奖励制度，把物质奖励和精神奖励结合起来。要鼓励优秀领导人员到效益差的困难企业去工作，创造新的业绩。

六、切实加强国有企业社会主义精神文明建设和思想政治工作

以培养有理想、有道德、有文化、有纪律的职工队伍，推动企业物质文明和精神文明建设为目标，逐步建立坚强有力的企业思想政治工作管理体制和运行机制。形成党委统一领导、党政共同负责、党政工团齐抓共管，以专职政工人员为骨干、经营管理人员和职工群众广泛参与企业思想政治工作的生动局面。

切实加强对国有企业思想政治工作和精神文明建设的领导。企业党组织要根据企业改革和生产经营的实际，制定思想政治工作的总体规划、年度计划和重要制度，并组织实施；讨论决定企业思想政治工作和精神文明建设中的重大问题；负责经营管理人员队伍的思想作风建设；组织和发动党员发挥先锋模范作用，做好群众工作，动员职工完成各项任务；掌握职工思想动态，有针对性地进行思想政治教育；指导工会、共青团根据各自特点做好思想政治工作。特别要加强亏损企业、困难企业、破产企业的思想政治工作，主动关心并帮助解决困难职工和离退休职工的实际问题。

坚持用马列主义、毛泽东思想特别是邓小平建设有中国特色社会主义理论武装企业领导人员和职工群众。结合实际向职工进行爱国主义、社会主义和集体主义教育，社会主义民主与法制教育，以为人民服务为核心的思想道德教育。教育职工弘扬工人阶级主人翁精神，爱岗敬业，艰苦创业，遵守职业道德。坚持勤俭建国、勤俭办一切事业。提倡尊重人、理解人、关心人，自觉遵守社会公德，正确处理国家、集体和个人的利益关系。要对职工进行建立社会主义市场经济体制方面的教育，帮助职工树立竞争意识和改革意识。继承党的思想政治工作的优良传统，在继承的基础上创新，在改进中加强，适应新形势的需要。把灌输引导与自我教育、言教与身教、教育与解决实际问题结合起来。树立先进典型，发挥示范作用。加强企业文化建设，培育具有时代特征和企业特点的企业精神。

国有企业党组织和行政领导要采取有力措施，按照稳定队伍、优化结构、提高素质的要求，加强政工队伍建设。要注意培养、选拔优秀的中、青年骨干充实政工队伍。专职政工人员的数量，原则上按职工总数1%左右的比例掌握。

七、全心全意依靠职工群众办好国有企业

搞好国有企业必须坚持全心全意依靠工人阶级的方针。要教育各级干部特别是企业领导人员从党和国家的性质以及工人阶级历史地位和作用的高度，充分认识全心全意依靠工人阶级的重要性和必要性。国有企业的职工既是国家的主人，也是企业的主人。职工群众中蕴藏着丰富的智慧和巨大的创造力，充分调动他们的积极性和创造性，是国有企业的优势和力量源泉。在深化改革、建立现代企业制度中，必须调动包括工人、经营管理人员和专业技术人员在内的企业全体职工的积极性。任何贬低和削弱工人阶级地位和作用的言论和行为都是错误的。

把全心全意依靠工人阶级的方针落在实处，关键是要在政治上保证、制度上落实、素质上提高、权益上维护四个方面狠下功夫。认真贯彻《工会法》、《劳动法》，依法保障和维护职工的合法权益，尤其要关心困难企业的职工生活。坚持和完善以职工代表大会为基本形式的民主管理、民主评议、民主监督制度，在企业重大问题决策上听取职工群众的意见，用有效的制度、措施来保证职工了解和参与企业的改革和经营管理，实现职工群众对企业领导人员的有效监督。建立、完善集体协商和集体合同制度。公司制企业职工代表要按照《公司法》的有关规定进入董事会、监事会，并充分发挥他们的作用。加强对职工的政治、业务培训，不断提高他们的素质。

国有企业党组织要加强对工会、共青团等群众组织的领导。建立健全必要的工作制度，定期听取工会、共青团等群众组织的工作报告，及时讨论研究他们工作中的重大问题；指导他们按照党的方针政策开展工作，协调好与企业经营管理者之间的关系；支持、帮助他们按照法律和各自的章程，创造性地开展工作。

八、改进国有企业党组织的工作方法和活动方式，增强凝聚力和战斗力

国有企业党建工作要与企业改革和发展任务同步规划、同步实施、同步考核和奖惩。要认真贯彻执行民主集中制，建立健全党委工作制度。坚持和发扬理论联系实际、密切联系群众、批评与自我批评三大作风。要提高党委抓大事的本领和解决自身问题的能力。通过各种有效的形式和载体，丰富企业党组织的活动内容，探索新的方式方法，提高工作实效。

合理设置国有企业党组织工作机构和配备党务工作者。企业党组织工作机构的设置和专职党务工作者的配备，应按照精干、高效、协调，有利于加强党的建设与思想政治工作，有利于促进企业改革和发展的原则确定。大型企业党委，根据企业实际需要和有关规定设立组织、宣传、办公室等工作部门。中小型企业党组织的工作机构可以分设，也可以设一个机构，内部实行分工。要按照党章规定设立纪委，并充分发挥其教育、保护、惩处、监督的职能作用。对党务工作者要建立工作责任制和考核制，他们的待遇和奖惩应与同级行政管理人员一视同仁。党务工作者和经营管理人员要进行必要的换岗交流，努力培养复合型人才。党组织的活动经费从企业管理费列支部分必须得到保证。

充分发挥党支部的战斗堡垒作用和党员的先锋模范作用。根据国有企业改革和发展的新情况，及时调整党支部设置，选配好党支部书记，经常检查督促党支部有效地开展工作，及时整顿软弱涣散的党支部。以增强党性、提高素质为目标，切实加强对党员的教育、管理和监督，保持党员队伍的先进性、纯洁性。紧密结合国有企业改革和生产经营，扎扎实实地开展党员责任区、党员目标管理、民主评议党员、创先争优等活动。坚持标准，保证质量，积极做好在生产经营一线和青年中发展党员的工作。

九、各级地方党委和有关部门党组要加强对国有企业党建工作的领导和指导

各级地方党委和有关部门党组要高度重视国有企业党建工作，列入重要日程，常抓不懈。党委主要领导同志要亲自抓，组织部门要会同有关部门切实负起具体指导责任。各有关经济部门党组在抓好企业改革、发展的同时，也要重视企业党建和思想政治工作。在部署、检查工作时，要统筹兼顾，做到两项工作一起抓，两个责任一起负，使经济工作和党

的建设相互促进。在党委统一领导下，把党政有关部门和企业等各方面的力量组织起来，按照中央精神统一思想，协调行动，各司其职，各负其责。

建立健全党委抓国有企业党建工作的责任制。各级党委都要抓好企业党建工作，市委负有主要责任，其职责是：制定、部署加强企业党建工作的规划、目标、措施；搞好调查研究，抓住重点，分类指导；加强企业领导班子建设和领导人员的管理；督促、检查企业党建工作责任制的落实。

加强对国有企业党建工作的领导，重在督促检查，认真解决存在的问题。对软弱涣散、问题较多的企业领导班子，上级党组织要派得力干部深入企业帮助整顿、调整。对企业党组织和工作机构的设置、党务工作者的选配、党组织的领导关系等问题，上级党组织要及时提出指导性意见，发现问题，及时解决。要总结新鲜经验，运用典型示范，指导面上工作。

积极探索企业党建工作的新路子。在建立社会主义市场经济体制和有中国特色现代企业制度的过程中，企业党建工作会不断遇到新情况、新问题。要加强国有企业党建理论的研究。要解放思想、实事求是，抓住有利时机，按照中央确定的原则大胆实践，逐步完善，使企业党建工作在转变中适应，在改进中加强，在继承中创新，把国有企业党建工作提高到新水平。

关于加强国有企业领导人员廉洁自律工作的意见

（中纪办发［2003］18号　2003年9月23日）

关于加强国有企业领导人员廉洁自律工作的意见

国有企业是我国国民经济的支柱。国有企业领导人员是企业的经营管理者，承担负着重要职责。切实加强国有企业领导人员廉洁自律工作，是国有企业反腐倡廉工作的关键环节，也是深化国有企业改革、建立现代企业制度的必然要求。为贯彻落实党中央、国务院关于加强国有企业领导人员廉洁自律工作的部署和要求，推进国有企业党风廉政建设，现提出如下意见：

一、明确任务，切实落实国有企业领导人员廉洁自律工作的各项要求

党中央、国务院历来重视国有企业党风廉政建设，采取了一系列措施，加强国有企业的反腐倡廉工作。特别是近年来，党中央、国务院以规范国有企业领导人员行为为重点，作出了一系列具体规定，有力地推动了国有企业领导人员的廉洁自律工作。新世纪新阶段，国有企业党风廉政建设工作面临着新的形势、新的情况和新的变化。我们必须从党和国家工作的大局出发，用“三个代表”重要思想指导国有企业反腐倡廉工作新的实践，坚持行之有效的好经验好做法，根据发展变化了的新形势，不断赋予国有企业领导人员廉洁自律工作新任务新要求。

当前和今后一个时期深入开展国有企业领导人员廉洁自律工作，要以邓小平理论和“三个代表”重要思想为指导，全面贯彻党的十六大精神，认真落实中央纪委第二次全会和国务院廉政工作会议部署，围绕发展这个党执政兴国的第一要务，坚持从严治党的方针。要加强教育，完善制度，规范行为，强化监督，进一步提高国有企业领导人员廉洁自律意识和拒腐防变能力，在加快建立现代企业制度、完善法人治理结构的过程中，从体制机制制度和管理入手，加大从源头上预防和治理腐败的力度，努力建设一支素质高、作风正的国有企业领导人员队伍。其主要任务是：在继续贯彻中央纪委关于国有企业领导人员廉洁自律各项规定的基础上，着重落实2003年中央纪委第二次全会提出的国有企业领导人员廉洁自律五项要求（以下简称“五项要求”），即不准利用职权在企业物资购销、项目开发等经营活动中谋取私利；不准个人及其亲属违反规定投资入股与其所在国有企业有关联交易、有依托关系的私营、民营企业和外资企业；不准将国有资产私自委托、租赁、承包给自己的配偶、子女及其他亲属经营；不准违反国有资产监管程序和企业规章制度，擅自决定对外投资、借贷、融资、担保等重大事项；不准利用企业的商业秘密、业务渠道从事个人谋利活动，或将其提供、泄露给他人及其他企业。各地区、各企业要结合实际，贯彻落实“五项要求”，推动国有企业领导人员廉洁自律工作深入开展。

二、加强教育，不断提高国有企业领导人员廉洁自律的自觉性

加强教育，提高国有企业领导人员廉洁自律的自觉性，是贯彻落实廉洁自律各项规定的基础性工作。要围绕“五项要求”的贯彻落实，针对廉洁自律工作中存在的突出问题，着重在提高企业领导人员的政治素质、思想道德水平上下功夫。各企业党组织要充分发挥政治核心作用，要按照《中共中央关于在全党兴起学习贯彻“三个代表”重要思想新高潮的通知》的要求，组织党员干部认真学习江泽民同志一系列重要著作、胡锦涛同志的“七一”重要讲话精神和《“三个代表”重要思想学习纲要》，坚持立党为公、执政为民；要开展党员先进性教育，牢记“两个务必”，发扬艰苦奋斗作风，坚定理想信念，树立正确的世界观、人生观和价值观；要开展全心全意依靠工人阶级办好企业的教育、增强国有资产保值增值责任意识的教育、依法经营和勤俭办企业的教育、党纪政纪和法律法规教育、正反两方面典型的教育等，使企业领导人员正确对待荣誉、地位，在金钱、美色面前始终保持清醒的头脑，自觉抵制拜金主义、享乐主义和极端个人主义的诱惑，不断提高廉洁自律的自觉性，增强拒腐防变能力；要加强对企业法定代表人的教育，使他们成为依法经营、廉洁自律的模范，自觉接受组织和职工的监督，在国有企业领导人员廉洁自律方面作出表率。

三、加强制度建设，进一步规范国有企业领导人员行为

为加强制度建设，是贯彻落实廉洁自律各项规定的重要措施。企业的规章制度要体现廉洁自律的要求，坚持按制度办事、靠制度管人。要认真贯彻落实党风廉政建设责任制规定的领导体制和工作机制；要结合贯彻《企业固有资产监督管理暂行条例》，继续坚持企业重大决策、重大项目安排、重要人事任免、大额度资金使用集体决策的制度，在财务管理、采购销售、工程项目、资产流动等环节，推行财会审计、比价采购、招标投标、规范交易等制度，进一步规范国有企业领导人员的决策和管理行为；要继续坚持和严格执行厂务公开制度，充分发挥职工群众在民主决策、民主管理、民主监督中的作用；要继续坚持民主生活会、廉洁自律汇报、诫勉谈话、任期和离任经济责任审计、任职与公务回避、从业承诺、廉政档案等一系列行之有效的党风廉政制度。要认真抓好各项制度的落实，制定操作性强的具体办法和奖惩措施，并将制度落实情况作为考核国有企业领导人员的重要内容。

四、强化监督检查，促进国有企业领导人员廉洁自律各项规定的落实

各地区、各企业要围绕国有企业领导人员廉洁自律各项规定特别是“五项要求”，切实加强对企业领导人员廉洁自律情况的监督检查。企业领导人员要认真自查自纠，根据发现的问题提出整改措施，并将整改情况作为领导人员述职述廉的一项重要内容。各级纪检监察机关要会同国有资产监督管理部门在企业领导人员自查自纠的基础上，组织对贯彻落实“五项要求”的专项检查。国有企业党组织要认真履行党章赋予的职责，加强对国有企业领导人员廉洁自律情况的监督检查，保证监督党和国家的方针、政策在本企业的贯彻执行。企业纪检监察部门要通过效能监察等形式，把有效的监督融入经营管理之中。要注意发现和解决在贯彻落实国有企业领导人员廉洁自律各项规定的过程中，特别是当前企业重组改制、资本运作、产权交易等经营活动中的突出问题，防止国有资产流失。要充分发挥企业职代会的监督作用，企业领导人员落实国有企业领导人员廉洁自律各项规定特别是“五项要求”的情况，要向职代会报告，接受群众监督。对于违反廉洁自律规定的国有企业领导人员，要根据其错误事实，依据党纪政纪的有关规定给予必要的纪律处分；构成犯罪的，要依法追究其刑事责任。总之，要通过严肃纪律，切实加大责任追究力度，保证廉洁自律规定的贯彻落实。中央纪委、监察部将会同有关部门，对国有企业领导人员廉洁自律各项规定特别是“五项要求”的落实情况进行检查。

五、加强组织领导，确保国有企业领导人员廉洁自律工作收到实效

各级党政领导和企业领导人员要按照党风廉政建设责任制的要求，切实加强对国有企业领导人员廉洁自律工作的领导。各级纪检监察机关要加强对国有企业领导人员廉洁自律工作的指导，充分发挥好组织协调和监督检查作用。

各级组织部门要进一步完善国有企业领导人员管理办法，建立适应社会主义市场经济体制要求和符合国有企业特点的监督管理新机制，切实加强对固有企业领导人员的监督。各级国有资产监督管理部门和有关行业管理部门，要充分发挥职能作用，把国有企业领导人员的廉洁自律工作放到保证国有资产安全、实现国有资产保值增值的大局中统筹考虑，统一安排。各地区、各企业要把中央关于廉洁自律的各项规定和要求与本地区、本企业的实际相结合，根据存在的突出问题和薄弱环节，有针对性地开展工作。要通过廉洁自律各项规定的贯彻落实，规范企业领导人员行为，促进国有企业党风廉政建设的不断深入，为国有企业改革发展稳定提供有力的政治保证。